Meihui Yu
Der Schwanritter

**Deutsche Literatur
Studien und Quellen**

―――

Herausgegeben von
Beate Kellner and Claudia Stockinger

Band 46

Meihui Yu
Der Schwanritter

Transformation eines Mythos in der Vormoderne
Mit einem Ausblick auf Richard Wagner

DE GRUYTER

Inauguraldissertation zur Erlangung des Doktorgrades der Philosophie an der Ludwig-Maximilians-Universität München (Tag der mündlichen Prüfung: 31. Mai 2021).

Gefördert durch den Projektfonds im Rahmen des Nachwuchsförderprogramms der Fakultät für Sprach- und Literaturwissenschaften an der LMU München.

ISBN 978-3-11-221561-6
e-ISBN (PDF) 978-3-11-079067-2
e-ISBN (EPUB) 978-3-11-079076-4
ISSN 2198-932X

Library of Congress Control Number: 2022949427

Bibliografische Information der Deutschen Nationalbibliothek
Die Deutsche Nationalbibliothek verzeichnet diese Publikation in der Deutschen Nationalbibliografie; detaillierte bibliografische Daten sind im Internet über http://dnb.dnb.de abrufbar.

© 2025 Walter de Gruyter GmbH, Berlin/Boston
Dieser Band ist text- und seitenidentisch mit der 2023 erschienenen gebundenen Ausgabe.
Einbandabbildung: Ausschnitt aus lateinischem Inkunabelbuch
(1501), David Avery/iStock/Getty Images Plus
Druck und Bindung: CPI books GmbH, Leck

www.degruyter.com

Jn die nehe so nahen kam die varte Da waret
die buße gar vmytten Vnd alwegst vmb stust vnd
vmb gewyn gesterte Sus krigtens sy gein eyn
ander als zwen hane Die mit aller ir mechte sich
wyder eyn ander setze Vnd da zwey wilde eber
schrum wöllent In der wuste ein ands heissig sin
Vnd gen ir clan vaste gein eyn und wetzent Wie
der ersten keiser gar gewonlich in ein stete kam und
de fürste von Brabant mit de Swan suchte

Abb. 1: *Lohengrin*, Hs. B, Heidelberg, Universitätsbibliothek, Cpg 345, Bl. 131ᵛ: Lohengrins Helmzier

Abb. 2: Bayreuther Festspiele 2018, *Lohengrin*, 3. Akt, 2. Szene. Musikalische Leitung: Christian Thielemann. Inszenierung: Yuval Sharon. Bühne und Kostüme: Neo Rauch und Rosa Loy. Piotr Beczała (Lohengrin), Anja Harteros (Elsa von Brabant). © Bayreuther Festspiele/Enrico Nawrath

Danksagung

Diese Monographie ist die leicht überarbeitete Fassung meiner Dissertation, die im Sommersemester 2021 von der Fakultät für Sprach- und Literaturwissenschaften an der Ludwig-Maximilians-Universität angenommen wurde.

Danken möchte ich allen voran meiner Doktormutter Prof. Dr. Beate Kellner und meinen Betreuern Prof. Dr. Jan-Dirk Müller und Prof. Dr. Hartmut Schick. Frau Kellner danke ich für ihre Anregungen und Unterstützung seit dem Vorbereitungsstadium der Dissertation, ihren fachlich wie persönlich unermüdlichen Einsatz, ihre erleuchtende Kritik und ihre stete Ermutigung. Auch für meinen weiteren Weg bleibt sie mir eine gute Mentorin und ein Vorbild. Herrn Müller danke ich für die Übernahme des Zweitgutachtens und für die zahlreichen Gespräche, die mir nicht nur neue Zugänge zu den Texten eröffnet haben, sondern auch mich allgemein im Denken und Forschen über das Mittelalter inspiriert und geprägt haben. Herrn Schick, der mir vor allem beim Kapitel zur Oper Richard Wagners zur Seite stand, verdanke ich die Aufnahme in sein musikwissenschaftliches Forschungskolloquium und die Gelegenheit, mein Projekt den dortigen KollegInnen vorzustellen und mit ihnen intensiv zu diskutieren. Sein Blick auf das Thema hat meinen methodischen Horizont maßgeblich erweitert und sein Interesse hat mich in der interdisziplinären Konzeption der Arbeit gestärkt.

Für regen bereichernden Gedankenaustausch und immer guten Rat bin ich Prof. Dr. Elisabeth Lienert, Prof. Dr. Dr. h.c. Dieter Borchmeyer und Prof. Dr. Dr. h.c. Volker Mertens zum größten Dank verpflichtet. Markus Höring danke ich für seine musiktheoretische Expertise und unsere Diskussionen über das Musiktheater. Dem Oberseminar von Prof. Dr. Michael Waltenberger verdanke ich die Reflexionen und Erkenntnisse zu den Theorien des Mythischen. PD Holger Runow danke ich für die Hilfestellung in paläographischen, textkritischen und metrischen Fragen. Prof. Dr. Julia Zimmermann danke ich für ihre Unterstützung bei der Lektüre des *Jüngeren Titurel*.

Viele Freundinnen und Freunde, Kolleginnen und Kollegen haben mich durch die Jahre der Promotion begleitet, inspiriert, motiviert und waren stets zum konstruktiven Feedback bereit. Unter ihnen möchte ich vor allem Magdalena Butz, Jan Hon, Alexandra Urban, Katja Weidner, Eva Bauer, Jan Habermehl, Antonia Hostlowsky, Romana Kaske, Maria Mertsching, Fabian Prechtl, Alexander Rudolph, Herfried Vögel, Sonja und Felix Wahler und Amadeus Wiesensee danken. Für künstlerische Diskussionen und Anregungen danke ich Kammersängerin Anja Harteros, Prof. Amélie Niermeyer, Daniel Hackenberg, Heiko Hentschel, Vera Nemirova, Stefano Poda und Paolo Giani Cei.

Für das gründliche Lektorat danke ich Magdalena Allmannsberger, für das sorgfältige Gegenlesen der Verzeichnisse danke ich Martha Holmer. Mein Dank gebührt ferner Marcus Böhm, Eva Locher und Antonia Mittelbach vom Verlag De Gruyter, die die Drucklegung dieses Buchs mit größter Kompetenz und viel Geduld betreut haben.

Dem China Scholarship Council bin ich für die Förderung meines Dissertationsprojekts, dem Projektfonds der Fakultät für Sprach- und Literaturwissenschaften an der LMU für die Förderung der Drucklegung zum großen Dank verpflichtet. Herzlich danken möchte ich auch allen MitarbeiterInnen des Aventinus-Forschungslesesaals der Bayerischen Staatsbibliothek, die mich bei der Literaturbesorgung und der täglichen Arbeitsroutine tatkräftig unterstützt und eine äußerst angenehme Atmosphäre für alle ForscherInnen im Lesesaal geschaffen haben.

Schließlich möchte ich Prof. Dr. Cordula Kropik danken, die mich im Anschluss an die Promotion nach Bayreuth eingeladen und bei der Überarbeitung der Studie unterstützt hat. Hier nahm dieses Buch seine jetzige Gestalt an und hier sind Ideen für weitere Projekte im Werden.

Bayreuth, im Herbst 2022   M. Y.

Inhalt

I	**Einleitung** —— 1
I.1	Stoff- und Motivgeschichte —— 1
I.2	Werkcorpus und Themen —— 3
I.3	Forschungsüberblick —— 4
I.4	Methodische Vorüberlegungen: theoretische Ansätze des Mythischen —— 7
I.4.1	Das Mythische im Schwanritter-Stoff – Versuch einer Differenzierung —— 7
I.4.2	Ansätze für die Werkanalyse —— 12
I.5	Fragestellungen —— 18
I.6	Zum Vorgehen —— 20

II	**Die Quellen der deutschsprachigen Werkreihe** —— 22
II.1	Der Schwanritter in den *Chansons de geste* —— 22
II.1.1	Der Kreuzzugszyklus —— 22
II.1.2	*Le Chevalier au Cygne* —— 24
II.2	Ur-Sprung: die Schwanenkinder —— 26
II.2.1	Die mittellateinische Sammlung *Dolopathos* —— 26
II.2.2	*La Naissance du Chevalier au Cygne* —— 29

Erster Teil: Untersuchungen zu Einzelwerken

III	**Wolfram von Eschenbach, *Parzival*** —— 35
III.1	Zur Version —— 35
III.2	Vom Fragegebot zum Frageverbot —— 36
III.3	Der Schluss als ein potentieller Anfang: Loherangrîn und Priester Jôhan —— 47
III.3.1	Erweiterung der Gralsherrschaft —— 47
III.3.2	Offener Schluss —— 49
III.4	Eingliederung der Schwanritter-Sage in den Gralskomplex: Verschmelzung zweier Mythen —— 51

IV	**Konrad von Würzburg, *Der Schwanritter*** —— 56
IV.1	Überlieferung und Stellung des Werks im Autorœuvre —— 56
IV.2	Zur Version —— 58
IV.3	Quellenlage und Sonderstellung in der deutschsprachigen Werkreihe —— 60

IV.4	Legitimation der Herrschaft —— **62**	
IV.4.1	Frageverbot und Tabubruch – die kausal-psychologische Motivierung —— **63**	
IV.4.2	Ordnungen des Blutes und Ordnungen des Wissens —— **67**	
IV.4.3	Radikale Anonymisierung und Ausblendung des Wissens um den Ursprung —— **68**	
IV.4.4	Legitimationspotential für die künftige Schwanritter-Genealogie —— **69**	
IV.5	*die crumben sache slihten* (V. 657) – das Gerichtsverfahren —— **73**	
IV.5.1	Rechtstypologie und Medialität —— **75**	
IV.5.2	Das ‚Urteil' des Königs? —— **76**	
IV.5.3	Die Konfliktlösung —— **78**	
IV.6	Wunder —— **80**	
IV.6.1	Wunder *schouwen unde spehen* (V. 287) – bei der Ankunft —— **80**	
IV.6.2	*daz spalier schirmet in* (V. 1186) – im Zweikampf —— **81**	
IV.6.3	*biten unde manen* (V. 1630) – in der Beteuerung der Erzählers —— **82**	
IV.7	Fragment des Mythos —— **83**	
V	**Albrecht, *Jüngerer Titurel* —— 85**	
V.1	Überlieferung und Verfasserschaft —— **85**	
V.2	Zur Lohrangrin-Episode —— **88**	
V.3	Andeuten und Weitererzählen —— **90**	
V.3.1	Der verschwiegene Intertext —— **90**	
V.3.2	Das ‚hintergangene' Frageverbot und Pelaies Minnekrankheit —— **95**	
V.3.3	*abe strich des males*: Die hinterlassene Konsequenz der ersten Ehe Lohrangrins —— **102**	
V.4	Annäherung des Mythos an die Historie —— **106**	
V.4.1	Umbenennung und Datierung —— **106**	
V.4.2	Die Translation des Grals —— **108**	
V.5	Fleischraub und Remythisierung —— **112**	
VI	**Der bairische *Lohengrin* —— 114**	
VI.1	Überlieferung und Quellenlage —— **114**	
VI.2	Zur Version —— **117**	
VI.3	„nu singet, meister wise!" (30,10) – Wolfram von Eschenbach als Erzählerrolle und Vorbild —— **119**	
VI.3.1	Etablierung der Rolle: das *Rätselspiel* aus dem *Wartburgkrieg*-Komplex —— **119**	
VI.3.2	Präsenz der Rolle: Exkurse aus der Schwanritter-Handlung in die Wartburg-Handlung —— **129**	
VI.3.3	Oszillieren zwischen Erzählerrolle und Vorbild: der Epilog —— **138**	
VI.3.4	Zum Stil —— **143**	

VI.4	Von der Sage zur Reichsgeschichte: die Bearbeitung der Chroniken —— 145
VI.4.1	Forschungslage —— 147
VI.4.2	Die ‚Heiden'-kriege —— 150
VI.4.3	Abriss der ottonischen Kaisergeschichte —— 162
VI.5	Wiedererzählen und Weitererzählen: Intertextualität und Kohärenz —— 164
VI.5.1	Genealogie als Intertextualitätsmodell —— 165
VI.5.2	Objekt als Schlüssel der Poetik: Lohengrins Helmzier —— 167
VI.6	Zwischen höfischem Roman, Kreuzzugsepik und Legende: Gattungsinterferenzen —— 171
VI.7	Heilsgeschichte zwischen den Mythemen —— 177

VII *Lorengel* —— 184

VII.1	Überlieferungslage nebst Überlegungen zum mutmaßlichen Ur-*Lohengrin* —— 184
VII.2	Transkription des Schlusses nach der Hs. W —— 188
VII.3	Zur Version —— 189
VII.4	Leerstellen und Redundanzen, Doppelungen und Widersprüche: die Erzählweise —— 193
VII.4.1	Fragen und Antworten —— 194
VII.4.2	Wiederholungen und Singularität —— 196
VII.4.3	Inkonsistenzen —— 200
VII.5	Evidenz und Medialität —— 203
VII.6	Heldenepik, Legende und meisterliche Lieddichtung: die Allianzen der arthurischen Literatur —— 205
VII.7	Das Verblassen des Mythos —— 208

VIII Ulrich Füetrer, *Das Buch der Abenteuer* —— 210

VIII.1	Mäzen, Entstehung, Überlieferung —— 210
VIII.2	Identifikation und Legitimation —— 213
VIII.3	Sammeln und Vollenden: die Poetik —— 214
VIII.4	Zur Lohargrim-Branche —— 221
VIII.5	Die Aufhebung des Frageverbots und das Wiedererkennen: Bearbeitungstendenzen in der Lohargrim-Branche —— 223
VIII.5.1	*der ding unns an ain ennde gar beschaide* (I,2926,5) – das vollständige Erzählen als Kriterium der ‚Orthodiegese' —— 223
VIII.5.2	Kürzung —— 235
VIII.5.3	Glättung und Vereinfachung —— 238
VIII.5.4	Rationalisierung —— 242
VIII.5.5	Bilanz —— 242
VIII.6	Allegorische Figuren und Erzählerrolle —— 243
VIII.6.1	Geleitetes Erzählen und aufgespaltener Kommentar —— 244

VIII.6.2	Diegetischer Standort der allegorischen Figuren	246
VIII.6.3	Albrecht als die endgültige Instanz	249
VIII.6.4	Verantwortung und Funktion	250
VIII.7	Entmythisierung und Remythisierung	252
VIII.7.1	Frageverbot, Schwan und Fleischraub	252
VIII.7.2	Exkurs: Die Realisierung des Mahrtenehe-Schemas im zweiten Buch	254

IX Rezeption: Richard Wagner, *Lohengrin* — 257

IX.1	Von der höfischen Epik zur Oper: Quellen und Entstehung	258
IX.2	Umgang mit den ‚alten Dichtern': das Textbuch	262
IX.2.1	Zur Version	262
IX.2.2	Das Schema der ‚gestörten Mahrtenehe' in Wagners Œuvre	265
IX.2.3	Verfahren der Bearbeitung	269
IX.3	Psychologisierung durch die Musik: eine motivische Narratologie	296
IX.3.1	Entrückung beim Auftritt	298
IX.3.2	Vision – Vorfreude – Erfüllung	302
IX.3.3	Das Wesen der Ehe	304
IX.3.4	‚Zweifel säen' im wörtlichen und musikalischen Sinne	306
IX.3.5	Von der Schattenseite des Helden: Lohengrins Unehrlichkeit	313
IX.4	*Tannhäuser – Lohengrin – Parsifal*: die Kontinuität des mythischen Kosmos	315
IX.4.1	Der einheitliche Horizont der Quellen	315
IX.4.2	Tannhäuser und Lohengrin: der nicht verstandene Künstler	318
IX.4.3	Parsifal und Lohengrin: das Geschlecht der Gralshüter	320

Zweiter Teil: Werkübergreifende Untersuchungen

X Frageverbot — 329

X.1	Kontextualisierung, Funktion, Forschungspositionen	329
X.2	Erzählen vom Frageverbot	333
X.2.1	Texte mit Frageverbot und Übertretung	334
X.2.2	Arbeit am Frageverbot	352
X.3	Die Notwendigkeit des Tabubruchs	356

XI Genealogie — 358

XI.1	Herkommen	360
XI.1.1	Die Schwanritter-Sage vor dem Hintergrund des Mahrtenehe-Schemas	360
XI.1.2	Der Ritter *mit* dem Schwan	367
XI.2	Deszendenz und Kontinuität	368

XII Der gerichtliche Zweikampf —— 373
XII.1   Altes und neues Recht: Konrad von Würzburg —— 374
XII.1.1   Waffengang —— 375
XII.1.2   Funktion des Zweikampfes —— 379
XII.2   Recht gegen Unrecht: die Lohengrin-Tradition —— 380
XII.2.1   *Lohengrin* —— 380
XII.2.2   *Lorengel* —— 384
XII.2.3   *Buch der Abenteuer* —— 387
XII.3   Vorstellungen vom ‚Gottesurteil' —— 388

XIII Fazit und Ausblick —— 391

Literaturverzeichnis —— 400
            Handschriften —— 400
            Facsimilia, Abdrucke und Editionen —— 400
            Forschung —— 404

Abkürzungsverzeichnis —— 422
            Quellen —— 422
            Forschung —— 422

Personen- und Werkregister —— 423

I Einleitung

I.1 Stoff- und Motivgeschichte

Der Sagenstoff um den Schwanritter gehört zu den weit verbreiteten mittelalterlichen Erzählstoffen, die bis heute nicht an Faszinationskraft verloren haben. Die Geschichte weist in den meisten narrativ entfalteten Versionen seit dem altfranzösischen *Chevalier au Cygne* das folgende Handlungsgerüst auf: Die Herzogin von Brabant/Bouillon wird von einem auswärtigen Herzog/einem heimischen Grafen bedrängt. Ein aus der Anderwelt[1] kommender Ritter wird in einem Nachen von einem Schwan an das Ufer gebracht und rettet sie durch einen Zweikampf mit dem Bedränger. Der Rettungsaktion folgt die Heirat, die unter der Bedingung eines Frageverbots geschieht. Nach mehrjährigem Eheleben verstößt die Herzogin gegen das Verbot, weshalb der Schwanritter sie verlässt und wieder in die Anderwelt entschwindet. Dieses zugrunde liegende Handlungsmuster ist in die Erzählliteratur verschiedener Sprachen eingegangen und hat unterschiedliche Formungen erhalten.[2]

Die Schwanritter-Sage, der wohl ein Mythos von der Verbindung eines Menschen mit einem überirdischen Wesen zugrunde lag, lässt sich in eine lange Tradition abendländischer Mythen und Sagen einbetten. Als Gründungssage, die die Genealogie eines historischen Fürstenhauses von einer/einem mythischen Ahnfrau/Ahnherrn ableitet, weist sie Parallelen mit der Melusinensage auf, die den Aufstieg und Verfall des Geschlechts derer von Lusignan auf den Gründungsakt durch die Schlangenfrau zurückführt, und mit dem *Lai de Tydorel*, in dem eine vom Aussterben bedrohte Herrschaft durch überirdischen Eingriff gerettet wird.[3] Motivgeschichtlich steht das Frageverbot in der Schwanritter-Sage in Verwandtschaft mit anderen Formen des Tabus, das für eine Verbindung zwischen Mann und Frau vorausgesetzt wird, etwa dem Sichtverbot in den antiken Mythen von Amor und Psyche sowie von Zeus und Semele, den Sicht-, Frage- und Erwähnungsverboten in zahlreichen mittelalterlichen Mahrtenehe-Erzählungen.[4] Mutmaßlich ist die Sage germanischen Ursprungs[5] und

---

[1] Gemeint ist eine Gegenwelt zur vertrauten Welt, zu der der Zugang für Sterbliche nur unter bestimmten Bedingungen möglich ist.
[2] Umfassend und prägnant zur Stoff- und Motivgeschichte, zur Sagengenese und -entwicklung siehe Ehrismann 2007.
[3] Vgl. Kolb 1985, S. 27–30.
[4] Vgl. dazu Kap. IV.4.1.1.
[5] Vgl. Lecouteux 1978b, S. 23–30. Cramer 1971, S. 46–123 bietet einen Überblick der literarischen Bearbeitungen des Schwanritter- und Schwanenkinder-Stoffes sowie der chronikalischen Zeugnisse der Adelshäuser, die sich genealogisch auf den Schwanritter beziehen. Erweitert wird diese Untersuchung zur Entstehung und Entwicklung der Sage durch Lecouteux 1978b, der auf die ältesten überlieferten Zeugen des Sagenkomplexes eingeht, diese mit der germanischen Sceaf-Sage in Verbindung bringt und die Gestalt des Schwanritters auf eine Gottheit der Fruchtbarkeit, des Reichtums und des Friedens zurückführt.

möglicherweise lagen den deutschen Schwanritter-Bearbeitungen französische Quellen zugrunde, die im Umfeld der Berührung zweier Zyklen der *Chansons de geste* – des Kreuzzugzyklus, dem der *Chevalier au Cygne* angehört, und des Lothringerzyklus, dem der Name *Loherangrîn* entlehnt ist – zu situieren sind.[6] Ob solche Quellen überliefert sind, ist aufgrund unvollständiger Aufarbeitung des Materials ungewiss.

Sowohl die ersten historischen Zeugnisse als auch die ältesten Dichtungen bringen den Schwanritter mit dem Haus Bouillon in Verbindung.[7] In der Tradition des *Chevalier au Cygne* wird der Schwanritter als Großvater Gottfrieds von Bouillon,[8] des ersten christlichen Herrschers im Heiligen Land, und somit als Ahnherr der Könige von Jerusalem dargestellt. Auch in weiteren literarischen Texten fungiert die Figur als (Neu-)Gründer dynastischer Geschlechter. Die Erzählungen vom Schwanritter gehören also dem Typus „fiktiver Geschlechtermythologien"[9] an, die „die Anfänge eines Geschlechts ins Wunderbare überhöhen und seine Blüte feiern"[10]. Die „literarischen Konkretionen des Mythos"[11] weisen eine vergleichsweise stabile Grundstruktur und mannigfaltige Variationsmöglichkeiten in der Gestaltung einzelner Figuren, Motive und Handlungssegmente auf. In groben Zügen lassen sich die Versionen in zwei Traditionsstränge differenzieren: der ältere Strang der französischen *Chevalier au Cygne*-Tradition mit Übersetzungen und Bearbeitungen in verschiedenen Sprachen, zu denen Konrads von Würzburg Erzählung *Der Schwanritter* zählt; und der jüngere Strang der deutschen Lohengrin-Tradition, der seinen durch die Überlieferung bezeugten Anfang in der Schluss-Passage des *Parzival* Wolframs von Eschenbach hat. Die beiden Traditionsstränge unterscheiden sich unter anderem in der Benennung und der genealogischen Anbindung des Schwanritters: In der *Chevalier au Cygne*-Tradition ist der Schwanritter namenlos bzw. trägt den Namen Elias/Helias, kommt in Nimwegen an Land und wird durch Heirat zum Ahnherrn des Hauses Bouillon; zu seinen ruhmreichen Nachfahren gehören die drei Brüder und Heerführer des Ersten Kreuzzugs Gottfried, Eustach und Balduin.[12] In der Lohengrin-Tradition heißt der Schwanritter Lohengrin (bzw. eine Variante davon), ist Sohn Parzivals, wird vom Gral ausgesandt und die Geschichte wird nach Antwerpen im Herzogtum Brabant verlagert; ein Ausblick auf Jerusalem bleibt hier aus. Im Verbund mit dem *Chevalier au Cygne* ist die Geschichte von den Schwanenkindern überliefert, die von der Geburt und Kindheit des späteren Schwanritters und der Verwandlung von sieben Kindern in

---

6 Vgl. Cramer 1971, S. 128.
7 Vgl. Cramer 1971, S. 68 f.
8 Godefroid de Bouillon (gest. 1100) war einer der Heerführer des Ersten Kreuzzugs und der erste Herrscher im christlichen Königreich Jerusalem (1099–1291). Er nahm jedoch keine Königswürde an, sondern nannte sich *advocatus sancti sepulchri*. Für die Nachwelt galt er dennoch oft als der erste König im Heiligen Land.
9 Müller 2007, S. 46.
10 Müller 2007, S. 46.
11 Kellner 2004b, S. 397.
12 Bei Konrad von Würzburg ist der Schwanritter Ahnherr des Hauses Brabant und die Perspektive des Kreuzzugs wird in der Generation vor ihm verhandelt. Vgl. Kap. IV.2.

Schwäne erzählt. Der Schwan, der das Boot des Ritters zieht, ist demnach einer seiner Brüder. Diese Geschichte findet sich im deutschen Kulturraum seit dem vierzehnten Jahrhundert in Prosaerzählungen wieder, wird hier jedoch nicht im Kontext der Schwanritter-Tradition überliefert und fungiert nicht als deren Vorgeschichte.[13] Daher ist der deutsche Schwanritter der Ritter *mit* dem Schwan. Jegliche Ambiguität oder Verwandlungsmöglichkeit, die der Formulierung *chevalier au cygne* innewohnt, wird hier ausgeblendet.

I.2 Werkcorpus und Themen

Die vorliegende Studie nimmt die stabile Grundstruktur des Mythos und die Variationsmöglichkeiten in seinen Konkretionen als Ausgangspunkt und untersucht alle sechs deutschen literarischen Bearbeitungen des Schwanritter-Stoffs von den Anfängen bis um 1500. Werke mit einzelnen Erwähnungen der Figur oder des Namens, die den Stoff jedoch nicht narrativ entfalten, werden nicht berücksichtigt.[14] In Bezug auf die vormodernen Texte wird das wichtigste moderne Zeugnis des Stoffes, die Oper *Lohengrin* Richard Wagners, behandelt. Das Untersuchungscorpus setzt sich aus den folgenden Werken zusammen: Wolframs von Eschenbach *Parzival*, entstanden um 1210, ist das älteste überlieferte Zeugnis des Schwanritter-Stoffes in deutscher Sprache.[15] Bei ihm begegnen zum ersten Mal die Anbindung der Geschichte an den Gralskomplex und der Name *Loherangrîn*. Beides wird von den späteren deutschen Schwanritter-Bearbeitungen mit Ausnahme Konrads übernommen. Folgt man der frühen Datierung von Konrads *Schwanritter*, ist dieser chronologisch der zweite deutsche Text. Er weist eine große Nähe zur französischen Tradition auf und nimmt in der deutschen Werkreihe eine Sonderstellung ein. Der *Jüngere Titurel* Albrechts deutet das Schicksal Lohrangrins nach Wolfram an und erzählt nur seine zweite Sendung nach Liasperie aus, die sich an seinen Abschied von Brabant anschließt. Das bairische Epos *Lohengrin* entfaltet die Schwanritter-Geschichte unter Benutzung von chronikalischen Vorlagen zu einem umfangreichen Werk im ‚Schwarzen Ton', der als genuiner Spruchton hier zum ersten Mal in der Epik Verwendung findet. Die Erzählung von Lohengrin wird als Teil des Sängerwettstreits auf der Wartburg inszeniert und Wolfram von Eschenbach in den Mund gelegt. Von *Lohengrin* abhängig – oder aus einer gemeinsamen Quelle schöpfend – ist die in gleicher Strophenform verfasste Erzählung *Lorengel*, die die erste Ankunft des Schwanritters in einem städtischen Milieu ansiedelt. Im Rekurs auf *Parzival*, den *Jüngeren Titurel* und *Lohengrin* erzählt

---

[13] Vgl. Cramer 1971, S. 50; Lecouteux 1978b, S. 21–22; Reinhardt 2012, S. 86.
[14] Von historiographischen Fassungen, beispielsweise den Geschichten des Brabon Silvius (vgl. Blöte 1904) und des Gerhard Schwan sowie den Erwähnungen der genealogischen Abstammung verschiedener Herrscherhäuser vom Schwanritter in den Chroniken (vgl. Cramer 1971, S. 68–123) wird abgesehen, da in diesen Zeugnissen die mythische Grundstruktur kaum erhalten ist.
[15] Die Lohengrin-Handlung im *Rappoltsteiner Parzifal* ist mit Wolframs Version identisch.

Ulrich Füetrers *Buch der Abenteuer* die vollständigste Geschichte des Schwanritters in der deutschen Literatur. Der *Jüngere Titurel* und das *Buch der Abenteuer* berichten von einer zweiten Sendung des Schwanritters, die mit dessen Tod und dem Tod seiner zweiten Gattin endet. Diese Bearbeitungstendenz zeigt, dass man sich um einen anderen Schluss als die dauerhafte Trennung der Ehepartner aufgrund des Frageverbots bemüht hat. Das Motiv des Frageverbots wird in der zweiten Ehe entweder entfunktionalisiert oder ganz aufgehoben. Die dreiaktige romantische Oper *Lohengrin* Richard Wagners ist nicht nur ein repräsentatives Werk der Mittelalterrezeption in der Romantik, sondern auch ein Reflex des Umgangs mit Mythos und Sage in der Kulturgeschichte der Moderne. Sie speist sich unmittelbar oder durch die Vermittlung der romantischen Literatur und Wissenschaft aus der gesamten vormodernen deutschen Werkreihe und nimmt zudem Elemente der französischen Tradition auf. Im Zuge der musiktheatralischen Gestaltung erfährt der Stoff einen medialen Wandel. Mit Ausnahme Konrads gehören die hier zu untersuchenden Werke der Lohengrin-Tradition an.

I.3 Forschungsüberblick

Der Schwanritter-Stoff und seine textuellen Realisierungen bilden Gegenstand der historischen, der sagengeschichtlichen und völkerkundlichen sowie der literaturwissenschaftlichen Forschung. Hier referiere ich zunächst die Forschungsbeiträge zum gesamten Stoffkomplex, bevor ich zu den auf Einzelwerke bezogenen Studien übergehe. Die quellen- und sagengeschichtlich orientierte ältere Forschung war bemüht, konkrete historische Ereignisse in der Handlung widergespiegelt zu sehen oder eine historische Figur als Vorbild für den Schwanritter auszumachen und dessen Beziehung zu Gottfried von Bouillon zu erschließen,[16] sowie die ursprünglichen Züge der Sage und ihre weitere Genese zu rekonstruieren.[17] Solche Studien führten aufgrund ihrer methodischen Unzulänglichkeit zu keinen sicheren Schlussfolgerungen. Noch in deren Nachfolge steht die strukturalistische Perspektive der jüngeren Zeit, die versucht, einen archetypischen ‚Sagenkern' hinter den konkreten Textversionen zu filtern, die in der ‚Volkskultur' und der mündlichen Überlieferung beheimatet sein soll. Demnach seien die verschriftlichten Versionen Entstellungen der ursprünglichen Sage, die zum Teil nicht mehr verstanden worden sei.[18] Mit diesen Ansätzen verwandt sind die psychoanalytischen Deutungen der Sage, die die vermeintlichen symboli-

---

16 Vgl. Blöte 1897/1901; Weidenkopf 1979, S. 299, 303–304; Ritscher 1988/1989, S. 249; Salvini-Plawen 1990. Kritisch dazu Strohschneider 1997b, S. 128, Anm. 4.
17 Vgl. Hagen 1848; Müller 1856; Sprenger 1876; Blöte 1894, 1898, 1900; Gereke 1913, S. 510–519; Krogmann 1937; zuletzt noch Spicker 1998.
18 Vgl. Lecouteux 1978b, mit dem gleichen Ansatz zur Melusinensage ders. 1978a und 1979, diese mit der Schwanritter-Sage vergleichend ders. 1997.

schen Verdichtungen in den Texten als anthropologische Konstanten betrachten.[19] In der mediävistischen Literaturwissenschaft führt die Auseinandersetzung mit dem Stoff von den Versuchen, die Quellen der Werke und deren Abhängigkeitsverhältnisse voneinander zu eruieren,[20] über die Verfolgung der Gestaltungstendenzen und Funktionalisierungen der Sage[21] bishin zu den neueren kulturwissenschaftlich kontextualisierten sowie diskurs- und mediengeschichtlich orientierten Textanalysen.[22]

Unter den auf Einzelwerke bezogenen Studien werden hier die repräsentativen vorgestellt. Die detaillierte Forschungslage wird in den jeweiligen Kapiteln thematisch aufgeführt. Zur Schlusspartie des *Parzival* bietet Herbert Kolb[23] eine Lektüre aus der typologischen Perspektive und deutet das Gralskönigtum als Präfiguration des hierosolymitanischen Königtums. Horst Brunner[24] legt den Schwerpunkt seiner Untersuchung auf die Öffnung der Erzählung aus dem fiktiven Rahmen in eine chronikalische Form und auf die angedeutete Historizität. Der zeitgleich erschienene Beitrag Joachim Bumkes[25] sieht im genealogisch bedeutsamen Ausblick eine Hinführung der Erzählung auf Themenkomplexe, die für das zeitgenössische Publikum des Romans von hoher Aktualität sein dürften. Ferner sehen beide ein beunruhigendes Potential in der Gestaltung des Werkschlusses. Annette Volfing[26] interpretiert die Loherangrîn-Episode einerseits als ein Exemplum, das als Minnedidaxe gelesen werden könne und zum Epilog gehöre; andererseits weist sie der Episode eine poetologische Dimension zu, die den Kommunikationsakt zwischen dem Erzähler und den Hörern betreffe. Die Arbeit Ruth Sassenhausens[27] stellt einen Versuch dar, die frühromantische Fragmentauffassung auf den *Parzival* zu beziehen, indem sie die Unabschließbarkeit der Identitätsproblematik über Generationen hinweg in den Mittelpunkt ihrer Untersuchung rückt.

Im Blick auf den *Schwanritter* Konrads von Würzburg wurden bis in die 1990er Jahre hinein Versuche zur Bestimmung des Auftraggebers und zur Werkchronologie Konrads unternommen. Des Weiteren nimmt der Aspekt des Gerichtsverfahrens und der Rechtspositionen eine zentrale Stellung in der Forschung ein. Stefan Weidenkopf[28] untersucht neben der historischen Gültigkeit der Schwanritter-Sage und ihrer Verbindung zu Gottfried von Bouillon auch den Prozess in Konrads Text vor dem

---

19 Vgl. Rank 1911, Wyss 1979.
20 Vgl. Golther 1890; Frey 1931; Krüger 1936. Die Forschung vor 1971 ist bei Cramer 1971, S. 46–129 und 586–589 dokumentiert.
21 Vgl. Kolb 1985, der die Entwicklung der Stoffgestaltung in drei Stufen einteilt: Verchristlichung, Folklorisierung und Entmythisierung (S. 34–46); Buschinger 2011.
22 Vgl. Strohschneider 1997b mit Schwerpunkt auf der Version Konrads von Würzburg und Kellner 2004a mit Schwerpunkt auf der Schwanenkinder-Geschichte.
23 Kolb 1963, S. 51–77.
24 Brunner 1991.
25 Bumke 1991.
26 Volfing 2004.
27 Sassenhausen 2005.
28 Weidenkopf 1979.

Hintergrund historischer Rechtsquellen. Peter Strohschneider[29] hebt die Dimension der Rechtstypologie hervor und differenziert die Streitigkeiten beider Parteien in einen Sachkonflikt und einen Normenkonflikt. Die Lohrangrin-Episode im *Jüngeren Titurel* wurde bislang in einem einzigen Beitrag detailliert untersucht: Der Aufsatz Dietrich Huschenbetts[30] widmet sich der Suche nach möglichen Quellen für die Figur der Pelaie und das Motiv des Bratens. In einem Anhang wird die in Einzelheiten nicht leicht zu verstehende Episode ins Neuhochdeutsche übersetzt.

Zum bairischen *Lohengrin* bieten die Untersuchungen Thomas Cramers[31] im Rahmen seiner Edition des Textes, die sowohl der text- und stoffgeschichtlichen Einführung dienen als auch die historisch-politischen Bezüge und das bildhaft-symbolische Darstellungsverfahren im Werk exemplarisch interpretieren, bis heute Grundlage und Ausgangspunkt weiterer Fragestellungen. Die in französischer Sprache verfasste Dissertation Alain Kerdelhués[32] basiert auf ebendieser Grundlage und erweitert die vorhandene textinterne und auch quellengeschichtliche Untersuchung. Ferner widmet sich Kerdelhué in zwei Aufsätzen[33] der Bearbeitung der *Sächsischen Weltchronik* im *Lohengrin*. Eine weitere Dissertation zum *Lohengrin* stammt von Regina Unger[34], die die Erzählerrolle Wolframs, die Darstellung des Grals und der Titelfigur sowie die historischen Partien des Werks analysiert. In neuester Zeit erschien eine weitere Monographie zu diesem Werk: Die narratologisch angelegte Studie Alastair Matthews' zielt darauf, die bisherigen Wertungen des *Lohengrin* – Hybridität, Brüche, Epigonentum, Kompilation – zu hinterfragen und dessen Einheit und Kohärenz anhand paradigmatischer Bezüge auf der inhaltlichen wie auch der stilistischen Ebene herauszuarbeiten. Vervollständigt wird die Untersuchung durch eine Teiledition der *Sächsischen Weltchronik* nach dem ms. 1 der Rezension A. Zwei Aufsätze Matthews' beleuchten jeweils den Aspekt der Polemik in der Eingangspartie des *Lohengrin*[35] und die Erzählerstimme in den Ottonen-Strophen.[36] Neben diesen dem bairischen Epos gewidmeten Beiträgen bietet die Analyse des darin überlieferten Bestands des *Rätselspiels* in der Dissertation Jan Hallmanns[37] einen gewichtigen Bezugspunkt für jede Untersuchung des Werkeingangs. Eine Beleuchtung des *Schwanritters* und des *Lohengrin* aus der Perspektive der Ursprungslogik und der Geschichtlichkeit von Andreas Hammer wird angekündigt.[38]

---

[29] Strohschneider 1997b.
[30] Huschenbett 2000.
[31] Cramer 1971.
[32] Kerdelhué 1986.
[33] Kerdelhué 1990, 1991.
[34] Unger 1990.
[35] Vgl. Matthews 2015a.
[36] Vgl. Matthews 2015b.
[37] Vgl. Hallmann 2015, S. 265–283.
[38] Vgl. Hammer 2023.

Die bisherige Forschung zum *Lorengel* beschränkt sich auf die Darstellungen in den beiden Textausgaben[39] und den Datierungsversuch von Heinz Thomas[40]. Zur Lohargrim-Branche im *Buch der Abenteuer* gibt es bislang keine spezifische Studie, während einige andere Einzelbranchen insbesondere des zweiten Buchs in der neueren Forschung durchaus Aufmerksamkeit gewonnen haben.[41] Neben den Studien zum Schwanritter-Stoff ist auch die verdienstvolle Monographie Hedda Ragotzkys[42] zur Wolfram-Rolle in der deutschen Literatur des dreizehnten Jahrhunderts für die Betrachtung der Werkreihe in der vorliegenden Arbeit von hoher Bedeutung.

Die Germanistische Mediävistik hat seit jeher maßgeblich zur Wagner-Forschung beigetragen, so auch in Studien, die die mittelalterlichen Quellen in der Oper *Lohengrin* aufspüren, die Bearbeitung dieser durch den Dichter-Komponisten analysieren[43] und das Werk auf die Konzeption des Mythos bei Wagner hin kontextualisieren[44]. Eine Auswahl an gewichtigen musikwissenschaftlichen Studien zur Oper *Lohengrin* wird im entsprechenden Kapitel besprochen.

Das Desiderat, das Thomas Cramer am Ende seiner Darstellung der Tradition des Schwanritter-Stoffes äußerte – „zu untersuchen, wie der gleiche Stoff unter wechselnden Konstellationen umgeformt und modifiziert wird, um jeweils anderen Zielen in dynastischer Selbstmythologisierung, genealogischer Stilisierung oder allgemeiner politischer Intention dienstbar sein zu können"[45] –, ist trotz reger Bemühungen der Forschung in den letzten fünf Jahrzehnten nur ansatzweise verwirklicht worden. Eine Monographie, die die gesamte deutsche Werkreihe zum Schwanritter-Stoff zum Gegenstand hat und den Wandel dieses mythischen Stoffes in Literatur und Kunst durch die Jahrhunderte verfolgt, fehlte bislang. Diese Leerstelle zu füllen, ist das Anliegen der vorliegenden Studie.

I.4 Methodische Vorüberlegungen: theoretische Ansätze des Mythischen

I.4.1 Das Mythische im Schwanritter-Stoff – Versuch einer Differenzierung

Die Überlegung, theoretische Ansätze des Mythischen bei meiner Werkanalyse einzubeziehen, rührt zunächst vom inhaltlichen Aspekt her: In den literarischen Bear-

---

39 Steinmeyer 1872, S. 232–244; Buschinger/Brunner 1979, S. VII–XIX.
40 Thomas 1987.
41 Vgl. u. a. del Duca 2015; Raumann 2013.
42 Ragotzky 1971.
43 Vgl. Ukena-Best 2014; Mertens 1986, S. 26–31; Wapnewski 1986, S. 261–269; Buschinger 2007, S. 44–59; dies. 2011, S. 309–311.
44 Vgl. Heinzle 2012, insb. S. 104 f.
45 Cramer 1971, S. 129.

beitungen der Schwanritter-Sage[46] ist zweifellos ein mythisches Substrat enthalten, nämlich die Erzählung von einem (Neu-)Gründungsmoment durch einen Spitzenahn,[47] der mit dem Zeitenabstand nicht an Präsenz verloren hat.[48] Insofern setzen sie einen Ursprung, an den alle Zukunft zurückgebunden wird, und können – wie die Geschichten von Melusine[49] und von Eneas – als Gründungsmythos gelesen werden.[50] Aus der „auf die genealogische Begründung von Adelsgeschlechtern abzielenden Erzählintention"[51] erklärt sich die weite Verbreitung der Schwanritter-Sage, denn „[e]ine bedeutende Dynastie, die den Schwanritter zu ihrem Ahnherrn erhebt, bezieht aus dem Ursprungsmythos ihre Legitimität"[52]. In Zusammenhang mit der textgenetisch an die Schwanritter-Geschichte anschließenden Schwanenkinder-Geschichte

---

46 An dieser Stelle scheint es mir angebracht, das Verhältnis zwischen Sage und Mythos heuristisch zu erläutern: Als wissenschaftlicher Terminus hat sich der Begriff ‚Sage' seit den Brüdern Grimm etabliert. Prägend für diese Art von Erzählungen sind einerseits der Wirklichkeitsanspruch, andererseits – dies in Abgrenzung zum Mythos – die Lokalgebundenheit. (Vgl. Röhrich 1977, S. 633) Oft handelt es sich um „örtlichen Volksglauben", dem ein „epische[s] Moment" (ebd., S. 634) verliehen wird. Die Lokalgebundenheit sichert den Wirklichkeitsanspruch der Sage. Der Mythos ist bemüht, den Ursprung zu erklären; die Sage berichtet meistens von Außergewöhnlichem. In der Auffassung der Brüder Grimm steht die Sage als eine jüngere Schicht in enger Verwandtschaft mit der germanischen Mythologie, d. h. Göttergenealogie; sie verfolgen mit ihrer Sammlung *Deutsche Sagen* ein historisches Interesse: „Die Brüder glaubten, aus den Sagen den Atem entlegenster Urzeit zu spüren. Insbesondere Jacob suchte in der Sage den Niederschlag der alten Göttermythen. In der niederen Mythologie der Zwerge, Kobolde, Nixen und Wilden Männer sah er einen Abglanz der altgermanischen Götterlehre." (Ebd.) Die Sammlung wird in zwei Bände gegliedert: Der erste Band enthält die sogenannten ‚Ortssagen', in denen ortsgebundene „Berichte über die Begegnung mit dem Numinosen, mit dem ‚ganz Anderen'" (ebd., S. 636 f.) dominieren; der zweite Band umfasst die ‚geschichtlichen Sagen', in denen „das historische Element stärker ausgeprägt ist als das lokale" (ebd., S. 641). Die Versionen der Schwanritter-Sage finden ihren Platz im zweiten Band (Nr. 540–544), wohl aufgrund der Nennung historischer Figuren wie Karls des Großen, Gottfrieds von Brabant, des Königs Oriant und des Kaisers Otto I. Siehe auch die Erläuterung der Begriffs- und Sachgeschichte der Sage im *Reallexikon der deutschen Literaturwissenschaft* (Voorwinden 2007).
47 Zu Konfigurationen des Ursprungs vgl. Kellner 2004b; spezifisch zu Setzung des Spitzenahns und Aporien des Ursprungs in den Schwanritter- und Schwanenkinder-Geschichten vgl. Kellner 2004a, S. 136–154.
48 Vgl. Lévi-Strauss 1976, S. 230 zur überzeitlichen Präsenz des Mythos: „Aber der dem Mythos beigelegte innere Wert stammt daher, daß diese Ereignisse, die sich ja zu einem bestimmten Zeitpunkt abgespielt haben, gleichzeitig eine Dauerstruktur bilden. Diese bezieht sich gleichzeitig auf Vergangenheit, Gegenwart und Zukunft." Siehe ferner die Studien zur Mythologie aus anthropologischer und ethnologischer Perspektive bei dems. 1971–1973.
49 Ein Beispiel der Verwandtschaft beider Sagenkreise bietet der 15. Sermo in *Super Apocalypsim* des Gaufredus von Auxerre, der die Schwanritter-Sage zwischen zwei Melusinen-Sagen anordnet. Vgl. dazu Lecouteux 1978b, S. 31. Zuletzt umfassend zur Überlieferungs- und Bearbeitungsgeschichte des Melusinen-Stoffes vgl. Zeldenrust 2020.
50 Vgl. Jolles [8]2006, S. 109 zur Leistung der Mythe, Bedürfnis nach Erklärung zu befriedigen, indem sie einen Anfang setzt.
51 Ukena-Best 2014, S. 17.
52 Ebd.

handelt die Sage vom Verhältnis zwischen dem Menschlichen und dem Über- bzw. Halbmenschlichen, indem sie sowohl die Verwandlung eines Menschen in ein Tier und wieder zurück als auch die Vermählung eines solchen Wesens mit einem Menschen in den Blick fasst.[53] Feste Bestandteile der Geschichte, beispielsweise das Frageverbot[54] – ein Tabu, der den Ursprung vor dem Ursprung verhüllen soll – oder der den Nachen ziehende Schwan – ein Tier, der mehr als animalische Fähigkeiten besitzt – sowie die eben erwähnte Verwandlung und Vermählung können als mythische Motive bezeichnet werden. Ferner erzählt die Schwanritter-Sage von einer gescheiterten Vermittlung der menschlichen und der überirdischen Seinssphäre, insofern insistiert sie auf die kategoriale Trennung zwischen dem profanen und dem numinosen Raum, die für das mythische Weltbild konstitutiv ist.[55] Darin liegt das besondere Faszinosum, das den verschiedenen Gründungsgeschichten nach dem Schema der ‚gestörten Mahrtenehe' innewohnt. Dass sich daraus ein profilierter Typus der genealogischen Legitimation gebildet hat, nämlich die Überhöhung eines dynastischen Geschlechts anhand der Unverfügbarkeit des Numinosen, daran lassen sich die schematische Verdichtung und die Übertragbarkeit des Mythos sowie das Potential seiner Funktionalisierung für das mittelalterliche Denken beobachten.

Die Notwendigkeit, Theorien des Mythischen als Beobachtungs- und Beschreibungsinstrument heranzuziehen, ergibt sich aus dem Horizont der narrativen Sinnstiftung, der den einzelnen Texten zugrunde liegt:

> Vielmehr geht es um Kategorien, die es erlauben, Dimensionen narrativer Sinnstiftung zu beschreiben, die sich zwar im Einzeltext manifestieren, aber nicht in ihm allein begründet liegen, ebensowenig aber auf der Ebene der Gattungen und Typen anzusiedeln sind. Daraus ergibt sich die Notwendigkeit, traditionelle Erzählungen als kulturelle Texte zu analysieren, also auf den gesamten Fundus und weiten Horizont mythischen Wissens zu beziehen, der mit dem einzelnen Text aufgerufen sein kann.[56]

Die Auseinandersetzung mit dem Mythischen in der neueren Forschung der Germanistischen Mediävistik hat das Mythische auf Ebenen der Stoffe, Motive und Figuren, der Denk- und Wissensformen, der Welterklärungsmodelle, der Handlungsschemata und Erzählstrukturen, sowie der Zeit- und Raumordnungen auf der breiten Basis verschiedener Textsorten herausgearbeitet.[57] Dabei wird ‚Mythos' oft in Abgrenzung

---

53 Zur Einbettung der Schwanritter-Geschichte in das Erzählschema der ‚gestörten Mahrtenehe' vgl. Schulz 2008, S. 385–388. Näheres zum Schema siehe Kap. IV.4.1.1.
54 Vgl. Blumenberg ⁵1990, S. 73 zum Tabu: „Hier wird die numinose Qualität zur Sicherung von Geboten und Verboten, geschützter Bezirke, bestimmter Rechte und Vorrechte. Das Zeichen des ursprünglich und unwillkürlich Entsetzlichen wird auf das zur Teilnahme an dieser Qualität Bestimmte übertragen."
55 Vgl. Cassirer 1925/2010, S. 98–109.
56 Kiening 2004, S. 38.
57 Ich beschränke mich bei der Auflistung auf neuere Sammelbände – u.a. Friedrich/Quast 2004; Keller/Kragl 2009; Wolfzettel u.a. 2011; Eikelmann/Friedrich 2013; Gebert/Mayer 2014a – und Monographien – u.a. Hammer 2007; Behmenburg 2009; Hoffmann 2012; Gebert 2013; Poser 2018. Eine

zu rationalen Anschauungsformen beschrieben. So verwendet beispielsweise Jan-Dirk Müller in seinem Aufsatz, der die „rational kaum ausbalancierte[] Faszination durch Sage, Mythos, Zauber, Dämonie"[58] in spätmittelalterlich-frühneuzeitlichen Erzähltexten aufzeigt, den Begriff des ‚Mythischen' zur Bezeichnung jener Gegentendenz zur Rationalisierung, Entzauberung[59] und Verwissenschaftlichung.[60] Freilich bleibt in der Forschung die Definition des Mythos-Begriffs offen,[61] ebenso herrscht weitgehend Konsens über die Unmöglichkeit einer einheitlichen Mythos-Theorie:

> Eine gültige festumrissene Theorie des Mythos wird es nicht geben, ja die Forderung nach einem Mythos-Begriff oder selbst der Terminus Mytho-Logie binden schon zwei heterogene Größen aneinander. Denn der Mythos lässt sich als das Andere der Vernunft verstehen, das sich einer vollständigen rationalen Auflösung entzieht. Mythostheorien konzeptionalisieren dieses Andere der Vernunft auf je eigene Art.[62]

Dass diese Flexibilität nicht als Mangel, sondern eher als eine genuine Beschaffenheit von Mythos und Mythos-Theorien zu betrachten ist, die Leistungspotential in sich birgt, ist ebenfalls thematisiert worden:

> Nach bisherigem Kenntnisstand sind Begriffsvarianz und Definitionsresistenz nicht vermeidbare Nebeneffekte, sondern geradezu Konstitutionsbedingungen von Mythostheorien, die einzelne Klärungsinitiativen kaum gemindert haben.[63]

> Das Resultat solch flexibler Kategorisierungen jenseits harter analytischer Begrifflichkeit erscheint aber nur aus der Sicht eines modernen Wissenschaftsverständnisses als eine Schwäche, gegenüber dessen rigidem Wahrheitspostulat bringen die Funktionskategorien des Mythos den Geltungsanspruch jener Wirklichkeiten ins Spiel, die sich analytisch nicht auflösen lassen.[64]

Beobachtungen wie diese zeigen, dass ein einheitlicher Umriss des Mythosbegriffs und damit auch des Mythischen in literarischen Texten nicht möglich ist.

Bei der Betrachtung des Mythischen in den Schwanritter-Erzählungen differenziere ich heuristisch zwischen einer inhaltlichen, einer strukturellen und einer funktionalen Perspektive,[65] ohne dabei trennscharfe Grenzen zwischen den Perspektiven

---

vollständige Recherche aller mythenbezogenen mediävistischen Studien würde die Kapazität der vorliegenden Arbeit bei weitem übersteigen. Einen umfassenden Überblick dazu bietet Gebert 2011.
58 Müller 2008, S. 451.
59 Im Sinne von Max Webers Ausführung zur ‚Entzauberung der Welt'; vgl. Weber ⁴1973, S. 594.
60 Vgl. Müller 2008, S. 435, prägnant S. 437: „Ich verbuche im folgenden unterschiedliche Phänomene, die sich dem Rationalisierungsprozeß entziehen, unter dem Stichwort des Mythischen."
61 Vgl. auch die in der philosophischen Forschung festgestellte Problemsituation: „Schon der Versuch einer Einigung auf eine Minimaldefinition ist mit Risiken behaftet" (Jamme ²1999, S. 21).
62 Friedrich/Quast 2004, S. X. Vgl. auch zuletzt zum Dilemma eines Definitionsversuchs bei Gebert/Mayer 2014b, S. 2f., die für eine „Wirkungsgeschichte des Mythos (genauer: des Mythosdiskurses)" (S. 5) statt kompakter Definition plädieren.
63 Gebert 2011, S. 20, Anm. 5.
64 Friedrich 2013, S. 195.
65 Vgl. die Aufteilung bei Dietl u. a. 2011, S. XV und Kiening 2004, S. 37f.

ziehen zu wollen. Inhaltlich lässt sich Mythos als Gegenstand bzw. Gattung, als (Rest einer) Mythologie auffassen,[66] die sich durch vorchristliche/elementare Weltmodelle[67] auszeichnet. Als Untersuchungsgegenstand dieser Perspektive gelten mythische Stoffe und Motive in Texten. Die strukturelle Perspektive befasst sich mit der mythischen Denkform, die sich als vorrational, zeitlos, zyklisch, alogisch und akausal manifestiert.[68] Eine besondere Erscheinungsform der mythischen Strukturen in Erzähltexten ist die dominierende finale Motivierung, die die kausale in den Hintergrund treten lässt.[69] Die funktionale Perspektive sieht den Zweck des Mythos in der Welterklärung, dem Bannen von Schrecken und der Legitimation von bestehenden Ordnungen[70] oder entdeckt eine „gemeinsamkeitbegründende Kraft"[71] im Mythos. Diese Funktionen erfüllt der Mythos mit seiner Evidenz und einer daraus resultierenden Autorität.[72] Ausgehend von diesen Perspektivierungen lässt sich das Mythische in den Texten meines Untersuchungscorpus näher beschreiben: Erstens kann man die literarischen Bearbeitungen der Schwanritter-Sage inhaltlich als Gründungsmythos betrachten. Zweitens finden sich in diesen Erzählungen Strukturen, die der mythischen Denkform eigen bzw. affin sind. Drittens dient die Schwanritter-Sage aufgrund der kollektiv bezeugten Hilfeleistung und Herrschaft des Schwanritters und der Evidenz, die seinen Nachkommen anhaftet, zur Legitimation und Verherrlichung des Herrschergeschlechts von Bouillon/Brabant[73] und der verwandten Fürstenhäuser; diese Funktionalisierung wird in den Texten bestätigt, modifiziert und erweitert.

Die Bindung an einen mythischen Stoff, d.h. der inhaltliche Aspekt, ist in der Schwanritter-Geschichte ersichtlich. Unter anderem hat man es in der Forschung unternommen, die Anknüpfung des germanischen Schwanmythos an die Gestalt Gottfrieds von Bouillon zu rekonstruieren, den Zweig der Schwanritter-Sage in der deutschen Literaturgeschichte nachzuzeichnen und die Bildung des Namens „Lohengrin" zu erklären;[74] die Sage auf ihre ursprüngliche Gestalt zurückzuverfolgen und die Einführung bestimmter Motive zu erklären.[75] Diese positivistisch ausgerichteten Rekonstruktionsversuche können sich aufgrund ihrer Fragestellungen der Spekulation nicht entziehen. Ferner sind die drei Stufen von der Verchristlichung über die

---

66 Vgl. Dietl u.a. 2011, S. XV.
67 Vgl. ebd., S. XII.
68 Vgl. ebd., S. XIVf.
69 Vgl. Kiening 2004, S. 37.
70 Vgl. Dietl u.a. 2011, S. XII.
71 Lugowski 1932, S. 12.
72 Vgl. Kiening 2004, S. 37.
73 Die auffällige Verlagerung des Schauplatzes von Bouillon nach Brabant in der deutschen Tradition rührt möglicherweise von der Ähnlichkeit und Verwechselbarkeit in der Titelführung beider Herrscherhäuser her (die Bouillonner Herren trugen den Titel *Herzog von Niederlothringen*, während die Brabanter Herren als *duces Lotharingiae* bezeichnet wurden); dies ist allerdings nicht zu beweisen. Vgl. dazu Cramer 1971, S. 75f.
74 U.a. bei Golther 1890; Namensbildung auch bei Kolb 1963, S. 54f.
75 Vgl. Lecouteux 1978b.

Folklorisierung bis hin zur Entmythisierung in der Entwicklung des Schwanritter-Stoffes skizziert worden.[76] Besondere Aufmerksamkeit wurde der Figur Loherangrîn bei Wolfram gewidmet, die als das verbindende Glied zwischen dem mythischen Gralskönigtum und dem historischen Königtum in Jerusalem gedeutet wurde, welche in einer Relation von Präfiguration und Erfüllung zueinander stünden.[77] Aus strukturalistischer und psychoanalytischer Sicht sind die Parzival- und die Lohengrin-Erzählungen als Umkehrung des Ödipus-Mythos interpretiert worden.[78] Diesen Ansätzen wohnt eine gewisse Willkür inne, die aus ihren methodischen Prämissen resultiert.

Wichtiger für meine Untersuchung ist es hingegen, die mythischen Strukturen, Denk- und Erzählformen sowie ihren Wandel in den literarischen Bearbeitungen des Schwanritter-Stoffes diachron zu verfolgen. Dabei kann der Begriff des Mythischen einerseits als Erzählform auf Textstrukturen bezogen werden, andererseits als eine in den Texten narrativ entfaltete Bewusstseinsform auf Mentalitätsstrukturen.[79]

I.4.2 Ansätze für die Werkanalyse

I.4.2.1 Funktionselemente

Um die Versionen des Stoffes und ihre Beziehung zueinander genau fassen zu können, bedarf es zunächst einer Heuristik der Beschreibung. Die Texte meines Untersuchungscorpus sind diachron gesehen von einer verhältnismäßig stabilen Handlungsstruktur und einem weitgehend festen Figureninventar geprägt, zugleich weisen sie lebhafte Verknüpfungen mit anderen Erzähltraditionen und eine Vielfalt an Gattungsmustern auf. Diese beiden Eigenschaften beschreibt Blumenberg als allgemeine Phänomene in der Tradierung der Mythen:

> Mythen sind Geschichten von hochgradiger Beständigkeit ihres narrativen Kerns und ebenso ausgeprägter marginaler Variationsfähigkeit. Diese beiden Eigenschaften machen Mythen traditionsgängig: ihre Beständigkeit ergibt den Reiz, sie auch in bildnerischer oder rituellerr Darstellung wiederzuerkennen, ihre Veränderbarkeit den Reiz der Erprobung neuer und eigener Mittel der Darbietung.[80]

Basierend auf diesen Eigenschaften scheint es mir berechtigt zu sein, für die Beschreibung und Analyse der literarischen Bearbeitungen desselben Stoffes das strukturalistische Verfahren von Claude Lévi-Strauss zu entlehnen, das der Kombinationssinnstiftung des Mythos auf den Grund geht. Nach Lévi-Strauss wird jeder Mythos durch die Gesamtheit seiner Fassungen definiert, die als gleichrangig be-

---

[76] Vgl. Kolb 1985, S. 34–46.
[77] Vgl. Kolb 1963, S. 51–78: *Heiliges Königtum*.
[78] Lévi-Strauss 2008 und nach der gleichen Methode Wyss 1979.
[79] Vgl. Friedrich/Quast 2004, S. XXXV.
[80] Blumenberg ^{5}1990, S. 40.

I.4 Theoretische Ansätze des Mythischen — 13

trachtet werden.[81] Ferner wird ein Mythos in Mytheme aufgeteilt und in deren Relationen gedeutet.[82] Mytheme sind große konstitutive Einheiten, die auf der elementaren Ebene der Sprache eine Beziehung in sich tragen und in Hinsicht auf ihre paradigmatische Verbindung innerhalb eines Mythos – bei Lévi-Strauss ‚synchronische' Dimension genannt – Beziehungsbündel darstellen. Die Bedeutungsfunktion des Mythos ergibt sich aus der Kombination solcher Beziehungsbündel.[83] Da die literarischen Bearbeitungen des Mythos jeweils einzeln nicht als ‚Mythos' zu definieren sind, spreche ich in meiner Textanalyse von dem literaturwissenschaftlich adäquateren Begriff ‚Funktionselement'[84] statt ‚Mythem'. Die in den meisten Fassungen vorkommenden Funktionselemente – beispielsweise das Frageverbot, der Zweikampf, die Herkunft des Schwanritters vom Gral – bilden feste Bausteine der Handlungsstruktur, die als inhaltliche Schnittmenge allen Varianten zugrunde liegt. Ein solches Verfahren dient nicht zur Abstrahierung eines mutmaßlichen ‚Kerns' des mythischen Substrats, das weder rekonstruierbar noch relevant für die literaturwissenschaftliche Untersuchung wäre, sondern erleichtert den Vergleich der Fassungen miteinander und die Herausarbeitung der Spezifik einzelner Fassungen und ihrer jeweiligen Funktionen, die sich aus der Relation der Funktionselemente zueinander ergeben. Nicht vorbehaltlos von Lévi-Strauss übernommen, jedoch als analoge Denkweise in meiner Analyse impliziert wird erstens die Methode einer dreidimensionalen Tabelle: In dieser Tabelle dokumentiert je eine Karteikarte mit einer zweidimensionalen Tabelle eine Fassung des Mythos, somit stehen die äquivalenten Funktionselemente in verschiedenen Fassungen ‚hintereinander';[85] denn zentrale Funktionselemente werden durch die Werke miteinander verglichen. Impliziert wird zweitens der Aspekt der vertikalen/synchronen Achse in der zweidimensionalen Tabelle, indem ich beispielsweise die Funktionselemente ‚Herkommen' und ‚Deszendenz' sowie ‚Anordnung des Frageverbots' und ‚Übertretung des Frageverbots' hinsichtlich ihrer Zugehörigkeit zu einem größeren thematischen Zusammenhang (Beziehungsbündel) jeweils in demselben vergleichenden Kapitel behandle.

---

81 Von dieser Überlegung her bezieht die Aufnahme der romantischen Oper Richard Wagners in die vorliegende germanistische Arbeit – neben den stoffgeschichtlichen und rezeptionsästhetischen Gründen – ihre Berechtigung, da Wagners Fassung innerhalb des deutschsprachigen Überlieferungszweiges eine Variante darstellt, die nicht vernachlässigt werden darf.
82 Vgl. Lévi-Strauss 1976, S. 231 und 238–240. Zu den Grenzen dieser mit Abstraktion arbeitenden Methode, die darin liegen, tendenziell die einzelne Fassung um ihre Eigenart zu bringen, siehe Kiening 2004, S. 39.
83 Vgl. Lévi-Strauss 1976, S. 231 f. Zur Abgrenzung der strukturalen Mythenanalyse von der Hermeneutik äußert Ulrich Wyss 1979, S. 108 prägnant: „Die strukturale Mythenanalyse ist so wenig wie möglich substantialistische Hermeneutik; sie setzt kein Substantielles, das in den Mythen zur Erscheinung kommt, sondern nimmt sich vor, die Interpretation als Produktion der Bedeutung des Mythos zu betreiben."
84 Nach Strohschneider 1997b, S. 131.
85 Vgl. Lévi-Strauss 1976, S. 240.

I.4.2.2 Das Mythische als Bewusstseinsform

In einem nächsten Schritt ist es wichtig, die auf der Handlungsebene einzelner Texte zutage tretende mythische Bewusstseinsform zu untersuchen. In der Schwanritter-Sage ist das konstitutive Funktionselement, das Motiv des Frageverbots, an die Identität des Schwanritters gebunden. Je nach Version richtet sich die verbotene und am Ende doch gestellte Frage auf den Namen, die genealogische Abstammung, die geografische Herkunft sowie die Herrschafts- und Verwandtschaftsverhältnisse des Ritters. Der Name ist der Kern, um den sich alles andere Wissen kristallisiert. Der Name ist auch dasjenige Wissen, das den Schwanritter benennbar und somit verfügbar macht. Dieses Modell der Wahrnehmung lässt sich auf die mythische Denkform bei Ernst Cassirer beziehen, für dessen Konzept die Relevanz des Namens paradigmatisch ist. Kennzeichnend für den Objektbegriff in seiner „speziele[n] Phänomenologie des Mythos"[86] ist, dass die Kategorie des ‚Ideellen' dem mythischen Denken fehlt, weshalb eine Trennung des ‚Ideellen' vom ‚Reellen'[87] ebenfalls nicht existiert. Damit geht die Indifferenz zwischen Signifikant und Signifikat einher, ebenso zwischen Name und Sache, zwischen Abbild und Urbild – diese werden von einer Identität statt ‚Repräsentation' oder ‚Allegorese' beherrscht. Daher verweist ein ‚Zeichen' nicht auf einen Gegenstand, sondern in ihm ist der Gegenstand selbst präsent. Genauso sind im Wort/Namen/Bild der Gegenstand/Mensch/Gott selbst und dessen Wirkungskraft enthalten.[88] Es lässt sich mit der von Cassirer ausgeführten Indifferenz der Zeichenrelation sagen, dass die Figur des Schwanritters im Namen in vollem Umfang gegenwärtig ist.[89] Insofern stellt das Fragen nach dem Namen des Ritters einen Versuch dar, seine Person in einem konkreten, realen Sinne ganz zu besitzen.[90]

Im *Jüngeren Titurel* bekommt Pelaie von ihrer Kammerfrau den Rat, ein Stück Fleisch von Lohrangrins Körper zu essen, um diesen dauerhaft an sie zu binden und ihre Sorge und Furcht vor seiner vermeintlichen Unbeständigkeit zu lindern. Der Bindungszauber, der durch den „Verzehr des Fleisches als magisches Ritual der Inkorporation eines geliebten Menschen"[91] herbeigeführt werden soll, beruht auf der Auffassung der Ungeschiedenheit eines Körperteils vom ganzen Körper, die ebenfalls einen wichtigen Aspekt des mythischen Denkens nach Cassirer darstellt: Zwischen

---

86 Cassirer 1925/2010, S. 44. Zur Aufteilung dieser Phänomenologie in die Aspekte Objektbegriff und Kausalbegriff vgl. ebd., S. 43–83.
87 Die Begriffsverwendung in Cassirers Ausführung richtet sich nach dem empirisch-wissenschaftlichen Denken (das Gemeinte wird nach den uns gewohnten Begriffen bezeichnet, wiewohl dieses Meinen im mythischen Denken nicht existiert), da er von dieser Warte aus und in Abgrenzung davon das mythische Denken beschreibt. Vgl. seine Reflexion darüber Cassirer 1925/2010, S. 85 f. und die Kritik am Verfallen in Dichotomien und an der unterstellten historischen Abfolge beider Denkformen bei Kiening 2004, S. 36.
88 Vgl. Cassirer 1925/2010, S. 47–53.
89 Vgl. Cassirer 1925/2010, S. 49–51.
90 Ausführlicher zum Motiv des Verbots und des Tabubruchs in mythischen Stoffen siehe Kap. X.1.
91 Ukena-Best 2014, S. 32.

Dingen, die sich berühren, besteht eine „Konkreszenz"[92], sie fallen in eines zusammen. Eine solche Ungeschiedenheit besteht auch zwischen dem Ganzen eines Objekts und seinen einzelnen Teilen: „[...] der Teil ist hier unmittelbar das Ganze und wirkt und fungiert als solches"[93]. Das Prinzip ‚pars pro toto' beschreibt hier einen dinglich-wirklichen Zusammenhang, der jeder zeitlichen oder räumlichen Trennung resistent bleibt.[94] Mit dem vom Körper abgeschnittenen Stück Fleisch wird nach dieser Denkform der gesamte Körper des Geliebten in Wirklichkeit einverleibt, was die Liebenden auf Dauer zusammenführt.

Das Meer bzw. der Fluss wird in allen Versionen der Schwanritter-Sage als die Schwelle zur Sphäre des Überirdischen wahrgenommen. Das Wasser trennt den numinosen vom profanen Raum, dadurch gewinnt die Ankunft des Schwanritters die Evidenz einer Erscheinung aus der Anderwelt in die menschliche Welt, was seine höhere Herkunft suggeriert. Eine solche narrativ modellierte Trennung zwischen zwei existentiellen Bereichen stellt eine „verräumlichte [...] Konzeption für allerhand unräumliche Seinskategorien"[95] dar, die zu den Eigenarten mythischer Anschauungsform gehört. Diese und weitere Aspekte des Mythischen werden bei der Textanalyse herangezogen, um die Bewusstseinsform auf der Handlungsebene zu interpretieren und die Funktion bestimmter Handlungssegmente herauszuarbeiten.

I.4.2.3 Das Mythische als Erzählform

Neben der Handlungsebene ist das Mythische auch auf der Ebene der Narration in den Schwanritter-Erzählungen zu beobachten, es manifestiert sich in den Textstrukturen. Ich lege den Fokus in meiner Textanalyse auf die Verschränkung und Akzentuierung der kausalen, insbesondere psychologischen Motivierung einerseits, und der finalen Motivierung andererseits. Die finale Motivierung lässt sich mit Lugowski als „Motivation von hinten"[96] bezeichnen, darin findet die Ergebnisorientiertheit der Erzähltexte – eine wesentliche Eigenschaft des ‚mythischen Analogons' – ihren prägnantesten Ausdruck. Lugowski sieht in der ‚Motivation von hinten' das „strukturelle Glied", das die „Erscheinungsformen des Ergebnismoments zur Einheit zusammenschließt"[97]. In seiner Analyse des deutschen Prosaromans der Frühen Neuzeit schließt

---

92 Cassirer 1925/2010, S. 78.
93 Cassirer 1925/2010, S. 62.
94 Vgl. Cassirer 1925/2010, S. 64.
95 Glauch 2009, S. 109, in Anlehnung an Ernst Cassirer.
96 Lugowski 1932, S. 73. Zur Kritik am Erkenntnisinteresse Lugowskis, an der Definition des ‚mythischen Analogons' sowie an der Unschärfe der Terminologie vgl. insbesondere Detering 1996, S. 68 und Müller 1999, S. 147. Eine scharfsinnige kritische Gesamtschau der Arbeit Lugowskis hat Kropik 2018, S. 28–35 unternommen. Zur Kritik am ‚formalen Mythos' und Kritik der Kritik siehe ferner ebd., S. 42–48.
97 Lugowski 1932, S. 73.

die ‚Motivation von hinten' die finale und die kompositorische Motivierung[98] ein,[99] die mit der kausal-empirischen Motivierung („vorbereitenden Motivation"[100]) gemeinsam in einem Text auftreten können, diese jedoch in den Hintergrund drängen: „[...] nicht das Ergebnis ist durch die Prämissen der Handlung bestimmt, sondern die Einzelzüge der Handlung durch das nur seine Enthüllung fordernde Ergebnis"[101]. Auch in den neueren theoretischen Auseinandersetzungen wird die finale Motivierung an das Mythische zurückgekoppelt, beispielsweise in deren Definition im *Reallexikon der deutschen Literaturwissenschaft*:

> In finaler Motivierung erscheint das Geschehen vor dem Sinnhorizont eines mythischen Weltmodells durch das Wirken einer allmächtigen numinosen Instanz determiniert. Der Handlungsverlauf ist hier von Beginn an geplant, scheinbar freie Entscheidungen der Figuren oder Zufälle enthüllen sich als Fügungen göttlicher Providenz.[102]

Inwiefern die Schwanritter-Erzählungen, die mit Ausnahme des *Lorengel* durch den Tabubruch tragisch enden, von der ‚Motivation von hinten' geprägt sind, ob und was für eine Rolle die ‚vorbereitende Motivation' dabei spielt – das sind Fragen, die in Hinsicht auf die Erzählform der Texte zu beantworten sind.

I.4.2.4 Tendenzen der Entmythisierung

Herbert Kolb beschreibt drei Tendenzen im Zuge der Rationalisierung und Entmythisierung der Schwanritter-Geschichte:[103] Die erste Tendenz ist die strikte Trennung des ontologischen Status von Mensch und Schwan, die sich in zwei Stadien vollzieht: zunächst die Ausblendung der Möglichkeit einer Verwandlung zwischen Mensch und Schwan, die mit dem christlichen Dogma unvereinbar ist und als Bestandteil der Stammvatersage dem Ruhm der Fürstenhäuser schaden könnte;[104] dann die Auflösung der engen Verbindung zwischen dem Ritter und dem Schwan, indem der Schwan nur noch als zufälliges Jagdobjekt des Ritters erscheint.[105] Die zweite Tendenz ist die Aufhebung des Frageverbots und des dahinter verborgenen Numinosen, die dadurch

---

[98] Die Begriffe ‚Motivation' und ‚Motivierung' werden hier – nach der Tradition in der deutschsprachigen Forschung – bedeutungsgleich verwendet. Zur Wortgeschichte vgl. Martínez 2007, S. 644.
[99] Vgl. Martínez 2007, S. 645; dort weiterführende Literatur.
[100] Lugowski 1932, S. 75.
[101] Lugowski 1932, S. 82; vgl. auch ebd., S. 87 zur Abhängigkeit der ‚vorbereitenden Motivation' von der ‚Motivation von hinten'.
[102] Martínez 2007, S. 644.
[103] Vgl. Kolb 1985, S. 42–46; Kolb beobachtet dies jedoch an einem anders ausgewählten Textcorpus als in der vorliegenden Arbeit.
[104] Dies resultiert nicht nur aus der Überschreitung der theologisch-naturkundlich festgesetzten Grenze zwischen Mensch und Tier, sondern vor allem auch aus der Analogie zur Geburt des Antichristen von einer menschlichen Mutter und einem anderweltlichen Wesen als Vater. Vgl. Kolb 1985, S. 42–44.
[105] Beispielsweise in der *Cornicke van Brabant* (1414) des Hennen van Merchtenen.

geschieht, dass der Schwanritter – unter anderem in spätmittelalterlichen Chroniken – zu Beginn der Geschichte als namentlich bekannte Figur mit geographisch festgelegter Herkunft eingeführt wird. Die dritte Tendenz ist die Historisierung, bei der die Handlung der Schwanritter-Geschichte zeitlich festgelegt wird, beispielsweise durch die Einbettung in eine realhistorische Herrschaft.

Im Anschluss an die Beobachtung und Systematisierung Kolbs sind die entmythisierenden Züge in meinem Werkcorpus unter den oben genannten drei leitenden Richtungen aufzuspüren und in Hinsicht auf ihre Funktion in der Stoffgestaltung zu untersuchen. Es sei noch erwähnt, dass die in Europa bekannte Schwanritter-Sage erstmals als literarische Erzählung im Kreuzzugszyklus der altfranzösischen *Chansons de geste* begegnet, dort also bereits eine christliche Überformung erfahren hat, die durch die Anbindung dieses Stoffes an den Gralskomplex in der deutschen Tradition intensiviert wird. Gegenläufig zu den oben genannten Zügen der Entmythisierung zeichnen sich in der Überlieferungsgeschichte des Schwanritter-Stoffes Tendenzen der Remythisierung ab, die rational kaum auszugleichen sind. Die ‚Arbeit am Mythos', um mit Blumenberg die literarischen Konkretionen des mythischen Stoffes zu fassen, weisen vielfältigere und komplexere Formen und Anschlussmöglichkeiten auf, als dass man sie mit der angeblichen „rationalistische[n] Mythenfeindschaft"[106] oder der „christlichen Gefangenschaft der Mythologie"[107] erklären könnte.[108] Sie ist gleichermaßen geprägt von Abwehr gegen das Mythische und Partizipation am Mythischen, von Verschmelzungen und Verschiebungen der Motive und Erzähltraditionen. Dies differenziert herauszuarbeiten, ist ein zentrales Erkenntnisinteresse der vorliegenden Studie.

Neben den theoretischen Ansätzen des Mythischen wird die Werkanalyse in der vorliegenden Arbeit von der Methode des *close reading* geleitet.[109] Sie verfolgt ferner einen komparatistischen Ansatz, indem einerseits Einzeltexte und Textgruppen miteinander verglichen werden, andererseits die deutsche Textreihe vor der Folie der französischen und lateinischen Prätexte untersucht wird. Eine zentrale Rolle spielen dabei die Konzeptionen der Intertextualität, da in der Transformation des Mythos durch die Textreihe meines Untersuchungscorpus das Wesen der mittelalterlichen Literatur als einer Kultur der Retextualisierung zum Vorschein tritt: „Indem solche Transformationen sich als Vergegenwärtigung und Erneuerung verstehen, unterliegt

---

[106] Kolb 1985, S. 43.
[107] Jauß 1990, S. 187.
[108] Vgl. Kiening 2004, S. 55–57.
[109] Textvorlagen für den mediävistischen Teil der Arbeit bieten in erster Linie die einschlägigen Editionen aus der neueren Forschung. Je nach Fragestellung werden Handschriften und Inkunabeln herangezogen, insbesondere bei der unikal überlieferten Erzählung Konrads von Würzburg und beim *Jüngeren Titurel*, dessen Überlieferungsgeschichte für die Frage nach der Verfasserschaft eine gewichtige Rolle spielt. Für die Text- und Quellenanalyse im Kapitel zu Richard Wagner werden Textausgaben, Übertragungen und Nacherzählungen aus der Romantik, die vor der Entstehungszeit der Oper *Lohengrin* erschienen sind, zugrundegelegt.

eine solche Kultur der Retextualisierung immer schon der Spannung von Identität und Differenz, von Bild und Abbild."[110] Das Wiedererzählen wird als „Verwirklichung von Möglichem" aufgefasst, „das überlieferte Erzählstoffe enthalten"[111]. Jede „vergegenwärtigende Aktualisierung"[112] des tradierten Stoffes realisiert vorhandene und generiert zugleich neue Möglichkeiten.[113] In diesem Sinne sind spätere Texte nicht nur Bearbeitungen des Stoffes, sondern auch Erneuerungen ihrer jeweiligen Prätexte und sind mit Referenz auf diese zu interpretieren:

> Die Kategorie der ‚Intertextualität' beschreibt [...] Phänomene der Rekurrenz und der Differenz. Textuelle Elemente und Strukturen rekurrieren in unterschiedlichen Werken, differieren jedoch voneinander aufgrund des je unterschiedlichen Kontextes und der je unterschiedlichen Ordnungen; sind sie auf eine oder mehrere Vorgängertexte referentialisierbar, konnotieren sie diese(n) innerhalb des aktuellen Kontexts mit, was zu einer Bedeutungskomplexion des Folgetextes führt.[114]

So konnotiert der *Jüngere Titurel* den *Parzival* und den *Titurel* mit, der *Lohengrin* den *Parzival* und den *Jüngeren Titurel*, das *Buch der Abenteuer* wiederum den *Parzival*, den *Jüngeren Titurel* und den *Lohengrin*. Über die „konnotative Ausbeutung eines bestehenden Referenzsystems"[115] legitimieren sich die Texte in Bezug auf die literarische Tradition und erzeugen einen Bedeutungsüberschuss, der über die Einzelwerke hinausweist.

Für die Betrachtung der Partitur der Oper *Lohengrin* werden genuin narratologische Kategorien in die musikwissenschaftliche Analyse eingeführt, um die erzählerische Qualität der Musik, bei deren Entwicklung in Wagners Schaffen der *Lohengrin* eine bedeutende Stufe bildet, herausarbeiten zu können. Die Partitur wird hier als eine Textur aus Musik, Gesangstext und Regieanweisung gelesen. Die Synchronizität dieser Komponenten zeichnet den medialen Wandel des Stoffes aus.

I.5 Fragestellungen

Der beständige narrative Kern des Mythos „entfaltet sein jeweiliges Sinnpotential erst in der Bindung an den konkreten historischen Kontext und als Knoten verschiedener, sich in ihm kreuzender Wissensformen"[116]. Ziel dieser Studie ist, die Variation und Transformation des Schwanritter-Stoffes durch die literarischen Texte und die musiktheatralische Realisierung zu verfolgen, diese vergleichend zu analysieren, und

---

110 Hasebrink 2009, S. 217.
111 Hasebrink 2009, S. 206.
112 Hasebrink 2009, S. 207.
113 Vgl. Hasebrink 2009, S. 207.
114 Schulz 2000, S. 37.
115 Warning 1982, S. 184.
116 Kellner 2004b, S. 401.

den Wandel der mythischen Strukturen in diesen herauszuarbeiten. Der Fokus liegt auf der Besonderheit der jeweiligen Werke, wie die stabile Tiefenstruktur des Mythos je anders aktualisiert wird, und deren intertextuellem und intermedialem Verhältnis zueinander.

Das Buch beginnt nach diesem einleitenden Kapitel mit einem Aufriss der französischen und lateinischen Fassungen des Schwanritter- und Schwanenkinder-Stoffes. Die darauf folgenden Untersuchungen zur deutschen Werkreihe gliedern sich in zwei große Teile. Der erste Teil, Untersuchungen zu Einzelwerken, analysiert die Werke in der Reihenfolge ihrer Chronologie. Ausgehend von den bislang vorhandenen Erkenntnissen sollen die Überlieferungsstränge und die Verzweigungen des Stoffs präzise nachvollzogen werden, da in machen bisherigen Publikationen diesbezüglich Ungenauigkeiten begegnen.[117] Die Gewichtsverlagerung der Versionen anhand der Weglassung, der Hinzufügung und der neuen Kombination von Motiven und Funktionselementen soll genau ins Auge gefasst werden: Beispielsweise fehlt bei Wolfram der gerichtliche Zweikampf, der in den anderen deutschen Bearbeitungen vorhanden ist; bei Konrad werden die Situation der Entsendung des Schwanritters und seine Herkunft vom Gral nicht erzählt; der *Lorengel* endet ohne Tabubruch; das *Buch der Abenteuer* kombiniert die Ehe mit und diejenige ohne Frageverbot; und Richard Wagner führt das in der vormodernen deutschen Schwanritter-Tradition folgenlos gebliebene Motiv der Verwandlung zwischen Mensch und Schwan wieder ein. Auf der Grundlage einer solchen vergleichenden Beschreibung sollen die Beziehung der Texte zueinander und ihre jeweilige Quellenlage, soweit es möglich ist, genauer bestimmt werden.

Diese Schritte bilden die Basis der weiteren Interpretation, bei der der Schwerpunkt auf den intertextuellen Bezugsfeldern, den narrativen Kontexten und den kommunikativen Funktionen liegen soll. Insbesondere im Blick auf den *Lorengel* und die Schwanritter-Episode/Branche im *Jüngeren Titurel* und *Buch der Abenteuer*[118] ist die Erzählweise bislang kaum untersucht worden. Ferner ist von Interesse, mit welchen anderen Erzähltraditionen, Mythen- und Sagenkreisen sowie historischen Diskursen der Schwanritter-Stoff, der eine hochgradige intertextuelle Offenheit aufweist, verknüpft wird und mit welchen narrativen Strategien dies geschieht. Die Allianzen, die der Stoff eingeht, demonstrieren sich nicht nur auf der Ebene des Erzählmaterials, sondern auch auf der Ebene der formalen Gestaltung und des Gattungshorizonts – in der deutschen Werkreihe finden sich sowohl Texte in Reimpaarversen (Wolfram, Konrad) als auch Erzählungen in Titurelstrophen (Albrecht, Füetrer) und Strophen des ‚Schwarzen Tons' (*Lohengrin, Lorengel*). Gattungsgeschichtlich verbindet sich der Stoff

---

[117] Vgl. beispielsweise die gebündelte Darstellung verschiedener Fassungen der Schwanenkinder-Geschichte bei Reinhardt 2012, S. 86 f.
[118] Im *Jüngeren Titurel* sind die Übergänge der Schwanritter-Geschichte zur übrigen Handlung fließend, weshalb ich von ‚Episode' spreche. Im *Buch der Abenteuer* ist der Schwanritter-Teil durch einen Binnenprolog und Abenteuer-Überschriften klar abgesetzt, daher scheint der Begriff ‚Branche' adäquat zu sein. Beide Bezeichnungen entsprechen der Konvention in der mediävistischen Forschung.

mit dem Artus- und Gralsroman (Wolfram) und der höfischen Erzählung (Konrad), geht in die Summen des Artus- und Gralsromans ein (Albrecht, Füetrer) und weist ferner Berührungen mit der Sangspruchdichtung, der Historiographie (*Lohengrin*) und der Heldenepik (*Lorengel*) auf. Innerhalb eines Textes begegnen Überblendungen von Gattungsmustern, die miteinander interferieren. Dies ist insbesondere im bairischen *Lohengrin* der Fall.[119]

Im Blick auf die Rezeption des Schwanritter-Stoffes bei Richard Wagner hat sich die bisherige Forschung meistens entweder auf die textuellen Quellen oder auf die Musik konzentriert. Das IX. Kapitel dieses Buchs unternimmt die bislang kaum bewältigte Aufgabe, in Verbindung mit eingehender Text- und Quellenanalyse die dramaturgische Realisierung des Stoffs durch Musik und Szene sowie dessen medialen und ästhetischen Wandel zu untersuchen. Dabei wird Wagner nicht nur als Erzähler von Mythen, sondern auch als Mythentheoretiker betrachtet.

Der zweite Teil, werkübergreifende Untersuchungen, widmet sich den drei zentralen Funktionselementen, die den literarischen Konkretionen des Stoffes gemeinsam sind – dem Frageverbot, der Genealogie und dem gerichtlichen Zweikampf. Dabei wird beleuchtet, wie die Texte das Frageverbot und den Tabubruch formulieren und motivieren, und wie die spätmittelalterlichen Texte sich an dem Motiv des Frageverbots abarbeiten. Erörtert werden ferner die verschiedenen Konfigurationen der Genealogie des Schwanritters und die divergierenden Vorstellungen vom gerichtlichen Zweikampf als Gottesurteil in den Erzähltexten. In der Auswertung der Befunde beider Buchteile sind der Wandel des Mythischen, die Funktionalisierungen des Mythos und die Züge der Entmythisierung und der Remythisierung zu kontextualisieren.

I.6 Zum Vorgehen

Aus dem Aufbau des Buchs ergibt sich die folgende Empfehlung für das Vorgehen beim Lesen: Wer die Einzelwerke in ihrer Ganzheit erfassen will, möge den Ausführungen in den jeweiligen Kapiteln des ersten Teils folgen, wobei Textanalysen zu den drei zentralen Funktionselementen zugunsten des systematischen Vergleichs teilweise in den zweiten Teil ausgelagert werden. Daher bitte ich, bei Interesse für die eingehende Analyse dieser Funktionselemente den Verweisen entweder im Fließtext oder in der Fußnote zu folgen. Wer den Fokus auf einzelne Motive legt, sich einen Überblick von den Gemeinsamkeiten und Unterschieden der Werke verschaffen und einen paradigmatischen Faden durch die Motivgeschichte der Kernelemente ziehen

---

119 Zu Strukturinterferenzen und Amalgamierung vgl. Schulz 2000, S. 36: „Ein Text kann unterschiedliche Erzählschemata verarbeiten und diese jeweils vollständig oder auch nur teilweise realisieren, wobei die übernommenen Strukturen bloß aneinandergereiht werden, sich aber auch überlagern können. Gerade die hybriden Erzähltexte des Spätmittelalters zeichnen sich durch die exzessive Amalgamierung literarischen Traditionsguts aus, von punktuellen Motivübernahmen bis hin zur Adaptation ganzer Handlungsentwürfe auf der Ebene der Gesamtstruktur."

will, wird im zweiten Teil fündig. Dabei lässt sich nicht vermeiden, dass die im zweiten Teil diachron-systematisch untersuchten Textstellen bzw. Funktionselemente auch im ersten Teil thematisiert werden. Dies erlaubt die Freiheit, das Buch nicht unbedingt von vorne nach hinten lesen zu müssen.

II Die Quellen der deutschsprachigen Werkreihe

II.1 Der Schwanritter in den *Chansons de geste*

II.1.1 Der Kreuzzugszyklus

In Europa begegnet die Dichtung um den Schwanritter erstmals im späten zwölften Jahrhundert, im Kreuzzugszyklus (*Cycle de la croisade*) der altfranzösischen *Chansons de geste*.[1] Dieser Zyklus enthält je nach Redaktion verschiedene Branchen zur Eroberung Jerusalems durch Gottfried von Bouillon, den ersten christlichen Herrscher im Heiligen Land, und dessen Brüder Eustach und Balduin und dazu die Vorgeschichte dieser Kreuzzugshelden. In der epischen Darstellung wird Gottfried mit der Aura eines Heiligen ausgestattet und seine Herrschaft durch die Vorbestimmung Gottes legitimiert.[2] Die Heldenepik modelliert „die Geschichte nach ihren je historischen und politischen Bedürfnissen um und unterlegt ihr eine mythologische Erzählkonzeption, die den kontingenten Ereignissen der Geschichte allererst Sinn abgewinnt und sie in Heils- und Opfergeschichte überführt"[3].

Der vollständige Bestand der Branchen sieht nach der Chronologie der erzählten Ereignisse wie folgt aus: (1) *La Naissance du Chevalier au Cygne*, (2) *Le Chevalier au Cygne*, (3) *La Fin d'Elias*, (4) *Les Enfances Godefroi*, (5) *Retour de Cornumarant*, (6) *La Chanson d'Antioche*, (7) *Les Chétifs*, (8) *La Chanson de Jérusalem*, (9) Die *Jérusalem*-Fortsetzungen. Zuerst entstanden sind die Branchen (6) (7) und (8), die von der Belagerung und Eroberung des Heiligen Landes erzählen und als der Kern des Zyklus angesehen werden.[4] In (6) werden die Taten Gottfrieds von Bouillon besonders hervorgehoben. Kurze Zeit darauf wurden (2) und (4) gedichtet, in denen der Schwanritter als Gottfrieds Großvater mütterlicherseits angesippt wird.[5] (2) ist wahrscheinlich vor

---

1 Zur Stoffgeschichte vgl. Cramer 1971, 46–68; zur Zyklusbildung vgl. Myers 1977, viii–xxii. Umfassend zu Gattungskontexten und Erzähltechniken der einzelnen Branchen des Kreuzzugszyklus siehe Bender/Kleber 1986, S. 33–80 (,Partie historique') sowie S. 90–110 (,Partie documentaire'), dort mit leicht abweichenden Werktiteln im Vergleich zur Editionsreihe *The Old French Crusade Cycle*, der Mickel/Nelson 1977; Nelson 1985 und Mickel u. a. 1999 angehören.
2 Vgl. Kolb 1963, S. 57–60.
3 Friedrich 2013, S. 197.
4 Vgl. Myers 1977, S. xv. Die *Chanson d'Antioche* ist im zweiten Viertel des zwölften Jahrhunderts entstanden, die *Chanson de Jérusalem* vermutlich 1147. Beide Erzählungen sind nicht im Original, sondern nur in den Bearbeitungen des Graindor de Douai, der mutmaßlich der Autor der *Chétifs* war, aus der zweiten Hälfte des zwölften Jahrhunderts erhalten; vgl. Cramer 1971, S. 54.
5 Damit wird der Schwanritter in der mythischen Genealogie Gottfrieds von Bouillon auf die Position Gottfrieds des Bärtigen in der historischen Genealogie des Hauses gesetzt. Vgl. Müller 2007, S. 47 zur ,Ansippung': „Ansippung ist ein Mittel, Verbindung zwischen einem historischen Geschlecht und dem Geschlecht von Epenhelden zu schaffen. Der geschichtliche Raum wird durch genealogische Anbindung auf die Phantasieräume der höfischen oder heroischen Epik geöffnet so wie umgekehrt diese an der Geltung geschichtlicher Persönlichkeiten und Ereignisse teilhaben."

1184 entstanden.⁶ Die Kindheitsgeschichte des Schwanritters (1) entstand wohl in der ersten Hälfte des dreizehnten Jahrhunderts; (3) (5) und (9) wurden ebenfalls später hinzugedichtet. Alle vollständig erhaltenen Versionen von (6) enthalten eine mutmaßlich später interpolierte Passage mit 24 Versen, die von der Abstammung Gottfrieds von Bouillon vom Schwanritter erzählt, um seine Erwähltheit zu rechtfertigen. In diesem ältesten literarischen Zeugnis der Schwanritter-Sage weist sich diese als Ursprungsmythos des Hauses Bouillon aus. In der Gestalt der Sage in (6) sind noch kein gerichtlicher Zweikampf und Frageverbot vorhanden.⁷

(1) (2) und (3) bilden gemeinsam die vollständige Lebensgeschichte des Schwanritters, der im Kreuzzugszyklus den Namen *Elias* oder *Helias* trägt. Von (1) existieren – nach der Mutter des künftigen Schwanritters benannt – drei Versionen: *Elioxe*, *Beatrix* und die Mischversion *Elioxe-Beatrix*. Allen drei Versionen gemeinsam sind die Geburt der sieben Kinder durch die Mutter des Schwanritters, die Aussetzung der Kinder und die Verleumdung der Mutter durch die Großmutter väterlicherseits, die Verwandlung der Kinder in Schwäne aufgrund der abgestreiften Halsketten, sowie die Wiedergutmachung und die gescheiterte Rückverwandlung eines der Jungen in Menschengestalt aufgrund der beschädigten oder geschmolzenen Kette. Dieser muss in der Gestalt des Schwans verbleiben und begleitet künftig einen seiner Brüder auf zahlreichen Abenteuern. Eine Geschichte mit ähnlichen Schlüsselelementen und leicht abweichenden Einzelheiten wird auch in der mittellateinischen Sammlung *Dolopathos* überliefert.⁸ (2) erzählt die Taten des Schwanritters von der Ankunft in Nimwegen bis zur Übertretung des Verbots und dem daraus resultierenden Abschied. Darin hat der Schwanritter nach dem siegreichen Zweikampf noch weitere Schlachten zu bestehen. In (3) wird der Verbleib des Schwanritters nach seinem Abschied von Nimwegen aufgeklärt und er selbst mit Frau und Tochter wiedervereint.

Bei der Entstehung des Kreuzzugszyklus handelt es sich um eine genealogisch ausgerichtete Zyklusbildung. Die Erzählungen von insgesamt gut 60.000 Versen erstrecken sich über Figuren von fünf Generationen.⁹ Der vollständige Kreuzzugszyklus ist in fünfzehn Handschriften überliefert, davon sind dreizehn in Versform und zwei in kürzerer Prosa. Unter den dreizehn Versredaktionen finden sich elf in zyklischer Form, bei der die einzelnen Branchen zu erkennen sind, und zwei in konsolidierter Form, bei der der gesamte Zyklus als eine Einheit gestaltet wird. Von den beiden Prosaredaktionen ist eine zyklisch und die andere konsolidiert. Hinzu kommen fünf Fragmente.¹⁰

---

6 Vgl. Bender/Kleber 1986b, S. 98.
7 Vgl. Lecouteux 1978b, S. 19; Cramer 1971, S. 67 f.
8 Siehe Kap. II.2.1.
9 Vgl. Bender/Kleber 1986, S. 71.
10 Vgl. Myers 1977, S. xxiii–lxv, tabellarische Übersichten S. xiv und xvi. Siehe auch die ausführliche Beschreibung der Vers- und Prosaredaktionen sowie der Fragmente bei Krüger 1936, S. 28–33.

II.1.2 *Le Chevalier au Cygne*

Im Blick auf die Chronologie in der erzählten Welt ist der *Chevalier au Cygne*[11] die zweite Branche im Kreuzzugszyklus. Bereits die älteste erhaltene Version dieser Geschichte ist als Teil des Zyklus konzipiert.[12] In allen zwölf zyklischen Handschriften wird im Anschluss an den *Chevalier au Cygne* die Kindheitsgeschichte Gottfrieds von Bouillon, *Les Enfances Godefroi*, erzählt. Bis auf zwei Ausnahmen enthalten die Handschriften auch alle drei Kernbranchen des Kreuzzugszyklus. Im Folgenden werden die wesentlichen Elemente der Geschichte nach der Handschrift A[13] referiert, die als einzige den vollständigen Text der unkontaminierten Fassung des *Chevalier au Cygne* bietet und in Hinsicht auf den gesamten Zyklus die älteste erhaltene Handschrift ist.[14]

Die Erzählung beginnt mit einer Wahrheitsbeteuerung und einer Bezugnahme auf die Rückeroberung Antiochias und Jerusalems. Der Sachsenherzog Renier[15] hat Bouillon eingenommen. Vor dem Gericht Kaiser Ottos in Nimwegen wagt niemand, die enteignete Herzogin von Bouillon zu verteidigen. Der Schwanritter kommt in einem Boot, das von seinem Bruder, dem Schwan, gezogen wird, erfährt vom Unrecht und schwört, das Recht zu verteidigen. Herzog Renier muss dreißig seiner Männer zur Bürgschaft aushändigen. Die Regelungen für den gerichtlichen Zweikampf werden anschließend von den Fürsten in einer Kammer besprochen und festgelegt.[16] Nach einer Messe wird der Zweikampf mit Lanze und Schwert ausgetragen. Die Beschreibung des brutalen Kampfvorgangs wird von der verbalen Auseinandersetzung zwischen den beiden Kontrahenten und dem Gebet der Herzogin um Gottes Hilfe begleitet. Mehrmals ermahnt der Schwanritter Renier, sich aus Bouillon zurückzuziehen. Dieser kämpft weiter, schwört Gott ab und verpflichtet sich dem Teufel und dem Krieg gegen das Christentum. Schließlich gelingt es dem Schwanritter, den Sachsenherzog zu enthaupten. Die dreißig Bürgschaftsgefangenen werden hingerichtet. Die übrigen Sachsen nehmen Rache, indem sie eine Burg außerhalb von Nimwegen plündern.

Die Herzogin von Bouillon erhält die Erlaubnis Ottos dafür, ihre Länder und ihre Tochter dem Schwanritter anzuvertrauen und selbst ins Kloster einzutreten. Der Schwanritter akzeptiert das Angebot unter der Bedingung, dass er abreisen darf, wenn der Schwan kommt, um ihn abzuholen. Das Frageverbot, das in den deutschen Schwanritter-Versionen als Bedingung für die Heirat gilt, wird hier

---

11 Zum *Chevalier au Cygne* vgl. Cramer 1971, S. 53–68.
12 Nelson 1985, S. xxvii stellt fest, „[t]he presence of this series [gemeint sind die ‚introductory series' von fünf Laisses am Anfang des *Chevalier au Cygne*, die nicht nur diesen Text einleiten, sondern auf den gesamten Zyklus verweisen; M. Y.] in connection with the unrevised version of the ChCy indicates that the ChCy was already in its earliest known form associated with a version of the OFCC [ChCy = *Chevalier au Cygne*; OFCC = *The Old French Crusade Cycle*; M. Y.]".
13 Paris, Bibliothèque Nationale, MS fonds français 12558; geschrieben um 1275. Vgl. Nelson 1985, S. xif. und xliv. Die Siglen der Handschriften des Kreuzzugszyklus, die in der Editionsreihe *The Old French Crusade Cycle* und auch hier verwendet werden, gehen auf das Handschriftenverzeichnis bei Krüger 1936, S. 28–33 zurück.
14 Vgl. die Handlungswiedergabe bei Nelson 1985, S. xiv–xx.
15 In der durch die Handschrift R (Brüssel, Bibliothèque Royale 10391) vertretenen Redaktion ist der Bedränger ein heimischer Graf. Diese Konstellation findet sich in den meisten deutschen Schwanritter-Bearbeitungen wieder. Zu dieser Redaktion siehe Cramer 1971, S. 61–65.
16 Vgl. die nähere Beschreibung in Kap. XII.1.1.

erst nach der Hochzeitsfeier erwähnt: Als sich der Schwanritter und seine Braut Beatrix allein im Bett befinden, ermahnt er sie, niemals nach seiner Identität zu fragen. Sie verspricht ihren Gehorsam, doch wird vorausgedeutet, dass sie scheitern wird. In dieser Nacht empfängt Beatrix eine Tochter, die die Mutter von Herzog Gottfried, Graf Eustach und König Balduin sein wird. Dies wird ihr von einem Engel, der ihr erscheint, vorausgesagt.

Kaiser Otto nimmt den Loyalitätseid des Schwanritters entgegen. Anschließend wird von den Konfrontationen des Schwanritters und Galiiens, des Neffen Ottos, in Begleitung einer Reichstruppe mit den Sachsen in Koblenz während ihrer Reise nach Bouillon erzählt. Dabei wird der Schwanritter aufgrund seiner Tapferkeit mit Roland und Olivier verglichen, was einen intertextuellen Bezug zwischen verschiedenen Zyklen der Gattung der *Chansons de geste* darstellt. Galiien fällt im Kampf gegen die Sachsen und wird vom Schwanritter gerächt. Die Reichstruppe ist in der Zahl unterlegen, wird jedoch von überirdischen Kräften unterstützt, sodass die Sachsen in die Flucht geschlagen werden. Der Schwanritter herrscht vorbildlich in Bouillon. Beatrix gebiert eine Tochter, Ida. Als die Sachsen Rache nehmen und Bouillon belagern, bittet der Schwanritter Otto um Hilfe. Gemeinsam mit den Mannen des Schwanritters gelingt es den vier Truppen Ottos, die Sachsen ganz zu besiegen.

Es folgen Vorausdeutungen über Ida, die nun sieben Jahre alt ist. Sie wird durch die Heirat Herrin von Boulogne sein und ihre Söhne werden Antiochia zurückerobern. Aber sie wird ihren Vater verlieren. In der Nacht nach ihrem siebten Hochzeitstag fragt Beatrix nach dem Namen des Schwanritters. Dieser erleidet eine heftige physische Reaktion auf die Frage. Er muss sofort abreisen, sonst würde er sterben. Auf Beatrix' Bitte um ein Andenken hinterlässt er sein Horn, das für Ida bestimmt ist. Er ermahnt sie, es sorgfältig aufzubewahren, sonst wird eine Katastrophe eintreten. Als der Schwanritter den Kaiser in Nimwegen um Erlaubnis für seinen Abschied bittet, ruft der Schwan dreimal nach ihm. Er muss zu seinem Herren zurückkehren. Genauso gekleidet und gerüstet wie bei seiner Ankunft folgt er dem Schwan auf die Rückreise und wird nie wieder gesehen. In der sogenannten ‚Episode vom Horn und Feuer', die auf den Abschied des Schwanritters folgt, wird das Motiv des Ungehorsams der Frau gedoppelt: Beatrix vernachlässigt das Horn, das ihr Mann ihr hinterließ; infolgedessen fängt der Turm, in dem es aufbewahrt wird, Feuer. Ein weißer Vogel erscheint und holt das Horn aus dem Feuer.

Der Name des Schwanritters kommt in der Erzählung nach der Handschrift A nicht vor. Dies hängt mit einer Eigenart der Branche *Chevalier au Cygne* zusammen, die – trotz der progressiven Bearbeitung des Kreuzzugszyklus durch die Redaktionen – kaum von den narrativen Elementen, die in die jüngeren Texte eingeführt worden waren, beeinflusst wurde. Der Name *Elias*, den der Schwanritter in der *Beatrix*-Version der *Naissance du Chevalier au Cygne* trägt und der auch in der *Fin d'Elias* verwendet wird, findet im *Chevalier au Cygne* nur selten und in wenigen Handschriften Erwähnung.[17]

Charakteristisch für die providentiell ausgerichtete Erzählung sind epische Vorausdeutungen in Form von Traum und Vision sowie in der Erzählerrede. Während in den älteren Redaktionen A und D das Schicksal des Schwanritters nach seinem Abschied von Bouillon ungewiss bleibt, wird in der Branche *La Fin d'Elias*, die in den Handschriften BCEFGIRT im Anschluss an den *Chevalier au Cygne* überliefert ist, darum bemüht, den Verbleib des verschwundenen Helden aufzuklären und ein versöhnliches Ende zu erzielen. Dort wird von der Rückverwandlung des Schwans in Menschengestalt, der Krönung des Elias in seiner Heimat Illefort, dem Bau eines

---

17 Vgl. Nelson 1985, S. xxvi.

zweiten Bouillon in Illefort, Elias' Altern im Kloster und dem Wiedersehen mit seiner Frau und Tochter kurz vor seinem Tod erzählt.[18]

II.2 Ur-Sprung: die Schwanenkinder[19]

Der *Chevalier au Cygne* in seiner isolierten Gestalt lässt viele Fragen offen: Wer ist der Schwanritter und woher kommt er? Was hat es mit dem Schwan auf sich und in welcher Beziehung steht er zum Schwanritter? Wohl haben diese Fragen die mittelalterlichen Rezipienten und Redaktoren beschäftigt und somit die literarische Produktion vorangetrieben. Im Prozess der Textgenese und der Zyklusbildung zeichneten sich Züge einer ‚Arbeit am Ursprung' ab, indem eine anfangs separat überlieferte Geschichte, die von der Verwandlung von sieben Kindern in Schwäne erzählt, herangezogen wurde, um die Herkunft und den ontologischen Status des Schwans zu erklären. Der Anknüpfungspunkt zwischen der Schwanenkinder-Geschichte und der Schwanritter-Sage ist das Motiv der wunderbaren Ankunft und Abfahrt eines unbekannten Ritters in einem von einem Schwan gezogenen Nachen.[20] Anhand der Motivüberschneidung wird die Schwanenkinder-Geschichte auf die Schwanritter-Sage bezogen; sie erscheint als eine Antwort auf die verbotene Frage im *Chevalier au Cygne* und als ein Versuch, die Unaussprechlichkeit des Ursprungs narrativ zu bewältigen.[21] Zeugnisse der Schwanenkinder-Geschichte finden sich nicht nur als Teil des Kreuzzugszyklus unmittelbar vor der Branche zum Schwanritter. Die unabhängige Überlieferung setzte bereits früher ein und ist unter anderem in einer mittellateinischen Sammlung und der entsprechenden altfranzösischen Übertragung erhalten.[22]

II.2.1 Die mittellateinische Sammlung *Dolopathos*

Die Geschichte von den Schwanenkindern ist als eine der Binnenerzählungen in die mittellateinische Sammlung *Dolopathos sive De rege et septem sapientibus* (um 1190) des Johannes de Alta Silva integriert, die der Tradition der sieben weisen Meister[23] angehört. Die altfranzösische metrische Übertragung der Sammlung durch Herbert de Paris, *Li Romans de Dolopathos*, entstand um 1210. In der Folgezeit wurden zahlreiche Versionen der Schwanenkinder-Geschichte in anderen Volkssprachen verfasst, dar-

---

18 Vgl. Nelson 1985, S. xxii–xxvi.
19 Zur Schwanenkinder-Geschichte vgl. Cramer 1971, S. 48–53.
20 Vgl. Lecouteux 1978, S. 26.
21 Vgl. Kellner 2004a, S. 136 f.
22 Weitere lateinische, italienische, spanische und englische Versionen der Schwanenkinder-Geschichte sind bei Lecouteux 1978, S. 21 f., Cramer 1971, S. 53 sowie Reinhardt 2012, S. 86 dokumentiert.
23 Vgl. dazu Gerdes 1992.

unter die deutschen Sagen seit dem vierzehnten Jahrhundert.[24] Im Folgenden konzentriere ich mich auf den lateinischen *Dolopathos*.

Darin ist die *narratio* mit dem Titel *Cygni* die siebte von acht Binnenerzählungen.[25] Eingebettet werden diese in eine Rahmenhandlung, die von König *Dolopathos* von Sizilien während der Herrschaft des Kaisers Augustus und seinem Sohn Lucinius erzählt. Als Lucinius von seiner lüsternen Stiefmutter fälschlicherweise der versuchten Vergewaltigung bezichtigt wird und verbrannt werden soll, erscheint jeden Tag ein Weiser aus Rom, der eine Geschichte erzählt und damit die Verschiebung der Hinrichtung um einen Tag bewirkt. Am achten Tag erscheint Vergil, der Lehrer des Lucinius und dieser wird befreit.[26] Diese gemeinsame Rahmenhandlung teilen sich die beiden Zweige der Tradition um die Sieben Weisen – der als *Sindbad-Buch* bekannte östliche Zweig und der als *Die sieben weisen Meister* bekannte westliche Zweig.[27] Der *Dolopathos* steht im Blick auf die Binnenerzählungen recht isoliert von beiden Zweigen.[28]

Die Geschichte des siebten Weisen, *Cygni*, erzählt Folgendes:[29] Ein junger Burgherr verirrt sich auf der Jagd, nachdem er einem weißen Hirsch gefolgt ist, im tiefen Wald und trifft an einem Brunnen auf eine nackte badende Nymphe, die eine goldene Halskette in der Hand hält. Er verliebt sich in sie, entwendet ihr die Kette und gewinnt Macht über sie. Die Ehe der beiden wird in derselben Nacht unter freiem Himmel vollzogen. Die Nymphe sagt anhand der Sternkonstellation mit Sorge voraus, sie werde sechs Söhne und eine Tochter gebären. Am Tag darauf kehrt der junge Mann mit seiner Braut auf seine Burg zurück. Seine Mutter sinnt darauf, die Ehe zu zerstören, da sie die Schwächung ihrer eigenen Macht durch die Braut befürchtet. Entsprechend der Prophezeiung gebiert die Nymphe sechs Söhne und eine Tochter, die alle eine goldene Kette um den Hals tragen. Ihre Schwiegermutter ersetzt die Kinder mit sieben Welpen und beauftragt einen Diener, die Kinder zu töten. Dieser lässt jedoch aus Erbarmen oder Furcht die Kinder unter einem Baum liegen und geht. Sie werden von einem Einsiedler aufgezogen und von der Milch einer Hirschkuh ernährt. Nachdem der Burgherr die Welpen gesehen und die Verleumdung durch seine Mutter gehört hat, befiehlt er, seine Frau lebendig bis zur Brust auf dem Schlosshof zu begraben. Zudem wird sie von allen Rittern und Dienern grausam behandelt. In diesem elenden Zustand verbringt sie sieben Jahre. Als die Kinder nun sieben Jahre alt sind, begegnet ihnen eines Tages der Burgherr auf der Jagd und berichtet danach seiner Mutter von seinem vergeblichen Versuch, die Kinder einzuholen, und von ihren goldenen Halsketten. Die Mutter fürchtet, dass ihr Verbrechen aufgedeckt wird, und lässt ihren Diener die Ketten entwenden. Während die sechs Jungen in Schwanengestalt im Fluss spielen und ihre Schwester am Ufer ihre abgestreiften Ketten bewacht, gelingt es dem Diener, diese zu stehlen und der Alten zu übergeben, die wiederum einen Goldschmied beauftragt, aus den Ketten einen Kelch herzustellen. Der Schmied kann die Ketten jedoch auf keine Weise schmelzen oder umformen, nur eine davon beschädigt er leicht. Die in Schwäne verwandelten Jungen fliegen gemeinsam mit ihrer Schwester nach dem See zu Füßen des Berges, auf dem die Burg ihres Vaters liegt. Der Burgherr fühlt sich zu den Schwänen hingezogen und lässt sie täglich füttern. Das Mädchen erbittet auf der Burg Essen, teilt es mit der eingegrabenen Nymphe und

---

24 Eine Übertragung des *Dolopathos* in deutsche Prosa findet sich in Leipzig, Universitätsbibliothek, Ms. 1279, Bl. 236ʳ–286ᵛ. Abdruck bei Haupt 1836, S. 119–156. Vgl. Kellner 2004a, S. 144, Anm. 56.
25 Zu *Cygni* siehe die gründliche Analyse bei Kellner 2004a, S. 142–153.
26 Knapp 1994, S. 101 ordnet die Erzähltradition um die Sieben Weisen den „Collections of ‚link and frame' stories" zu, und zwar als Untertypus „Lifesaving story-telling used as frame", in Abgrenzung beispielsweise von der „Situation of convivial conversation used as frame", die ihrerseits durch *Decameron* und *Canterbury Tales* vertreten wird.
27 Vgl. Gilleland 1981, S. ix; Lembke 2013, S. 102–110.
28 Vgl. Gilleland 1981, S. xviii.
29 Vgl. die Edition bei Hilka 1913, S. 80–87.

schläft nachts neben ihr. Die Ähnlichkeit des Mädchens mit der Nymphe und ihre goldene Halskette fallen dem Burgherrn auf, der schließlich das Mädchen fragt, wer es sei, wer seine Eltern seien und woher es die Affinität zu den Schwänen habe. So erfährt er alles bisher Geschehene, stellt die Ehre seiner Frau wieder her und bestraft seine böse Mutter. Der Goldschmied bringt die sechs Ketten zurück und die Schwäne verwandeln sich wieder in Menschengestalt, bis auf denjenigen, dessen Kette beschädigt wurde. Er wird das Boot ziehen, in dem einer seiner Brüder stehen wird.[30]

Gemeinsame Elemente in der Rahmenhandlung des *Dolopathos* und der Erzählung *Cygni* sind das Laster der Frau sowie die Konstellation der Verleumdung und Wiedergutmachung.[31] Dass zur Entstehungszeit des *Dolopathos* die Schwanritter-Tradition bereits verbreitet war, zeigt der Verweis darauf am Ende der Binnenerzählung: *Hic reformari nequaquam potuit, sed cignus permanens uni suorum adhesit fratrum. Hic est cignus de quo fama in eternum perseuerat quod cathena aurea militem in nauicula traxit armatum.*[32] Dieser intertextuelle Verweis ist zugleich eine Beglaubigungsstrategie: In den sieben Schwanenkindern erscheint die Grenze zwischen Mensch und anderen Gattungen verwischt – einerseits weil sie von einem menschlichen Vater und einem weiblichen Elementarwesen gezeugt werden und somit die Samen verschiedener Arten in ihnen gemischt werden,[33] andererseits weil sie selbst sowohl Mensch- als auch Tiergestalt annehmen können. Die Vorstellung, dass es solche verwandlungsfähigen Mischwesen theologisch und naturkundlich gesehen eigentlich nicht geben darf, scheint im Erzählvorgang zunächst kein besonderes Gewicht zu haben. Dem Text scheint weniger daran zu liegen, dieses Problem zu erklären, als zu beglaubigen, dass solche Wesen tatsächlich existiert haben. Durch die Bezugnahme auf die ältere, bekanntere und zudem in einem Zyklus mit historischem Kern überlieferte Geschichte um den Ritter, der einen Schwan zum Gefährten hat, versucht der Text die einstige

---

30 Die gleichen Kernmotive mit einer abweichenden Figurenkonstellation finden sich im Märchen *Die sechs Schwäne* (KHM 49). Dort vollzieht sich die Rückverwandlung der Geschwister ebenfalls nicht vollständig – bei einem der Brüder bleibt ein Schwanenflügel am Körper aufgrund des noch nicht fertig gestrickten Ärmels am Hemdchen, das für die Rückverwandlung notwendig ist. Vgl. dazu Reinhardt 2012, S. 113–115 und 495.
31 Zu den Motivverwandtschaften vgl. Reinhardt 2012, S. 278. Ebd., S. 277–279 ordnet die *Beatrix*-Version der Schwanenkinder-Geschichte in die Motivreihe ‚Geburt, Aussetzung und Überleben des Königskindes' ein.
32 Zitiert nach Hilka 1913, S. 86. Ein ähnlicher Verweis in der Übertragung Herberts de Paris deutet zudem konkret auf die Herrschaft des Schwanritters in Bouillon voraus: *Tuit devinrent home, fors .I., / Celui cui la chaaine estoit / Dont li orfevres brisié avoit / .I. anelet tant soulement; [...] Mais tot adès fist compaignie / A l'un de ses frères par tot. [...] Mais cil fut moult de grant renon / A cui il fut acompagnés; / Chevaliers fut bien enseigniés; / Toz jors mais cerait an memoire, / Car il est escrit en l'istoire; / L'istoire est et veraie et digne; / Ce fut li Chevaliers ou Cigne, / Que proz fut et de grant savoir, / Et cil fut li cignes por voir / Qui les chaaines d'or avoit / A col, de coi la nef traioit / Où li chevaliers armez ière, / Qui tant fut de bone manière, / Puis tint de Boillon la duchiet.* (V. 10060–85) Zitiert nach Brunet/Montaiglon 1856. Wohl war zur Zeit der Entstehung dieser Übertragung die im *Dolopathos* vorgefundene Schwanenkinder-Geschichte bereits dem Kreuzzugszyklus angegliedert worden.
33 Mittelalterlichen Zeugungslehren nach wird der *actus generationis* als Mischung von männlichem und weiblichem Samen verstanden; vgl. dazu Kellner 2001, S. 280.

Koexistenz beider Naturen in einem und demselben Wesen glaubhaft zu machen, die in der Schwanritter-Geschichte auf einen Menschen *und* einen Schwan verteilt sind.

II.2.2 *La Naissance du Chevalier au Cygne*

Der Konnex zwischen der Schwanenkinder- und der Schwanritter-Geschichte und die erklärende und enthüllende Funktion der Ersteren werden umso deutlicher, nachdem die Schwanenkinder-Geschichte in den Kreuzzugszyklus eingegliedert und zur Kindheitsgeschichte des *chevalier au cygne* funktionalisiert worden ist. Die Branche *La Naissance du Chevalier au Cygne* mit den drei Versionen *Elioxe*, *Beatrix* und der Mischversion aus beiden erzählt eine Geschichte mit ähnlichen Schlüsselelementen wie in *Cygni*. Die vollständige *Elioxe*-Version ist in nur einer, die Mischversion in zwei Handschriften überliefert, die *Beatrix*-Version fand Eingang in weit mehr Handschriften.[34] An einzelnen Zügen ist erkennbar, dass die Versionen der *Naissance* die Schwanenkinder-Geschichte auf den Kreuzzugszyklus hin bearbeitet und modifiziert haben. Im Folgenden werden die bedeutsamen Abweichungen zwischen den Versionen behandelt.[35]

Der Vater der sieben Kinder ist in der *Naissance* ein König, in der *Elioxe*-Version Lothair und in der *Beatrix*-Version Oriant genannt. Ihre Mutter ist hier keine Nymphe oder Fee mehr – Elioxe ist eine Frau, der Lothair auf der Jagd begegnet; Beatrix wird als Königin eingeführt, die bereits jahrelang mit Oriant verheiratet ist. In der *Elioxe*-Version will die böse Königsmutter Matrosilie die sieben Kinder mit sieben Schlangen vertauschen; ihr Pendant in der *Beatrix*-Version, Matabrune, verfolgt ihre Intrige wie im *Dolopathos* mit sieben Welpen. Elioxe stirbt bei der Geburt; Beatrix, die von Matabrune verleumdet wird, kommt ins Gefängnis und soll auf dem Scheiterhaufen verbrannt werden. Beim Raub der Ketten bleibt in der *Elioxe*-Version – wie im *Dolopathos* – ein Mädchen ausgenommen, in der *Beatrix*-Version ist es hingegen der Junge Elias, der Liebling des Eremiten, der seine Kette wegen eines Zufalls behält. In beiden Versionen wird eine der sechs gestohlenen Ketten vom Goldschmied geschmolzen, in der *Beatrix*-Version reicht zudem die aus einer Kette geschmolzene Masse für zwei Becher, obwohl Matabrune aus sechs Ketten nur einen Becher machen lässt. Im Gegensatz zum *Dolopathos* und zur *Elioxe*-Version, in denen das Mädchen durch ihre Erzählung bei ihrem Vater für die Wiedergutmachung des Verbrechens sorgt, spielt in der *Beatrix*-Version Elias bei der Rettung der Mutter die entscheidende Rolle: Die Verteidigung der Mutter beim Gottesurteil wird von einem Engel vorausgesagt, der Junge wird auf den Namen Elias getauft und befreit im Zweikampf seine Mutter. Diese Verschiebung des Akzents auf den einen Jungen ist offensichtlich eine Bemühung im Zuge der Bearbeitung, den künftigen Schwanritter in den Mittelpunkt der Kindheitsgeschichte zu rücken. Ferner wird in der *Beatrix*-Version der Übergang zur Folgebranche mit weiteren narrativen Elementen bereichert, die den ursprünglichen Prolog des *Chevalier au Cygne* ersetzen, wodurch die Grenze zwischen beiden Branchen fließender gestaltet wird.

Insgesamt steht die *Elioxe*-Version den *Cygni* im *Dolopathos* näher, während in der *Beatrix*-Version insbesondere die Figurenkonstellation weiter auf die Handlung des

---

34 Vgl. Mickel/Nelson 1977, S. xvi, lxxxxiii und lxxxxvi.
35 Zum Inhalt der Versionen vgl. Mickel/Nelson 1977, S. lxxxxi.

Chevalier au Cygne hin bearbeitet ist: Die Rolle des Jungen Elias wird hier weitgehend hervorgehoben, indem der Schwerpunkt der Erzählung von seiner Schwester auf ihn verschoben wird; seine Verbindung zu Gott wird durch die Vision, die Prophezeiung des Engels, die Taufe und nicht zuletzt den Sieg im Gottesgericht verstärkt. Die spätere Heldentat des Elias in Nimwegen – die Verteidigung und Befreiung der Schwiegermutter und der Braut von der Hinrichtung auf dem Scheiterhaufen bei einem Gottesurteil – wird in der *Beatrix*-Version durch die Verteidigung und Befreiung der Mutter gedoppelt. Auch der Name der Mutter, Beatrix, findet in der Braut eine zweite Trägerin. In dieser Version, die mutmaßlich jünger als die *Elioxe*-Version ist, wird ferner auf die Jugendgeschichte Percevals im *Conte du Graal* Chrétiens de Troyes verwiesen.[36] Möglicherweise ist dies von der Verknüpfung beider Stoffkreise bei Wolfram von Eschenbach und/oder Gerbert de Montreuil beeinflusst worden.[37] Viele Figuren und Handlungselemente aus der *Naissance* begegnen in der *Fin d'Elias* wieder und werden zu einem Ende geführt. Beispielsweise werden die zwei Becher, die aus einer der sechs Halsketten angefertigt wurden, in zwei Kelche umgeformt und ermöglichen die Rückverwandlung des Schwans in einen schönen Jüngling bei einer Sonntagsmesse. Dabei wird der Schwan auf ein Bett zwischen den Kelchen platziert und somit symbolisch von demselben Material eingekreist, aus dem die einstige Kette bestand.

Der Schwan, der im *Chevalier au Cygne* als womöglich von dem Ritter abgespaltener Teil[38] des Animalischen auftritt, fällt in der hinzugedichteten *Naissance* mit dem Ritter in eins. Aus der klaren Trennung zwischen Mensch und Tier wird in der weiteren literarischen Produktion die „Einerleiheit"[39] der beiden. Die Schwanenkinder-Geschichte als remythisierendes Fortspinnen der Schwanritter-Geschichte ist somit Zeuge dessen, dass die Nähe zwischen dem Schwan und dem Ritter im mittelalterlichen Denken nach der mythischen Logik der Kontiguität als Wesensidentität – jedes der sieben Kinder kann die Gestalt von Mensch *und* Schwan annehmen – und Verwandtschaft – der Schwan ist ein Bruder des Ritters – verstanden wurde und diese Vorstellung Raum für weitere Imaginationen bot.

Während in der lateinischen und französischen Tradition der Schwanritter in der mythischen Vorgeschichte als Mischwesen zwischen Mensch und Schwan dargestellt wird, findet diese narrative Entfaltung des Ursprungs in der deutschen Schwanritter-Tradition keine Aufnahme.[40] Eine gegenläufige Tendenz zeichnet sich bei Wolfram von Eschenbach und seinen Nachfolgern ab, bei der der Schwanritter disambiguiert wird, indem die Texte ihm eine Abstammung vom Gralsgeschlecht zuweisen.

---

36 Vgl. Bender/Kleber 1986, S. 66; Bumke 1991, S. 262, Anm. 57.
37 Vgl. Kap. III.4.
38 Zum literarischen Verfahren der narrativen Spaltung siehe Schulz 2004.
39 Cassirer 1925/2010, S. 78.
40 Vgl. Matthews 2016, S. 82 mit Anm. 57 zum heruntergespielten Konnex zwischen der Schwanenkinder- und der Schwanritter-Geschichte in der einzigen deutschen Übertragung des *Dolopathos* in der Handschrift Leipzig, Universitätsbibliothek, Ms. 1279.

Die Schwanenkinder-Geschichte, die über das gemeinsame Motiv des Schwans und dessen Kontiguität zu einem Menschen die Vorgeschichte des Schwanritters wurde, erzählt vom Ursprung vor dem Ursprung[41] und bannt somit den Terror am absoluten Anfang.[42] Im Blick auf die Schwanritter-Tradition fungiert sie als eine Art ‚Supplement', das auf das Ausgeblendete in jener reagiert:

> Andere setzen ihn voraus und konzentrieren die Erzählung auf das, was vorher ungesagt blieb. Ihr Verhältnis zum Prätext ist also ein supplementäres, ihr Ziel nicht in erster Linie die Arbeit am Absolutismus der Wirklichkeit, sondern die am Absolutismus des Mythos. Terror ist nicht nur, worauf die mythische Erzählung reagiert, sondern auch, was sie ausübt – durch ihre radikale, nicht selten lakonische Prägnanz. Was sie nicht zu erklären und zu begründen brauchte, rückt in den Supplementen ins Zentrum. Die Eigenart der mythischen Erzählung wird sichtbar in ihrer Umschrift.[43]

In diesem Sinne füllt die Erzählung von den Schwanenkindern eine narrative Lücke des Tabuisierten und Unaussprechlichen, dadurch relativiert sie das *factum brutum* des Frageverbots. Die Vorgeschichte stellt nicht nur eine Antwort auf die im Prätext – im Kreuzzugszyklus ist dieser die Folgebranche – verbotene Frage bereit, sondern bietet auch eine Begründung dafür – die Entdifferenzierung der Gattungen und die Häufung von Schuld, Gewalt und Verbrechen am Ursprung vor dem Ursprung sollen bei der Sendung des erwachsenen Schwanritters verhüllt werden.[44] Doch auch ein solches ‚Supplement' relativiert den Absolutismus des Mythos nur bis zu einem gewissen Grad, indem es die Frage nach dem Ursprung auf die Elterngeneration des Schwanritters verlagert. Die Herkunft der Nymphe bzw. der Königin bleibt weiterhin ungeklärt, ebenso ihre außergewöhnliche Fruchtbarkeit wie auch die Vermischung der menschlichen und der tierischen Gattung bei den sieben Kindern, die von der Kette, einem magischen Objekt, gesteuert wird. Die Entdifferenzierung zwischen Menschlichem und Dämonischem, zwischen Menschlichem und Tierischem wird herangezogen, um den Ursprung als erzählbar, jedoch unergründlich zu inszenieren. Das Beunruhigende und mit dem christlichen Dogma Unvereinbare wird nicht reduziert, sondern verschärft vor Augen geführt. Auf diese Weise übt die Erzählung vom Ursprung vor dem Ursprung weiterhin Terror aus und die Arbeit am Absolutismus des Mythos erweist sich als unabschließbar.

---

41 Vgl. Kellner 2004a, S. 142.
42 Vgl. Blumenberg ⁵1990, S. 72.
43 Kiening 2004, S. 40.
44 Vgl. Kellner 2004a, S. 153f.

Erster Teil: **Untersuchungen zu Einzelwerken**

III Wolfram von Eschenbach, *Parzival*

Die Geschichte des Schwanritters begegnet in der deutschen Literatur zum ersten Mal in der Schlussepisode des *Parzival* Wolframs von Eschenbach, der zwischen 1200 und 1210 entstanden sein dürfte.[1] Mit mehr als 80 erhaltenen Textzeugen ist der *Parzival* das am weitesten verbreitete höfische Epos. Im XVI. und letzten Buch seines Romans schaltet Wolfram zwischen dem Ende der Gralshandlung und dem Epilog einen Ausblick auf das Schicksal eines der beiden Zwillingssöhne Parzivals ein, der Loherangrîn heißt und von einem Schwan als Landesherr nach Brabant gebracht wird. Diese Episode ist in einem lakonisch andeutenden Duktus erzählt, was möglicherweise mit der Bekanntheit des Stoffs unter dem damaligen Publikum zu tun hat.[2] Anders als beim Hauptteil des Romans, der vorwiegend auf den *Perceval* (*Le Conte du Graal*) Chrétiens de Troyes zurückgeht, verwendete Wolfram für die Loherangrîn-Episode höchstwahrscheinlich eine Quelle aus dem Umfeld des Kreuzzugszyklus der französischen *Chansons de geste*.[3] Eine direkte Vorlage kann bislang nicht ausgemacht werden.

III.1 Zur Version

Eingeführt wird Loherangrîn bereits im XV. Buch: Während des Kampfes zwischen Parzival und Feirefiz erwähnt der Erzähler, dass Condwiramurs zwei Knaben, Kardeiz und Loherangrîn, geboren hat. Vor der Festgesellschaft zu Jôflanze verkündet die Gralsbotin Cundrîe zusammen mit der Berufung Parzivals auch die Berufung der Condwiramurs und Loherangrîns zum Gral.[4] Die Geschichte Loherangrîns wird in den Versen 823,27–826,30 erzählt.[5] Sie setzt ein, nachdem der Erzähler mit einem Rückblick auf die Schicksale der fünf Kinder Frimutels (823,11–26) den Hauptstrang der Gralshandlung abgeschlossen hat. Loherangrîn wächst zu einem starken Ritter heran und erkämpft im Dienst des Grals hohes Ansehen. (823,27–30) An dieser Stelle beginnt der Erzähler einen neuen Abschnitt,[6] ohne die Protagonisten namentlich zu benennen. Die Fürstin in Brabant hat sich den Hass der Grafen ihres Landes zugezogen, da sie aus Demut Gott gegenüber[7] jeglichen Werber ablehnt. Bei einem Hoftag, zu dem die Herren des Landes und Boten aus fernen Ländern gekommen sind, schwört sie, keinen zum Mann nehmen zu wollen, außer demjenigen, den Gott ihr bestimmt. Da bricht derjenige, den Gott der Fürstin zugedacht hat, mit einem Schwan aus Munsalvæsche nach Antwerpen auf. Er nennt die Bedingung für die Eheschließung sowie die Herrschaftsübernahme: Seine Gattin darf ihn nicht danach fragen, wer er ist. Wird die Frage gegen ihn gerichtet, muss sich das Ehepaar trennen. (825, 19–22) Die Ehe wird

---

1 Vgl. Bumke 1999, Sp. 1378.
2 Vgl. Strohschneider 1997b, S. 130.
3 Vgl. Kap. II.1
4 *daz epitafjum ist gelesen: / du solt des grâles hêrre wesen. / Condwîrâmûrs daz wîp dîn / und dîn sun Loherangrîn / sint beidiu mit dir dar benant.* (781,15–19) Soweit nicht anders angegeben, werden Textstellen aus dem Parzival nach Schirok/Knecht ²2003 zitiert.
5 Einen gründlichen Kommentar zu dieser Episode bietet Schmitz 2012, S. 185–203.
6 824,1: *Welt ir nu hœren fürbaz?*
7 Zur Bedeutung von *diemuot* (824,12) vgl. Schmitz 2012, S. 190f.

vollzogen, das Paar bekommt schöne Kinder und der Gralsgesandte herrscht mehrere Jahre lang vorbildlich in Brabant. Als die Fürstin die verbotene Frage stellt, muss er das Land verlassen. Nachdem er ein Schwert, ein Horn und einen Ring zum Andenken hinterlassen hat, bringt der vom Schwan gezogene Kahn ihn wieder ins Gralsreich. Erst hier nennt der Erzähler den Gesandten *Loherangrîn* (826,20).

Von dem Frageverbot, das der Schwanritter seiner Gattin auferlegt, wird bereits vor dieser Episode erzählt: Das Verbot erscheint nach der Taufe des Feirefîz als Inschrift am Gral. Begründet wird die Einführung des Verbots durch das lange Leiden des Anfortas und das Frageversäumnis Parzivals. (818,24 – 819,8) Nach dieser Begründung nimmt der Erzähler die Geschichte von Feirefîz, Repanse und Priester Jôhan auf (819,9 – 823,10). Sowohl die Geschichte der Feirefîz-Familie als auch die Loherangrîns werden jenseits des Hauptstrangs der Gralshandlung als neue Perspektiven angedeutet, sodass sie gleichsam Erzählkerne bilden, die weiter entfaltet werden könnten.[8]

Wolfram macht abweichend von der herrschenden Überlieferung *Antwerp* (825,1) statt Nimwegen zum Landeplatz des Schwanritters; die bedrängte Herzogin von Bouillon aus dem französischen *Chevalier au Cygne* wird zur Fürstin in Brabant.[9] In der lakonischen Schilderung von Loherangrîns Abschied finden sich einige Verse, die auf eine lebendige lokale Schwanritter-Tradition in Brabant hinweisen.[10] Dass das brabantische Herzogshaus seine Schwanritter-Abstammung propagiert und gepflegt hätte, ist freilich für die Zeit Wolframs anderweitig nicht bezeugt.[11]

III.2 Vom Fragegebot zum Frageverbot

Die von Wolfram erzählte Version der Schwanritter-Geschichte ist eine komprimierte Fassung des Mythos, die die Funktionselemente Entsendung, Heirat, Frageverbot, Übertretung des Verbots und Abschied aus der Grundstruktur des französischen *Chevalier au Cygne* enthält. In diesem Abschnitt soll das zentrale Motiv des Frage-

---

[8] Zur Entfaltung dieser Erzählkerne im *Jüngeren Titurel* und im bairischen *Lohengrin* siehe Kap. V und VI.

[9] Eine Erwähnung des Brabanter Herzogspaars beim Turnier vor Kanvoleiz findet sich im II. Buch des *Parzival* (73,29 – 74,1). Dabei handelt es sich wahrscheinlich um die Großeltern der Gattin Loherangrîns. Ein Bezug zwischen dieser Stelle und der Mission des Schwanritters ist nicht herzustellen. Siehe Vermutungen bei Hatto 1980, S. 419.

[10] *vil liute in Brâbant noch sint, / die wol wizzen von in beiden, / ir enpfâhen, sîn dan scheiden, / daz in ir vrâge dan vertreip, / und wie lange er dâ beleip.* (826,10 – 14)

[11] Vgl. Blöte 1904, S. 13f. sowie Cramer 1971, S. 75 – 77. Die ersten erhalten gebliebenen historischen Zeugnisse, die eine Brabanter Schwanritter-Tradition belegen, sind wesentlich jünger als die Dichtung Wolframs. Zu den Schwierigkeiten, einen Brabanter Anspruch auf die Schwanritter-Abstammung bereits im ersten Jahrzehnt des dreizehnten Jahrhunderts historisch zu begründen, siehe Cramer 1971, S. 75. Dagegen Bumke 1991, S. 259 mit Anm. 47; Hatto 1980, S. 420. Zur anderen Möglichkeit der Verbindung der Schwanritter-Tradition mit Brabant, nämlich einer historischen Verwechslung, vgl. Cramer 1971, S. 75f.

verbots näher betrachtet werden.[12] Insbesondere die Begründung des Verbots bei Wolfram geht weit über die französische Überlieferung, in der das Verbot nicht ursächlich erklärt wird, hinaus. Wolfram formuliert das neue Gesetz folgendermaßen:

> *nâch der toufe geschihte*
> *ame grâle man geschriben vant,*
> *swelhen templeis diu gotes hant*
> *gæb ze hêrren vremder diete,*
> *daz er vrâgen widerriete*
> *sînes namen od sîns geslehtes,*
> *unt daz er in hulfe rehtes.*
> *Sô diu vrâge wirt gein im getân,*
> *sô mugen sis niht langer hân.*
> *durch daz der süeze Anfortas*
> *sô lange in sûren pînen was*
> *und in diu vrâge lange meit,*
> *in ist immer mêr nu vrâgen leit.*
> *al des grâles pflihtgesellen*
> *von in vrâgens niht enwellen.* (818,24–819,8)

Jeder Gralsritter, der von Gott als Herrscher in ein fremdes Land gesandt wird, soll Fragen nach seinem Namen oder seiner Herkunft verbieten. Wird er dennoch danach gefragt, muss er das Land sogleich verlassen. An dieser Stelle ist noch unklar, in welchen Situationen und an wem dieses Gesetz praktiziert werden soll. Die Begründung, derer eine solche Vorschrift offenbar bedarf, schließt sich in den nächsten sechs Versen an. Allerdings läuft diese Erklärung handlungslogisch ins Leere: Ein Gralsgesandter darf deshalb nicht nach Namen oder Herkunft gefragt werden, weil die für die Heilung des Anfortas notwendige Frage so lange nicht gestellt wurde. Nun wollen alle Gralsritter nach dem langen Leiden des Anfortas keine Fragen mehr hören. Zunächst ist diese Begründung insofern merkwürdig, als die Korrektur eines Versäumnisses in einem Verbot bestehen soll. Die Absurdität dieser Begründung wird umso offensichtlicher, wenn man bedenkt, dass das Frageversäumnis Parzivals zum großen Teil auf die Unterweisung des Gurnemanz zurückzuführen ist, die gerade einem Frageverbot nahekommt – *irn sult niht vil gevrâgen* (171,17).[13] Zudem sind die beiden Fragen ganz verschiedener Art. Die eine Frage, die von Parzival gestellt werden muss, zielt auf das Befinden des Anfortas: *œheim, waz wirret dier?* (795,29).[14] Die andere Frage, die nicht an die Gralsgesandten gestellt werden darf, zielt dagegen auf ihre Identität. Es ist nicht ohne Weiteres nachvollziehbar, warum gerade die zweite Frage

---

12 In diesem Abschnitt wird die Verbindung des Frageverbots zum vorigen Gralsgesetz analysiert. Zur Formulierung des Frageverbots durch den Schwanritter und Tabubruch siehe Kap. X.2.1.1.
13 Vgl. Spiewok 1994, S. 272.
14 Die beim ersten Besuch Parzivals auf der Gralsburg im V. Buch erwartete Frage ist eine Neugierfrage, die auf den Zustand der Gralsgesellschaft und das Geheimnis des Grals zielt: *wiez dirre massenîe stêt* (239,17). Im XVI. Buch wird sie zu einer ritualisierten erlösenden Frage, die von der Forschung häufig ‚Mitleidsfrage' genannt wird.

nicht gestellt werden darf, weil die erste so lange versäumt wurde – heißt es doch, *in ist immer mêr nu vrâgen leit*, weshalb auf jegliche Frage mit Abneigung zu reagieren wäre.[15] Die unvermittelte Inversion des Fragegesetzes mutet willkürlich an. Bereits an einer früheren Stelle wird die Autorität der Gralsgesetze relativiert, als Parzival die erlösende Frage erst bei seinem zweiten Besuch auf Munsalvæsche stellt und Anfortas trotzdem geheilt wird.[16]

Ferner ist anzumerken, dass die Grenze der Inschrift offen ist, der Text also keine Auskunft darüber gibt, ob die Begründung (819,3–8) Teil der auf dem Gral erschienenen Botschaft oder eine Erklärung durch den Erzähler ist. An dieser Stelle bieten die Handschriften keine Markierung des Endes der Gralsinschrift. Der edierte Text der sechsten Ausgabe Karl Lachmanns, der heute nach wie vor als Maßstab gilt, unternimmt diesbezüglich keine Interpretation. Jedenfalls handelt es sich bei der Aussage, die Gralsritter wollten keine Frage mehr hören, nicht um eine Aussage aus der Figurenperspektive. Der Inhalt der Inschrift wird – wie so oft im *Parzival* – nicht wörtlich wiedergegeben, sondern vom Erzähler paraphrasiert.[17] Wo die Paraphrase aufhört, ist am Modus der Verben nicht festzumachen. Denn die Verse 818,26–30 sind in indirekter Rede gehalten, ab 819,1 wird in direkter Rede weiter erzählt, die durch den Indikativ signalisiert wird. Allerdings müssten 819,1f. noch zum Inhalt der Inschrift gehören, da sie die Konsequenz des Tabubruchs beschreiben. Hier liegt also ein Fall vor, bei dem der Moduswechsel sich inmitten der Paraphrase der Gralsinschrift vollzieht und somit nicht zur Markierung der Grenze zwischen dieser und dem Erzählerkommentar dienen kann. Deshalb oszilliert die Begründung des Frageverbots zwischen einer Paraphrase der Inschrift und einer vom Erzähler stammenden Erläuterung.

Die Verknüpfung beider Fragemotive und die Begründung des einen durch das andere wird in der Forschung seit langem diskutiert. Während die ältere Forschung einen Akzent auf die Stoffgeschichte und die Textgenealogie setzte,[18] hat die Forschung der letzten dreißig Jahre vorwiegend textimmanente Interpretationen unter-

---

15 Zu einer Lesart, die nicht von einer strikten Kausalität auf der wörtlichen Ebene ausgeht, sondern stattdessen die Kette der Gebote von der defizitären Grundbedingung der Gralssippe her beleuchtet, siehe Kap. X.2.1.1.
16 Laut der Auskunft Trevrizents muss der erlösende Ritter die Frage am ersten Abend seines Besuchs stellen, damit Anfortas geheilt wird: *Frâgt er niht bî der êrsten naht, / sô zergêt sîner frâge maht. / wirt sîn frâge an rehter zît getân, / [...] dâ mit ist Anfortas genesen* (484,1–7). Zur Relativierung der Autorität Trevrizents vgl. Schirok 1987.
17 Vgl. Lieb 2015, S. 11: „Die Kenntnis einer Inschrift ist nur durch den Filter eines Rezipienten (sei es der Erzähler oder eine Figur) und dessen Reformulierung der Inschrift zu erhalten"; dort werden weitere textimmanente Inschriften im *Parzival* behandelt. Grundlegend zu neueren Perspektiven der Inschriftenforschung vgl. Velte/Lieb 2022, samt einer Auswahlbibliographie zur Literatur und Epigraphik in Mittelalter und Früher Neuzeit (S. 381–388 des Sammelbandes).
18 Vgl. Blöte 1898, S. 27–51; Golther 1890, S. 103–130; ders. 1925, S. 58f.

nommen, die bisweilen die Stoffgeschichte völlig übergehen.[19] Im Folgenden soll versucht werden, die Grenzen einer rein textimmanenten, auf die kausale Logik ausgerichteten Interpretation aufzuzeigen und zugleich die durch die Anbindung des neuen Stoffs gewonnenen Sinndimensionen auf der Textebene zu erschließen.

Zunächst soll der in der Gralsgeschichte angelegte Hintergrund für das Frageverbot betrachtet werden, bevor ich die verschiedenen Forschungsansätze, die die Verbindung des Verbots mit dem Gebot zu erklären versuchen, erwäge. Dass Gralsritter inkognito in fremde Länder gesandt werden, um dort die Herrschaft zu übernehmen, erfahren die Rezipienten nicht erst durch die Gralsinschrift nach Feirefîz' Taufe. Bereits im IX. Buch wird die Funktion des Grals als Hilfsinstanz für herrenlose Länder in der Rede Trevrizents thematisiert:

> *wirt iender hêrrenlôs ein lant,*
> *erkennt si dâ die gotes hant,*
> *sô daz diu diet eins hêrren gert*
> *vons grâles schar, die sint gewert.* (494,7–10)

Ferner erläutert Trevrizent die Heiratspolitik des Grals – Jungfrauen werden offen weggegeben und Männer heimlich ausgesandt: *got schaft verholne dan die man, / offenlîch gît man meide dan.* (494,13 f.) Dass ein solcher Unterschied zwischen den Frauen und den Männern besteht, hängt wahrscheinlich mit dem – gemeinsamen – Zweck ihrer Sendung zusammen, nämlich Nachwuchs für den Dienst beim Gral zu zeugen:

> *Sus gît man vome grâle dan*
> *offenlîch meide, verholn die man,*
> *durch fruht ze dienste wider dar,*
> *ob ir kint des grâles schar*
> *mit dienste suln mêren:*
> *daz kan si got wol lêren.* (495,1–6)

Verheimlicht wird bei den Männern wohl in erster Linie ihre Herkunft aus Munsalvæsche. Der Eigenname eines Gralsritters und das weltliche Geschlecht, dem er angehört, sind für den Zweck seiner Sendung ohne Belang.[20] Elisabeth Schmid bietet eine überzeugende Erklärung dieser Regel aus juristischer Sicht:

> Würden die Männer öffentlich weggegeben, entstünden dem Gralgeschlecht überall in der Welt Seitenzweige. Sobald die Männer der Gemeinschaft vom Gral in die Fremde entlassen sind, gehören sie nicht mehr dazu. Indem die gesetzgebende Instanz die männlichen Abkömmlinge als

---

19 Vgl. Sassenhausen 2005; Volfing 2004; Schu 2002, S. 375–442; Draesner 1993, S. 288–295; Stein 1993, S. 156–167; Wyss 1979.
20 Vgl. Schumacher 2014, S. 80, Anm. 261; Bumke 1991, S. 243, Anm. 13. Anders Kolb 1963, S. 52: „Name, Auftrag und Herkunft des Ausgesandten".

Fremde definiert, kann sie deren Nachkommen immer wieder berufen, ohne daß diesen daraus ein Rechtsanspruch entstünde.[21]

Ausgehend von dieser Überlegung bedürfen die Deutung und damit die Interpunktion der oben zitierten Aussage Trevrizents (494,7–10) einer näheren Betrachtung. Folgt man der oben zitierten Interpunktion von Lachmann,[22] besteht die Voraussetzung für die Aussendung eines Gralsritters darin, dass die Leute in einem herrenlosen Land sich ausdrücklich von der Gralsgesellschaft einen neuen Herrscher wünschen. Somit wäre die Herkunft des Gralsritters aus Munsalvæsche in jenem Land bekannt und es hätte keinen Sinn, sie nachträglich zu verheimlichen.[23] Eine andere, plausiblere Interpunktion schlägt Leitzmann in seiner Edition von 1903 vor:

wirt inder herrenlôs ein lant,
erkennent si dâ die gotes hant,
sô daz diu diet eins herren gert,
von sgrâles schar die sint gewert.[24]

Diese Lesart sagt aus, dass der Wunsch der Leute im herrenlosen Land von der Gralsgesellschaft gewährt wird. In diesem Fall erfüllt die Inkognito-Regel ihren Zweck. Die Edition von Bartsch folgt an dieser Stelle anfangs Lachmann:

sô daz diu diet eins hêrren gert
von's grâles schar, die sint gewert.[25]

Die vierte, durch Marti überarbeitete Auflage der Edition Bartschs ändert die Interpunktion nach Leitzmann:

sô daz diu diet eins hêrren gert,
vons grâles schar die sint gewert.[26]

Die Ausgabe von Nellmann/Kühn[27] folgt ebenfalls Leitzmann. Vor dem Hintergrund der *verholne[n]* Sendung der Gralsritter ist der Interpunktion Leitzmanns beizupflichten. Demnach wird dem verwaisten Land ein Herrscher von der Gralsgesellschaft gesandt, seine Herkunft aus Munsalvæsche bleibt den Leuten dort jedoch verborgen.

---

21 Schmid 1986, S. 204.
22 Vgl. auch die Wiedergabe der gleichen Interpunktion in den Ausgaben Spiewok 2010 und Schirok/Knecht ²2003.
23 Vgl. Bumke 1991, S. 243, Anm. 13; siehe auch den Kommenbar bei Nellmann/Kühn 1994 zu 494,9f. (Bd. 2, S. 697).
24 Leitzmann 1903, S. 123.
25 Bartsch 1871, S. 173.
26 Bartsch/Marti 1929, S. 169f.
27 Nellmann/Kühn 1994, Bd. 1, S. 816.

Wie Jungfrauen öffentlich fremden Rittern zur Gemahlin gegeben werden, wird an den Beispielen Herzeloyde und Schoysiane präsentiert. Ob die Heirat der Repanse de Schoye mit Feirefîz eine Realisierung der Exogamie oder vielmehr einen Verstoß dagegen darstellt, ist umstritten. Zwar wird Repanse mit einem Ritter außerhalb der Gralsgesellschaft verheiratet, doch wird die Hochzeit noch auf der Gralsburg gefeiert. Nach Joachim Bumke gehört diese Heirat in die Textpassage zwischen Parzivals Berufung zum Gralskönig und der Schlusssentenz, in der „Erstaunliches und Irritierendes erzählt wird, offenbar mit dem Ziel, die Harmonie am Schluß zu stören und wieder aufzuheben".[28] Bumke sieht die Gesellschaftsordnung auf Munsalvæsche in Frage gestellt, da „Feirefîz sich ungestraft darüber hinweggesetzt [sic!] und zum ersten Mal in der Geschichte des Grals eine nicht eigens von Gott angeordnete Liebesheirat dort vollzieht".[29] Diese Meinung teilt Cornelia Schu, die das Sakrament der Ehe an Dignität verlieren und die Erotik auf der Gralsburg triumphieren sieht.[30] Dennoch werden die Taufe des Feirefîz und die Hochzeit nicht vom Erzähler problematisiert, als wären die Gralsgesetze nicht länger in Kraft. Wenn man jedoch bedenkt, dass aus dieser Ehe künftig der christliche Herrscher Indiens hervorgehen soll, hat man guten Grund für die Annahme, dass diese Heirat im Einklang mit Gottes Plan steht, oder zumindest von Gott gebilligt wird, wie Horst Brunner zu Recht meint: „der Christengott hat mit dem Werkzeug Feirefîz trotz allem sein Ziel erreicht!"[31]

Bis zum Ende der Parzival-Handlung zeigt der Erzähler kein Beispiel dafür, wie die Ritter von Gott *verholne* (494,13) aus der Gralsgesellschaft in fremde Länder gesandt werden. Freilich ist bereits in der Rede Trevrizents eine leise Anspielung auf gewisse Regeln und die von Gott erwartete Gehorsamkeit zu erkennen: *des müezn och si mit zühten pflegn: / sîn hüet aldâ der gotes segn.* (494,11f.) Mit *gotes segn* kann die von Gott verordnete Verheimlichung der Identität gemeint sein, und *zühten* impliziert wohl die Beachtung dieser Regel. Aus diesem Bogen, der sich vom IX. bis zum XVI. Buch spannt, ergibt sich die Stringenz der Regeln. Das zum bestehenden Gralsgesetz hinzugetretene Frageverbot kann als Verschärfung der Inkognito-Regel verstanden werden:[32] Der ausgesandte Gralsritter darf nun von sich aus nicht nur seine Herkunft aus Munsalvæsche, sondern auch seinen Namen und sein Geschlecht nicht preisgeben; zudem darf er nicht mehr von anderen nach all diesen Informationen gefragt werden. Loherangrîn ist die erste und einzige Figur im ganzen Roman, an der das neue Gralsgesetz Anwendung findet. Er ist aber auch ein Gralsritter, der die vermeintliche Begründung *in ist immer mêr nu vrâgen leit* (819,6) nicht persönlich erlebt hat und somit keinerlei Problem mit dem Fragen hat. Als er in die Gralsgesellschaft aufgenommen wird, ist Anfortas bereits geheilt worden. Die allgemeine Begründung des Frageverbots trifft bei ihm individuell nicht zu.

---

28 Bumke 1991, S. 236.
29 Bumke 1991, S. 242.
30 Vgl. Schu 2002, S. 422f.
31 Brunner 1991, S. 379.
32 Vgl. Schu 2002, S. 425.

Die Forschung hat versucht, die rätselhafte Begründung des Frageverbots handlungslogisch aufzuhellen. Nach Ruth Sassenhausen sei die Begründung „keineswegs ‚merkwürdig'",[33] da die Frage sowohl bei Parzival als auch bei Loherangrîn „auf die Identität des Protagonisten"[34] ziele und somit individualbezogen beide Geschichten vernetze. Das Paradoxon von Fragegebot und -verbot versucht sie literaturpsychologisch zu lösen:

> Von dieser Warte aus ergibt es sich nämlich, dass der Komplex ‚Frage' die zentrale Krise der Gralssippe konstituiert; man würde aus heutiger Sicht sagen, dass ein familiäres Trauma vorliegt: Wurde die bisherige Geschichte der Gralsfamilie von einer nicht gestellten Frage dominiert, so ist gleichsam als psychische Abwehrreaktion eine regelrechte „Fragephobie" entstanden, weil die Frage nach der Herkunft eines Mitglieds der Gralssippe dazu führen würde, die schmerzliche Erinnerung an vergangenes Leid wach zu rufen.[35]

Dagegen ist einzuwenden, dass die Frage, die von Parzival gestellt werden muss – ‚œheim, waz wirret dier?' (795,29) – das Wissen von der eigenen Identität und der Sippe voraussetzt, jedoch nicht auf die Identität Parzivals zielt. Ganz verkehrt ist die Aussage „Parzival [...] muss fragen, um seine Identität zu finden".[36] Vielmehr muss er seine Identität vorher gefunden haben, um die richtige Frage formulieren zu können.

Für Ulrike Draesner sind das Frageverbot und das Scheitern Loherangrîns ein Zeichen dafür, dass Parzivals Schuld weiter im Sippenverband wirkt:

> Trotz der Gralsberufung ist Parzivals Versäumnis während des ersten Gralsbesuches nicht ungeschehen zu machen oder in einem umfassenden Sinn aufgehoben: Das Loherangrîns Leid bewirkende Gesetz ist nur in Konsequenz der genannten Verfehlung Parzivals erlassen worden und nun fortwährendes und weiterhin wirkendes Zeichen der unterlassenen Frage.[37]

Ob das Frageverbot eine Konsequenz von Parzivals Frageversäumnis ist, ist keineswegs gesichert. Die Behauptung Draesners hat nur Bestand, wenn die Begründung des Frageverbots (819,3–8) Teil der Gralsinschrift ist. Sie kann aber – wie oben erörtert – genauso wahrscheinlich vom Erzähler stammen, dessen Aussage zum Erzählten wie so oft im Roman nicht der Wahrheit entsprechen muss. Der Text selbst verschweigt an dieser Stelle eine eindeutige Zuordnung der Aussage zu einer Sprechinstanz. Festzuhalten bleibt nur, dass die Fragethematik und die Identitätsproblematik in der Gralssippe fortwährend präsent sind und somit eine paradigmatische Verbindung auf der strukturellen Ebene hergestellt werden kann, wie Ulrich Wyss formuliert: „symmetrisch zum Frage-Gebot errichtet der Gral ein Frage-Verbot".[38]

---

[33] Sassenhausen 2005, S. 582.
[34] Sassenhausen 2005, S. 582.
[35] Sassenhausen 2005, S. 582.
[36] Sassenhausen 2005, S. 583.
[37] Draesner 1993, S. 292f.
[38] Wyss 1979, S. 98.

Da die rein textimmanente Interpretation die Suche nach einem Grund für das Frageverbot am Schluss der Gralshandlung nicht viel weiterbringt,[39] soll hier ein Blick auf die intertextuelle Beschaffenheit der Schlusspartie des *Parzival* geworfen werden. Dass der Schwanritter seine Gattin vor der Frage nach seinem Namen und seiner Herkunft warnt, ist integraler Bestandteil des *Chevalier au Cygne* aus dem altfranzösischen Kreuzzugszyklus. Das Neue bei Wolfram liegt darin, dass durch die Verknüpfung der Schwanritter-Handlung mit der Gralsgeschichte die Weisung und Warnung nun von Gott kommt und als Inschrift auf dem Gral erscheint. Handlungslogisch gesehen warnt Loherangrîn die Fürstin gemäß der Gralsinschrift davor, jemals nach seiner Identität zu fragen; in Hinsicht auf die Komposition des Textes ist es jedoch das Frageverbot als ein fester Baustein der Schwanritter-Sage, der von der Loherangrîn-Episode aus ‚rückwirkend' die Gestaltung der vorangehenden Handlung beeinflusst. Stoffgeschichtlich und produktionsästhetisch gesehen ist die Inversion des Fragemotivs also keineswegs kausal, sondern kompositorisch ‚von hinten' motiviert.[40]

Die beiden Motive, die das Fragen betreffen, sind kein Novum bei Wolfram. Das Fragegebot begegnet bereits bei Chrétien;[41] wenn man die Stoffgeschichte weiter zurückverfolgt, so findet man die Figur des kranken oder unwürdigen Königs und das Fragemotiv bereits in den keltischen Überlieferungen.[42] Das Frageverbot in der Schwanritter-Handlung ist ebenfalls keine Neuschöpfung Wolframs, sondern konstitutiver Bestandteil der Sage. Ob die Verknüpfung beider Fragemotive von Wolfram eingeführt wurde, ist ungewiss. Bisher ist weder die Frage geklärt, ob Wolfram eine

---

[39] Wie befremdlich eine Interpretation ganz ohne Berücksichtigung der Stoffgeschichte geraten kann, sei an der Studie Alexandra Steins (1993) gezeigt. Für Stein ist Loherangrîn wie einst sein Vater eine Figur mit Schuld und Makel, denn er hätte sich zu erkennen geben sollen, bevor seine Gattin die Frage stellt, und so die Frage vermeiden können. (Vgl. Stein 1993, S. 164) Stein geht so weit zu behaupten, dass Loherangrîns „Verweigerung der Selbstdefinition durch Sprache" „ein Verstoß gegen Gottes Ordnung" (S. 167) sei, was genau das Gegenteil der zuletzt erschienenen Gralsinschrift besagt. Ebenso wenig leuchtet die spekulative Deutung der schwarzen Füße des Schwans als Zeichen der „Makelhaftigkeit" (S. 166) ein.
[40] Vgl. Martínez 2007, S. 644f.
[41] Bei Chrétien hätte Perceval fragen sollen, warum die Lanze blute und wen man mit dem Gral bediene: *Savoir se nus d'als li diroit / De la lance por qu'ele saine, / Se il puet estre en nule paine, / Et del graal ou l'en le porte.* (*Perceval*, V. 3398–3401). Doch hält er sich strikt an die Anweisungen des Edelmanns und unterlässt die Fragen, jedoch mit dem Gedanken, beim Abschied am folgenden Tag zu fragen. Tags darauf kommt dieser Wunsch zur Sprache: *Et d'autre chose t'enquerrai / Noveles que savoir voldroie.* (V. 3418f.) Wegen der versäumten Frage wird Perceval von seiner Cousine getadelt. Diese klärt darüber auf, Perceval hätte den Fischerkönig mit seinen Fragen heilen können: *Come iés or mal aventurous / Quant tu tot che n'as demandé! / Que tant eüsses amendé / Le buen roi qui est mehaigniez / Que toz eüst regaaigniez* (V. 3584–3588). Zitiert nach Olef-Krafft 1991.
[42] Siehe dazu Lévi-Strauss 2008, S. 328. Näheres zur Motivgeschichte vgl. Kap. X.1.

französische Vorlage für seinen Romanschluss bekannt war,[43] noch diejenige, ob bereits vor ihm die Schwanritter-Geschichte mit dem Gralsstoff verschmolzen wurde. Für Letzteres ist kein Textzeuge erhalten. Es ist möglich, dass die Verknüpfung beider Stoffe über die Thematik der Frage von Wolfram stammt;[44] und es ist wahrscheinlich, dass die änigmatische Begründung des Frageverbots zu seinem dunklen Stil und Witz gehört. Die unbefriedigende Erklärung der Gralsinschrift, die auf die versäumte Frage Parzivals während seines ersten Besuchs auf der Gralsburg rekurriert, erzeugt eine gewisse Komik. Denn die Motivähnlichkeit ist eine rein mechanische und keine bedeutungstragende.[45] Die vermeintliche kausale Logik, nach der sich das Frageverbot aus dem Frageversäumnis Parzivals ergibt, ist ein auf der Textoberfläche mit lexikalischen Mitteln – *durch daz* (819,3) – vermittelter Zusammenhang, der nicht aufgeklärt wird und nicht wirklich vorhanden ist. Es wird eine Begründung vorgetäuscht, die die Verbindung zweier Stoffkreise überbrücken oder – für jemanden, *swer mit disen schanzen allen kan* (2,13) – möglicherweise gerade darauf aufmerksam machen soll. Eine gradlinige und bruchlose Lektüre soll daher nicht erzwungen werden.

Nicht zu bestreiten ist indes, dass sich durch die Verknüpfung der beiden Fragemotive zusätzliche Sinndimensionen auf der Textebene ergeben: Es entsteht nämlich ein Gegensatz zwischen den Lebenswegen des Vaters und des Sohnes. Für Parzival gilt die Regel, eine bestimmte Frage zu stellen; demgegenüber ist im Fall Loherangrîns nicht das Aussprechen einer Frage das höchste Gebot, sondern deren Vermeidung. Der Gegensatz ist umso auffälliger, wenn man bedenkt, dass es dieselbe göttliche Instanz ist, die dem Vater infolge einer ausgesprochenen Frage Gnade zuteilwerden lässt und den Sohn samt dessen Familie wegen einer ausgesprochenen Frage bestraft.[46] Der Wille Gottes scheint willkürlich und unergründlich zu sein. Durch die Umkehrung der geltenden Prinzipien bleibt der Weg des jeweiligen Helden ein „singulärer" und „individueller".[47] Das von Parzival mühsam Erlernte wird für Loherangrîn zum Problem.[48] Der Sohn darf den Weg des Vaters und die dafür geltenden Regeln nicht einfach wiederholen, sondern muss seinen Weg selbst von Neuem finden. Den eigenen Weg zu finden und Probleme auf eigene Weise zu lösen, wird zu

---

43 Chrétiens Torso bricht mitten in der Szene ab, in der Gauvain im Schloss der Königinnen kämpft und seine Verwandten mütterlicherseits kennen lernt. Von Percevals zweitem Besuch auf der Gralsburg und seinen Nachfahren erzählt der Text nicht.
44 Siehe dazu Kap. III.4.
45 Diese beiden schön formulierten Begriffe verdanke ich einem Gespräch mit Volker Mertens. Vgl. auch Rank 1911, S. 7: Die Verknüpfung beider Motive sei „eine ziemlich äußerliche geblieben".
46 Vgl. Schmitz 2012, S. 188.
47 Schmitz 2012, S. 188. Vgl. dazu auch die Aussagen Bertaus, Haugs und Gepharts: Der Dichter hole das ganze Werk „als Veranstaltung eines Subjekts in die Besonderheit" zurück (Bertau 1983, S. 73); „Die Erfahrung, die Parzival gemacht hat, kann nur seine persönliche Erfahrung sein und bleiben" (Haug 1990, S. 215 f.); „Sein [Parzivals, M. Y.] persönlicher Weg der Erkenntnis der eigenen Geschichte mündet wieder in der Aufhebung desselben im Schicksal seines Sohnes." (Gephart 1994, S. 203)
48 Vgl. Schu 2002, S. 426.

einer über die Generationsgrenze hinweg unabschließbaren Aufgabe, was der Unabschließbarkeit der Sinnproduktion im Roman entspricht.⁴⁹

Das Verbot für die Brabanter Untertanen, nach Name und Herkunft des gottgesandten Herrschers zu fragen, evoziert ferner dynastische Probleme. Bevor der Erzähler raffend vom Abschied des Schwanritters erzählt, deutet er noch an, dass dieser in Brabant Nachkommen gezeugt hat: *si gewunnen samt schœniu kint* (826,9). Für die Kinder bedeutet das Nicht-Wissen der eigenen Abstammung die Unmöglichkeit der Selbstdefinition als Herrscher innerhalb der Feudalgesellschaft. Das Gralsgesetz ist dahingehend bemerkenswert, dass gerade die ausgesandten Männer, deren Abstammung für die fremden Länder von entscheidender dynastischer Bedeutung ist, nicht nach ihrem Geschlecht gefragt werden dürfen. In einer Gesellschaft, in der Herrschaft über die Genealogie legitimiert wird, ist es absurd, dass die Kinder nicht erfahren dürfen, wer ihr Vater ist und aus welchem Adelsgeschlecht er kommt. Die Herkunft Loherangrîns, die identitätsstiftend und von existentieller Bedeutung für alle ihm nachfolgenden Generationen ist, muss also ergründet werden.⁵⁰

Indem Loherangrîn freilich keine Antwort auf die Frage gewährt, bleibt eine Lücke in der Genealogie des Herrscherhauses, das durch ihn neu begründet wird, bestehen. Ohne seinen Einsatz wäre die genealogische Linie des brabantischen Fürstengeschlechts abgebrochen, da die Fürstin keinen anderen Mann als den von Gott bestimmten heiraten will. Loherangrîn, der von außen kommt und zur Weiterführung der genealogischen Linie beiträgt, wird zu einem neuen, „mit mythischem Heil ausgestatteten Spitzenahn[]"⁵¹ des Herrscherhauses. Für die Generation der Augenzeugen werden die fehlenden Statusmerkmale – Name, Adelsgeschlecht, Herrschaftsverhältnisse – durch die mythische Evidenz – die Ankunft in einem vom Schwan gezogenen Nachen – kompensiert.⁵² Die Auserwähltheit des fremden Herrschers wird durch seine Aura erwiesen:

> *si was an im vil untbetrogn.*
> *er kunde wol gebâren:*
> *man muose in für den clâren*
> *und für den manlîchen*
> *habn in al den rîchen,*
> *swâ man sîn künde ie gewan.*
> *höfsch, mit zühten wîs ein man,*
> *mit triwen milte ân âderstôz,*
> *was sîn lîp missewende blôz.* (825,2–10)

---

49 Vgl. Schu 2002, S. 428. Siehe damit zusammenhängend Kap. III.3.2.
50 Wie die späteren Texte dieses Problem verhandeln, ist an der Erzählung des Schwanritters von seiner Herkunft als Antwort auf die verbotene Frage im bairischen *Lohengrin* und im *Buch der Abenteuer* zu beobachten.
51 Kellner 2004b, S. 474.
52 Vgl. Strohschneider 1997b, S. 135–137.

Bei der Ankunft Loherangrîns sehen die Brabanter einen Ritter, der alle höfischen Werte in Vollkommenheit in sich vereint. Nach Aussterben der Augenzeugengeneration wird es jedoch schwierig, ohne die Nennung der genauen Herkunft des Ahnherrn von einer ruhmreichen Neugründung des Geschlechts zu sprechen. Allenfalls die hinterlassenen Kleinodien zeugen noch von der temporären Herrschaft eines Gottesgesandten. Für das Brabanter Herrscherhaus ist die Konsequenz des Frageverbots fatal:

> Das Frageverbot würde, eingehalten, mit dem Generationenwechsel den Traditionszusammenhang des genealogischen Wissens beenden. Damit wäre zugleich, obwohl es Kinder gibt, die Sippe als eine adelige sozial ausgestorben. [...] Könnte der Vater antworten, ohne es zu dürfen, so dürften und müßten es seine Blutsverwandten in der nächsten Generation, ohne es zu können.[53]

Eine umgekehrte Situation herrscht auf der Gralsburg: Dort ist die Herkunft aller Mitglieder klar, wohingegen nicht gesichert ist, wer nach Parzival in die Erbfolge tritt.[54] Das Inkognito-Gesetz ruft darüber hinaus die Gefahr neuer Bruderzwiste hervor. Kardeiz und Loherangrîn könnten den Kampf zwischen Parzival und Feirefîz wiederholen, da Loherangrîn außerhalb des Gralsreichs seinen Namen nicht nennen darf. Was an Loherangrîn exemplarisch gezeigt wird, gilt auch für weitere Gralsgesandte. Damit wird die Ursprungsfrage schärfer gestellt und das Frageverbot problematisiert.

Das Schicksal der Kinder Loherangrîns verweist auf den ‚Urzustand' in Parzivals Kindheit und stellt somit einen weiteren paradigmatischen Bogen her: Auch dem jungen Parzival wurde die eigene Identität verheimlicht, auch er wusste nicht von seinem Namen und seinem *art*. Die Kinder Loherangrîns wiederholen in gewissem Maße das Schicksal ihres Großvaters, mit den Unterschieden, dass die Identitätsverweigerung diesmal Gottes Gebot statt Eigensinn der Mutter ist und dass der Versuch der Identitätsvergewisserung nicht zu ihrer Selbstfindung, sondern zum Scheitern des Herrschers führt.

---

53 Strohschneider 1997b, S. 135.
54 Wer nach Parzival die Königswürde übernehmen könnte, ist in der Forschung umstritten. Die Behauptung, Loherangrîn werde zweifellos oder sei bereits Gralskönig (vgl. u. a. Spiewok 1994, S. 292; Kolb 1963, S. 55 f.), ist genauso spekulativ wie die Annahme, er sei außer Betracht für dieses Amt und Kardeiz, Jôhan oder eines der Kinder Loherangrîns werde es übernehmen (vgl. u. a. Bumke 1991, S. 256). Von Bedeutung ist indes die Tatsache, dass immer wieder anders darüber spekuliert wird, was die verunsichernde Wirkung einer solchen Schlussgestaltung bezeugt.

III.3 Der Schluss als ein potentieller Anfang: Loherangrîn und Priester Jôhan

III.3.1 Erweiterung der Gralsherrschaft

Im Dreißiger vor der Loherangrîn-Episode wird ein weiterer Spross der Gralssippe in die Textwelt eingeführt – *priester Jôhan* (822,25), Sohn des Feirefîz und der Repanse.[55] Mit den beiden Ausblicken um Loherangrîn und Priester Jôhan wird die Erzählung vom Gral zum Historischen und Chronikalischen hin geöffnet. In der Mission des Schwanritters präsentiert Wolfram einen Ausschnitt aus einer Tradition, die andernorts mit dem Kreuzfahrer Gottfried von Bouillon verbunden ist. Im Kreuzzugszyklus der französischen *Chansons de geste* ist der Schwanritter Großvater Gottfrieds. In den deutschen Bearbeitungen des Stoffes hingegen – mit Ausnahme Konrads von Würzburg[56] – erscheint der Schwanritter als Sohn Parzivals und ohne explizite Verbindung zu Gottfried. Im deutschsprachigen Raum ist kein mittelalterlicher Textzeuge erhalten, der beide Traditionen miteinander kombiniert.[57] Für die Diskussion in diesem Abschnitt ist dennoch von Bedeutung, dass durch die Mission Loherangrîns ein historisches Herzogtum Europas an die Gralsherrschaft angegliedert wird. Damit wird der Anfang einer neuen Genealogie eines weltlichen Landes gesetzt, deren agnatische Linie auf die Gralskönige zurückgeht.

Über die Feirefîz-Familie – Feirefîz, der auf der Gralsburg getaufte Halbbruder des Gralskönigs; Repanse, die ehemalige Gralsträgerin und der Sohn der beiden, der das Amt des Priesterkönigs innehat – wird die christliche Herrschaft im Zeichen des Grals in den Orient erweitert. Die Bekehrung zahlreicher Menschen in Indien zum Christentum[58] zeugt von der Stärkung des Glaubens. Die Nachbarschaft beider Ausblicke ist insofern sinnstiftend, als sowohl Loherangrîn als auch Priester Jôhan die Sippe und die Herrschaft des Grals in die Welt außerhalb von Munsalvæsche verlängern. Bei Priester Jôhan ist zudem die historiographische Überlieferung auch im deutschen Kulturraum gesichert. Über *Johannes presbyter rex Armeniae et Indiae* (lib. VII, 33)[59] berichtete zum ersten Mal im Abendland der Bischof Otto von Freising in seiner

---

[55] Vgl. dazu den Stellenkommentar zu 819,9–823,26 bei Schmitz 2012, S. 168–184.
[56] Vgl. Kap. IV.3.
[57] Das bedeutet, dass in keiner der deutschen Schwanritter-Erzählungen die Gralskönige als Stammväter der Könige von Jerusalem dargestellt werden oder eine Verbindung zwischen der Gralsherrschaft und der christlichen Herrschaft in Jerusalem thematisiert wird, wie Kolb 1963, S. 60–62 und Ruh 1980, S. 135f. postulieren. Die vierte Fortsetzung zum *Perceval* Chrétiens de Troyes, die Gottfried von Bouillon und seine beiden Brüder unter die Nachkommen Percevals reiht, wird in Kap. III.4. besprochen.
[58] *Feirefîz hiez schrîben / ze Indyâ übr al daz lant, / wie kristen leben wart erkant: / Daz was ê niht sô kreftec dâ.* (822,8–823,1)
[59] Siehe Hofmeister ²1912, S. 365–367.

Chronica (1157).⁶⁰ Von diesem Priesterkönig sind fingierte Briefe an abendländische Könige überliefert, weshalb er im Mittelalter als historisch bezeugte Person galt. Wolfram hat den Sohn des Feirefîz allerdings wohl nicht mit dem zeitgenössischen Träger des Titels ‚Priester Johannes' identifiziert, sondern mit dessen Amtsvorgänger (*priester Jôhan man den hiez: / iemmer sît man dâ die künege liez / bî dem namn belîben.* 822,25–27).⁶¹ Jener war, so wird geglaubt, Herrscher über das Land Indien, ein riesiges, wohlhabendes und prachtvolles Reich im Orient, das unter der Herrschaft der Priesterkönige christianisiert wurde. Zur Zeit Wolframs erwartete man im Abendland Hilfe für den vierten Kreuzzug vom Priester Johannes, der mit den Christen aus Europa gemeinsam Jerusalem zurückerobern sollte. Die weitverzweigte Überlieferung des Presbyterbriefs,⁶² die wohl auf einen historischen Kern zurückgeht, zeugt von der mittelalterlichen Vorstellung des Wunderbaren im fremden Raum und vom Wunsch des Abendlands nach Beistand aus dem Osten. Diese dürfte auch die Erwähnung des Priesters Jôhan in Wolframs Text erweckt haben. Ob im Ausblick auf die Sendung Loherangrîns für Wolfram und seine Zeitgenossen ebenfalls die Kreuzzugsthematik anklingt, muss aufgrund fehlender Aussagen des Textes im Dunkeln bleiben.⁶³ Möglicherweise sind derartige Assoziationen den kundigen Hörern vorbehalten.⁶⁴

---

60 Die erste, 1143–46 entstandene Fassung der *Chronica* ist nicht überliefert; erhalten ist ihre zweite Fassung, die Otto von Freising 1157 seinem Neffen Friedrich Barbarossa übersandte. Vgl. Schmitz 2012, S. 178, Anm. 78.
61 Der Eigenname *priester Jôhan* scheint hier ein vererbbarer Herrschertitel zu sein. Zeugnisse, die diese Vorstellung belegen, sind allerdings jünger als der Roman Wolframs. Woher Wolfram sie kannte, ist unklar. Siehe dazu Schmitz 2012, S. 182.
62 Vgl. Huschenbett 1989; Wagner 2000.
63 So sieht es z. B. Brunner, der dem unerwähnten Kreuzzugsheerführer kein Hauptgewicht zugesteht: „Auf das Leid, das Loherangrin und der Herzogin von Brabant aufgrund der menschlich höchst verständlichen Verfehlung der Frau widerfährt, nicht etwa auf die Genealogie Gottfrieds von Bouillon – der gar nicht erwähnt wird –, hat Wolfram am Schluß erneut das Schwergewicht seiner Erzählung gelegt" (1991, S. 381). Anders Bumke 1991, S. 263: „Da Wolfram die Schwanrittergeschichte jedoch in auffallender Weise neben die Erzählung vom Priester Johannes gestellt hat, die mit der Hoffnung auf die Wiedergewinnung Jerusalems verbunden war, und da er mit dem Graltempel und der Heidentaufe weitere Jerusalemmotive im sechzehnten Buch eingeführt hat, liegt es nahe, daß er auch den in fast allen Versionen der Schwanrittergeschichte angesprochenen Zusammenhang mit den Helden des Ersten Kreuzzugs und der Gründung des Königsreichs Jerusalem mitgedacht hat." Die Wahrscheinlichkeit einer bei Wolfram implizierten Verbindung zwischen der Gralssippe und Gottfried von Bouillon erwägt Bumke 1991, S. 262f., mit Bezug auf den möglichen Wissensstand der Rezipienten S. 263, Anm. 59.
64 Die – nicht gesicherten – Reminiszenzen an den Kreuzzug sind in der Forschung unterschiedlich interpretiert worden. Positive Deutungsweisen (Kolb 1963, S. 54f. und 60–62; ders. 1985, S. 31; Ruh 1980, S. 135; Blank 1989, S. 338–345, insb. S. 342; Spiewok 1994, S. 292; Brall 1983, S. 303) sehen darin vor allem den Ausblick auf eine den Westen und den Osten vereinende theokratische Weltherrschaft, die durch die von Cundrîe zu Jôflanze beschriebene astrologische Konstellation bestätigt zu werden scheint. Plausibler erscheinen mir indes Deutungsansätze, die das beunruhigende Potential des Schlusses hervorheben (Bumke 1991, S. 263f.; Brunner 1991, S. 381–384). Auch wenn der Abschluss auf

III.3.2 Offener Schluss

Formal gesehen ist Wolframs *Parzival* ein vollständiges und vollendetes Werk, da er mit einem gattungsüblichen Epilog beschlossen wird: Der letzte Dreißiger des Romans widmet sich der Vergegenwärtigung des Endes der Parzival-Handlung, der Quellenberufung, der Wendung an das Publikum und einer Schlussmoral. Nach den zusammenfassenden Versen unmittelbar vor der Loherangrîn-Episode beteuert der Erzähler hier abermals, die Geschichte *endehaft* (827,5) nach Meister Kyôt erzählt zu haben – im Gegensatz zu Chrétien, der die Geschichte offen und unvollendet hinterließ. Auffällig ist dabei die innerhalb von fünf Dreißigern dreimal eingesetzte Phrase *diu rehten mære* (823,11; 827,4; 827,10). Aus der Entgegensetzung von *unreht* (827,2) Chrétiens und *rehten mære[n]* des Kyôt wird klar, dass als Maßstab für eine richtig erzählte Geschichte vor allem die Abgeschlossenheit und die Vollständigkeit gelten. Das *mære* zu einem vollendeten Schluss zu bringen, erscheint hier als eine normative poetologische Kategorie. Ob eine solche Zielsetzung eingelöst wird, ist auf verschiedenen Ebenen des Textes unterschiedlich zu bewerten. Trotz der formalen Geschlossenheit bleibt Wolframs Werk sowohl auf der Handlungsebene als auch auf der Metaebene offen und fragmentarisch.[65]

Als die Handlung im XVI. Buch ankommt, scheint der Erzähler insgesamt das Tempo zu beschleunigen, da er die zuvor um so viele verschiedene Figuren entwickelten Erzählstränge zu Ende bringen muss. Mit Feirefîz' Abreise nach Indien nimmt die Erzählung bemerkbar einen raffenden Modus an. Dies geschieht insbesondere am Ende der Loherangrîn-Geschichte, wo das Tempus der Erzählung in Präsens wechselt (826,10 f.) und die Gegenwart in Brabant einbezogen wird.[66] Die letzten Andeutungen in der Gralshandlung sind lakonisch, kondensiert und narrativ nicht entfaltet. In wenigen Versen wird von der Geburt und dem Titel des Priesters Jôhan erzählt (822,23–27), ohne dass der neue Protagonist Akteur wird – von seinem Wirken ist nicht die Rede – und die Handlung mit ihm zu Ende geführt wird. In einer ähnlichen umreißenden und raffenden Weise verfährt der Erzähler mit der Sendung des Schwanritters, dessen weiteres Schicksal nach dem Abschied von Brabant in der Schwebe bleibt.

Während die Orientreise des Feirefîz nahtlos von der Haupthandlung um Parzival und die Gralsgesellschaft ausgeht, tritt die Loherangrîn-Geschichte in markanter Weise als Anhängsel hervor. Vier Verse nach der Eröffnung der Episode beginnt der Erzähler den Dreißiger mit einer Wendung an das Publikum: *Welt ir nu hœren fürbaz?*

---

der Gralsburg und der genealogische Ausblick der Feirefîz-Linie den Eindruck eines *happy end* erwecken, ist der Ausgang der Mission Loherangrîns alles andere als vollkommen und sorgt für Irritation.
65 Vgl. Schmitz 2012, S. 22–31. Zum Fragmentarischen der Loherangrîn-Episode siehe Sassenhausen 2005.
66 *vil liute in Brâbant noch sint, / die wol wizzen von in beiden* (826,10 f.).

(824,1).⁶⁷ Damit bringt er auf der Ebene des *discours* zur Sprache, dass es sich hier um ein über die abgeschlossene Handlung hinausgehendes Weitererzählen, ja um einen neuen Anfang handelt: Diese Botschaft, die auf den Fortgang der Geschichte aufmerksam macht, steht zwischen der Aussage zu den *rehten mære[n]* (823,11) zum Abschluss der Haupthandlung und der wiederholten Bewertung der nach Kyôt dargebotenen Geschichte als der *rehten mære* (827,4) im Epilog. Offenbar bezieht sich diese Charakterisierung auf die Parzival-Handlung einschließlich der fünf Kinder Frimutels. Die Verse 823,11–26, die die Haupthandlung rückblickend auf die Schicksale der fünf Kinder Frimutels rekapitulieren, scheinen ein beabsichtigtes normhaftes Ende zu bilden. Schlösse sich danach unmittelbar der Epilog an,⁶⁸ so würde die Erzählung Wolframs der Ästhetik der Vollendetheit und der Harmonie des konventionellen Artusromans entsprechen. Doch die Loherangrîn-Handlung, die als eine beigefügte Nebenhandlung zwischen den beiden Erwähnungen der *rehten mære* eingeschaltet wird und in Ungewissheit ausgeht, sorgt für eine Störung des Eindrucks der Vollendetheit. Die Herrschaftsabfolge in Munsalvæsche bleibt nach dem Scheitern Loherangrîns ungesichert. Insofern stiftet das angehängte Ende mehr Unruhe als es Harmonie verspricht.⁶⁹ Dies korrespondiert mit der Tatsache, dass die Bezeichnung *diu rehten mære* strukturell die Loherangrîn-Geschichte nicht inkludiert.

Nach Loherangrîns Rückkehr nach Munsalvæsche hebt der Erzähler zur Reflexion an und fragt nach der Ursache des Unglücks:

> *durch waz verlôs daz guote wîp*
> *werdes friunts minneclîchen lîp?*
> *er widerriet ir vrâgen ê,*
> *do er für sie gienc vome sê.*
> *hie solte Ereck nu sprechen:*
> *der kund mit rede sich rechen.* (826,25–30)

Statt die Frage ausführlich zu beantworten, weist der Erzähler auf den Protagonisten eines Romans Hartmanns von Aue hin, der sich angeblich besser damit auskennt. Doch dieser Verweis bringt auf den ersten Blick keinen Erkenntnisgewinn, er führt eher ins Leere als zu einer Antwort. Das Gemeinsame von Erec und Loherangrîn ist wohl ein Verbot für die Gattin. Erec verbietet Enite unter Todesdrohung, beim Ausritt

---

67 Vgl. die systematische Auswertung verschiedener Formen der Anrede des Publikums als Zuhörer bei Nellmann 1973, S. 35–37. Die Anrede 824,1, markiert durch das vorausweisende *fürbaz*, gehört am ehesten in die Gruppe 2.a) „Neueinsatz innerhalb eines Stranges" / „Szenen-, Abschnittseinleitung" (S. 36) bei Nellmann. Zugleich ermöglicht diese Anrede die Beteiligung des Publikums am Erzählvorgang: „Der Erzähler versichert sich der Zustimmung der Hörer für die Fortsetzung seiner Erzählung. [...] In der Form [...] der Frage [...] drückt er seine Rücksichtnahme auf den Willen des Publikums aus." (Nellmann 1973, S. 40)
68 Vgl. die ungenügend begründete Behauptung bei Volfing 2004, S. 74, dass der Epilog mit 824,1 anfange.
69 Vgl. Schmitz 2012, S. 189.

zu sprechen. Während Loherangrîn die angekündigte Konsequenz des Tabubruchs in die Tat umsetzt, bestraft Erec seine Gattin nur mit Worten. Soll dieser Verweis ein Tadel an Loherangrîn sein, oder gerät die Hartmannsche „Scheinwelt"[70] in ein kritisches Licht? Am besten ist es vielleicht, ihn als einen literarischen Witz zu verstehen. Bei einer solchen wortkargen und verschwommenen Anspielung leuchtet der Vorschlag Christine Wands ein, die Ebene der inhaltlichen Auseinandersetzung zu verlassen und den Verweis den erzähltechnischen Kunstgriffen zuzurechnen.[71] Durch den intertextuellen Verweis wird am Ende des *Parzival* ein neuer literarischer Raum geöffnet. Indem die Grenzen der einen fiktionalen Welt überschritten werden, wird dem Publikum die Fiktionalität ebendieser Welt bewusst gemacht und das Urteil darüber delegiert.

Im Blick auf die letzte Episode ist der *Parzival* inhaltlich-konzeptionell gesehen nicht zuletzt deshalb ein Fragment, weil die Identitätsproblematik ein unabschließbares, progressives Thema darstellt. Dadurch erzeugt das Werk trotz der formalen Abgeschlossenheit einen Überschuss auf der semantischen Ebene.[72] Mögen die genealogischen Ausblicke auch beiläufig erscheinen, ihre Bedeutung ist freilich nicht zu unterschätzen. Es werden weitere Plots geöffnet sowie Impulse zum Auserzählen und Weitererzählen gegeben. Die Geschichten um Jôhan und Loherangrîn veranschaulichen, wie aus dem *Parzival* ‚Sprosserzählungen' zu generieren wären. Somit wird der faktische Schluss zu einem potentiellen neuen Anfang. An den späteren Werken wie dem *Jüngeren Titurel*, dem *Lohengrin* und dem *Buch der Abenteuer*, in denen sich die Figurengenealogie in der Textgenealogie reflektiert, erweist sich der offene Schluss eines klassisch gewordenen Werks als fruchtbar für die literarische Produktion. In diesem Sinne kann die Loherangrîn-Episode als Potential und Keim eines Epos – oder als „ein nicht geschriebenes Epos Wolframs von Eschenbach"[73] – aufgefasst werden.

III.4 Eingliederung der Schwanritter-Sage in den Gralskomplex: Verschmelzung zweier Mythen

Der *Parzival* ist die älteste erhaltene Erzählung, die die Schwanritter-Sage mit dem Gralsmythos amalgamiert.[74] Hier erscheint der Schwanritter, mit seinem neuen Na-

---

70 Schnell 1973, S. 332. Ähnlich Spiewok 1994, der von einer „Unvollkommenheit der irdischen Welt" und einer „Unzuverlässigkeit des gegebenen Wortes beim Artusritter" (S. 292) spricht.
71 Vgl. Wand 1989, S. 51.
72 Vgl. Kap. III.2. Sassenhausen 2005 spricht von einem Konzept des „Über-sich-Hinausweisens" (S. 579).
73 Spiewok 1994, S. 271.
74 Zwar ist in der Forschung behauptet worden, diese Verbindung sei bereits in der ersten *Continuation* zu Chrétiens *Perceval* vorhanden (vgl. u. a. Spiewok 1994, S. 292; Fourquet 1966, S. 135–141); doch ist dagegen einzuwenden, dass trotz der Präsenz eines Ritters und eines von einem Schwan gezogenen Nachens keines der wesentlichen Funktionselemente der Schwanritter-Sage vorhanden ist.

men *Loherangrîn*, zum ersten Mal als Sohn des Gralskönigs Parzival. Die Zusammenführung beider Stoffkreise verlief höchstwahrscheinlich über die Motivparallele zwischen dem Fragegebot und dem Frageverbot. Der Text behauptet, Letzteres sei vom Ersteren abgeleitet. In der Tat legt die fingierte kausal-psychologische Motivierung gerade die kompositorische Motivierung offen: Da die Schwanritter-Geschichte durch ein Fragemotiv gekennzeichnet wird, ergibt sich für sie eine Anknüpfungsmöglichkeit an die Parzival-Geschichte, die ebenfalls durch ein – anderes – Fragemotiv geprägt ist. Die Gralsinschrift, die das Frageverbot verkündet, ist nicht der einzige Kunstgriff Wolframs, den kommenden Stoff vorzubereiten. Bereits sieben Bücher vor der Sendung Loherangrîns wird mit *got schaft verholne dan die man* (494,13) auf eine Vorstufe des späteren Gesetzes verwiesen,[75] die sich dann zum Frageverbot entwickelt, um das stofflich bedingte Scheitern des vom Gral gesandten Schwanritters anzubahnen. Die Rückbindung an die zentrale Fragemotivik und das bereits im IX. Buch offenbarte Inkognito-Gesetz veranschaulichen, „wie viel Wolfram daran gelegen war, die Schwanritterepisode aus dem Innersten der Gralsgeschichte selbst hervorgehen zu lassen".[76] Bei dieser Gestaltung hat man es mit einer großdimensionalen kompositorischen Motivierung ‚von hinten' zu tun, deren Teilkomponente ‚vorbereitend' motiviert ist.[77] Die literarische Genealogie des Gralsgeschlechts wird über die Verknüpfung ähnlicher Motive und die Verschmelzung ursprünglich voneinander getrennter Stoffkreise um eine Generation verlängert. Der Schwanritter wird mittels einer Motivparallele der Gralsfamilie angesippt.

Die Benennung des Schwanritters bei Wolfram ist im Blick auf seine potentiellen Quellen unkonventionell. Die Forschung hat bislang die Herkunft des Namens nicht ganz klären können. Der Name *Loherangrîn*, der der zusammengezogenen Form von *li Loherain Garin* entspricht, ist mutmaßlich einem anderen Zyklus der *Chansons de geste*, dem *Cycle des Lorrains* (Lothringerzyklus),[78] entlehnt. Der Held einer Branche dieses Zyklus trägt den Namen *Garin*. Freilich hat der Lothringerzyklus kaum einen Berührungspunkt mit dem Kreuzzugszyklus. Die Frage, wie der Schwanritter, der in der altfranzösischen Überlieferung anfangs Elyas/Hélyas hieß, den Namen eines Lothringer Helden bekam, muss also noch beantwortet werden.[79] Die nähere Erkenntnis darüber würde auch Aufschlüsse über die Vorlage für Wolframs Schwanritter-Episode geben. Die Hypothese Thomas Cramers, dass Wolfram „eine Verschmelzung einer Branche der *Lothringer-Geste* mit dem Schwanritterstoff"[80] vorlag, leuchtet ein, kann jedoch bislang nicht belegt werden. Aus der französischen *Perceval*-Über-

---

75 Vgl. dazu die Beobachtung Kolbs: „Denn mindestens seit dem IX. Buch des *Parzival* ist die Anknüpfung der Schwanrittersage vorbedacht"; „Seit dem IX. Buch also ist die Brabantepisode eines Angehörigen der Gralsgemeinde vorbereitet" (1963, S. 51 f.).
76 Kolb 1963, S. 53.
77 Vgl. Lugowski 1932, S. 87.
78 Entstanden ist der Lothringerzyklus gegen Ende des zwölften Jahrhunderts.
79 Vgl. Kolb 1963, S. 54 f.; Bumke 1991, S. 258.
80 Cramer 1971, S. 128.

lieferung ist kein Name für die Kinder des Helden bekannt. Keine französische Dichtung vor Wolfram erwähnt die Kinder Percevals. Jenseits der deutschen Parzival-Tradition erzählt allein Gerbert de Montreuil in der vierten *Continuation* (nach 1220) zu Chrétiens *Perceval* von den Nachkommen Percevals. Bei ihm sind diese freilich namenlos.

An diesem Punkt lässt sich die Überlegung zur Verbindung der Schwanritter-Sage mit dem Gralsmythos anschließen, die unter den Chrétien-Fortsetzern ebenfalls nur bei Gerbert begegnet. Die Zurückverfolgung dieser Verbindung in ein früheres Stadium als Wolframs Text würde Licht auf die allgemeinere Frage werfen, auf welchem Weg der Schwanritter-Stoff in die deutsche Literatur gelangte. Bekannt ist die Tatsache, dass der Schwanritter-Stoff in der deutschen Literatur erstmals in Wolframs *Parzival* bezeugt ist. Komplexer ist die Frage, seit wann der Sagenkreis um den Schwanritter mit dem Gralskomplex verknüpft ist. Die Fortsetzung Gerberts ist für diese Frage insofern von Interesse, als sie der einzige weitere Textzeuge einer solchen Verknüpfung aus dem ersten Drittel des dreizehnten Jahrhunderts ist und zudem Züge der französischen Schwanritter-Tradition, die bei Wolfram abwesend sind, wiedergibt. Hier soll daher ein Blick auf die betreffende Passage geworfen werden.

Gerbert erzählt in seiner *Continuation de Perceval* von einer göttlichen Prophezeiung am Tag der Hochzeit von Perceval und Blanchefleur, nämlich jener, dass unter den Nachkommen der beiden der Schwanritter und die Eroberer Jerusalems sein werden:

> *et de ta lignie venra,*
> *ce saches tu, une pucele*
> *qui molt ert avenans et bele ;*
> *mariee ert au Riche Roi,*
> *mais par pechié et par desroi,*
> *sans deserte, ert en grant peril*
> *d'ardair ou de metre a eschil.*
> *Mais un fix de li naistera*
> *qui de cel perill l'ostera.*
> *Autre enfant de li naisteront*
> *qui pluisors terres conquerront.*
> *Un en i avra, c'est la some,*
> *qui primes avra forme d'ome,*
> *qui molt sera et gens et biax,*
> *et puis devenra il oisiaus,*
> *dont molt ert dolans pere et mere.*
> *Et sachiez bien qu'a l'aisné frere*
> *avenra aventure bele :*
> *a feme avra une pucele*
> *a cui rendra terre sanz faille*
> *par vive force de bataille.*
> *Et de celi si naistera*
> *une fille qui avera*
> *un fruit qui molt estera gens*
> *et molt plaisans a toutes gens,*

car troi fil de li naisteront
qui Jherusalem conquerront,
le Sepulcre et la Vraie Crois. (Gerbert V. 6906–6933)[81]

In dieser Botschaft werden die Schicksale von vier Generationen in der Deszendenz Percevals prophezeit. Die erste Generation ist ein Mädchen, das einen mächtigen König heiratet und zu Unrecht in Bedrängnis gerät, später jedoch von einem ihrer Söhne befreit wird. In der zweiten Generation finden sich ein Knabe, der zunächst Menschengestalt besitzt, sich dann aber in einen Vogel verwandelt, und sein Bruder, der eine schöne Jungfrau heiratet, der er ihr Land zurück erkämpft hat. Die dritte Generation ist die Tochter der beiden. Diese Tochter gebiert dann die vierte Generation, drei Söhne, die Jerusalem, das Heilige Grab und das wahre Kreuz erobern werden. Der Junge, der seine Mutter befreit und mit seinem Bruder in Vogelgestalt auf Abenteuer fährt, ist der Schwanritter; auf ihn bezieht sich sowohl *uns fius* (V. 6913; ‚ein Sohn') als auch *l'aisné frere* (V. 6922; ‚der ältere Bruder'). In andeutender Weise werden die *Naissance du Chevalier au Cygne* nach der *Beatrix*-Version, der *Chevalier au Cygne* und die Geschichte von Gottfried von Bouillon und seinen beiden Brüdern auf die künftigen Nachkommen Percevals übertragen. In dieser Verschmelzung beider Stoffkreise erscheint der Schwanritter als eines der Enkelkinder Percevals. Der Tochter Percevals kommt hier das Schicksal von Elias' Mutter Beatrix aus der *Naissance* zu.

Das Verhältnis zwischen dem *Parzival* und der Fortsetzung Gerberts ist nicht restlos geklärt.[82] Bumke vermutet eine gemeinsame Quelle für beide;[83] wahrscheinlicher ist jedoch, dass Gerbert Wolfram als Vorlage benutzt hat.[84] Er nahm also die Anregung bei Wolfram, dass der Schwanritter von Parzival abstammt, auf und verband diese mit Zügen der französischen Schwanritter-Tradition – der Elternvorgeschichte, der Verwandlung eines Kindes in Schwanengestalt und der Vorausdeutung auf die Kreuzfahrer. Die vierte Fortsetzung Gerberts bietet im Blick auf die Schwanritter-Geschichte eine Synthese der deutschen und der französischen Tradition. Nicht klar ist, ob die Eingliederung der Schwanritter-Sage in den Gralskomplex bereits vor Wolfram erfolgte.

Die Bearbeitung der Schwanritter-Sage bei Wolfram verleiht dem Stoff neue Merkmale, die für seine gesamte deutsche Überlieferung mit Ausnahme von Konrad prägend sind: Der Schwanritter heißt Loherangrîn, ist Parzivals Sohn und wird vom

---

81 Zitiert nach Le Nan 2014.
82 Vgl. Wechssler 1896, S. 247; dort Hinweise auf die ältere Forschung.
83 Vgl. Bumke 1991, S. 261. Dieser Annahme steht jedoch der Widerspruch im Weg, dass eine solche Vorlage um oder vor 1200 entstanden sein muss und dennoch bei keinem der übrigen Fortsetzer Chrétiens eine Spur hinterlassen hat.
84 Vgl. Golther 1925, S. 58: „Sollte etwa eine Rückwirkung von Wolframs Parzival auf Gerbert anzunehmen sein?" Le Nan 2014, S. 162 betrachtet diese Möglichkeit als erwiesen – „La source de cette séquence est certainement le *Parzifal* [sic!] de Wolfram" – und sieht ferner die Vorausdeutung auf Jerusalem als bei Wolfram vorgezeichnet: „Wolfram s'était déjà très clairement engagé sur cette voie" (ebd., S. 164).

Gral nach Antwerpen gesandt. Die Schwanenkinder-Geschichte wird bei Wolfram nicht erzählt, was im Einklang mit der Ansippung des Schwanritters an die Gralsfamilie steht.[85] Abwesend ist ferner der Ausblick auf die Eroberer Jerusalems. Die Grundzüge des deutschen Zweigs der Schwanritter-Tradition sind damit vorgezeichnet. Sie werden in die Texte, die die Schwanritter-Geschichte in der Nachfolge Wolframs auserzählen und bearbeiten, übernommen. Der gerichtliche Zweikampf, der bei Wolfram fehlt, findet seine Gestaltung im bairischen *Lohengrin* und im *Lorengel* möglicherweise nach französischen Quellen. Auf das Faszinosum des Gottesurteils wollten die späteren Texte offensichtlich nicht verzichten.

---

85 Siehe dazu Kap. XI.1.2.

IV Konrad von Würzburg, *Der Schwanritter*

IV.1 Überlieferung und Stellung des Werks im Autorœuvre

Konrads von Würzburg Erzählung[1] *Der Schwanritter* ist unikal überliefert in der Papierhandschrift Frankfurt a. M., Universitätsbibliothek, Ms. germ. qu. 2, Bl. 1ra–10va.[2] Der Autor nennt sich im Epilog *von Wirzeburc ich Cuonrât* (V. 1638).[3] Das ursprünglich erste Blatt der Handschrift mit dem Anfang des *Schwanritter* fehlt. Der Umfang dieser Anfangspartie konnte auf 140 Verse bestimmt werden.[4] Ferner weist der Text vier Lücken aufgrund eines stark beschädigten Blattes (jetzige Blattnummer: 8a, Abb. 3) auf, die die folgenden Verse betreffen:

V. 1278–1298:	5 Verse verderbt, 16 Verse fehlen
V. 1317–1334:	18 Verse fehlen
V. 1353–1370:	1 Vers verderbt, 17 Verse fehlen
V. 1385–1406:	7 Verse verderbt, 15 Verse fehlen

Freilich kann man anhand der Kenntnis der formalen Gestaltung und einer späteren Zählung mit einiger Sicherheit die ursprüngliche Anzahl der Verse auf insgesamt 1642 bestimmen.

Bis heute gehört der *Schwanritter* zusammen mit dem *Turnier von Nantes* und dem *Engelhard* zu den in der Datierung umstrittensten Werken Konrads. Weder die Gründe für eine Frühdatierung der Erzählung in die zweite Hälfte der 1250er Jahre[5] noch die Argumente für eine Spätdatierung in die 1270er oder 1280er Jahre[6] ließen sich er-

---

1 Konrads *Schwanritter* ist formal gesehen eine Erzählung in Reimpaarversen. Brunner 1985, S. 290 und Brandt 2009, S. 19 (mit Vorbehalt) ordnen das Werk in die Märendichtung ein (höfisches Märe), ebenso zuletzt Westphal-Wihl 2008, S. 165. Allerdings äußert Brandt schon früh (1987, S. 101f.) Bedenken gegenüber einer Klassifizierung des Textes nach den von Fischer (1968 [1983]) beschriebenen Kriterien und schlägt vor, bei dem schlichten Begriff ‚Erzählung' zu bleiben. In der neueren Forschung wird der Text oft ohne nähere Gattungsbezeichnung ‚Erzählung' genannt (z. B. bei Strohschneider 1997b, S. 132; Spicker 1998, S. 57). Teile dieses Kapitels erscheinen in abgewandelter Form bei Yu/Kellner 2023.
2 Eine Beschreibung der Handschrift bietet Weimann 1980, S. 10f.
3 Wenn nicht anders angegeben, wird Konrads *Schwanritter* nach Schröder ³1959 zitiert.
4 Vgl. Roth 1861, S. 41; Schröder ³1959, S. VI und Spicker 1998, S. 61. Die Verszählung Schröders, die in dieser Arbeit übernommen wird, beginnt daher beim ersten erhaltenen Vers mit V. 141. Einige weitere textkritische Anmerkungen liefern Sprenger 1876 und Gereke 1913, S. 510–519.
5 Vgl. Blöte 1898, S. 47; de Boor 1967, S. 267; Brunner 1981, S. 281, 284–285, 298–299; Ruf 1984, S. 185, 188; Brandt 1987, S. 78f.; ders. 2009, S. 27–30.
6 Vgl. Gereke 1913, S. 517; Krüger 1936, S. 126; Weidenkopf 1979, S. 329–337; Bleck 1987, S. 51–53; Ritscher 1988/1989, S. 248f.

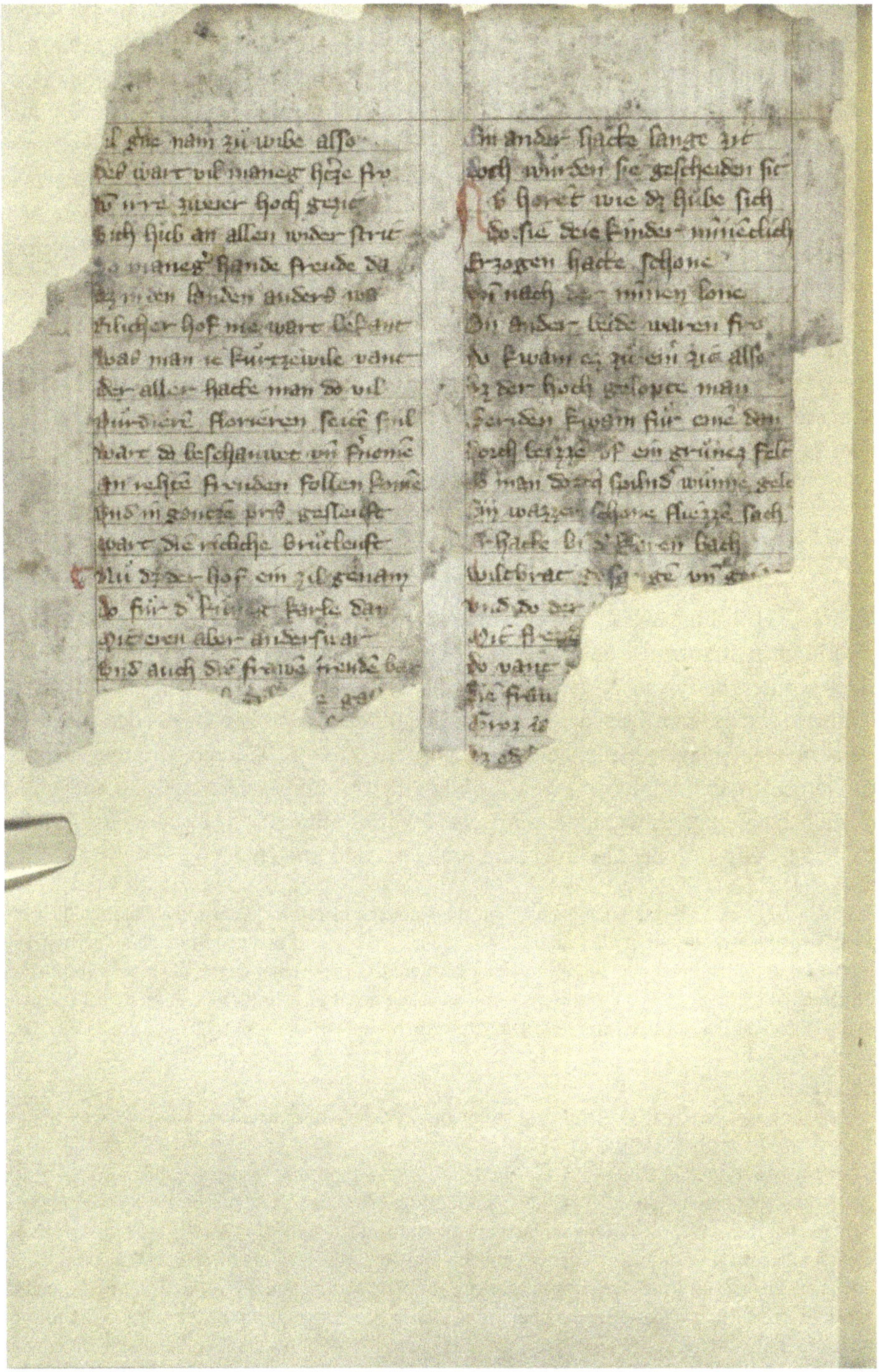

Abb. 3: Konrad von Würzburg, *Der Schwanritter*, Frankfurt a. M., Universitätsbibliothek, Ms. germ. qu. 2, Bl. 8a^v

härten.⁷ Deutlich ist die inhaltliche Zusammengehörigkeit von Konrads Texten *Schwanritter*, *Turnier von Nantes* und *Engelhard* als Werkgruppe, die insgesamt mit großer Wahrscheinlichkeit als sein Frühwerk angesehen werden darf. Im Sinne einer relativen Chronologie hat bereits die ältere Forschung vermutet, dass die *Schwanritter*-Erzählung kurz vor dem *Turnier von Nantes* geschrieben wurde, da beide Texte einen gemeinsamen Passus von 23 Versen aufweisen, in dem sie bis auf eine Farbangabe beinahe identisch sind. Dabei (*Schwanritter* V. 1054 *zobel* vs. *Turnier* V. 406 *rôten kelen*) handelt es sich um ein Detail in der Beschreibung des Wappens des Sachsenherzogs, das im *Schwanritter* fehlerhaft ist und sich im *Turnier* in korrekter Form findet.⁸

In der Forschung herrscht Konsens darüber, dass der *Schwanritter* ein Auftragswerk darstellt. Eine Auftraggeberschaft durch die im Text genannten Geschlechter derer von Geldern, Kleve und Rienecker, insbesondere durch die hervorgehobenen Rienecker liegt nahe, die umfangreichen Studien der Forschung führten jedoch auch hier zu keinen eindeutigen Nachweisen.⁹

IV.2 Zur Version

Konrads Erzählung weist folgende Funktionselemente der Schwanritter-Sage auf: Bedrängnis; Ankunft des Schwanritters; Gerichtskampf; Verbot, nach der Herkunft des Schwanritters zu fragen; Heirat; Nachkommen aus der Ehe; Tabubruch und Abschied. Anders als in der französischen Tradition ist der Bezug zum Kreuzzug in den Taten des verstorbenen Schwiegervaters des Schwanritters präsent. Dadurch wird der Ausblick auf Jerusalem in der französischen Tradition hier zur Vorgeschichte. Diese Version ist der einzige deutschsprachige literarische Text des Mittelalters, in dem eine Verbindung der Schwanritter-Handlung zum Heiligen Land präsent ist.

Auf dem fehlenden ursprünglich ersten Blatt der Handschrift mit 140 Versen wird mutmaßlich die Vorgeschichte erzählt und in die Handlung eingeführt: Herzog Gottfried von Brabant ist im Kreuzzug gestorben und hinterlässt eine Witwe und eine Tochter, die er vor seiner Fahrt mit einem schriftlichen Testament als Erben einsetzte. Der Herzog von Sachsen, der Bruder Gottfrieds, misst dem Testament keine Gültigkeit bei und beansprucht als nächster männlicher Blutsverwandter Gottfrieds die Herr-

---

7 Eine umfassende Darstellung und Diskussion der früheren Forschung zur Datierung bietet Brandt 2009, S. 27–30 sowie S. 36–44.
8 Siehe *Schwanritter* V. 1052–1055 vs. *Turnier* V. 404–407 in der Passage, die das Wappen des Sachsenherzogs beschreibt; vgl. Blöte 1898, S. 46 f.; Krüger 1936, S. 127; Schnütgen 1990, S. 16; Einwand dagegen bei Bleck 1987, S. 47. Eine umfassende Deutung des *Turniers von Nantes* als Propagandagedicht für Richard von Cornwall vor den historisch-politischen Hintergründen und mit Berücksichtigung der Entstehungsgeschichte dieses Werkes bietet Brunner 2008a, darin Verweise auf vorangehende Arbeiten zum historischen Zusammenhang und Zweck des *Turniers* u.a. S. 188 mit Anm. 5 und 6.
9 Vgl. Brunner 1981, S. 284 f.; Ruf 1984, S. 185–188; Brandt 1987, S. 78 f.; Kokott 1989, S. 29; Schnütgen 1990, S. 16–20; Beckers 1993, S. 427–430 sowie zuletzt die ahistorisch anmutende Hypothese van D'Eldens (1988/1989, S. 237 f., Anm. 28), es sei nach einer Frau als Auftraggeberin zu suchen, weil die Erzählung ihrer Ansicht nach „zweifelsohne einen profeministischen Standpunkt" widerspiegle.

schaft in Brabant für sich. Er belagert Brabant und verheert die Ländereien mit Raub und Brand. Die Frauen haben keine Vasallen, die dem Sachsenherzog widerstehen könnten. (V. 141–179) Nachdem König Karl in Nimwegen Quartier genommen hat, um in den Niederlanden zu richten, erbittet die Herzogin von Brabant ein Gerichtsverfahren bei ihm und verklagt mit ihrer Tochter den Sachsenherzog. (V. 180–236) Das Gericht wird von der wundersamen Ankunft eines Ritters unterbrochen, der in einem Boot schlafend von einem Schwan an das Ufer gezogen wird.[10] König Karl erkennt sofort die Gottesgesandtschaft des Ritters und empfängt ihn mit großer Ehre. (V. 237–406) Anschließend wird das Gericht fortgesetzt: Die Herzogin legt dar, dass Gottfried sie und ihre gemeinsame Tochter mit schriftlichen Urkunden als Erben Brabants eingesetzt hat, und bittet den König um ein Urteil. (V. 407–490) Demgegenüber beruft sich der Sachsenherzog auf das alte Gewohnheitsrecht in Brabant, laut dem keine Frau regieren darf. Danach sei er der rechtmäßige Erbe des Herzogtums, da Gottfried keinen näheren männlichen Verwandten als ihn hat. Er sei bereit, sein Recht mit Krieg zu verteidigen. (V. 491–552) Die Herzogin weist diese Option zurück und rekapituliert die Wirksamkeitsbedingungen des gültigen Testaments: das Vorhandensein von Zeugen (V. 591–593), die schriftliche Abfassung des Testaments (V. 458–475, V. 591–597) und den freien Willen des Verfassers (V. 598–601, V. 606–613). Sie hofft weiterhin auf die Gerechtigkeit und die Gnade des Königs. (V. 553–626) Karls Beschluss beschränkt sich zunächst lediglich darauf, dass der Sachsenherzog die Fehde gegen die Herzogin beenden soll (V. 632–637, V. 660–663). Für die Entscheidung über die Frage des Rechtsanspruchs auf die Erbfolge stellt er ein Urteil durch die fürstlichen Schöffen in Aussicht. (V. 627–674) Der Sachsenherzog bemängelt die Verbindlichkeit der schriftlichen Urkunden und besteht auf einem Zweikampf, der die Streitigkeit entscheiden soll. Der König und die beiden Frauen akzeptieren dies, obwohl diese Entscheidungsform einen Nachteil für die Frauen bedeutet. (V. 675–778) Nachdem die Herzogin und ihre Tochter unter ihrer Gefolgschaft vergeblich nach einem Kämpfer gesucht haben, bietet sich der Schwanritter als Verteidiger ihres Landes an. (V. 779–915) Nach einer mündlichen Auseinandersetzung werden der Sachsenherzog und der Schwanritter mit prächtigen Rüstungen auf den Zweikampf vorbereitet. (V. 916–1075) Im bitteren Kampf ist der Schwanritter zunächst unterlegen, kann dann den Sachsenherzog enthaupten. Der Sieg wird als Gottes Beistand gefeiert. (V. 1076–1247) Die beiden Frauen bieten dem Schwanritter zum Dank für seine Hilfeleistung eine von ihnen beiden als Braut an. Der Schwanritter lehnt dies mit der Begründung ab, dass seine Hilfe unentgeltlich sein soll. (V. 1248–1277) [V. 1278–1298: 5 Verse verderbt, 16 Verse fehlen] Unter der Bedingung, dass seine Ehefrau niemals nach seiner Identität und seinem Herkommen fragt oder forscht, nimmt der Schwanritter die Tochter zur Braut. Wenn sie gegen das Verbot verstoße, müsse er sie verlassen. Daraufhin wird eine prunkvolle Hochzeit gefeiert. (V. 1299–1352, davon fehlen V. 1317–1334) [V. 1353–1370 fehlen] Es wird vorausgedeutet, dass das Ehepaar viele Jahre zusammenleben, doch schließlich voneinander getrennt wird. Das Paar hat zwei anmutige Kinder aufgezogen. Eines Tages kommt der Schwanritter von der Jagd heim und findet seine Frau voller Kummer vor. (V. 1371–1407, davon sind V. 1385–1391 verderbt und V. 1392–1406 fehlen) Auf seine Frage, was sie betrübe, antwortet die Frau, dass ihre gemeinsamen Kinder in Zukunft keine Auskunft geben können, wenn sie nach ihrer Abstammung väterlicherseits gefragt werden. Das Tabu gilt als gebrochen, zudem ist der Schwanritter von dieser Rede gekränkt. (V. 1408–1471) Trotz des Flehens seiner Frau und der Brabanter Leute ist er entschlossen, das Land für immer zu verlassen. Er wird von seinem Schwan abgeholt und kehrt nie wieder zurück. (V. 1472–1595) Der Erzähler führt die auserwählten Fürstenhäuser, die von dem Schwanritter abstammen, bis in die Erzählgegenwart an und beteuert die Wahrheit seiner Geschichte. (V. 1596–1612)

---

[10] Im weiteren Erzählverlauf wird explizit, dass der Schwanritter auch bei Konrad „ein in die spezifische Bedrohungssituation Hineingesandter" (Strohschneider 1997b, S. 150, Anm. 67) ist, wie V. 886–889 klar machen. Vgl. auch Brunner 1981, S. 278, der aus der Perspektive der Figur feststellt: „Über seine Bestimmung scheint er selbst zunächst nichts zu wissen, sie wird ihm indes beim Rechtsstreit klar".

In der Datierung und Lokalisierung der scheinbar historischen Erzählung weist Konrads Text Ungenauigkeit und eine gewisse Symbolik auf. Mit Herzog Gottfried und Karl dem Großen werden zwar zwei historische Figuren in der Erzählung namentlich genannt, doch passen sie zeitlich nicht zueinander. Insofern ist schwer zu entscheiden, in welcher Zeit Konrad seine Erzählung situiert. Dass Karl der Große nach dem Tod Herzog Gottfrieds herrscht, ist zwar nicht real vorstellbar, jedoch in seiner symbolischen Funktion verständlich: Der eine gilt als vorbildlicher König und Richter, der andere als der erste christliche Herrscher im Heiligen Land.[11] In der Nennung des Herzogtums Brabant stimmt Konrad mit Wolfram von Eschenbach überein, während der französische *Chevalier au Cygne* die Herzogin von Bouillon und ihre Tochter als Protagonistinnen erwähnt. Der Schauplatz von Konrads Geschichte, die Königspfalz *Niumâgen* (V. 196), entspricht wiederum der französischen Tradition. Dass Nimwegen in der Erzählung Konrads entgegen der realen Geographie direkt am Meer liegt, ist wohl als eine „Idealität der Konfiguration"[12] aufzufassen.

IV.3 Quellenlage und Sonderstellung in der deutschsprachigen Werkreihe

In seiner Erzählung bearbeitet Konrad einen Stoff, der aus dem Kreuzzugszyklus der französischen *Chansons de geste* in die deutsche Literatur eingegangen ist und auch in der Lohengrin-Tradition präsent ist. Als Konrads Vorlage wurden in der älteren Forschung französische Quellen[13] einerseits und eine lateinische Übersetzung der *Chansons de geste*[14] andererseits vermutet. Ersteres gilt für die neuere Forschung als wahrscheinlicher.[15] Eine unmittelbare Vorlage hat man bis heute nicht ausmachen können.[16] Ferner bleibt unklar, ob Konrad ein schriftlicher Text vorgelegen hat oder ob ihm nur der Stoff bekannt war. Auf Letzteres könnte die Tatsache deuten, dass die Figuren in seiner Version entweder keine Namen oder aber einen anderen Namen tragen als in der französischen Tradition (der König heißt Karl statt Otto) und dass die genealogische Verbindung zwischen Herzog Gottfried und dem Schwanritter eine andere ist als in allen potentiellen Vorlagen.[17] Eine schriftliche Quelle lässt allerdings

---

11 Zur Frage, welcher Gottfried gemeint ist, siehe unten.
12 Weidenkopf 1979, S. 316. Anders akzentuiert Spicker 1998, S. 76 f. die Lokalisierung Nimwegens an der Rheinmündung, die dazu diene, „einen fiktiven Handlungsraum zu konstruieren"; „Die quellengetreue Verortung verstärkt die Literarizität der Erzählung" (ebd., S. 77). Dieses Modell des Generierens von Fiktionalität und Literarizität greift zu kurz.
13 Vgl. Lampp 1914, S. 5.
14 Vgl. Baechtold 1892 [Nachdruck 1919], S. 119; Junk 1922, S. 63.
15 Vgl. Bleck 1987, S. 17 und 50.
16 Vgl. Cramer 1971, S. 124; Kokott 1989, S. 17; ältere Versuche in die Richtung bei Krüger 1936, S. 121–145.
17 Anders Brandt 1987, S. 101, der ebendiese Namenlosigkeit als Intention des Autors vermutet.

die Aussage *sît ich fürwâr geschriben las* (V. 1616) vermuten, falls diese Stelle nicht rein topisch zu verstehen ist.

Konrads Version nimmt in der deutschsprachigen Werkreihe zum Schwanritter-Stoff eine Sonderstellung ein. Dies zeigt sich vor allem und in auffälliger Weise daran, dass diese Version dem französischen *Chevalier au Cygne* wesentlich näher steht als die übrigen deutschen Bearbeitungen des Stoffes, und zwar in den folgenden Punkten: Es werden zwei Frauen bedrängt, der Schwanritter heiratet die Tochter und wird genealogisch nicht an die Gralssippe angebunden. Konrads Text kennt zwei bedrängte Frauen in der Konstellation Mutter – Tochter. Dass der Schwanritter die Tochter zur Ehefrau nimmt, wird aufgrund der Lücken im überlieferten Text nicht explizit erzählt. Jedoch lässt es sich aus der unmittelbar auf die erste Textlücke folgenden Stelle (V. 1299–1316) erschließen, denn der Schwanritter redet mit der Mutter des Mädchens über die Bedingungen der Heirat und nennt die Person, die das Frageverbot einzuhalten hat, mit dem Pronomen der dritten Person *si* (V. 1299), weshalb die Tochter als Gattin gemeint sein muss. Der Aussage des Schwanritters vor dem Gericht, *daz er dô wolte ir kemphe sîn* (V. 883), kann man ebenfalls entnehmen, dass er der Tochter zugedacht ist, denn das *ir* bezieht sich hier auf *diu blunde* (V. 876).

Im Kontrast zur Lohengrin-Tradition bietet Konrad eine Version, in der das Frageverbot ein *factum brutum* darstellt, denn der Schwanritter bleibt bis zum Ende anonym und geschichtslos, abgelöst von allen genealogischen und gesellschaftlichen Bezügen,[18] was nicht an der Überlieferungssituation liegt.[19] Der Text weist zudem keinerlei Anklang an den Gralskomplex auf, obgleich dieser sonst in der deutschen Schwanritter-Tradition omnipräsent ist. Daher können hier eine übermenschliche Natur des Schwanritters und die Verwandlungsmöglichkeit, wie sie in der Schwanenkinder-Geschichte vorgegeben ist, nicht ausgeschlossen werden.

An der Figurencharakterisierung in Konrads Text lassen sich ebenfalls Verbindungen zur französischen Tradition bzw. Affinität zu einer der Redaktionen feststellen: Der verstorbene Herzog Gottfried von Brabant, dessen Tochter die Braut des Schwanritters werden soll, wird hier als Kreuzfahrer und König von Jerusalem dargestellt; seine Taten sind also mit denjenigen des Gottfried von Bouillon identisch,[20] der in der französischen Tradition den Schwanritter zum Großvater hat.[21] In den übrigen deutschsprachigen Texten hat der verstorbene Herzog von Brabant – soweit er erwähnt wird – keine solche Funktion. Konrad benennt mit dem Sachsenherzog einen auswärtigen Fürsten als Eindringling, was die Nähe seiner Version zu den Redaktio-

---

18 Vgl. Strohschneider 1997b, S. 131.
19 Näheres dazu siehe 4.3.
20 Zu Godefroid de Bouillon (gest. 1100) siehe Kap. II.1.1
21 Wahrscheinlich hat es bei der Übersetzung aus dem Französischen ein Missverständnis beim Namen und Beinamen gegeben. Vgl. Krügers (1936, S. 134) Vermutung, Konrad habe die Aussage der Herzogin über ihren Vater, Gottfried den Bärtigen im *Chevalier au Cygne* (siehe Ausgabe Nelson 1985, V. 239: *Godefrois a le barbe, li viels dus de Bullon* [Gottfried der Bärtige, der alte Herzog von Bouillon]), fälschlicherweise auf Gottfried von Bouillon bezogen.

nen AD des *Chevalier au Cygne* zeigt. Eine durch die Hs. R vertretene Redaktion präsentiert in der Schwanritter-Geschichte einen heimischen Grafen als Bedränger; diese Figurenkonstellation wird vom bairischen *Lohengrin, Lorengel* und *Buch der Abenteuer* übernommen. Die silberne Halskette des Schwans, mit dem dieser den Nachen über das Wasser zieht, lässt vermuten, dass Konrad auf eine französische Redaktion zurückgreift, die neben dem *Chevalier au Cygne* auch die *Beatrix*-Version der Schwanenkinder-Geschichte (*La Naissance du Chevalier au Cygne*) überliefert. Im *Dolopathos* und in der *Elioxe*-Version der *Naissance*, die in wesentlich weniger Handschriften überliefert ist als die *Beatrix*-Version, ist die Kette nämlich aus Gold.[22]

IV.4 Legitimation der Herrschaft

Die genealogische Bedeutung der Erzählung wurde von der älteren Forschung an stets gesehen. Bereits Krüger beschrieb die verwandtschaftlichen Beziehungen und die Heraldik der am Ende von Konrads Erzählung erwähnten Fürstenhäuser.[23] Eine detaillierte Darstellung der Verknüpfung verschiedener Adelshäuser mit der Schwanritter-Tradition bietet Cramer.[24] Weidenkopf versteht die Hinweise auf die Deszendenz „in allgemeiner Weise" im *Schwanritter* als Konsequenz aus der Tatsache, dass der einzigartige Nachkomme Gottfried bei Konrad im Unterschied zur französischen Tradition „vorgeschaltet"[25] ist. Brunner identifiziert Herzog Gottfried mit Gottfried von Bouillon[26] und unterstreicht, dass die auf dem Haus Brabant ruhende göttliche Gnade durch die Taten des Schwanritters im Text eine Bestätigung erfährt. Graf betrachtet das Eingreifen des Schwanritters als „ein wahres Exempel für ein außergewöhnliches Wunder an einer Familie", das „komplementäre Textfunktionen"[27] mit dem genealogischen Herkommen aufweise. Entgegen einer solchen positiven Deutung des Geschehens hebt Kokott die potentielle neue Gefährdung der Herrschaft in Brabant nach dem Scheiden des Schwanritters hervor.[28] Strohschneider zeigt, wie Konrad im

---

22 Vgl. Zu Versionen der *Naissance* siehe Kap. II.2.2.
23 Vgl. Krüger 1936, S. 80–82.
24 Vgl. Cramer 1971, Brabant: S. 74–98, Kleve: S. 98–122, Rieneck: S. 123.
25 Weidenkopf 1979, S. 328.
26 Vgl. Brunner 1981, S. 280; anders Cramer 1971, S. 124.
27 Graf 1988/1989, S. 290.
28 Vgl. Kokott 1989, S. 23, 27, 31; ähnlich Weidenkopf 1979, S. 327. Kokotts Beobachtung ist nicht überzeugend in seinem Vergleich: „Er [Konrad; M. Y.] läßt die Geschichte offen, wohingegen in den Versionen, in denen auf den Schwanenritter noch Gottfried von Bouillon in der genealogischen Reihe folgt, die Gefährdung ein für allemal beseitigt scheint." (Kokott 1989, S. 31) Ich sehe in diesem Vergleich genau das Gegenteil: Gerade dadurch, dass in die Deszendenz nicht die Kreuzzugsführer, sondern die heimischen Herrscherhäuser am Niederrhein gereiht werden, lässt der Text die Herrschaft vor Ort als gesichert gelten. Konrad zeigt mit der Vorgeschichte genau das, was passieren könnte, wenn der männliche Herrscher wie im Fall Gottfrieds von Bouillon im Heiligen Land stirbt – die Gefährdung entsteht daraus und wird nicht dadurch „ein für allemal beseitigt". Die von Kokott in diesem Argu-

Schwanritter an der Konfiguration des Ursprungs einer Genealogie arbeitet und wie diese Problematik mit medien- und rechtsgeschichtlichen Aspekten verknüpft wird.[29] Kellner erläutert, dass das beunruhigende Moment am Ursprung des Ursprungs, das in der Schwanenkinder-Geschichte narrativ entfaltet wird, in den deutschen Schwanritter-Traditionen entschärft wird.[30] In den Erzählungen von den Schwanenkindern und dem Schwanritter finden sich Strategien, „die Aporien des Ursprungs narrativ zu bewältigen"[31] und „genealogische Ordnungen herzuleiten".[32] Schulz thematisiert die durch „Auratisierung adeliger Körper" erzeugten „Präsenz-Effekte"[33] in Konrads Werken, die die Kontingenz beim visuellen Erkennen im sozialen Feld vermeiden können.

IV.4.1 Frageverbot und Tabubruch – die kausal-psychologische Motivierung

IV.4.1.1 Zum Erzählschema der ‚gestörten Mahrtenehe'

Das Frageverbot in der Schwanritter-Sage besetzt die Stelle des Tabus, das als der Angelpunkt im Erzählschema der ‚gestörten Mahrtenehe' fungiert. Der Handlungsverlauf der Schwanritter-Sage weist signifikante Parallelen zum Mahrtenehe-Schema auf, lediglich die Geschlechterrollen werden invertiert. Da unter den Texten meines Untersuchungscorpus die Erzählung Konrads am ehesten aus der Perspektive des Mahrtenehe-Schemas beleuchtet werden kann – wie sich im Folgenden herausstellen wird –, soll an dieser Stelle das Schema systematisch dargelegt werden.

Die Formel der ‚gestörten Mahrtenehe'[34] zur Beschreibung eines ursprünglich mythischen Erzählmusters wurde von Friedrich Panzer in seiner Ausgabe zweier Branchen aus dem *Buch der Abenteuer* – *Merlin* und *Seyfrid* – geprägt. Meine folgenden Ausführungen orientieren sich an der Definition und Herleitung des Begriffs der ‚gestörten Mahrtenehe' von Lutz Röhrich.[35] Eine Mahrtenehe schließt „jegliche[] erotische[] oder sexuelle[] Verbindung eines Menschen mit einem übernatürlich-jen-

---

mentationsgang abgeleitete „zeitgeschichtliche Sensibilität" und das „Selbstbewußtsein" (ebd.) Konrads werden durch dieses Detail nicht gestützt.

29 Vgl. Strohschneider 1997b, S. 131–153.
30 Vgl. Kellner 2004a, S. 136–154.
31 Ebd., S. 136.
32 Ebd., S. 139.
33 Schulz 2008, S. 45.
34 Grundlegendes zur Charakterisierung des Mahrtenehe-Schemas in der sagengeschichtlich und folkloristisch orientierten älteren Forschung u. a. bei Panzer 1902, S. LXXII–CIX (im Vorwort S. VII–CXXXIII). Vgl. den Aufriss der Forschungsgeschichte zum Mahrtenehe-Schema bei Kellner 2004b, S. 398–400 mit Schwerpunkt auf der Forschung zu den Melusinentexten.
35 Röhrich 1999 aus der *Enzyklopädie des Märchens*, der ferner eine Untergliederung des Erzählmusters in diverse Typen und einen Überblick über dessen Vorkommen in der Weltliteratur bietet. Zur gestörten Mahrtenehe siehe auch ders. 1962, S. 27–61, 243–253.

seitigen Wesen" bzw. „Liebesverhältnisse[] mit mythischen Wesen"[36] ein. Dabei ist in den meisten Fällen das übernatürliche Wesen weiblichen Geschlechts, wie auch bei der Vorstellung vom nächtlichen Druckgeist im Volksglauben, von der die Bezeichnung ‚Mahrtenehe' (vom ahd. *mâra*, ‚Mahrt', ‚Nachtmahr'; vgl. engl. *nightmare*) abgeleitet wird. In der Regel wird in den Erzählungen nach diesem Muster die Erfüllung männlicher erotischer Wünsche thematisiert. Die Mahrtenehe in der Sage endet – im Gegensatz zum Märchen – gattungstypisch mit einem unglücklichen Ausgang.[37] Ein häufiges Tabu in diesen Erzählungen ist die „Namensnennung oder die neugierige Frage nach der Herkunft der übernatürlichen Frau".[38] Im mittelalterlichen höfischen Kontext ist das Erzählmuster im Typus der ‚Feenliebe' verbreitet.

Strukturell betrachtet Volker Mertens „die Erzählungen von der Mahrtenehe [...] als Thematisierung einer Differenz zweier Welten und als Integrations- und Harmonisierungsversuch, der scheitern oder auch gelingen kann".[39] Die beiden Welten sind so beschaffen, dass sie „durch komplementäre Defizite und Überschüsse gekennzeichnet" sind, „die einander kompensieren können".[40] Je nach Handlungselementen unterscheidet Mertens zwischen der ‚melusinischen' Form einerseits, die die Einhaltung eines Tabus als Aufgabe für den menschlichen Partner stellt; und der ‚undinischen' Form andererseits, bei der die Wahrung der Treuebindung als Bedingung für die Beziehung gilt.[41] In der ‚melusinischen' Form, die für unsere Betrachtung der Schwanritter-Erzählungen relevant ist, wird die Zwei-Welten-Struktur gleichsam nivelliert, denn die Tabuwahrung ist „Bedingung für die Integration und gleichzeitig Anerkenntnis der Besonderheit der anderweltlichen Figur".[42] Die Existenz der Nachkommenschaft verbürgt die „Eingliederung eines Naturwesens in die Menschengemeinschaft, wenn nicht persönlich, so doch genealogisch".[43] Eine in der christlichen Weltvorstellung unwahrscheinlich anmutende Verbindung wird somit durch ihre Fruchtbarkeit als glaubhaft dargestellt.

Armin Schulz fasst die „spezifisch mittelalterliche[...] Ausprägung"[44] der ‚Feenliebe' folgendermaßen zusammen: Es gehe um die Vermittlung zweier Räume, „deren einer – der Herkunftsbereich des Ritters – den gewöhnlichen Regeln der Adelsgesellschaft unterliegt, deren anderer jedoch – der Herrschaftsraum der Fee – Züge einer Anderswelt trägt, hinter denen meist noch schwach keltische Jenseitsvorstellungen zu erkennen sind".[45] Die Faszination dieses Erzähltyps liege darin begründet, dass der

---

36 Röhrich 1999, Sp. 45.
37 Vgl. ebd., Sp. 50.
38 Ebd., Sp. 47.
39 Mertens 1992, S. 202.
40 Ebd.
41 Vgl. ebd.
42 Ebd.
43 Ebd., S. 205.
44 Schulz 2004, S. 233 f.
45 Ebd., S. 234.

„andersweltliche ‚Überschuß' der Feenliebe" ein Defizit ausgleicht, das „der jugendliche Protagonist in der ‚normalen' Adelsgesellschaft hat".[46] Dadurch werde die Feenliebe zum kollektiven Imaginären der Adelsgesellschaft. Schulz beobachtet in den deutschen mittelalterlichen Erzählungen des Mahrtenehetyps „ein komplexes Verhältnis von Ent- und Remythisierung",[47] das sich darin äußert, dass einerseits zur Bewahrung der Faszination dieses Erzählmusters massiert Mythologeme als textuelle Signale eingespielt werden, um das Mahrtenehe-Schema zu markieren; andererseits ebendiese Mythologeme abgeschwächt werden, indem die feenhafte Figur in einen überwiegend harmlosen Part und einen bedrohlichen, archaischen Part aufgespalten wird, um die Partnerin des Helden zu disambiguieren. Dies gelingt allerdings nur vordergründig, da die aufgespaltenen Teile nach der mythischen Logik der Kontiguität letztlich wieder in eins fallen.[48] Unter den deutschen Mahrtenehe-Geschichten des Mittelalters ist der Melusinenroman die einzige, die sich neben mythologischen Inhalten auch der begründenden Funktion des Mythos bedient, die in der „Deutung der gegenwärtigen Welt im Blick auf legitimierende Gründungsakte" liegt, „welche durch die Vermittlung der gewöhnlichen menschlichen Seinssphäre mit einer kategorial anderen gesetzt werden".[49] Im Melusinenroman werden in diesem Sinne der Aufstieg, die Prosperität und das exorbitante heroische Potential des Geschlechts der Lusignans auf die Feenliebe als Gründungsgeschichte zurückgeführt.[50] In den übrigen deutschsprachigen Mahrtenehe-Erzählungen des Mittelalters bleibt der Aspekt der Genealogie unberücksichtigt oder wird von der Feenfigur entkoppelt.[51] Statt der ursprünglichen Funktion des Mythos dient der mythische Inhalt im Kontext der höfischen Liebe „der Mythisierung und damit unhintergehbaren Letztbegründung von

---

46 Ebd.
47 Ebd., S. 236.
48 Vgl. ebd., S. 235 f.
49 Ebd., S. 260.
50 Vgl. ebd., S. 236 und 258. Die verschiedenen Versionen der Melusinen-Geschichte werden in den Studien von Beate Kellner gründlich untersucht und miteinander verglichen (2001; 2004b, S. 397–471, dort Verweis auf die Literatur der Melusinen-Forschung). Sie verfolgt in ihrer diskursgeschichtlichen Arbeit den Sagenstoff durch verschiedene Textsorten in der lateinisch-gelehrten (Texte von Walter Map, Gervasius von Tilbury, Gaufredus von Auxerre und Vincenz von Beauvais, die von theologisch-naturkundlichen Fragen dominiert werden) und der volkssprachlich-höfischen Literatur (Romane von Jean d'Arras, Couldrette und Thüring von Ringoltingen, die von dynastisch-genealogischen Fragen geleitet werden) und zeigt, wie die spätmittelalterlichen französischen und deutschen Romane die Mahrtenehe, die Melusinenfigur sowie ihre Nachkommenschaft umcodieren und umwerten und zugleich die Ambivalenzen des Dämonischen gegen die Strategien der Vereindeutigung in den gelehrten Traditionen ausspielen, um diese für die Inszenierung des Ursprungs fruchtbar zu machen: „Gegen die geschilderten Grenzziehungen des theologischen und naturkundlichen Diskurses, entfalten sich [...] Herrschaft und Macht in der genealogisch-dynastischen Perspektive der Melusinenromane gerade aus der und durch die entdifferenzierende Vermischung der Menschen- und Dämonenwelt am Ursprung des Geschlechts." (2001, S. 293)
51 Der letztere Fall liegt im *Ritter von Staufenberg* vor. Vgl. die Analyse der Einzeltexte bei Schulz 2004, S. 240–259.

heimlicher, gesellschaftsabgewandter Liebe".[52] Insofern „sind die mittelalterlichen Feenmärchen keine Mythen mehr, denn das Mythische gewinnt in ihnen eine andere Funktion".[53]

In der Schwanritter-Sage wird ähnlich wie im Melusinenroman eine Legitimationsstrategie anhand der Vermischung am Ursprung verfolgt. Die Vermittlung der menschlichen Seinssphäre mit einer höheren – in den hier vorliegenden Textversionen nicht immer übernatürlichen – Sphäre wird genealogisch funktionalisiert, denn es geht um die Verlängerung der dynastischen Linie in Bouillon/Brabant. Auch in den Versionen, in denen der Schwanritter als Gralsprinz eindeutig der menschlichen Welt zuzuordnen ist, evozieren die zahlreichen Handlungsparallelen – die unerwartete Begegnung, die Heirat unter der Bedingung eines Tabus, die Zeugung von Nachkommen, die Trennung aufgrund des Tabubruchs und das Verbleiben der Nachkommen in der gewöhnlichen Sphäre – eine starke Assoziation mit der melusinischen Form des Mahrtenehe-Schemas.

IV.4.1.2 Konrads erzählerischer Umgang mit dem Schema

Konrads Erzählung ist durchlässig auf die mythische Grundstruktur des Schemas, was an der Reihung der Funktionselemente Ankunft – Verbot – Heirat – Tabubruch – Abschied erkennbar ist. In Hinsicht auf die Motivierung der Handlung schließt die Erzählung eine weitere Dimension ein: Bedingt durch das Erzählschema ist sie final motiviert – das stoffbedingte Verbot programmiert das Scheitern der Ehe vor; da die Handlung durch soziale Konventionen und Erwartungen rational begründet wird, ist sie zugleich kausal motiviert.[54] Hier wird die Fatalität des mythischen Schemas durch den Einbezug von historischem und personalem Horizont der feudalen Gesellschaft aktualisiert, in der das genealogische Wissen für die Legitimation der Herrschaft über die Generationsgrenze hinweg unabdingbar ist. Dies zeigt sich insbesondere darin, wie das Frageverbot, seine Übertretung und die Trennung des Paares narrativ verhandelt werden.

Eine Eigenart des Frageverbots in Konrads Version der Schwanritter-Geschichte ist, dass es doppelt determiniert ist – das Verbot richtet sich sowohl gegen das Fragen als auch gegen das Wissen-Wollen,[55] weshalb das Tabu als gebrochen gilt, obwohl die Ehefrau keine Frage stellt. Zudem ist es einzigartig in der Textreihe meines Corpus, dass hier die Mutter stellvertretend für die Tochter und Braut das Einhalten des Verbots gelobt, was mit der Personenkonstellation zusammenhängt. Eine nähere Analyse

---

52 Ebd., S. 237.
53 Ebd., S. 260.
54 Vgl. ebd., S. 386 f.
55 Vergleichbar dazu ist die Formulierung zur ersten Erscheinung des Frageverbot-Motivs bei Richard Wagner: „Nie sollst du mich befragen, / noch Wissens Sorge tragen [...]" (I,777–780); Wagners Elsa stellt hingegen tatsächlich alle drei verbotenen Fragen. Zitiert wird nach Deathridge/Döge 1996–2000, angegeben werden Akt- und Taktzahlen.

der Formulierung und Motivierung des Verbots sowie der Übertretung findet sich im Kapitel zum Frageverbot.[56]

IV.4.2 Ordnungen des Blutes und Ordnungen des Wissens

Verhandelt werden im *Schwanritter* zwei Aspekte adliger Legitimation: einerseits die Präsenz des adligen Körpers, die sich etwa durch die außergewöhnliche physische Kraft demonstriert, an sich evident und nur mit zeitlicher und räumlicher Einschränkung wirksam ist; andererseits das genealogische Wissen, das medial gebunden und für die Zäsur des Generationswechsels und den Fortbestand der Herrschaft maßgeblich ist. Das Prinzip „Erwähltheit suspendiert Herkunft"[57] funktioniert bei den Augenzeugen, jedoch nicht für die Nachwelt. Die Konsequenzen des Frageverbots betreffen insbesondere die nächste Generation, da die adligen Kinder ohne das Wissen um das eigene Herkommen sozial gesehen keine solchen mehr sind.[58] Es reicht nicht aus, dass sie im biologischen Sinne Nachkommen ihrer Eltern sind, sie müssen auch das Wissen um ihre Abstammung haben, um ihre Ansprüche auf Rang und Herrschaft sichern zu können und ihren Platz in der Gesellschaft zu finden. An den Begriffen, die die Ehefrau bei der Übertretung des Verbots verwendet – in erster Linie *geburt* (V. 1418), *geslehte* (V. 1431), *mâge* (V. 1436) –, lässt sich erkennen, dass dem mittelalterlichen dynastischen Verständnis nach die Identität eines Adligen, insbesondere eines Herrschers, sich vor allem über seine Position im Personenverband definiert. In Konrads Text wird durch die im Vergleich zu anderen Schwanritter-Versionen äußerst detaillierte Begründung der Ehefrau für ihr Nachforschen besonders deutlich, dass Genealogien im mittelalterlichen Denken als Ordnungen des Blutes und des Wissens verstanden wurden.[59] Dies wird zum Schluss ihrer Rede prägnant zusammengefasst: *daz si niht wizzen umb des leben / der in ze vater ist gegeben.* (V. 1439 f.) Gerade dieses für die Legitimation einer Herrschaft unabdingbare Wissen wird im Text nicht narrativ dargeboten. Indem von diesem prekären Fall mit einer „genealogischen Nullstelle"[60] anschaulich erzählt wird, wird gleichwohl die Evidenz durch den Text „reinszeniert" und „in ein mythisches genealogisches Wissen umgewandelt",[61] das auf die Nachwelt mit nicht minderem Effekt wirkt wie auf die Augenzeugen.

---

56 Vgl. Kap. X.2.1.2.
57 Schulz 2000, S. 98.
58 Vgl. Strohschneider 1997b, S. 135.
59 Vgl. dazu grundlegend Müller 2007, S. 46–106 sowie Kellner 2004b, S. 13–61.
60 Strohschneider 1997b, S. 152.
61 Schulz 2008, S. 388.

IV.4.3 Radikale Anonymisierung und Ausblendung des Wissens um den Ursprung

Es ist wohl gerade dieses Fokussieren auf den mythischen Präsenz-Effekt, der aus dem Raum des Numinosen in den des Profanen[62] hineinbricht, das Konrad zu einem extremen Fall der Anonymisierung und der Ausblendung des Wissens um den Ursprung leitet, wodurch das zentrale Problem des Ursprungs einer Genealogie in prägnanter Klarheit dargestellt wird. Blickt man auf den Kreuzzugszyklus der *Chansons de geste* und die deutschsprachige Werkreihe der Schwanritter-Geschichte, so ist Konrads Erzählung der einzige Text, der den Schwanritter konsequent anonymisiert. Ebenso gibt es hier weder eine Begründung für das Frageverbot – wie etwa die Gralsinschrift oder das unwiderrufliche Gesetz einer höheren Instanz – noch eine Antwort auf die verbotene Frage – wie etwa die Abstammung vom Gralskönig Parzival oder, wie in der *Naissance du Chevalier au Cygne* dargestellt, die Herkunft aus L'Illefort.[63] Die Identität des Schwanritters wird auch nach dem Tabubruch weder für die Herzogin und ihre gemeinsamen Kinder noch für die Rezipienten aufgeklärt, was in anderen Versionen der Sage erfolgt. Dies liegt nicht an der Überlieferungssituation, denn alle Textlücken in der Handschrift befinden sich vor der Stelle des Tabubruchs. Im Gegensatz zum französischen *Chevalier au Cygne*, wo der Protagonist beim Abschied ein Horn für seine Tochter hinterlässt, oder zu den sonstigen Bearbeitungen des Stoffes in der deutschen Literatur, wo er seinen Kindern und seiner Frau ein Schwert, ein Horn und einen Ring zum Abschied übergibt, ist bei Konrad nicht von einer Gabe die Rede. Der Schwanritter verschwindet also ganz aus der profanen Welt, ohne ein Andenken an seine Person zurückzulassen. Dadurch bleibt die Figur nicht nur anonym, sondern auch geschichtslos.[64] Seine einstige Gegenwart in Brabant ist durch keine Objekte nachweisbar, sondern bleibt Teil des kollektiven Gedächtnisses. Von der Zeit vor seiner Ankunft in Brabant verrät der Text keine Information, ebenso unklar ist sein Verbleib nach dem Abschied von Brabant. Von der Figur bleibt lediglich die mythische Evidenz seiner Gegenwart.

Das Wissen um den genealogischen Ursprung vor dem neuen Ahnherrn, das durch das Frageverbot der Ehefrau und den Brabantern verhüllt bleiben soll, wird somit auf der Textebene völlig ausgeblendet. Der Setzung eines Neu-Anfangs wird dadurch Absolutheit verliehen. Auf diese radikale Weise verhandelt Konrad die Aporie des Ursprungs, die in dem Rätsel um die Herkunft des Schwanritters sowie dem Frageverbot chiffriert liegt – jeder gesetzte Anfang ist prinzipiell um ein weiteres Glied

---

62 ‚Profan' hier nicht im religiösen, sondern im mythischen Sinne – diesseitig, menschenweltlich, im Gegensatz zum Numinosen, Anderweltlichen. Zur Begriffsklärung ‚Anderwelt' siehe IV.4.4, Anm. 70.
63 Vgl. *Chevalier au Cygne*, Laisse 137, V. 4399: *Onques ne sot nus hom u il fu repairiés.* [Niemals wusste jemand, wohin er zurückgekehrt war.] (Zitiert nach Nelson 1985) Doch die Herkunft des Schwanritters wird im gesamten Zyklus durch die *Naissance* aufgeklärt, dessen Verbleib nach dem Abschied von Nimwegen durch *La Fin d'Elias*.
64 Vgl. Kellner 2004a, S. 140.

in der genealogischen Kette zurückzuverfolgen,⁶⁵ wodurch er seinen Status als den absoluten Anfang verlieren würde. Das der Sage inhärente Frageverbot soll ebendiese Zurückverfolgung unterbinden. Konrads konsequente Ausblendung auf der Narrationsebene erfüllt denselben Zweck, den das Frageverbot auf der Handlungsebene erfüllt. Der Ursprung wird dadurch als ein Geheimnis dargestellt, von dem zwar erzählt wird, das aber nicht erklärt werden kann.⁶⁶

IV.4.4 Legitimationspotential für die künftige Schwanritter-Genealogie

Der Ursprung der genealogischen Kette des Brabanter Herrschergeschlechts, die vom Schwanritter als einer markanten Zäsur ausgeht, bleibt ein Geheimnis, eine Leerstelle. Gerade diese Leerstelle kann produktiv für die Legitimation der Herrschaft sein, was sich in der Schlusspassage von Konrads Erzählung herausstellt – die Aufzählung der ruhmreichen Nachkommen reicht bis an die geschichtliche Zeit der Schreibsituation, mehrere Herrscherhäuser erheben zur Lebzeit des Autors Anspruch auf die Schwanritter-Herkunft. Dass ein solcher unaufgeklärter Ursprung Legitimationspotential schafft, hat vor allem zwei Gründe.

Erstens ist dieses Potential auf die Gottesgesandtschaft des Schwanritters zurückzuführen, die von König Karl unmittelbar bei seiner Ankunft erkannt wird, bevor er ihm den Platz vor allen Fürsten beim Gericht zuweist: *got hât uns wilde geste / gesant her ûf dem wâge wît* (V. 318 f.). Diese transzendente Erwähltheit wird spätestens nach dem Zweikampf von allen Anwesenden anerkannt, indem sie den Sieg des Schwanritters auf Gottes Einsatz zurückführen:

> *die ritter sprâchen alle dô*
> *ze dem vil sigebæren,*
> *er künde gar ze swæren*
> *zins den liuten bieten:*
> *daz got vor sînen mieten*
> *geruochte ir aller lîp bewarn!* (V. 1234–1239)

Diese Zuschreibung geht mit einer markanten Änderung Konrads gegenüber seiner mutmaßlichen Vorlage einher – entgegen der französischen Tradition wird bei Konrad nicht Gottfried von Bouillon als Enkel in die Deszendenz des Schwanritters eingereiht, sondern Herzog Gottfried von Brabant wird als künftiger Schwiegervater des Schwanritters eingeführt. Da der verstorbene Herzog bei Konrad nur als *herzogen Gotfride* (V. 459) erwähnt und seine Witwe *herzogîn von Brâbant* (V. 224 und V. 413) genannt wird, ist er nicht unmittelbar mit Gottfried von Bouillon zu identifizieren.⁶⁷

---

65 Bis hin zu Adam und Eva.
66 Siehe Blumenberg ⁵1990, S. 143, mit Blick auf den Ursprung: „[...] dann eben wird nicht erklärt und nicht nach Erklärung verlangt. Es wird eben nur erzählt".
67 Anders Brunner 1981, S. 280.

Dennoch handelt es sich in beiden Fällen um den Kreuzfahrer und ersten christlichen Regenten von Jerusalem: *daz er Jerusalêm ervaht / und er dâ wart gecrœnet* (V. 838 f.). Dass Herzog Gottfried von Brabant bei der Eroberung Jerusalems göttlicher Beistand zuteilwurde, wird aus doppelter Perspektive – zunächst durch die Tochter Gottfrieds, dann durch den Erzähler – berichtet und auf schriftliche Quellen zurückgeführt (V. 1616), wodurch das *unbilde* (V. 1619) in seiner Außergewöhnlichkeit und Wahrheit unterstrichen wird:

Bericht durch Gottfrieds Tochter:

daz im daz himelische her
ze helfe quam mit crefte
und sîner ritterschefte
vil stiure zuo liez fliezen. (V. 842–845)

Bericht durch den Erzähler:

Gotfride komen und gestân
liez er ze helfe und zeiner wer
drîstunt sîn himelischez her
und sante im zeime trôste daz. (V. 1622–1625)

Dies bildet die Grundlage dafür, dass der Erzähler die Plausibilität und damit die Glaubwürdigkeit der abermaligen Hilfe Gottes für das Haus Brabant durch den Schwanritter nachweisen kann:

Man sol für eine wârheit
diz mære wizzen und verstân:
got der hât wunders vil getân
daz noch unmügelicher was,
sît ich fürwâr geschriben las
von dem herzogen Gotfride,
daz got dur sîniu <starken> lide[68]
unbilde tet bî sîner zît.
sô mohte er ouch diz wunder sît
an sîner tohter wol begân.
[...]
dâvon geloube ich deste baz,
daz er ouch liez durch in geschehen
daz in Brâbanden wart gesehen
der werde ritter mit dem swanen. (V. 1612–1629)

---

68 Dieser Vers lautet in der Handschrift: *daz got dorch sine lyde* (Kürzel aufgelöst; Bl. 10rb).

Das *unbilde*, das Gott an Gottfried zeigte und noch *unmügelicher* war, nämlich die Eroberung Jerusalems trotz ungünstiger Bedingungen, bildet die Folie, vor der man das erneute *wunder*, das Gott an dem Haus Brabant erwirkt, verstehen soll.[69] Mit der schriftlichen Dokumentation der Heldentaten Gottfrieds (V. 1616–1619) sind wahrscheinlich die ältesten Branchen im Kreuzzugszyklus der *Chansons de geste* – *La Chanson d'Antioche*, *Les Chétifs* sowie *La Chanson de Jérusalem* – gemeint, die von der Belagerung und Eroberung des Heiligen Landes während des Ersten Kreuzzuges erzählen. Gott ließ um Gottfrieds willen (V. 1627) den Schwanritter in Brabant erscheinen und durch den Zweikampf Land und Frau gewinnen, um die bedrohte Herrschaft zu sichern. Da Gottes Wunder an Gottfried schriftlich bezeugt ist, darf es an der Wahrheit des Wunders am Schwanritter ebenfalls keinen Zweifel geben. Dies ist die christlich perspektivierte Lesart der ‚genealogischen Nullstelle'.

Zweitens deutet der unaufgeklärte Ursprung auf eine Anderweltlichkeit[70] hin, die von dem Erzählschema der „gestörten Mahrtenehe" her mit der Figur des Schwanritters assoziiert werden kann.[71] In Abschnitt IV.3. habe ich erwähnt, dass aufgrund der Namen- und Geschichtslosigkeit eine übermenschliche Natur und eine Verwandlungsmöglichkeit zwischen Mensch und Schwan bei Konrads Schwanritter nicht auszuschließen sind. Nach der mythischen Denkform bedeutet die Nähe, die Kontiguität, zwischen dem Schwan und dem Ritter eine Kausalität, Verwandtschaft, gar Wesensidentität.[72] Diese Verbindung wird durch den Hintergrund des Sagenkreises gestärkt, der durch Überlieferungsbündel[73] bezeugt ist und neben der Schwanritter-Sage auch diverse Mahrtenehe-Geschichten umfasst, beispielsweise die Melusinen-Sage. Auch hier dient das Tabu als Symbolisierung einer kaum auf Dauer überschreitbaren Grenze zwischen der menschlichen und der übermenschlichen Sphäre. Dem Schwanritter werden zwar keinerlei tierische Merkmale zugeschrieben, doch sorgt sein Begleiter, der Schwan, für eine anderweltliche Markierung, die als „rätselhaftes Fragment eines Mythos"[74] erscheint. Denn dieser Schwan ist nicht nur eine Art ‚Fahrzeug', sondern er weist in mancherlei Hinsicht anthropoide Eigenschaften auf: Bei der Ankunft in Brabant erscheint der Ritter auffällig unselbständig und abhängig von dem Schwan,[75] er liegt eingeschlafen im Nachen (V. 256) und wird von dem Schwan in die richtige Richtung gezogen. Nachdem er an Land gegangen ist, spricht der Ritter zum Schwan, als würde dieser seine Worte verstehen:

---

[69] Dies ist eine weitere Pointe von Konrads Version der Schwanritter-Geschichte im Vergleich zur Lohengrin-Tradition, in der das Haus Brabant als in Sachen Nachkommenschaft und legitimer Herrscher bedrohtes, aber nicht vormals von Gott gesegnetes Geschlecht eingeführt wird.
[70] Mit ‚Anderwelt' ist eine Gegenwelt zur vertrauten Welt gemeint, zu der der Zugang für Sterbliche nur unter bestimmten Bedingungen möglich ist.
[71] Vgl. dazu Kap. XI.1.1.2.
[72] Vgl. Cassirer 1925/2010, S. 83.
[73] Z. B. in *Super Apocalypsim* des Gaufredus von Auxerre, siehe dazu Kap. XI.1.1.
[74] Kellner 2004a, S. 140.
[75] Vgl. Weidenkopf 1979, S. 317.

> *'fliuc dînen wec, vil lieber swan!'*
> [...]
> *'swenn ich dîn aber dürftic bin*
> *und dîn ze nœten brûchen sol,*
> *sô kan ich dir geruofen wol*
> *und dich herwider bringen'.* (V. 380–385)[76]

Die Reaktion des Schwans zeigt, dass er diesen Abschiedsgruß seines Ritters begriffen hat: [...] *dô begunde swingen / der albez balde ûf sîne vart.* (V. 386 f.) Dieser anthropoide Begleiter wirft Fragen auf – Was hat es mit diesen Eigenschaften auf sich? Woher kommen er und der Ritter? Was für eine Beziehung haben beide zueinander? –, die narrativ weder entfaltet noch beantwortet werden. Doch das Erzählte deutet auf eine Verbindung beider hin, deren Aufklärung der menschlichen Sphäre verborgen bleiben soll.

Eine anderweltliche Herkunft des Ritters und seines Schwans wird zudem wesentlich durch die narrative Modellierung des Raums suggeriert. Eine bedeutende Grenze zwischen zwei Teilräumen im Text stellt das Meer dar, das Brabant von der Herkunftssphäre des Schwanritters trennt. Die Signifikanz des Meeres erkennt man daran, dass Nimwegen in der Erzählung entgegen der realen Geographie an der Rheinmündung liegt, wodurch die Menschenwelt in Brabant unmittelbar mit dem Numinosen konfrontiert wird. Das Erzählte wird durch den immanenten[77] Ort Nimwegen perspektiviert – es wird nur erzählt, was in Nimwegen geschieht und nicht, was mit dem Ritter und dem Schwan auf ihrem Weg nach Brabant und von dort wieder weg außerhalb der Sichtsphäre der Brabanter Leute passiert. Der Raum, aus dem der Schwanritter stammt, erweist sich als unverfügbar für die erzählte Welt. Durch diese Grenzziehung entsteht eine Markierung der Immanenz. Indem vor und nach der Erscheinung des Schwanritters innerhalb dieser Markierung nichts von ihm erzählt wird, wird sein Ursprung aus der Immanenz ausgeklammert und der Transzendenz zugeordnet.

Oben wurden jeweils die christlich dominierte und die mythisch dominierte Lesart für die geheimnisvolle Identität des Schwanritters erörtert, die beide unter dem Stichwort Transzendenz zu fassen sind. Das erstere Denkmuster weist auf eine göttliche Erwähltheit der Figur hin, das letztere auf eine numinose Herkunftssphäre und eine überirdische Natur. Das Mythische wird hier vom Christlichen überlagert, jedoch nicht ganz ins Christliche überführt, was unter anderem durch das Erzählschema und die änigmatische Verbindung zwischen dem Ritter und dem Schwan bezeugt wird. Die Vorstellung dämonischer Züge eines Mischwesens, die durch diese mythischen Residuen evoziert werden kann, wird zugleich durch die Tatsache suspendiert, dass ebendieses Wesen als göttliches Werkzeug fungiert.[78]

---

76 Zur Adaption dieser Verse bei Richard Wagner siehe Kap. IX.2.3.2.3.
77 Mit ‚immanent' ist hier gemeint: der irdischen, menschlichen Lebenswelt zugehörig; dem menschlichen Zugriff verfügbar.
78 Vgl. Brandt 1987, S. 103.

Beide Muster werfen in ihrer Interferenz eine umso stärkere Aura auf die Figur des Schwanritters und bringen ein Faszinosum hervor, aus dem die Geschichtsschreibung der Herrscherhäuser für die Herleitung ihres Geschlechts schöpfen kann.[79] Durch ihre Ansippung an diese sagenhafte, mythische Figur versuchten auch historische Geschlechter im Spätmittelalter davon zu profitieren. In Konrads Text wird die vom Schwanritter ausgehende genealogische Linie auf die nordwesteuropäischen Herrscherhäuser derer von Geldern, Kleve und Rieneck bezogen, unter denen die Rienecker durch sechs Verse hervorgehoben werden, während die Grafen von Geldern und Kleve zusammen in nur zwei Versen Erwähnung finden (V. 1604 f.):

[...]
und wurden Rienecker genomen
ûz ir geslehte verre erkant.
[...]
daz noch aldâ ze strîte
den swanen füeret unde treit. (V. 1606–1611)

Die erzählte Zeit wird bis an die geschichtliche Zeit des Autors herangeführt, in der die Rienecker den Schwan als Wappentier tragen, um ihre Schwanritter-Herkunft quasi objektiv nachzuweisen.[80] Dieser Gegenwartsbezug ist ein wirkungsvolles Beispiel dafür, wie Mythos, Historie und Heraldik sich einander stützen, um eine vermeintliche Genealogie in beglaubigte Wahrheit zu überführen.

IV.5 *die crumben sache slihten* (V. 657) – das Gerichtsverfahren

Den Mittelpunkt der Erzählung bildet ein detailliert geschildertes Gerichtsverfahren, das von König Karl geleitet wird (V. 204–236, V. 407–778). Dieser Passus nimmt etwa ein Viertel der gesamten Textlänge ein und besteht größtenteils aus wörtlicher Wiedergabe der Figurenreden, weshalb sich die Erzählzeit beinahe mit der erzählten Zeit

---

79 Dass beispielsweise die *Oberrheinische Chronik* Konrads Version der Schwanritter-Geschichte benutzt, erwähnt Helm 1920, S. 250.
80 Ruf 1984, S. 185 nennt einen konkreten Hinweis auf eine wahrscheinliche Auftragssituation für Konrads Dichtung: Seit 1258 führt Ludwig III. von Rieneck als neue Helmzier einen Schwan. Ein direkter Anlass dafür könnte die Heirat Ludwigs III. von Rieneck mit Udelhilt von Grumbach-Rothenfels gewesen sein, die möglicherweise 1257/1258 stattfand (ebd., S. 188; ähnlich Brunner 1987, S. 21). Bei aller Plausibilität dieser Annahme interpretiert Ruf eine Gralsherkunft in Konrads Text hinein, von der dieser keine Kenntnis nimmt: „Daß Ludwig III. den Schwan wählt, kommt nicht von ungefähr und ist vielleicht stärkstes Motiv für den Wechsel: es geht ihm um die genealogische Anknüpfung an den ‚Schwanritter', an den aus dem Sagenkreis um den Gral bekannten Sohn Parzivals, Lohengrin." (Ruf 1984, S. 186) Es wäre schwer vorzustellen, dass Konrad gerade für diesen Zweck eine Version verfasst, die nicht an den Gral anknüpft.

deckt. In der Darstellung des Gerichtsverfahrens werden genealogische, rechtsgeschichtliche und mediengeschichtliche Aspekte miteinander verschränkt.[81]

Die ältere Forschung verglich das Gerichtsverfahren in Konrads Erzählung mit mittelalterlichen Rechtstexten und betonte den Quellenwert der Dichtung für die Rechtsgeschichte.[82] Weidenkopf sieht im Erbanspruch der Witwe Gottfrieds von Brabant eine „Ausnahme" gegenüber „allgemeinen Rechtsquellen".[83] Auf die Abweichungen der rechtlichen Verfahrensweisen der Protagonisten in der literarischen Erzählung von denjenigen im *Sachsenspiegel* macht Kokott aufmerksam und leitet daraus eine „bewußte Fiktionalität"[84] im Autorwillen ab. Van D'Elden stellt fest, dass „Konrad weniger an der Schwanritterlegende als solcher interessiert war als an den juristischen Implikationen seiner Geschichte".[85] Ihrer Ansicht nach soll die Erzählung veranschaulichen, wie geschriebenes Recht mündliche Tradition verdrängt und „sogar reine Macht und Gewaltausübung ersetzt".[86] Sie deutet den Sieg der Herzogin als eine Zäsur im Rechtsdenken, ein „new law-making".[87] Demgegenüber betont Kokott[88] gerade den noch nicht etablierten Status der neuen Rechtsform, der sich an der Skepsis gegenüber schriftlichen Dokumenten beobachten lässt. Schnell untersucht die literarische Darstellung von Gottesurteilen im Mittelalter und weist darauf hin, dass Konrads Darstellung Gottes Wunderwirken in der Geschichte als etwas Ungewöhnliches und Einmaliges deutlich mache.[89] Zuletzt hat Westphal-Wihl die Bandbreite der Formen von Konfliktlösung am mittelalterlichen Königshof auch mit Blick auf Konrads *Schwanritter* aufgefächert. Dabei berücksichtigt sie den „Kontrast zwischen physischer Gewalt und sprachlicher Kommunikation als Mittel der Konfliktlösung"[90] einerseits und das „subtile[...] Beziehungssystem von Sprache und Gewalt"[91] andererseits. Sie arbeitet heraus, dass der Darstellung mittelalterlicher literarischer Texte nach performative Gesten und symbolische Ressourcen oft mehr als Beweisstücke die Parteinahme in Gerichtsverfahren beeinflussen.[92] Trotz der Beobachtung der Tendenzen in großen Zügen ist der Ablauf des Gerichtsverfahrens in Konrads Text, insbesondere das Urteil über die Erbansprüche und die Wahl der endgültigen Ent-

---

81 Eine gründliche Analyse dieser Aspekte, die ich unten stellenweise referiere, findet sich bei Strohschneider 1997b, S. 131–153.
82 Vgl. Schröder 1867, S. 150; Klibansky 1925, S. 56, letzterer mit Blick auf das bayerische Recht.
83 Weidenkopf 1979, S. 319, Anm. 69; vgl. auch ebd., S. 318, Anm. 66 zur Frage, warum die beiden Frauen vor Gericht keinen Vormund bekommen.
84 Kokott 1989, S. 20.
85 D'Elden 1988/1989, S. 236f.; vgl. auch ebd., S. 227f. sowie dies. 1990, S. 550.
86 D'Elden 1988/1989, S. 238; anders Strohschneider 1997b, S. 151.
87 D'Elden 1990, S. 554.
88 Vgl. Kokott 1989, S. 20f.
89 Vgl. Schnell 1983, S. 60.
90 Westphal-Wihl 2008, S. 164.
91 Ebd., S. 165.
92 Vgl. ebd., S. 186.

scheidungsform, kaum diskutiert worden. Diese beiden Themen werden im Folgenden behandelt.

IV.5.1 Rechtstypologie und Medialität

Im Blick auf die juristischen Aspekte und in der Beschreibung der Gerichtsszene weist Konrad gegenüber seiner mutmaßlichen Vorlage einen hohen Grad an Selbständigkeit auf.[93] Die Konfliktparteien in Konrads Erzählung sind die Herzogin und ihre Tochter auf der einen Seite, der Sachsenherzog auf der anderen, der anders als in den Redaktionen AD des *Chevalier au Cygne* ein Bruder Gottfrieds und auf diese Weise mit dem Haus Brabant verwandt ist. Beide Parteien erheben Anspruch auf Brabant. Das Testament des verstorbenen Herzogs setzt die beiden Frauen als seine Erben ein, was im Widerspruch zum lokalen Gewohnheitsrecht steht, das ausschließlich männliche Nachfahren als Erben der Herrschaft privilegiert. Demnach geht es hier – anders als in den französischen Schwanritter-Bearbeitungen und in der Lohengrin-Tradition, in denen ein Täter-Opfer-Verhältnis präsentiert wird und ein offensichtliches Unrecht durch den Gottgesandten beseitigt wird – um die Konkurrenz zweier Rechtspositionen mit jeweils divergierenden Ansprüchen und Begründungen.[94] Dabei korrelieren Rechtsformen und mediale Formen miteinander: In den Erbansprüchen des Sachsenherzogs einerseits sowie jenen der Witwe des verstorbenen Herzogs Gottfried und ihrer gemeinsamen Tochter andererseits stehen sich althergebrachtes, überpersonales, mündliches Gewohnheitsrecht und neues, für den Einzelfall individuell geregeltes, schriftlich durch Urkunden (*brieve*, V. 472) fixiertes Recht gegenüber.[95] An markanten Stellen zeigt sich, wie der Text den Rechtsfall in Kategorien der Medialität reflektiert. So misstraut der Sachsenherzog dem geschriebenen und gesetzten Recht, hält es für unzuverlässig und beliebig, was sich in seiner Rede äußert:

> *an brieve lieze ich unde züge*
> *vil harte ungerne mîniu reht:*
> *man schrîbet an ein permint sleht*
> *swes man geruochet unde gert,*
> *mit dem sô wære ich ungewert*
> *des guotes und der gülte mîn.* (V. 710–715)

Der literarische Text, der diesen Zweifel des Vertreters der alten Rechtsform an der neuen Rechtsform thematisiert, erweist sich hier als Medium der kulturellen Selbstbeobachtung. Mit der älteren Rechtsform wird die vom Sachsenherzog propagierte agnatische Erbfolge über den Bruder Gottfrieds begründet, mit der neueren die kog-

---

93 Vgl. Ritscher 1988/1989, S. 242 f.
94 Vgl. Strohschneider 1997b, S. 139 und 147.
95 Vgl. ebd., prägnant S. 147 f.

natische Erbfolge über die Ehefrau und die Tochter Gottfrieds. Die Konfrontation der Parteien bezieht sich im Blick auf dynastische Legitimation auf einen Sachkonflikt, bezogen auf Rechtstypologie stellt sie einen Normenkonflikt dar.

Dementsprechend ist die Rechtslage bei Konrad wesentlich prekärer dargestellt als in den anderen Versionen der Geschichte und ein Urteil scheint äußerst schwer, wenn nicht gar unmöglich zu sein. Dabei gibt es weitere Faktoren, die den Verlauf des Gerichtsverfahrens beeinflussen. Die Witwe Gottfrieds spricht nicht nur die Gerechtigkeit des königlichen Urteils an (V. 482, V. 484 f., V. 622 *gerihte sleht*), sondern appelliert auch an die Gnade und den Beistand des Königs (V. 485, V. 623 *sîner gnâden stiure*, V. 626 *helfe*). Sie versucht also einerseits durch schriftliche Dokumente ihren Anspruch auf Brabant zu beweisen (V. 572–575), andererseits durch ihre Rhetorik der Sympathielenkung den König dahingehend zu beeinflussen, für sie und ihre Tochter Partei zu nehmen, was der König dann auch tut. Dies äußert sich beispielsweise in seinem Kummer darüber, dass die beiden Frauen keinen Kämpfer finden (V. 744–751).

IV.5.2 Das ‚Urteil' des Königs?

Das ‚Urteil' Karls erscheint in seiner Unschlüssigkeit und Unbestimmtheit merkwürdig. Zunächst spricht er Brabant offensichtlich den beiden Frauen zu:

> *iu sol der herzog iuwer guot*
> *mit fride lân und iuwer lant,*
> *daz fürstentuom ze Brâbant:*
> *dâ ruoche er sich zuo ziehen,*
> *unrehte sache fliehen*
> *sol er dur unser aller bete.* (V. 632–637)

Mit *unrehte sache* (V. 636) sind höchstwahrscheinlich vor allem *roube* und *brande* (V. 165) gemeint. Ob *mit fride lân* lediglich das Beenden der Verwüstung des Landes – als Gegensatz zu *gewalt und übermüetekeit* (V. 645) – oder zudem das ‚Überlassen'[96] des Besitztums impliziert, ist unklar. Auffällig ist freilich, dass Karl der Herzogin gegenüber das Herzogtum Brabant als *iuwer lant* (V. 633) bezeichnet, was scheinbar eine possessive Zuschreibung ausdrückt. Gegen Ende derselben Rede fächert Karl jedoch zwei gegensätzliche Entscheidungsmöglichkeiten auf, als hätte er sein vorheriges eindeutiges ‚Urteil' zurückgerufen:

> *sult ir Brâbant zeim erbe hân,*
> *daz lâze er iu, sô tuot er wol;*
> *ist aber daz er haben sol*
> *die selben lantriviere,*
> *sô neme er si vil schiere,*

---

[96] So die Übersetzung bei Miklautsch 2016, S. 39.

und sî dâmite an dirre zît
gescheiden iuwer beider strît'. (V. 668–674)

Entweder sollen die beiden Frauen Brabant zum Erbe haben, oder aber das Land steht dem Sachsenherzog zu. Die vorherige Bezeichnung *iuwer lant* besitzt also keine definitive Geltungskraft. Die Offenheit und der provisorische Charakter des ‚Urteils' wurden in dieser Rede bereits angedeutet, beispielsweise im Konditionalsatz unmittelbar vor dem obigen Zitat (*hât er getân* [...] *daz werde von im widertân*; V. 664–667) und durch die Konjunktive an einer früheren Stelle (V. 638–641).[97] Bemerkenswert ist, dass die Formulierung *ân alle schulde* (V. 641 und 666) in dieser Rede stets in Konditionalsätzen steht, was zu implizieren scheint, dass es die andere Möglichkeit gibt, nämlich dass der Sachsenherzog einen Grund hat, die beiden Frauen zu bekriegen, und zwar denjenigen, dass Brabant tatsächlich ihm zusteht. Versteht man die Verse 632–637 so, dass sie keinen endgültigen Gerichtsbescheid wiedergeben, also nicht den von Karl angekündigten *gerihtes schîn* (V. 630) einlösen,[98] sondern lediglich eine vorläufige Regelung ausdrücken, dass der Sachsenherzog die Fehde gegen die Frauen beenden soll (ausdrücklich V. 660–663), dann scheint es plausibler, dass später zwei Möglichkeiten genannt werden und ein Urteil durch die fürstlichen Schöffen in Aussicht gestellt wird:

swaz ime erteilent ûf den eit
die fürsten alle umb iuwer clage,
daz sol er âne widersage
dur mînen willen stæte lân. (V. 646–649)

Die offenen Optionen würden ein solches Urteil notwendig machen.[99] Allerdings werden die Fürsten im weiteren Verlauf des Gerichtsverfahrens nirgends dazu aufgefordert, ihre urteilsfindende Funktion auszuüben,[100] obwohl das endgültige Urteil noch *an dirre zît* (V. 673) erwartet wird. Demgegenüber scheint der Sachsenherzog Karls Aussage als ein Urteil zu verstehen, dem er heftig widerspricht:[101]

'*herr ich tuon allez daz ir welt,*
wan daz ich nicht ûz mîner hant
daz fürstentuom ze Brâbant

---

[97] Ebd. übersetzt diese vier Verse mit Infinitiven.
[98] So auch Weidenkopf 1979, S. 319, Anm. 70: „Karl hat hier [...] kein Urteil gesprochen, weil keines gefunden worden ist [...] er hat nur als Richter auf Einhaltung des Verfahrens insistiert." Anders Schröder 1867, S. 145 f.
[99] Andernfalls würde das Urteil durch die Fürsten Karls Urteil überdeterminieren. Vgl. dazu Habermehl 2015, S. 24.
[100] Vgl. Miklautsch 2016, S. 228 und Habermehl 2015, S. 24.
[101] Anders Weidenkopf, der zur Forderung des Sachsen nach einem Zweikampf (V. 686–691) äußert: „Die Aufforderung des Sachsenherzog ist keine Urteilsschelte [...]. Weder macht der Herzog den erforderlichen Gestus [...], noch spricht er eine Formel der Urteilsschelte aus [...]" (1979, S. 320, Anm. 71).

> *als üppiclîche lâze.*
> *[…]'.* (V. 678–681)

Eine eindeutige Lesart kann für diesen Passus nicht bestimmt werden. Die Ambiguität und Widersprüchlichkeit des scheinbaren ‚Urteils' des Königs reflektieren die komplexe Konkurrenz beider Rechtspositionen und die Unüberschaubarkeit der Rechtslage – die gegnerischen Parteien befinden sich nicht in demselben Rechtssystem.

IV.5.3 Die Konfliktlösung

Eine weitere Auffälligkeit liegt darin, dass dem Sachsenherzog das Recht eingeräumt wird, die Entscheidungsform in der Streitigkeit zu bestimmen. Die vom ihm genannte Form der Konfliktlösung, der Zweikampf, ist kein Vorschlag, sondern ein unabdingbarer Anspruch:

> *swer mich dâ geltes wil verhern*
> *daz ûf mich gevallen ist,*
> *der muoz ze dirre selben frist*
> *mit bitterlichen swertes slegen*
> *mich ûz mînem rehte wegen*
> *und von dem criege trîben.*
> *Brâbant muoz mir belîben,*
> *oder ich darumbe ligen tôt.* (V. 686–693)

Der König scheint keinerlei Spielraum zu haben, an dieser Forderung etwas zu ändern. Seine Ohnmacht äußert sich durch seine Betrübnis und dadurch, dass er die Forderung wie eine Entscheidung an die Herzogin weiterleitet:

> *der künec selber trûric wart*
> *daz man dô kemphen solte,* (V. 744 f.)

> *'frouwe, ir hânt gehœret wol*
> *daz dirre crieg gescheiden sol*
> *mit kamphe werden hiute.*
> *[…]'.* (V. 753–755)

Über die Option, den Streitfall ohne Zweikampf zu schlichten, verfügt laut dem König nur der Beklagte, der Sachsenherzog. Zu dieser Option zu wechseln, wäre dann die Güte des Herzogs, die der König vergelten würde:

> *'[…]*
> *liez aber anders scheiden*
> *den crieg der herzog ellenthaft,*

daz wolte ich und mîn ritterschaft
verdienen iemer wider in'. (V. 764–767)[102]

Auch in der unmittelbar anschließenden Rede zeigt sich der Sachsenherzog als überlegen, indem er die vom König vorgeschlagene alternative Konfliktlösung zurückzuweisen:

'nein!' sprach der ⟨fürste⟩, 'ich hân den sin
daz ich ê sterben wolte,
ê sunder kamph hie solte
diz dinc verslihtet werden.
[...]'. (V. 768–771)[103]

Demgegenüber akzeptieren der König und die Herzogin die vom Sachsenherzog genannte Entscheidungsform ohne Einwand, obwohl diese für die beiden Frauen unvorteilhaft ist.[104] Weidenkopf sieht darin die „den Sachsen eingeräumten Sonderrechte, durch Bereitschaft zu physischer oder magischer Gewalt (Kampf bzw. Eid) jede Anerkennung ersetzen zu können".[105] Brandt stellt an dieser Stelle die „Disfunktionalität"[106] des Rechtes „trotz der Mitwirkung Karls" fest, da „nur das Auftreten eines gottgesandten Helfers der gerechten Sache zum Sieg verhilft".[107]

Es ist eine besondere Pointe von Konrads Text, dass der Partei der Herzogin und ihrer Tochter im Zweikampf zwischen dem Schwanritter und dem Sachsenherzog durch die Überlegenheit des Ersteren und mit Gottes Hilfe Recht verschafft wird. Diese Partei, die ihr Recht aufgrund schriftlicher Beweisstücke behauptet, gewinnt nicht durch Beweis- und Urteilsverfahren, sondern durch die agonale Konfrontation zweier adliger Körper mit der endgültigen Auslöschung eines von beiden. Das Recht wird archaisch an die physische Gewalt gebunden. Damit wird inszeniert, „wie sich das neue Recht und das neue Rechtsparadigma mit den Mitteln des alten – und mit Hilfe

---

102 Dieser Vorschlag Karls wird von Westphal-Wihl 2008, S. 172 als „Genugtuung"/„Unterwerfung" interpretiert.
103 Die Handschrift liest V. 768: *Nein sprach er ich han den sin* (Kürzel aufgelöst; Bl. 5va).
104 Der Zweikampf ist angesichts seiner körperlichen Stärke (V. 730–739) offensichtlich die für den Sachsenherzog vorteilhafte Entscheidungsform. Sein Bedenken gegenüber den Urkunden (V. 710–715) spielt bei dieser Erwägung wohl auch eine Rolle. Schnell beobachtet in der Zurückweisung des fürstlichen Urteils als Entscheidungsform und Bevorzugung des Zweikampfes durch den Sachsenherzog ein Paradox: „[...] äußert der Sachsenherzog die wohl begründete Vermutung, in dem von Karl vorgeschlagenen späteren Gerichtsverfahren gegen die Urkunden und Zeugen, die die Herzoginwitwe beibringen wird, nichts ausrichten zu können. Offensichtlich wäre seine Zweikampfforderung dann nicht mehr zugelassen worden. Dadurch ergibt sich aber juristisch gesehen ein Widerspruch: ein Zweikampf, der in einem späteren Gerichtsverfahren wohl unterblieben wäre, darf nun, da er vom Erzählzusammenhang her gefordert ist, stattfinden." (Schnell 1983, S. 60)
105 Weidenkopf 1979, S. 320, Anm. 71; ähnlich Schröder 1867, S. 148.
106 Brandt 1987, S. 104.
107 Ebd., S. 103.

göttlichen Beistands – durchsetzen".[108] Weitere Aspekte des Zweikampfes bei Konrad werden im Kapitel zum Zweikampf im Vergleich mit anderen Texten behandelt.[109]

IV.6 Wunder

Die Ankunft des Schwanritters und seine Hilfestellung für das Haus Brabant werden über die Kategorie des Wunders gefasst. Der Begriff *wunder* im Sinne des „religiös begründeten Wunderbaren"[110] wird in der Narration und – häufiger – im Erzählerkommentar aufgegriffen. Die Erzählerstimme tritt insbesondere an denjenigen Stellen in den Vordergrund, an denen es um Gottes Wunderwirken geht. Dies betrifft neben dem Zweikampf auch die Szene mit der Ankunft des Schwanritters, in der er aufgrund seiner imponierenden visuellen Evidenz *ze wunder an gesehen* (V. 397) wird, und die Bewertung des Erzählten gegen Ende des Textes.

IV.6.1 Wunder *schouwen unde spehen* (V. 287) – bei der Ankunft

Die unerwartete Ankunft des Schwanritters wird zunächst durch den Erzähler (V. 245–283; 39 Verse), dann noch einmal durch den König (V. 287–324; 38 Verse) berichtet. Dabei wird das Wahrnehmen der Erscheinung des Schwanritters auf dem Meer zweistufig gegliedert: Zunächst sieht nur der König das Geschehen, er lädt dann die Anwesenden ein, das Wundersame mit ihm gemeinsam näher anzuschauen. Bereits im *Chevalier au Cygne* wird die Ankunft des Schwanritters zweimal erwähnt: „In this series of laisses the Swan Knight's arrival at Nijmegen is related twice. In the third laisse he has his horn, in the fifth he does not."[111] Auch in dem altfranzösischen Text wird die Ankunft des Schwanritters zunächst von dem König, dort Otto, wahrgenommen: „It is dawn and Otto is seated at a window. From it he observes the approach of a boat drawn by a swan."[112] Dieses Detail übernimmt Konrad ganz unverändert (V. 245–249). Der Bericht vom Erzähler ist bei Konrad durch den König fokalisiert, was durch die Rahmung dieser Passage mit der Wahrnehmung des Königs signalisiert wird – sie beginnt mit *Der künec blicte nebensich* (V. 245) und endet mit *Und dô der hôchgeprîste / künec Karle daz ersach,* (V. 284 f.). Beide Berichte haben bei Konrad ungefähr die gleiche Länge und stellenweise wörtliche Übereinstimmungen, sodass eine Situation dargestellt wird, in der der König das soeben Wahrgenommene weitervermittelt und als Gottes Sendung deutet. Die Bedeutsamkeit und Deutungsbe-

---

108 Strohschneider 1997b, S. 148.
109 Vgl. Kap. XII.
110 Brandt 1987, S. 103.
111 Nelson 1985, S. xxvii. Aus dem Detail des Horns kann angenommen werden, dass die dritte Laisse eine spätere Interpolation ist, nachdem die *Beatrix*-Version der *Naissance* bereits gedichtet worden ist.
112 Ebd.

dürftigkeit (*swaz ouch sîn kunft bediute*, V. 310) des Geschehens werden durch das Einschalten des Königs als Mittler zwischen Gottes Wunderwirken und den Wunder empfangenden Menschen unterstrichen.

Zudem kommentieren sowohl der Erzähler als auch der König das Geschehen mit Topoi des Einzigartigen und Einmaligen. Der Erzähler spricht die Rezipienten an – *Ich sage iu von im wunder, / welt ir mit willen sîn gelosen* (V. 266 f.) – und lobt die Leistung des Schwans:

> *in fuorte als eben dirre swan*
> *daz nie kein marner ûf dem mer*
> *ein schif geleite sunder wer*
> *sô wol als in der albez tete,* (V. 278–281)

Der König beginnt seine Ansprache an den versammelten Hof mit einer Superlativ-Formel:

> '*wil ieman schouwen unde spehen*
> *daz grœste unbilde daz gesehen*
> *ie wart ze keinem mâle,*
> *der kêre sunder twâle*
> *mit mir <al>zuo des meres stade.*
> *[...]*'. (V. 287–291)

Ähnlich wie mit diesem doppelten Erzählen erwähnt der Erzähler gegen Ende seiner Geschichte abermals Gottes Beistand für Herzog Gottfried, was bereits durch Gottfrieds Tochter während des Gerichtsverfahrens erzählt wurde.[113]

IV.6.2 *daz spalier schirmet in* (V. 1186) – im Zweikampf

Der Sieg des Schwanritters im gerichtlichen Zweikampf wird als eine von Gott veranlasste Entscheidung dargestellt. Dies erkennt man nicht nur an dem Ausgang des Zweikampfs und den Berufungen auf Gott (V. 892 f. u. ö.), sondern auch an Einzelheiten, beispielsweise an der Schutzfunktion des *spalier* (V. 258, V. 1186), das erwähnt wird, immer wenn das Schicksal des Schwanritters von höheren Mächten beeinflusst wird. Konrad übernimmt eine Einzelheit aus dem *Chevalier au Cygne*, die das Äußere des Schwanritters betrifft: Er ist bei seinem Abschied von Brabant genauso gekleidet wie bei seiner Ankunft.[114] Auf den Meereswogen, wenn sein Schicksal in den Händen höherer Mächte liegt, trägt der Schwanritter keine Rüstung, sondern nur das Untergewand, dem der Erzähler besondere Aufmerksamkeit widmet. Bei seiner Ankunft heißt es:

---

113 Vgl. Kap. IV.4.4.
114 Vgl. Nelson 1985, Laisse 137, V. 4386–4391.

> *ein ritter in dem schiffe slief:*
> *der hæte sich darîn geleit,*
> *darüber ein spalier was gespreit*
> *daz liehten schîn den ougen bar,*
> *von palmâtsîden rôsenvar,*
> *in dem diu sunne spilte.* (V. 256–261)

Das Untergewand ist aus feinem, weichem Seidenstoff, rosenfarben, widerspiegelt den Sonnenglanz im hellen Schein. Bei seinem Abschied wird berichtet, dass er eigens das prächtige Gewand, das ihn als Herrscher Brabants auszeichnet, ablegt und sich das Untergewand anzieht, bevor er in das Boot steigt, das ihm der Schwan hergebracht hat (V. 1558–1561). Dies scheint ein Zeichen dafür zu sein, dass der Schwanritter sich von seinen irdischen Pflichten trennt und in Gottes Obhut begibt. Ebendieses *spalier* aus Seide schützt auch das Leben des Schwanritters vor einem heftigen Schwertschlag des Sachsenherzogs, der seinen Schild und seine Rüstung ganz durchdringt:

> *den swanen blanc <reht> als ein harm,*
> *der ûf dem swarzen schilte lac,*
> *den spielt enzwei der selbe slac,*
> *daz er vil wîten schranz enphienc.*
> *daz ort des swertes im dô gienc*
> *durch allez sîn gewæfen hin.*
> *wan daz daz spalier schirmet in,*
> *daz vil guot palmâtsîde was,*
> *sô müeste er anders ûf daz gras*
> *gestrûchet <sîn> tôt unde wunt.* (V. 1180–1189)

Diese Detailbeschreibung liefert ein anschauliches Indiz dafür, dass tatsächlich die Kraft einer höheren Instanz während des Zweikampfes am Werk ist, nämlich dieselbe Kraft, die den Ritter auf der Meerfahrt beschützt und dem Schwan den Weg weist.

IV.6.3 *biten unde manen* (V. 1630) – in der Beteuerung der Erzählers

Am Ende des Textes beteuert der Erzähler nicht nur die Wahrheit der Geschichte (*Man sol für eine wârheit / diz mære wizzen und verstân*; V. 1612f.), sondern begründet auch, warum dieses Wunder gerade in Brabant möglich ist. Dabei wird die unerwartete Hilfeleistung des Schwanritters mit Gottes Hilfe für Gottfried im Heiligen Land verglichen und beides *wunder* (V. 1620) genannt.[115] Gottes Gnade ruht, so der Erzähler, durch die Genealogie verlängert auf dem Haus Brabant (V. 1614–1621). Mit dieser Erläuterung des Wunders bittet der Erzähler seine Rezipienten, dem Unbegreiflichen Glauben zu schenken:

---

[115] Vgl. dazu Brandt 1987, S. 103, der auf den legendarischen Charakter der Erzählung aufmerksam macht.

> *ich wil hie biten unde manen*
> *alt unde junc besunder,*
> *daz si diz fremde wunder*
> *niht haben gar für eine lüge,*
> *und si gelouben daz got müge*
> *erzeigen grôz unbilde.* (V. 1630–1635)

Die Ambivalenz dieser Bitte liegt auf der Hand: einerseits beteuert sie abermals die Wahrheit des Erzählten, die in die Rezeptionshaltung eingehen soll; andererseits legt die Notwendigkeit einer solchen Bitte offen, dass Wunder im Mittelalter der Vorstellung nach zwar durchaus möglich sind, in der Praxis doch als Irreales wahrgenommen werden können[116] – insbesondere dann, wenn der Erzähler selbst den Verdacht einer *lüge* thematisiert. Die Präsenz der Erzählerstimme hebt das Außergewöhnliche – trotz ihrer Aufgabe, es glaubwürdig erscheinen zu lassen – als solches noch einmal vor.

IV.7 Fragment des Mythos

Die Erzählung Konrads ist der einzige Text in meinem Untersuchungscorpus, in dem die deszendente Genealogie des Schwanritters bis an die geschichtliche Zeit der Schreibsituation herangeführt wird. Es kommt bei Konrad auf den dynastischen Aspekt und die Gegenwart des Erzählers an. Die begründende Funktion der Erzählung zeigt sich darin, dass sie die gegenwärtigen Geschlechter am Niederrhein und deren Verwandten – *grôze herren* (V. 1598), *fürsten ûzerkorn* (V. 1600) und *hêrlicher neven* (V. 1603)[117] – auf den Eingriff des Schwanritters als eine Zäsur in der Genealogie des Hauses Brabant zurückführt. Dabei wird die Kontinuität in der Geblütslinie – *ûz ir sâmen* (V. 1602) – eigens hervorgehoben.[118] Hier korreliert der mythische Inhalt mit der mythischen Funktion, nämlich der „Deutung der gegenwärtigen Welt im Blick auf legitimierende Gründungsakte, welche durch die Vermittlung der gewöhnlichen menschlichen Seinssphäre mit einer kategorial anderen gesetzt werden".[119] Gleichwohl ist der Mythos im Text nur noch fragmentarisch greifbar, denn trotz der allgegenwärtigen begründenden Funktion werden mythische Inhalte entweder nur angedeutet oder gänzlich ausgeblendet. Eine kategorial andere Seinssphäre als die menschliche, die mit dieser beim Gründungsakt eine Allianz eingeht, ist auf der Erzähloberfläche nur noch als Spur vorhanden – die Kontiguität zwischen dem Schwan und dem Ritter, die anthropoiden Eigenschaften des Schwans sowie der mit den Mahrtenehe-Geschichten übereinstimmende Handlungsverlauf deuten zwar auf eine

---

116 Vgl. ebd.
117 Die Handschrift liest an dieser Stelle *herliche nefen* (Kürzel aufgelöst; Bl. 10rb), diese Lesart ist wohl die grammatisch korrekte. Die Konjektur Schröders ergibt keine semantische Verbesserung.
118 Im Rahmen der mittelalterlichen Humoreslehre wird der Same als „Schaum, der in der Hitze des Zeugungsaktes aus dem Blut entsteht" (Kellner 2004b, S. 105), verstanden.
119 Schulz 2004, S. 260.

Abkunft des Schwanritters aus einer überirdischen Sphäre hin, doch gerade eine solche Sphäre wird auf der Erzähloberfläche mit einer geschickten räumlichen Perspektivierung ausgespart. Eine Verwandtschaft oder Wesensidentität des Schwans mit dem Ritter werden weder narrativ entfaltet noch ausgeschlossen. Die Affinität des Schwans zum Ritter und der ihm zugeschriebene menschenähnliche Verstand lassen mehr Raum für Assoziationen zu als in den Texten, die den Status des Schwans vereindeutigen, beispielsweise in der *Naissance* oder im *Lohengrin*. Die Natur der beiden Gefährten bleibt bis zum Ende der Erzählung verborgen, was auf die radikale textuelle Umsetzung des Tabus zurückzuführen ist. Das mythische Motiv des Frageverbots konstituiert bei Konrad die Textstruktur; es beeinflusst, was erzählt und nicht erzählt wird. Dadurch wird der Mythos fragmentiert.

V Albrecht, *Jüngerer Titurel*

V.1 Überlieferung und Verfasserschaft

Der *Jüngere Titurel* Albrechts ist – nach der Aussage in der zweiten sogenannten Hinweisstrophe (Wolf 1172 A)[1] – etwa fünfzig Jahre nach der Entstehung der beiden *Titurel*-Fragmente Wolframs von Eschenbach unter Einflechtung derselben entstanden.[2] Die Forschung datiert das Werk in den Zeitraum von 1260 bis 1272/73.[3] Es umfasst über 6.300 Strophen,[4] die formal gesehen eine Weiterentwicklung der Strophenform aus den *Titurel*-Fragmenten Wolframs darstellen.[5] Darin erzählt Albrecht ausführlich im Blick auf die Geschichte des Grals, das Gralsgeschlecht sowie das Paar Sigune–Tschionatulander, was Wolfram im *Parzival* nicht oder nur am Rande erwähnt, und flicht die verschiedenen Handlungsstränge zu einem „alle Weltalter und Welträume umfassenden Mammutepos"[6]. Das Werk ist fast durchgehend in der Fiktion einer Wolfram-Verfasserschaft gedichtet (Abweichungen davon werden unten besprochen), was zur Folge hat, dass es bis ins neunzehnte Jahrhundert für ein Werk Wolframs von Eschenbach gehalten wurde, bevor August Wilhelm Schlegel und Karl Lachmann Einwände dagegen erhoben.[7] Dem unmittelbaren Publikum Albrechts am Meißnisch-Thüringischen Hof dürfte das Pseudonym als inszeniertes Spiel bewusst gewesen sein.[8] Unklar bleibt, ob es zum Auftrag gehörte. Die zunächst von Sulpiz Boisserée plädierte Identität zwischen dem Dichter des *Jüngeren Titurel* und Albrecht von Scharfenberg,[9] dessen Werke Ulrich Füetrer im *Buch der Abenteuer* als Quellen und Vorbild erwähnt,[10] wurde lange Zeit rege diskutiert[11] und gilt inzwischen als verwor-

---

1 Strophenangabe aus dem Editionsband Wolf 1955.
2 Zur Geschichte der älteren Forschung siehe ebd., S. IX–XLIV; Röll 1964, S. 67–76; Ragotzky 1971, S. 93–97; Huschenbett 1984a. Neuere Forschung bei Neukirchen 2004 und ders. 2008, S. 78; Diskussion der einschlägigen Monographien bei ders. 2006, S. 12–35. Ferner ist auf das Heft Wolfram-Studien 8 (1984) und den Sammelband Baisch u. a. 2010 hinzuweisen, die jeweils neun bzw. dreizehn Beiträge zu verschiedenen Aspekten des *Jüngeren Titurel* enthalten.
3 Vgl. Neukirchen 2008, S. 76.
4 Der Strophenbestand variiert je nach Handschrift.
5 Zur Titurelstrophe bei Wolfram siehe u. a. Stutz 1989. Zur Bauform und Melodie der Titurelstrophe bei Albrecht siehe u. a. Mertens 1970; ders. 1998, S. 286 f.; Brunner 2008b, S. 203, 207–210.
6 Zimmermann 2009, S. 552.
7 Vgl. Wolf 1955, S. XII.
8 Vgl. Ragotzky 1971, S. 137–149, die davon ausgeht, dass Albrecht generell voraussetze, dass das Publikum das Spiel zwischen Verfasserschaftsfiktion und realer Autorschaft auskosten kann.
9 Vgl. Boisserée 1835, S. 317 f. Ein Epiker Albrecht von Scharfenberg ist weder urkundlich noch durch erhaltene Werke bezeugt. Vgl. Kiening 2008, S. 83.
10 Näheres dazu siehe Kap. VIII.3.
11 Vgl. u. a. Spiller 1883; Hamburger 1889; die Thesen der beiden überprüfend und die Identität bejahend Wolf 1952/1953. Siehe noch die Diskussion bei Huschenbett 1978a mit der unentschiedenen Schlussfolgerung: „Die Frage dürfte, von Fuetrer her gesehen, mit Nyholms Resultat [gemeint ist Ny-

fen: „Zwar weisen Stoff, benutzte Quellen u. wahrscheinl. Abfassungszeit (zweite Hälfte des 13. Jh.) auf Berührungspunkte zwischen den beiden Albrechten hin, doch ohne neu hinzutretendes Material sollte wohl von zwei verschiedenen Autorpersönlichkeiten ausgegangen werden."[12]

Bisher sind 60 Textzeugen des *Jüngeren Titurel* bekannt,[13] darunter zwölf mehr oder weniger vollständige: die Handschriften ABCDE (Gruppe I), H und WXYZ (Gruppe II), zu der sich in der Regel die jüngere Handschrift K stellt, sowie der Druck J.[14] Der Name Albrecht wird nur in einem Teil der Textzeugen genannt: in den Handschriften ABCE in einem einzigen Vers etwa 360 Strophen vor dem Schluss des Werkes,[15] im Druck J an einer anderen Stelle als in den vier Handschriften sowie in dem *Verfasserfragment* genannten Werk Albrechts,[16] einem unikal überlieferten und nur auf der oberen Hälfte eines Pergamentblattes[17] erhaltenen „Widmungsgedicht für einen erhofften Mäzen"[18]. Die Namensnennung Albrechts ist kein konsequenter Widerruf der fingierten Wolfram-Verfasserschaft.[19] Auch die eine (Gruppe I) bzw. zwei (Gruppe II) sogenannten Hinweisstrophen, die auf die einverleibten Fragmente Wolframs aufmerksam machen sollen, sind nicht in allen Handschriften überliefert. Zudem haben die Hinweisstrophen in den Handschriftengruppen I und II nicht den gleichen Wortlaut, sodass sie ebenfalls nicht als Indiz für einen konsequenten Widerruf der Verfasserschaftsfiktion taugen.[20]

Die Namensnennung Albrechts im *Jüngeren Titurel* hängt mutmaßlich mit seiner Selbstdarstellung und -rechtfertigung im *Verfasserfragment* zusammen.[21] In der Forschung wurde dieser potentielle Mäzen mit Ludwig II., dem Strengen, von Bayern identifiziert. Die erhoffte neue Gönnerschaft ist mit hoher Wahrscheinlichkeit nicht

---

holm 1967; M. Y.] zu einem vorläufigen Abschluß gekommen sein: Aus Fuetrers Texten läßt sich weder beweisen, daß Fuetrer A.v.S. mit dem im 'JT' sich selbst anzeigenden Albrecht identifiziert hat, noch läßt sich beweisen, daß die beiden Albrechte identisch oder nicht identisch sind [...] Andererseits läßt sich nicht ausschließen, daß die beiden Albrechte identisch sind, da sie gleiche Stoffe behandelt, teilweise die gleichen Quellen benutzt haben und ihre Werke zeitlich miteinander verbunden werden können" (Sp. 206).
12 Kiening 2008, S. 83. Vgl. auch Mertens 1998, S. 263; Neukirchen 2008, S. 75.
13 Vgl. Nyholm 1992, S. XX.
14 Eine umfassende textkritische Untersuchung gilt als dringendes Forschungsdesiderat, vgl. Neukirchen 2008, S. 76.
15 Die Stelle wird in Kap. V.3.1 besprochen.
16 Vgl. ebd.; hinsichtlich dieser Frage bedarf Hs. K, von der weder ein Digitalisat noch eine vollständige Abbildung vorliegen, noch genauerer Untersuchung.
17 Heidelberg, Universitätsbibl., Heid. Hs. 1332.
18 Schröder 1993, S. 5. Zum *Verfasserfragment* siehe ebd., S. 29–35, 41–42; Petzet 1904.
19 Vgl. Schröder 1993, S. 42; Nyholm 1984, S. 125.
20 Zur Überlieferung der sog. Hinweis-Strophen siehe Wolf 1948/1950; Schröder 1993, S. 10–12. Vgl. ebd., S. 8f.: „Eine entschiedene Distanzierung des Dichters von der Täuschung wird im JT selbst nicht erkennbar, und es war offensichtlich in seinem Sinne, daß sie auf weitere Sicht gelang."
21 Zu Text und Interpretation des *Verfasserfragments* vgl. Lorenz 2002, S. 65–107.

zustande gekommen.²² Die Aussagen im *Verfasserfragment* gewähren einen Einblick in das Verhältnis Albrechts zu Wolframs Werk.²³ In diesem ebenfalls in der Strophenform des *Jüngeren Titurel* geschriebenen Text bedauert Albrecht, dass Wolfram nicht so lange gelebt habe, bis er den *Titurel* vollenden konnte:²⁴ *[...] owe daz er niht lebende / waz, vntz er werdeclichen wer der aventiure ein ende gebende!* (*VF* 1,3 f.) Am Beispiel der Baugeschichte des Markusdoms in Venedig (*VF* Str. 2–3) erläutert Albrecht die Notwendigkeit und Vorbildhaftigkeit der Vollendung eines massiven Werkes, auch wenn sie mehrere Generationen von *meister[n]* (*VF* 3,1b) in Anspruch nehme. Dabei sei es lobenswert, dass die jüngeren Baumeister das Werk im Sinne der älteren zu Ende bringen (*ir wage mez gaben si exempel*, *VF* 3,2b).²⁵ Die Notwendigkeit der Vollendung wird dann in einer rhetorischen Frage auf Wolframs hinterlassene Fragmente bezogen: *Sol des div werlt engelten vnd kvnst sin verdorben, / daz der von Plienvelden, her Wolfram, nv lang lit erstorben?* (*VF* 4,1 f.) Demnach verfolgt Albrecht das Ziel einer Fortsetzung und Fertigstellung der im *Titurel* begonnenen und angedeuteten Geschichte, wie es Wolfram getan hätte, nach dem *exempel* Wolframs. Dass Wolfram die Geschichte, von der Albrechts Werk handelt, erfunden und begonnen hat, bestreitet dieser nicht: *Durch daz bin ich im iehende von erste hin der mere, / si sin von im geschehende, [...]* (*VF* 6,1–2a). Wie authentisch die Geschichte im Sinne Wolframs fortgesetzt wird und wie nahtlos seine Fragmente in den *Jüngeren Titurel* eingeflochten worden sind,²⁶ behauptet Albrecht mit einer Metapher des Verhältnisses des Teils zum Ganzen: Er vergleicht die *Titurel*-Fragmente mit der Wange der allerschönsten Frau – wer ein männliches Herz hat und nichts mehr als die eine Wange zu sehen bekäme, der würde betrübt sein.²⁷ (*VF* Str. 16) Albrechts Leistung liegt demnach

---

22 Vgl. u. a. Huschenbett 1978b, Sp. 160 f.
23 Das Verhältnis Albrechts zu Wolframs Werk ist in der Forschung kontrovers diskutiert worden: Die Einschätzungen reichen vom rechtfertigungsbedürftigen Plagiatsverdacht (vgl. Wolf 1952/1953, S. 311 f.) über „authentische[...] Wiedergabe" und „intentionsgetreu[e]" Aktualisierung (Ragotzky 1971, S. 144) bis hin zur kritischen Fortsetzung des *Parzival* und Auseinandersetzung mit dessen erzählerischer und ethischer Mangelhaftigkeit (Neukirchen 2006), um nur einige repräsentative Positionen zu nennen. Einen Überblick der Forschung zum Verhältnis Albrecht – Wolfram bietet Lorenz 2002, S. 53–64. Zur Frage der Fortsetzung und Vollendung sowie zur literaturgeschichtlichen Stellung Albrechts vgl. auch Huschenbett 1984b.
24 Laut dem Inhalt dieser Strophe klagt Albrecht hier über die Unvollendetheit des *Titurel*, da er ausdrücklich die Namen der Protagonisten dieses Werkes nennt: ‹*Her Wolfram, der durch prisen di mær alsus› enborte / Titurel dem wisen, di Tschionatvlander angehorte / vnd Sigvne, [...]* (*VF* 1,1–3. Zitiert wird das *Verfasserfragment* nach Schröder 1993, S. 29–33, der die Ergänzungen aus der Ausgabe Wolfs in spitze Klammern einschließt). Allerdings ist Albrechts Werk nicht nur eine Vollendung des *Titurel*, eines Seitenwerks zum *Parzival*, sondern auch des *Parzival* selbst (vgl. dazu u. a. Lorenz 2002, S. 35–52, 148–151 und S. 349–358), insbesondere was den Inhalt ab der Lohrangrin-Episode (Lohrangrins zweite Ehe und die Überführung des Grals in den Orient) betrifft.
25 Anders Ragotzky 1971, S. 145: „Neustrukturierung des Vorgegebenen".
26 Die beiden Fragmente Wolframs werden bei Albrecht inhaltlich und formal verändert und mit seinen eigenen Strophen vermischt. Vgl. Schröder 1993, S. 8.
27 Neukirchen 2006, S. 309–330 bezieht die Metapher auch auf den *Parzival*.

darin, diese allerschönste Frau wieder in ihrer ganzen Vollkommenheit sichtbar gemacht zu haben: *Dise auentivr gelichen   sol man der werden frowen. | gar vil der tugende richen   ‹let si vns ein› vberwunne ‹schowen›.* (*VF* 17,1f.) Mit dieser Metapher und weiteren Äußerungen hebt Albrecht Wolfram auf eine unerreichbare Höhe der Dichtkunst und des Ruhms, und verteidigt sich gegen mögliche und/oder existierende Vorwürfe der Anmaßung[28] und des Bruchs mit der Tradition der Wolframschen Autorität (*VF* 4,3–5,4; Str. 13 und 15). Auch zitiert Albrecht, wie der bairische *Lohengrin*, die Lobrede Wirnts von Grafenberg: *Ez wart nie baz gesprochen   von deheines leien mvnde* (*VF* 15,1). Zugleich stellt er seinen eigenen Anteil am gesamten *Jüngeren Titurel* klar heraus. Sein Name fällt im *Verfasserfragment* beide Male in Verbindung mit einem rechtfertigenden Duktus: *Ich Albreht niemen swache,   daz ist mir immer wilde.* (*VF* 13,1); *daz lob im niht zebrochen   wirt von mir Albrehte ze keiner stvnde.* (*VF* 15,2) Eine mögliche Begründung für die ‚Wolfram-Maske' liegt in dem unerreichbaren Ruhm Wolframs: Albrecht macht den Eindruck, dass er sich als jemand fühlt, der Wolfram in der Dichtkunst ebenbürtig ist, dem aber nicht der gleiche Respekt und das gleiche Lob wie Wolfram zuteilwerden:[29] *Und wer aber iemen lebende   so chlvg an richer witze, | dem wer doch niemen gebende   daz zehende lop.* [...] (*VF* 5,1f.) Ferner dürfte die Pflege der Wolframschen Tradition im Interesse des literarischen Kreises am Meißnisch-Thüringischen Hof gewesen sein.

V.2 Zur Lohrangrin-Episode

Sowohl der ganze *Jüngere Titurel* im Großen[30] als auch die Lohrangrin-Episode (Str. 5997–6045) im Kleinen, die 35 Strophen nach Albrechts Namensnennung einsetzt, sind als Wolfram-Fortsetzung zu betrachten. Die Lohrangrin-Episode im *Jüngeren Titurel* setzt die erste Ehe des Gralsritters bei Wolfram voraus und erzählt aus-

---

28 Ob es zu Lebzeiten Albrechts einen Plagiatsvorwurf gab, ist unklar (vgl. dafür Schröder 1993, S. 29 und Huschenbett 1978b, Sp. 159; Skepsis gegenüber der Plagiatsthese Wolfs bei Ragotzky 1971, S. 144, Anm. 86). Dass unvollendete bzw. als unvollendet wahrgenommene Werke der Klassiker fortgesetzt wurden, war im Spätmittelalter nichts Unübliches – man denke an die Fortsetzungen zu Wolframs *Willehalm* und zu Gottfrieds *Tristan* (zu den ‚nachklassischen' Epenfortsetzungen vgl. Lorenz 2002, S. 23–35). Der Plagiatsvorwurf ist ein zentraler Punkt der beginnenden modernen Forschung zum *Jüngeren Titurel* seit Karl Lachmann (vgl. Lachmann 1876, S. 353f.; Neukirchen 2008, S. 77). Ragotzky nennt einen vergleichbaren Fall mit dem Pseudonym ‚Wolfram' im *Jüngeren Titurel*, den *Göttweiger Trojanerkrieg*, an dem kein solches Problem beobachtet worden ist. Huschenbetts Vermutung, „daß das Pseudonym Teil des Auftrags an Albrecht war (weswegen den moralischen Verdächtigungen Albrechts Vorsicht entgegenzubringen wäre)" (1984b, S. 167), liegt nahe. Es wäre zu überdenken, ob der vermeintliche zeitgenössische Plagiatsvorwurf ein Konstrukt der modernen Forschung ist.
29 Vgl. Schröder 1993, S. 33.
30 Eine Gliederung und Beschreibung der Handlung bieten Huschenbett 1978b, Sp. 163–166 und Mertens 1998, S. 265–279.

schließlich von seiner zweiten Ehe.³¹ Die Episode, für die bisher keine direkte Quelle bekannt ist,³² lässt sich in vier Erzählpassagen und drei Exkurse einteilen:

Lohrangrin wird als Herrscher in das Fürstentum Liasperie gesandt, das die Jungfrau Pelaie, das erstgeborene Kind des verstorbenen Königs von Kornvale, geerbt hat. Sie hütet sich aus großer Liebe zu ihm vor einer gewissen Frage – hier wohl als die nach dem Gralsgesetz immer noch verbotene Frage nach der Identität und der Herkunft eines jeden Gralsgesandten aufzufassen – (*Pz* 818,28 f.), macht sich jedoch zugleich Sorgen, dass Lohrangrin wie seine Vorfahren unbeständig sein könnte. So leidet sie sehr unter der maßlosen Liebe zu ihm. (Str. 5997–6004) An dieser Stelle schaltet der Erzähler einen siebenstrophigen Exkurs ein, in dem die *triwe* einer Reihe von Frauenfiguren – Enite, Sigune, Kiburc, Belakane und Herzelaude – ihren Geliebten gegenüber thematisiert wird. Dabei werden Belakane und Herzelaude in direkte Verbindung mit Pelaie gebracht. (Str. 6005–6011) Anschließend werden die Symptome der Minnekrankheit Pelaies dargestellt: Sobald sie Lohrangrin aus den Augen verliert, spürt sie brennende Qual im Herzen und kann weder sprechen noch denken. Die Ursache davon ist keine Zauberei, sondern die Mischung der vier Elemente in ihr, die nicht durch die Medizin geheilt werden kann. (Str. 6012–6013) Im zweiten, kürzeren Exkurs geht es um die unterschiedlichen Wirkungen ebendieser Elemente auf den Menschen und ihre Bändigung durch die Züchtigkeit. (Str. 6014–6015)

Pelaie gibt Lohrangrin aus Liebe für die Jagd frei und leidet an seiner Abwesenheit. Darüber erzürnen ihre Verwandten. Eine Kammerfrau bringt den Rat vor, dass man Lohrangrin den linken Fuß abnimmt³³ und Pelaie ihn als Braten verspeist, wodurch ihre Symptome geheilt werden sollen. Pelaie weigert sich entschieden, doch kann die Kammerfrau die Verwandten überzeugen, den Plan auszuführen. Lohrangrin wird während einer Jagdpause im Schlummer angegriffen, tötet zwar viele der Angreifer, wird jedoch selbst schwer verwundet und stirbt daran. Pelaie stirbt unmittelbar nach ihm. In der Zwischenzeit ist auch die Herzogin von Brabant aus Sehnsucht nach Lohrangrin gestorben. Aufgrund ihres Leidens und Todes wird das Gralsgesetz revidiert. (Str. 6016–6035) Im darauffolgenden Exkurs deutet der Erzähler das *mal*, das Schlechte, in seinen unterschiedlichen Formen. (Str. 6036–6038) Die konkrete Revision des Gralsgesetzes besteht in der Aufhebung des Frageverbots. Dadurch wird auch in Liasperie Lohrangrins Identität bekannt, weshalb die Verwandten der Pelaie ihre Tat bereuen und büßen. Das Fürstentum wird nach Lohrangrin in *Lutringen* umbenannt, das Paar in einem eigens erbauten Kloster beigesetzt. Die Geschichte soll im Jahr fünfhundert nach Christi Geburt ge-

---

31 Eine ausführliche Inhaltsbeschreibung der Lohrangrin-Episode und der Abschlußreflexionen Albrechts nach der Parcifal-Handlung (Str. 5959–5996) bietet Huschenbett 2000, der zudem einzelne Passagen auf die Einflüsse literarischer Traditionen hin untersucht und eine neuhochdeutsche Übersetzung der Str. 5959–6045 beifügt (S. 320–331). Die Übersetzung wird in meiner Analyse herangezogen. Mehrere Stellen aus diesem Beitrag und der Übersetzung, die ausgebaut werden können oder einer Revision bedürfen, werden im Folgenden besprochen. Zu beachten ist, dass Huschenbett in seiner Ausführung den Begriff ‚Abschnitt' (S. 305 f. u. ö.) sowohl für die acht großen Einheiten des ganzen *Jüngeren Titurel* (Unterteilung siehe ders. 1978b, Sp. 163–166) verwendet, als auch für kleinere, diesen untergeordnete Einheiten. Eine knappe Interpretation der Episode bietet ferner Lorenz 2002, S. 329–331, mit überzeugendem Hinweis auf die Parallele zwischen Pelaie und Sigune (S. 331), allerdings unpräzise in der Feststellung, „Um ihren Mann dauerhaft an sich zu fesseln, geht schließlich sie auf den Rat einer Zofe ein" (S. 330). Zu den Schlusspartien des *Jüngeren Titurel* siehe ferner Schröder 1989, zur Lohrangrin-Episode S. 512–515; zu Translation des Grals und Priester Johan S. 515–521.
32 Vgl. Huschenbett 2000, S. 309; Krüger 1936, S. 73 f. Schröder 1989, S. 514 und 526 vermuten den Einfluss indischer Quellen.
33 Siehe die Diskussion zu dieser Stelle in Kap. V.5.

schehen sein. Es folgt ein Schauplatzwechsel auf die Gralsburg, auf der sich das Bedenken über die Dynastie erübrigt, da viele Nachkommen geboren worden sind.[34] (Str. 6039–6045)

V.3 Andeuten und Weitererzählen

V.3.1 Der verschwiegene Intertext

Albrechts Erzählung vom Schicksal Lohrangrins schließt sich zeitlich an die Schlusspassage von Wolframs *Parzival* an, indem er die erste Sendung des als Schwanritter bekannten Gralsgesandten lediglich alludiert und an der Stelle nach dessen Rückkehr aus Brabant auf die Gralsburg einsetzt (*Pz* 826,23 f.). Ähnlich wie bei der Einkehr Parcifals bei Trevrizent wird hier im *Jüngeren Titurel* der bekannte Intertext verschwiegen. Die Fortsetzung Albrechts stellt insofern – anders als beispielsweise der bairische *Lohengrin* – keine Ausfaltung eines bereits angelegten Erzählkerns dar, sondern eine Nachgeschichte bzw. Verlängerung des fiktionalen Lebens des bereits bekannten Protagonisten.[35] Diese Episode ist die einzige Erzählung von Lohengrin in der deutschsprachigen Werkreihe, in der der Schwan nicht vorkommt.

Der Handlungsstrang mit Parcifal als Protagonist endet mit Sigunes Tod, Anfortas' Heilung, Parzivals Berufung zum Gral, der Weltabsage der Fürsten (Ekunat, Klauditte, Kaylet, Richaude, Gurnomantz) und zahlreichen Klostergründungen. Kardiez, einer der Zwillingssöhne Parcifals, erbt die weltlichen Länder seines Vaters (5957,3 f.), während Lohrangrin – bei Albrecht nicht erzählt, doch bekannt aus Wolframs Roman (*Pz* 781,15–19) – mit zum Gral berufen worden ist. Die Erzählung von der arthurischen Welt ist bis dahin abgeschlossen, während von der Gralswelt noch zu berichten ist. An dieser Stelle fügt Albrecht einen Kommentar ein, der weitere Erzählperspektiven eröffnet und ihre Realisierung sogleich auf einen späteren Zeitpunkt verschiebt, wo er *uf ein ander stiure*, also mithilfe anderer Unterstützung, dichten wird:

> *Wie Parcifal nu lebende   was mit den templeisen*
> *und sinem sun was gebende,   Kardiez, diu lant, die er mit strites vreisen*
> *muste sit ab Lehelin erstriten,*

---

34 Lorenz 2002 übersieht wohl dieses Detail, wenn sie die These Bumkes zum *Parzival*-Schluss auf das Ende der Lohrangrin-Episode Albrechts überträgt: „Insofern der 'JT' mit dem Tod Lohrangrins das Problem der Herrschaftsfolge auf Muntsalvasche zuspitzt, kann man Albrecht mit BUMKE attestieren, Wolframsche Anregungen aufgegriffen zu haben, der am Schluß des 'Pz' die agnatische Erbfolge innerhalb der Titurelsippe neuerlich in Frage stelle. Nach der anderweitigen Abfindung des Kardeiz und dem Scheitern Loherangrins in Brabant dränge sich dort förmlich der Gedanke an den Priester Johannes als einzig übrigbleibenden männlichen Erben auf. [bezogen auf Bumke 1991, S. 256; M. Y.]" (S. 330) Schröder 1989, S. 515 schreibt die in Str. 6045 erwähnten Kinder aus unbekannten Gründen dem toten Paar zu.
35 Vgl. Lorenz 2002, S. 31. Ähnliche Fälle in der Literaturgeschichte sind der *Rennewart* Ulrichs von Türheim und die beiden *Tristan*-Fortsetzungen.

> *und wie Repanse deTschoie   lebte mit Feirefiz an allen siten.*
>
> *Das wil diu aventiure   ein teil nu furbaz mazen*
> *uf ein ander stiure.* [...] (5959,1–5960,2a)³⁶

Unmittelbar daran schließen sich Verse an, in denen der Erzähler die Hoffnung auf neue Gönnerschaft äußert und eine für diesen Fall geplante kurze Fortsetzung seiner Geschichte ankündigt, nämlich das traurige Schicksal Lohrangrins, das das mit Leid und Klage besetzte Buch kaum heiter machen wird:

> [...] *ob michs ein milter herr niht wolt erlazen,*
> *so wurd hie noch diu rede ein teil gesûzet,*
> *und von Lohrangrine,   des mere von grozer clag ditz bûch ungrûzet.* (5960,2b–4)³⁷

Der Grund für die Notwendigkeit einer *ander stiure* wird in der Folgestrophe 5961 genannt, die nur in den Handschriften ABCE überliefert ist, die alle der älteren Überlieferungsgruppe I angehören.³⁸ Hier legt der Erzähler die ‚Wolfram-Maske' ab und nennt seinen eigenen Namen *Albrecht*, wodurch er die Fiktion einer Wolfram-Verfasserschaft bricht, und berichtet von der abgebrochenen Förderung für sein Schaffen:

> *Die aventiure habende   bin ich, Albreht, vil gantze,*
> *von dem wal al drabende   bin ich, sit mir zebrach der helfe lantze*
> *an einem fursten, den ich wol kunde nennen :*
> *in allen richen verre,   in dûtschen landen moht man in erkennen.* (Str. 5961)

Albrecht benutzt hier die Metapher einer Flucht vom Kampfplatz aufgrund der gebrochenen Lanze. Die bisherige Forschung hat den hier thematisierten Gönnerverlust mit vorwiegender Übereinstimmung auf Heinrich III., den Erlauchten, von Meißen und seine Söhne Albrecht und Dietrich bezogen.³⁹ Diese äußeren Umstände führten dazu,

---

36 Die Schlusspassage des *Jüngeren Titurel* (Str. 5959–6327) wird nach Nyholm 1992 zitiert. Die Edition des *Jüngeren Titurel* von Wolf/Nyholm druckt die Titurelstrophe vierzeilig, während Thoelen/Bastert in ihrer Edition des *Buch der Abenteuer* (Teil I und II) und Voß in seiner Edition des strophischen *Lannzilet* (= *Buch der Abenteuer*, Teil III) dieselbe Strophenform siebenzeilig wiedergeben. Die Zitate in dieser Arbeit richten sich hierin nach den jeweiligen Editionen.
37 Dies ist der Wortlaut der Handschriftengruppe I. In der Hs. X (Berlin, Staatsbibl., Mgf 475), durch die die Gruppe II in der Edition Nyholms vertreten wird, lautet Str. 5960: *Daz wil die auentewre . alhie nv anders lazzen . ob mich der miete stewre . also ringe wil dartzu pesazzen . so wŭrd ein rede noch hie vil wol gelenget . vnd von Lohagrime . ist vil der auentewˢ mit speche mengenget.* (fol. 296ᵛᵇ) Zu den Editionsprinzipien der Ausgabe von Wolf/Nyholm siehe Wolf 1955, S. CIX–CXXXVII.
38 Dies nach dem jetzigen Forschungsstand – bezüglich der Hs. K ist die Überlieferung dieser Strophe unklar (vgl. Neukirchen 2008, S. 76).
39 Vgl. Huschenbett 1978b, Sp. 159f.; Mertens 1998, S. 263 und Huschenbett 2000, S. 317–319. Der Grund des Gönnerverlusts ist vermutlich in der Änderung der politischen Lage zu finden: „Vor allem aber die Tatsache, daß 1270 ein lang schwelender Familienzwist im Haus Meißen-Thüringen offen

dass die Kontinuität des Werks nicht ganz gewährleistet wurde, was an der Aufgabe der ‚Wolfram-Maske' zumindest in einem Teil der Handschriften zu beobachten ist. Inhaltlich nimmt der Erzähler nach Str. 5961 die Fäden aus dem Teil davor auf (5962– 5964) und stellt ein versöhnliches Ende in Aussicht (5966,1– 3).

Bevor Albrecht mit der Erzählung von Lohrangrin anfängt, fügt er weitere kommentierende und reflektierende Passagen ein und erwähnt die Unvollendetheit der Werke Wolframs von Eschenbach, die von den Literaturkundigen behauptet wird und ihn betrübt:

> Ez jehent die merke richen,   daz mich an vreuden pfendet:
> iz si wunderlichen   ein bůch geanevenget und daz ander gendet,
> Sant Wilhalmes anevanc si betoubet,
> und Parcifal zeletste,   nach ir beider werdicheit beroubet. (Str. 5989)

Nach der Meinung der *merke richen* sei Wolframs *Willehalm* auf eine wunderliche Weise begonnen und sein *Parzival* ebenso beendet worden, was beide Werke beinahe ihres Ansehens beraubt hätte. In der Fassung der Überlieferungsgruppe I ist – im Blick auf diese Strophe – nicht eindeutig zu erkennen, ob der Erzähler hier von den Werken eines anderen Autors oder von den eigenen spricht. Der Redaktor der Überlieferungsgruppe II hat den Wortlaut von V. 5989,2 wohl dem Umstand angepasst, dass in diesem Zweig Str. 5961 nicht vorhanden ist und somit die fingierte Wolfram-Verfasserschaft an dieser Stelle noch währt. Der Erzähler spricht also von seinen eigenen Werken. In der Handschrift X lautet der Vers: *ich hab nv endeleichen . ein puech geanevengt vnd daz and^s gendet* .[40] Anschließend kündigt Albrecht an, sein Werk vollenden zu wollen und bittet Gott um Beistand, dass keine Umstände ihn von diesem Vorhaben abbringen mögen. Dabei spricht er diejenigen, die die Vollendung des Buchs erstreben, mit dem Pronomen *uns* im Plural an, was vermuten lässt, dass er sein Publikum einbezieht, das möglicherweise am Dichten beteiligt war:[41]

> Daz uns an disem bůche   alsam iht hie gelinge,
> und daz dehein unrůche   unendelich von endicheit iht bringe,
> Altissimus, der geb uns rehten ende.
> umb daz vor allen dingen   sol kristenheit zu gote valden hende. (Str. 5990)

In der Folgestrophe spricht Albrecht von Parcifals Kindern und bedauert, dass es Wolfram – hier klar in der dritten Person – nicht gelungen sei, vollständig und aus-

---

ausbrach (Aufstand der Söhne gegen den Vater), fügt sich gut zu den zeitlichen Angaben über die Schlußpartien des 'JT' und macht das erlahmte Interesse an der Förderung des Riesenwerkes 'JT' begreiflich." (ders. 1978b, Sp. 160)

40 Berlin, Staatsbibl., Mgf 475, fol. 298rb.
41 Vgl. Huschenbett 2000, S. 309, 317– 319 und Nyholm 1984, S. 120 – 129.

führlich von ihnen zu erzählen,⁴² was Albrecht selbst eifrig tun will: *(vil endelich ich gerne von in spreche: / man giht, wie dem von Eschenbach an siner hohen kunst dar an gebreche)* (5991,3f.).⁴³ Die nach Albrechts Ansicht unvollendeten Erzählungen von Parzivals Kindern bilden einen der Hauptgründe⁴⁴ dafür, dass der Schluss des *Parzival* bemängelt wird (5989,4a).⁴⁵ Vor diesem Hintergrund ist Lohrangrins Geschichte nach seiner Rückkehr aus Brabant, die bei Wolfram in lakonischer Kürze erzählt wird, als Fortsetzung und Vollendung von Wolframs Werk aufzufassen.⁴⁶

Formal wird in der Handschrift A⁴⁷ mit Str. 5999 ein neuer Abschnitt gesetzt, der mit einer großen farbigen Initiale beginnt (im Zitat unten fett markiert). Inhaltlich fängt Lohrangrins Geschichte bereits zwei Strophen früher an:

Do sich diu kint nu meren   bi dem gral begunden,
Lohrangrin nu keren   sach man offenlichen zeinen stunden
gen dem furstentům Liasperie.
des landes wart er herre,   daz het ein magt uf gerbet, wandels vrie. (Str. 5997)

Die Geburt der Kinder Parcifals und Lohrangrins Sendung nach Liasperie werden unmittelbar nacheinander erwähnt. Die Jugend Lohrangrins und seine erste Sendung nach Brabant, die sich bei Wolfram finden, werden hier als bekannt vorausgesetzt. Das Epitheton *offenlichen* ist als Anklang an das Gralsgesetz zu verstehen, das bei Wolfram im IX. Buch Trevrizent in den Mund gelegt wird – *got schaft verholne dan die man, / offenlîch gît man meide dan.* (Pz 494,13f.) Was Albrecht genau mit *offenlichen* meint, ist nicht leicht zu begreifen. Wenn Lohrangrin nun nach Liasperie gesendet wird, wie man sonst Frauen vom Gral weggibt, nämlich in aller Öffentlichkeit ohne Inkognito, dann ist nicht zu erklären, vor welcher *vrage* (6001,1b) Pelaie sich hütet.⁴⁸ Der Zweck seiner Sendung, in einem von einer Jungfrau geerbten Land zu herrschen, entspricht der Gralsordnung bei Wolfram:

wirt iender hêrrenlôs ein lant,
erkennt si dâ die gotes hant,

---

42 Wolframs Roman benennt die Zwillingssöhne Parzivals, Kardeiz und Loherangrîn; bei Albrecht bekommt das Gralskönigspaar weitere Töchter und Söhne (Str. 5995f., Str. 6045). Die erstgeborene Tochter wird Gralsträgerin (Str. 5996).
43 Wieder bietet X hier einen anderen Wortlaut, der der ‚Wolfram-Maske' verpflichtet ist: *daz ich nicht edeleichen von im spreche . ir wirdichait die grozzē . vnd wie mir an der chunst so grepeche.* (fol. 298ʳᵇ) Falls mit *edeleichen* das Kriterium *endeleichen* gemeint ist, widersprechen sich diese Strophe und die vorige.
44 Ein weiterer wichtiger Grund des Mangels liegt nach Albrecht in Wolframs Behandlung der Gralsgeschichte. Dazu siehe Kap. V.4.2.
45 Zum offenen Schluss des *Parzival* siehe Kap. III.3.2.
46 Anders Ragotzky 1971, S. 144.
47 Wien, Österr. Nationalbibl., Cod. 2675, fol. 172ʳᵇ.
48 Die Widersprüche um das Frageverbot werden in Kap. V.3.3. besprochen.

> *sô daz diu diet eins hêrren gert*
> *vons grâles schar, die sint gewert.* (Pz 494,7–10)[49]

Im ersten Vers des formal neu markierten Abschnitts findet sich ein Verweis, der sowohl intra- als auch intertextuell zu verstehen ist:

> *Von Lohrangrine   habt ir hie vor gehôret.*
> *ein swert, ein vingerline   ein horn het sich mit im uz enpôret,*
> *do er zu Prabant herre wart genennet.*
> *durch niht wan eine vrage   wart er sit in Liasper bekennet*
>
> *Gewalticlich zeherren.* [...] (5999,1–6000,1a)

Die Formulierung *hie vor* (5999,1b) meint zunächst die zwei Strophen davor, die strukturell noch zum letzten Abschnitt – Ende und Ausblick der Parcifal-Handlung – gehören, in denen aber bereits von Lohrangrin die Rede ist. Der Inhalt der drei folgenden Verse deutet zudem darauf hin, dass sich *hie vor* auf das vorgängige Werk Wolframs bezieht. Denn dass Lohrangrin aufgrund einer verbotenen Frage Brabant verlassen muss und drei Gaben dort zum Andenken hinterlässt, wird bei Albrecht nicht erzählt; die Rezipienten wissen es jedoch aus dem verschwiegenen Intertext in Wolframs Roman (*Pz* 826,12–20). Die hier erwähnte Begründung, dass Lohrangrin aufgrund nur einer Frage zum Herren von Liasperie ernannt wird (5999,4a–6000,1a), enthält offenbar eine verkürzte Kausalität. Man hat es sich eher so vorzustellen, dass Lohrangrin aufgrund der Frage der Herzogin von Brabant auf die Gralsburg zurückkehren muss und später in das herrenlose Fürstentum Liasperie gesandt wird. Eine solche verkürzte Kausalität, bei der ein späteres, nicht unmittelbar anschließendes Ereignis durch eine Kausalpräposition oder -adverb an ein voriges verknüpft wird, tritt auch an einer späteren Stelle auf, als in einem Exkurs von Gamurets Abschied von Belakane und seinem Sieg im Turnier vor Kanvoleiz die Rede ist: *Diu was gepallizieret. durch daz entran der wise. / des wart er vil gezieret   vor Kanfoleis an ritterlichem prise.* (6007,1f.) Diese syntaktische Parallele in der Darstellung, wie beide Helden gleichsam Doppelgänger ihre erste Frau verlassen und ihre zweite Frau gewinnen, findet ihr psychologisches Pendant in der Besorgnis der Pelaie, die im Folgenden referiert wird.[50]

---

49 Zur Diskussion der Interpunktion von *Pz* 494,9f. siehe Kap. III.2.
50 Zu Parallelisierung und Präfiguration der Figuren, Doppelgängern und Spiegelsymmetrien im *Jüngeren Titurel* vgl. Wyss 1983, S. 109f.

V.3.2 Das ‚hintergangene' Frageverbot und Pelaies Minnekrankheit

Die Protagonistin der Episode, Lohrangrins zweite Gattin, trägt den Namen Pelaie, der dem griechischen Wort πέλεια, das ‚(wilde) Taube' bedeutet, nachgebildet ist.[51] Wenn das ein sprechender Name ist, dürfte er Pelaies Tugenden, insbesondere ihre Treue bezeichnen. Die Treue als Tugend kommt in den kommentierenden Passagen dieser Episode häufig vor. Zudem stellt die Bedeutung des Namens eine Verbindung der Pelaie zur Gralsgesellschaft her, deren Wahrzeichen die Taube ist. Nach einer kurzen Einführung der Figur und dem Lob ihrer Tugenden stellt der Erzähler eine Problemlage dar: Lohrangrin wird Pelaie so lieb, dass sie ihm zu jeder Zeit auflauert (6001,2). Grund für ihr Verhalten ist neben der Liebe auch ihre Sorge, die auf genealogischem Wissen beruht. Aus der Umgangsweise des Großvaters und des Vaters Lohrangrins mit Frauen schließt Pelaie auf die angeborene Unbeständigkeit ihres Gatten:

si want, er were von natur unstæte,
durch daz sin ene Gamuret   mit der môrin sus geworben hete,

Und von Herzelauden   der werde was gescheiden,
die sunder vreude gauden   dar umbe sit erstarp von herze leiden;
und wie do Kundwiramurs erbiten
mûste manger irre,   daz mûst Pelaie besorgen zallen ziten. (6001,3 – 6002,4)

Die Genealogie soll die *natur* bestimmen. Dadurch, dass Gamurets Umgangsweise mit Belakane und Herzelaude durch Pelaies Befürchtung mittelbar als *unstæte* charakterisiert wird, füllt Albrecht eine Wertungslücke, die Wolframs Roman hinterlässt, dessen Erzähler sich nicht kritisch zu Gahmurets Umgang mit Frauen äußert.[52] Herzelaudens sprechender Name wird gedeutet und entsprechend seiner Semantik eingesetzt (6002,2), das zum Tod führende *herze leiden* soll von Gamurets Scheiden verursacht worden sein. Albrecht schreibt hier die Schuld an Herzelaudens Tod Gamuret allein zu (*dar umbe*, 6002,2b); während Wolfram Herzeloydens Tod zumindest vordergründig auf Parzivals Schuld zurückführt, seine Mutter verlassen und beim Abschied im Stich gelassen zu haben.[53] Gamuret verließ Belakane und Herzelaude,

---

[51] Vgl. Huschenbett 2000, S. 306; Langenscheidt Taschenbuchwörterbuch Altgriechisch 1993, S. 340. Huschenbett 2000, S. 306, 314 verweist zudem auf die Pelagia-Legende in der *Legenda Aurea*.
[52] Trotz der fehlenden Wertung durch den Erzähler wird aus der Zussammenschau verschiedener Passagen – Narration (*Pz* 56,17–20), Brief (55,24–26) und Figurenrede (96,29–97,1) – klar, dass Gahmuret Belakane betrügt. Von Herzeloyde wird Gahmuret als äußerst treu bewertet (*Pz* 110,8 f.; 110,22); allerdings schreibt sie seiner *vrechiu ger* (*Pz* 109,23) den Grund für ihren ersten Verlust zu.
[53] Einige Strophen vor dem Abschluss des ganzen Werkes begründet Albrecht allerdings die Tatsache, dass Parcifal nicht länger als zehn Jahre unter dem Titel Priester Johan herrschen darf, mit dessen Schuld am Tod der Mutter: *si funden an dem grale,   daz Parcifal wol kuniges namen hæte / Und gewalt in sinen henden   zehen jar, niht mere.* (6321,4 – 6322,1); *Daz Parcifal niht stæte   die krone haben solte, / daz machten sunder græte,   daz sin mûter sterben fur in dolte. […] Herzelaud ein sterben   nam, do Parcifal verwarf ir lere.* (Str. 6323)

Parzival ließ während seiner Irrfahrten Kundwiramurs warten. Die drei Fallbeispiele, wie Lohrangrins Vorfahren mit ihren Ehefrauen umgegangen sind, lassen Pelaie befürchten, dass die unbeständige Natur in der Sippe begründet liegt und Lohrangrin diese Natur geerbt hat. Sie glaubt sogar, einen Beweis dafür in Lohrangrins eigener Vergangenheit zu finden, da er nach ihrer Vermutung aus Abenteuerlust seine erste Ehe und erste Herrschaft aufgegeben habe: *si want, er wer durch wilde gescheiden ouch von Prabant uz dem lande.* (6003,4) Der Inhalt der Strophen 6001 f. ist auffällig widersprüchlich: Pelaie hütet sich vor der verbotenen Frage (6001,1b; s. o. V.2.), dürfte daher nicht wissen, wer Lohrangrin ist. Dennoch weiß sie um seine Genealogie und von den Taten seiner Vorfahren, die zu den Informationen gehören, die durch das Frageverbot verborgen bleiben sollen. Das Frageverbot wird zwar als narratives Element eingesetzt, jedoch zugleich entfunktionalisiert.

Die unübertreffliche Liebe Pelaies, die der Erzähler mit dem Satz *daz ich der liebe nie von sag erkande* (6003,3) kommentiert, schlägt sich in den Symptomen ihrer Minnekrankheit nieder. Allgemein wird über sie gesagt, dass sie aus ihrer übermäßigen Liebe zu Lohrangrin stets mit Sorgen lebt: *Si trúc Lohrangrine alsolcher minne wunder* (6012,1); *daz mûst Pelaie besorgen zallen ziten* (6002,4b); *Bi tagen noch bi nahten was si niht sorge sunder.* (6003,1). Wenn sie Lohrangrin nicht sieht, verschlechtert sich ihr Zustand noch weiter, *so lac si ane kraft und ungespreche* (6018,3) und *[...] man sach si ubel dihen.* (6016,4b). Im Inneren brennt ihr Herz und sie hört auf zu denken:

> *[...] so wart in fiures zunder*
> *ir herz enprant, so daz si was begebende*
> *sprechen und ouch sinne, halben tak was si mit jamer lebende.* (6012,2b–4)

Die Ärzte und Sterndeuter, nach denen Pelaies Freunde gesandt haben, erkennen keine Zauberei an ihr (6013,1 f.), sondern führen ihren krankhaften Zustand auf die Mischung der Naturelemente zurück, die sich bei ihr durch den Lauf der Planeten verflochten hätten. Der darauf folgende zweite Exkurs (6014 f.) handelt von der Naturlehre, die den kosmischen Aspekt mit einzelnen Menschenleben in Verbindung bringt:

> *Natur ist krefte riche an aller menschen libe,*
> *durch daz si ungeliche tempert sich an mann und ouch an wibe,*
> *wazzer, luft und erde bi dem fiure,*
> *der ieglich dem andern ist mit kraft und aller helfe tiure.*
>
> *Wie moht wir dann geliche einmûtic werden lebende*
> *dem iz mit krefte riche hat die lebelichen kraft al gebende?*
> *doch twinget scham den lip vil manger girde.*
> *scham den elementen brichet mange forme durch ir wirde.* (Str. 6014 f.)

Die vier Naturelemente werden benannt – Wasser, Luft, Erde und Feuer, von denen jedes dem anderen an Kraft unerreichbar ist. Die Natur verfügt über große Kräfte bei allen Menschenleibern mit dem Ziel, die Elemente bei Männern und Frauen unterschiedlich zu mischen. Daher leben die Menschen auf unterschiedliche Weisen vor dem Schöpfer. Eine der Wirkungen der Elemente sind die vielen *girde* (6015,3), von denen die *scham* abbringt. Die Schamhaftigkeit bändigt den Körper von vielen Begierden, aufgrund ihrer Würde macht sie den Elementen viele Gestaltungskräfte (*forme*) zunichte.[54] Auch Pelaies krankhafte Liebe zu Lohrangrin ist eine Wirkung der *forme* der Elemente; dass sie Lohrangrin dennoch für die Jagd freigibt und *niht uber lut, vil tougen stille* (6025,2) klagt, kann auf ihre *scham* zurückgeführt werden, die sie seine Pflicht und ihr Ansehen bedenken lässt. Die Schamhaftigkeit verbessert und vervollständigt den Naturmenschen, der durch die Mischung der Elemente geprägt ist.

In der Folgestrophe werden weitere Tugenden benannt – *Enthabung, darzů maze, triwe, zuht mit sorge* (6016,1) –, die dazu führen, dass die Begierde *borge* (6016,2b), einen Aufschub, erlangt. Das Wort *borge*, das zunächst auf die *girde* bezogen wird, wird im unmittelbaren Anschluss für die Beschreibung von Pelaies Zustand verwendet: *Pelaie kunde borgen noch entlihen* (6016,3). Sie kann weder auf Borg nehmen noch auf Borg geben, kann Lohrangrin weder mit gutem Gewissen bei sich halten noch ohne Sorge ausreiten lassen; sie weiß nicht, wie sie sich zu verhalten hat und fühlt sich in keinem Zustand wohl. Das ist das Dilemma der Pelaie, das dem Paar zum Verhängnis wird. Denn Lohrangrin muss seine fürstlichen Pflichten ausführen und kann nicht auf Dauer bei Pelaie bleiben: *Swenn er niht lazen wolte   riten, pirse jagende, / als ein furste solte,   der niht gerne lit also verzagende* [...] (6018,1f.). Das Verb *lit* verweist auf das *verlîgen* Erecs, der bereits im ersten Exkurs neben Enite als Beispiel dafür erwähnt wird, dass eine Frau auf die Ehre ihres Mannes bedacht ist und ihn zu ritterlichen Taten treibt (Str. 6005f.). Pelaie hingegen hätte Lohrangrin gerne zu Hause gehalten, obwohl sie ihn freigibt:

> *daz si im urloup gebende   was und jach, iz wolte sich verkeren*
> *an ir anders niht wan durch die minne,*
> *die sie im trůc in herzen,   und was ir doch vil klein im mŭt, in sinne.* (6019,2–4)

Die Verwandten, die von Pelaies Minnekrankheit erfahren, werden zornig, da sie durch das Band der Sippe sehr mit ihr verbunden sind (6017,3f.; 6018,4). In dieser Situation wird eine Lösung vorgeschlagen, die Pelaie heilen soll, nämlich dass sie ein Stück Fleisch von Lohrangrins Körper verspeist:

> *Nu wart ir sus geraten,   si solt von sinem libe*
> *ezzen einen braten.   der rat ergienc von einem kamerwibe:*

---

54 Anders die Übersetzung Huschenbetts: „Doch zwingt die Schamhaftigkeit (*scham*) den Leib zu vielen Begierden. Auf Grund ihrer Würde zerbricht die Schamhaftigkeit (*scham*) viele Gestaltungskräfte (*forme*) der Elemente." Die beiden Verse widersprechen sich in dieser Lesart, zudem ist es unwahrscheinlich, dass die *scham* als Tugend die Untugenden (*girde*) fördert. Für die Diskussion über diese beiden Verse bedanke ich mich bei Julia Zimmermann.

'heizet im nemen den fûz zertenken siten
uz an dem gejagde,   swenn er si entslafen sunder striten!' (Str. 6020)

Dies ist der Rat, der zu Lohrangrins und Pelaies Tod führt. Im Blick auf das Ende wird Pelaie weitgehend entlastet, da sie die Realisierung dieses Plans ausdrücklich ablehnt: [...] *'owe der meine, die du mir sagst! man wer mich e begrabende, / dann ob ich wolt, daz im ein vinger swere.'* (6021,2f.) Anders als die Herzogin von Brabant, die – laut Wolfram – selbst und alleine für ihre Verfehlung, die verbotene Frage gestellt zu haben, verantwortlich ist (*daz in ir vrâge dan vertreip*; Pz 826,13), trägt Pelaie keine direkte Schuld an dem Scheitern der Ehe. Hier wird die Schuld von der Ehefrau auf die Kammerfrau, die den Rat vorbringt, sowie die Verwandten, die den Rat in die Tat umsetzen, verlagert. Doch auch die Verwandten werden als ambivalent dargestellt: Zwar sind sie die Vollstrecker der niederträchtigen Tat, doch stehen sie nicht von Anfang an hinter dem Plan, sondern werden erst von der Kammerfrau dazu überredet:

Nu gie diu raterinne   und seit Pelaien magen
mit mangem truge sinne,   untz daz der grozen dinge sich erwagen
die, den iz zerehte het versmahet,
daz sich ein kuniges kunne   gen ander kuniges vruhte het vergahet. (Str. 6023)

Wie die Kammerfrau mit ihrem *truge sinne* die Verwandten umzustimmen vermag, wird nicht erzählt; klar ist nur, dass es diesen zunächst verächtlich erscheint, sich als königliches Geschlecht gegen den Spross eines anderen Königs zu übereilen. Zudem wollen die Verwandten Lohrangrin nicht wirklich schaden – sobald dieser verwundet wird, hören sie mit dem Kampf auf und fallen ihm zu Füßen: *wan in gienc sin jugent iedoch zeherzen* (6030,2b).

Einzig wird die Kammerfrau verurteilt, und zwar in jeweils einer Strophe nach dem Rat und nach dem Tod des Paares. Der Erzähler kommentiert den hinterlistigen Rat (*truge* 6022,4b; *meine* 6021,2a) mit einer Kontrastfolie und einem Vergleich: das Kammerweib sei das Gegenteil von der Gralsbotin Kundrie (6022,1) – also ohne Treue[55] – und sie trage stets die drei Stachel des Skorpions in ihrer Brust: *tarandes angel drie,   die trûc si under brusten zallem male* (6022,2). Innerhalb des heilsgeschichtlichen Rahmens des *Jüngeren Titurel* steht der Skorpion, der entsprechend den bibli-

---

55 Vgl. Pz 312,3 über Cundrîe: *ein magt gein triwen wol gelobt*. Einen Vergleich der Darstellung der Cundrîe-Figur bei Wolfram und bei Albrecht bietet Zimmermann 2007; dort die leitende Erkenntnis: „[...] realisiert Albrecht seine Umgestaltung und Umwertung der Kundriefigur im *Jüngeren Titurel* auf zweierlei Weise: durch die weitreichende Tilgung der Momente des Fremden und Fremdartigen zugunsten des Eigenen, das sich durch den Gral und vor allem die ethisch-moralischen Qualitäten des Gralsgeschlechts definiert, sowie – eng daran gekoppelt – durch Parallelisierung in der Figurenzeichnung [u. a. mit der Figur der Signune; M. Y.]." (S. 217)

schen Darstellungen zu den Höllentieren gehört,[56] für teuflische, heilsgefährdende Mächte. Nach dem Tod des Paares erwägt der Erzähler die Schuld an diesem traurigen Ende. Pelaie stirbt aus *herzenleide* (6031,4a) nach Lohrangrin, das Leid wird ihr von der *herzenliebe* (6031,4b) beschert. Daher zieht der Erzähler den Schluss, *Si waren beide schuldik, diu lieb und ouch die leide.* (6032,1) Danach kommt er wieder auf die Ratgeberin zu sprechen:

> *Niht wan der ratgebinne   bin ich der ungestanden:*
> *swer noch die selben sinne   habe, dem wunsch ich des in allen landen,*
> *daz der basiliscus sine ougen*
> *ab im iht gahens wende!* [...] (6033,1–4a)

Huschenbett bezieht in seiner Übersetzung diese Strophe auf die Konkurrenten Albrechts: „Nur der Ratgeberin (der Aventiure gegenüber) bin ich noch der unentschiedene (*unstaete*) Autor. Jedem, der noch die gleichen Absichten hat (und auch ein Dichter werden will), dem gilt mein Wunsch in allen Ländern, daß der Basilisk seine Augen nicht schnell von ihm abwende!"[57] Der Kommentar wird von Huschenbett also als Albrechts Aussage zu dessen eigenen dichterischen Tätigkeiten aufgefasst. Doch wer ist die „Ratgeberin (der Aventiure gegenüber)"? Ferner kommt *unstaete* in dieser Strophe nicht vor. Die näherliegende *ratgebinne* ist die Kammerfrau. Möglicherweise meint das Partizip *ungestanden* (unbewährt), dass bis dahin noch nicht erzählt worden ist, wie es der Kammerfrau erging, dass sie noch unbestraft bleibt. Die Formulierung *Niht wan der ratgebinne* entspricht den Überlegungen der letzten Strophe, mit denen alle anderen Schuldverhältnisse abgewogen worden sind, wodurch nur noch von der Schuld der Kammerfrau zu berichten bleibt. Deshalb folgt der Wunsch des Erzählers, der Basilisk möge solche hinterlistige und treulose Menschen durch seinen tötenden Blick bestrafen.[58] *die selben sinne* (6033,2a) meint also die *truge[n] sinne* (6023,2a), mit denen die Kammerfrau ihren verräterischen Plan erdacht und durchgesetzt hat.

Die Lohrangrin-Episode versteht sich auch deshalb als Fortsetzung der Werke Wolframs, weil nicht nur Pelaie Belakanes und Herzelaudens Schicksal als potentiell ihr eigenes sieht, sondern auch der Erzähler im ersten Exkurs (Str. 6005–6011) die Protagonistin in eine Reihe von Frauenfiguren einordnet, die vorwiegend aus den Werken Wolframs stammen. Dabei bilden Belakane und Herzelaude die Vergleichs-

---

56 U.a. bei Sirach 39,36; Luk. 10,19 sowie Offb. Joh. 9,2–12. In der mittelalterlichen Kunst wird der Skorpion als Symbol des Satans, der Ketzerei, der Todesbedrohung und des Neides eingesetzt. Vgl. Heinz-Mohr 1998, S. 291 und Becker 1992 S. 274f.
57 Huschenbett 2000, S. 329.
58 Der Basilisk ist ein Fabeltier, das Menschen durch seinen Blick oder Atem töten kann. In der mittelalterlichen christlichen Kunst steht dieses Mischwesen (zwischen Hahn und Schlange/Kröte) wegen seiner Krone für den Satan, den König der Dämonen, und ist auch Sinnbild für die Sünde oder den Antichrist. Vgl. Heinz-Mohr 1998, S. 46; Becker 1992, S. 34.

größe; Signune,⁵⁹ Enite und Kiburc bilden die Kontrastfolie, vor der sich Pelaie abhebt. Als Erste wird Enite genannt, deren Gesinnung ganz anders ist als die der Pelaie (*Ir můt und ouch Eniten was ungelicher lune*; 6005,1).⁶⁰ Denn Enite *reitzt ir man uf striten* (6005,2a) und lässt *in niht [...] da heime* (6005,4a). Damit bietet Enite ein Beispiel dafür, dass eine Frau auf das Ansehen ihres Mannes bedacht ist:

> *Doch ist daz wunder kleiner, ob ein wip nach eren sinnet,*
> *und ist ouch vil gemeiner, dann op ein wip ir mannes unwirde minnet,*
> *diu in vor lieb an aller manheit letzet,*
> *noch baz dann Belakane Gamureten gerne het entsetzet.* (Str. 6006)

Zur Gruppe von Frauen, die *nach eren sinne[n]*, gehören auch Sigune, *die under schildes dache verdienet wolde werden ritterliche* (6007,4) und Kiburc, die Willehalm dabei begleitet, *manheit werben gar uf den tot* (6008,4). Dies ist laut dem Erzähler viel üblicher der Fall (*ist ouch vil gemeiner*), als dass eine Frau die Schande ihres Mannes liebt und ihn aus Liebe von allen tapferen Taten zurückhält. In diesem Kontext schwingt das *verlîgen* Erecs bereits zwischen den Zeilen mit, das erst später in Str. 6018 wörtlich aktualisiert wird (s. o.). Enite eignet sich nicht nur wegen Erecs Krise und deren Korrektur besonders als Vertreterin der Kontrastgruppe, da sie die *unwirde* ihres Mannes zunächst unwissend mitverursacht und dann seine *ere* wiederherstellt. Dass sie hier erwähnt wird, hängt auch damit zusammen, dass Wolfram in den letzten zwei Versen seiner Loherangrîn-Geschichte auf Erec verweist (*Pz* 826,29 f.). Sigune wird an einer anderen Stelle im *Jüngeren Titurel* mit Enite dadurch in Verbindung gebracht, dass sie bei Tschionatulanders Ausritt gegen Orilus, der mit seinem Tod endet, ihn begleiten will wie Enite Erec begleitet (Str. 5036). In dieser Gruppe sticht Kiburc dadurch heraus, dass sie sich selbst auf den Kampfplatz begibt, weshalb der Erzähler kommentiert, *Diu wipheit ungeliche so stet an ir gemůte* (6009,1).

Von der Vergleichsgruppe wird zunächst Belakane als Negativfolie zu Enite genannt, als eine Frau, die aus Liebe ihren Mann *an aller manheit* (6006,3) hindert – sie hätte sich Gamurets Abschied gerne widersetzt. Wenn eine Frau die Liebe noch mehr über die *manheit* ihres Partners stellt als Belakane dies tut und dadurch seine Schmach liebt, dann sei das erst recht verwunderlich (vgl. 6006,1a). Belakane wird als *gepalliziret* (6007,1a) beschrieben, Gamuret habe sie deshalb verlassen (6007,1b). Das Wort ist möglicherweise eine entstellte Form zu *parriret* (*Pz* 1,4), wie Feirefîz' Haut und Haar bei Wolfram beschrieben werden (*Pz* 57,27 f.).⁶¹ In der letzten Strophe des

---

59 Siehe die Überlegungen bei Huschenbett 2000, S. 314, der davon ausgeht, die Pelagia-Legende aus dem Corpus der *Legenda Aurea* des Jacobus a Voragine sei Grundlage für die Figur Pelaie. Huschenbett sieht parallele Züge zwischen den beiden Klausnerinnen Pelagia und Sigune.
60 Lorenz 2002, S. 331 weist auf eine Verbindung der Pelaie mit Anfortas „durch den Indikator *lune*" (zu Anfortas 1767,3) hin, „der hier wie dort zeitweilige geistige Verwirrung anzeigt". Wie Pelaies Minnekrankheit steht Anfortas' Wunde unter dem Einfluss der Gestirne.
61 Huschenbett 2000, S. 326 übersetzt mit „verschiedenfarbig (?)".

ersten Exkurses werden die drei Frauen, die über die Genealogie ihrer Ehemänner in Verbindung stehen, explizit in eine Reihe gestellt:

Diu werde Belakane, Herzelaude, Pelaie
der triwe sunder wane pflak, mit wanke zwifels keiner zwaie.
si was wol mit dem tremontan vereinet,
daz mûst ir leben gelten der zweier. hôrt, wie iz diu dritte meinet: (Str. 6011)

Die drei Frauen werden alle durch die Treue ausgezeichnet. Ihre Ausdrucksform der Treue ist freilich, wie der Kontrast in diesem Exkurs klar macht, eine andere als bei Enite, Sigune und Kiburc – sie wollen eher ihren Mann bei sich haben, statt ihn auf ritterliche Taten zu schicken. Die Fälle Belakane und Herzlaude kennt man aus Wolframs Roman, über Pelaie erzählt Albrecht, *Si gert ouch niht vil mere, dann ot bi im al wesende* (6017,1). Auch diese Art von Treue ist durch Intensität und Dauerhaftigkeit gekennzeichnet, sie ist eins mit dem Nordstern. Das Wort *tremontan* wird bei Wolfram im Werbebrief des Gramoflanz an Itonje (*Pz* 715,14–20) benutzt, dort und in der Tradition der Lyrik steht der Vergleich mit dem Nordstern „für die Beständigkeit in Minne-Angelegenheiten".[62] Belakane und Herzelaude müssen ihre Treue mit dem Leben bezahlen. Ein Bogen von Herzelaude zu Pelaie besteht zudem auf der wörtlichen Ebene, denn wie Herzelaude *von herze leiden* (6002,2) stirbt, folgt Pelaie ihrem Mann *von herzenleide* (6031,4) in den Tod. Dadurch, dass die Heldinnen an der Treue zugrunde gehen, wird das Konzept der Treue problematisiert. Diese Problematisierung betrifft nicht nur die zweite Gruppe der Frauenfiguren, denn auch Sigune, die *under schildes dache* verdient werden will, stirbt an der Treue in ihrer Klause. Während in der Erzählung von Pelaies Sorge der genealogische Bogen die Ehemänner miteinander in Beziehung setzt, wird im ersten Exkurs die Verbindung zwischen den Frauen über ihre Treue und ihre Haltung dem Geliebten gegenüber hergestellt. Das Verhalten der Gruppe Belakane – Herzelaude – Pelaie wird zunächst als *an aller manheit letzen* der Kontrastgruppe gegenübergestellt und problematisiert,[63] die Figuren werden dann doch aufgrund des gemeinsamen Wertes der Treue mit der Kontrastgruppe gleichermaßen gewürdigt (Str. 6010 f.). Dadurch, dass Belakane und Herzelaude an der Treue zugrunde gehen, wird wiederum die Treue als Tugend grundsätzlich in Frage gestellt.

---

[62] Ebd., S. 311. Die negative Konnotation des Nordens, die Huschenbett in der Kartographie feststellt, muss nicht für den Nordstern gelten.
[63] Auch dies ist eine neue Facette, die zu Wolframs überwiegend positiver Wertung Belakanes (*Pz* 54,23–26; 57,10–14) und Herzeloydens (103,3–6) hinzutritt.

V.3.3 *abe strich des males*:[64] Die hinterlassene Konsequenz der ersten Ehe Lohrangrins

Nach dem Tod Lohrangrins und Pelaies wird vom Geschehen in Brabant erzählt. In der Zwischenzeit ist die erste Frau Lohrangrins ebenfalls aus Liebe zu ihm gestorben. Danach und deswegen ist das Gralsgesetz, das Lohrangrins Sendung betraf, geändert worden.

> *Ducisse nam ouch ein sterben   zePrabant siner minne.*
> *durch den gral nu werben   anders wil der selicheit zu gewinne*
> *die man gap verholne von dem grale*
> *den vrowen. offenliche   daz wart verwandelt von dem selben male,* (Str. 6034)

Für 6034,4a überliefern die Handschriften A, C, E und X (als Vertreter der Gruppe II) *die vrowen* statt *den vrowen* (Hs. B). Nach der Lesart von B wäre die Interpunktion Nyholms sinnvoll, der Satz 6034,3–4a würde bedeuten: Die Männer gab man heimlich vom Gral weg an die Frauen. Der Rest vom Vers 6034,4 würde besagen, dass die Änderung des Gralsgesetzes öffentlich geschehen sei, was ein wenig verwundern würde, denn ein geheimes Gralsgesetz ist weder aus dem *Parzival* noch aus der sonstigen Handlung des *Jüngeren Titurel* bekannt. Liest man hingegen nach A, C, E und X und interpungiert anders, dann stehen die Adverbien *verholne* und *offenliche* jeweils für die Modi, wie man Männer und Frauen vom Gral fortführt:

> *die man gap verholne von dem grale*
> *die vrowen offenliche.   daz wart verwandelt von dem selben male,*

Zudem ergeben die beiden Verse in der hier vorgeschlagenen Lesart genau das Gralsgesetz bei Wolfram:

> *got schaft verholne dan die man,*
> *offenlîch gît man meide dan.* (Pz 494,13f.)

Für diese Lesart spricht, dass die Tempora der Verben auf zwei unterschiedliche Zeitebenen aufmerksam macht: mit *wil* (6034,2b) wird ausgedrückt, was nun die Gralsgesellschaft zu tun intendiert, während das *gap* (6034,3) die alte Verhaltensweise beschreibt. Also ist es folgerichtig, wenn 6034,3–4a das alte Gralsgesetz wiedergeben. Der Übersetzung Huschenbetts, die von dieser Lesart ausgeht, ist beizupflichten: „Die Männer der Gralsgesellschaft schickte man heimlich vom Gral weg (um Herrschaftsaufgaben in anderen Ländern zu übernehmen), die Frauen (dagegen) öffentlich. Das wurde von diesem Zeitpunkt an geändert." Die Konsequenz der Änderung ist, dass auch die Männer nun *offenliche* ausgesandt werden, wodurch sich das Frageverbot erübrigt. Über ein Strophenenjambement wird die Änderung des Gesetzes begründet:

---

64 6039,2a.

Durch daz die vrowen reine   ein sterben kund versniden, / niht wan durch vrag aleine   mûste si ir lieben herren miden. (6035,1f.) Die Übersetzung Huschenbetts zu 6035,1, „Durch die Änderung hätte die Herrin (von Brabant oder Liasper?) am Leben bleiben können",[65] bedarf meiner Ansicht nach einer Modifikation. Der Satzteil *die vrowen reine* fungiert in seiner Form im Akkusativ Singular als Objekt, und nicht Subjekt des Satzes. *durch daz* ist hier als eine einzige Konjunktion ‚weil' zu übersetzen. Demnach bedeutet der Satz im Anschluss an 6034,4: [Das wurde von diesem Zeitpunkt an geändert], weil ein Sterben die reine Herrin schneidend töten konnte. Unter der Bedeutungsvariante „schneidend verwunen od. töten, eig. u. bildl., allgem."[66] im Eintrag *versnîden* im *Mittelhochdeutschen Handwörterbuch* von Matthias Lexer ist dieser Vers als Beleg aufgelistet. Das Hilfsverb *kund*, das Huschenbett konjunktivisch als Indikator für eine Irrealität übersetzt, ist hier wohl eher als Teil der Bemühung um eine Konstruktion, die die klingende Kadenz ermöglicht, aufzufassen. Der Zusammenhang der Verse 6034,1–6035,2 ist nach meiner Übersetzung folgendermaßen zu verstehen: Das Gralsgesetz für die heimliche Sendung der Gralsritter und das Frageverbot werden nach dem Tod der Herzogin von Brabant geändert. Der Grund dafür ist, dass sie den Tod aus Liebe zu und Sehnsucht nach Lohrangrin erlitt, auf den sie wegen nichts als einer Frage verzichten musste.[67] Die verbotene Frage führt zur Trennung, die Trennung führt wiederum zum Tod der Frau. Daher soll es keine verbotene Frage mehr geben. Mit *die vrowen reine* (6035,1a) ist eindeutig die Herzogin von Brabant gemeint, da Pelaies Tod nicht durch das Gralsgesetz verursacht worden ist, sondern mehr oder weniger durch die Situation, dass sie trotz des Frageverbots von den Vorfahren Lohrangrins weiß. Aus demselben Grund ist *dirre vrowen* (Genitiv Singular) in der späteren Aussage *Die heilicheit des grales   umb dirre vrowen sterben / tet abe strich des males* (6039,1–2a) auf die Herzogin von Brabant zu beziehen.[68]

An der oben genannten Stelle wird über die Ursache des katastrophalen Endes und die Schuldverhältnisse reflektiert, was für den *Jüngeren Titurel* charakteristisch ist. Aus dem Grund, dass es für das Leid und den Tod einer Frau (bzw. potentiell mehrerer Frauen, die mit den Gralsgesandten verheiratet wurden) verantwortlich gemacht wird, wird das verhängnisvolle Gralsgesetz auf der Handlungsebene zurückgerufen und auf der Kommentarebene im dritten Exkurs dieser Episode kritisch betrachtet. Der Exkurs beginnt mit der Einführung und Differenzierung des Begriffs *mal*:

Und wart ein 'mal' verwandelt,   so daz iz 'bene' hieze,
vil seliclich gehandelt   wurden des die lût an dem genieze.

---

[65] Ebd., S. 329.
[66] Lexer 1992, Bd. 3, Sp. 240.
[67] Anders Huschenbett 2000, S. 312, der 6035,2 auf Pelaie bezieht.
[68] So liest auch Schröder 1989, S. 514. Anders Huschenbett 2000, S. 330, dort wird die Aussage auf Pelaie bezogen.

> *iz ist niht 'mal', daz man in kirchen malet,*
> *ist michel baz gebonet, swa rehticheit an rehte niht entwalet.* (Str. 6036)

Albrecht definiert hier das *mal* als Gegenteil des Guten, *bene*, und disambiguiert den Begriff durch die Bemerkung, dass es sich dabei nicht um das Zeichen handelt, das man in Kirchen malt. Das Verb *wart [...] verwandelt* (6036,1a), das vorher beschrieb, was mit dem Gralsgesetz geschieht, wird hier auf ein *'mal'* bezogen. Die durch diese Parallele entstandene implizite Wertung über die geheime Sendung der Männer ist möglicherweise eine Kritik an dem Gralsgesetz im *Parzival*, das durch Trevrizent erläutert wird und in der Gralsinschrift nach Feirefiz' Taufe eine Verschärfung in Form des Frageverbots erfährt.[69] Bereits Wolfram selbst äußert seine Skepsis an der Willkür des Grals als gesetzgebender Instanz, die aufgrund des langen Versäumnisses der erlösenden Frage das Fragegebot in ein Frageverbot umschlägt. Er tut dies, indem er das versöhnliche, Glück versprechende Ende seines Romans durch den neu eröffneten Erzählstrang um Loherangrîn, der mit Leid und Ungewissheit endet, relativiert. Dass bei Albrecht dieses Gesetz aufgehoben und somit *gebonet* wird, zeigt die zum Recht leitende Wirkung der Gerechtigkeit (vgl. 6036,4). In der zweiten Strophe dieses Exkurses wird die Bezeichnung *mal* paraphrasiert und erläutert:

> *Ez ist ein 'mal' 'ein vlecke', 'ein ubel', 'ein wandel', 'ein tadel',*
> *des tarant angel hecke, und scheckes stichet wirz dann alle nadel,*
> *'ungůt', 'unadel', 'unart', sus manger stucke*
> *hat daz 'mal' da heizet, 'unheil' darzů und ouch 'daz ungelucke'.* (Str. 6037)

Die Übersetzung Huschenbetts gibt beide Erwähnungen des *mal* als „Zeichen" wieder, was inhaltlich nicht zu all den Umschreibungen in dieser Strophe passt, die ohne Ausnahme etwas Schlechtes ausdrücken. Deutlich zu erkennen ist dies an den verneinenden Präfixen in 6037,3–4, durch die die positiv konnotierten Substantive zu ihrem Gegenteil umgebildet werden. Der Stachel des Skorpions ist ebenfalls ein Symbol, das für das Giftige, das Unheilvolle steht.[70] Die beiden *mal* sind daher als ‚das Schlechte', also *malum*, aufzufassen. Verglichen wird das *mal* auch mit der *nater* (6038,1a), mit der die Pharisäer im *Physiologus* von Johannes dem Täufer aufgrund des Vater- und Muttermordes gleichgesetzt werden.[71] Vor all diesen Erscheinungsformen des Schlechten soll die Anrufung der Dreifaltigkeit die Menschen schützen (6038,2–4). Der Stich des Skorpions kommt im dritten Exkurs wiederholt vor (6037,2; 6038,4b), er sei der schlimmste Stich, schlimmer als alle Nadeln. Dies ist eine abermals klare Verurteilung der Kammerfrau, von der es hieß, sie trage die drei Stacheln

---

69 Dazu vgl. Kap. III.2.
70 Dass der Skorpion hier als *scheckes* (6037,2b), also scheckig, gestreift beschrieben wird, ist eher in Bezug auf die Streifen des Panzers als auf die Farben zu verstehen. Bunt gescheckt in dem Sinne, wie man Tiere mit Fell kennt, ist ein Skorpion in der Regel nicht.
71 Vgl. Peters 2013, S. 71f.

des Skorpions in ihrer Brust (6022,2). Die verräterische Frau ist selbst todbringend, da ein einziger giftiger Stich des Skorpions größere Tiere töten kann; ihr wird vom Erzähler der Tod durch den Blick des Basilisken gewünscht (6033,2–4a). Im dritten Exkurs kommen beide Schuldfaktoren mittelbar zum Ausdruck – das Gralsgesetz für die heimliche Sendung der Männer über die Parallelisierung mit dem *mal*, die Kammerfrau über ihr Attribut, die Stacheln des Skorpions. Ersteres verursacht das Scheitern der ersten Ehe Lohrangrins und den Tod seiner ersten Frau, Letztere trägt die Schuld für den Tod Lohrangrins und Pelaies in der zweiten Ehe. Die konkrete Beseitigung des Schlechten, *abe strich des males* (6039,2a), besteht in der Aufhebung des Frageverbots:

> [...] *des man nu wol mit vrage mohte werben,*
> *swes ieman kund erdenken oder vinden,*
> *swer varende von dem grale   was, beide der vremden unde der gesinden.* (6039,2b–4)

Die Gralsgesandten dürfen nun sowohl von ihren Gefolgsleuten und Angehörigen als auch von Fremden nach allem Möglichen gefragt werden. Das rigide Geheimhaltungsgebot wandelt sich in eine an Beliebigkeit angrenzende Erlaubnis.

Das Frageverbot hat in der Handlung der zweiten Ehe keine Funktion, allenfalls seine Aufhebung ermöglicht Pelaies Verwandten, Lohrangrins Herkunft zu erfahren, was zu ihrer Reue und Buße führt. Dennoch nimmt das Motiv des Frageverbots eine exponierte Stellung in dieser Episode ein, da sich mehrere Widersprüche um das Motiv kristallisieren: Lohrangrin wird *offenlichen* (5997,2b) nach Liasperie gesandt, jedoch *hůte Pelaie sich vor vrage* (6001,1b).[72] Sie stellt keine Frage nach der Identität und der Herkunft ihres Ehemannes, jedoch kennt sie seine Abstammung von Gamuret und Parcifal. Sie weiß von dem Frageverbot, glaubt jedoch, Lohrangrin hätte *durch wilde* (6003,4a) Brabant verlassen. Lohrangrin wird *offenlichen* nach Liasperie gesandt, allerdings erzählt der Text an einer späteren Stelle, das Frageverbot werde erst nach Lohrangrins Tod aufgehoben, da seine Mörder vorher nicht wussten, wer er war: *Da von was in nu kunde,   wer dirre furste were* (6040,1).[73] Bei der Bearbeitung von und der kritischen Auseinandersetzung mit Wolframs Nachlass scheint das Motiv des Frageverbots ein schwieriger Brennpunkt zu sein. Es ist zugleich vorhanden und nicht vorhanden; es ist da und wird hintergangen, es ist nicht mehr da und wirkt doch noch nach. Auch wenn die erste Ehe Lohrangrins bei Albrecht nicht erzählt wird und sein Begleiter, der Schwan, entschwindet, sorgt sein anderes mythisches Attribut, das

---

[72] Huschenbett 2000, S. 312 liest den Widerspruch aus dem Vers *daz wart verwandelt von dem selben male* (6034,4b), den er auf die Weise interpretiert, dass „das Frageverbot nach dem ‚Unfall' in Brabant aufgehoben wurde" (ebd.). Das dürfte nicht der Fall sein, denn Pelaies Verwandte erfahren erst nach dem Tod des Paars, wer Lohrangrin ist (6040,1). Demnach dürfte das Frageverbot anlässlich des Todes der Herzogin von Brabant und zeitlich nach dem Tod Lohrangrins und Pelaies aufgehoben worden sein.
[73] Auf diesen Widerspruch macht auch Schröder 1989, S. 514 f. aufmerksam.

Frageverbot, in dieser Episode weiterhin für Verunsicherungen und wirft textuelle und intertextuelle Fragen auf.

Albrechts Version der Lohrangrin-Geschichte bietet eine Fortsetzung der uns bekannten Schwanritter-Sage mit dem Schwan als Gefährten und dem Frageverbot. Sie geht von der Wolframschen Version aus und setzt diese als bekannt voraus. Albrechts Erzählen ist durch eindeutige Wertung und klare Schuldzuweisung geprägt, wie in den Fällen Gamurets, der Kammerfrau und des Gralsgesetzes zu beobachten ist. Zusammenhängend mit dem Aspekt der Schuld werden Sühne und Buße thematisiert, um dem Zweck einer „kompendienartige[n] Lehre"[74] Genüge zu tun, die zur Orientierung des Menschen im sozialen Leben dient. Die Kommentare in den Exkursen ermöglichen zudem eine eingehende ethisch-moralische Auslegung des Erzählten, sodass die Tugendlehre mit der Naturlehre in Beziehung gesetzt werden kann und vorangehende Figuren aus dem Œuvre Wolframs und der klassischen höfischen Literatur in ein neues Licht treten. Die zentrale Tugend dieser Episode, die Treue, wird in variiert vorgeführten Figurenkonstellationen sowohl positiv gewertet als auch problematisiert. In der Narration wie in den Kommentaren werden Wertungen und Bedeutungsherleitungen, die bei Wolfram ausgespart bleiben, gefüllt. Die den ganzen *Jüngeren Titurel* durchziehende Parallelisierung von Figuren findet auch in dieser Episode ihre Anwendung – durch Pelaies paradoxes Wissen sowie die Vergleiche und Gruppierung in den Kommentaren erscheint Lohrangrin gleichsam durch Gamuret präfiguriert und Pelaie durch Herzelaude. Dies ist zugleich der Bogen des Paares dieser Episode zum Hauptpaar des *Jüngeren Titurel* – auch die Figuren Tschionatulander und Signue werden mit ethisch-moralischen Parallelen jeweils zu Gamuret und zu Herzelaude, bei denen sie aufwachsen, ausgestattet. Ferner präsentiert Lohrangrins Schicksal ein ähnliches Unglück wie bei dem Fall Tschionatulanders, nämlich dass „selbst die ethisch-moralische Vollkommenheit" „nicht vor Bosheit und bösem Zauber (das *saelde*-Gold!)"[75] schützt. Die erzählte Welt erweist sich als der Kontingenz und der Vergänglichkeit unterworfen.

V.4 Annäherung des Mythos an die Historie

V.4.1 Umbenennung und Datierung

Der Ausgang der Lohrangrin-Episode ist von einer versöhnlichen Stimmung und einem Gegenwartsbezug geprägt. Um ihre Sünde zu büßen und Lohrangrins zu gedenken, führen die Leute in Liasperie ein strenges Mönchsleben und benennen das Fürstentum in Lothringen um: *Lutringen siz alda durch in benanden. / iz hiez Liasperie da vor vil werdiclich in mangen landen.* (6041,3f.) Der Ortsname dokumentiert

---

[74] Lorenz 2002, S. 357.
[75] Mertens 1998, S. 285.

genau das, was vorher durch das Frageverbot verborgen blieb. Der ehemalige Schwanritter wird ganz seiner mythischen Attribute – des Schwans und des Inkognitos – entblößt und geht als fassbare und verbürgte Persönlichkeit in die Geschichte ein. Die fiktionale Benennung Lothringens liefert eine konstruierte Herleitung des Ortsnamens. In der Tat erklärt diese Bemerkung bei Albrecht auf eine rationalisierende Weise den Figurennamen *Lohrangrin/Loherangrîn*, der höchstwahrscheinlich eine kontrahierte Form von *Garin li Loherains* darstellt, in dem der Ortsname zum Ausdruck kommt. Insofern füllt diese Herleitung in umgekehrter Richtung eine Bedeutungslücke im Prozess der literarischen Produktion: Wolfram benennt seinen Schwanritter nach einem Lothringer Helden, der seine Herkunft im Namen trägt,[76] thematisiert jedoch an keiner Stelle den Gehalt dieses Namens. Albrecht benutzt den Namen, um den Ort zu benennen, und führt damit die Konnotation des Namens auf ihren Ursprung zurück. Der *Jüngere Titurel* datiert zudem das Ereignis genau, durch das der Ortsname hergeleitet wird: *geburt diu Jesu Kristes fumf hundert jar do was vor der geschihte.* (6062,4) Das Erzählte sei im Jahr fünfhundert nach Christi Geburt geschehen. Mit diesem Verfahren wird die mythische Herleitung im Gefüge der geschichtlichen Zeit fixierbar und in die Nähe der Historie gerückt.

Das erzählte Geschehen wird einerseits in seiner Historizität klar in der Vergangenheit situiert, andererseits wird es anhand des die Zeit überdauernden Körpers in die Erzählgegenwart hereingeholt:

> *Ein kloster wart gebowen,   da man si beide sarcte.*
> *swer Lohrangrin wil schowen,   der kouft umb einen pfenninc lieht ze markte.*
> *gebalsmet lit er noch vil wol zesihte.* (6042,1–3)

Lohrangrins Leichnam wurde einbalsamiert und liegt noch heute im Kloster aufgebahrt. Als Eintritt kauft man für einen Pfennig Kerzen. Die Besichtigungsmöglichkeit in der Erzählgegenwart verbürgt die Wahrheit des Erzählten. Im Unterschied zu Konrads Schwanritter-Erzählung, in der der Gegenwartsbezug durch die Verlängerung der Geblütslinie auf die zeitgenössischen Herrscherhäuser hergestellt wird, wird dies bei Albrecht an Lohrangrins eigenem Leichnam vollzogen. An die Stelle der lebendigen Nachfahren, die das Emblem ihres Ahnherrn als Wappentier führen (*Schwanritter* V.1610f.), tritt der tote Körper des Gralsgesandten. Der Ursprungsmythos gewinnt bei Albrecht Züge einer lokalen Legende, Lohrangrin hinterlässt keine Nachkommen, wird stattdessen gleichsam als Ortsheiliger verehrt.

Die in dieser Episode an Einzelheiten beobachtete Tendenz zur Historisierung ist ein Erzählprinzip, das den gesamten Text des *Jüngeren Titurel* im Wesentlichen bestimmt.[77] Dies ist an dem im Prolog angekündigten Programm (Str. 86–91) erkenn-

---

[76] Vgl. die Vermutung, dass der Name *Loherangrîn* (= *Garin li Loherains*) aus dem Lothringer *chanson*-Zyklus übernommen wurde und ursprünglich einen Lothringer Fürsten mit Eigenname und Attribut bezeichnete, u.a. bei Golther 1890, S. 136; Kolb 1963, S. 54f. und Cramer 1971, S. 128.
[77] Dazu siehe u.a. Ebenbauer 1979 und ders. 2004.

bar.⁷⁸ Der Prolog greift auf Elemente aus dem *Parzival-* und dem *Willehalm*-Prolog zurück und nimmt die Verbindung von mythischer und chronistischer Thematik programmatisch vorweg.⁷⁹ Ferner ist die Strophenform anstelle von Reimpaarversen eine formale Übernahme aus der Heldenepik, die als Geschichtsdeutung verstanden wurde.⁸⁰ Die Zeitstruktur des Werks zeichnet sich dadurch aus, dass signifikante welthistorische Daten in die erzählte Zeit einbezogen werden. Diese Daten bilden gleichsam Koordinatenpunkte, anhand derer die erzählte Geschichte datierbar und chronologisch wahrnehmbar wird. Dadurch wird die mythische Allgegenwart des Artus- und des Gralsreichs zugunsten der konkreten Einordnung in eine reale lineare Chronologie aufgelöst.⁸¹ So wird die Herrschaft König Artus' genau datiert, die Figur Artus ist über seine Taten – wie z. B. den Zweikampf gegen den römischen Kaiser Lucius – historisch zu fixieren.⁸² Was mit der im *Parzival* noch weitgehend zeit- und raumlosen Gralswelt im Zuge der Historisierung geschieht, tritt in besonderem Maße im abschließenden Abschnitt des *Jüngeren Titurel* hervor, der von der Translation des Grals in den Orient erzählt.

V.4.2 Die Translation des Grals

Oben wurde gezeigt, dass einer der Hauptgründe dafür, dass Wolframs Romanschluss bemängelt wird, laut Albrecht in der unvollendeten Erzählung von Parzivals Kindern liegt. Ein weiteres Defizit sei Wolframs Darstellung des Grals. Daher bildet die Belehrung über das Wesen des Grals einen Schwerpunkt von Albrechts Fortsetzung:

> *Und was der grale wære,   des het vor nieman hugede.*
> *sagt ich nu niht die mære,   so hete man den gral fur ein getrugede.*
> *des wolt ich durch die werden uns bewisen.* (5993,1–3)

Würde er nicht die Geschichte weitererzählen, so könnte man den Gral für ein Trugbild halten, so der Erzähler. Entsprechend dem Anspruch, dem Wesen des Grals auf den Grund zu gehen, beginnt Albrecht nach der Lohrangrin-Episode mit der Erzählung vom weiteren Schicksal des Grals und der Gralsgesellschaft (Str. 6046–6326):⁸³ der

---

78 Zum Prolog siehe Neukirchen 2006, S. 41–92.
79 Vgl. Mertens 1998, S. 265.
80 Vgl. ebd., S. 264.
81 Vgl. Zimmermann 2009, S. 553.
82 Vgl. Mertens 1998, S. 275 und 280.
83 Vgl. die Aussage bei Huschenbett 1984b, S. 155, Albrecht habe sich von den klaren Hinweisen in Wolframs unvollendeten Werken – sowohl dem *Titurel* als auch dem *Parzival* – leiten lassen, wie eine Vollendung auszusehen hat: „Dieser Umstand muß Albrecht zu der Ansicht geführt haben, daß die zu vervollständigende Geschichte mit dem Gralskomplex zu beginnen habe, aber auch enden müsse. [...] Albrecht brauchte nur im Sinne einer geschickteren Episodenfolge die Wolframsche Reihung – Priester Johann, Lohengrin – umzukehren."

Überführung des Grals nach Indien aufgrund der Sündhaftigkeit der Menschen im Okzident, der Taufe der Heiden im Orient, dem Empfang des Grals durch Feirefiz und Urrepans, dem Reich Priester Johans, der Versetzung des Gralstempels samt Munsalvasch nach Indien, Titurels Abschlussrede über den Gral und dem Ausblick über die Herrschaft im vereinigten Grals- und Priesterreich. Die Lohrangrin-Episode bildet den Abschluss der Erzählung vom Gralsgeschlecht im Abendland, zugleich eröffnet sie die Perspektive der Gralsherrschaft außerhalb von Salvaterre. Sowohl in der Lohrangrin-Episode als auch bei der Translation des Grals geht es um die Angliederung bzw. Erweiterung der Gralsherrschaft. Walter Blank formuliert zugespitzt im Blick auf Wolframs Roman, die Aussendung Loherangrîns sei ein „Signal auf dem Weg zur universalen Herrschaft".[84] Mit der Translation des Grals nach Indien und der Vereinigung des Gralskönigtums mit dem Amt des Priesters Johan wird der Schritt zur Okzident und Orient umspannenden christlichen Herrschaft konkret vollzogen. Eine solche Aussicht ist bei Wolfram bereits angelegt – auch wenn seine Erzählung keiner heilsgeschichtlichen Zeitenlehre verpflichtet ist, deuten die astronomischen Konstellationen, die Cundrîe vor Joflanze beschreibt, auf den Beginn einer Weltherrschaft (*Pz* 782,1–21).[85]

Die Tendenz zur Historisierung ist insbesondere in Feirefiz' Bericht über das Reich Priester Johans zu beobachten.[86] Für die Beschreibung des prachtvollen Riesenreichs wird der sog. Presbyterbrief (die *Epistola presbiteri Johannis*)[87] als Quelle herangezogen, der wie die *Historia Regum Britanniae* des Geoffrey of Monmouth, die Albrecht vermutlich über die Übersetzung des Wace kannte und ebenfalls als Vorlage benutzte, aus der historiographischen Tradition stammt. Die Geschichte des Grals gewinnt damit zusätzlich an historischer Dimension. Der Presbyterbrief, der in einer langen Tradition des Berichts über den Orient steht, weist im Zuge der Rezeption „eine gleichsam mythische Zeitlosigkeit bei zugleich fortdauernd zeitgeschichtlicher Wirkmacht"[88] auf. Seine Faszinationskraft liegt nicht zuletzt darin begründet, dass das im Brief Berichtete von den zeitgenössischen Rezipienten durchaus für Wirklichkeit in einem fern gelegenen Raum gehalten wurde. Ebenso entfalten die mythischen Gehalte und Strukturen im Brief mit einer im Grunde genommen christlichen Botschaft über Jahrzehnte hinweg ihre Wirksamkeit,[89] sodass die fingierte authentische Dokumen-

---

84 Blank 1989, S. 344. Diese Aussage zu Wolframs Romanschluss basiert freilich auf Blanks Annahme, Loherangrîn sei der künftige Gralskönig, wofür der Text keinen Halt bietet.
85 Vgl. Ruh 1980, S. 135f. Demgegenüber hebt Brunner 1991, S. 383 hervor, Wolfram habe diese naheliegende Aussage gerade vermieden, da ihm bewusst war, dass eine solche christliche Weltherrschaft im Zeichen des Grals Utopie bleiben wird.
86 Siehe auch Kap. III.3. zum Priester Jôhan bei Wolfram von Eschenbach.
87 Edition u. a. bei Zaganelli 1990, S. 52–95. Zur Überlieferung, Textgeschichte und Rezeption siehe Wagner 2000.
88 Zimmermann 2009, S. 550.
89 Vgl. Friedrich 2003, S. 76.

tation von einem Oszillieren zwischen Mythos und Geschichte, zwischen Historizität und Magie geprägt ist.

Der Bericht über die Herrschaft Priester Johans durch Feirefiz im *Jüngeren Titurel* bildet „eine erste weitgehend vollständige Wiedergabe der *Epistola* in deutscher Sprache".[90] Die Studie von Julia Zimmermann zeigt überzeugend die Bearbeitungstendenzen bei Albrecht:

> Während die über die *Epistola* hinausgehenden Ergänzungen Albrechts fast ausschließlich im Kontext typologischer Auslegbarkeit bzw. einer „heilsgeschichtlichen Präzisierung"[91] des Handlungsgeschehens stehen, dienen die Auslassungen vorrangig der Rücknahme und Depotenzierung des dem Brief inhärenten Sagenhaften und Mythischen.[92]

Zudem steigert Albrecht die suggerierte Aktualität des Berichts über den Priester Johan dadurch, dass er die Expansion der Mongolen, die seit Mitte des dreizehnten Jahrhunderts eine reale Bedrohung für Westeuropa darstellte, in der in Feirefiz' Bericht integrierten Erzählung vom Kampf gegen die Ismaheliten thematisiert (Str. 6199 – 6216).[93] Nach Feirefiz empfängt der Priester Johan persönlich die Gralsleute und verehrt mit diesen zusammen den Gral. (Str. 6280 – 6282) Er bietet Parcifal die Herrschaft an, dieser wird neben seinem Amt als Gralskönig auch Herrscher über die Länder Indiens und trägt während seiner zehnjährigen Amtszeit den Titel *priester Johan*. Feirefiz' Sohn wird sein Nachfolger unter demselben Titel. (Str. 6309 – 6325) Durch den übertragbaren Amtstitel *priester Johan* wird ein Bogen von der erzählten Zeit in der Schlusspartie des *Jüngeren Titurel*, die laut der Datierung in der Lohrangrin-Episode als Anfang des sechsten Jahrhunderts nach Christi Geburt zu bestimmen ist, zum den allgemein bekannten Brief schreibenden Priesterkönig des zwölften Jahrhunderts gespannt. Im unmittelbaren Eindruck während der Lektüre bzw. des Vortrags können diese beiden Figuren freilich durchaus in eins fallen – die mythische Zeitlosigkeit und Konkreszenz wirken im unveränderten Amtstitel fort.

Eine weitere Grundorientierung für die Gralsgeschichte bei Albrecht ist die Ausfüllung des heilsgeschichtlichen Deutungsrahmens.[94] Hier ist das Reich Priester Johans im Unterschied zur Darstellung der *Epistola* ein vollkommen christianisiertes Reich[95] und seine Bewohner sind vorbildhaft in der Ausführung der christlichen Tugendlehre (Str. 6186 – 6188; 6217,1 – 6218,2). Das Reich befindet sich nahe dem irdischen Paradies: *in India, vil nach dem paradise / da wont der edel werde und wirbet nach dem ewiclichen prise.* (6149,3 f.) In der Abschlussrede Titurels wird enträtselt, was der Gral eigentlich ist (vgl. Str. 5993):

---

90 Zimmermann 2009, S. 554.
91 Zitat aus Ragotzky 1971, S. 112.
92 Zimmermann 2009, S. 553.
93 Vgl. ebd., S. 563–565.
94 Vgl. Ragotzky 1971, S. 144.
95 Vgl. Zimmermann 2009, S. 557 f.

> *Ein schar den gral uf erde   bi alten ziten brahte,*
> *ein stein in hohem werde.   man eine schuzzel druz da wurken dahte.*
> *jaspis und silix ist er genennet (6292,1–3)*
>
> *Diu selbe schuzzel gehiure   was Jesu Krist gebære.*
> *[...]*
> *daz wer ouch im ze schuzzel da gezemende*
> *zu siner mandat here,   die sine junger waren mit im nemende. (Str. 6293)*

Albrecht verbindet hier die Darstellung bei Wolfram mit der französischen Gralstradition nach Robert de Boron – bei ihm ist der Gral eine aus Edelstein verfertigte Schüssel, die Christus als Abendmahlsschüssel diente.[96] In der Erwähnung des irdischen Paradieses und des eucharistischen Kelches klingen der Sündenfall und die Erlösungstat an.

Dass der Gralstempel und die Gralsburg später nach Indien versetzt werden, deutet der Erzähler bereits in einer Prolepse zu Beginn des Textes an:[97]

> *Iz saget die aventiure   nicht, ob noch si verborgen*
> *der berc also gehiure.   der gral hat im ein ander wesen erworben*
> *in India vil verre und uber verre:*
> *da sint di besten kristen,   di lebent, und priester Johan ist ir herre. (Str. 325)*[98]

Diese Andeutung wird am Schluss des Textes realisiert, in dem Gott den Gralstempel samt Munsalvasch nach Indien versetzt (6282,1–6284,1). Es wird zudem erzählt, dass der Palast Priester Johans mit dem Gralstempel vergleichbar ist (6268,4–6269,4). Der Gralstempel wird wiederum typologisch als das himmlische Jerusalem gedeutet (Str. 517). Der am Anfang in Salvaterre allein stehende Tempel findet zum Schluss sein Pendant im Orient und wird mit diesem zusammengeführt. Das vereinigte Grals- und Priesterreich wird durch seine räumliche Nähe zum irdischen Paradies sowie den jeweils unmittelbar und mittelbar mit dem himmlischen Jerusalem in Verbindung gesetzten Tempel und Palast mit „Heilsgewissheit"[99] ausgestattet.

Die Datierung am Ende der Lohrangrin-Episode ist Teil eines historisierenden Verfahrens, das im gesamten Text des *Jüngeren Titurel* begegnet. Zum Schluss des Werks findet die Tendenz zur Historisierung eine Steigerung in der Öffnung zum Raum des Orients hin, in der Einbindung des im dreizehnten Jahrhundert immer noch authentisch wirkenden Presbyterbriefs und des hochaktuellen Berichts über die Mongolen und nicht zuletzt durch die Vollendung der heilsgeschichtlichen Rahmung.

---

96 Vgl. Wolf 1952/1953, S. 338f.
97 Vgl. Zimmermann 2009, S. 557.
98 Zitiert nach Wolf 1955.
99 Zimmermann 2009, S. 561.

V.5 Fleischraub und Remythisierung

Albrechts Version der Schwanritter-Geschichte weist einerseits mit der Entfunktionalisierung und Aufhebung des Frageverbots, der Beseitigung des Schwans und damit der Tier-Mensch-Kontiguität sowie der zeitlichen und räumlichen Anbindung an die welthistorische Wirklichkeit Züge der Entmythisierung auf. Andererseits ist die Vorstellung des Fleischraubs und der Heilung der Minnekrankheit durch die metonymische Einverleibung eines geliebten Menschen,[100] an die in der Erzählwirklichkeit geglaubt wird, von Magie bestimmt. Daher kann diese Vorstellung als ein neu eingeführtes mythisches Motiv und Tendenz zu einer Remythisierung verstanden werden.[101]

Hier soll zunächst der Rat der Kammerfrau genauer betrachtet werden. Die Aktion, die zur Abhilfe von Pelaies Symptomen ausgeführt werden soll, lautet: '*heizet im nemen den fûz zertenken siten* [...]' (6020,3). Die Überlieferung bietet im Blick auf den Körperteil keinen einheitlichen Wortlaut. Die Handschriften A und C haben *den fûz*, B liest *den suz*[102] und E *den suß*[103]. Da die Lesarten von B und E keinen plausiblen Sinn ergeben und der Substantiv *süeze, suoze, sûze* zudem ein Femininum ist, dürften diese beiden Lesarten wohl als Lese- bzw. Schreibfehler der jeweiligen Schreiber zu deuten sein. Wörtlich heißt es also, man solle Lohrangrin den Fuß zur linken Seite abnehmen. Doch ist dies im Kontext seiner zweiten Sendung schwer vorstellbar, denn eine solche Verstümmelung Lohrangrins würde zur Folge haben, dass er nicht weiter all seine fürstlichen Pflichten erfüllen könnte. Plausibler scheint der Fall, dass damit gemeint ist, man soll ihm ein Stück vom linken Fuß abschneiden. Doch wie Huschenbett zu Recht darauf hinweist, „ist der Körperteil nicht gerade dafür geeignet, ein Stück Fleisch herauszuschneiden".[104]

Bezüglich des Bratens (6020,2a) hat Huschenbett einen ausführlichen und überzeugenden Motivvergleich unternommen.[105] Das Spezifische des Bratens in der Lohrangrin-Episode, nämlich die Verspeisung des Bratens als „magisches Ritual der Inkorporation eines geliebten Menschen",[106] bleibt bei ihm jedoch unberücksichtigt. Es handelt sich bei dem Rat, *si solt von sinem libe / ezzen einen braten* (6020,1b–2a), um einen Bindungszauber, der durch die Einverleibung des Fleischs Lohrangrin auch emotional dauerhaft an Pelaie binden und damit ihre Sorge wegen seiner vermeint-

---

100 Vgl. Birkhan u. a. 2005, S. 19, Motiv K 961.2 (nach dem Motif-Index von Stith Thompson) unter der Passage AlbJT 5991: „Flesh (vital organs) of certain person alleged to be only cure for disease".
101 Vgl. Müller 2008, S. 437.
102 Heidelberg, Universitätsbibl., Cpg 383, fol. 176rb.
103 Nach dem Apparat in der Ausgabe Nyholms, da kein Digitalisat der Handschrift vorhanden ist.
104 Huschenbett 2000, S. 316.
105 Vgl. der Verweis auf die Motivähnlichkeiten mit Texten aus verschiedenen Genres bei ebd., S. 315–317. Allerdings ist Huschenbetts darauffolgender Argumentationsbogen äußerst verkürzt: Er schließt von der spekulativen Quellenlage einer einzigen Episode auf die Produktionssituation des *Jüngeren Titurel*, die „Mitwirkung der Literaturkundigen am Meißnisch-Thüringischen Hof" (ebd., S. 317).
106 Ukena-Best 2014, S. 32.

lichen Unbeständigkeit lindern soll. Der Glaube an die Wirksamkeit eines solchen Zaubers beruht zunächst auf der Auffassung der Ungeschiedenheit eines Körperteils vom ganzen Körper,[107] die nach Cassirer für den Objektbegriff in der mythischen Denkform konstituierend ist: „[...] der Teil ist hier unmittelbar das Ganze und wirkt und fungiert als solches".[108] Das Prinzip ‚pars pro toto' beschreibt in dieser Vorstellung einen dinglich-wirklichen Zusammenhang, der jeder zeitlichen, physischen oder räumlichen Trennung resistent bleibt.[109] Nach einer solchen Auffassung ist der Braten, der aus Lohrangrins Fleisch zubereitet und Pelaie aufgetischt werden soll, unmittelbar der Mensch Lohrangrin selbst. Ferner ist der Akt des Verspeisens ein Versuch, der zur Konkreszenz, zum In-eins-Fallen führen soll:[110] Durch den Verzehr eines Stücks Fleisch als des ganzen Menschen sollen Pelaie und Lohrangrin im wörtlichen und reellen Sinne eins werden. Gegenläufig zur entmythisierenden und historisierenden Tendenz wirkt die mythische Denkform in der Geschichte von Lohrangrins Tod weiter; der Fleischraub sorgt, trotz oder vielleicht gerade wegen des entfunktionalisierten Frageverbots, für den Untergang des Gralsgesandten.

---

107 Zur Ungeschiedenheit siehe Cassirer 1925/2010, S. 57–64.
108 Ebd., S. 62.
109 Vgl. ebd., S. 64.
110 Vgl. ebd., S. 78.

VI Der bairische *Lohengrin*

VI.1 Überlieferung und Quellenlage

Das bairische Epos *Lohengrin* nimmt die Loherangrîn-Episode im *Parzival* als „ein nicht geschriebenes Epos Wolframs von Eschenbach"[1] wieder auf und entfaltet den dort angelegten Erzählkern unter Benutzung von chronikalischen Vorlagen zu einem 767 Strophen umfassenden Werk im ‚Schwarzem Ton', der erstmals im *Rätselspiel* aus dem *Wartburgkrieg*-Komplex Verwendung fand. Die Erzählung von Lohengrin wird hier als Teil des Sängerwettstreits auf der Wartburg inszeniert und dem Sänger-Dichter Wolfram von Eschenbach in den Mund gelegt. Die Handlung der Schwanritter-Sage wird in die Regierungszeit Heinrichs I. eingebettet und die Heldentaten des Schwanritters bestehen neben der Befreiung der Herzogin aus zwei ausführlich geschilderten Schlachten gegen die ‚Heiden', die den Umfang von gut dreihundert Strophen einnehmen. Der *Lohengrin* gehört zu den Fortsetzungen[2] zu Wolframs *Parzival*, differenzierter gefasst stellt er – vergleichbar mit dem *Rennewart* Ulrichs von Türheim – eine erweiternde Nachgeschichte zum *Parzival* dar, die eines der „unausgeführte[n] Erzählangebote"[3] am offenen Ende des Romans aufgreift und ausführt. Ähnlich dem *Jüngeren Titurel* zeigt *Lohengrin* ein „Interesse an einem Erzählen, das darauf ausgerichtet ist, die Leerstellen des in Wolframs Werk entfalteten Kosmos der Artus- und Gralswelt zu schließen".[4]

Der Verfasser des Werks ist nicht bekannt. Er nennt sich im Stollenakrostichon in den ersten drei Strophen des Epilogs (Str. 763–765) NOUHUWIUS, was ‚der von Neuhaus' bedeutet.[5] Neben der sprachlichen Indizien weisen auch inhaltliche Aspekte auf einen engen Bezug des Werks zu Baiern hin,[6] die unter anderem im Ungarnkrieg und gegen Ende der Genealogie der ottonischen Kaiser hervortreten.[7] Nä-

---

[1] Spiewok 1994, S. 271.
[2] Zum Begriff der ‚Fortsetzung' und seiner uneinheitlichen Verwendung in der Germanistischen Mediävistik siehe Lorenz 2002, S. 23f. und 28f.
[3] Ebd., S. 29.
[4] Hallmann 2015, S. 284.
[5] Vgl. Weinhold 1867, § 101: *ou* und *au* begegnen in den bairischen Urkunden des elften bis vierzehnten Jahrhunderts wiederholt statt *iu*.
[6] Krogmann 1943, Sp. 62f.
[7] Vgl. Kap. VI.4.2.1.2. und in der Passage zu Heinrich II.: *Sich bekêrten diu wîtsten lant / bî im, diu er kristenheit noch sint bekant, / [...] Bâbenberc daz bistuom rîch   er stift vür hellewîz vreise, / dar zuo vil klôster hie und dâ. / daz was doch ein Beier. [...]* (756,4–9) *sô ist daz lant sô tugentrîch, / daz an triuwen niendert lant ist sîn gelîch, / daz ez billîch hât pfliht an dem getihte.* (762,8–10) Zitiert wird *Lohengrin* in den Strophen 1–32 nach Hallmann 2015, S. 354–381, alle folgenden Strophen nach Cramer 1971, S. 189–572. Hallmann interpungiert anders als Cramer, benutzt doppelte Anführungszeichen für Figurenreden und setzt öfter Kommata und Ausrufezeichen. Die Zählung der Str. 15–17 ist in beiden Editionen unterschiedlich. Die Edition Hallmanns gibt die Fassung L nach der Leithandschrift A

heres zum Schaffen und Leben des Autors ist nicht zu erschließen.[8] Überliefert ist *Lohengrin* in den drei Handschriften A (Heidelberg, UB, Cpg 364), B (Heidelberg, UB, Cpg 345) und M (München, BSB, Cgm 4871) sowie im Fragment Cf (= die Koblenzer Bruchstücke; Berlin, SB, Mgf 724), das aus zwei benachbarten Pergamentblättern aus ehemals demselben Codex besteht.[9] In der Hs. A folgt *Lohengrin* auf *Parzival*, beide Texte sind von derselben Hand geschrieben, die außerdem Cpg 383 (*Jüngerer Titurel* B) und Teile des Cpg 404 (*Willehalm*-Trilogie) fertigte. In dieser Handschriftentrias aus der ersten Hälfte des vierzehnten Jahrhunderts, die eine Art „Wolfram-Sammlung in drei Bänden"[10] darstellt, ist eine zusammenhängende Tätigkeit der Anfertigung von Exemplaren der authentischen Werke Wolframs und der Werke mit Wolfram als dem vermeintlichen Verfasser bzw. Erzähler erkennbar.[11] Hs. B, die aus ursprünglich zwei Bänden besteht, die „vermutlich kurz nach ihrer Fertigstellung zusammengebunden wurden",[12] überliefert *Friedrich von Schwaben* im Anschluss an den *Lohengrin*. Beide Erzählungen realisieren das Schema der ‚gestörten Mahrtenehe'. In der Hs. M finden sich nach dem *Lohengrin* ein Lied Oswalds von Wolkenstein (KL 131) und eine Rede Peter Suchenwirts.[13] Der *Lohengrin*-Text in M ist nicht vollständig, sondern enthält insgesamt 749 Strophen mit 7488 Versen.[14]

Die Datierung des Werks ist kontrovers diskutiert worden: Für eine Frühdatierung in die 1280er Jahre bzw. ins vierte Viertel des dreizehnten Jahrhunderts mit Bezug auf die Herrschaft Rudolfs von Habsburg plädierten in der neueren Forschung zunächst Cramer und Wenzel;[15] diesem Ansatz widersprach Thomas, der das Werk in die Herrschaftszeit Ludwigs des Bayern (1312/1328) datierte.[16] Noch in den 1990er Jahren fand ein lebhafter Austausch entgegengesetzter Argumente zwischen Bertelsmeier-Kierst/Heinzle als Befürwortern einer Frühdatierung und Thomas weiterhin als Ver-

---

wieder, führt konsequent Umlaute ein und markiert eigene Eingriffe. Manche in der Hs. A getrennte Nomen werden nach der Semantik zusammengeschrieben, z. B. 1,9 *besemslac* statt *besem slac*; 13,5 *herzenswer*. Dies wird in den Editionsprinzipien nicht erwähnt. Hallmann nimmt in der Regel keine Normalisierung und Rückdiphtongierung vor. Es bestehen geringfügige Abweichungen von der Leithandschrift, z. B. 8,2 *tiufel* statt *tufel* (Hs. A).
8 Vgl. Cramer 1971, S. 154; Krogmann 1943, Sp. 61 f.
9 Vgl. Handschriftenbeschreibung u. a. bei Cramer 1971, S. 14–19; Hallmann 2015, S. 47–50; Matthews 2016, S. 150–152 mit einer Beschreibung der *Wartburgkrieg*-Handschriften mit Parallelüberlieferung zu L und Anmerkungen zu Strophenbestand und -reihenfolge in den Handschriften und Editionen des *Rätselspiels*.
10 Bumke 2004, S. 252.
11 Vgl. Becker 1977, S. 91 f., 99 f., 122. Zu dieser nordbairisch-fränkischen ‚Epenwerkstatt' des vierzehnten Jahrhunderts siehe Fasching 2018, zum *Lohengrin* S. 505.
12 Hallmann 2015, S. 47.
13 Vgl. Beschreibung der Hs. M bei Schneider 1996, S. 390–392.
14 Vgl. Krogmann 1943, Sp. 73; Cramer 1971, S. 16.
15 Vgl. ebd., S. 156–163; Wenzel 1977; Cramer 1985a, Sp. 902.
16 Vgl. Thomas 1973, 1978, 1986.

fechter einer Spätdatierung statt.[17] Mit den überzeugenden paläographisch gestützten Belegen bei Bertelsmeier-Kierst/Heinzle dürfte die Streitfrage als zugunsten des Frühdatierungsansatzes geklärt gelten. Mit den von Cramer angeführten textinternen Anhaltspunkten[18] kann der Entstehungszeitraum des *Lohengrin* weiter auf 1283/89 eingeschränkt werden.

Eine direkte Vorlage kann für den *Lohengrin* bisher nicht ausgemacht werden.[19] Als mögliche Vorlage für die deutschen Schwanritter-Versionen vermutet Cramer – insbesondere mit Blick auf die „erste Partie des *Lohengrin*" – eine „Verschmelzung einer Branche der *Lothringer-Geste* mit dem Schwanritterstoff"[20]. Den *Parzival* und den *Jüngeren Titurel* hat der Verfasser mit Sicherheit gekannt und benutzt; ob ihm auch die Version Konrads vertraut war, ist unklar. In der Benennung des Schwanritters, der genealogischen Anbindung der Sage an den Gralskomplex, der Rettung von einer statt zwei Frauen und Antwerpen als Ziel der Sendung folgt *Lohengrin* der Version Wolframs. Den *Jüngeren Titurel* dürfte der Verfasser für die Translation des Grals nach Indien konsultiert haben, jedoch nicht für die Lohengrin-Handlung, die dort einen ganz anderen Verlauf hat.[21] Der gerichtliche Zweikampf dürfte der französischen Tradition entlehnt sein, der heimische Graf als Bedränger an Stelle des Sachsenherzogs als Eindringling verweist auf die Nähe zur durch die Hs. R[22] vertretenen Redaktion des *Chevalier au Cygne*.[23] Die Frage nach einer mutmaßlichen Zweiteiligkeit des uns überlieferten *Lohengrin* und der Existenz eines Ur-*Lohengrin* in thüringischer Mundart im Umfeld der *Wartburgkrieg*-Dichtungen wird im folgenden Kapitel zum *Lorengel* behandelt.[24]

---

17 Vgl. Bertelsmeier-Kierst/Heinzle 1993, dagegen Thomas 1995b, wiederum darauf antwortend Bertelsmeier-Kierst/Heinzle 1996. Siehe auch die Beiträge Thomas 1995a und Bertelsmeier-Kierst 1996. Dieser höchst polemische Abschnitt in der Forschungsgeschichte wird von Matthews 2016, S. 45 mit der Polemik in den Eingangsstrophen des Texts verglichen: „The irony that seems to have been lost on all concerned is that, by turning to strategies such as making inflammatory value-judgements, discrediting the character of an opponent and emphasizing boundaries between groups, the disputants find themselves in a situation not entirely dissimilar to the one portrayed in the opening strophes of the text."
18 Cramer 1971, S. 161–163.
19 Vgl. zusammenfassend ebd., S. 127–129; Cramer 1985a, Sp. 903.
20 Cramer 1971, S. 128.
21 Vgl. Kap. V.2.
22 Bruxelles, Bibliothèque royale 10391.
23 Vgl. die Quellenberufung auf *diu âventiure* [...] *in den lieden* (70,6) bei der Ankunft Lohengrins in Antwerpen.
24 Vgl. Kap. VII.1.

VI.2 Zur Version

Im *Lohengrin* wird das Figureninventar im Vergleich zu den Schwanritter-Versionen Wolframs und Konrads wesentlich durch historische Ämter und Personen erweitert. In der Handlung werden Funktionselemente der Schwanritter-Sage auserzählt, die bei Wolfram nur angedeutet werden: die Bedrängnis der jungen Herzogin, die Aussendung des Schwanritters, seine Reise von Munsalvæsche nach Antwerpen, die Heirat unter der Bedingung des Frageverbots, der Tabubruch durch die Herzogin und der Abschied des Schwanritters. Charakteristisch für die Gestaltung der Gralsgesellschaft im *Lohengrin* ist deren Zusammenführung mit dem Artushof,[25] die in der späteren Bearbeitung von Ulrich Füeterer durch sechs Übergangsstrophen zur Berufung der Tafelrunde zum Gral erklärt wird.[26] Der *Lohengrin*-Text besteht aus Teilen, die sich aus heterogenen Quellen speisen. Die Teile gehen ineinander über und werden mit kohärenzstiftenden Mitteln zusammengehalten, dennoch sind sie anhand des Handlungsverlaufs und der benutzten Vorlagen eindeutig als solche erkennbar und weisen unterschiedliche Gattungsmuster auf.[27]

Ein Prolog ist nicht vorhanden. Der Text beginnt mit *Rätselspiel*-Sequenzen aus dem *Wartburgkrieg*-Komplex, die einen Disput zwischen Clingsor und Wolfram von Eschenbach vor dem thüringischen Hof Hermanns I. darstellen (Str. 1–32). Der Rätselwettstreit wird in das Vorsingen der Lohengrin-Geschichte durch Wolfram übergeleitet, die die Binnenhandlung des Geschehens auf der Wartburg bildet. Die Lohengrin-Handlung setzt ein mit der Klage der Brabanter Herzogin Elsam, deren Eltern verstorben sind und die vom Grafen Friedrich von Telramund mit einer Lüge zur Heirat gedrängt wird. Nach der Anklage Friedrichs vor dem König Heinrich I.[28] wird Elsam aufgefordert, einen Kämpfer zu wählen, der

---

25 In den Eingangsstrophen wird auf die Erzähltradition zur Entrückung des Artus angespielt (25,7–9). Unklar bleibt, ob Artus oder Parzival der Gralskönig ist. Vgl. Cramer 1971, S. 35: „Vom Gralskönig ist in der ganzen Dichtung nicht die Rede. Artus trägt am Anfang den Titel König [...], der ihm rechtens zukommt (welchen Titel sollte er sonst haben?), was durchaus nicht bedeutet, daß er König des Grals sei. Parzivals Stellung ist unbestimmt." Anders Buschinger 2011, S. 306: „Es ist [...] eindeutig, dass im *Lohengrin* Artus der Gralskönig ist (42,5 f.), und der Dichter vereinigt in eine einzige Ritterschaft die Artus- und die Gralsritterschaft."

26 Vgl. Kap. VIII.5.1.2.

27 Dieser Tatbestand ist eine Eigenschaft des Werks, jedoch an sich kein Grund dafür, den Text von den Brüchen her zu lesen oder als ‚Postklassiker' bzw. epigonenhafte Kompilation abzutun. Eine umfassende Interpretation sollte allerdings nicht zum Ziel haben, über die Heterogenität der Teile und deren Quellen hinwegzusehen oder diese durch auf alternative Ansätze gestützte Beschreibungen zu vertuschen. Zur Einheit des Werks siehe Matthews 2016, prägnant S. 2–4, 12f., 136–140; Rezension dazu Yu 2019. Unpassend scheint mir ferner, die Schwanritter-Geschichte im *Lohengrin* als bloßen Rahmen für die Reichsgeschichte abzuwerten, wie beispielsweise bei Meyer 2000, S. 106: „The story of Lohengrin, Elsam, the Grail and the taboo is less an autonomous narrative than a functional framework." Dagegen spricht, dass die aus der höfischen Epik übernommene Handlung um den Schwanritter und die Gralsgesellschaft ebenso detailliert und mit Ausschmückungen bearbeitet wird und die zentrale Thematik des Sagenstoffes, das Inkognito, auch das Erzählmuster in den ‚historischen' Partien prägt; vgl. dazu Kap. VI.4.2.2.1. und VI.7.

28 Heinrich I. wird bereits an dieser Stelle *des rîches keiser* (35,6) genannt, obwohl die Ausrufung zum Kaiser ohne Weihe und die Kaiserkrönung in Rom noch folgen.

sie im gerichtlichen Zweikampf vertreten wird, der zur Beweisfindung in der Frage des Eheanspruchs dienen soll. Da sich vor Ort kein Ritter zum Kampf gegen Friedrich traut, wendet sich Elsam in ihrem Gebet an Gott und lässt ein Glöckchen klingen, dessen Schall die Botschaft auf die Gralsburg überbringt, auf der die Artus- und Gralsgesellschaft den Willen des Grals erfragt und den vom Gral auserwählten Kämpfer, den jungen Lohengrin, aussendet.[29] (Str. 32–64) Auf der Meerfahrt und bei der Ankunft in Brabant zeigt der Schwan Eigenschaften eines Engels. (Str. 65–78) Dem prächtigen Empfang mit höfischen Zeremonien in Antwerpen, bei dem die aufkeimende Minne zwischen Lohengrin und Elsam beschrieben wird, folgen Ratszenen über den bevorstehenden Zweikampf in Mainz, bevor beide Parteien, Elsam und Friedrich jeweils mit Gefolge, dorthin aufbrechen. (Str. 79–190) Nach der Begegnung mit Heinrich I. wird der gerichtliche Zweikampf vorbereitet und ausgetragen, bei dem Lohengrin über Friedrich siegt. Letzterer wird aufgrund des Treuebruchs hingerichtet. (Str. 191–225) Elsam wünscht sich Lohengrin zum Gatten, dieser lehnt die Heirat zunächst ab, weshalb Elsam ihn sich durch ein weiteres Gericht zusprechen lässt. Lohengrin nennt ein bestimmtes Redeverbot, das erst später öffentlich bekannt gemacht wird, als Bedingung der Heirat. Anschließend wird die Hochzeit gefeiert. (Str. 226–252) Nach der *Sächsischen Weltchronik* werden der Krieg gegen die Invasion der Ungarn im östlichen Teil des Reichs (Str. 253–292) und reichspolitische Ereignisse (Str. 293–350) erzählt, bei denen Lohengrin an der Seite Heinrichs agiert. Bewusst entgegen der chronikalischen Überlieferung[30] wird der Italienzug Heinrichs berichtet, bei dem das deutsche Heer als Teil der versammelten abendländischen Christenheit dazu beiträgt, die Bedrohung Roms durch die Sarazenen abzuwenden (Str. Str. 351–608). In der Schlacht kämpfen die römischen Apostel Peter und Paul unerkannt an Lohengrins Seite (Str. 460–474). Auf dem Schlachtfeld und in Rom wird Heinrich zum römischen Kaiser geweiht. Nach dem Sieg kehrt das deutsche Heer nach Köln zurück, wo die Amtseinführung des Erzbischofs Brun, des jüngsten Sohnes Heinrichs, und die Heirat der Kaisertochter mit dem Herzog von Lothringen gefeiert werden. (Str. 609–691) Bei einer Zusammenkunft der Frauen in Köln rächt sich die Fürstin von Kleve an Lohengrin, der beim Turnier nach seiner Hochzeit den Fürsten von Kleve aus dem Sattel warf, indem sie bei Elsam Zweifel an Lohengrins Adel erweckt. Nach etwas Zögern fragt Elsam Lohengrin nach seiner Herkunft, seinem Geschlecht und Namen. Lohengrin beantwortet die Fragen bei einem eigens eingerichteten Fest vor dem Kaiser und allen Fürsten, nachdem er bekannt gemacht hat, dass das Redeverbot, das er vor der Hochzeit Elsam auferlegte, das Fragen nach seiner Identität und Herkunft untersagt. Da Elsam das Tabu gebrochen hat, muss Lohengrin laut dem Gralsgesetz zurück nach Muntsalvaetsch. Einer der Söhne Lohengrins wird vom Kaiserpaar adoptiert. (Str. 692–730) Es folgt ein Abriss der deutschen Kaiser[31] von Heinrich I. bis Heinrich II. (Str. 731–762), ehe das Werk mit einem Epilog schließt (Str. 763–767).

---

29 Das Detail, dass Parzivals Tochter Elyz (46,7) als einzige die Gralsinschrift lesen kann, die Lohengrins Erwähltheit verkündet (59,8–10), beruht auf dem *Jüngeren Titurel*, in dessen Abschlussreflexionen zwischen der Parzival-Handlung und der Lohrangrin-Episode der Erzähler von den Gralsträgerinnen berichtet und insbesondere Parzivals Tochter als Gralsträgerin preist (*JT* 5994–5996). Eine Analyse dieser Inschrift samt theorethischen Überlegungen bietet Lembke 2020, insb. S. 298–300; siehe ferner zur Funktion, Verortung und Aufbewahrung des Grals im *Lohengrin* ebd., S. 280, 282f. und 289–292; zur sozialen Struktur des Gralsreichs S. 310–312 und zum Frageverbot S. 300f.
30 Vgl. Cramer 1971, S. 139.
31 Da im *Lohengrin* Heinrich I. entgegen der historischen Realität zum Kaiser erhoben wird, scheint es hier adäquat zu sein, von den ‚ottonischen Kaisern' bzw. der ‚Kaisergeschichte' zu sprechen.

VI.3 „*nu singet, meister wise!*" (30,10) – Wolfram von Eschenbach als Erzählerrolle und Vorbild

Der *Lohengrin* erweitert nicht nur einen in Wolframs *Parzival* angelegten Erzählkern zu einer umfangreichen Erzählung, sondern führt auch vor Beginn der Schwanritter-Handlung durch die Übernahme des Strophenbestands aus dem *Wartburgkrieg*-Komplex die dortige Figur Wolfram von Eschenbach als Erzähler der Lohengrin-Geschichte ein. Der gesamte Text wird derart von der Wolfram-Rolle,[32] dem Lob des Vorbilds Wolfram von Eschenbach sowie der Adaption authentischer und vermeintlicher Werke Wolframs überzogen, dass er bereits von der älteren Forschung „eine Mosaik aus Wolframischen Reminiscenzen"[33] genannt wurde.[34] Ein einheitliches Rollenbild Wolframs wird durch die Überlieferungsumstände bestätigt – an der Handschrift A und ihren Parallelhandschriften sind gleichsam Spuren einer ‚Wolfram-Werkstatt' erkennbar.[35] Im Folgenden werden die Einführung Wolframs als Erzähler-Rolle, die Entfaltung der Rollenbilder Wolframs und Clingsors sowie das Verhältnis des *Lohengrin*-Dichters zu Wolfram von Eschenbach untersucht.

VI.3.1 Etablierung der Rolle: das *Rätselspiel* aus dem *Wartburgkrieg*-Komplex

Der Eingang des *Lohengrin* gehört mit Ausnahme von vier Strophen – L 26, 29, 31 und 32 – zum altüberlieferten Textbestand des *Rätselspiels* aus dem *Wartburgkrieg*-Komplex.[36] Der Text setzt in strophischem Dialog ohne narrative Exposition sowie *inquit*-

---

[32] Es scheint angemessen zu sein, im Falle des im *Lohengrin* auftretenden Wolfram von einer Rolle statt Figur zu sprechen. Dabei wird von der Prämisse ausgegangen, dass eine Figur an eine mehr oder minder ausgebildete Erzählhandlung gekoppelt ist. In den Strophen des *Rätselspiels* wie in den Exkursen auf die Ebene der Auseinandersetzung zwischen Wolfram und Clingsor ist nur in Ausnahmefällen eine Schwundstufe der Narration vorhanden (vgl. Str. 21, 29, 30), in der Regel sind die Strophen lediglich anhand des Inhalts und der Sprechhaltung den Sprechern zuzuordnen. Zudem bleibt die Wartburg-Handlung fragmentarisch, da sie gegen Ende der Erzählung Wolframs nicht wiederkehrt (vgl. Kap. VI.3.3). Wolfram wird im Text mehr als sprechende Rolle statt Figur greifbar gemacht. Von dem Phänomen des Wolfram-Pseudonyms im *Jüngeren Titurel* ist die hier zu betrachtende Wolfram-Rolle zu differenzieren, da erstens diese als Rollenspiel eingeführt und gekennzeichnet ist und zweitens sich der Autor im Epilog klar von dem Dichter Wolfram abgrenzt.
[33] Rückert 1858, S. 228. Vgl. auch Traunwieser 1888.
[34] Zur Wolfram-Rezeption im *Lohengrin* vgl. Unger 1990, S. 9–52; Kerdelhué 1986, S. 122–229, 283–290. Zur Entwicklung der Rolle der Klassiker als Vorbild und Vermittler sowie zur Beziehung zwischen Autorität einzelner Quellen und Reproduktion des Intertextes vgl. Kern 1995, S. 104–119, mit Blick auf die Sprecherrolle und Autorschaft im *Jüngeren Titurel* und *Lohengrin* S. 110 und 115.
[35] Vgl. Kap. VI.1. sowie Hallmann 2015, S. 49.
[36] Grundlegend zum *Wartburgkrieg*-Komplex siehe Kellner/Strohschneider 1998, 2005, 2007; Hallmann 2015. Zum *Rätselspiel* vgl. ebd., S. 153–172; zuletzt zu seinen epistemologischen und ästhetischen Dimensionen Kellner 2021. Zu den Eingangsstrophen des *Lohengrin* vgl. Ragotzky 1971, S. 83–87; Hallmann 2015, S. 265–283. Eine Auflistung des Strophenbestands des *Rätselspiels* in den *Lohengrin*-

Formeln *in medias res* ein. Die Form des nahezu durchgängigen strophischen Dialogs ermöglicht auch ohne narrativen Zusatz den Verständnisprozess und führt somit auf ihre eigene Weise die Rezipienten durch die Handlung, was sich in dem Tatbestand widerspiegelt, dass alle drei *Lohengrin*-Handschriften in den Eingangsstrophen auf Sprecherzuweisung verzichten. Die Rollenkonstellation ist von einem Antagonismus[37] geprägt, der sich zwischen dem frommen, illiteraten, aber von Gott inspirierten Laien Wolfram von Eschenbach und dem zauberkundigen Gelehrten Clingsor,[38] der sich *von hoher kunst ein meisterpfaffe* (22,2)[39] nennt, entfaltet. Dass die Auseinandersetzung zwischen Wolfram und Clingsor einen Teil des Sängerwettstreits darstellt, der am thüringischen Hof in Anwesenheit des Landgrafenpaars stattfindet, ist im Laufe des Dialogs an den Figurenreden erkennbar. Zu Beginn des Disputs findet sich der mutmaßliche ‚Kern' des *Rätselspiels*, bestehend aus dem *Rätsel vom schlafenden Kind*, dem *Quaterrätsel* und der *Nazarusszene*, die ein dreischrittiges Modell bilden und zugleich drei unterschiedliche Wissensbereiche anreißen.[40] Die Konfrontation beider Rollen weist den Charakter einer Prüfung auf, bei der Wolfram die von Clingsor gestellten Aufgaben zu lösen hat.[41]

Im *Rätsel vom schlafenden Kind* gibt Clingsor Wolfram eine Reihe von allegorischen Bildern rund um den Sündenschlaf auf, die Wolfram als Laie wider Erwarten alle richtig zu deuten vermag. Inhaltlich geht es in diesem Dialog um die christliche Lebensführung – *Beiht und rewe er an dich gert* (6,8). Bereits hier wird Wolframs Beruf als laikaler Ependichter angesprochen und der Lobpreis bei Wirnt von Grafenberg zitiert:

> *Man saget von dem von Eschenbach*
> *und gît im pris, daz laien munt nie baz gesprach.*
> *her Wolferam, der tihtet gute mere.* (4,8–10)[42]

Obwohl Wolfram sein Wissen und seine exegetische Fähigkeit durch die Berufung auf die *zwelfpoten* (5,2) legitimiert, die „gewissermaßen das Urbild des illiteraten, aber

---

Handschriften sowie in der Parallelüberlieferung der *Wartburgkrieg*-Handschriften k, C und J bietet Hallmann 2015, S. 350f.
37 Zum dialogischen Antagonismus im *Wartburgkrieg* vgl. Strohschneider 2010, S. 105–111.
38 Die Zuweisung von Sprecherrollen ist ein Versuch der Editionen, den Verlauf des Dialogs klarer zu gliedern.
39 Wenn nicht eigens genannt, beziehen sich die Strophen- und Versangaben hier und unten auf die Fassung L.
40 Vgl. Tomasek 1994, S. 224–230. Zur Redestrategie der drei Dialogszenen vgl. Matthews 2015a, S. 52–58.
41 Zum Prüfungscharakter des *Rätselspiels* siehe Ragotzky 1971, S. 54; ferner leuchtet die Bemerkung Wachingers (1973, S. 310) ein, dass das *Rätselspiel* ursprünglich kein ‚Sänger'-krieg sei, da es sich dabei nicht um einen Streit zweier gleichartiger Spruchdichter handelt, sondern um einen, bei dem der Laie die Prüfung durch den Gelehrten besteht.
42 Vgl. Wirnt von Grafenberg, Wigalois, V. 6343–6346: *daz lop gît ir her Wolfram, / ein wîse man von Eschenbach; / sîn herze ist ganzen sinnes dach; / leien munt nie baz gesprach.* Zitiert nach Kapteyn ²2014.

göttlich inspirierten Laien"[43] verkörpern, zweifelt Clingsor die Quelle von Wolframs Antwort an und bezichtigt ihn, vom Teufel besessen zu sein. Nach einem Exorzismus stellt er das *Quarterrätsel*, in dem die Glaubensinhalte – die vier Evangelien und die Trinität – angesprochen werden (9,4–7). In den Versen, die das Rätsel umrahmen, warnt Clingsor den Laien vor physischen Konsequenzen, falls dieser vor Gottes Unergründlichkeit keinen Halt machen würde (9,1–3 und 8–10).[44] Erneut erweist sich Wolfram als überlegen: Es gelingt ihm, die Zahl Vier als die vier Evangeliensymbole auszulegen, ohne sich von Clingsor verleiten zu lassen, auch auf die Zahl Drei einzugehen, die für die Trinität steht. Seine Deutung schließt er mit der Aussage ab: *ich rüere an dines sees grunt / und schat doch gote niht an siner sterke.* (10,9 f.)[45] Da die Möglichkeit des Besessenseins nun ausgeschlossen ist, zweifelt Clingsor an Wolframs Laienstatus: *Wer dich nu hat in laien pfliht, / Wolferam, der waltet guter witze niht.* (11,1 f.) Ferner kündigt er an, den Teufel Nazarus aus Toledo herbeizuholen, um die Herkunft von Wolframs *kunst* (11,9) zu ergründen. Gegenüber den vom Teufel gestellten astronomischen Fragen in der *Nazarusszene* äußert Wolfram nur sein prinzipielles Desinteresse (15,1–3) und führt den Lauf der Gestirne auf das Wirken des Schöpfers zurück (15,6–9). Nazarus bestätigt Wolframs Laienstatus und wird von ihm unter Anrufung der Gottesmutter und durch Schlagen des Kreuzes vertrieben.[46] Zu Clingsor zurückgekehrt, kündigt Nazarus die bevorstehende Niederlage an: [...] *du kanst dich mülich des bewarn, / dir muz an dinen eren misselingen!* (18,9 f.)

In der sich daran anschließenden Passage des Disputs gibt Clingsor Wolfram keine Rätsel mehr auf, sondern stellt ihm eine Wissensfrage zur Erschaffung Lucifers und rühmt sich seiner Virtuosität in *singen und sagen* (19,4).[47] Ab dieser Passage machen sich Motive aus dem Artus- und dem Gralsstoff bemerkbar. Zugleich wird die erzählerische Kompetenz ins Zentrum des Wettstreits gerückt und der agonale Dialog schrittweise in den narrativen Monolog Wolframs überführt. In Str. 24 erwähnt Clingsor das Leben König Artus' und seiner *massenie* (24,5) in einem *gebirge* (24,2), von dem er von den Göttinnen Felicia und Junas erfahren hat, sowie den Umstand, *wer der massenie spise gebe, / wer ir da pflege mit dem getranke reine* (24,5 f.).[48] Die beiden

---

43 Hallmann 2015, S. 159.
44 Vgl. die überzeugende Beobachtung bei Kellner/Strohschneider 2007, S. 348, die Wolframs Antwort in der Folgestrophe, *So hiez ich nimmer Wolferam, / konde ich dine wilden wort niht machen zam.* (10,1 f.) die Domeszierung des Gegners sehen, die „ein wesentliches Merkmal des *kriegens*" (ebd.) darstellt.
45 Zur für die Laien tabuisierten Beschäftigung mit dem Zusammenhang zwischen der Dreifaltigkeit und der Inkarnation vgl. Hallmann 2015, S. 163 f.
46 Wolfram sagt die Flucht des Nazarus voraus:
12,10   *er zage, der hie den rücke flühtic wende!*
18,2 f.   *der tüfel fur enwec, vor zorne wart im heiz.*
          er ilt von dan, niht lenger er da beite.
47 Zur motivischen Anknüpfung der Lucifer-Frage an die Nazarusszene mittels der Teufelsthematik siehe Tomasek 1994, S. 233.
48 Hier wird auf den Erzählstoff von Artus' Entrückung in den Aetna zurückgegriffen. Vgl. Hallmann 2015, S. 275, Anm. 140, dort weitere Hinweise.

Verse spielen auf die Zusammenführung von Artus- und Gralsstoff an,[49] die später in Wolframs Erzählung von Lohengrin übernommen und fortgeführt wird. In Str. 26 führt Clingsor dann einige wesentliche Handlungselemente am Anfang der Lohengrin-Geschichte auf, die jedoch in verworrener chronologischer Reihenfolge und unklarem kausalem Zusammenhang stehen:

> *Artus hat kempfen uz gesant,*
> *sit er von dirre werlte schiet, in Cristenlant.*
> *hœrt, wie die selben botschaft eine glocke*
> *Wol über tusent rast erwarp.*
> *da von ein hoher grefe sit in kampfe starp.*
> *hœrt, ob sin übermut zu falsche in locke.*
> *Hœrt, wie ez umb die glocken stat: Artuses klenisere,*
> *Die musten lan ir künste schal.*
> *die selbe glocke in allen durch ir oren hal,*
> *des wart die massenie an freuden lere.* (Str. 26)

Nach acht Strophen, die beinahe monologisch von Clingsor vorgetragen werden, ergreift Wolfram wieder das Wort und bemängelt das Fehlen der Protagonistennamen in Clingsors Kurzfassung der Lohengrin-Erzählung:

> *Der Clingezor tut uns niht bekant,*
> *wer si der kempfe, den Artus habe uz gesant.*
> *er sait ouch niendert, wer die glocken liutet.* (27,4 – 6)

Im Abgesang derselben Strophe[50] antwortet Wolfram auf die Lucifer-Frage und triumphiert mit dem Satz *hœr Clingezor, ob ich kan din wunder vinden!* (27,10). In der Folgestrophe greift Wolfram thematisch und rhetorisch auf die beiden Reizstrophen Clingsors zurück, in denen dieser sich selbst als *schilt* (22,9) für Heinrich von Ofterdingen und Wolfram als *pukelere* (ebd.) für die übrigen Sänger im *Fürstenlob* bezeichnete, bevor er nochmals die Niederlage Clingsors konstatiert: *Swie daz von laien*

---

49 Vgl. Hallmann 2015, S. 275 f. schreibt diese Zusammenführung dem thüringischen Dichter des sog. Ur-*Lohengrin* zu. In der langen Diskussion der Forschung über die Existenz einer solchen Textstufe haben sich u. a. Lachmann 1876, S. 149 f., Elster 1885, Panzer 1894, S. 12 – 53, Ehrismann 1935, S. 80 f., Krogmann 1943, Sp. 55 – 57 und zuletzt Hallmann 2015, S. 266 – 270 (samt der unbegründeten Vermutung, der Ur-*Lohengrin* sei länger als die 67 Str., in denen der bairische *Lohengrin* und der *Lorengel* in der Kolmarer Liederhandschrift ihm gefolgt sind) dafür geäußert; Cramer 1971, S. 34 – 45 (abwägender Überblick der von der älteren Forschung vertretenen Positionen in der Frage nach Umfang und Inhalt des sog. Ur-*Lohengrin*: S. 37 – 39) und Wachinger 1973, S. 86, Anm. 60a dagegen.
50 In der Forschung ist vermutet worden, dass diese thematisch zweiteilige Strophe aus dem Aufgesang einer Strophe und dem Abgesang einer anderen Strophe zusammengefügt worden sei, was auch in der älteren Editionspraxis umgesetzt wurde. Vgl. kritisch dazu sowie genauere Hinweise bei Hallmann 2015, S. 277 mit Anm. 144; Wachinger 2011, S. 63 und Tomasek 1994, S. 233, Anm. 66.

munt geschit, des hat ein pfaffe schande (28,7).⁵¹ Wie Clingsor mit der Aufstellung der beiden Rätsel seine Superiorität verspielt hat, statt sie zu untermauern, führt er mit der Erwähnung des Grals- und Lohengrin-Stoffes seine eigene Niederlage herbei, während die hegemoniale Sprecherposition Wolframs gefestigt wird. An dieser Stelle schaltet sich der Landgraf ein, der erkannt hat, wer der bessere Erzähler ist, und bittet Wolfram, die Lohengrin-Geschichte vollständig zu erzählen:

> *Der Dürgenfürste sunder haz*
> *sprach: „wilt uns die mere künden fürebaz,*
> *wir müzen nach den frowen allen senden.*
> *Kanst uns mit singen tun bekant,*
> *wie Lohengrin von Artus wart uz gesant,*
> *da von liez wir uns alle nœte wenden.*
> *[...]"* (29,1–6)

Auch Clingsor erklärt sich bereit, Wolframs Erzählung zuzuhören: *so hœrt ich selber singen nie so gerne* (29,10). Nachdem die Landgräfin mit den Damen dazu geladen worden ist, kündigt Clingsor endgültig die Erzählung seines Kontrahenten an: *„nu singet, meister wise!"* (30,10) Am Ende der zweiten Strophe seiner Erzählung, nachdem Wolfram die beiden Protagonisten benannt und genaue Auskünfte über das *wunder* (32,3) gegeben hat, wie bei Elsams tränenreichem Gebet ein Ton von dem Glöckchen an ihrem Paternoster ausgeht und *über tusent rast* (32,8) bei König Artus erschallt, wendet er sich an Clingsor und bestätigt seine eigene erzählerische Kompetenz: *Clingezor, ich kan die rehten warheit singen!* (32,10) Er ist der Erzähler der richtigen Fassung der Lohengrin-Geschichte, der nicht nur mehr Wissen über den Stoff hat, sondern auch die Handlungselemente in eine sinnvolle Ordnung zu bringen und den Hintergrund der Geschichte zu ergänzen vermag,⁵² wie die Folgestrophen zeigen werden. Ab dieser Stelle macht der mimetische Dialog dem narrativen Monolog Wolframs Platz, der ab dem Schauplatzwechsel auf die Gralsburg (Str. 41) chronologisch verläuft.

Die in den Eingangsstrophen anhand von teils biographischen, teils literarischen Informationen konstruierte Wolfram-Rolle steht in einem Verhältnis zu seinem historischen Vorbild, das sich in verschiedene Ebenen gliedern lässt.⁵³ Zunächst zeigt diese Rolle Facetten eines Wolfram-Bildes, das man den Selbstaussagen der Autorrolle im *Willehalm*-Prolog und in den poetologischen Passagen des *Parzival* entnehmen kann, nämlich die Züge eines ungelehrten, aber göttlich inspirierten Laien.⁵⁴

---

51 In der Fassung L schalten sich vier Strophen zwischen den Angriff Clingsors auf Wolframs *smale[n]* (L 23,10) Schild und Wolframs Rückangriff (L 28), während in C und J der Rückangriff unmittelbar dem Angriff folgt (C 62f.; J 93f.).
52 Vgl. Hallmann 2015, S. 283.
53 Zur historischen Auffassung der Dichtergestalt Wolfram im *Wartburgkrieg* vgl. Wolf 1973, S. 513–516.
54 Vgl. Hallmann 2015, S. 154. Vgl. *Pz* 115,27–30.

swaz an den buochen stât geschriben,
des bin ich künstelôs beliben.
niht anders ich gelêret bin:
wan hân ich kunst, die gît mir sin. (Wh 2,19–22)

ine kan decheinen buochstap.
dâ nement genuoge ir urhap:
disiu âventiure
vert âne der buoche stiure. (Pz 115,27–30)

Dazu gehören Wolframs Berufung auf Gott bei der Beantwortung aller ihm gestellten Fragen (5,2f.; 10,9f.; 15,6–10; 17,4–10) und seine selbstsicheren Behauptungen nach der gelungenen Allegorese (5,10; 7,10), ebenso die fragmentarische Erwähnung des Schicksals des heiligen Abts Brandan,[55] der aus Skepsis gegenüber dem Inhalt ein von einem Engel gebrachtes Buch in die Glut wirft und zur Buße so lange auf dem Meer herumirren muss, bis er dank Gottes Gnade das Buch auf der Zunge eines Stiers wiederfindet (10,3–5; 12,7f.; Str. 13).[56] Zudem nennt Wolfram *sande Brandan* (27,3) als Gewährsmann seiner Fassung der Artus- und Lohengrin-Geschichte (32,9). Clingsor gibt mehr Auskunft über Brandan, während Wolfram von Brandan unterwiesen wird. Mit Brandan hat Wolfram gemeinsam, dass seine exegetische und erzählerische Kompetenz wie die Wiederfindung des verbrannten Buches weniger auf Eigenleistung als auf Gottes Gnade beruht. Im *Willehalm*-Prolog vorformuliert sind zudem die Unergründlichkeit Gottes, die in der ersten Strophe des *Quarterrätsels* erwähnt wird, und der Lauf der Gestirne als Gottes Werk, der den Inhalt der *Nazarusszene* bildet:

dîner hoehe und dîner breite,
dîner tiefen antreite
wart nie gezilt anz ende. (Wh 1,29–2,1)[57]

ouch loufet in dîner hende
der siben sterne gâhen,
daz si den himel wider vâhen. (Wh 2,2–4)

ouch hât dîn götlîchiu maht
den liehten tac, die trüeben naht
gezilt und underscheiden
mit den sternenlouften beiden. (Wh 2,9–12)

Der Topos des Erzählens als Frauendienst, der durch den Landgrafen vor Beginn der Lohengrin-Geschichte aufgeworfen (s.o. 29,2f.) und in den späteren Exkursen in die

---

55 Zu den Brandan-Bezügen im *Rätselspiel* vgl. Strohschneider 1997a, S. 22–26.
56 Vgl. Matthews 2015a, S. 57f.
57 Textstellen aus dem *Willehalm* werden nach Heinzle ²2015 zitiert.

Rahmenhandlung⁵⁸ erneut aufgegriffen wird, erscheint wie ein Echo auf die letzten Verse des *Parzival*-Epilogs:

guotiu wîp, hânt die sin,
deste werder ich in bin,
op mir decheiniu guotes gan,
sît ich diz mær volsprochen hân.
ist daz durh ein wîp geschehn,
diu muoz mir süezer worte jehn. (Pz 827,25–30)

Zweitens bestätigt der Auftritt der Wolfram-Rolle im *Rätselspiel* das Urteil eines anderen Autors über den Autor Wolfram. Dass er sich auf Gott verlässt, bestätigt ganz Wirnts von Grafenberg Lob *sîn herze ist ganzen sinnes dach* (Wg V. 6345). Indem er sich als kompetenter Epiker erweist, bekräftigt er das Urteil *leien munt nie baz gesprach* (Wg V. 6346).⁵⁹ Drittens finden sich in den Eingangsstrophen zahlreiche motivische Reminiszenzen an Stellen aus Wolframs epischen Werken,⁶⁰ etwa an die Anrede Gottes als *Altissimus* in Giburgs Gebet (Wh 100,28) während der Belagerung von Orange und die Sternkonstellationen, insbesondere das *kriegen* des Firmaments gegen die sieben Planeten im Disput Giburgs mit Terramer (Wh 216,6–11):

der Pôlus antarticus
unt den andern sternen gap ir louft,
durh den hân ich mich getouft.
der'z firmamentum ane liez
unt die siben plânêten hiez
gein des himels snellekeit kriegen
[...] (Wh 2,6–11)

Nu sage mir – hast du meisterschaft –
wie daz firmamentum mit so hoher craft
gein den siben planeten muge kriegen
Oder wie der Polus Articus
ste und der hohe meisterstern Antarticus. (Loh 14,1–5)

---

58 Den Begriff ‚Rahmenhandlung' benutze ich im Gegensatz zu ‚Binnenhandlung', um die extradiegetische Ebene, das Geschehen auf der Wartburg, von der intradiegetischen Ebene, der Geschichte Lohengrins, zu differenzieren. Trotz des etablierten Begriffs ist anzumerken, dass ‚Rahmen' in diesem Fall eine suboptimale Metapher ist, da zwar dessen Anfang vorhanden ist, dessen Ende jedoch fehlt. Wie an späteren Stellen noch zu zeigen ist, kehrt die Narration nach der Lohengrin-Geschichte nicht zum Geschehen auf der Wartburg zurück, sondern geht in die Kaisergenealogie über, welche wiederum in den Epilog mündet. Vgl. die Verwendung des Begriffs „Einrahmung" bei Volfing 2015, S. 331.
59 Anders Volfing 2015, S. 325: „[...] dass sich diese Einschätzung mehr auf das Potenzial des Protagonisten ‚Wolfram' bezieht, der sich auf der Wartburg misst, als auf die Leistungen des historischen Autors".
60 Vgl. die ausführliche Auflistung und Erläuterung der aus dem *Parzival* und dem *Willehalm* entlehnten Motive und Begriffe bei Hallmann 2015, S. 155.

> *der sie beschuf, der hat ir ganc vereinet.*
> *Planeten kraft, der sterne louf, des firmamentum clingen –*
> *Ich weiz, der alle dinc vermac,*
> *der hat gezirkelt beide naht und ouch den tac,*
> *[...]* (*Loh* 15,6–9)

Anklänge an den *Parzival* finden sich beispielsweise in der Charakterisierung des *Antarticus* (14,5) als stehenden Stern in der *Nazarusszene*, der im Brief des Gramoflanz an Itonjê als Sinnbild der *triwe*[] (*Pz* 715,19) benutzt wird; oder in der Bedeutung des Laufs des *Saturnus* für die menschliche Welt (14,7), die Trevrizent als Grund für Anfortas' intensiven Schmerz und den Schnee im Sommer nennt (*Pz* 489,24–29; 492,25–493,3). Viertens kann neben diesen motivischen Parallelen zwischen dem *Rätselspiel* und den Werken Wolframs die Haltung der Wolfram-Rolle im Wettstreit mit Clingsor als Kommentar zu manchen Stellen im *Parzival* gelesen werden.[61] Wolfram geht beim Lösen des *Quarterrätsels* bewusst nicht auf die Zahl Drei ein, da das Nachforschen der Beziehung zwischen Inkarnation und Trinität nach zeitgenössischer Auffassung für Laien tabuisiert ist; auf die astronomischen Wissensfragen des Nazarus reagiert er mit einem prinzipiellen Desinteresse, da diese für das Seelenheil ohne Belang sind.[62] Auf diese Weise respektiert er die für Laien gesetzten theologischen Wissensgrenzen und zeigt eine Abstinenz[63] von bestimmten Wissensbereichen. Dies steht diametral zur Glaubenspraxis des Trevrizent, der nicht nur eigenständig religiöse Schriften deutet (*Pz* 462,11–17), sondern auch regelmäßig Laienbeichte abnimmt (*Pz* 502,25f.; 446,20f.; 448,21–26; 449,14–18). Auf diese Weise werden der Wolfram-Rolle vor Beginn der Lohengrin-Geschichte Aussagen in den Mund gelegt, die als Kommentar zum Werk des Autors Wolfram gelesen werden können und „im Hinblick auf das Verständnis des Romans den theologischen Aussagen Trevrizents ihre Autorität"[64] nehmen. Als Erzählkern im *Lohengrin* erweitert wird die Loherangrîn-Episode am Ende des *Parzival*, die eine Relativierung des *happy end* und eine Infragestellung der Verfügbarkeit der Transzendenz darstellt. Die Wolfram-Rolle im *Rätselspiel* hinterfragt und widerlegt durch ihre Antworten die Glaubensausübung einer Figur in Wolframs Werk und erweist sich somit als richtungsweisend für die Wolfram-Rezeption.

Insgesamt zielt die Gestaltung der Wolfram-Rolle in den Eingangsstrophen auf ein bestimmtes literarisch vermitteltes Vorwissen des Publikums über den Autor Wolfram ab, dessen Konvergenz mit den Zügen des im Rätselwettstreit auftretenden und

---

[61] Die Exempel- und die Kommentarfunktion des *Rätselspiels* zu Wolframs Werk hat Hallmann überzeugend herausgearbeitet: Während Clingsor das „Negativexempel einer vom Bezugsrahmen des christlichen Glaubens entkoppelten Gelehrsamkeit" verkörpert, stellt Wolframs Rede das Vorbild einer „durch bewusste Selbstbeschränkung gekennzeichneten laikalen Glaubenspraxis" (Hallmann 2015, S. 161) dar, denn er macht bewusst vor den Wissensbereichen halt, „die sein Auffassungsvermögen als Laie übersteigen" (S. 165).
[62] Vgl. Hallmann 2015, S. 164–168.
[63] Vgl. Kellner/Strohschneider 2007, S. 354: „kluge Selbstbegrenzung".
[64] Hallmann 2015, S. 170.

schließlich die Lohengrin-Geschichte vortragenden Wolfram die Identität dieser Rolle mit ihrem historischen Vorbild suggeriert.[65] Über den fiktiven Erzähler, der in den Eingangsstrophen etabliert wird, ordnet sich die Erzählung von Lohengrin somit in dasselbe stoff- und gattungsgeschichtliche, personale und auktoriale Kontinuum ein, in dem die vorgängigen – authentischen und vermeintlichen – Werke Wolframs von Eschenbach stehen. Die Autorität des gefeierten Epikers kann einerseits dazu dienen, die Erweiterung und Deutung des adaptierten Erzählkerns zu legitimieren,[66] andererseits dazu, intertextuelle Assoziationen bei den Rezipienten zu erwecken und anhand der inszenierten idealisierten Situation literarischer Kommunikation (insb. Str. 29 f.) eine erwartete Rezeptionshaltung zu implizieren. In diesem Sinne erfüllen die Eingangsstrophen des *Lohengrin*, die die Position eines Prologs besetzen, bis zu einem gewissen Grad die Funktionen des Prologs.

Dass der *Lohengrin* als ein Werk der höfischen Epik in Strophenform verfasst wird, ist eine weitere Annäherung an die Tradition, die durch Wolframs *Titurel* begründet und maßgeblich geprägt wird. Diese Tradition wird durch Albrecht im *Jüngeren Titurel* fortgesetzt,[67] der eine bedeutende inhaltliche wie stilistische Folie für den *Lohengrin* bildet. Dass im *Lohengrin* und später im *Lorengel* der durch den übernommenen Bestand aus dem *Rätselspiel* vorgegebene ‚Schwarze Ton', ein ursprünglicher Spruchton,[68] als Epenton eingesetzt wird, stellt ein literaturgeschichtlich singuläres Phänomen dar.[69]

---

[65] Vgl. Hallmann 2015, S. 137. Dass Annette Volfing (2015, S. 325) eine Reduzierung Wolframs zu einer „intradiegetischen Figur" in den *Wartburgkrieg*-Dichtungen sowie eine „Abwertung" desselben im *Lohengrin* sieht, da er „nicht nur gegen Clinschor antreten muss, eine Figur, die eng mit seiner eigenen literarischen Schöpfung verbunden ist, sondern von diesem auch noch mit Horant (dem fiktionalen Sänger der Kudrun) verglichen wird", leuchtet nicht ein. Erstens wird Wolfram in den Eingangsstrophen des *Lohengrin* nicht von Clingsor mit Horant verglichen, sondern vom Erzähler. Zweitens muss die poetische Pointe, dass Wolfram mit einer Figur (in den Eingangsstrophen noch scheinbar) aus seinem eigenen Roman den Rätselwettstreit ausficht, nicht dessen Abwertung bedeuten.
[66] Vgl. Unger 1990, S. 51. Kern 1995, S. 119 spricht vom „Verweis auf Genreautoritäten als Intertextsignale".
[67] Zur Tradition der strophischen Epen vgl. Unger 1990, S. 36 sowie S. 4 f.: „Dennoch zeigt die Tatsache, daß er überhaupt strophische Epik zu schreiben unternimmt, wiederum ein bewußtes Bemühen, sich den Formvorgaben des Albrechtschen Gralsepos anzupassen."
[68] Der Schlussfolgerung Brunners, der ‚Schwarze Ton' sei trotz struktureller Ähnlichkeiten mit der epischen Strophenform Titurelweise als Spruchton aufzufassen (vgl. Brunner 1979, S. 315), ist beizupflichten; vgl. auch die Zuordnung des ‚Schwarzen Tons' in die Tradition der Sangspruchdichtung bei Wachinger 1999, S. 742. Vgl. die Diskussion der Versuche u. a. in den Arbeiten von Wolf 1955 sowie Mertens 1970, 1980, 1999, den ‚Schwarzen Ton' als strukturelles Derivat der Titurelweise aufzufassen, bei Hallmann 2015, S. 120 mit Anm. 39 und 41. Zur Entlehnung des ‚Schwarzen Tons' als Epenton und zur mutmaßlichen Anpassung der Melodie dieses Tons an die Situation des epischen Vorsingens siehe Kap. VI.6.
[69] Vgl. Hallmann 2015, S. 120 f. mit Anm. 43, in der ein vergleichbarer Fall, *Tirol und Fridebrant*, genannt wird.

Der Konnex zwischen der Rahmenhandlung auf der Wartburg und der dadurch eingeleiteten Lohengrin-Geschichte erschöpft sich nicht in der Etablierung der Erzählerrolle. Auf der textinternen paradigmatischen Ebene stellt Wolframs Nicht-eingehen auf die Relation zwischen Inkarnation und Trinität eben jene Haltung dar, die Lohengrin in der von ihm erzählten Geschichte von Elsam fordert – das Erkennen und Bewahren der Wissensgrenzen. Des Weiteren spiegeln sich die antagonistische Struktur und die Polemik der Rahmenhandlung[70] auf der intradiegetischen Ebene wider, zunächst im Streit der Artusritter um den Vorrang, als Kämpfer Elsams ausgesandt zu werden; dann im stellvertretenden Zweikampf zwischen Friedrich von Telramund und Lohengrin.[71] Auch einzelne Motive finden sich sowohl im altüberlieferten Strophenbestand als auch in der Lohengrin-Handlung: Beispielsweise wird Lucifer im letzten Rätsel Clingsors genannt (19,6) und von Wolfram in der Lösungsstrophe *hochfertic* (27,9) charakterisiert, in der der Fassung L eigenen Str. 26 führt Clingsor einen *hohe[n] grefe[n]* (26,5) ein, der vom *übermut* (26,6) verleitet wird. Von dem Falken, an dem Elsam das goldene Glöckchen findet, heißt es: *Ein valke het sich überslagen, / sîn übermuot in ze einem kraneche het getragen* (37,1 f.). Auf die Werbung Friedrichs antwortet Elsam: ,[...] *Lûcifer der het übermuot, / dâ von er viel als ir vil lîhte selber tuot.*' (33,8 f.) Die Eigenschaft der Hoffart wird also zu einem leitmotivischen Bindeglied zwischen dem *Rätselspiel* und der Anfangspartie der Lohengrin-Geschichte. Friedrich und der Falke treten als Träger dieser Qualität mit dem biblischen Negativexemplum in Verbindung.

---

70 Vgl. dazu Matthews 2015a und ders. 2016, S. 22–39. Matthews misst dem Konzept der polemischen Rede in den Eingangsstrophen einen Eigenwert bei (2015a, S. 44: „[...] 'polemic' is not simply a way of describing genres or entire discourses and texts but can also characterize strategies in the detailed use of language in potentially very different settings") und beschreibt die rhetorischen, linguistischen und gestischen Strategien in der Auseinandersetzung zwischen Wolfram, Clingsor und Nazarus (ebd., S. 59 fasst er folgende Strategien zusammen: „introduction of violence", „physical confrontation", „demonstrating superiority in terms of knowledge", „likening his own artistry to a violent force", Angriff auf die Person des Gegners und das Rätsel scheinbar unlösbar zu machen). Er kommt zu der Schlussfolgerung, dass es in den Eingangsstrophen mehr darum geht, Wolfram mit seiner dichterischen Prestige als Erzähler der Lohengrin-Geschichte zu etablieren; und dass die angewandten Strategien an einen historischen Kontext gebunden sind (vgl. ebd., S. 62–64). Auch wenn Matthews die verbalen und nonverbalen Strategien zutreffend beschreibt, bleibt ihre Charakterisierung aufgrund der fehlenden Berücksichtigung des Inhalts der Rätsel unscharf. So subsumiert er viele Bilder unter den Begriffen „violence" und „physical confrontation", ohne genau zu analysieren, was die Bilder jeweils bedeuten können. Ferner sieht er mit Recht die Strategien, die die beiden Kontrahenten gegeneinander anwenden (mehrmals „each other", S. 62), übersieht freilich die Ungleichheit im Status der Kontrahenten und die Prüfungssituation. Nicht recht überzeugend ist seine Parallelisierung („Likewise", S. 60) der „physical action", mit der Wolfram Nazarus besiegt, mit dem Erzählakt Wolframs, durch den er seine Überlegenheit gegenüber Clingsor endgültig behauptet. Denn der Erzählakt ist keine „physical action". Unklar bleibt auch, was mit der Differenzierung zwischen verbalen und physischen Mitteln der Auseinandersetzung gewonnen ist.
71 Vgl. Hallmann 2015, S. 275.

VI.3.2 Präsenz der Rolle: Exkurse aus der Schwanritter-Handlung in die Wartburg-Handlung

Nach Clingsors Bitte und Ankündigung – *„nu singet, meister wise!"* (30,10) setzt die Lohengrin-Erzählung Wolframs ein. Zu Beginn der vorwiegend monologischen Erzählung begegnen einzelne Verse mit Bezugnahme auf die Vortragssituation auf der Wartburg durch die Anrede an Clingsor (32,10) oder durch den Rückverweis auf den Wissenswettbewerb im *Rätselspiel: der ez reht weiz, der ist niht künste laere* (38,10). Es fällt auf, dass das Frageverbot in der Schwanritter-Handlung, von dem in diesem Abschnitt noch die Rede sein wird, sich auf der Ebene der Rahmenhandlung reflektiert, allerdings in der Form einer Frageerlaubnis: Als Wolfram anfängt, die Geschichte von Lohengrin und Elsam zu erzählen, wendet er sich an das Publikum und erlaubt eigens allen, denen der Stoff nicht vertraut ist, zu fragen: *der ez niht weiz, dem si noch frage erloubet.* (31,10)

Der Dialog zwischen Clingsor und Wolfram, der mit der Fortschreitung der Erzählung gänzlich in den Hintergrund tritt, kehrt inmitten der Lohengrin-Geschichte dreimal in Form eines Exkurses zurück.[72] Der erste Exkurs (106,8–109,10) findet sich zwischen der abendlichen Feier nach Lohengrins Ankunft in Brabant und der Messe- und Ratszene am Morgen darauf. Wolfram, der sich als der legitime, bessere Erzähler der Lohengrin-Geschichte etabliert hat, bricht die Geschichte gut siebzig Strophen nach ihrem Beginn ab, wendet sich an Clingsor und bietet diesem eine zweite Chance an, dessen Überlegenheit in der erzählerischen Kompetenz unter Beweis zu stellen, indem dieser die Geschichte weiter erzählen soll:

> *Clingesor, wilt dû niht vürbaz sagen?*
> *sô will ich des sanges mîn durch dich gedagen,*
> *ob dû sîn künnes baz dan ich bescheiden.* (106,8–10)

Noch bevor Clingsor das Wort ergreift, schaltet sich das Landgrafenpaar ein und schließt die Möglichkeit eines Weitererzählens durch Clingsor aus. Zunächst lehnt die Landgräfin Wolframs Vorschlag entschieden ab und begründet dies mit seinem gottgegebenen Scharfsinn und erzählerischen Geschick – beides wurde in den Eingangsstrophen und durch die bisherige Erzählung bewiesen: *sit dir got hât witze und kunst gemeinet, / Sô lœse der âventiure haft.* (107,3 f.) Mit dem Bild des *haft* und des Lösens wird eine Metapher aus dem *Rätselspiel* (4,1; 5,1) wieder aufgegriffen, die die Allegorese als Aufbinden bzw. Entknoten umschreibt.[73] Dort wird das Bild auf die Deutung des Rätsels bezogen, hier auf den Bericht der vollständigen *âventiure*. Die Landgräfin äußert die Aufforderung an Wolfram als eine Bitte aller Zuhörer auf der Wartburg, die die erzählerische Überlegenheit Wolframs gemeinsam bezeugt haben:

---

[72] Vgl. Krogmann 1943, Sp. 56; Rückert 1858, S. 232; Ragotzky 1971, S. 87 f.
[73] Vgl. Freytag 1982, S. 39.

> *sprich vürbaz, des bit wir alle dich gemein* (107,2)

> *des bitt dich mit vlîze diu geselleschaft,*
> *sint wir des mit einander sîn vereinet.* (107,5 f.)

Die gleiche Bitte äußert auch der Landgraf anschließend. In der Folgestrophe spricht Clingsor, dass Wolfram die Geschichte weiter erzählen soll. Dabei beruft er sich auf seine eigene Aussage (29,10), als er seine endgültige Niederlage im Rätselwettstreit einräumt:

> *Dô sprach Clingesor: ‚von Eschenbach*
> *her Wolferam singet vürebaz. als ich vor iach,*
> *ich hôrt bî mîner zît nie sanc sô gerne.* (108,1–3)

Mit seiner folgenden Aussage greift Clingsor weitere Motive aus dem *Rätselspiel* wieder auf, beispielsweise die Metapher des Seegrundes als Ziel eines Erkenntnisprozesses, als Enträtselung und Enthüllung der tiefsten Zusammenhänge, die Wolfram beim Lösen des Quaterrätsels benutzt (10,9 f.). Mit dieser Metapher beschreibt Clingsor hier das Ende, die Vollständigkeit der Geschichte: *Wirt mir der âventiure grunt / von dir mit gesange durnehticlîchen kunt.* (108,4 f.). Der Begriff *meisterschaft*, der für die Virtuosität in der Exegese steht, wird mehrfach im Rätselwettstreit zur Beschreibung der Qualität desjenigen verwendet, der die gestellten Aufgaben zu lösen vermag (4,2; 14,1; 16,8).[74] Hier wird er von Clingsor auf die erzählerische Leistung Wolframs bezogen: *ob ich von dîner kunst den sin gelerne, / Zwâr daz treit dich immer vür an rehter meisterschefte.* (108,6 f.) Auf die Bitte aller kündigt Wolfram an, die Geschichte weiter zu erzählen. Dies tut er einerseits um der Erwartung des textinternen Publikums entgegenzukommen (*wan ich vrouwen und herren wil gewern*, 109,2), andererseits knüpft Wolfram diese Entscheidung an einen Lobpreis des Fürstenpaares:

> *[...] daz wil ich lâzen hœren*
> *den Dürgenvürsten und sîn wîp,*
> *wan sie habent alsô reht getriuwen lîp,*
> *daz sie wol zaemen in der engel kœren.* (109,7–10)

Beides führt die Vortragssituation am Thüringer Hof erneut präsent vor Augen, letzteres spielt zudem auf die zentrale Thematik des *Fürstenlobs* aus dem *Wartburgkrieg* an, nämlich die Wechselbeziehung von dichterischem Lob und fürstlicher Freigebigkeit.[75] Wolfram fährt mit der korrekten Fassung (*die rehten wârheit* 109,6; vgl. 32,10) der Lohengrin-Geschichte fort, als deren Erzähler er sich gegen Ende des *Rätselspiels* bewährt und mit deren Fortschreitung er seine Position untermauert hat.

---

74 Z.B. spricht Clingsor 4,1 f.: *Swer mir nu lœset disen haft, / der hat in sins herzen kunst gut meisterschaft.*
75 Vgl. Hallmann 2015, 126.

Der zweite Exkurs (228,4–231,3) wird in die Szene eingebettet, in der Lohengrin Elsam das Frageverbot auferlegt. Nachdem Lohengrin im Gerichtskampf gegen Friedrich von Telramund gesiegt hat, äußert Elsam den Wunsch, ihren Retter zu ehelichen: ‚herre er ist mîn.' (226,1) Lohengrin lehnt eine Heirat zunächst ab: ‚niht, ich sol weder iuwer noch niemans sîn.' (226,2) und begründet diese Entscheidung damit, er habe zwar seine Hilfeleistung versprochen, jedoch nicht die Einwilligung in eine Ehe: ‚[...] wan ich mich ir hân keiner ê gepflihtet.' (226,5 f.)[76] Daraufhin wird gleichsam ein zweites Gericht berufen, in dem der Kaiser und alle anwesenden Fürsten das Urteil zugunsten der Elsam fällen: *sie het in wol behabt, diu kiusche reine.* (226,10) Diese Szene stellt eine Reminiszenz an Lohengrins Großmutter Herzeloyde dar, die sich nach dem Turnier vor Kanvoleiz den erwünschten Gatten Gahmuret gerichtlich zusprechen lässt (*Pz* 95,27–96,10). Eine solche Anspielung an dieser markanten Stelle hat zweierlei Funktionen: Einerseits verweist sie auf die Handlung des *Parzival* und hält die Rolle Wolframs als Erzähler der Geschichte präsent, bevor er zwei Strophen später selbst seinen Gegner Clingsor anspricht; andererseits trifft die genealogische Assoziation eine Strophe vor der Erzählung vom Frageverbot inhaltlich genau das, wonach nicht gefragt werden darf und füllt somit narrativ die in den Folgestrophen offen gelassene Lücke. Es scheint kein Zufall zu sein, dass der bis dahin in der Welt außerhalb der Gralsburg inkognito bleibende Lohengrin, der sonst vom Erzähler *der gast* (217,1; 218,8; 220,10 u.ö.), *der iunge degen* (223,4) oder *der iunge künic* (68,2; 77,4) genannt wird, gerade hier die Bezeichnung *der von Antschouw* (226,5) bekommt, eine Bezeichnung nach seiner Genealogie und der Herkunft seines Großvaters Gahmuret.

Nach dem Urteil bittet Lohengrin den Kaiser darum, mit Elsam allein ein Gespräch führen zu dürfen: ‚her, lât mich ê die iuncvrouwen vor gesprechen.' (227,3) Er führt Elsam in einen privaten Raum: *Dâ mit er sie mit im dan   nû wîst ûz dem gedrange* (227,7). Unter vier Augen gemahnt Lohengrin Elsam, ein Verbot einzuhalten:

> *er sprach: ‚iuncvrouwe, mac iuwer munt*
> *vermîden des ich iuch wîse hie ze stunt,*
> *sô mugt ir mich mit vreuden haben lange.*
> *Tuot ir des niht, ir vlieset mich!'* (227,8–228,1)

Elsam gelobt, diese Bedingung für die Eheschließung zu akzeptieren, noch ohne zu wissen, was genau verboten wird: ‚*bî got ich iu vergich / daz ich iuwer heiz wil dulden und lîden.*' (228,2 f.) An dieser Stelle wendet sich Wolfram das zweite Mal während des Erzählflusses an Clingsor. Der Unterschied zum ersten Mal besteht darin, dass es diesmal nicht generell um das Fortsetzen der Geschichte geht, sondern gezielt um den Inhalt des Verbots:

---

[76] Diese retardierende Szene vor der Hochzeit, die die finale Ausrichtung des Erzählschemas mit der Heirat unter der Bedingung eines Tabus und dem Tabubruch punktuell zu hindern scheint, ist möglicherweise eine Entlehnung aus Konrads *Schwanritter*; vgl. Kap. X.2.1.2.

> *Clingesor, der âventiure bunt*
> *mache den vrouwen und dem Dürgenherren kunt*
> *und sage in, waz sie hiez der ritter mîden,*
> *Wan der âventiure grunt   daz mîden gar besliuzet.* (228,4–7)

Wolfram behauptet hier also, zu seinen Ungunsten als eines kompetenten Erzählers, den Inhalt des Verbots nicht zu kennen, da die *âventiure*, die ihm zur Verfügung steht, diesen Inhalt verriegelt hält.[77] Er verlässt die Position eines auktorialen Erzählers und wird – ähnlich wie am Anfang des IX. Buchs des *Parzival* – abhängig von der *âventiure*:

> *jâ sît irz, frou âventiure?*
> *wie vert der gehiure?* (Pz 433,7 f.)

> *nu tuot uns de âventiure bekannt* (Pz 434,11)

> *diu âventiure uns kündet* (Pz 435,2)

Wolfram bezeichnet das, was verboten wird, als *der âventiure bunt*, also die Fessel – oder die Verwickelung, das Rätsel[78] – seiner Narration. Er, der in der Eingangspassage alle drei von Clingsor aufgegebenen Rätsel zu lösen und auch die Lohengrin-Geschichte besser zu erzählen vermochte, soll nun über ein Rätsel in der eigenen Erzählung stolpern. Clingsor erwidert, statt den Erzählfaden zu übernehmen, mit der Bescheidenheitsformel *ich ir hân dekeiner slahte künde* (229,3), und bittet Wolfram, weiter zu singen. Was Wolfram in der Folge tut, ist merkwürdig ablenkend: Er kehrt nicht zur Lohengrin-Geschichte zurück, sondern spricht von der Figur Clinschor im *Parzival*:

> *hâst dû von dem Clingesor*
> *iht gehôrt der Artus die vrouwen hie vor*
> *verstolen het, und wie sie Gâwein vünde,*
> *Dâ zuo Schahtelmarveil? der degen   sie sint mit strîte erlôste.*
> *vil zoubers er an buochen las.* (229,4–8)

Spätestens an dieser Stelle wird die im *Rätselspiel* erzeugte Illusion einer Metalepse, Wolfram würde mit einer Figur aus seinem eigenen Roman wetteifern, endgültig gebrochen. Im gesamten *Wartburgkrieg*-Personal ist Clingsor die einzige Figur, die eindeutig „fiktiven Ursprungs"[79] ist. In der Fassung des *Rätselspiels*, wie sie in den *Lo-*

---

77 Vgl. die Formulierung im *Parzival*: *wande ich in dem munde trage / daz slôz dirre âventiure* (Pz 734,6 f.), mit der der Erzähler behauptet, als einziger im Besitz der vollständigen Geschichte zu sein und diese enthüllen zu können.
78 *Bunt* kann als ‚Band, Fessel', oder als ‚Verwickelung, Rätsel' verstanden werden; vgl. Lexer 1992, Bd. 1, Sp. 383.
79 Hallmann 2015, S. 138.

hengrin-Handschriften vorliegt, finden sich in der Rolle Clingsors Züge, die an die Clinschor-Figur des *Parzival* – *phaffe der wol zouber las* (Pz 66,4) – erinnern, so seine Selbstauskunft *daz ich von hoher kunst ein meisterpfaffe bin* (22,2) und *Nigramanciam weiz ich gar. / der astronomie nim ich an den sternen war:* (19,1 f.), sowie sein Bericht über seine Bezauberung einer *maget* (20,6 – 10).[80] In der gesamten Überlieferung des erweiterten *Rätselspiel*-Bestands erweist sich jedoch die Tendenz, Clingsor von seinem literarischen Vorbild abzugrenzen, als dominanter. Nach Hallmann gewinne Clingsor dadurch an eigenem Profil, was zur Folge hat, dass Clingsor bald nach der Entstehung des *Rätselspiels* als eine historische Person rezipiert wurde.[81]

An dieser Stelle mitten in der Lohengrin-Geschichte führt Clingsor selbst seinen Bezug zur gleichnamigen Romanfigur aus:

> *Clingesor sprach: ‚mîns enn uren sîn schrîber was,*
> *nâch sînem tôt warf er ir vil ze rôste.*
> *Mîn en der wart von Rôme gesant*
> *ze einer gib dem künige rîch in Ungerlant*
> *der selb wart Clingesor nâch iem genennet.*
> *Den selben namen hân ouch ich.'* (229,9 – 230,4)

Nach der Selbstauskunft Clingsors ist er nicht identisch mit der Figur Clinschor in Wolframs Roman, sondern Nachkomme von dessen Schreiber.[82] Beide teilen lediglich den Namen. Die Erwähnung der geographischen Wanderung erklärt die Differenz zwischen der Heimat der Clinschor-Figur im *Parzival*, Capua, und der Heimat des Clingsor im *Rätselspiel*, Ungarn. Durch diesen Eingriff wird zwar die vorher genannte Illusion gebrochen, die intertextuelle Anbindung von Wolframs Gegner an die Clinschor-Figur des *Parzival* jedoch verdeutlicht.

---

80 Vgl. die Darstellung des Clinschor im *Parzival*: *Clinschore ist stæteclîchen bî / der list von nigrômanzî, / daz er mit zouber twingen kan / beidiu wîb unde man.* (Pz 617,11 – 14) Die Gefangennahme der Frauen wird hingegen in den hier zu betrachtenden *Rätselspiel*-Strophen nicht thematisiert. Grundlegend zur Clinschor-Figur in Wolframs Roman siehe Blank 1989.
81 Vgl. Hallmann 2015, S. 139. Zu Parallelen zwischen der Figur Clinschor im *Parzival* und Clingsor im *Wartburgkrieg* vgl. Masse 1994, S. 158 – 162, Wolf 1967, S. 11 – 19.
82 Diese genealogische Zuordnung greift latent die Biographie von Wolframs Clinschor-Figur wieder auf, der vom sizilianischen König zur Rache für den Ehebruch mit dessen Frau kastriert wird und infolgedessen selbst keine Nachkommen hat (vgl. Pz 656,15 – 658,8). Volfings These, „[d]iese Betonung von Schreiben und Textualität gibt dem Aufstieg Clinschors vom Zauberer zum Sänger-Dichter eine potentiell interessante Dimension" (Volfing 2015, S. 331), leuchtet mir nicht ein, da erstens nicht Wolframs Kontrahent im *Lohengrin* selbst einst Zauberer war und somit kein ‚Aufstieg' zu beobachten ist; und zweitens beruflicher Schreiber nicht mit „Sänger-Dichter" gleichzusetzen ist.

Von dieser Textstelle aus wird auch die Sprecherzuweisung der dritten *Rätselspiel*-Strophe (L 3 = k 91) zumindest für den *Lohengrin*-Text klar,[83] die in der bisherigen Editionspraxis uneinheitlich gehandhabt und ungenügend begründet worden ist.[84]

L 3
*Clingezor uz Ungerlant **mir jach**,* [meine Hervorhebung, M. Y.]
der vater wider zu dem lieben kinde sach.
sin ougen er mit jamer gein im wande.
Sin gemüet, daz was im scharf.
mit einem slegel er zu dem lieben kinde warf.
er sprach: „min werden boten ich dir sande:
Ezidemon, ein tier, din pflac, daz was gar sunder galle.
Da für nem du eins luhses rat,
der dich in disen falschen slaf gedrungen hat!"
do brach der tam und quam der se mit schalle.

k 91[85]
*Klingsor uß Ungerlant **verjach**,* [meine Hervorhebung, M. Y.]
wie das der vater das kint so bermiclich an sach,
das im sin aug von jamer widerwande.
Und sin gemüte wart so scharpf:
mit einem großen slegel er zu dem kinde warf.
er sprach: „nim war, ein boten ich dir sante:
Der zedelman, der din do pflag, der kam an alle galle.
Folgestu dines luchses rat,
der dich in dinen falschen slaf bezwungen hat?"
da wacht der tum, do ging der see mit schalle.

Für eine Zuweisung der Strophe 3 an Clingsor spricht deren Inhalt, der Teil des Rätsels darstellt, das in den Strophen 1 und 2 aufgeworfen und hier mit weiteren zu deutenden

---

[83] Zu fehlenden Sprecherzuweisungen in den *Lohengrin*-Handschriften und vorhandenen Sprecherzuweisungen in den anderen Handschriften des *Wartburgkriegs* vgl. Kellner/Strohschneider 1998, S. 147 sowie Hallmann 2015, S. 89.
[84] Vgl. Wachinger 1973, S. 26 f. zu Str. L 3: „Dieses *mir* kann sich nur auf Wolfram beziehen. Der Verfasser dieses Satzes scheint sich also vorzustellen, daß Wolfram den Rätseldialog erzählt, den er selbst mit Klingsor geführt hat. Ich möchte nicht unbedingt behaupten, daß die Zeile in dieser Fassung dem Ur-'Rätselspiel' angehört habe. [...]." Wachinger sieht darin die Bemühung, „Wolfram als Verfasser und Erzähler des 'Wartburgkriegs'" zu etablieren: „damit stünde der 'Wartburgkrieg' in der Nähe anderer Pseudo-Wolfram-Dichtungen des 13. Jahrhunderts. Freilich ist dieser Gedanke nirgends konsequent durchgeführt". Hallmann 2015 ordnet L 3,1 Wolfram zu, vgl. seine Diskussion der Varianten und Forschungspositionen zu dieser Textstelle S. 147 f. Wachinger 2011 ordnet diese Strophe Clingsor zu, mit dem Kommentar: „Die Redeeinleitung stört den sonst durchgehaltenen Charakter reiner Rollenreden im ›Rätselspiel‹. Sie setzt wohl die Vorstellung voraus, dass Wolfram nicht nur Teilnehmer, sondern auch Erzähler des Rätselstreits sei" (S. 92). Cramer 1971 ordnet diese Strophe ebenfalls Clingsor zu, ohne dies zu erläutern. Vgl. zudem die übereinstimmende Vermutung von Strack 1883, S. 40, Baumgarten 1931, S. 20 und Rompelman 1939, S. 302 f., dass keine der fünf Handschriften, die diese Strophe enthalten – A,B,M,C, und k –, die ursprüngliche Gestalt des Verses 3,1 überliefere.
[85] Parallelüberlieferung in der Kolmarer Liederhandschrift. Hs. C hat den gleichen Wortlaut wie L.

Figuren (*ezidemon*, *luhs*) fortgesetzt wird. Allerdings mag es irritierend erscheinen, dass die Strophe in den älteren Handschriften mit *Clingezor uz Ungerlant mir jach* (3,1) anfängt, als würde Clingsor sich selbst ansprechen und sich auf sich selbst berufen. Die Änderung dieses Verses in k stellt wahrscheinlich einen Versuch dar, die hier sprechende Instanz mit dem Erzähler des *Wartburgkriegs* zu identifizieren und die Kohärenz zu verbessern. Den Aussagen in Str. 230 des *Lohengrin* ist zu entnehmen, dass Clingsor einen gleichnamigen Großvater hat, der nach Ungarn umgesiedelt ist, und mit *Clingezor uz Ungerlant* (3,1) höchstwahrscheinlich sein Großvater gemeint ist. Berücksichtigt man diese zusätzliche Information, wäre Str. 3 unproblematisch Clingsor zuzuordnen und der Vers 3,1 als eine Inszenierung der mündlichen Tradierung des Rätsels vom Großvater zum Enkelkind zu verstehen.[86]

Wieder bittet die Landgräfin Wolfram, weiter zu erzählen, ohne nach dem Inhalt des Verbots zu fragen. Wolfram verspricht kundzutun, *wie es in beiden dort / ergienc* (231,2f.). Als er die Handlung fortsetzt, verweist er mit einem Relativpronomen auf den Inhalt des Verbots, ohne diesen selbst zu erzählen:

> [...] ‚nû het diu iuncvrouwe wol gehœret,
> Wes er sie underwîset het.
> sie gehiez leisten sîn gebot und sîn gebet (231,3–5)

Anschließend kehren Lohengrin und Elsam in den öffentlichen Raum zurück und die Trauung wird in Anwesenheit aller durch den Kaiser vollzogen (231,7–10). Die Zeit der Binnenhandlung ist also während des Exkurses in die Rahmenhandlung weitergelaufen. Rückschließend erfährt man, dass Lohengrin während dieses Exkurses Elsam den Inhalt des Verbots bekannt gemacht hat. Auf der intradiegetischen Ebene weiß also allein das Brautpaar um den Inhalt des Verbots.[87] Das Publikum in der Rahmenhandlung auf der Wartburg erfährt ebenso wenig davon wie die textexternen Rezipienten. Entsprechend dem *Rätselspiel* der Rahmenhandlung wird das Verbot auf der intradiegetischen Ebene verrätselt erzählt. Eine solche Gestaltung ist singulär unter den Bearbeitungen der Schwanritter-Geschichte, was wohl der Tatsache geschuldet ist, dass die Erzählerrolle Wolfram als Akteur im *Rätselspiel* auftritt und die Lohengrin-Geschichte als Fortsetzung des Rätselwettstreits angelegt ist. Das Einschalten einer anderen Ebene erlaubt dem Text, den Inhalt des Frageverbots zu überspringen, indem das Unbekanntsein ebendieses Inhalts auf der Ebene der Rah-

---

86 Dass eine solche Gestaltung später aufkommt als das *Rätselspiel*, ist klar. Vgl. dazu Wachinger 1973, S. 87, Anm. 65: „offensichtlich junge rationalisierende Fabelei".
87 Neben der Aussage in 231,3 ist auch aus Elsams Zweifeln und Fürchten vor dem Tabubruch (696,6–10) zu schließen, dass sie um den Inhalt des Verbots weiß. Anders Buschinger 2011, S. 308: „Elsam will den Helden nicht gehen lassen, der mit einer Heirat einverstanden ist, vorausgesetzt, Elsam ist bereit, seiner Anordnung zu gehorchen. Aber er sagt nicht, welcher. [...] Genau die Frage hätte sie nicht stellen dürfen; das war die Anordnung, die sie nicht zu übertreten versprochen hatte und deren Inhalt sie nicht kannte."

menhandlung thematisiert wird, und macht aus dieser Erzählpassage ein weiteres Rätsel.

Der dritte Exkurs in die Rahmenhandlung auf der Wartburg (667,1–668,3) wird – anders als die ersten beiden – nicht in der Handlung der eigentlichen Schwanritter-Geschichte situiert, sondern in dem durch chronikalische Vorlagen inspirierten Mittelteil, durch den sich der *Lohengrin* und das von ihm abhängige *Buch der Abenteuer* von den übrigen Bearbeitungen des Schwanritter-Stoffes abheben. Nach dem Sieg gegen die Sarazenen löst sich das christliche Heer auf, Lohengrin nimmt Abschied von der lombardischen Königin Anne, beide von Minne-Symptomen geprägt: *Dieplîchen wurden blicke gesant, / von in beiden, wan diu minn zesamen sie bant.* (666,1f.) Unmittelbar darauf wird die Geschichte von Lohengrins Großvater Gahmuret und dessen erster Frau Belacâne in aller Kürze erwähnt:

> *ich waen der Antschouvîn vil rehte zisemet*
> *Nâch dem, den dâ in Zazamanc*
> *dûht diu swerze von der liebe in herzen blanc.*
> *daz sie in wazzers toufe niht gekrisemet*
> *Was, dâ von er danne schiet. ir wart nâch im ein sterben.* (666,2–7)

Anders als üblich im Mittelteil, dass Lohengrin über sein Herzogtum *der vürste von Prâbant* (654,7) oder *der Prâbant* (649,6) genannt wird, greift hier der Erzähler eine Bezeichnung über Genealogie und Herkunft auf: *der Antschouvîn*, was einerseits die Analogie zwischen Gahmuret und Lohengrin unterstreicht, andererseits als motivischer Vorgriff auf den Tabubruch der Elsam und die Identitätsenthüllung Lohengrins gelesen werden kann, da diese Bezeichnung die Genealogie und Herkunft des Helden enthält. Der Zweck, an dieser Stelle die Untreue Gahmurets zu thematisieren, der unter falschem Vorwand seine erste Frau verlässt, ist nicht eindeutig ersichtlich,[88] zumal der Erzähler als Pendant zu Belacâne nicht Elsam nennt, sondern die lombardische Königin (*ich waen, dirre liez ouch hinder im, / daz ich niht mit wunsch dem von Lamparten nim*, 666,8f.). Jedenfalls wird durch diesen Rekurs auf die Elternvorgeschichte im *Parzival* die erzählende Wolfram-Rolle, die über mehr als vierhundert Strophen in den Hintergrund getreten ist, in Erinnerung gehalten. In der nächsten Strophe wird die Stimme dieser Rolle wieder aktiv, indem Wolfram Clingsor anspricht:

> *Clingesor, wolst dû sô schoene ein wîp*
> *haben, daz sie het alsô zertlîchen lîp,*
> *daz sie der Unger herren sam geviele?* (667,1–3)

Hier, wo die Geschichte sich dem Ende nähert, sucht Wolfram keinen Fortsetzer mehr, sondern knüpft in der Anrede an Clingsor inhaltlich an seine Erzählung an und

---

88 Ebenfalls unklar bleibt, ob der Autor des *Lohengrin* diesen aus Sicht der heutigen Forschung vorgetäuschten Grund für Gahmurets Abschied – *daz sie in wazzers toufe niht gekrisemet / Was* (666,6f.) – als den tatsächlichen Grund versteht und hier ganz ohne Ironie von Wolfram übernimmt.

provoziert den Geistlichen Clingsor mit einer Fangfrage nach der weiblichen Schönheit. Clingsor reagiert mit Missfallen (*dû betrüebest den vrouwen und mir den muot.* 667,5) und mahnt Wolfram, sein Zuhause besser zu sichern: ‚*wart, ob dir dâ heim sî ieman stolzes bî, / sô schaffe, daz man die ziune deste baz verdürne.*' (667,9 f.) Wolfram setzt seine Erzählung fort, nachdem der Streit von den Damen geschlichtet worden ist.

Die Exkurse auf die Rahmenhandlung stellen eine Strategie der Aufrechterhaltung der fingierten Performanz[89] und der Präsenzeffekte[90] dar. Durch sie werden die Rezipienten an die Vortragssituation im Rahmen des Sängerwettstreits am thüringischen Hof und an den fingierten Urheber der laufenden Geschichte, Wolfram von Eschenbach, erinnert, was dem Gehörten oder Gelesenen eine gesteigerte Authentizität verleiht.[91] Der erste Exkurs weist im Vokabular und in der Performanz der kollektiven literarischen Kommunikation zahlreiche Rückverweise auf den *Wartburgkrieg* auf. Metaphern und Begriffe, die in den Eingangsstrophen zur Beschreibung der exegetischen Leistung eingesetzt werden, finden hier eine semantische Verschiebung in Richtung erzählerischer Kompetenz. Der zweite Exkurs nimmt auf der Ebene der Poetik auf den Rätselwettstreit Bezug, indem er das Kernmotiv der Schwanritter-Handlung, das Frageverbot, verrätselt erzählt und das verrätselte Wissen in den Vordergrund stellt. Ferner füllt er eine intertextuelle Lücke, indem er auf die offene Frage nach der Identität des Clingsor im *Rätselspiel* und nach dessen Beziehung zur Figur des Clinschor in Wolframs Roman antwortet. Dieser nachträgliche Erklärungsversuch in der Rezeption des *Rätselspiels* und der abweichende Wortlaut in der späteren Handschrift k können als Indiz dafür gelesen werden, dass die dritte Strophe des *Rätselspiels* in der älteren Überlieferungsschicht für Schwierigkeiten im Verständnis gesorgt hat, weshalb im Zuge der Abschrift und des Weiterdichtens daran gearbeitet wurde. Der dritte Exkurs hat im Vergleich zu den ersten beiden eine eher kommentierende Funktion zum erzählten Geschehen, indem in einem scherzhaften Streit die Themen Minne, Treue und Untreue aufgegriffen werden. Vor allem hält dieser Exkurs am Ende des Italienzugs die Erzählerrolle Wolfram präsent, die bereits vor dem Ungarnkrieg in den Hintergrund getreten ist und markiert somit auch den ‚historischen' Mittelteil des Werks als von Wolfram auf der Wartburg vorgesungene Erzählung. Die dreimal wiederkehrende Auseinandersetzung zwischen Wolfram und Clingsor hat eine ähnliche kohärenzstiftende Funktion wie die Präsenz einer Erzählerstimme, zumal Wolframs Worte tatsächlich die Stimme des inszenierten Erzählers sind.[92] Die Auseinandersetzung beider Figuren der Wartburg-Handlung wird sowohl innerhalb der Handlung der Schwanritter-Sage in Brabant und in Mainz als auch innerhalb der Handlung der ‚Heiden'-kriege wieder aufgegriffen, so dass in Erinnerung gerufen wird,

---

89 Vgl. Hallmann 2015, S. 131–134.
90 Vgl. Hallmann 2015, S. 144–146.
91 Unger 1990 spricht von der Funktion eines „Protektor[s]" für die „erzählerische[…] Deutung des rezipierten Stoffes" (Unger 1990, S. 51).
92 Zu Strategien der Integration heterogenen Materials in der spätmittelalterlichen Epik vgl. Schulz 2000, S. 128–131.

dass beide Teile des Epos von demselben Erzähler an demselben Ort demselben Publikum vermittelt werden. Dabei werden die Hilfeleistung Lohengrins für Elsam, die Heirat der beiden und der Einsatz Lohengrins in den ‚Heiden'-Kriegen als sukzessive Handlungen einer einheitlichen Figur miteinander in Verbindung gesetzt; die geographischen Orte erscheinen als gleichermaßen verbürgte Schauplätze auf der Karte des Imperiums.

VI.3.3 Oszillieren zwischen Erzählerrolle und Vorbild: der Epilog

Entsprechend der Eingangsstrophen und den drei Exkursen in die Rahmenhandlung wäre zu erwarten, dass sich der Kreis nach der Lohengrin-Geschichte schließt, indem der Text wieder auf die Ebene der Wartburg-Handlung führt. Dies geschieht jedoch nicht. Die Szenerie und das Personal des *Rätselspiels* kommen nicht mehr vor, sondern die Handlung der Schwanritter-Sage geht, nachdem Lohengrin Frau und Kinder dem Kaiser anvertraut und Abschied genommen hat, in die Genealogie der ottonischen Kaiser über, welche wiederum in den Epilog mündet. Aufgrund der immer geringer werdenden Dichte der Einblendungen aus der Wartburg-Handlung verblasst im Laufe der Erzählung die Performanz einer fingierten Sprechsituation am Hof Hermanns von Thüringen, bis sie im Epilog ganz gebrochen wird.[93] Der Epilog ist der *discours*-Ebene zuzuordnen, welche über der Ebene der Wartburg-Handlung liegt, die zwar die Position eines Prologs besetzt und auch dessen einführende Funktion bis zu einem gewissen Grad erfüllt, doch strukturell gesehen nicht mit einem Prolog zu derselben Ebene gehört. So hat der Epilog keine strukturelle Entsprechung am Werkanfang. Vielmehr wird durch Motivwiederholungen ein Bogen von den Eingangsstrophen zum Epilog gespannt: Das Bild des Schwebens auf dem See der Künste und des Untertauchens zum Seegrund wird hier wieder aufgegriffen (765,1–3; 763,1), die Motive *arc* (765,1; vgl. 5,10), *künste sê* (765,2; vgl. 5,10) und *grunt* (763,1; vgl. 10,9) aus dem *Rätselspiel* werden übernommen.[94] Die auf das Wasser bezogenen Metaphern stellen in den Epilog-Strophen eine Ausnahme dar, die sonst von „poetologischen Metaphern aus dem Bereich der artes mechanicae"[95] durchzogen sind (s.u.). In den Eingangsstrophen behauptet Wolfram, nachdem er das Rätsel vom schlafenden Kind gelöst hat, seinen Sieg mit der Metapher *sus swebt uf diner künste se min arke.* (5,10) Sein Schiff schwebe auf dem See der Künste Clingsors, er übertrifft Clingsor also in der Deutung des theologischen Wissens. Zu Beginn der dritten Epilogstrophe wird das Gedicht in das Bild eines auf dem See der Künste fahrenden Schiffes gefasst, das von den Fertigkeiten im Herzen des Dichters gesteuert wird:

---

93 Zum Epilog vgl. Ragotzky 1971, S. 89f.; Schülein 1976, S. 152f.; Kerdelhué 1986, S. 87; mit einigen Ungenauigkeiten Unger 1990, S. 41–52.
94 Vgl. Unger 1990, S. 48–50 und Matthews 2015b, S. 350.
95 Unger 1990, S. 52.

> *Ist ein tragmunt bî sîner arc*
> *daz getiht ûf künste sê, daz maht der sarc,*
> *der in des tihters herzen ist verklûset.* (765,1–3)

Das Bild des Untertauchens bis an den Seegrund wird ebenfalls von Wolfram benutzt, um seine Überlegenheit zu feiern, nachdem er das Quaterrätsel gedeutet hat (10,9). Angespielt wird auf die Bedeutungsschicht der Wendung, dass Wolfram in aller Vollständigkeit und Gründlichkeit bis ins Tiefste von Clingsors Wissen eindringt.[96] Diese Bedeutung von *grunt* wird im Text mehrfach aufgegriffen, beispielsweise in Clingsors Aufforderung im ersten Exkurs (108,4f.), und in der Schilderung nach dem Sarazenenkrieg, *der bâbest tet offenlîch nû kunt / von sand Pêter und sand Pauls des strîtes grunt* (657,8f.). Die gleiche Konnotation findet sich in der abschließenden Aussage *Nû ist der âventiure grunt, / [...] schôn gemachet kunt* (763,1f.) im Epilog wieder.

Die Wiederaufnahme von Motiven begegnet nicht nur zwischen der Wartburg-Handlung und dem Epilog, sondern auch zwischen den Ottonen-Strophen und dem Epilog (*bîn, wift, bluot* und *honcseim* in Bezug auf Heinrich II. 761,9f. – *süeze zuckers trâmes wirz, garten* in Bezug auf Maria 766,4f.; *gefloriert und geperlte* in Bezug auf die Fürbitte des heiligen Paares für die Seele 762,6 – *floriert mit rîcher witz gesmelze, der künste ess* in Bezug auf die Dichtkunst Wolframs 764,6f.), zwischen den Eingangs-strophen und den Ottonen-Strophen (*des selben sun und er gelîchiu ruoder / Dâ zugen an der sippe teil;* 753,10–754,1[97] und *daz er der helle tief niht vürtet;* 754,6 gehören in den Bereich der Wassermetaphern), sowie innerhalb des Epilogs zwischen der Selbstauskunft des Dichters und dem Gebet (*ob daz nâch winkelmezze sî / niht geschicket, noch nâch mûrer meisters blî* in Bezug auf die Beschaffenheit der Dichtung 765,8f. – *sô wirt diu sêl niht gein val mit swaere geblît* im Schlussgebet 767,9). Diese Motivwiederholungen sorgen für weiche Übergänge zwischen den Teilen des Werks und tragen dazu bei, diejenigen Quellen, die nicht zum Werkkontinuum Wolframs gezählt werden, in den Erzählkosmos der Wolfram-Rolle einzufügen. Ein Wandel in den geblümten Stil, der im Epilog fortwährt, setzt bereits in den Strophen zu Heinrich II. und St. Kunigunde ein, insbesondere in der Beschreibung des Papstbriefes[98] und der Ruhestätte des Kaiserpaars als Fürsprecher vor Gott (Str. 761f.). Solche Kontinui-

---

96 In den Eingangsstrophen werden verschiedene Tiefen des Wassers in den Metaphern durchgespielt, die mit den Handlungen Waten, Schweben, Schwimmen und Tauchen korrelieren:
4,5   *er möhte sanfter vinden fürte über Rin*
7,10 *[...] sus kann ich fürte in Rine finden*
5,10 *sus swebt uf diner künste se min arke*
5,3   *ob ich in dines sinnes wac iht schepfe*
10,9 *ich rüere an dines sees grunt*
22,6f. *wan sin bescheiden mine frage derret. / Ich wolt ir aller sinnes wac mit miner kunst erschepfen.*
97 Vgl. Matthews 2015b, S. 349f.
98 Vgl. Kap. VI.3.4.

täten erschweren es, den Wechsel des Sprechers an der Schwelle von der Narration zum Epilog auszumachen.

In medialer Hinsicht vollzieht sich ebenfalls ein Wandel: Zu Beginn des Epilogs werden die inszenierte Mündlichkeit und Vortragssituation gebrochen, da der Sprecher das Medium der gesamten Erzählung als *buoch* (763,2) bezeichnet und für den Rezeptionsprozess das Lesen nennt:[99] *Nû ist der âventiure grunt, / swer daz buoch ist lesent, schôn gemachet kunt.* (763,1 f.) Welche Instanz – ob weiterhin die Wolfram-Rolle oder der Dichter – hier spricht, ist in der Forschung rege diskutiert worden.[100] Die Gestaltung der Stimme(n) entzieht sich einer eindeutigen Zuordnung,[101] doch erscheint es plausibel, die Sprecherstimme ab Str. 763 einer übergeordneten Instanz zuzuordnen, die von sich selbst als dem Urheber des Werks redet: Diese Stimme nennt sich selbst im Passus 763,3–764,6 durchgehend in der dritten Person und vergleicht ihre Leistung mit der des Autors Wolfram von Eschenbach. Die Autorschaftsfiktion, die durch die Wolfram-Rolle hervorgerufen wurde, verliert also hier ihre Geltung. Von dem Urheber des Werks wird in einer generalisierenden dritten Person – *swem* – gesprochen, bis er mit dem Vorbild Wolfram von Eschenbach verglichen wird. Die dichterische Leistung des Urhebers wird trotz unvollkommenen Könnens und des Gefälles zwischen ihm und dem Vorbild, die in einer Reihe Unfähigkeitstopoi Ausdruck finden, als eine lobenswerte bestätigt:

von swem daz sî, dem wünschen reine vrouwen,
Ob in daz tihte wol behag,

---

99 Zum Begriff *buoch* als Bezeichnung für literarisches Werk als Handschrift vgl. Bumke 1997, S. 111 f. Zu den Sprechern an den Rändern des chronistischen Teils vgl. Matthews 2015b, S. 348–351 mit Anm. 28. Der Feststellung Matthews', die ersten beiden Verse des Epilogs (763,1 f.) seien „nicht eindeutig dem ‚Dichter' zuzuweisen" (Matthews 2015b, S. 350), ist beizupflichten. Seine Begründung dazu, „denn ‚Wolfram' beschreibt in vorherigen Strophen die Quelle mehrfach als *âventiure*, und man könnte das *buoch* mit der ebenfalls von ‚Wolfram' im Chronikteil erwähnten *korônic* gleichsetzen" (ebd.), leuchtet hingegen wenig ein. Erstens geht er an dieser Stelle von der Prämisse aus, dass der Chronikteil ‚Wolfram' als Sprecher zuzuschreiben ist, obwohl die zuvor aufgeworfene Frage, „wen man sich eigentlich als Sprecher des gerade analysierten Chronikteils des *Lohengrin* vorzustellen hat" (S. 348), unbeantwortet bleibt. Zweitens ist es nicht stichhaltig, das *buoch* mit *korônic* gleichzusetzen sei, denn in dem Vers an dieser strukturell hervorgehobenen Stelle bezieht sich das *buoch* eindeutig auf den Träger der gesamten Erzählung, die zwei Ebenen aufweist.
100 Volfing 2015, S. 330 plädiert für einen klaren Wechsel der Erzählerstimme zwischen Str. 761 und 762: „Erst ganz zum Schluss nimmt der namenlose Primärerzähler die Erzählung wieder auf und trägt eine Lobrede auf den ‚historischen Wolfram' vor (*Lohengrin*, V. 7611–7670)." Ebenso S. 334, Anm. 31: „ein neuer, namenloser Erzähler" übernehme im Epilog das Wort. Matthews schließt hingegen aus seiner Analyse der Sprecher in den Schlussstrophen, es sei „[...] nicht mehr eindeutig festzulegen, wann ‚Wolfram' zu erzählen und zu sprechen aufhört"; daher spricht er von einer „durchlässige[n] Grenze zwischen den Stimmen ‚Wolframs' und des ‚Dichters'" (Matthews 2015b, S. 351). Ferner weist Matthews zu Recht darauf hin, dass das Akrostichon in den Schlussstrophen in keiner der überlieferten Handschriften optisch markiert ist, was zu einer ambivalenten Betrachtung der „authorial voice" (ders. 2016, S. 60) im Epilog führt.
101 Vgl. Kap. VI.4.3.

daz in saelde zuo des himels thrône trag,
hab er dar an iht vremder sprüche gebouwen
Und durch rîm etlîchiu wort   niht sî ein evangêlî,
daz daz die sêle niht beschiur,
swenn man gein der siuze wegent ist die siur,
daz der dar umb niht werde dort diu quêlî.

Hât er gehabt niht künste hort,
daz er hab diu wort verschrôten und verbort,
daz sie durch grop iht meisters kunst verhelzen
Und niht ze rîche noch ze swach
sîn in daz gedoene, als der von Eschenbach
sie schôn floriert mit rîcher witz gesmelze, (763,3–764,6)

Dass der Dichter für seine erzählerische Tätigkeit die Gunst der Damen verdient, erinnert an den Epilog des *Parzival* (Pz 827,25–28; s. Zitat unter VI.3.1.). Während dort das *guote*[...] durchaus auch auf *der werlde hulde* (Pz 827,22) wie auf die süßen Worte einer Frau (827,29 f.) bezogen werden kann, geht es dem Sprecher im *Lohengrin*-Epilog einzig um den Lohn und die Vermeidung der Seelenqual im Jenseits (*Loh* 763,5 und 8–10). In der konkreten Formulierung stellen die Verse 763,3–5 eine Reminiszenz an das Gebet um Gottes Beistand im Prolog des *Jüngeren Titurel* dar: *Nu wunschet, reine vrowen,   ich mein, in tugent lebende / mit triwen unverhowen,   daz mir Altissimus di sælde gebende* (JT 66,1 f.).[102] Die Erwähnung der *siur* in der Nachbarschaft zur *sêle* spielt auf den Prolog des *Parzival* an.[103] Die oben bereits erwähnte Motivwiederholung des Seegrundes knüpft an die im *Lohengrin* selbst konfigurierte Wolfram-Rolle an. Im Vokabular und Redemuster bewegt sich der Sprecher in der ersten Strophe des Epilogs noch durch diverse Anspielungen und Entlehnungen im Rollenbild Wolframs, bevor in der Folgestrophe gerade die Distanz zwischen dem in der dritten Person erwähnten Dichter und dem Autor Wolfram herausgestellt wird.[104] Im Anschluss an die suspendierte Autorschaftsfiktion wird Wolfram von Eschenbach als unerreichbares Vorbild gefeiert. In den Versen 764,1–3 werden der Mangel des *Lohengrin*-Dichters am Können und seine Konsequenzen genannt.[105] Die Verse 764,4 f. sind ein Übergang von der Thematisierung der Leistung des Dichters zu derjenigen Wolframs: Die Formulierung *niht* [...] *als* ist sowohl das Bindeglied als auch die Trennlinie zwischen beiden. Dadurch wird die angestrebte, aber unerreichte Höhe an Meisterschaft – *ze rîche noch ze swach / [...] in daz gedoene* – evoziert und Wolfram, der diese Höhe erreicht hat, als

---

102 Zitiert nach Wolf 1955.
103 Vgl. Unger 1990, S. 44 zur Vorstellung vom Nachwirken der dichterischen Leistung im Jenseits bei Albrecht.
104 Vgl. Matthews' Beschreibung zu dieser Stelle: „Sprachlich wird die neue Identität des Sprechers erst in Strophe 764 explizit gemacht, als der ‚Dichter' sich in der dritten Person mit ‚Wolfram' vergleicht und dadurch von ihm unterscheidet". (Matthews 2015b, S. 350)
105 Vgl. dazu Unger 1990, S. 46: „Das ‚verschrôten' und ‚verborn' seiner Sprache war dem Autor des ‚Lohengrin' als eine Maßnahme der Verfeinerung notwendig."

Vorbild herbeizitiert.[106] Der Dichter vergleicht sich selbst mit Wolfram und definiert sich durch die Negation von Wolframs meisterhafter Kunstfertigkeit: Die Nachahmung ist es, was beide verbindet; die Unerreichbarkeit ist es, was beide trennt. Ab diesem Vergleich erhalten die Personalpronomina andere Bezüge:

> *Wann er in der künste ess   sie worht nâch sîner lüste:*
> *ez ist sô meisterlîch erhaben*
> *sîn getiht, swer eben stempft în daz ergraben,*
> *daz ich den prüev, er hab kunst under brüste.* (764,7–10)

Die Promomina *er*, *sîner* und *sîn* in den Versen 764,7–9 beziehen sich auf Wolfram, das *ich* meint den Dichter, der hier spricht und vorher mit dem generalisierenden *swem* (763,3) eingeführt wurde. Das erneut ins Spiel gebrachte unbestimmte *swer* und das damit korrelierende *er* in 764,10 nehmen auf diejenigen Bezug, die die Wortkunst Wolframs zu erschließen und zu schätzen wissen. Diese vier Verse führen von einem Preis der Meisterschaft Wolframs, der die Worte im Feuerherd nach Belieben zu Texten schmieden kann, zum Lob derjenigen, die Wolfram studieren, auslegen und imitieren. Auch der *Lohengrin*-Dichter, der Wolframs Werk inhaltlich fortsetzt und stilistisch nachahmt, wird eingeschlossen.[107] In diesem Sinne fungiert Wolfram als „qualitative[r] Maßstab"[108] für den Dichter. Das *ich* (764,10) deckt sich also mit dem ersten Indefinitum *swem* (763,3) und wird im zweiten Indefinitum *swer* (764,9) inkludiert.

Nach einem Vergleich des Dichterherzens mit einer Kammer, die den Schrein der Künste in sich verschließt (Str. 765), endet der Epilog mit einem Gebet an die Gottesmutter (Str. 766 f.).[109] Die poetologischen Metaphern stammen zum größten Teil aus dem Bereich der Meisterkünste, zu denen der *Lohengrin*-Dichter, der sein Werk in einer anspruchsvollen Strophenform verfasst, wohl auch die Formkunst des Dichtens zählt.[110] Herangezogen werden Bilder des Schmiedens (764,2; 764,6 f.; 765,4), des Meißelns (764,8 f.) sowie des Zimmerns (765,7 f.) und Maurerns (765,9).[111] Darin werden

---

106 Hübner 2000, S. 78 weist zu Recht darauf hin, dass diese Formulierung der Ausgewogenheit (764,4) nicht unbedingt im rhetorischen Sinne (*genus medium*) zu verstehen ist. Eher weist sie auf das „höfische *maze*-Ideal" (ebd.) hin.
107 Vgl. Hübner 2000, S. 78, Anm. 130: „Die *imitatio* Wolframs garantiert als solche schon den Wert des ‚Lohengrin', auch wenn der Autor selbst nicht über dasselbe Können verfügt wie sein Vorbild". Vgl. zudem Unger 1990, S. 41: „[Str. 764–765] sind über die unmittelbare Rühmung des großen Vorbildes hinaus von direkter Nachahmung Wolframscher oder für Wolframisch gehaltener Nachrede und Kunstauffassung geprägt."
108 Unger 1990, S. 51.
109 Vgl. zum Mariengebet Unger 1990, S. 51: „Die durch Albrecht in die Gralsliteratur eingeführte Marienverehrung dokumentiert sich auch im ‚Lohengrin' und mag im Verein mit der enthaltenen Mileschristianus-Ideologie das Werk in die Nähe des Deutschen Ordens rücken."
110 Vgl. Unger 1990, S. 52.
111 Vgl. Hübner 2000, S. 78: „[...] eine technische Begriffssystematik läßt sich hinter der bunten poetologischen Metaphorik kaum erkennen". Zum möglichen Vorbild für die Metaphorik bemerkt Hübner: „Übrigens wäre zu fragen, ob sich die Übereinstimmungen zwischen der poetologi-

die handwerkliche Künstlichkeit des Dichtens und die Kunstfertigkeit des Dichters anschaulich zum Ausdruck gebracht. Während bei den Meisterkünsten zwischen bearbeiteten Gegenständen und Werkzeugen zu trennen ist, haben bei der Dichtkunst sowohl das Werkzeug als auch der Gegenstand einen gemeinsamen Ursprung:

> *Unschuldic ist der zungen hamer.*
> *ez muoz kumen von des herzen künste kamer:*
> *ob dar inn niht hât rîche kunst gehûset,* (765,4–6)

Ähnlich wie die Formulierungen der Str. 763 knüpft die Vorstellung vom Herzen als Sitz der Kunst an Aussagen aus Wolframs Werk, an die Nachrede über Wolfram und an Bilder aus den Eingangsstrophen des *Lohengrin* an: Im Prolog des *Willehalm* erteilt Wolfram dem erlernbaren Wissen und Können aus den Büchern eine Absage zugunsten der von Gott eingegebenen Erkenntnis.[112] Darauf nimmt der Lobpreis Wirnts von Grafenberg Bezug. Reminiszenzen an diese beiden Aussagen finden sich in der vierten Strophe Clingsors: *Swer mir nû loeset disen haft, / der hât in sîns herzen kunst guot meisterschaft* (4,1f.). In derselben Strophe zitiert Clingsor auch den Preis aus *Wigalois* (4,8f.).

Der *Lohengrin* zeigt ein ‚Bewusstsein von Intertextualität', indem einerseits eine Autorschaftsfiktion durch die Inszenierung einer Erzählerrolle in der Rahmenhandlung etabliert und gegen Ende des Werkes als Fiktion ausgestellt wird, andererseits das inhaltliche und stilistische Vorbild, aus dessen Zügen sich die Konfiguration der Erzählerrolle speist, im Epilog benannt und gefeiert wird. Der Rahmen der Wartburgkrieg-Handlung schließt sich am Ende der intradiegetischen Handlung nicht und Wolfram tritt dort nicht mehr als Figur auf. Infolgedessen ist zwar die Grenze zwischen der Handlung und dem Epilog klar zu verorten, die Scharnierstelle zweier Sprecherstimmen jedoch nicht festzumachen. Gegen Ende des Werks, wo innerhalb eines vergleichsweise geringeren Textumfangs Quellen heterogener Herkünfte integriert werden und verschiedene strukturelle Ebenen aufeinanderfolgen, oszilliert die Sprecherstimme zwischen der Wolfram-Rolle und der Wolfram-Nachahmung.

VI.3.4 Zum Stil

In der Forschung ist bisweilen erwähnt worden, dass der Autor des *Lohengrin* neben der Vereinnahmung der Autorität Wolframs von Eschenbach auch dessen Stil imitiert.[113] Doch ist dabei Vorsicht geboten, bestimmte Topoi und Erzähltechniken als

---

schen Metaphorik in den Epilogstrophen 764–765, Konrads ‚Schmiede'-Prolog und Frauenlobs Einleitung zum Preisgedicht auf Waldemar von Brandenburg, GA V.13, dem Zufall verdanken." (Hübner 2000, S. 81, Anm. 137)
112 Vgl. die Zitate in Kap. VI.3.1. Vgl. den Kommentar bei Heinzle ²2015, S. 821.
113 Vgl. Meyer 2000, S. 105; Unger 1990, S. 35–40.

‚typisch Wolframsch' abzustempeln,[114] auch wenn sich der Autor im Epilog in die Nachfolge Wolframs einreiht. Eine umfassende Untersuchung der Stilistik des *Lohengrin* würde den Umfang der vorliegenden Arbeit bei weitem überschreiten, daher werden im Folgenden lediglich einige vorläufige Überlegungen umrissen, die als Ausgangspunkt für weitere Studien dienen könnten.

Wie bereits an der Wartburg-Handlung und am Epilog diskutiert, rezipiert und imitiert der *Lohengrin*-Autor Wolfram als Dichter auf verschiedenen Ebenen – als Quelle für den Erzählstoff, als Erzählerrolle, als Schöpfer der werkübergreifenden Textwelt und als Vorbild. In der Stilistik beider Autoren sind indes nur wenige Gemeinsamkeiten zu beobachten.[115] Einerseits büßen die aus den Werken Wolframs entlehnten Metaphern im *Lohengrin* an Komplexität ein. Beispielsweise werden Begriffe, die Wolfram poetologisch für den gesamten *Parzival* verwendet – *krump* und *slihte* –, im *Lohengrin* auf eine weniger komplexe Weise adaptiert und lediglich punktuell als Bilder für die Fähigkeiten in Reichsangelegenheiten eingesetzt.[116] Andererseits finden sich Stellen im *Lohengrin*, an denen der Dichter mit einer Ornierungstechnik operiert, die an der geblümten Rede[117] orientiert und kaum im Rahmen seiner Wolfram-Imitation zu fassen ist.[118] Eher stellt eine solche Stilistik, die sporadische Verwendung findet, eine Reminiszenz an den *Jüngeren Titurel*[119] und an die *blüemer* dar. Im *Lohengrin* ist die Benutzung der Begriffe *blüemen* und *flôrieren* im rhetorisch-technischen Sinne eher eine Ausnahme. Eine profilierte Ornierungstechnik sowie ihre konsequente begriffliche Charakterisierung sind über den gesamten Text nicht zu beobachten, die Praxis verzierter, hyperbolischer Preismetaphorik nur punktuell zu finden.[120]

Zwei Strophen, die durch die geblümte Rede hervorstechen, sind Str. 757 f., in denen der Brief des Papstes Benedikt an Heinrich II. beschrieben und wiedergegeben wird – eine „durch nichts motivierte Geschichte von der geblümten Einladung nach

---

114 Vgl. beispielsweise die Zuschreibungen bei Volfing 2015, S. 337 f.
115 Vgl. Volfing 2015, S. 330 f.
116 Als König Heinrich vor seiner Romfahrt *bürge und stete* (329,9) Lohengrin anvertrauen will, erwidert dieser: ‚*dar zuo bin ich ze tump, / herre, und solt ich iu die slihte machen krump, / daz waer den witzen mîn vil baz gemaeze, / Dan daz ich krump beslihten sol.* [...]' (330,1–4)
117 Zur Geschichte der ‚geblümten Rede' in verschiedenen Gattungen vgl. Hübner 2000 und Schülein 1976.
118 Anders Hübner 2000, S. 79 und Unger 1990, S. 35.
119 Zum Verhältnis des *Lohengrin* zum *Jüngeren Titurel* siehe Kerdelhué 1986, S. 222–239. Volfing 2015 beobachtet eine „Anerkennung der *geblüemten rede*" (S. 333) Albrechts durch den *Lohengrin*, da dieser seinen Stil kopiere, was sich auf die Erwähnung der mit Edelsteinen besetzten Krone als Helmzier beziehe. Ob die Tatsache allein, dass feine Kunstobjekte beschrieben werden, schon zur stilistischen Ebene gehört, ist fragwürdig. Großflächige stilistische Vergleiche zwischen dem *Lohengrin* und dem *Jüngeren Titurel* unternimmt Volfing nicht.
120 Vgl. die Benutzung von *florieren* im eigentlichen, nicht rhetorisch-technischen Sinne in den Versen 535,3: *ein klein gesmelz von golde darîn flôrieret.* und 762,6: *daz diu sêl werde gefloriert und geperlte.* Zur Beurteilung von Ungers Beispielliste (vgl. Unger 1990, S. 38 f.) und zu Beispielen von Lobblumen an das Protagonistenpaar siehe Hübner 2000, S. 79 mit Anm. 134.

Rom".[121] Str. 757 schließt mit kosmischen Metaphern, während Str. 758 von Blumenwiese-Metaphern und Frühlingsvergleichen durchsetzt ist. Beide Strophen weisen eine gewisse Symmetrie auf: In beiden ist der Aufgesang dem Inhalt des Briefs gewidmet (757,1–6; 758,1–6),[122] während der dritte Stollen den Effekt des Briefs beschreibt.[123] Im Steg wird jeweils mit dem *terminus technicus* bezeichnet, was mit sprachlichen Mitteln realisiert wird: *Alsô schôn salvieret er in   mit vil geflôrten worten* (757,7); *Die brief mit grammaticâ   het meisters kunst geblüemet* (758,7). Hier finden *flôren* und *blüemen* ausnahmsweise eine rhetorisch-technische Verwendung.

VI.4 Von der Sage zur Reichsgeschichte: die Bearbeitung der Chroniken

Die Dichtung um den Schwanritter ist seit jeher mit historischen, politischen und religiösen Komponenten ausgestattet worden. Insbesondere für den *Lohengrin* ist die Verbindung von Mythischem und Historiographischem, Gottesgesandtschaft und weltlicher Machtfunktion des Helden prägend: „Dabei agiert hier ein genuiner Romanheld, der Parzivalsohn und Gralsgesandte Lohengrin, in einer der ›Sächsischen Weltchronik‹ entlehnten reichsgeschichtlich-dynastischen Welt, dem von ›Heiden‹ [...] bedrohten römisch-deutschen Reich Heinrichs I."[124] Während die französischen Versionen und die Erzählung Konrads von Würzburg das Haus Bouillon bzw. Brabant durch die vermeintliche Verbindung zum Ersten Kreuzzug verherrlichen, liegt im *Lohengerin*, der die Sagenhandlung ebenfalls zu realhistorischen Ereignissen hin öffnet, der Schwerpunkt anders: Hier tritt die Lokalgeschichte Brabants hinter die Kulisse der Reichspolitik zurück, die in den ‚Heiden'-kriegen und den innenpolitischen Ereignissen verhandelt wird. Nach dem Sieg im Gerichtskampf und der Heirat wird die Unterstützung an der Seite Heinrichs I. zur eigentlichen Mission des Schwanritters. Er führt das Heer des deutschen Reichs siegreich gegen die Bedrohungen zunächst der ‚Hunnen', d.h. der vorchristlichen Ungarn (Str. 253–292), dann der muslimischen Sarazenen (Str. 351–691). Zwischen den beiden Kriegen (Str. 293–350) wird von innen- und außenpolitischen Ereignissen erzählt, z.B. dem Plan der

---

121 Cramer 1971, S. 148. Zum Papstbrief vgl. Unger 1990, S. 318–320, 317f.; Schülein 1976, S. 153. Die Angabe in der *Sächsischen Weltchronik, der benedictus wihet den kunich zv keiser* (SW S. 167), gibt keinerlei Anlass zur Entfaltung eines solchen Briefes. SW wird zitiert nach der Teiledition bei Matthews 2016, S. 157–168.
122 Zur Deutung von 758,1–6 vor dem Hintergrund der rhetorischen Lehre und der sozialgeschichtlichen Aspekte sowie zu deren möglichen Vorbildern – dem *Titurel* und dem *Jüngeren Titurel* – vgl. Hübner 2000, S. 80 mit Anm. 136. Zur Einbettung des *blüemen* in den Kontext der laudativen Texte des Mittelalters und der Theoretisierung der Briefkunst unter Hervorhebung der hyperbolischen Funktion der Ausdrucksformen siehe ebd., S. 145–159, insb. S. 156f. zum Papstbrief im *Lohengrin*.
123 Zum in 758,7–10 angedeuteten „diktatorischen Gefälle zwischen päpstlicher Kanzlei und Reichskanzlei" vgl. Hübner 2000, S. 157 mit Anm. 275.
124 Herweg 2010, S. 34.

Romfahrt und der Kaiserweihe, dem Blutwunder von Reichenau,[125] sowie der Verhandlung über Lothringen, bei der sich König Heinrich gegen Karl von Frankreich behaupten kann. Die Passus mit chronikalischen[126] Quellen lassen das Erzählen nach dem Schema der ‚gestörten Mahrtenehe' verzögern und das Frageverbot in den Hintergrund treten, und lenken das Augenmerk auf den (pseudo-)historischen Schauplatz.[127] Nach dem Scheitern der Ehe und dem Abschied Lohengrins wird die Genealogie der deutschen ‚Kaiser' von Heinrich I. bis Heinrich II. dargeboten.[128] Die chronistischen Partien des *Lohengrin* stellen einen „Paradefall dynastisch-genealogischer Öffnung der Fiktion in die Historie"[129] dar. Die zentrale Thematik darin ist die Bewährung und Konsolidierung der imperialen Macht, bei der der Schwanritter als Gottgesandter eine entscheidende Rolle spielt.[130]

Die Übergänge zwischen der Schwanritter-Geschichte und den auf chronikalischen Quellen basierenden Passus gestaltet der Autor folgendermaßen: Bereits vor dem Gerichtskampf zwischen Lohengrin und Friedrich kündigt der Kaiser die Bedrohung durch die Ungarn an (195,4–10), was den Ungarnkrieg bereits knapp 60 Strophen vor dem eigentlichen Beginn einleitet.[131] Der Sarazenenkrieg und die anschließenden politischen Ereignisse gehen in ein Gespräch der Frauen in Köln über, das Elsam zum Tabubruch verleitet. Nach Lohengrins Abschied wird von der Adoption eines der beiden Söhne Lohengrins durch das Kaiserpaar erzählt, was den Erzählfaden auf die Genealogie der deutschen Kaiser lenkt.[132] Durch diese weichen Übergänge bleibt trotz der Wechsel der Quellen die Erzählerstimme einheitlich. Die in der Eingangspartie etablierte Erzählerrolle Wolframs ist auch in den chronistischen Passus präsent, wie die Analyse des dritten Exkurses in die Rahmenhandlung gezeigt hat.[133] Zudem wird mittels der inhaltlichen und konzeptionellen Anlehnung an den *Willehalm* in der Erzählung vom Sarazenenkrieg der Eindruck eines ‚authentischen' Wolfram-Bilds verstärkt. Materialien heterogener Herkünfte und Gattungen erscheinen gleichermaßen als Wolframs Erzählung in einer Ganzheit.

---

125 Vgl. dazu die Analyse bei Cramer 1971, S. 154–156.
126 Ich benutze den Begriff ‚chronikalisch' als Adjektiv für das Genre Chronik und ‚chronistisch' für die Charakterisierung des Stils. Für diese Differenzierung bedanke ich mich bei Mathias Herweg.
127 Vgl. Kerdelhué 1991, S. 196: „une grande parenthèse pseudo-historique (438 strophes sur 767, soit environ les 3/5)".
128 Die innenpolitischen Ereignisse werden teilweise umgestellt, der Abriss der Kaisergeschichte folgt ganz der Reihenfolge in der SW. Vgl. Cramer 1971, S. 136–140.
129 Herweg 2010, S. 35.
130 Vgl. Kerdelhué 1991, S. 196.
131 Vgl. auch die Zusage der Hilfeleistung durch die Fürsten (233,7–10) vor der Hochzeitsfeier.
132 Vgl. Kap. XI.2.
133 Vgl. Kap. VI.3.2.

VI.4.1 Forschungslage

Die Quellen für die chronistischen Passagen im *Lohengrin* sowie die Entsprechungen zwischen beiden sind von Thomas Cramer[134] und Alain Kerdelhué[135] herausgearbeitet worden. Cramer stellt fest: „Literarische und chronikalische Überlieferung ist mit dem gleichen Anspruch auf *wârheit* verwendet, ein Verfahren, das im Prinzip den ganzen *Lohengrin* bestimmt."[136] Wichtig ist die Beobachtung Cramers zur Hauptquelle, der *Sächsischen Weltchronik*:[137] „Keine Stelle der *SächsWch* gibt Anlaß auch nur zur assoziativen Verknüpfung der Schwanritter-Geschichte mit der Gestalt Heinrichs I."[138] Als Nebenquellen für die historischen Kenntnisse des Dichters konnte Cramer den *Schwabenspiegel* und dessen biblisch-geschichtliche Einleitung, die *Prosakaiserchronik* bestimmen.[139] Die Tendenzen der Bearbeitung insbesondere der *Sächsischen Weltchronik* im *Lohengrin* wurden in den Arbeiten von Kerdelhué eingehend untersucht.[140] Nach Jürgen Wolf handelt es sich bei der vom Verfasser des *Lohengrin* benutzten Handschrift der *SW* um den ersten nachweisbaren *SW*-Textzeugen im süddeutschen Raum.[141] Die dialektale Färbung dieser Vorlage lässt sich allerdings

---

134 Cramer 1971, S. 130–156 mit Konkordanz zwischen *Lohengrin* und *Sächsischer Weltchronik* (nach der Edition Weilands) S. 130 f. und Ergebnissen der Auswertung S. 149. Die Konkordanz berücksichtigt genaue wörtliche Entsprechungen zwischen beiden Werken, kann jedoch – gerade aufgrund der freien Verfahrensweise des *Lohengrin* – um inhaltliche Übereinstimmungen erweitert werden. Diskussion der älteren Forschung S. 149–152. Zu beachten ist, dass Cramer und Matthews die Stellen aus der Edition Weilands nicht nach dessen Kapiteleinteilung, die zum Zweck des präzisen Zitierens eingeführt wurde, angeben, sondern nach Seiten- und Zeilenzahl. Dies wird in der vorliegenden Arbeit übernommen.
135 Kerdelhué 1986, S. 247–260.
136 Cramer 1971, S. 156.
137 Vollständige Editionen bei Weiland 1877 und Herkommer 2000. Vgl. Handschriftenverzeichnis und Überlieferungslage der *Sächsischen Weltchronik* bei Weiland 1877, S. 4, S. 33–43; Herkommer 1972; Wolf 1997; Herkommer 2000, S. 8–18 sowie zuletzt Pfefferkorn 2014, S. 33–70; ältere Forschung bei Herkommer 1992. Matthews 2016, S. 153–168 bietet eine Edition des Teils von Heinrich I. bis Heinrich II. aus der *Sächsischen Weltchronik* nach der Hs. 1 (Herzog August Bibliothek Wolfenbüttel, Cod. Guelf. 23.8 Aug. 4°), die der Rezension A angehört. Diese Edition soll dazu dienen, die betreffende Passage in einer Textgestalt wiederzugeben, die sowohl dialektal als auch chronologisch dem *Lohengrin* möglichst nah steht. Auf dieser Grundlage können Eindrücke, die aus dem Vergleich des *Lohengrin* mit der kritischen Edition Ludwig Weilands (auf der Rezension C basierend) resultieren und die bisherige Forschung prägen, revidiert werden.
138 Cramer 1971, S. 132.
139 Vgl. Cramer 1971, S. 150–153. Zum *Schwabenspiegel* siehe Johanek 1992; zur *Prosakaiserchronik* siehe Herkommer 1978.
140 Vgl. Kerdelhué 1990, 1991.
141 Vgl. Wolf 1997, S. 207; dieser Befund hat eine hohe Bedeutung für die gesamte Überlieferung der *SW*: „Die SW-Einschübe im 'Lohengrin' sind also der erste Beleg für die Wirkung der SW in den süddeutschen Raum hinein. Dies ist umso bedeutsamer, wenn man bedenkt, daß die ältesten erhaltenen im bair. Sprachraum geschriebenen SW-Codices allesamt erst aus dem beginnenden 14. Jh. stammen (Hss. 1 u. 2)." (Ebd.; vgl. auch S. 145 und 249. Gegenüber der Zuordnung der Vorlage für die *SW*-Passagen im *Lohengrin* zur Rezension A äußert sich Wolf mit ein wenig Vorbehalt, findet jedoch einen überzeugenden lexikalischen Beweis dafür: die Bezeichnung *Hunnen* (Weiland 1877, 162,18 mit Anm. e) für

aufgrund der weitgehenden Bearbeitung durch den *Lohengrin* nicht mehr rekonstruieren.[142] Anhand dieses Befunds lässt sich die räumliche Verbreitung der *SW* im gesamten deutschen Sprachraum nachzeichnen.[143] Alastair Matthews erwägt weitere mögliche Quellen mit Hilfe der Edition Ludwig Weilands und einer bislang unedierten Handschrift der *SW* (Rezension A, Herzog August Bibliothek Wolfenbüttel, Cod. Guelf. 23.8 Aug. 4°, = Hs. 1 nach Weiland und Wolf) sowie unter Berücksichtigung der formalstrukturellen Kriterien des Erzählens. Das Heranziehen der Hs. 1, die aufgrund der dialektalen Färbung und der Datierung einen dem Entstehungsraum und der -zeit des *Lohengrin* nahen Bezugspunkt darstellt, erscheint plausibel und bietet die Möglichkeit, die Hypothese Wolfs zur Benutzung der Rezension A im *Lohengrin*[144] zu bekräftigen. Ferner analysiert Matthews die „elaboration and expansion of the framework"[145] im inhaltlichen und strukturellen Umgang mit der *SW*. Die Vermutung einer Kenntnis der *Prosakaiserchronik* wird ebenfalls untermauert, während die Benutzung der *Kaiserchronik* als einer eigenständigen Vorlage sich als unwahrscheinlich erweist.[146] Die konsequent bearbeitete Quelle in den chronistischen Partien des *Lohengrin* ist nach dem heutigen Stand der Forschung eine Handschrift der Rezension A der *Sächsischen Weltchronik*.

Cramer untersucht umfassend in Zusammenhang mit den Datierungsmöglichkeiten den Bezug des Werks zur Zeitgeschichte und die politischen Tendenzen darin. Offensichtlich reflektiert der Dichter des *Lohengrin* zeitgenössische politische Ereignisse in seinem Werk,[147] das als „aktuelle politische Dichtung in Verherrlichung und Propaganda, Mahnung und Vorbild"[148] beurteilt wird.[149] Die Zusammenbindung von Schwanritterstoff und Reichsgeschichte diene dazu, „das Bild des Kaisers in unein-

---

die Ungarn, die nur in sechs A-Handschriften und drei niederdeutschen B-Handschriften (vgl. Wolf 1997, S. 207, Anm. 43) vorkommen. Letztere kommen als Vorlage für den *Lohengrin* nicht in Frage.
142 Vgl. Wolf 1997, S. 207, Anm. 43.
143 Siehe Wolf 1997, S. 405: „Nachdem im Norden die B-Version und im sächsisch-thüringischen Raum die A- und C-Versionen erste Erfolge erzielt hatten, erreichte die SW spätestens an der Wende vom 13. zum 14. Jh. auch den süddeutschen Raum. Es war eine der streng der Universalgeschichte verpflichteten A-Handschriften, die Ende des 13. Jh.s vermutlich aus dem Entstehungsgebiet um Magdeburg (über Thüringen bzw. Franken?) in den (nord-)bairischen Raum gelangte. Ein erstes A-Exemplar läßt sich dort wohl um 1280/1290 indirekt als 'Lohengrin'-Quelle nachweisen. Die älteste erhaltene A-Handschrift des süddeutschen Überlieferungsstrangs dürfte Anfang des 14. Jh.s in Nürnberg angefertigt worden sein (Hs. 1)."
144 Wolf 1997, S. 207, Anm. 43.
145 Matthews 2016, S. 88.
146 Vgl. Matthews 2016, S. 40–62. Die Untersuchung Matthews konzentriert sich auf die hervorgehobene Erzählerstimme in den Ottonen-Strophen und im Epilog, die als Einheit stiftendes Mittel dient; er weist darauf hin: „Further research would be needed to cover other aspects of narrative technique and the refashioning of the chronicle(s) elsewhere in Lohengrin." (S. 62)
147 Vgl. u. a. Cramer 1971, S. 130–180; ders. 1985, Sp. 901–903; Thomas 1995, S. 341–350.
148 Cramer 1971, S. 175.
149 Vgl. auch die Charakterisierung des Werks bei Thomas 1995, S. 353 als einer „in hohem Maße aufschlussreiche[n] Quelle zur Literatur, Mentalität und Politik des 14. Jahrhunderts".

geschränkter Idealität zu zeichnen" und das „Vorbild imperialer Ordnung" „eines starken, innenpolitisch unangefochtenen und außenpolitisch mächtigen Kaisertums"[150] darzustellen. Unger sieht in der Lohengrinfigur ein Vorbild für die Reichsfürsten,[151] einen *miles christianus*[152] und einen „Heilsbringer für das mittelalterliche Regnum".[153] Buschinger hebt den Status der Artusfigur als weltlichen Herrscher und Gralskönig zugleich hervor und sieht in diesem Gestaltungsverfahren eine Verherrlichung der kaiserlichen Idee und des Deutschen Reichs nach der trüben Zeit des Interregnums.[154] Herweg formuliert im Blick auf den Protagonisten des Werks: „Held des Epos ist also nicht eigentlich er, sondern die doppelte ‚Verkörperung' des *rîche* in seiner und König Heinrichs Person."[155] Die Untersuchung Matthews' zu den ‚Heiden'-kriegen richtet den Fokus auf die Verknüpfungen, „that bind the battles in which Lohengrin takes part to the relationship with Elsam that flanks them" (S. 87), um den Eindruck der bisherigen Forschung von dem Verhältnis dieser langen Passage zur eigentlichen Schwanritter-Handlung – Hybridität, Diskontinuität und unvereinbare Rollen[156] – zu revidieren.[157] Zur Frage, warum überhaupt der Schwanritter-Stoff mit der Kaisergeschichte in Verbindung gebracht wurde, sind nur Vermutungen möglich. Cramer vermutet einen „initiale[n] Anlaß"[158] durch das enge Verhältnis Rudolfs von Habsburg zu Herzog Johann I. von Brabant, gesteht jedoch zugleich ein, eine solche literarische Zusammenfügung sei „historisch zur Not begründbar, aber weder zu beweisen noch gar plausibel".[159] Spezifische Untersuchungen zur Heidendarstellung im *Lohengrin* bieten Herweg[160] und Schotte.[161] Aus der heilsgeschichtlichen Perspektive

---

150 Cramer 1985a, Sp. 901f. Ähnlich Meyer 2000, S. 105.
151 Vgl. Unger 1990, S. 210. Die historischen Partien im *Lohengrin* behandelt ebd., S. 184–296.
152 Vgl. Unger 1990, S. 134.
153 Unger 1990, S. 190.
154 Vgl. Buschinger 2011, S. 307–309.
155 Herweg 2010, S. 35. Leicht anders akzentuiert bei Meyer 2000, S. 105: „[...] it is above all an 'emperor's epic'. The emperor is idealized as the central figure."
156 Vgl. u. a. Cramer 1971, S. 86, Anm. 2: „keineswegs bruchlos gelungene Zusammenbindung von Schwanritterstoff und Reichsgeschichte".
157 Vgl. Matthews 2016, S. 86–110. Zu diesem Zweck werden die Funktionen und die Präsentation des visuell und akustisch Wahrnehmbaren in der narrativen Welt in den Blick genommen. Matthews legt überzeugend dar, dass das Wahrgenommene in Verbindung zur Identitätsbildung des Titelhelden steht und auf die Handlung und Figuren vor und nach dem chronistischen Teil verweist. Trotz dieser Bezüge zeigt der Text auch kausale Brüche. Matthews versucht, diese Brüche ebenfalls als Beiträge zur Einheit des Werkes zu qualifizieren, indem er betont, dass es sich dabei selten um „outright contradictions" handle, sondern eher um „the correlate of a shift toward the theme of problematic identity as the primary source of coherence" (S. 110). Dieser Versuch einer Kohärenz der Inkohärenz ist nicht besonders einleuchtend, denn weder ist die Grenze zwischen geringfügigen „disruptions" (ebd.) und „outright contradictions" klar zu ziehen, noch können alle angeführten Brüche der Thematik der Identität untergeordnet werden.
158 Cramer 1971, S. 177.
159 Ebd.
160 Herweg 2011.
161 Schotte 2009, S. 175–207.

angelegt sind unter anderem zwei Aufsätze: Kolb beleuchtet die Episode des Eingreifens der beiden römischen Apostel in den Sarazenenkrieg, bettet sie in den Kontext vorgängiger literarischer Muster ein und sucht davon ausgehend nach den Gründen der Verknüpfung der Schwanritter-Geschichte mit der Reichsgeschichte.[162] Linseis untersucht legendarisches Erzählen und richtet ihr Hauptaugenmerk auf die intertextuelle Anspielung auf die Brandan-Legende.[163]

VI.4.2 Die ,Heiden'-kriege

Die beiden Kriege jeweils gegen die vorchristlichen Ungarn und die Sarazenen bilden den strukturellen wie thematischen Mittelteil des Werks, in dem der reichspolitische wie heilsgeschichtliche Erfolg des Schwanritters seine dynastische Funktion in Brabant bereichert. Der Ungarnkrieg wird in enger Anlehnung an die *SW* geschildert, während für den narrativ wesentlich breiter entfalteten Sarazenenkrieg nur ein kurzer Passus in dieser Vorlage ausgemacht werden kann.[164] Die Gestaltung dieser zweiten Schlacht zwischen Christen und ,Heiden' orientiert sich in hohem Maße am *Willehalm* Wolframs von Eschenbach und am *Jüngeren Titurel*.[165]

VI.4.2.1 Der Ungarnkrieg

Der Ungarnkrieg,[166] der bereits vor dem Gerichtskampf angekündigt und somit in die Schwanritter-Handlung integriert wird, schließt sich unmittelbar an die Feierlichkeiten der Hochzeit Lohengrins und Elsams an. Der entsprechende Eintrag in der *Sächsischen Weltchronik* dokumentiert den Sieg des Heers Heinrichs I. über die in die östlichen Reichsgebiete eingedrungenen Ungarn im Jahr 933. Im *Lohengrin* werden die zwei Passagen unterschiedlicher Länge zur Auseinandersetzung mit den Ungarn aus der Vorlage ziemlich getreu übernommen, zu einem Ganzen zusammengefügt und streckenweise ohne Zusätze versifiziert,[167] teilweise mit detailrealistischen Erweiterungen und dramatischen Zuspitzungen bereichert.[168] Inmitten des Berichts wird ausdrücklich auf *ein krônic* berufen (263,2). Nach einer Stelle in einigen Handschriften der Rezension A der *SW* bezeichnet der *Lohengrin*-Autor die Ungarn vorwiegend als *Hunnen*[169] – ein Zug, der wohl der „Abqualifizierung und Barbarisierung"[170] der

---

162 Vgl. Kolb 1986.
163 Linseis 2016.
164 *Loh* 351,3–352,3; 355,3–8; 635,10 – *SW* 159,11–16.
165 Vgl. Herweg 2011; Matthews 2016, S. 89.
166 Zum Ungarkrieg vgl. Kerdelhué 1986, S. 248–254; ders. 1990, 1991.
167 Vgl. Massmann 1854, S. 191–215.
168 Vgl. Kerdelhué 1991, S. 200 f.: „[...] il prend les faits historiques dans la chronique, le met en vers et complète de détails réalistes évoquant les massacres et les pillages accomplis par les Hongrois sur leur passage pour en faire un récit vivant."
169 Weiland 1877, 162,18 mit Anm. e.

Gegner dient. In der Mahnung König Heinrichs wird der Krieg – stärker akzentuiert als in der Vorlage[171] – als Verteidigung des Christentums stilisiert:

> *Daz sie hulfen wîp und kint und den gelouben retten*
> *im vor der ungetouften diet.*
> *er sprach: müezen diutschiu lant mit soldes miet*
> *in zinsic werden, sô wirt der geloube getrettet.* (253,7–10)

In der einheitlichen entschiedenen Antwort der Fürsten und Männer scheint die Idee des Martyriums durch: ‚[...] *ê wir des gelouben werden blint / vil bezzer ist uns kristenlîchez sterben.*' (254,5 f.)

VI.4.2.1.1 Strategien der Subjektivierung und Dramatisierung im Erzählen vom Glaubenskrieg

Der *Lohengrin*-Autor wählt in dem chronologisch geordneten Bericht der *Sächsischen Weltchronik* einen Zeitpunkt zu seiner Erzählgegenwart, an dem Heinrich I. kurz vor dem endgültigen Sieg über die Ungarn steht. Seine Erzählung von der Auseinandersetzung mit den Ungarn setzt zeitlich bei der Beendigung des neunjährigen Friedens ein. Die Ereignisse zwischen dem Kampf in Merseburg und dem späteren Überfall der Ungarn in Augsburg aus der *SW* werden im *Lohengrin* nach dem Ungarnkrieg erzählt, ebenfalls als Überleitung zwischen zwei militärischen Auseinandersetzungen, nämlich zwischen dem Ungarn- und dem Sarazenenkrieg. Die Passage in der *Sächsischen Weltchronik* vom Sieg über die Ungarn bei Merseburg und diejenige über den abermaligen Überfall, die Niederlage der Deutschen sowie den neunjährigen Frieden bishin zur Verweigerung des Zinses durch Heinrich gegen Ende des Friedens, die durch den Erzähler in der dritten Person über Heinrich berichtet werden, finden sich im *Lohengrin* in Form einer Rede Heinrichs in der ersten Person wieder. Die Rede des Königs antwortet auf Lohengrins Frage, ‚*herre, wenne hânt sie iuch naehst gesuochet?*' (254,7), indem Heinrich die Vorgeschichte der Bedrohung durch die Ungarn erzählt (254,8–259,2), und mündet in die Aufforderung der Kampfbereitschaft an alle Anwesenden (259,3–6).

In dieser Rede werden Reichsgeschehen als individuelle Erinnerung des Königs perspektiviert, weshalb subjektivierte Formulierungen auftreten, die den Gemütszustand des Königs ausdrücken, z. B. seine Empfindung zur verheerenden Niederlage in Augsburg, *Daz ich niht moht gesamnen mich.* (256,4) Der Bezug zu Gott tritt verstärkt in den Vordergrund, vergangene Kampferfolge werden stets auf Gottes Gnade zurückgeführt:

> *vor got gelücke mich enteil geruochet* (254,10)

---

170 Herweg 2011, S. 105, Anm. 53.
171 Vgl. *SW* S. 159. Der vorliegenden Analyse wird die Teiledition der *Sächsischen Weltchronik* bei Matthews 2016, S. 157–168 zugrundegelegt.

> er half mir, daz ich sie von dem lande ieit
> und daz sie mir den sig hie muosten lâzen. (255,2f.)
>
> mîns gesindes mich ein teil doch an in rach
> ûf einer tât, des got mit helfe in gunde, (256,9f.)

Der gefangene *herre* (*SW* S. 159) von den Ungarn wird zu einem *grâven* (*Loh* 257,1) konkretisiert, was ein Interesse am Detailrealismus zeigt. Die konkreten Maßnahmen zur Stärkung des Reichsheeres werden hingegen in nur einem Vers zusammengefasst (257,6). Offenbar sind Kampfgeschehen von viel größerem Interesse für den *Lohengrin*-Autor als Geschehen während der Friedensjahre. Der Landgewinn Heinrichs während der neun Jahre, der in der *SW* als Stärkung der *ritterschaft* für die *vrliuge*[] (S. 159) stilisiert wird, gewinnt im *Lohengrin* als Christianisierung (*daz die kristen sint nâch uns in touf genant.* 257,9) an heilsgeschichtlichen Zügen. Das Muster der Argumentation in der Rede Heinrichs aus der *SW*, die die Kreuzzugsideologie abbildet – sterben die Christen, so erlangen sie Seelenheil; siegen sie, so gewinnen sie Ruhm und Gottes Lohn –, findet sich an der entsprechenden Stelle im *Lohengrin* nur in abgeschwächter Form wieder (268,6–9), erwähnt werden lediglich Gottes Hilfe und der Ruhm für die Nachwelt. Die Aufnahme der Seelen der gefallenen Christen in den Himmel wird an einer späteren Stelle bei der Schilderung des Kampfgeschehens thematisiert:

> *Daz velt lac tôter überstreut.*
> *swaz der kristen starp, die wâren des gevreut,*
> *wan sie der helle wurden vor gehimelet.*
> *Swaz ungetoufter dâ belac,*
> *die gewunnen an der sêl den andern slac.*
> *der wart sô vil, dazz wider ein ander wimelet*
> *Ûf der rehten strâze gein helle. sus ungelîchez vehten*
> *zwischen dem gelouben was.*
> *der hellescherge die sînen vîntlîch an sich las,*
> *dâ vuoren dis ze himel nâch ir rehten.* (Str. 277)

Das *ungelîche*[...] *vehten* zwischen Christen und Heiden betrifft nicht nur den Ausgang des Kampfgeschehens, sondern auch das Seelenheil der Kämpfer, das auf beiden Seiten konträr bestimmt ist – die gefallenen Christen gelangen ohne Fegefeuer in den Himmel, während die toten Heiden dem *hellescherge*[n] auf der Straße in die Hölle folgen müssen.

Der Bericht des Boten, der *tac und naht von Beiern dar gerant* (261,2) kommt, und der eilige Abschied Heinrichs von den Frauen – ebenfalls Zusätze gegenüber der *SW*, verleihen der Situation Anschaulichkeit und Dringlichkeit. Während die *SW* lediglich die Größe der beiden ungarischen Heerscharen und die von ihnen überfallenen Länder erwähnt, wird das Geschehen im *Lohengrin* dramatisiert, indem der Erzähler die verheerenden Konsequenzen der Invasion – auch in der Rede Heinrichs – konkret visualisiert:

Dar nâch sie quâmen aber sider
in daz lant mit einer grôzen menige wider,
daz von in wart bedecket velt und strâzen. (255,4–6)

dâ wart mordes und iâmers vil von in erliten (262,5)

dâ moht vor in niht genesen,
swaz sie vunden, daz muost allez des tôdes wesen,
doch bleib vil volkes bî steten und ouch bî bürgen. (262,8–10)

mit roub und mit brande was gar ungespart
daz lant, dar zuo der kristen vil geseilet. (263,5 f.)

Zudem wird im *Lohengrin* der politisch-territoriale Konflikt zwischen den Deutschen und den Ungarn durch den vermeintlich geerbten Anspruch der Ungarn auf die Länder verschärft: *sie iâhen, ez waer von alter ûf sie geerbet.* (262,6) In der Schilderung des Kampfgeschehens und der Verfolgung der fliehenden Ungarn verfährt der Erzähler mit großer Freiheit gegenüber seiner Vorlage und schmückt die Szenen reichlich mit akustischen Phänomenen (272,1–3; 281,3 f.; 281,9 f.) und bildhaften Darstellungen (272,7–10; 278,7; 280,6 f.; 284,10; 285,1 f.) – Personifikation des Todes, Tiermetaphern, Farbbeschreibungen – aus. Zur Technik der *prolixitas*[172] gehört auch, dass er Namen für Einzelfiguren erfindet und Zweikämpfe vor der Kulisse der Massenschlacht gesondert erzählt (273,4–10; 274,1–275,10; 276,1 f.; 276,7 f.).

Der *Lohengrin*-Autor bezeichnet nicht nur nach seiner Vorlage die Ungarn als *Hiunen* (279,2 u. ö.), sondern schreibt ihnen auch ein Attribut zu, das oft mit den Hunnen in Verbindung gebracht wird, nämlich den Einsatz von Bogen und Pfeil als Hauptwaffen. Armbrust- und Bogenschützen wurden im Mittelalter zwar gelegentlich auch von christlichen Heerführern eingesetzt, doch galt die Benutzung dieser Waffen aufgrund der Vernichtungskraft zu Ungunsten der höfischen Ritter als heimtückischer, heidnischer Brauch, dessen Einsatz gegen Christen seit 1139 von der Kirche verboten wurde.[173] Die *SW* erzählt vom nächtlichen Regen und dem Nebel am darauffolgenden Morgen, der den überraschenden Angriff der Deutschen auf die Ungarn begünstigt (*vngewarnet*; SW S. 160). Der *Lohengrin*-Autor fügt einen Grund für die Niederlage der Ungarn hinzu: *wan ir geschüz was worden naz, / daz ez in niht toht* (279,8 f.). Die *Hiunen* unterliegen nicht nur aufgrund des Mangels an ritterlichen Waffen und Rüstungen – des fehlenden Schutzes am Körper (279,4–7),[174] sondern auch durch die reduzierte Leistung der Bogen bei feuchtem Wetter – die eingeschränkte Angriffsfähigkeit. Das Wetter führt dazu, dass der Kampf zugunsten der Christen ritterlich entschieden wird: *dâ vuogt der nebel daz, / daz manz mit swerten endet in dem strîte.* (279,9 f.) Die ‚Heiden' werden in dieser Schlacht zur Projektionsfläche der Andersartigkeit, zu Repräsentanten von unritterlichen, aus der Perspektive

---

[172] Vgl. dazu Kerdelhué 1990, S. 102–110.
[173] Vgl. Bumke [12]2008, S. 233–235.
[174] Die Formulierung der Verse 279,4 f. – *Ez het dâ niht der zehent man / wâpen under in als ich gesaget hân.* – erinnert an *Wh* 20,13 f.: *si mohten under hundert man / einen kûme ze îser hân.*

der Christen abgewerteten Kampfformen. Die polare Beziehung zwischen Christen und Heiden artikuliert sich im unerbittlichen Umgang während ihrer Flucht (280,7–292,1), bei dem Flüchtige ertränkt und „wahllos hingeschlachtet"[175] werden. An einer Stelle scheint es dem Autor gleich zu sein, welche Heiden es sind – die ertrunkenen Ungarn nennt er kurzerhand *Sarrazîn* (285,7).

VI.4.2.1.2 Macht und Ohnmacht des Königs

Zwischen die aus der *SW* übernommenen Passagen flicht der *Lohengrin*-Autor Dialoge ein, die die Aufforderung Heinrichs an die Reichsfürsten und insbesondere an Lohengrin zur Unterstützung im kommenden Kampf einerseits, die Kampfbereitschaft der Fürsten sowie ihre Bekenntnis zum christlichen Glauben und zum deutschen Reich andererseits ausdrücken. Die Bindung der künftigen Hilfe Herzog Giselbrechts zu Lothringen geschieht zudem anhand einer ehelichen Allianz mit der Tochter Heinrichs (260,7–10). Hier überzeugt Heinrich die Reichsfürsten und gewinnt deren Hilfe durch seine Rede, die die Verteidigung nicht nur des Reichs, sondern auch des christlichen Glaubens als eine dringende Aufgabe darstellt. Dadurch wird Heinrich als eloquenter Redner, überzeugender Heerführer und erfolgreicher Verhandler in Sachen Innenpolitik stilisiert. Die Gestaltung der Figur Heinrichs an dieser Stelle fügt sich in das Bild, das in der Forschung über die politischen Tendenzen des Werks dominiert: Da der *Lohengrin* entgegen der *SW* von der Romfahrt und der Kaiserkrönung Heinrichs erzählt, wird in der bisherigen Forschung oft eine uneingeschränkte Verherrlichung des Reichs und seines Herrschers am Text beobachtet,[176] die jede „Infragestellung imperialer Macht"[177] vermeide.[178]

Jedoch findet sich während des Ungarnkrieges eine Stelle, die darauf hinweist, dass ein solches Bild sowohl der vorbehaltlosen Idealisierung des Kaisers als auch der allgegenwärtigen Präsentation des Reichs „im Zustand der Harmonie und Eintracht"[179], das meistens vorliegt, einer Modifikation bedarf. Die Erwähnung in der *SW*, dass wegen der verbreiteten Furcht vor den Ungarn im deutschen Heer nur viertausend von zwölftausend Männern am Ende an Heinrichs Seite in den Kampf ziehen,[180] entfaltet der *Lohengrin* zu einem mühseligen Prozess, die Männer zu überreden und zu

---

175 Herweg 2011, S. 106.
176 Vgl. Cramer 1985a, Sp. 901f. (s.o. Kap. VI.4.1) sowie ähnlich ders. 1971, S. 176: „daß die Rühmung des deutschen Königs wie die Rühmung des Fürsten von Brabant vom Dichter beabsichtigt sind"; „daß die Rühmung des Königs an erster Stelle steht".
177 Cramer 1971, S. 149.
178 Einheitliche Beobachtungen auch bei Meyer 2000, S. 105: „without any trace of criticism"; Kerdelhué 1991, S. 201: „L'auteur rassemble donc tous les éléments qui peuvent contribuer à la glorification d'Henri Ier"; ebd., S. 202: „vision harmonieuse de l'empire, libre de toute contestation tant intérieure qu'extérieure".
179 Cramer 1971, S. 149.
180 *Der kunich heinrich besament sich auch vnd gewan zwelf tusent. di liezen in durch vorht untz an vier tusent.* (*SW* S. 159)

gewinnen. In dieser Szene wird der König als ohnmächtig seinen Untertanen gegenüber gezeichnet. Angesichts der Übermacht der Feinde verzagen die Männer, was der Erzähler als *missetât* (265,6) beurteilt. Sie wollen die Städte von innen verteidigen statt in den offenen Kampf zu ziehen (266,6 f.; 267,1 f.). Heinrich erscheint als unfähig, seine Kämpfer zu mobilisieren: *sîn drô, sîn vlêh gein in dô niht entohte*. (267,6) Seine Rhetorik, die auf *gotes vînt und des gelouben widerstrît* (267,5) beruht, scheint nicht mehr zu überzeugen. Nur Lohengrin gelingt es, mit Hilfe des Arguments *imitatio christi* viertausend Männer zu gewinnen:

> ‚[...]
> *swer helfen welle die kristenheit*
> *retten, der gedenc waz marter durch uns leit*
> *got und wie er mit sînem bluote uns lôste,*
> *Der halde ovn in ze uns her dan.*‘ (267,8–268,1)

Der König bittet vergeblich den anderen Teil in Gottes Namen, für ihn zu kämpfen: *er bat sie, daz sie durch got doch taeten daz* (268,5). Die Engführung von Heinrichs Versagen und Lohengrins charismatischer Überzeugungskraft rückt einen leisen Vorbehalt an die uneingeschränkte Autorität des Königs heran, der freilich später durch den großen Sieg über die Ungarn sowie die Ausrufung zum Kaiser und Landesvater (316,1–9) behoben wird. Demgegenüber erscheint die Funktion Lohengrins als entscheidend und seine Figur als unentbehrlich für das Reich – berücksigt man den Stellenwert des Kampfs gegen den Glaubensfeind auch für die Heilsgeschichte. Im *Lohengrin* bilden der Titelheld und der König zusammen erst die unangefochtene imperiale Macht.[181]

Ein pro-bairischer Zug ist im darauffolgenden Passus zu beobachten, wenn der Erzähler über die Vorlage hinausgeht und eigens erwähnt, dass zu denjenigen, die Mut haben, mit dem Kaiser in den Kampf zu ziehen, die Baiern und die Franken gehören (269,4–6). Das Verzagen und das Kämpfen werden gegeneinander ausgespielt: *Vil diutscher hinder in beleip. / manic diutscher muoticlîchen vür sich reit.* (270,1 f.) Wer die Zurückgebliebenen sind, verschweigt der Erzähler jedoch, da sie bei anderen Gelegenheiten dem Reich Ruhm erfochten hätten (269,1–3).

Im Vergleich zur Darstellung in der *Sächsischen Weltchronik* tritt in der Erzählung von der Auseinandersetzung mit den Ungarn im *Lohengrin* der heilsgeschichtliche Bezug stärker in den Vordergrund. Der Kreuzzugsideologie wird statt in einer einzigen Rede des Königs konkret in der Kampfbeschreibung Rechnung getragen. Infolge eines Wechsels der Erzählperspektive wird Raum für die Subjektivität der Figur des Königs geschaffen. Das dramatische Potential der Geschehen wird zum Detailrealismus und zu Pointierungen entfaltet. Die Andersgläubigen werden in ihrer Fremdheit und dem vermeintlich Barbarischen konsequent abgewertet. Der in der Regel souverän agie-

---

181 Vgl. die Beobachtung bei Schotte 2009, S. 177–179, dass die „theologische Sichtweise" Lohengrins die „vornehmlich politische Argumentation Heinrichs ergänzt" (S. 179).

rende König gerät in eine Ausnahmesituation der Ohnmacht, zu deren Lösung ihm nur der Herzog von Brabant zu verhelfen vermag. Die Figur Lohengrins erscheint auch auf dem (pseudo-)historischen Schauplatz unentbehrlich. Die Schwanritter-Handlung und die Reichsgeschichte werden nicht nur anhand der kompositorischen Übergänge, sondern auch durch die Figurenzeichnung eng miteinander verschränkt.

VI.4.2.2 Der Sarazenenkrieg

Während der *Lohengrin*-Autor beim Ungarnkrieg im Großen und Ganzen den einzelnen Ereignissen in der *SW* in unveränderter Chronologie folgt, verfährt er beim Sarazenenkrieg mit viel größerer Freiheit.[182] Zu einem Passus von 260 Strophen (Str. 351–610) expandiert er eine Erwähnung aus der *SW*, die drei Sätze einnimmt:

> *In den ziten wrden geslagen di sarraceni, di von affrica heten gewnnen siciliam, kalabriam vnd pulle vnd heten auch gebuwet den berch galerianum vf rome. in dem waz der babste iohannes mit grozer helfe des keisers von Constantinopel. In dem strit wurden gesehen sant peter vnd sant pauls.* (*SW* S. 158)[183]

Dieser Bericht gehört zu den innen- und außenpolitischen Ereignissen zwischen dem Einfall der Ungarn bei Merseburg und dem in Augsburg, fällt also unter den Passus zur Ära Heinrichs I. Die Beteiligung Heinrichs an der Schlacht wird darin jedoch nicht erwähnt, was der historischen Realität entspricht, da die Schlacht gegen die unteritalienischen Sarazenen am Garigliano unter der Führung des Papstes Johannes X. und des byzantinischen Befehlshabers von Bari sich im Jahre 915, also vor der Regierungszeit Heinrichs, zugetragen hat.[184] Laut der *SW* hatte Heinrich zwar vor, zur Kaiserweihe nach Rom zu ziehen, doch wurde er von einer Krankheit daran gehindert: *do der kunich guten vride het gemachet in sinem riche vnd wolt zv rome varen, er wart siech.* (*SW* S. 160) Diese chronikalisch verbürgte Wahrheit übernimmt der *Lohengrin*-Autor in seinem Abriss der Kaisergeschichte: *dô het er willen hin gein Rôm ze rîten. / Ein starkiu siuche in dô bestuont.* (731,3f.) Doch berichtet er zwischen dem Anfang und dem Ende der Schwanritter-Handlung in bewusstem Widerspruch zu dieser Wahrheit von einer anderen Version des Ereignisses,[185] nämlich dem Italienzug Heinrichs I. mit politisch-militärischem Erfolg, existentiellem Beistand für den Papst (Str. 407–411) und der doppelten Kaiserweihe (Str. 467; 645–650).

Das von Cramer beschriebene Verfahren, das bereits in der Bearbeitung des Ungarnkrieges in Ansätzen begegnet, findet im Sarazenenkrieg eine quantitative und qualitative Steigerung: „Eine knappe Aussage der Chronik genügt als Kern für eine breite Schilderung, die offenbar frei erfunden ist, einschließlich der Namen der

---

[182] Zum Sarazenenkrieg vgl. Kerdelhué 1986, S. 161–186.
[183] Zu dieser Textstelle in der *SW* vgl. Panzer 1894, S. 29. Eine weitere, ähnliche Stelle innerhalb der Regierungszeit Ludwig des Kindes findet sich bei Weiland 157,4–6.
[184] Vgl. Kolb 1986, S. 109, Anm. 12.
[185] Vgl. Cramer 1971, S. 139.

Gegner, so echt sie oft klingen."[186] Die Folie für die Gestaltung der großen Schlacht zwischen der gesamten Christenheit und der vereinten afrikanischen Heidenschaft liefern Wolframs *Willehalm* und der *Jüngere Titurel*,[187] denen auch die Namen der Länder und der Heidenkönige entlehnt sind.

Durch den großen Sieg gegen die Ungarn wird das Deutsche Reich zu Lebzeiten Heinrichs endgültig gegen andersgläubige Eindringlinge gesichert.[188] Die Bedrohung durch die Sarazenen stellt eine Steigerung des Einfalls der Ungarn dar, da diesmal das gesamte christliche Abendland gefährdet wird. Im Stil der Kreuzzugsepik wird der Sarazenenkrieg als eine hierarchisch geordnete Sequenz von Kämpfen dargestellt, bei denen die Truppen jeweils unter dem Kommando ranggleicher Heerführer beider Parteien gegeneinander auftreten. Die funktionale Kommensurabilität wie auch die politische Rivalität zwischen den Sarazenen und den Christen äußert sich pointiert in der Aussage des Baruc:[189]

> *Und swaz der bâroch vor het künige   in sîn schar geschicket,*
> *vür al ir sünde er inz gap,*
> *wan er iach, daz der bâbst trüege unreht den stab*
> *und solt sich vor hân langest gein im genicket.*
> *Er solt des stuoles selber pflegen*
> *zuo Rôm und den liuten allen geben segen;* (451,7–452,2)
> [...]
> *Er sagt in mêr, der atmerât*
> *solt ze Rôme sîn keiser an des diutschen stat,* (453,1 f.)[190]

Die Machtpositionen der Christen sollen demnach von den ranggleichen islamischen Fürsten besetzt werden – die Sarazenen verfolgen das Ziel, das Christentum politisch-religiös zu unterwerfen und institutionell zu ersetzen.[191] Eine heilsgeschichtliche Überhöhung erfährt die Schlacht einerseits durch die mit dem Personal und dem Ort hervorgehobene Endgültigkeit – „In der Abwehr dieser letzten [Bedrohung; M. Y.] vor den Toren Roms erreicht die Erzählung selbst wie auch die Aristie des Helden ihren Höhepunkt";[192] andererseits dadurch, dass die römischen Apostel Peter und Paul an Lohengrins Seite kämpfen. Gemeinsam mit *Willehalm* und anders als beispielsweise im *Rolandslied* handelt es sich beim Sarazenenkrieg im *Lohengrin* um eine politisch

---

186 Cramer 1971, S. 135.
187 Vgl. Matthews 2016, S. 89.
188 Vgl. *SW* S. 160: *also komen si nimmer mer · zv̆ dutschem lande, die wil der keiser heinrich lebte.*
189 Vgl. Herweg 2011, S. 107 und Knapp 1974, S. 143–152.
190 Vgl. diese Aussagen wiederholend und variierend 483,4–8; 485,7–10; 487,7 f.; 561,2. Vgl. auch die Aussage Terramers im *Willehalm* 339,26–340,11.
191 Vgl. die Aussage der Sarazenen 506,4–8: *Sie waenent, sie müg der marterar / hin gehelfen, daz waer unsern goten swaer. / in ist ze süeze von irem gote getroumet, / Dô sie underwunden sich   hôchvart gein Tervigande / und betten Iêsum vür in an.*
192 Kolb 1986, S. 104.

wie religiös defensive statt aggressive Konfrontation, die keinen missionarischen Zweck verfolgt.

VI.4.2.2.1 Die Doppelhelden des Reiches

In enger Verschränkung mit dem unerkannten Einsatz Lohengrins und der Identitätsenthüllung wird die „dreifach gestaffelte[...] Kaisererhebung Heinrichs"[193] erzählt.[194] Die Weihe auf dem Schlachtfeld geschieht, als Lohengrin und weitere elf weiße Ritter inkognito in der von Karl von Frankreich geführten Heerschar im Einsatz sind:

> *Der keiser den von Prâbant   nû niendert vinden kunde,*
> *dô im der bâbst gap keisers wîh*
> *ûf dem velde, des ich die âventiure zîh,*
> *daz sie imz wol durch sîne wirde gunde.*
> *Der bâbest selber messe sprach,*
> *ze hant darnâch diu keiserlîche wîh geschach*
> *dem keiser Heinrîch und der keiserinne.* (466,7–467,3)

Diese Weihe ist freilich unvollständig, da – wie man später erfährt – die Krönung nicht vollzogen wird. Nach dem großen Sieg über die Sarazenen wird der Kaiser, diesmal mit seinem engen Vertrauten Lohengrin gemeinsam, vor dem Petersdom empfangen. Zu dieser Gelegenheit wird detailreich inszeniert, wie der Kaiser und sein Fürst von dem Volk in Rom geliebt und geehrt werden, das prächtig gekleidet ihnen eifrig folgt und die Straße mit Scharlach und Tüchern bedeckt. Nach dem Empfang des Segens und des Weihwassers erwähnt der Erzähler, dass Heinrich noch ungekrönt bleibt, was dem Kampf der achten Schar geschuldet ist:

> *Sîn houpt der krôn dannoch enbar.*
> *des het in erwant der heiden ahte schar*
> *und daz der Prâbant het nâch rîchem solde*
> *Sich verstolen in den strît,   dâ von daz kroenn sich zogte,*
> *und daz diu keiserîn muost dan*
> *in die stat, als ich ez vor gesaget hân,* (649,4–9)

An dieser Stelle wird an den außergewöhnlichen Auftritt der vierzehn weißen Ritter erinnert, die Kaiserweihe wird nochmals in Verbindung mit dem unerkannten Einsatz gebracht. Heinrich folgt dem Rat seiner Fürsten und des Papstes, sich krönen zu lassen, was an Pfingsten erfolgen soll (*wes ûf dem veld hie ûzzen wart vergezzen, / Daz wart nû als volrecket schôn.* 655,3f.). Vor der Krönung wird von Gaben erzählt, die der Kaiser und seine Fürsten von dem Papst und der Stadt Rom erhalten. Lohengrin wird

---

[193] Herweg 2010, S. 35.
[194] Zur Popularität des Projekts eines Kreuzzuges zur Entstehungszeit des *Lohengrin* und zur Verbindung zwischen Kaiserkrönung und Kreuzzug siehe Cramer 1971, S. 173–176.

eine goldene Arche geschenkt, in die Edelsteine mit verschiedenen heilenden und gemütsfördernden Funktionen eingewirkt sind (652,4–10) – eine Reminiszenz an seine Helmzier mit der rotgoldenen Barke und der mit Edelsteinen besetzten Krone, die im Kampf als sein Erkennungsmerkmal dient (532,4–535,9).[195] Von der feuerresistenten Seide, die er vom Papst bekommen hat (653,5–7), gibt der Kaiser Lohengrin die Hälfte – obgleich dieser ebenfalls vom Papst beschenkt worden ist –, damit für Elsam und für die Kaiserin jeweils ein Kleid aus demselben Stoff angefertigt wird (654,1–5). Dies ist eine besondere Geste, um Lohengrin zu ehren:

> dô het der keiser daz in sînem sinne,
> Daz der vürste von Prâbant   dâ mit waer wol getiuret
> und Elsanî des waere gemeit,
> daz sie mit der keiserîn solt tragen kleit,
> daz mahten würm, die staete waern geviuret. (654,6–10)

Dadurch, dass Elsam auf die gleiche Stufe wie die Kaiserin gehoben wird, erfährt die Macht des Reichs bei der Krönung Heinrichs eine symbolische Teilung auf seine und Lohengrins Person. Lohengrins unentbehrliche Leistung in den ‚Heiden'-kriegen, die ihn *de facto* bereits zum *alter ego* des Kaisers erhoben hat, erfährt mit dieser Geste eine bedeutungsvolle Bestätigung. Die hohe Würde Lohengrins ist auch daran zu erkennen, dass bei dem darauffolgenden Krönungsmahl Lohengrin an der Seite des Papstes sitzt (660,7) und somit einen sichtlich höheren Rang in der Sitzordnung als andere Herzöge und gar Könige hat, wozu der Erzähler kommentiert, dass er Lohengrin, den Papst und das Kaiserpaar an Würde gleich hält:

> den keiser und die keiserîn,
> den bâbst Iôhan und den stolzen Antschouvîn,
> die viere ich ze einem sedel mische. (660,8–10)

Der Rang Lohengrins im Reich geht über seine weltliche Machtfunktion als Herzog von Brabant weit hinaus und sein Status ist auch im chronistischen Teil von seiner Gottesgesandtschaft geprägt, die in der eigentlichen Schwanritter-Handlung eingeführt wird. Der entscheidende Sieg gegen die Sarazenen ist zu einem großen Teil dem Einsatz der Apostel zu verdanken, der ohne die Teilnahme des Gralsgesandten an dem Kampf wohl nicht geschehen wäre. Die erfolgreiche Verteidigung des Reichs und des Christentums verdankt sich weniger der weltlichen Machtposition Lohengrins als vielmehr seiner Auserwähltheit durch Gott. Diese Auserwähltheit stellt den Zusammenhang von dem Kampf Lohengrins gegen die ‚Heiden' mit seiner Aussendung durch den Gral und seinem Sieg im gerichtlichen Zweikampf her.

---

[195] Vgl. Kap. VI.5.2.

VI.4.2.2.2 Das Heidenbild

Für die Sichtweise der Heidenschaft im *Lohengrin* hat Herweg herausgearbeitet, dass zwei Modelle des Umgangs mit der Heidenwelt in diesem Text dominieren: Das erste ist

> das Modell eines heilsgeschichtlich zwingenden, dabei zwingend erbarmungslosen Kampfes, bei dem die eine Seite die vorweggenommene *civitas Dei* der prospektiven Märtyrer, die andere die *civitas diaboli* der selbst als militärische Sieger dem ewigen Tod Geweihten repräsentiert. Der Feind wird entsprechend dämonisiert, animalisiert, in seinem irdisch-himmlischen Schicksal prä-judiziert, seine religiösen Formen und Motive sind wahlweise diskreditiert oder ridikülisiert.[196]

Dieses von der Kreuzzugspropaganda inspirierte Modell zeigt im *Lohengrin* „vereinzelte[] Konzessionen"[197] an ein zweites Konzept, das eine „schöpfungsgeschichtlich-anthropologisch, ethisch und/oder situativ begründete Korrektur des auf unbedingtem Antagonismus beruhenden ‚nahheidnischen' Feindbilds"[198] darstellt. Charakteristisch für dieses durch den *Willehalm* Wolframs vertretene Konzept ist

> eine Art Parallelführung der Konfliktparteien in Kampfethos, Glaubensinbrunst und Edelmut, ja selbst in den politisch-religiösen Institutionen und Ambitionen [...], die auch der anderen Seite ihr Recht und ihre Würde zugesteht und in der Konsequenz die religiöse Kluft zumindest relativiert.[199]

Die im deutschen Versroman um 1300 generell zu beobachtende „Vorliebe für Grautöne"[200], bei der die kriegerische Option durch das Koexistenzmodell ergänzt wird, ist im *Lohengrin* nur in geringerem Maße vorhanden, der durch Gattungsmuster und Handlungsschemata bedingt ein eher rückwärtsgewandtes Heidenbild präsentiert. Die „kaum reflektierte und ebensowenig modifizierte Übernahme des Zerrbilds der Andersgläubigen"[201] im *Lohengrin* ist auf die im Text zentrale „Utopie [...] der Neubegründung des sakralen *rîche* und des Kaisertums aus akuter Kriese"[202] zurückzuführen, als deren Vorstufe die ‚Heiden'-kriege dienen. Die Gefahr durch die Glaubens- und Reichsfeinde bestimmt also die Leistung der Neubegründung. Den Rekurs auf Wolframs *Willehalm* beurteilt Herweg als „oberflächlich", „halbherzig[...]" und „mechanisch[...]"[203]. Die Ambiguität der bei Wolfram postulierten „politisch-institutionellen Ebenbürtigkeit"[204] der Heiden ist im *Lohengrin* nicht zu beobachten. Genutzt

---

196 Herweg 2011, S. 90.
197 Ebd.
198 Ebd.
199 Ebd.
200 Ebd., S. 89.
201 Ebd., S. 105f.
202 Ebd., S. 105.
203 Ebd., S. 108.
204 Ebd.

wird nur die Möglichkeit, „die Negativität der Gegner zu steigern"[205], nicht aber die, ihre Berechenbarkeit zu suggerieren und ihre Bedrohlichkeit zu mindern. Entsprechend dem Schema der *Chansons de geste* greift der *Lohengrin* bewusst selektiv auf das Konzept der Kommensurabilität zurück, um die Rivalität und Polarität zwischen Christen und ‚Heiden' zu schärfen.

In den reflektierenden Exkursen wird ersichtlich, das die ethisch-moralische Ebenbürtigkeit aufgrund des Glaubensunterschiedes nicht möglich ist. So redet der Erzähler in einem Exkurs zu *wîsheit* und *tumpheit*:

> *Wan diu rehte wîsheit was   dô al den heiden wilde;*
> *dâ von der ungeloube sie schiet,*
> *kristenlîch geloub mit touf ir ê verschriet,*
> *des nâmens hie an disem strîte bilde.* (584,7–10)

Der falsche Glaube verhindert die *rehte wîsheit*, die für Tapferkeit sorgt. Die *tumpheit* hingegen verursacht Feigheit, weshalb die Heiden fliehen (584,1–3). Das Ergebnis der Schlacht ist demnach ein Gleichnis (*bilde*) der Präjudiziertheit der ‚Heiden'. Nach der großen Flucht der Sarazenen geschieht auf das Gebet des Papstes hin ein Farbenwunder, das die Leichen der Christen von denen der Sarazenen unterscheidet:

> *Der bâbst selber messe sanc*
> *ûf dem wal, dâ in des âbendes wol gelanc,*
> *und mante got, daz er durch alle die smaehe,*
> *Die er von den iuden het   enpfangen und die marter,*
> *daz er die kristen taet bekant*
> *von den heiden. ain der stille geschriben er vant*
> *einen brief, daz nie keiner wart sô zarter*
> *Als er. von lûterm golde klâr*
> *was geschriben, daz die kristen alle gar*
> *in wîzer varwe drî tage würden vunden*
> *Und sam die môr diu heidenschaft.*
> *alsô het ez balde geschaft diu gotes kraft:*
> *der heiden got des zeichens lützel kunden.* (593,4–594,6)

Gottes Kraft färbt die toten Christen weiß, die Sarazenen schwarz. Die konträren Aussichten auf das Seelenheil werden konsequent zur Schau gestellt, die Verdammnis der Sarazenen wird weder bezweifelt noch hinterfragt. Kurz darauf findet sich eine Klage des Erzählers, der offenbar den Glaubensunterschied reflektiert:

> *nû klage ich, daz sô werder lîp gehellet*
> *Sol sîn, der von kindes iugent   was alsô ûf gewahsen,*
> *daz im kein ander geloube was kunt,*
> *reht als wênic wir werden irs gelouben grunt*
> *bescheiden hie von einem wilden Sahsen.* (599,6–10)

---

205 Herweg 2011, S. 107f.

Die einem jeden bei der Geburt mitgegebene Zugehörigkeit zu einer Religion wird als kontingent bewertet. Die darauf basierende Trennung in Seelenheil und Verdammnis wird hinterfragt, da es sich doch auf beiden Seiten um einen *werde[n] lîp* handelt. Diese Erzählerklage erscheint vor dem oben beschriebenen Kontext recht isoliert. Vor allem der Anfang dieser Klage, die die Verdammnis der Ungetauften bedauert, stellt eine Reminiszenz an die Rede der Giburg im *Willehalm* (*Wh* 306,12–310,29) dar,[206] die diese Gegebenheit in Zweifel zieht: *dem saeldehaften tuot vil wê, / ob von dem vater sîniu kint / hin zer vlust benennet sint:* (307,26–28) sowie vorher: *die heiden hin zer vlust / sint alle niht benennet.* (307,14 f.) Diese Reminiszenz fügt sich in das Gesamtbild der Wolfram-Rolle ein, deren Erzählerstimme auch in den Kommentaren des chronistischen Teils präsent bleibt. Doch bleibt diese Klage bei der Feststellung, dass Christen und Heiden von Geburt an unterschiedlich sind, und kommt nicht zur tiefen Einsicht einer Gleichheit aller Menschen (*wir wâren doch alle heidnisch ê*; *Wh* 307,25) und der Gotteskindschaft auch der Heiden. Den Sarazenen wird erlaubt, ihre erschlagenen Könige auf dem Feld zu suchen und mit ihren Gebeinen zurückzukehren (*Loh* 597,1–4; 598,1–5). Die christlichen Fürsten lassen nach dem Vorbild Lohengrins unter Verzicht auf Lösegeld die gefangenen Könige frei, Lohengrin lässt zudem seine Gefangenen aus seinem privaten Vorrat standesgemäß kleiden und beschenkt sie mit Kostbarkeiten (602,2–606,7; 597,4–10). In Zusammenhang mit diesen Umständen lässt der kurze Passus der Reflexion – im Kontrast zur durchgängigen Kreuzzugsideologie im Ungarnkrieg – die Idee einer Vermittlung und Versöhnung zwischen den Religionen kurz aufscheinen. Doch wird diese kurze Erscheinung weder vom Kontext vorbereitet noch konsequent weitergedacht, und Lohengrins Verhalten bleibt wohl – mehr als ein Vorbild – eher Ausnahme in einer dem Schema der *Chansons de geste* verpflichteten Kampfdarstellung.[207]

VI.4.3 Abriss der ottonischen Kaisergeschichte

Die Strophen zwischen Lohengrins Abschied und dem Epilog (Str. 731–762) bieten einen Abriss der deutschen Kaiser von Heinrich I. bis Heinrich II. Dieser wird inhaltlich in ziemlich genauer Entsprechung mit der *Sächsischen Weltchronik* erzählt und weist zugleich strukturale und stilistische Entlehnung aus der *Prosakaiserchronik* auf.[208] In diesem Teil werden Eckdaten der Herrschaft Heinrichs I. verarbeitet, die im Passus zu seiner Regierungszeit in der *SW* am Anfang und Ende stehen, beispielsweise die Dauer seiner Herrschaft, die vom Kaiserpaar gestifteten Bautätigkeiten, die drei

---

206 Zu dieser Rede vgl. u. a. Heinzle 1994; Przybilski 2004.
207 Zum Verzicht auf Lösegeld heißt es z. B. von der herkömmlichen Verhaltensweise der Fürsten: *Aber het der Prâbant niht   von êrst der sache begunnen, / sie heten lîht schatzunge genumen / und dâ mit dâ heim geschaffet iren vrumen.* (605,7–9)
208 Vgl. Matthews 2015b, S. 343–348, 351; ders. 2016, S. 42–56.

Söhne des Kaiserpaars, die aufgrund der Krankheit unrealisierte Romfahrt[209] und die Bestimmung des Nachfolgers vor Heinrichs Tod (*SW* S. 157 f., 160 – *Loh* 731,1–733,6).

Die *Prosakaiserchronik* spielt für diese Passage „in struktureller Hinsicht eine beachtenswerte Rolle",[210] was sich insbesondere in der Strukturierung der berichteten Ereignisse und der Erzählerstimme zeigt. In diesem Teil tritt die Stimme eines Ich-Erzählers viel präsenter in den Vordergrund als während der Schwanritter-Handlung. Diese Stimme nennt sich selbst, redet die Rezipienten an, beruft sich auf Quellen, thematisiert die unterschiedlichen Reihenfolgen der eigenen Darstellung und der Vorlagen, kommentiert die Geschehen und stellt Bezüge zur Erzählgegenwart her:[211]

> *Daz ich iu sage daz ist wâr:* (731,1)
> *Nû habt ir wol vernumen daz,* (732,1)
> *[...] als uns diu wârheit seit* (734,5)
> *[...] als ichz an der korônic las* (735,2)
> *sô tuot diu sag iu vor bekant* (737,8)
> *Nû ist iu vor wol kunt getân* (741,4)
> *Gîsel was ir nam als hiut geschriben stêt* (755,2)

Die Frage, welche Stimme hier spricht,[212] lässt sich nicht eindeutig beantworten. Die Schwierigkeit, die Erzähl- und Sprechinstanz in dieser Passage zu identifizieren, ist vor allem darauf zurückzuführen, dass die extradiegetische Ebene, Wolframs und Clingsors Streit vor der Wartburggesellschaft, weder am Ende der Schwanritter-Geschichte noch zwischen der gesamten erzählten Handlung und dem Epilog wieder aufgegriffen wird. Festzuhalten ist, dass das in den Ottonen-Strophen Erzählte sich unmittelbar an das intradiegetische Geschehen, nämlich den Abschied des Kaisers Heinrich von Brabant, anschließt und auch in Hinsicht auf das Personal zur erzählten Welt der von der Wolfram-Rolle vorgetragenen Geschichte gehört. Diese Einheit der erzählten Welt äußert sich in der letzten Strophe der gesamten Handlung: *Dise âventiure der Antschouvîn / hebent ist, sô lâz wirz an dem Beier sîn.* (762,1f.) Daher erscheint es plausibel, die Erzählerstimme als Wolfram zu identifizieren. In Zusammenhang mit dem Übergang von den Ottonen-Strophen zum Epilog ist dies jedoch nicht eindeutig.

Der *Lohengrin* lässt streckenweise die an das Tabu gebundene Ehe und ihr tragisches Scheitern in den Hintergrund treten und rückt den reichspolitischen und heilsgeschichtlichen Erfolg des Schwanritters – strukturell wie thematisch – ins Zentrum. Letzteres scheint für den Verfasser von größerem Interesse zu sein. Es bleibt die Frage, warum gerade der Schwanritter als Figur dafür ausgewählt wird, an der

---

209 *dô het er willen hin gein Rôm ze rîten. / Ein starkiu siuche in dô bestuont.* (731,3f.) Cramer 1971, S. 140 weist in Bezug auf diese Stelle zu Recht darauf hin, „nur klingt es jetzt so, als wolle Heinrich ein zweitesmal nach Italien ziehen".
210 Matthews 2015b, S. 351.
211 Vgl. ebd., S. 347.
212 Vgl. ebd., S. 348.

Seite des ersten deutschen Königs (im Text: Kaisers) als Verteidiger des Reichs dargestellt zu werden. Mögliche Gründe sind beispielsweise wie Cramer konstatiert:

> Der Schwanritter scheint für die Funktion des Verfechters und Retters dieser imperialen Ordnung ausersehen zu sein, weil sich in dieser Figur stoffgeschichtlich seit jeher übernatürlich Legendarisches mit Historie, Gottesgesandtschaft mit weltlicher Machtfunktion verbindet;[213]

oder wie Kerdelhué beobachtet, „[...] ce *miles christi* manifeste la présence de Dieu auprès de ceux qui veulent que l'ordre impérial, qui est œuvre divine, soit rétabli".[214] Festzuhalten ist, dass die Handlung der Schwanritter-Sage mit nicht weniger Detailreichtum stoffgerecht vollständig erzählt wird, um den Status des auch im chronistischen Teil Agierenden zu kennzeichnen. Das Scheiden Lohengrins und das Adoptieren seines gleichnamigen Sohns durch die Kaiserin begünstigen den Fortgang der Narration mit der Kaisergenealogie. Mit der Wahl des Stoffes und damit seines Helden sowie einem leichten Eingriff in die Handlung (*antwurt mir Lohengrîn*; 727,1) wird die Darstellung der Genealogie vom Gralsgeschlecht zum Geschlecht der ottonischen Kaiser ‚umgeleitet'.[215] Diese spezifische Sage bietet den integrierten Chroniken breiten Raum zur Bearbeitung und Verschmelzung.

VI.5 Wiedererzählen und Weitererzählen: Intertextualität und Kohärenz

Der *Lohengrin* ist aus einer andeutenden Episode in Wolframs *Parzival* erwachsen und trägt wiederum eine lakonische Fassung des *Parzival* in sich. Für die Geschichte des Sohnes und des Vaters wird eine gemeinsame Autorschaft inszeniert, bis diese Fiktion im Epilog gebrochen wird. An der Relation beider Werke lässt sich beobachten, wie Genealogie als ‚Intertextualitätsmodell' fungiert: „Indem Genealogie einen syntagmatischen Zusammenhang zwischen Epenhandlungen stiftet, wirkt sie paradigmatisch, nämlich als Zeichen der Zugehörigkeit zur gleichen Textwelt."[216] Ebendiese Kontinuität vom *Parzival* zum *Lohengrin* untermauert die Fiktion der Wolfram-Rolle als Urheber des *Lohengrin*.

Am *Lohengrin* sind verschiedene Formen der Dynamik des Weiterdichtens erkennbar: Das Schicksal des Gralsritters und Parzival-Sohnes wird als eigenständige Geschichte aus dem *Parzival*-Roman herausgelöst und entsprechend der politischen Funktionalisierung in einer „reichsgeschichtlich-dynastischen Welt" zu einem umfangreichen Erzählwerk weitergesponnen. Aus einem anderen Gattungszusammen-

---

213 Cramer 1985a, Sp. 902.
214 Kerdelhué 1991, S. 202f.
215 Anders Matthews 2016, S. 134: „[...] the account of the Ottonian rulers from the *Sächsische Weltchronik* replaces the Swan Knight story for the recipient."
216 Müller 2007, S. 47.

hang wird der mutmaßliche Kern des *Rätselspiels* aus dem *Wartburgkrieg*-Komplex isoliert und um Strophen bereichert, die explizite Bezüge zum Artus- und Lohengrin-Stoff herstellen (L 26, 29, 31, 32), um als Eingang in die Narration das Profil des inszenierten Urhebers zu konturieren. Im gesamten *Lohengrin* verschwimmen die Grenzen zwischen Rolle und Vorbild, Text und Prätext, indem intratextuell, intertextuell und metatextuell wiedererzählt wird.

VI.5.1 Genealogie als Intertextualitätsmodell

Wie in allen Erzählungen nach dem Schema der ‚gestörten Mahrtenehe' ist auch in der Schwanritter-Geschichte das Tabu da, um gebrochen zu werden. Nachdem Elsam eines Nachts das Verbotene ausgesprochen hat, erfährt man durch Lohengrin, was ihr verboten war.[217] Beginnend mit dem Satz *Vrou, als ich iu vor wol seit, ich waer von hôher burte* (710,7) enthüllt Lohengrin seine eigene Identität, wodurch er zugleich den *Parzival* in komprimierter Form wiedergibt. Er nennt seine Genealogie väterlicherseits ab Gandîn, den Herrschaftssitz seiner Mutter, *Pelrapier* (711,4); Parzival, seinen Vater und *herre zuo dem grâl* (711,2); sowie Artus, seinen *nâhe[n] mâc* (711,6). Seinen eigenen Namen nennt er in demselben Vers mit dem seines Zwillingsbruders, *Gahardîz* (711,7), dem das weltliche Erbe zuteilwurde, als er selbst mit den Eltern der Berufung zum Gral nachging. Nach dieser raschen Zeitreise von Anfang bis zum Ende des *Parzival*-Romans, mit der Lohengrin bewiesen hat, dass er den Brabanter Adeligen *wol gemaeze* (712,3) ist, taucht seine Erzählung ins Zentrum der Romanvorlage ein, indem er den Schwerpunkt auf den Inhalt und die Begründung des Frageverbots legt. Zunächst erwähnt er Parzivals Frageversäumnis beim ersten Besuch auf der Gralsburg, das wie in der Vorlage den Grund des Frageverbots darstellt:

> *Er sprach: ‚nû merket vürebaz,*
> *daz mîn vater vrâge dâ ze dem grâle vergaz,*
> *dâ von er was im guot wîl der verlorne.*
> *Nû ist ez im alsô gewant:*
> *swaz sît von dem grâle manne sint gesant,*
> *die müezen wider, ist vrâge niht diu verborne.* (713,1–6)[218]

Anschließend nennt Lohengrin die Regeln für die Aussendung der Frauen und Männer vom Gral, die Parzival im IX. Buch des Wolframschen Romans von Trevrizent erfährt, mit wörtlichen Entsprechungen mit der Vorlage. Im Unterschied zu den Gesetzen im *Parzival*, die zunächst nur das Inkognito der männlichen Gesandten verlangen und erst nach Feirefîz' Taufe in Hinsicht auf künftige Sendungen zu einem Frageverbot nach Name und Herkunft verschärft werden, und in denen das Frage-

---

[217] Zur Verrätselung und nachträglichen Enthüllung des Frageverbots siehe Kap. VI.3.2. und X.2.1.3.
[218] Vgl. *Pz* 818,25–819,6; siehe dazu Kap. III.2.

verbot sich auf alle unter der Herrschaft des Gesandten bezieht, sehen die von Lohengrin genannten Regeln von Anfang an das Frageverbot für die Gattin des Gesandten vor.

> *Die vrouwen man offenlîch   von dannen gît ze manne.*
> *kein mannes bilde von danne vert,*
> *ez sî einer vrouwen von geschiht beschert,*
> *mîdt diu niht vrâge, er muoz heim wider danne.* (713,7–10)

> *des müezn och si mit zühten pflegn:*
> *sîn hüet aldâ der gotes segn.*
> *got schaft verholne dan die man,*
> *offenlîch gît man meide dan.* (Pz 494,11–14)

Mehr als nach den Gesetzen im *Parzival*, die die Rückkehr des Gesandten nach dem Tabubruch beinhalten, ist jeder Gesandte nach den Gesetzen im *Lohengrin* zudem dazu verpflichtet, der eidbrüchigen Gattin seine Herkunft und seinen Namen zu offenbaren:

> *Der verbiut der vrâge vor.   wil sie der niht enlâzen,*
> *er muoz ir sagen all sîn art*
> *und den namen, dar nâch wirt sîn widervart*
> *heim zuo dem grâl, des ist er niht verstôzen.* (714,7–10)

Am Ende seiner Sendung ist der Gralsritter seiner Gattin also noch eine Erzählung schuldig. Die Binnenhandlung wird dadurch an die Thematik der Erzählung und der Erzählkompetenz zurückgebunden, die in der Rahmenhandlung leitmotivisch wiederholt wird, sowohl in den Eingangsstrophen als auch in den Exkursen.

Die darauffolgende Passage von Lohengrins Erzählung verrät eine weitere Vorlage. Er spricht von einem zweiten Gralsreich nach Muntsalvaetsch, das im Orient von der Gralsgesellschaft erbaut wurde und Muntsalvaetsch an Pracht bei weitem übertrifft:

> *Er sprach; ,hôch ein gebirge lît*
> *in der innern Indîâ, daz ist niht wît.*
> *den grâl mit all den helden ez besliuzet,*
> *Die Artûs brâht mit im dar.*
> *[...]*
> *Dâ lît bî nâch wunsch ein hûs   und zwir als wol erbouwen*
> *dan Muntsalvaetsch erbouwen was.*
> *meniger edel stein zieret tempel und palas*
> *dan ie ze Muntsalvaetsch würde halp gehouwen.* (Str. 715)[219]

---

[219] Die Gralsburg liegt anfangs in *Frankrîche* (38,4). In seiner Erzählung erwähnt Lohengrin in den Versen 715,1–716,3 eine zweite Gralsburg in Indien, ab 716,4 lenkt er wieder zu den Geschehen auf der ersten Gralsburg zurück. Vgl. dazu die Bemerkung bei Cramer 1971, S. 36: „Wäre also im *Lohengrin* wirklich am Anfang ein anderes Gralsreich gemeint als am Ende, so ist das kein innerer Widerspruch.

Vom Aufbruch des Grals nach Indien und dessen Empfang durch Feirefiz und Urrepans erzählt der *Jüngere Titurel*, in dem der Gral nach Lohrangrins Tod aufgrund der Sündhaftigkeit der Menschen im Abendland sich nicht länger dort aufhalten will:

> Der gral in des wol gunde,   wo sich ir selde merte.
> doch wolt er langer stunde   beliben niht. gen orient er kerte.
> hier von der enge wolt er an die witen,
> da sich die cristen merten,   die des himels kund enpfinden zallen ziten. (JT Str. 6052)

Dass ein zweiter Gralstempel erbaut wird, erwähnt der *Jüngere Titurel* jedoch nicht.[220] Trotz der Überlegenheit wird das neue Gralsreich nach dem alten benannt: *und ist doch Muntsalvaetsch nâch iem genennet* (716,3). Anschließend erzählt Lohengrin in chronologischer Ordnung die Geschehen von dem Läuten der Glocke auf der Gralsburg bis zu seiner Ankunft in Brabant. Er resümiert also die Erzählung der Wolfram-Rolle. Beim Erzählen vom Kommen des Schwans erwähnt er die Eigenheit, dass das Gralsreich ohne Berufung durch Gott nicht zu betreten oder zu verlassen ist:

> Daz gebirge burc und lant   sô vaste hât beslozzen,
> daz nieman mac ûz oder în
> kumen, ez müeze danne des hôhsten willen sîn. (718,7–9)

Genau dies erfährt auch Parzival von Trevrizent:

> jane mac den grâl nieman bejagn,
> wan der ze himel ist sô bekant
> daz er zem grâle sî benant. (Pz 468,12–14)

Indem die Figur Lohengrin in der Erzählung von seiner Herkunft und von der Gralsgesellschaft aus verschiedenen, echten oder vermeintlichen Werken Wolframs schöpft und diese miteinander amalgamiert, generiert seine Erzählung einen Kosmos der Artus- und Gralswelt, dessen Bild der Wolfram-Rolle zuzuschreiben ist. In diesem Sinne adaptiert der *Lohengrin* nicht nur den *Parzival* und den *Jüngeren Titurel*, sondern er gehört mit diesen zu derselben Textwelt.

VI.5.2 Objekt als Schlüssel der Poetik: Lohengrins Helmzier

Im Verlauf des Sarazenenkrieges werden der Beschreibung der Rüstung und des Wappenzeichens Lohengrins mehrere Strophen gewidmet. Der Schwan ist ebenso auf

---

Zuzugeben ist allerdings, daß in diesem Falle die Wanderung des Grals in Lohengrins Abwesenheit hätte erfolgen müssen (wovon Lohengrin auf mystische Weise erfahren haben müßte), während im *Jüngeren Titurel* das neue Montsalvatsch erst nach Lohengrins Tod entsteht."
220 Vgl. Kap. V.4.2. Anders Cramer 1971, S. 36.

dem Banner (530,9) wie auf der Rüstung Lohengrins (531,4) zu sehen, was ihn in der von Kaiser Heinrich geführten Heerschar aller versammelten Christen *offenlîchen* (531,9) als *vürste von Prâbant* (531,8) ausweist, im Gegensatz zu seinem vorherigen geheimen Einsatz unter der Führung König Karls von Frankreich. In dieser entscheidenden Schlacht wird der Schwan auch metonymisch für den Schwanritter eingesetzt: *Dem swan sie gâben sicherheit.* (588,1) Mit besonderer Detailliertheit wird die Helmzier Lohengrins beschrieben (siehe die Darstellung des Helms in Abb. 1, S. V, mit Abweichung von der Darstellung im Text – die Barke zwischen der Krone und dem Schwan ist nicht zu sehen):

> *Er selb vuort ûf dem helme sîn*
> *ein rôt bark gesmelzet mit golde und mit rubîn,*
> *sô was sîn helm von liehtem stahel dar under.*
> *Nâch dem swan, der über sê   in brâht in einer barken,*
> *alsô ein swan stuont hie enbor*
> *in der barken ûf dem helm dô er maht vor*
> *den sînen pfat mit grôzen slegen starken.*
> *Der swan mit perlîn was durchgraebt*
> *und der ougen sehen mit saphier geblaebt,*
> *dar umb von rubîn und smaragde varwe,*
> *Diu zwei teil golt gesmelzet drîn*
> *muost die zirkel umb der ougen sehen sîn.* (532,4–533,5)

Ein Schwan steht in einem aus Gold gegossenen und mit Rubin verzierten Boot. Die Wörter *Nâch* und *alsô* bezeichnen das Verhältnis zwischen Abbild und Urbild – der Schwan und die Barke der Helmzier sind dem Schwan und der Barke in der Realität, die Lohengrin nach Antwerpen brachten, nachgebildet. Nicht nur die Objekte an sich, sondern auch die Art der Zusammensetzung und Befestigung zwischen ihnen wird minutiös dargestellt:

> *Sint ich ez allez sagen muoz,*
> *sô het diu bark von golde einen starken vuoz,*
> *der sie hôch von dem helme het enboeret.*
> *Der vuoz ûf in der barken gie*
> *durch den swan, den er mit vestenunge vie;*
> *gar meisterlîch diu bein dran wârn geroeret.* (534,1–6)

Das Boot wird mit einem goldenen Fuß direkt auf dem Helm befestigt, der Fuß geht durch das Boot und den Schwan hindurch, der ebenfalls daran fixiert ist. Zusätzlich werden beide Objekte dadurch miteinander verbunden, dass die rohrförmigen Beine des Schwans im Boot stehen. Die unterste Schicht der Helmzier bildet eine Krone:

> *Ûf dem helm von golde lac   ein krône under barke,*
> *dar ûf mit meisterlîcher stift*
> *wâren edelstein geloet ze einer schrift*
> *mit meisters kunst dar în verwieret starke.*

> *Ûz manigem tiuren stein buochstaben*
> *wâren meisterlîch gevîlet und ergraben,*
> *ein klein gesmelz von golde darîn flôrieret.*
> *Diu schrift den ougen sihticlîch*
> *was und daz gesteine sô grôzer krefte rîch,*
> *daz ez ze vreuden herzen gundewieret.*
> *Swer ez lesen wolt, der vant   dar an bediutet schône,*
> *daz imz diu herzoginne wert*
> *het gesant, diu sîner kunft ze vreuden gert;*
> *sô moht sîn manheit pflegen rîcher krône.* (534,7–535,10)

An der Krone werden Edelsteine mit geschmolzenem Gold in Vertiefungen befestigt und geziert. Die Freude erweckende Wirkung stellt eine Reminiszenz an das Brackenseil im *Titurel*, insbesondere im *Jüngeren Titurel* dar – bei Albrecht sind es ebenfalls nicht die Worte der Inschrift, sondern die Edelsteine, aus denen die Schrift zusammengesetzt wird, die der höfischen Gesellschaft Freude schenken.[221] Diese „glücks- und heilsförderliche Wirkung"[222] hat ihr Vorbild in der mystischen Wirkung der Juwelen am Gralstempel. Anders als bei der Brackenseil-Inschrift im *Jüngeren Titurel*, die in voller Länge verlesen wird, stehen bei der Krone Lohengrins die Materialität der Buchstaben und ihre kunstvolle Machart im Vordergrund, während die Inschrift nicht im Wortlaut wiedergegeben, sondern paraphrasiert wird. Der aus dem Französischen entlehnte Ausdruck *gundewieret* (535,6) erinnert im Wortlaut und in der Nachbarschaft zu *diu herzoginne wert* (535,8), mit der Elsam gemeint ist, genealogisch an Condwiramurs. Das Wort *krône* wird zu Beginn (534,7) und am Ende (535,10) der Passage eingesetzt, die das damit bezeichnete Objekt beschreibt. Das erste Mal wird es im realen Sinne benutzt, das zweite Mal im übertragenen Sinne und verweist auf Lohengrins Ruhm und Ehre im Kampf.[223]

Offensichtlich werden Teile der poetologischen Metaphern im Epilog – das Dichten als Schmiede- und Gravurkunst – bereits hier vorbereitet: Bei der Anfertigung der Krone der Helmzier ist sowohl von *loeten* (534,9) und *flôrieren* (535,3) der Edelsteine mit *gesmelz von golde* (ebd.) die Rede als auch von *vîlen* und *ergraben* (535,2). Beide gehören den Meisterkünsten an, *meisterlîch* (534,8 u.ö.) meint hier zudem die hohe Qualität des Kunstwerks, also Meisterschaft. Doch sind die Meisterkünste hier keine Metaphern – während im Epilog die Dichtkunst mit den handwerklichen Künsten umschrieben wird, ist die Schrift auf der Krone tatsächlich das Erzeugnis des Schmiedens und des Meißelns. Sehr wohl können hingegen hier die mit Meisterkünsten gefertigten Objekte als Metaphern gelesen werden: Die dreischichtige

---

221 Vgl. Volfing 2015, S. 333.
222 Mertens 1998, S. 270.
223 Vgl. die Darstellung der Helmzier in den Illustrationen der Hs. B: Unmittelbar vor den Strophen, die die Helmzier beschreiben (vor Str. 532 nach Cramers Zählung), ist in der Illustration auf Bl. 126ʳ nur ein Schwan auf dem Helm zu sehen. In den Illustrationen nach der Erwähnung der Krone auf dem Helm (Bl. 131ᵛ, Bl. 137ᵛ, Bl. 139ʳ) sind Schwan und Krone, jedoch keine Barke als Helmzier zu sehen.

Helmzier stellt ein aus Teilen gebautes Werk dar, das weniger zusammengegossen – wie im Fall von Konrads *Trojanerkrieg*, in dem verschiedene Quellen ineinanderfließen und ein bruchloses Ganzes bilden (*ich büeze im sîner brüche schranz*, V. 276)[224] – als zusammenmontiert ist, weshalb die drei Bestandteile des Helmziers als einzelne erkennbar sind. So sind die Teile des *Lohengrin*, die auf verschiedene Vorlagen zurückgreifen, ebenfalls klar voneinander abgrenzbar. Nach der Reihenfolge im Handlungsverlauf werden jeweils folgende Werke als Quellen benutzt: der *Wartburgkrieg* (Eingang), *Parzival* bzw. französische Quellen (Bedrängnis, Entsendung), möglicherweise der *Schwanritter* Konrads bzw. französische Quellen (Zweikampf, Frageverbot, Heirat), die *Sächsische Weltchronik* (Ungarnkrieg und Sarazenenkrieg), *Willehalm* (Sarazenenkrieg), möglicherweise Konrad bzw. französische Quellen (Tabubruch), *Parzival* (Gralserzählung und Abschied), die *Sächsische Weltchronik* und die *Prosakaiserchronik* (Ottonen-Strophen). Trotz ihrer heterogenen Herkunft werden die Teile zusammengehalten – dafür stehen die ausführlich geschilderten Kunstgriffe, die die Teile der Helmzier zu einem Ganzen fügen. Dabei sind verschiedene Formen der Verbindung zu erkennen: Der Schwan und das Boot werden durch direkte Berührung zusammengesetzt, diese Technik ist vergleichbar mit den Übergängen zwischen der Schwanritter-Handlung und den ‚Heiden'-kriegen – vorausdeutende bzw. rekapitulierende Elemente des einen Handlungsstrangs werden in einen anderen Handlungsstrang eingefügt.[225] Ferner wird sowohl der Schwan als auch das Boot an dem goldenen Fuß befestigt und durch diesen mit dem Helm verbunden. Der Fuß kann als Bild für paradigmatische thematische Zusammenhänge gelesen werden, die anhand der Wiederholung bzw. Äquivalenz Textteile, die sich nicht unmittelbar berühren, im Sinne einer korrelativen Sinnstiftung zusammenhalten.[226] Beispielsweise wird das Motiv der geheimen Identität durch verschiedene Handlungssegmente des *Lohengrin* wiederholt und variiert, was die Teile zusätzlich zu ihrem linearen Zusammenhang in Bezug setzt.[227]

Die poetologischen Metaphern lassen sich im Ganzen erschließen, wenn man die Beschreibung der Helmzier des Titelhelden mit dem Epilog in Beziehung setzt – hier alludieren die kunstvollen Objekte, die sowohl für sich stehen als auch eine Einheit bilden, die Teile des Textes; dort stehen die Meisterkünste, denen die Objekte entwachsen, für das Dichten, dem ein einheitlicher Text aus heterogenen Teilen entspringt. Im breiten Kontext der höfischen Epik ist die Helmzier Lohengrins mit weiteren zentralen Objekten, die als Schlüssel der Poetik der jeweiligen Dichtungen gedeutet werden können, vergleichbar, etwa mit dem Brackenseil im *Titurel*, dessen Inschrift Sigune nur unvollständig lesen kann und das für das Fragmentarische steht; mit Petitcreiu in Gottfrieds *Tristan*, das die magische Auflading der Erzählung aus-

---

224 Zitiert nach Thoelen/Häberlein 2015. Zur Benutzung und Verschmelzung der Quellen im *Trojanerkrieg* vgl. insb. Gebert 2013, S. 538–544, 549–552.
225 Vgl. Kap. VI.4.
226 Vgl. Lotman ²1981; Stock 2002.
227 Vgl. Kap. VI.3.2 und VI.7.

stellt; oder mit dem Apfel der Discordia, der die Ambivalenz und Unbestimmbarkeit in sich trägt, die für die Ästhetisierung der Gewalt im *Trojanerkrieg* charakteristisch ist.[228]

Zugleich können die zusammengefügten Teile als Verweis auf die Funktionen und die Facetten der Identität Lohengrins in den verschiedenen Stadien der Handlung gelesen werden – Gralsritter, Minneritter, Herzog von Brabant, *miles christi* –, die zwar unterschiedlich sind, jedoch in einer Figur vereint werden. Dabei erinnern die Barke und der Schwan an seine Herkunft vom Gral, während die Krone auf seine Funktion im Reich verweist. Das Numinose des Mythos und das Profane der Reichsgeschichte werden in einem gesamten Bild vor Augen geführt.

VI.6 Zwischen höfischem Roman, Kreuzzugsepik und Legende: Gattungsinterferenzen

Der *Lohengrin* gehört zur den Spätausläufern des deutschen Versromans um 1300, die „gewissermaßen die *summa* der Gattungsentwicklung" bildeten, nachdem „die Gattung im 13. Jahrhundert zu einer poetologisch, stofflich und generisch breiten Entfaltung gelangt war"[229]. In diesem Werk kommen verschiedene Gattungsmuster zum Vorschein, die über den gesamten Handlungsverlauf des Textes verteilt sind und ineinander übergehen. Der Titelheld des Werks ist einem höfischen Roman Wolframs von Eschenbach entlehnt, die Schwanritter-Handlung erweist sich im Hinblick auf das Personal als Weiterentwicklung des Artus- und Gralsromans;[230] die beiden ‚Heiden'-kriege tragen Züge der Chronistik, der Kreuzzugsepik, der Legende und der Hagiographie in sich; die Eingangsstrophen sind den *Wartburgkrieg*-Dichtungen entnommen, unter denen das *Fürstenlob* auf die Sangspruchdichtung rekurriert, während die anderen als Texte mit eigengesetzlichen Gattungsprofilen zu betrachten sind.[231] Aufgrund dieser Vielfältigkeit seiner prätextuellen Folien ist der *Lohengrin* lange in der Forschung als ‚hybrid' wahrgenommen worden.[232]

---

[228] Vgl. Müller 2006, S. 300 f.; Huber 2016, S. 124–126.
[229] Herweg 2011, S. 87.
[230] Zum Höfischen im *Lohengrin* vgl. Unger 1990, S. 170–173; Kerdelhué 1986, S. 278–283.
[231] Vgl. Ansätze für eine gattungsgeschichtliche Zuordnung des *Wartburgkriegs* u. a. bei Ragotzky 1971, S. 90 f.; Wachinger 1973, S. 7. sowie S. 310 spezifisch zum *Rätselspiel*: „Der Spruchdichtung ist das ‚Rätselspiel' durch Strophenform und geistliche Thematik verwandt, aber es bleibt vorerst am Rande der Gattung"; vgl. auch Strohschneider 1999, S. 31; Kellner/Strohschneider 2007, S. 337 sowie Strohschneider 2010, S. 106. Eine Problematisierung dieser Zuordnung äußert Hallmann 2015, S. 117–127, der zur Schlussfolgerung kommt, dass die Töne allein keine „gattungsspezifische Signalfunktion" (ebd., S. 121) hätten und nicht für die Einordnung des Werks in die Gattung der Sangspruchdichtung reichen, und „dass die Texte weder in genetischer noch in konzeptioneller Hinsicht schlüssig in das Gattungsspektrum der deutschen Literatur integrierbar sind" (ebd., S. 129). Zur Ausklammerung der „Großformen in Sangspruchstrophen" aus dem „Komplex Sangspruchdichtung" siehe das Vorwort der Herausgeber im Handbuch Klein u. a. 2019, S. VI.
[232] Vgl. die Forschungsgeschichte aus dieser Perspektive und Kritik dazu bei Matthews 2016, S. 3–5.

Ohne die Diskussion in der Begrifflichkeit vertiefen zu wollen, soll dieser Abschnitt in Ansätzen veranschaulichen, wie der *Lohengrin* vom stofflichen Synkretismus und von den Interferenzen verschiedener Gattungen geprägt ist. Die Heterogenität der Gattungsmuster wird im Text selbst reflektiert und ist an der Berufung auf unterschiedliche Arten von Quellen erkennbar: auf die *schrift* (36,5; 41,3) bei der Erzählung von Elsam und von Artus, auf die *lieden* (70,6) bei Lohengrins Ankunft in Antwerpen,[233] auf die *korônic* (263,2; 735,2; 742,2; 747,9) im Ungarnkrieg und in der Kaisergenealogie, sowie im Sarazenenkrieg auf *diu bibel* (428,1) bei der Nennung der heidnischen Länder, auf *Diu âventiur* (600,1) *in dem buoche* (600,2) in unmittelbarer Nachbarschaft zu einer sichtbar dem *Willehalm* nachgestalteten Reflexion zum Glaubensunterschied. Diese Berufungen markieren die jeweiligen Beschaffenheiten der Quellen und artikulieren ein gewisses Gattungsbewusstsein des Erzählers.

Der epischen Handlung ist der erweiterte Kern des *Rätselspiels* vorangestellt. Die Inszenierung des Wettstreits zwischen Clingsor und Wolfram, aus dem die Lohengrin-Geschichte als Binnenerzählung hervorgeht, bürgt als Autorschaftsfiktion für die Teilhabe des *Lohengrin* am Gattungskontinuum des höfischen Romans. Aufgrund der Einführung durch das *Rätselspiel* rückt sich der *Lohengrin* gattungsgeschichtlich in die Nähe des *Wartburgkrieg*-Komplexes. Zugleich setzt die Rahmenhandlung den formalen Maßstab für den gesamten Text – der ‚Schwarze Ton' setzt sich in allen 767 Strophen des *Lohengrin* durch.[234] Hallmann weist zu Recht darauf hin, dass der beispiellose Eingang den Text „in seiner gattungstypologischen Referentialisierbarkeit mehrdeutig"[235] macht:

> So gehört der *Lohengrin* – zumindest in seiner überlieferten Gestalt – zwar unstrittig zum Bereich der Großepik, der kalkulierte Verzicht auf die traditionelle Prologform macht ihn jedoch unter den deutschsprachigen Artus- und Gralromanen des 13. Jhs. zum singulären Ausnahmefall.[236]

Mit dem *Lohengrin* und dem mutmaßlich mit ihm auf eine gemeinsame Vorlage zurückgehenden *Lorengel* wandert ein genuiner Spruchton in die Großepik ein. Während die Metrik und das Reimschema im Vergleich zum Gebrauch in der Sangspruchdichtung stabil bleiben, ist eine Veränderung der Melodik durch den Gebrauch in der Gesangsmanier der Epik denkbar. Brunners Vermutung, die Engräumigkeit und der rezitativische Duktus der Melodie des ‚Schwarzen Tons' in der Fassung px^a (Singebuch des Adam Puschman) könnten an den epischen Gesang angepasst sein, beleuchtet in dieser Hinsicht die formale und akustische Entwicklung des Tons über die Gattungsgrenze hinaus.[237]

---

233 Eine strophige Vorlage aus den *Chansons de geste* ist denkbar, jedoch nicht nachzuweisen.
234 Zu dieser Formalleihe vgl. Runow 2019, S. 14.
235 Hallmann 2015, S. 265.
236 Ebd.
237 Brunner 1979, S. 213: „Das [die Melodieführung in px^a, M. Y.] sieht nach einer Reduktionsform von tx^b aus. Auch wenn hier nicht die Terz, sondern die Quart strukturbestimmend ist, erinnert die Eng-

Die Sagenhandlung und das höfische Leben werden von Beginn an mit präzisen Ortsangaben unterlegt und mit zahlreichen historisch-politischen Ämtern bereichert, die der Chronistik entlehnt sind. Der Schauplatz für die Schwanritter-Geschichte ist das Römisch-Deutsche Reich. Die Stationen, die Elsam und Lohengrin samt Gefolge auf dem Weg von Antwerpen nach Mainz zurücklegen, werden einzeln dokumentiert (Str. 172–191). Elsam hat im Vergleich zu ihren literarischen Vorgängerinnen detailliert aufgeführte, ausgebreitete verwandtschaftliche Beziehungen – sie selbst ist Herzogin von Brabant und Limburg, ihr Cousin Herzog von Lothringen, zudem steht sie unter dem Schutz des Bischofs von Lüttich. Bei der Versammlung in Saarbrücken, die zur Vorbereitung auf die Fahrt nach Mainz zum gerichtlichen Zweikampf dient, kommen weitere Verwandte und politisch Verbündete hinzu: die Fürsten von Flandern, Luxemburg, Bâr, Leiningen und Berg (Str. 172 und 189). Mehr als die *Sächsische Weltchronik* spielen die politischen Allianzen im nordwesteuropäischen Raum zur Abfassungszeit des *Lohengrin* eine bedeutende Rolle für einen solchen Detailrealismus.[238] Der Autor holt gewissermaßen die zeitgenössische Konstellation in die Handlung der Schwanritter-Sage hinein. Es fällt auf, dass die Träger der politischen Ämter namenlos bleiben, soweit sie nicht auch in der *Sächsischen Weltchronik* Erwähnung finden. Der Herzog von Lothringen wird erst zu Beginn des Ungarnkriegs (260,1), nachdem die SW als Quelle für die Erzählung hinzugetreten ist, bei seinem Namen *Gîselbreht* genannt, obwohl er seit der Ankunft Lohengrins in Antwerpen (74,2) eine aktiv handelnde Figur ist. Gleiches gilt für den Kaiser, der bereits bei der Klage Elsams als richtende Instanz eingeführt wird (35,6), jedoch auch erst im Ungarnkrieg *Heinrîch* (260,8) genannt wird.[239]

Die Schilderung der beiden Schlachten gegen die ‚Heiden', insbesondere des Sarazenenkriegs, ist von Erzählmustern einerseits aus der Kreuzzugsepik im weiteren Sinne,[240] andererseits aus der Legendendichtung geprägt. Für die Darstellung der einzelnen Etappen des Sarazenenkrieges wird das Modell der *Chansons de geste* aus dem *Willehalm* herangezogen, das auch im *Jüngeren Titurel* bei der Schlacht zwischen dem Baruch mit der Unterstützung der Christen und den babylonischen Brüdern Verwendung findet.[241] Sowohl die Aufstellung der Scharen der Christen und der Heiden, die Feldzeichen der Christen (517,1–6) und der Wagen mit den heidnischen Götzenbildern (Str. 499), als auch die Flucht der Heiden an das Meer zu den Schiffen und die ehrenvolle Bestattung bzw. Heimführung der gefallenen Heidenkönige sind

---

räumigkeit doch stark an die Epenmelodien. Man kann vermuten – ein Beweis ist nicht möglich –, daß px[a] womöglich eine Fassung repräsentiert, die durch die Verbindung des Tons mit dem ‚Lohengrin'- und dem ‚Lorengel'-Epos aus der durch tx[b] bezeugten Fassung in epischer Manier zurechtgesungen worden ist."

238 Zur Datierung und historischen Bezügen siehe Cramer 1971, S. 156–163; zum Streit um die Erbfolge in Limburg S. 159f.
239 Vgl. Panzer 1894, S. 23.
240 Vgl. Meyer 2000, S. 105.
241 Panzer 1894, S. 33f.

gemeinsame Elemente des Sarazenenkriegs im *Lohengrin* und der zweiten Schlacht auf Alischanz im *Willehalm*. Trotz dieser Anklänge an *Willehalm* scheint der Gedanke der religiösen Toleranz und der Ebenbürtigkeit verschiedener Religionen nur punktuell auf, im Großen und Ganzen setzt sich dennoch der eher rückwärtsgewandte, karlsepische Kriegsethos durch.

Der Einsatz der Apostel Peter und Paul in weißem Waffenkleid an der Seite von zwölf weißen Rittern aus der christlichen Heerschar knüpft an Vorbilder sowohl aus der Kreuzzugsepik als auch aus der Legendendichtung an. Vergleichbare Darstellungen finden sich beispielsweise in den *Gesta Francorum*, den Berichten zum Ersten Kreuzzug, in denen der heilige Georg in der Gestalt eines weißen Ritters, bisweilen in Begleitung zweier weiterer Ritterheiliger, der christlichen Heerschar zur Hilfe eilt; oder in der spanischen Epik und Geschichtsschreibung, die von dem Eingreifen des heiligen Jacob von Compostela ebenfalls in weißem Gewand auf weißem Pferd in die Kämpfe gegen die Mauren berichten. In der Legendendichtung begegnet das Motiv unter anderem in der bairischen Georgslegende des Reinbot von Durne und der Regensburger Schottenlegende.[242]

Durch die transzendente Obhut erscheint Lohengrin als auserwählter Mittler zwischen den Heiligen und der irdischen Welt. Er wird bereits bei der Reise nach Brabant mit mehrfachen Attributen als Gottgesandter und von Gott Geschützter ausgestattet. Zugleich bekennt er sich bewusst zu Gottes Rat und Gottes Lenkung. Sein Gottvertrauen äußert sich darin, dass er sich ganz auf den Schwan verlässt, der von Gott unterwiesen worden ist (63,6 f.) – *ich will mit disem vogel swar er kêret.* (63,10) – und zudem auf die Mitnahme von Speise und Wein verzichtet: *durch den ich var, der lât mîn ungepflegen niht* (64,9),[243] was ihn in die unmittelbare Nähe Christi rückt. Auf der Meerfahrt teilt Lohengrin eine Oblate mit dem Schwan, die dieser unbenetzt[244] aus dem Wasser holt. Nach dieser Kommunion mitten im Meer beginnt der Schwan zu singen, seine Stimme kommt Lohengrin wie die eines Engels vor:

> *daz er gedâht: ‚diz ist vürwâr ein engel rein,*
> *der hie bî mir ûf disem wâge swimmet.*
> *In hât got nâch mir gesant, daz er mich habe in huote.*
> *ich wil nû kleine sorge hân,*
> *wie ez ûf dem wilden wâc mir müge ergân:*
> *ich weiz wol, daz mîn vart kumt ze allem guote.'* (67,5–10)

---

242 Vgl. Kolb 1986, S. 109–111; Herweg 2011, S. 107, Anm. 62, dort auch die Wiederkehrung des Motivs der transzendenten Obhut und Unterstützung im Kampf in späteren *Chansons de geste* und deren deutschen Adaptationen; Unger 1990, S. 159.

243 Diese Erklärung kann analog zur entsprechenden Äußerung Christi im *Johannesevangelium* gelesen werden:

> *Ille autem dixit eis: „Ego cibum habeo manducare, quem vos nescitis". Dicebant ergo discipuli ad invicem: „Numquid aliquis attulit ei manducare?". Dicit eis Iesus: „Meus cibus est, ut faciam voluntatem eius, qui misit me, et ut perficiam opus eius. [...]"* (Johannes 4:32–34) Zitiert nach Nova vulgata, 1986.

244 L und k überliefern *trucken unde reine* (L 66,6; k 41,6), W liest *lauter und auch reine* (W 56,6).

Auch der Schlaf, in den der Schwanritter bei diesem Gedanken versinkt und in dem er in Antwerpen ankommt – ein Motiv, das bei Konrad von Würzburg nicht eindeutig dechiffriert werden kann – ist demnach ein weiterer Ausdruck seines Vertrauens auf Gott. Bei der Ankunft erscheint der Schwan dem Abt zunächst in der Gestalt eines Engels, erst nach einem Gebet sieht er ihn in Vogelgestalt. „Eucharistische[...] und angelicanische[...] Elemente"[245] durchziehen die Reise Lohengrins, sodass diese Erzählpassage von dichten biblischen Bezügen und legendarischem Ton geprägt ist.

Legendarisches wird ferner durch die Erwähnung Brandans in den *Lohengrin* eingeblendet, der als Urheber und Gewährsmann der Geschichte von der Entrückung des Artus und der Aussendung Lohengrins fungiert. Beide, Clingsor und Wolfram, berufen sich auf ihn (25,3–7; 27,3; 32,9).[246] Zumindest für den Anfang der Lohengrin-Handlung wird die schriftliche Urheberschaft Brandan zugeschrieben (25,6f. *der schreip mit siner hant vil gar die spehe, / Wie Artus im gebirge lebe und sine helde mere*; 32,9 *Prandan ez schreip*). Die Legende von Brandans Meerfahrt hat den Glauben an Gottes Wunder zum zentralen Thema. Fehlender Glaube an den Inhalt des Buchs, das Brandan von einem Engel bekommt, führt dazu, dass er es zerstört und mit großen Strapazen suchen und wiederfinden muss.

> *Er zech den engel und daz puch gar trügehafter mere.*
> *Vor zorne warf erz an die glut.*
> *der engel sprach: „sint daz din ungeloube tut,*
> *du must ez wider holn mit maniger swere!"* (13,7–10)

Diese Folie, die in den Eingangsstrophen aufgerufen wird, impliziert eine Rezeptionshaltung, die auf die von Brandan begründete, durch Wolfram vorgetragene Lohengrin-Geschichte mit all den außergewöhnlichen Ereignissen übertragen werden kann. Auf diese Weise wird die Wahrheit des Erzählten auf Gott zurückgeführt und der Glaube der Rezipienten erwartet. Nicht nur die Brandan-Legende im Spezifischen, sondern auch die Verbindlichkeit der Gattung Legende „als Inbegriff von Heilsgarantie und Wunderevidenz"[247] im Allgemeinen verbürgt die Glaubhaftigkeit der Geschichte.[248] Im Blick auf die Meerfahrt Lohengrins im Dienst Gottes – Lohengrin nennt in der Gralserzählung sich selbst als *beide ritter und knehte vereinet* (712,10) – ist die Parallele zur Figur des Brandan nicht zu übersehen. In dieser Hinsicht bietet Brandan einen Bezugspunkt für die „Entfaltung einer legendarisch [...] erweiterten Dimension der Artusritterfigur".[249] Die Gattungsinterferenz mit der Legende hat die Funktion

---

245 Cramer 1971, S. 182.
246 In der Fassung L des *Rätselspiels* kommt Brandan namentlich in den Strophen L 10, 12, 13, 27, 32 vor. Bei den ersten drei Erwähnungen wird die Legende von Brandans Meerfahrt referiert.
247 Köbele 2012, S. 368.
248 Vgl. Linseis 2016, S. 152.
249 Linseis 2016, S. 151.

einer „Erweiterung und Erhöhung des Helden" im Einzelnen und der „Wahrheitsbeteuerung der Gesamterzählung".[250]

Gegen Ende der Kaisergenealogie und unmittelbar vor dem Epilog wendet sich die Erzählung der Hagiographie hin. Die Strophen zum 1146 heiliggesprochenen Kaiser Heinrich II., der sich durch die Bekehrung zahlreicher Länder (756,4f. und 10) auszeichnet, und zu seiner Frau Kunigunde heben sich durch das hyperbolische Lob des Herrscherpaares, reiche Metaphern und den geblümten Papstbrief[251] von den übrigen Ottonen-Strophen ab. Auch unterscheiden sie sich von ihrer Vorlage in der *Sächsischen Weltchronik*[252] dadurch, dass die Heiligkeit des Paares im Vordergrund steht. Bereits bei dem Bericht von der Krönung in Rom wird dieser posthume Ruhm erwähnt und die erzählte Zeit bis in die Ewigkeit ausgedehnt:

> [...] dâ man in wîhet schône,
> In und die guote sant Kunigunt,
> den mit wîh wart keiserlîchiu wirde kunt.
> noch krôn sie tragent in dem êwigen thrône. (759,3–6)

In der letzten Strophe seiner Vita wird das heilige Paar als Fürsprecher für die Seelen angerufen, was mit seiner Leistung zu Lebzeiten korrespondiert, zahlreiche Seelen der Höllenqual *enpfloehet* (757,5) und zur himmlischen Fülle *ervlügt* (758,5) zu haben:

> der hât verdient umb got und umb die werlte,
> Daz man in billîch êren sol.
> er und sand Kunigunt mugent gehelfen wol,
> daz diu sêl werde gefloriert und geperlte
> Mit der himelischen zier   dort vor des gots gerihte. (762,3–7)

Das hagiographische Erzählmuster wird zwar lediglich auf einen äußerst beschränkten Umfang des Textes angewandt, doch das Bild des Herrschers als Heiligen ist für die politische Botschaft des Werks von zentraler Bedeutung, was im folgenden Abschnitt beleuchtet wird. Durch die Interferenzen der Gattungsmuster, von denen manche großflächig (höfischer Roman, Chronistik, *Chansons de geste*), manche punktuell (Legende, Hagiographie) greifen, gewinnt der Text einen hohen Grad an Offenheit. Der *Lohengrin* präsentiert ein Beispiel dafür, wie der Schwanritter-Stoff Allianzen mit verschiedensten Gattungen und Stofftraditionen eingeht. Diese Allianzen erfüllen unterschiedliche Funktionen am Text: Inszenierung der Erzählerrolle und Verbürgung der Wahrheit des Erzählten, Anbindung an eine vorgegebene Textwelt, Entfaltung der Reichsgeschichte, effektvolle Gestaltung der Schlachten und nicht zuletzt die heilsgeschichtliche Sinngebung.

---

250 Linseis 2016, S. 152.
251 Siehe Kap. VI.3.4.
252 Vgl. *SW* S. 167f.

VI.7 Heilsgeschichte zwischen den Mythemen

Heilgeschichtliche Bezüge sind in den Passagen mit chronikalischen Quellen unverkennbar. Der Gewinn an Ländern durch Heinrich I. während des neunjährigen Friedens mit den Ungarn wird – im Kontrast zur schlichten Auflistung der Länder in der *Sächsischen Weltchronik*[253] – als Christianisierung stilisiert (257,6–10), der Bekehrung Polens und Ungarns unter Heinrich II. widmet der Erzähler besondere Aufmerksamkeit (755,1–756,6). Die an die Kreuzzugspropaganda anklingende Kampfbeschreibung und Darstellung der Gegner lassen keinen Zweifel daran, dass es sich bei den ‚Heiden'-kriegen im *Lohengrin* um den heilsgeschichtlich notwendigen Sieg der Christen über Andersgläubige handelt.

In diesem Kontext ist von besonderem Interesse, dass die Pointe des heilsgeschichtlichen Geschehens – der Einsatz der Heiligen Peter und Paul an der Seite Lohengrins im Sarazenenkrieg – anhand eines der Schwanritter-Sage inhärenten Motivs inszeniert wird. Die Spannung zwischen *unbekant* (480,8) und *offenlîch* (481,5) ist aufgrund des Frageverbots und des Inkognito Lohengrins für die gesamte Schwanritter-Geschichte sinnstiftend. Im *Lohengrin* prägt dieser Gegensatz nicht nur die Ehe zwischen Lohengrin und Elsam in der Sagenhandlung, sondern auch das Turnier auf ihrer Hochzeitsfeier (Str. 242–251) und die Erscheinung der römischen Apostel im Sarazenenkrieg. Das Inkognito-Motiv wird durch den Text hindurch variiert.

Bei dem anonymen Auftritt Lohengrins im Turnier auf der Hochzeit (245,4–250,10) wird der Vorgang der Tjoste nur kurz beschrieben. Seine Bekleidung und das Umkleiden werden hingegen ausführlich geschildert. Auch wird viel über die Identität des unbekannten Ritters gerätselt und nach der Enthüllung des Geheimnisses darüber geredet. Im Mittelpunkt steht weniger das Kämpfen als die Kunst, sich im Kampf unerkannt zu halten. Wo der Protagonist genannt werden muss, wird mit unbestimmten Ersatzformen operiert:

> *diu Minne des ein ir ritter niht enlie*
> *er quam als sie ir amt im het bevolhen.*
> *Sô rîlîch was sîn wâpenkleit   daz in dâ nieman erkande.* (245,5–7)
>
> *dô man schrei: ‚hie kumt kostlîch ein vrouwen dienaere.'* (246,2)

Lohengrin besiegt zunächst in rotem Waffenkleid den Fürsten von Kleve,[254] dann in grünem Waffenkleid den Markgrafen von Brandenburg. Da er beim Umkleiden auch sein Pferd wechselte – *snellîch er wider wart bereit / ûf ein ander ros in vremdiu wâpenkleit.* (246,8 f.) –, wissen die Zuschauer am Ende nicht, ob ein und derselbe oder zwei Ritter die Taten vollbrachten (248,2–5). Die zwei Tjoste, die Lohengrin anschließend *offenlîch* (248,10) als *vürste von Prâbant* (248,9) bestreitet, scheinen nicht mehr von Interesse zu

---
[253] Vgl. *SW* S. 159.
[254] Später wird die Rache der Fürstin von Kleve für diese Tat Elsam zum Tabubruch verleiten. Vgl. dazu Kap. X.2.1.3.

sein. Wiederholt wird das Vokabular des Heimlichen eingesetzt: Am Ende des Turniers bindet der Kaiser Lohengrin den Helm ab und spricht zu den Frauen:

> [...] ‚*ich bring iu disen man,*
> *der in diebes wîs die ritter vellen kan,*
> *den mugt ir hie nû offenlîchen schouwen.*' (250,8–10)

In der Analepse nach den reichspolitischen Auseinandersetzungen heißt es, *dô er quam geslichen / Und valt mit tioste den von Kleven* (692,3f.).

Das Muster des Hochzeitsturniers – offener Auftritt folgt auf geheimen, Nennung des Protagonisten mit ausweichenden Formulierungen und nachträgliche Enthüllung der Identität – findet sich in der Erzählung vom Einsatz Lohengrins in der Schlacht gegen die Sarazenen wieder. Auch hier trägt er zunächst *vremde wâpenkleit* (628,7; vgl. 246,9) und kämpft *heinlîch* (468,2), bevor er mit seinem Wappen *offenlîch* (502,8) auftritt. Dies wird mit dem wirkungsvollen Erscheinen zweier unerkannter weißgekleideter Ritter an Lohengrins Seite verschränkt.[255] Erzählt wird das Geschehen in einer verrätselnden, retardierenden Weise, die diese Episode im chronistischen Teil mit dem *Rätselspiel* der Eingangsstrophen einerseits und der Identitätsthematik der Schwanritter-Handlung andererseits in Verbindung setzt.

In der Auseinandersetzung zwischen den vom Sultan von Babylon angeführten Sarazenen und den vom König Karl von Frankreich angeführten Christen erscheinen elf weiß gekleidete (*wîziu kleit* 466,4) Ritter unter der Führung dreier ebenfalls weißer Ritter in der kämpfenden Menge:

> *Dô ûf der wal sus stuont der strît,*
> *daz er allenthalp was eng und niendert wît*
> *dô muost doch eteswer dâ lücken machen.*
> *Drî ritter wâren in ein kleit*
> *weidelîch gemachet als uns diu wârheit seit;*
> *der tac dem heidentuom kund wirde swachen.*
> *Eilef man in dem kleide sach,   die dise drî an vuorten,*
> *die drungen nâch in ûf ir slâ*
> *und valten iunge und alte heiden grâ,*
> *swâ sie an sie mit poinders hurte ruorten.* (Str. 460)

Diese Gruppe von weißen Rittern dringt in die Schar der Heiden hinein und tötet zahlreiche von ihnen (462,9 f.), so dass sie einen entscheidenden Beitrag zum späteren Sieg der Christen leistet. Fünf von den elf Rittern werden erschlagen, doch einer von den drei Anführern rächt sie sofort:

---

[255] Zu den Aposteln vgl. Kolb 1986, S. 108–111. Herweg 2011, S. 107, Anm. 62 nennt als Vorbilder für die transzendente Obhut im Kampf die *Gesta Francorum*, Reinbots *Georg* sowie die Regensburger Schottenlegende. Als ähnliche Darstellungen in der Literatur nennt Matthews den Kampf Ackerins gegen Ypomidon und Pompeirus und den Auftritt Tschionatulanders in einer Gruppe von zwölf unerkannten Rittern (Matthews 2016, S. 89).

> *Der wart gerochen sâ zehant*
> *von der drîer einem, die noch unbekant*
> *mit namen sint, doch machet sie lîht schiere*
> *Iu diu âventiure kunt, swenn ir zît sie ez heizet.* (464,4–7)

Die *âventiure* werde die Namen der drei Ritter bekannt machen, wenn die dafür vorgesehene Zeit gekommen ist. Hier knüpft der Erzähler – weiterhin in der Wolfram-Rolle – an die bogenhafte Erzählweise Wolframs an, indem er die Vergabe wichtiger Informationen aufschiebt und somit Spannung aufbaut. Erzählt wird zunächst mit Zahlen und weiteren Ersatzformulierungen: *Die drî* (463,1), *die eilef* (463,2), *Die sehse* (466,1), *die vünf* (466,2), *der drîer zwên* (466,1–3); *Und die künige nû rechen wolt, die sluoc der ungenennet* (502,7). Da Lohengrin kein *zeichen* (476,7) führt, das auf seine Herkunft bzw. Funktion verweisen würde, ist er auch für die Sarazenen unerkennbar und sorgt unter diesen für Erstaunen. Das einzige Attribut der vierzehn Ritter ist ihr einheitlicher weißer Waffenrock.

Realisiert wird die versprochene Enthüllung durch die *âventiure* an drei verschiedenen Stellen: *der drîer eine[r]* stellt sich als der Herzog von Brabant heraus, als kurz nach dem Fall der fünf weißen Ritter ein Bote König Heinrich berichtet, *der Prâbant* (468,7) habe drei Heidenkönige erschlagen und somit die fünf gefallenen Ritter gerächt (468,6–469,6).[256] Unter den Sarazenen heißt es, er *habe durch prîs sich dar verstoln* (481,1), was an das *geslichen* (692,3) im Hochzeitsturnier erinnert. Wer die anderen beiden Ritter sind, enthüllt der Papst nach der Schlacht (s.u.). Die dritte und letzte Offenbarung durch die *âventiure* erfolgt, als Lohengrin seine Identität offenlegt.

Das Außergewöhnliche wird gesteigert, wenn das zuvor vom Erzähler Berichtete aus der Figurenperspektive zu hören ist. Im Anschluss an den verborgenen Einsatz berichtet Lohengrin den Christen von der Erscheinung und der ständigen Begleitung zweier weiß gekleideter Ritter, die nach dem notwendigen Schutz für ihn verschwinden und deren Identität für ihn noch im Dunkeln liegt:

> *Der Wâleys sprach: ‚ich hân gesehen*
> *hiut zwên ritter. ob ich wil der wârheit iehen,*
> *sô solt man wol ir manheit immer prîsen.*
> *Die truogen wâpen reht als ich;*
> *swelhen enden ich in dem strîte wande mich,*
> *den selben wec ir manheit mich kunde wîsen.*
> *Von in manic heiden rîch   wart ritterlîch gevellet.*
> *sie sint mir leider unbekant,*
> *wan daz ich sie oft bî mir menlîchen vant.*
> *sus wurdens in dem strîte mir gesellet.*
>
> *Dô ich waer gerne wider dan*
> *zuo den mînen, die ich hinder mir het lân,*

---

[256] Kolb 1986, S. 108, Anm. 10 sieht in der Tötung unzähliger Heiden durch Lohengrin ein Argument gegen die von Cramer (1971, S. 182f.) postulierten Christus-Analogien.

> *dô wanden sie mit mir mit einem zoume.*
> *Sie huoten mîn, got müez ir pflegen,*
> *alsô ritterlîch vürwâr, daz nie zwên degen*
> *sô schôn eins mans gehuoten. dô ich koume*
> *Kumen was nû an die wît,   dâ vlôs sie mîn gesihte,*
> *daz ich sie kunde nimmer gesehen.*[257]
> *swer sie sint, vürwâr, man mac in manheit iehen,*
> *swer ir in strît mit merk möht nemen pflihte.'* (Str. 473 f.)[258]

Keiner vermag zu sagen, wer die beiden Beschützer an Lohengrins Seite gewesen sind (475,1 f.). Der Text schlägt mit diesem Rätsel einen Bogen bis nach dem Sieg über die Sarazenen, als die Fürsten in Rom einkehren und der Papst das Geheimnis um die Identität der beiden Ritter lüftet. Dieser redet, als das wundersame Ereignis im Gespräch zwischen der lombardischen Königin und Lohengrin wieder aktuell wird, zunächst geheimnisvoll (*ich weiz den wol, dem sie sich nanden* 631,6) und will die Enträtselung hinausschieben (*des entuon ich niht ze diser stunt*, 631,9). Zur Bedingung der Enthüllung macht der Papst, dass man sich an einen verborgenen Ort begibt (633,3–6). Unter einem Granatapfelbaum werden sorgfältig Teppiche, eine Seidenmatratze und Kissen für seine Rede vorbereitet. Dorthin begibt sich eine kleine Gruppe: der Papst, der griechische Kaiser,[259] Heinrich I. und die Kaiserin, Lohengrin und die lombardische Königin.

> *Der bâbest in nû vürbaz sagt,*
> *dô im quâmen dise ritter unverzagt*
> *und er sie vrâgete wie sie waern genennet,*
> *Er iach: ‚dô sageten sie mir sô,*
> *des ich und diu kristenheit sol wesen vrô,*
> *swenn ich sie nû tuon offenlîch bekennet;*
> *Sie sprâchen: und west dû gerne   wie wir mit namen hiezen*
> *und wâ mit wonunge man uns vünde?*
> *der ein sprach: wizze, daz ich dir die wârheit künde:*
> *Pêter und Pauls, die namen sie mir liezen.* (Str. 635)

Weiter nannte St. Peter den Grund ihres Eingriffes, nämlich um zu verhindern, dass ihre Ruhestätten angegriffen werden und die gesamte Christenheit bedroht wird (636,1–6). Ferner betont er, dass er und St. Paul zwar vielen christlichen Kämpfern aus der Bedrängnis geholfen, jedoch niemanden getötet hätten (*und ist doch nieman von uns tôt*, 636,8; vgl. vorher in Lohengrins Bericht: *gevellet*, 473,7). Ähnlich wie in Lo-

---

257 Vgl. zuvor im Bericht durch den Erzähler: *sus kêrt er von dem strît ûf die planîe. [...] der drîer zwên in sehens wurden irre* (465,10–466,3).
258 Vgl. die rückblickende Erzählung, in der Lohengrin den Kampferfolg für sich allein abstreitet und den beiden Aposteln zuschreibt (629,7–10).
259 Gemeint ist der byzantinische Basileus.

hengrins Bericht erzählt der Papst vom Verschwinden der beiden Apostel nach der
Hilfeleistung:

> ‚Dô disiu rede von in geschach,
> mit mînen beiden ougen ich kuntlîchen sach,
> daz sie ze mîner angesiht verswunden. (637,1–3)

Nachdem die kleine Gruppe vom Geheimnis um die Identität der beiden weißen Ritter erfahren hat, bietet die Kaiserkrönung die Gelegenheit, ihren Beistand im Kampf öffentlich zu machen:

> *Die müeticlîch dem keiser muoz*
> *werden ûf gesazt diu krôn.* [...]
> [...]
> *Dô krônt man die keiserîn   nâch sit den alten rehten.*
> *der bâbest tet offenlîch nû kunt*
> *von sand Pêter und sand Pauls des strîtes grunt,*
> *wie man sie in dem strîte het sehen vehten.* (657,1–10)

Der lange Bogen vom verrätselten Erzählen aus der Erzählerperspektive über den Bericht aus der Figurenperspektive bis hin zur Enträtselung im kleinen Kreis und zur allgemeinen Verkündung, der sich über knapp zweihundert Strophen streckt, verleiht dem Eingriff der beiden Apostel in den Kampf gegen die Sarazenen einen Nimbus des Mysteriösen und Wunderbaren. Die bewusst verzögerte[260] und feierlich inszenierte Bekanntgabe der Identität beider Apostel korreliert auf der paradigmatischen Ebene mit der ebenfalls verzögerten und feierlichen Enthüllung der Identität Lohengrins nach Elsams Tabubruch:[261] Dort schiebt Lohengrin die Antwort auf die verbotene Frage zunächst auf *dâ heim* (700,2) auf und lässt nach der Ankunft in Antwerpen noch drei Tage lang einen Hoftag für die Enthüllung vorbereiten, wodurch seine Erzählung von seinem Geschlecht und der Gralsgesellschaft geradezu einen zeremoniellen Charakter gewinnt.

Diese Parallelisierung rückt die Figur Lohengrins in die Nähe der römischen Apostel: Dieser wie jene sind von Gott gesandte Helfer und siegen unerkannt unter Gottes Schutz und Gnade – für Lohengrin gilt dies sowohl im Zweikampf gegen Friedrich von Telramund als auch in den ‚Heiden'-kriegen –; dieser wie jene entschwinden nach der notwendigen Hilfeleistung und entziehen sich der immanenten

---

[260] Dies ist sowohl auf der Ebene der Narration als auch auf der Handlungsebene zu beobachten: Bei Lohengrins Bericht ist der Papst anwesend (*Nû quam der bâbest selb gerant*, 471,4), doch wird das Geheimnis zu diesem Zeitpunkt nicht gelüftet: *Sie trahten, wer sie möhten wesen. / daz kund nieman mit sînn witzen ûz gelesen.* (475,1 f.)
[261] Vgl. Matthews 2016, S. 107.

Verfügbarkeit, sobald ihre Identität preisgegeben wird.[262] Die legendarischen Züge der Apostel lassen sich somit auf die Figur Lohengrins übertragen.

Durch den Eingriff der Apostel wird zudem die Auserwähltheit Lohengrins unterstrichen. Er kommt aus dem Gralsreich, das durch seinen Zugang zur Transzendenz ausgezeichnet ist. Als *miles christi* an der Seite der Apostel steht er nochmals in beinahe unmittelbarer Verbindung zu Gott.[263] Lohengrins Gralsherkunft und der Schutz durch die Apostel im Dienst für die Christenheit bestätigen und erhöhen sich gegenseitig.[264] In der Lobrede durch die lombardische Königin, die durch *minne suht* (665,5) mit Lohengrin verbunden ist, wird dieser nahezu mit Christus gleichgesetzt: ‚[...] *des müez sîn saelic immer diu vil reine, / Diu iuch an die werelt brâht der kristenheit ze trôste.*' (627,6f.) und kurz darauf: ‚[...] *ir sît, der uns erlôst ûz sorgen bürden.*' (650,10) Dadurch, dass die beiden ‚Heiden'-kriege zeitlich in die Ehe zwischen Lohengrin und Elsam eingebettet werden, gehört die Hilfeleistung Lohengrins für den Kaiser ebenso zur Mission seiner Sendung durch den Gral wie auch die Hilfeleistung für Elsam.[265] Durch eine solche Anbindung der Reichsgeschichte an die Gralsinstanz erfährt die Herrschaft Heinrichs I. eine besondere christliche Überhöhung.

Das Erscheinen der beiden Apostel bestätigt ferner die „qualitative Steigerung und Vertiefung"[266], die der Sarazenenkrieg im Vergleich zum Ungarnkrieg erfährt:

> Dem zweiten Gegner tritt die gesamte politisch verfasste Christenheit gegenüber, und mit ihr ficht Gott selbst, der auf dem Höhepunkt zwei leibhaftige Apostel in den Krieg für ‚sein Volk', für Christen, Papst und Reich schickt [...]. In Widerspiegelung alttestamentarischer Muster wird das Geschehen hier heilsexemplarisch zur „Verteidigung des auserwählten Gottesvolkes" stilisiert, wobei Gottes Sendboten signalisieren, dass sich Heilswirken vollziehe.[267]

Dargestellt wird die Schlacht als die „Realisation des Weltplans durch den Planer selbst".[268] Die heilsgeschichtliche Bedeutung des Auftritts der weißen Ritter innerhalb der Sequenz der Auseinandersetzungen zwischen Christen und Sarazenen ist nicht zuletzt daran abzulesen, dass Lohengrin und die von ihm geführten elf Ritter die Zwölfzahl bilden und der Heerschar König Karls von Frankreich zugeordnet werden – ein Anklang an die *douze pairs de France* und Karl den Großen ist nicht zu übersehen.[269] Kolb weist zu Recht darauf hin, „daß die beiden Einsätze des Schwanenritters

---

262 Anders Kolb 1986, S. 109.
263 Vgl. Linseis 2016, S. 149.
264 Vgl. Kolb 1986, S. 109.
265 Es dürfte wohl kaum Zufall sein, dass Lohengrins Gottvertrauen unter dem Schutz durch die beiden Apostel (*Sie huoten mîn, got müez ir pflegen,* 474,4) im Wortlaut an sein Gottvertrauen auf der Meerfahrt erinnert (*In hât got nâch mir gesant, daz er mich habe in huote,* 67,7)
266 Herweg 2011, S. 106.
267 Ebd., Zitat im Zitat aus Unger 1990, S. 232.
268 Ebd., S. 107.
269 Vgl. Kolb 1986, S. 106. Zur Deutung der Zahlen 3, 12 und 7 vgl. ebd., S. 107 mit Anm. 5, in der sich Kolb gegen die Hervorhebung der Zahl 14 und die Zuschreibung der Christus-Analogien bei Cramer (1971, S. 182f.) wendet.

in der Heidenschlacht vor Rom unter verschiedenen Bezügen gesehen werden müssen".[270] Weiß gekleidet in der Heerschar König Karls von Frankreich tritt Lohengrin unter einem heilsgeschichtlichen Bezug für das Volk Gottes auf,[271] mit dem Schwan als Wappen[272] in der zehnten und letzten, von Kaiser Heinrich geführten Heerschar der Christen tritt er entsprechend seinem Lehnsverhältnis als Herzog von Brabant auf – zu seinen öffentlichen Attributen gehören sowohl *sîn wâpen* (502,10) der Schwan, der auf seine mythische Herkunft verweist, als auch seine Position als enger Vertrauter des Kaisers in der profanen Welt (503,1–4). Von dieser Warte aus gesehen ist es nur verständlich, dass der *Lohengrin* zwar die Analogisierung von Christen und ‚Heiden' sowie die Reflexion über den Glaubenskampf aus dem *Willehalm* aufnimmt, jedoch nicht programmatisch konsequent zur Ebenbürtigkeit beider Parteien weiterführt. Um das Römisch-Deutsche Reich aus einer heilsgeschichtlichen Perspektive zu glorifizieren, müssen die ‚Heiden' als die höchste Gefahr dargestellt werden.

Im *Lohengrin* werden heilsgeschichtlich aufgeladene Ereignisse zwischen den Funktionselementen der mythischen Schwanritter-Handlung – Heirat und Tabubruch – erzählt. Zugleich wird der transzendente Eingriff anhand eines mythischen Motivs, das für die Schwanritter-Sage konstitutiv ist, narrativ modelliert. Die Sendung Lohengrins wie das Erscheinen der römischen Apostel werden als Einbruch des Heiligen in die profane Welt unter der Voraussetzung des Inkognito erzählt. Während bei Wolfram und Konrad die Gralsgesandtschaft des Schwanritters die Neugründung des Brabantischen Geschlechts zum Zweck hat, erhält sie im *Lohengrin* eine zusätzliche, heilsgeschichtliche Sinngebung – der Schwanritter wird nicht nur für Brabant, sondern auch für das Reich gesandt, um die Bedrohung durch Andersgläubige abzuwenden und die Neugründung des Reichs und die Konsolidierung des Kaisertums zu ermöglichen. Durch den Einsatz Peters und Pauls, die ihm in der mythischen Eigenschaft gleich sind, wird dieser Zweck als notwendig und gottgewollt bestätigt.

---

270 Kolb 1986, S. 107.
271 Vgl. Herweg 2011, S. 105f., der im *Lohengrin* einen Fall beobachtet, „[...] wo der Anspruch objektiv-historischer Notwendigkeit die subjektivistische Zentrierung auf den Helden aufbrach und dieser nur noch als Instrument der Heilsgeschichte agierte."
272 Vgl. Str. 531–536 und Kap. VI.5.2.

VII *Lorengel*

VII.1 Überlieferungslage nebst Überlegungen zum mutmaßlichen Ur-*Lohengrin*

Der ins fünfzehnte Jahrhundert[1] datierte *Lorengel* ist in zwei Handschriften, der Kolmarer Liederhandschrift (k; München, BSB, Cgm 4997)[2] und Lienhart Scheubels Heldenbuch / der Wiener Piaristenhandschrift (W; Wien, ÖNB, Cod. 15478)[3], überliefert. Keiner der beiden Textzeugen ist vollständig: k bietet 41 Strophen auf Bl. 701$^\text{v}$–705$^\text{v}$ als das 15. und letzte Werk des Corpus im ‚Schwarzen Ton'.[4] Der Werküberschrift (*Diß ist ein teile an dem Lorengel dez mit einander iiij^c lieder sint im swartzen tone.*[5]) nach sind diese 41 Strophen nur Teil aus einer Dichtung von ursprünglich 400 Strophen.[6] W überliefert eine Textfassung mit 207 Strophen, wie in der Werküberschrift angekündigt (*Hie heben an die lieder von her Lorengell in dem schwartzen don Clingssorß .der lieder sein tzwey hundert und VII lider.*). Allerdings fehlen 33 Strophen aufgrund des Verlustes von insgesamt vier Blättern. W und k sind unabhängig voneinander und stammen wahrscheinlich von einer gemeinsamen Vorlage.[7] Einen Abdruck von W mit Varianten aus k und Entsprechungen zum *Lohengrin* sowie einen Kommentar bietet Elias Steinmeyer.[8] Danielle Buschinger stellt ihrer synoptischen

---

1 Vgl. Krogmann 1943, Sp. 75: „15. Jh."; Cramer 1985b, Sp. 907: „wohl des 15. Jh.s", „Verfasser und genaue Entstehungszeit sind unbekannt"; Thomas 1987, S. 309: „nach 1477".
2 Eine Faksimileausgabe von k bietet Müller u. a. 1976. Beschreibungen der Handschrift finden sich u. a. bei Bartsch 1862, S. 1–89; Husmann 1960; Schanze 1983, S. 35–59 (Aufbau und Entstehung); ders. 1984, S. 58–83 (Verzeichnis der Tonautoren und Töne); Wachinger 1985; Schneider 1996, S. 423–444; Welker 1996; Kornrumpf 2008; dies. 2009 und Hallmann 2015, S. 50–61, dort Hinweise auf weitere Literatur. Eine überlieferungsgeschichtliche und inhaltliche Untersuchung bietet Petzsch 1978.
3 Eine detaillierte kodikologische Beschreibung der Handschrift findet sich bei Menhardt 1961, S. 1426–1430. Weitere Beschreibungen bei Heinzle 1981, Bd. 3, Sp. 951 f. (Nr. 4); Schanze 1984, S. 250 f.; RSM, Bd. 1, S. 298; Kornrumpf 2011; Bodemann u. a. 2015, S. 377–381 (Nr. 53.0.3) mit Tafel 53.Ia (detaillierte Erläuterung der Illustrationen), darin Verweise auf Einzelwerke in W.
4 Corpusüberschrift auf Bl. 680$^\text{r}$: *In clingesores swartzem ton*. Zur Entlehnung des ‚Schwarzen Tons' als Epenton und zur mutmaßlichen Anpassung der Melodie dieses Tons an die Situation des Vorsingens von Epen siehe Kap. VI.6.
5 Wenn nicht anders angegeben, werden alle Textstellen aus k und W nach Buschinger/Brunner 1979 zitiert.
6 Der hier angegebene Strophenbestand ist in der Forschung umstritten. Steinmeyer 1872, S. 236 liest 400. Elster 1896, S. 253, Anm. 3 interpretiert die Zahlangabe wegen eines durch das j gezogenen Strichs als 350. Dies wird bei Wachinger 1973, S. 22, Anm. 28a widerlegt, der die Zahlangabe als 400 deutet. Cramer 1985b, Sp. 907 referiert unentschieden beide Zahlen: „Nach der Angabe von K müßte die Erzählung ursprünglich aus 350 (400?) Strr. bestanden haben." Zu hochgestelltem C als Angabe von Hunderten vgl. Bischoff 2009, S. 233.
7 Vgl. Buschinger/Brunner 1979, S. VII.
8 Steinmeyer 1872. Die Strophen aus L tragen hier die Sigle R, da Steinmeyer auf die Ausgabe von Rückert 1858 referiert.

Edition von W und k eine Beschreibung der Überlieferungslage des Werks voran;[9] gefolgt ist die Edition von einer Strophenkonkordanz zwischen W, k und dem *Lohengrin*,[10] die minimale Ungenauigkeiten aufweist (s. u.).

In k ist am Anfang des Corpus im ‚Schwarzen Ton' die Melodie dieses Tones in gotischer Choralnotation eingetragen.[11] Horst Brunner bietet in der Edition Buschingers einen synoptischen Abdruck der vier überlieferten Fassungen der Melodie des ‚Schwarzen Tons' aus der Jenaer Liederhandschrift, der Kolmarer Liederhandschrift, dem Singebuch des Adam Puschman und der Meistersingerhandschrift Will III. 792 der Stadtbibliothek Nürnberg.[12] Die in der Strophenform implizierte Sangbarkeit[13] des *Lorengel* korrespondiert mit der durch die Erzählerstimme hervorgehobenen, zumindest fingierten Situation des Vorsingens (W 122,10; 136,1; 203,1) und der Gattung *liet* (W 205,10).

Die Tatsache, dass der in k überlieferte Text nach 41 Strophen mit Lorengels Meerfahrt und der Speisung durch eine Oblate abbricht und dass W kurz nach dieser Stelle ab W 59,7[14] einen ganz anderen Weg geht als der *Lohengrin* (L),[15] wirft die Frage auf, ob es für L, k und W eine gemeinsame Vorlage gegeben hat, deren Umfang nur bis zur Meerfahrt reichte. Willy Krogmann unterstützt diese Vermutung mit dem inhaltlichen Hinweis, dass die Aufforderung des Landgrafen an Wolfram, zu erzählen, *wie Lohengrin von Artus wart uz gesant* (L 29,5), mit L 68,2[16] und W 59,6 erfüllt werde.[17] Jan Hallmann plädiert ebenfalls für die Existenz einer solchen älteren thüringischen *Lohengrin*-Erzählung, die typologisch und entstehungsgeschichtlich in unmittelbarer

---

9 Vgl. Buschinger/Brunner 1979, S. VII–XI.
10 Buschinger/Brunner 1979, S. 53 f.
11 Verzeichnis der Töne in k bei Aarburg 1961. Eine Edition der in k überlieferten Töne bietet Runge 1896, darin S. 159 No. 102 „In clingesores swarczen ton". Eine Faksimileausgabe der in k notierten Melodien bietet Gennrich 1967. Untersuchung zu Form, Melodik und Wechselbeziehung zwischen Wort und Musik in k bei Zitzmann 1944. Zu den Tönen in k und deren Entlehnung im Repertoire des Meistergesangs vgl. Brunner 1975, S. 67–171. Zu Melodieverlauf und Notation des ‚Schwarzen Tons' sowie einem Vergleich mit Parallelüberlieferung siehe Brunner 1975, S. 238–240 (Sigle t für die Kolmarer Liederhandschrift); Analyse der Struktur und der Melodik des ‚Schwarzen Tons' bei Brunner 2008b, S. 212–215.
12 Buschinger/Brunner 1979, S. XIVf.; mit leichter Änderung ediert bei Brunner/Hartmann 2010, S. 425 f.
13 Vgl. Kornrumpf 2011, S. 321.
14 Die inhaltliche Entsprechung zwischen L und W reicht bis L 68,2 und W 59,6; die wörtliche Entsprechung, die für einen textkritischen Vergleich ausschlaggebend ist, bricht bei L 67,2 – W 59,2 ab.
15 Da die Divergenz zwischen W und k wesentlich größer ist als zwischen den *Lohengrin*-Handschriften A, B und M, betrachte ich in diesem Kapitel W und k jeweils als eine Fassung, den *Lohengrin* (nach der Leithandschrift A unter Berücksichtigung von B und M) ebenfalls als eine Fassung (L). Zitiert wird L in den Str. 1–32 nach Hallmann 2015, S. 354–381, ab Str. 33 nach Cramer 1971.
16 Krogmann 1943, S. 60 schreibt „58,2", was wohl ein Fehler ist.
17 Vgl. Krogmann 1943, S. 60. Für die Existenz eines Ur-*Lohengrin* plädieren ebenfalls Lachmann 1876, S. 149 f.; Elster 1885; Panzer 1894, S. 12–53; Ehrismann 1935, S. 80 f. Eine zusammenfassende Erwägung der in der älteren Forschung vertretenen Positionen, ob es einen Ur-*Lohengrin* gab und welchen Umfang er gehabt haben könnte, findet sich bei Cramer 1971, S. 37–40.

Nähe zum *Wartburgkrieg*-Komplex stünde und als Vorläufer der Erweiterungsexperimente dieses Texttypus in Hinsicht auf Gattungskontexte zu betrachten wäre.[18] Dies belegt er durch die Untersuchung der Reime in den Strophen (insbesondere L 29), die Bezüge zur Lohengrin-Handlung aufweisen.[19] Allerdings weist Hallmann Krogmanns Argument zurück[20] und vermutet, „dass auch im Ur-*Lohengrin* noch eine umfangreichere Erzählung folgte, die neben dem in *RS*[21] L 26 angedeuteten Gerichtskampf Lohengrins mit Friedrich von Telramunt alle bereits im *Parzival* erwähnten zentralen Handlungselemente enthielt",[22] was er jedoch nicht weiter begründet. Insbesondere fehlt bei dieser Annahme die Erklärung, warum der Text in k zwei Verse davor[23] endet, wo die Entsprechung zwischen L und W aufhört (L 67,2 – W 59,2), die Szene mit der Speisung durch die Oblate also eine Zäsur für alle drei Textzeugen darstellt.[24] Demgegenüber versucht Thomas Cramer[25] wahrscheinlich zu machen, dass es einen Ur-*Lohengrin* nicht gegeben hat und somit „der gesamte *Lohengrin* von nur einem Dichter stammt".[26] Auch Burghart Wachinger hält die Existenz eines Ur-*Lohengrin* für un-

---

[18] Vgl. Hallmann 2015, S. 21 und S. 265 f.
[19] Vgl. ebd., S. 267 f.
[20] Vgl. ebd., S. 270, Anm. 126.
[21] Gemeint ist das *Rätselspiel* aus dem *Wartburgkrieg*.
[22] Hallmann 2015, S. 270.
[23] Die Strophen W 57 f. sind Zusatzstrophen von W, daher nicht in den Vergleich des Wortlauts einzubeziehen.
[24] Eine Zusammenfassung der älteren Forschung zum Zäsurproblem findet sich bei Krüger 1936, S. 65 f. Eine detaillierte, strophenweise vorgehende Untersuchung des Verhältnisses zwischen dem *Rätselspiel* und dem *Lohengrin* bietet Schneider 1875, mit Stemma (S. 49) und Strophenkonkordanz (S. 50 f.).
[25] Vgl. Cramer 1971, S. 34–45. Buschinger/Brunner 1979, S. VIIf. folgen Cramer sowohl in der Annahme der unwahrscheinlichen Existenz eines Ur-*Lohengrin* als auch im Stemma.
[26] Cramer 1971, S. 45. Auch wenn Cramers Beweisführung gegen Elsters (1885) Annahme im Großen und Ganzen überzeugt, sind einige Stellen in seiner Argumentation unschlüssig: 1. Unter den auf S. 37 aufgelisteten Möglichkeiten 1a), 1b) und 1c) wird nur die von Elster für wahrscheinlich gehaltene 1b) widerlegt, 1a) und 1c) sind prinzipiell möglich und bleiben unberücksichtigt. 2. Die Weiterführung von Panzers (1894) Schlussfolgerung – „Panzers Folgerung würde bedeuten: der *Lorengel* hätte für seinen ersten Teil bis Str. 59,2 (= Loh. 67,2) den Ur-*Lohengrin* benutzt, nicht aber den *Lohengrin* [...], für den zweiten Teil ab 59,3 aber wären beide Werke nebeneinander verarbeitet worden. Ein solcher Sachverhalt ist schlechterdings nicht vorstellbar" (S. 38) – greift fehl, denn in diesem Fall würde man die Benutzung beider Vorlagen (des *Lohengrin* und des Ur-*Lohengrin*) nebeneinander bis 59,2 des *Lorengel* nicht erkennen können, da beide in diesem Teil inhaltlich identisch wären. 3. Mit der Untersuchung der gemeinsamen Plusstrophen von kW gegen L ist Cramer der Beweis gelungen, dass die beiden Stemmata (S. 39 f.) gleichrangig möglich sind; seine Beweisführung macht das von ihm vorgeschlagene Stemma jedoch nicht *wahrscheinlicher* als jenes bei Elster 1885. Denn bei beiden Stemmata können die gemeinsamen Plusstrophen von kW gegen L auf die Zwischenstufe X zurückgehen. Selbst wenn ein Ur-*Lohengrin* existiert hat, müssen die Plusstrophen nicht zwangsläufig darauf zurückzuführen sein. Zudem weicht Cramer am Schluss der Diskussion um die Stemmata bewusst einer Frage aus: Wie erklärt sich die gemeinsame Zäsur für L, k und W (L 67,2 – W 59,2)? Durch das von Elster vorgeschlagene Stemma lässt sich diese Frage leichter beantworten, wenn man annimmt, der Ur-*Lohengrin* und X brechen bei L 67,2 ab. 4. Die Behauptung, die in CJ erhaltenen Indizien auf eine Lohengrin-Erzählung –

wahrscheinlich und nimmt eine sekundäre Beeinflussung der übrigen *Wartburgkrieg*-Handschriften durch den *Lohengrin* an.[27]

Die Überlieferungslage bietet jedenfalls keinerlei Indiz für die mögliche Gestalt eines Ur-*Lohengrin*. Überliefert sind zwei vollständige (A, B) und eine nahezu vollständige (M) Handschrift des *Lohengrin*, die in der Anfangspartie weniger als 30 Strophen aus dem Bestand des *Wartburgkriegs* enthalten. Umgekehrt sind heute keine Handschriften mit dem größeren Bestand des *Wartburgkriegs* bekannt, die zugleich einige Strophen des überlieferten *Lohengrin* aus der Partie nach dem Eingang (ab L 33) präsentieren. k ist die einzige uns bekannte Handschrift, die sowohl den größeren *Wartburgkrieg*-Bestand als auch eine Fassung der Schwanritter-Geschichte überliefert, jedoch wird Letztere nicht durch Ersteren eingeleitet. Von den Teilen des *Wartburgkriegs*, die in L enthalten sind, bietet k nur das *Rätsel vom schlafenden Kind*, und zwar in nicht benachbarter Stelle zum *Lorengel*. Zudem weist Hallmann mit Recht darauf hin, dass der Kernbestand im ‚Schwarzen Ton' in k mit dem *Rätsel vom Schlafenden Kind* endet und aus einer anderen Vorlage in die Handschrift gelangte als der jüngere Bestand, der auf die später eingeschobene Lage 51 nachgetragen wurde und zu dem der *Lorengel* gehört.[28] Demnach bleibt die Suche nach einer möglichen Gestalt des Ur-*Lohengrin* auch in k und deren Vorlagen vergeblich. Die Fragen, ob es einen Ur-*Lohengrin* gab, der den Anfang des überlieferten *Lohengrin* enthielt, welchen Umfang dieser mutmaßliche Ur-*Lohengrin* hatte und ob er zum älteren Bestand des *Wartburgkriegs* gehörte, müssen daher angesichts der Lage der Textzeugen im Bereich des Spekulativen bleiben.

In der Anfangspartie sind Entsprechungen zwischen L, W und k festzustellen. k steht in Hinsicht auf Strophenbestand und Wortlaut L wesentlich näher. kW haben 5 gemeinsame Zusatzstrophen gegen L (W 13/k 5: Gebet der Herzogin; W 26/k 17: Rede der Königin an Key; W 38–40/k 31, 30, 33: Streitrede der Artusritter, hier kommen jeweils Paldewein/Markys, Lewan und Iban zu Wort), W hat 12 Zusatzstrophen im Vergleich zu k (W 6–9: Dialog zwischen dem alten Herzog und Friderich, die letzten Worte des Herzogs an seine Tochter; W 29–33: der von der heiligen Taube gebrachte Brief an die Gralsgesellschaft; W 41: Rede des Herzogs Mugelein; W 51 f.: Lorengels Abschied von den Frauen und den Rittern, Beschreibung seines Pferdes und seiner Rüstung). k hat gegenüber L und W eine Sonderstrophe (k 20: Felicia über die mit Edelsteinen besetzten Gürtel). Ein ausgedehntes Interesse an wörtlicher Rede und Konversation ist an W und k, vor allem aber an W zu beobachten; beide werden durch

---

das Erwähnen eines Kämpfers und einer Glocke in C 22,5 f. und J 18,5 f. – seien ohne Anschluss des *Lohengrin* nicht als „Spuren einer Schwanritter-Geschichte" zu deuten (S. 44), leuchtet nicht ein, da diese Strophe eindeutig Wolframs Antwort wiedergibt, in der er Clingsors unzureichende Lohengrin-Erzählung bemängelt. Ich halte eine sekundäre Aufnahme dieser Strophe aus L in CJ für wahrscheinlicher (ähnlich Hallmann 2015, S. 267 mit Anm. 110).

27 Vgl. Wachinger 1973, S. 86, Anm. 60a.
28 Vgl. Hallmann 2015, S. 57 f.

Zusatzstrophen erweitert (W 6–9 gegen kL, W 13/k 5 gegen L, W 26/k 17 gegen L, W 38–40/k 31, 30, 33 gegen L, W 41 gegen kL, W 57 f. gegen L).

VII.2 Transkription des Schlusses nach der Hs. W

Das Ende der Erzählung ist lückenhaft überliefert. Aufgrund des abgerissenen Teils von der oberen rechten Ecke bis zur Mitte der Unterkante des Blattes 516 sind verschiedene Teile der unabgesetzten Verse in den Strophen 204–207 verloren gegangen (Abb. 4).[29] Steinmeyer ergänzt diese Lücken nach eigener Phantasie. Buschinger übernimmt Steinmeyers Ergänzungen unter Berücksichtigung der Rechtschreibgewohnheiten von W.[30] Dies hat zur Folge, dass keine der beiden vorhandenen Editionen die Textgestalt nach der Handschrift wiedergibt. Um eine Interpretation auf der Basis des überlieferten Textes ohne moderne Zusätze zu ermöglichen, wird im Folgenden eine Transkription der unvollständig überlieferten Passage 204,7–207,10 nach W gegeben. Kürzel werden dabei aufgelöst, diakritische Zeichen beibehalten.

204,7–10 Auch tet man er der ganczen stat den armen[31] und den reichen
Da hub man mange kurtzweil an[32]
mit stec..en und thurniren manig werder man
vil mang sper brach... da ritterleichen

205 Daz weret wol vir wochen gar
der selbig hoff als.......fint die schrifft fur war
da manig man pflag freud...........weÿle
Also die hochtzeit ende nam
dar nach jr................ wider zu land heim kam
Si namen urlaup a..................
Si schieden von dem fursten gut und von der ....
.... danckten baide in mit fleis
die edlen ges................... und preis
si czugen hin als dyses liet heb......

---

29 Vgl. Beschreibung bei Menhardt 1961, S. 1429.
30 Vgl. Buschinger/Brunner 1979, S. 49 mit Apparat.
31 Bereits in diesem Vers ist das *n* in *armen* abgerissen worden, das jedoch im Vergleich zur Schreibweise von *reichen* rekonstruiert werden kann.
32 Groß-/Kleinschreibung grundsätzlich nach der Handschrift. Da es beim Schreiber von W zwischen *D/d* zu Unklarheiten kommen kann, wird in einem solchen Fall davon ausgegangen, dass der Anfang des 3. Stollens groß geschrieben wird, da W das Versende beim 3., 6. und 7. Vers durch // markiert, an allen übrigen Stellen außer Strophenende durch /. Zum Anzeigen einer größeren Textzäsur durch doppelten Schrägstrich vgl. Schneider 2014, S. 93.

206   Iglicher czoch heim in sein lant
      hort..................gell der kun³³ weygant
      nam ein daz ....ogthume
      Daz lant regirt er loblich ....
      .... er beschirmet manig jar
      sein lant u............ rume
      Die lant versach er also wol ....
      Er strafft die ungerechtikeit
      alls .... weit unde preit
      so mochten si wol ....

207   Ir fursten gut nun mercket eben
      ....len beyspil geben
      huet euch daz ir v..............
      alls diser graf von Dündramunt
      de.................. ein schentlichs ende kunt
      als die hy........................
      Ewr grosse macht nimt bald ein endt ....en
      Got storet pawet und tzubricht
      .... und ewres guttes nicht
      so geñnt³⁴ ewr .... schencken

VII.3 Zur Version

Da die Inhaltsangabe bei Cramer[35] und die Nacherzählung bei Heinz Thomas[36] zum Teil problematisch sind, wird im Folgenden der Aufbau des *Lorengel* anhand der vollständigeren der beiden Handschriften, W, referiert. Er weicht ab Str. 59 stark von dem des *Lohengrin* ab.[37]

Str. 1–3 Eingang
Der Text beginnt mit Andeutungen auf das zu Erzählende: König Etzels Überfall auf die christlichen Länder; das Wunderwirken eines Glöckchens am *pater noster* der Isilie, weswegen ein Graf im Kampf stirbt; das Erhallen der Glockentöne in Frankreich, das König Artus und seine Ritter in Schrecken und Qual versetzt; die Ankunft einer Landgräfin und der Herzogstochter von Aldenburg[38] am Artushof; das

---

33 Ein Punkt über *u*.
34 Da *u* und *n* im Wortinnern nicht immer klar voneinander zu unterscheiden sind, könnte man hier auch *geünt* lesen. Von der Bedeutung her ist eher *gent* gemeint (Imperativ 2. Person Plural von *gên*, in der bairischen Nebenform *gênt* statt *gêt*; zu dieser Form siehe Paul 2007, § M 70, Anm. 8). Auffällig sind die Doppelkonsonanz und der Nasalstrich.
35 Cramer 1985b, Sp. 907 f.
36 Thomas 1987, S. 303–306.
37 In den werkübergreifenden Untersuchungen (Kap. X–XII) wird der Inhalt der Hs. W dem Vergleich des *Lorengel* mit anderen Werken zugrundegelegt.
38 W 2,5 *Alldenburg*. Vgl. L 30,5 *Abenberch*.

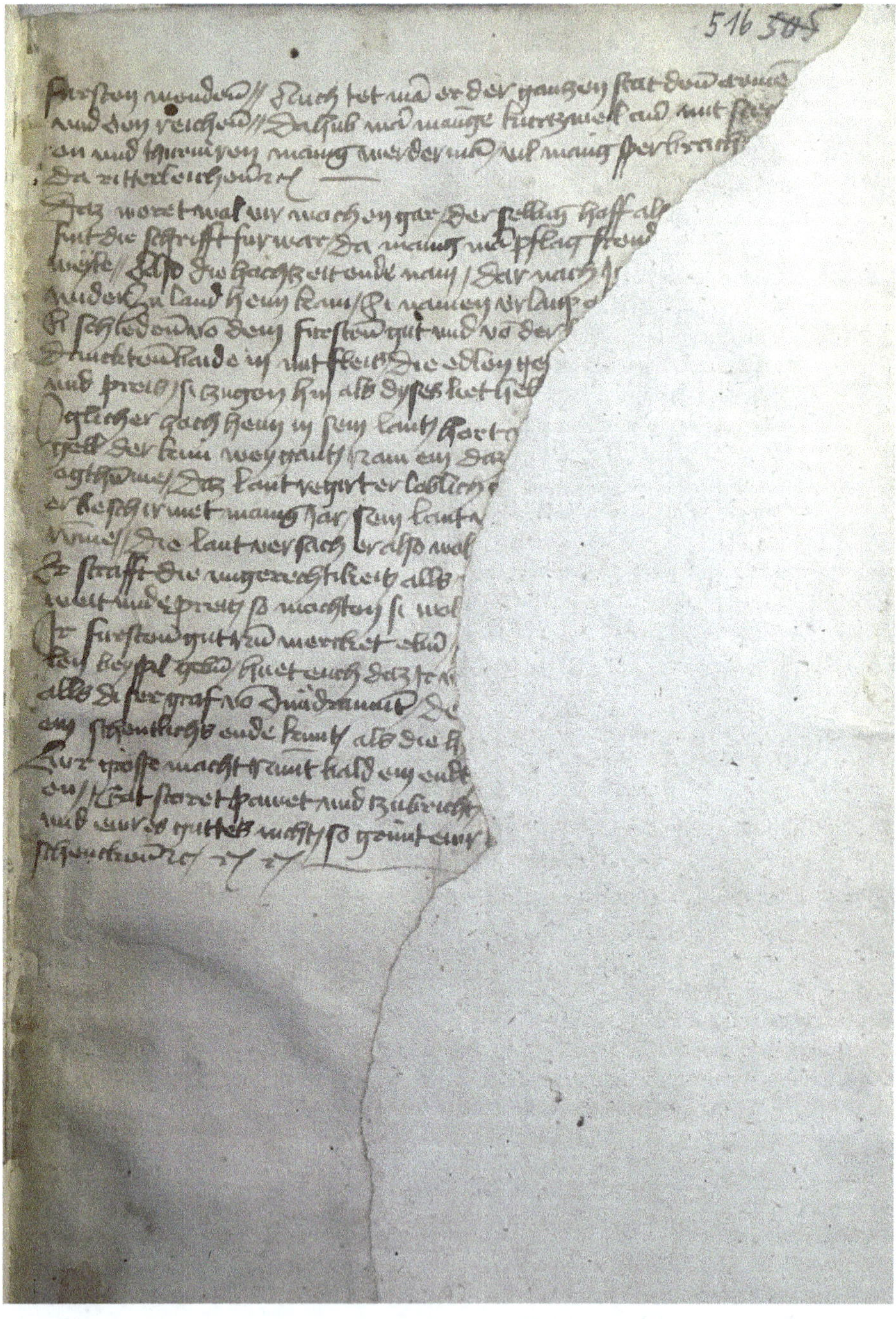

Abb. 4: *Lorengel*, Hs. W, Wien, Österreichische Nationalbibliothek, Cod. 15478, Bl. 516ʳ

Singen Wolframs von Eschenbach vor der Hofgesellschaft.[39] Anspielungen auf den Wartburg-Eingang im *Lohengrin* sind in den Strophen 1–3 aufzuspüren,[40] beispielsweise erinnert W 1,4 f. *Waß wunderß da ein glock erwarb, / dar umb ein edler graf in einem kampffe starb* an die von Clingsor dargebotene Kurzfassung der Lohengrin-Geschichte in L:

> *hoert, wie die selben botschaft eine glocke*
> *Wol über tusent rast erwarp.*
> *da von ein hoher grefe sit in kampfe starp.* (L 26,3–5)

Die Berufung auf den Gewährsmann *sant Brandanuß* (W 3,9) stellt eine Reminiszenz an Wolframs Rede in L 27,3 und 32,9 dar, in der er den Wahrheitsanspruch seiner Fassung der Lohengrin-Geschichte auf den heiligen Brandan zurückführt.

Die Grenze zwischen der Wartburg-Handlung und der Lohengrin-Handlung, die in L klar vorhanden ist, wird hier verwischt.[41] Die Situation eines Vorsingens am Thüringer Hof auf der Wartburg wird nicht geschildert, allenfalls wird das Personal der Wartburg-Handlung angedeutet. Ein Kurzschluss der beiden Handlungsebenen findet sich in der Str. 2 – die *lantgrefin* (W 2,2; vgl. L 30,1 f.) und *von Alldenburg der edlen hertzoginne kint* (W 2,5; vgl. L 30,5 *von Abenberch des edeln hochgeborne kint*), beide Figuren auf der Wartburg in L, kommen statt *zu Wartpurc* (L 30,2) *gen Franckenreich* (W 2,6) *fur den kunig* (W 2,2). Auch das konkurrierende Singen findet anscheinend vor König Artus statt:

> *Bey konig Artuß daß geschach in hohem lob und preise.*
> *da hort man den von Eschenbach*
> *und Joram man auch bey den frawen sitzen sach.*
> *Clingßor sprach: "singet furbaß, meister weise."* (W 2,7–10)

Der Sänger Horant aus der *Kudrun*, mit dem Wolfram vom Erzähler der Wartburg-Handlung in L verglichen wird, tritt hier als reale Figur neben Wolfram und Clingsor am Artushof auf.[42] Ab Str. 4 wird ausschließlich die Schwanritter-Handlung erzählt. Der Handlungsverlauf stimmt bis W 59,6 (L 68,2) im Großen und Ganzen mit dem des *Lohengrin* überein.

Str. 4–21 Bedrängnis der Herzogin

Der sterbende Herzog von Brabant vertraut sein Land, seine Untertanen und seine Tochter Isilie dem Schutz des Grafen Friderich von Dündramunt an. Er hinterlässt seiner Tochter einen Falken, der ein Glöckchen am Bein trägt, mit der Prophezeiung *dar mit macht du wol preiß erwerben* (W 8,9).[43] Nach dem Tod des Herzogs wirbt Friderich um Isiliens Hand und wird von ihr zurückgewiesen. Isilie klagt Friderich vor dem römischen Kaiser an, woraufhin die Fürsten ein Urteil durch Zweikampf beschließen, bei dem ein Kämpfer Isilie verteidigen soll. Da Isilie vor Ort keinen Kämpfer findet, betet sie zu Gott. Dabei erklingt das Glöckchen.

[Das Blatt mit den Strophen W 15–21 ist verloren gegangen. Anhand der Parallelüberlieferung in den Strophen k 7–13 lassen sich die fehlenden Passagen rekonstruieren:] Der Klang des Glöckchens

---

39 Damit werden drei diegetische Ebenen – die Wartburg-Handlung, die Lorengel-Handlung und die Etzel-Handlung in Waldemars Erzählung – ohne Differenzierung aufgegriffen.
40 Vgl. Ragotzky 1971, S. 88.
41 Anders Krogmann 1943, Sp. 75: „Das Bestreben des Fortsetzers ist aber, die Rahmenerzählung zu beseitigen".
42 Entsprechend diesen Beobachtungen ist die Konkordanz bei Buschinger/Brunner 1979, S. 53 f. zu revidieren: Die Strophen W 1–3 entsprechen inhaltlich L 26, L 30 und L 32. Vgl. Hallmann 2015, S. 269, Anm. 118, der jedoch irrtümlicherweise von einem „vierstrophige[n] Prolog" spricht.
43 In L und k ist der Falke keine Gabe des Herzogs, sondern die Herzogin fängt einen verletzten Falken ein. Vgl. Str. L 37, k 6.

verstärkt sich und verbreitet sich bis nach Frankreich, wo König Artus mit seiner Ritterschaft residiert und vom überlauten Glockenton in Schrecken und Ratlosigkeit versetzt wird.

Str. 22–59 Aussendung des Kämpfers, Lorengels Meerfahrt
Der stumme Kay wird durch das Glockengeläut zum Reden gebracht, was von der Königin als Gottes Wunderwirken gepriesen wird. Entsprechend der Aufforderung in einem von einer Taube gebrachten Brief und in der Gralsinschrift sendet Artus Lorengel als Kämpfer für Isilie aus, der von einem wilden Schwan mit einem Nachen abgeholt wird. Auf der Meerfahrt spricht der Schwan zu Lorengel: *ich bin ein engell* (W 58,3).

Str. 59–73 Erster Empfang in Antwerpen durch Calebrant, Besuch Calebrants bei den Waldemars
In Antwerpen (*Antorff*, W 59,6)[44] wird Lorengel von einem Bürger namens Calebrant nach höfischen Gebräuchen empfangen. Die Tochter Calebrants berichtet Lorengel von der vielgepriesenen adligen Familie Waldemar, die treu der Herzogin dient. Calebrant besucht die Herren Waldemar auf einer Aue, auf der sich andere Adlige befinden und alle ihm große Ehre erweisen. Er berichtet von Lorengels Gottgesandtheit und hofft auf die Rettung des Landes durch ihn. Die Adligen reiten auf Calebrants Einladung hin durch die Stadt zu ihm nach Hause, um den Gast zu begrüßen.

Str. 74–112,6 Erzählung des Waldemar
Waldemar stellt Lorengel unvermittelt die Frage, ob er Partzefal kenne, da er jenem im Aussehen ähnelt. Eine Antwort Lorengels bleibt aus. Stattdessen erzählt Waldemar von der Herkunft Partzefals, dessen Ruhm in der Tafelrunde und vom Gral. Waldemar setzt seine Erzählung mit seinen eigenen ritterlichen Taten fort, unter anderem berichtet er von seiner Augenzeugenschaft beim Überfall des Hunnenkönigs Etzel auf das Rheinland, Spanien und Frankreich, da diese Länder Etzel den Zins[45] verweigerten. In diesem Zuge ereignete sich vor Köln eine unerbittliche Schlacht, bei der die elftausend Jungfrauen ums Leben kamen. Etzel hatte bereits die Hälfte der Christenheit bezwungen, als Partzefal mit dem Gral zu Hilfe eilte und die Katastrophe abwandte. Nach dem *ordo artificialis* schließt sich die Vorgeschichte an: Ein usurpatorischer Graf von Köln wurde aus der Stadt vertrieben und sann auf Rache. Mit einer List gelang es ihm, die Habgier Etzels zu erwecken, [die Passage 86,8–112,6 fehlt aufgrund dreier verschollener Blätter.[46] Anhand der vorangehenden Andeutungen lässt sie sich folgendermaßen rekonstruieren:] woraufhin Etzel in die christlichen Länder nach Zins sandte und schließlich mit Gewalt über sie her zog. Vermutlich wird von Lorengels Reaktion auf diese Geschichte und seinem vorläufigen Abschied erzählt.

Str. 112,7–163 Zweiter Empfang in Antwerpen
Die Erzählung wird extradiegetisch fortgesetzt. Waldemar berichtet Isilie von der baldigen Ankunft eines edlen Gastes und stellt die Rettung aus der Not in Aussicht. Lorengel wird feierlich empfangen und verspricht Hilfeleistung für die Herzogin. Isilie bietet Lorengel ihr Land und sich selbst an. Der römische Kaiser und Fürsten aus vielen Ländern werden zum Brabanter Hof eingeladen, um dem Zweikampf beizuwohnen. Friderich von Dündramunt begrüßt Lorengel freundlich bei Waldemar zu Hause, empfindet es jedoch als Provokation, dass Waldemar Lorengel als den gottgesandten Kämpfer preist. Nachdem Friderich und Lorengel sich jeweils ihrer vergangenen Kampfleistung gerühmt haben, messen sie sich bei einem Brettspiel, bei dem Lorengel alle drei Runden gewinnt.

Str. 164–207 Zweikampf, Hochzeit, Epilog
Vor dem Zweikampf bitten Isilie und Lorengel bei einer Messe Gott um Hilfe. Alle Pferde in Antwerpen,

---

44 Zur Wortform vgl. Steinmeyer 1872, S. 231, Stellenkommentar zu 59,6.
45 Eine Parallele zwischen der Binnenerzählung König Heinrichs im *Lohengrin* und derjenigen Waldemars lässt sich feststellen: Dort sendet der König der Ungarn, ‚Hunnen' genannt, nach Zins; hier sendet der Hunnenkönig Etzel nach Zins.
46 Vgl. Menhardt 1961, S. 1428 f.; Buschinger/Brunner 1979, S. 31.

auch das Pferd des Kaisers, sind zu schwach, um Lorengel zu tragen. Auf Isiliens Gebet hin sendet Gott ein für den Kampf ausgestattetes Pferd an Lorengel, was von diesem als *wunder* (W 182,5) gelobt wird. In allen drei Runden des Zweikampfs ist Lorengel überlegen. Nach einer öffentlichen Beichte wird Friderich hingerichtet. Der Sieg Lorengels und seine Hochzeit mit Isilie werden mit Turnieren, Tanz und Banketten gefeiert. [Ab hier ist Hs. W lückenhaft. Ich gebe die vorhandenen Aussagen anhand meiner Transkription wieder.] Nach dem Hoffest ziehen die Gäste wieder in ihre Länder. Lorengel übernimmt die Herrschaft in Brabant und regiert vorbildlich. In der letzten Strophe wendet sich der Erzähler an die *fursten* (W 207,1) und mahnt sie, nicht wie der Graf von Dündramunt zu handeln, um ein schändliches Ende zu vermeiden.

VII.4 Leerstellen und Redundanzen, Doppelungen und Widersprüche: die Erzählweise

Der *Lorengel* hat in der bisherigen Forschung kaum Aufmerksamkeit erhalten, was der Tatsache geschuldet sein mag, dass diesem Text keine besondere poetische Qualität anerkannt worden ist.[47] Steinmeyer ist in seinem Kommentar darum bemüht, inhaltliche Widersprüche und interpolierte Strophen zu erkennen.[48] Neben den kürzeren Gesamtdarstellungen bei Krogmann,[49] Cramer[50] und Jackson[51] ist die historische Entschlüsselung von Thomas[52] der einzige längere Beitrag, der sich mit der Erzählung befasst. Xenia von Ertzdorff[53] beschreibt die äußeren Merkmale und Bearbeitungstendenzen aller in W überlieferten Texte sowie Lesermarkierungen und versucht – entgegen der Abwertung der späteren Textfassungen in der älteren Forschung –, „die Dichtungen aus Lienhart Scheubels Heldenbuch als literarische Zeugnisse des endenden 15. Jahrhunderts im oberdeutschen Raum und des literarischen Interesses einer bestimmten [...] Bildungsschicht" zu „würdigen".[54]

Bereits Steinmeyer sieht die literarhistorische Bedeutung des *Lorengel* „nicht in seinen poetischen schönheiten", sondern vielmehr in der „verbindung der gralsage mit der Ursulalegende" und in den „umarbeitungen denen man im spätern mittelalter

---

47 Vgl. die Wertung bei Steinmeyer 1872, S. 232f.: „[...] weil die sprache des gedichts sich aufs nächste berührt mit der laxen ausdrucksweise des täglichen lebens welche weit mehr durch unmittelbare ideenassociationen als durch die strengen regeln der logik bestimmt zu werden pflegt"; sowie bei Thomas 1987: „dieser gewiß nicht zu den Spitzenleistungen der deutschen Literatur zählenden Erzählung" (S. 303), „Der Text weist Wiederholungen auf, die keinerlei erkennbare Funktionen haben, die Gesprächsszenen sind gelegentlich ziemlich ungeschickt aneinander gereiht" (S. 306) und zum Verfasser: „Man kann sich nur schwer vorstellen, daß er im Métier des Dichtens und Erzählens schon auf eine längere Erfahrung zurückblicken konnte" (S. 307).
48 Vgl. Steinmeyer 1872, S. 232–244.
49 Krogmann 1943.
50 Cramer 1985b.
51 Jackson 2000.
52 Thomas 1987.
53 Ertzdorff 1972.
54 Ebd., S. 34.

ältere werke unterzog".[55] Eine Interpretation hat das Werk folglich in Beziehung mit den vorangehenden Schwanritter-Bearbeitungen zu setzen und zugleich seine Besonderheiten aus der gesamten Reihe herauszustellen. Die folgende Analyse sieht von einem wertenden Urteil ab und beschreibt zunächst die narratologischen Besonderheiten des Textes in W, um anschließend zur Interpretation weiterer Aspekte überzugehen.

VII.4.1 Fragen und Antworten

In der Erzählweise des *Lorengel* fällt auf, dass in einem Dialog die Antwort oft nicht auf die vorangehende Frage bezogen ist. In manchen Fällen entsteht eine Lücke bei der Informationsvergabe zwischen den Figuren. Wenn beispielsweise König Artus und seine Fürsten nach dem Inhalt von Kays Rede fragen (*waz Kaÿ het gesprochen*, W 27,3), verrät die Antwort der Königin lediglich die Tatsache, dass der ehemals stumme Kay auf einmal reden kann, was für die Anwesenden keine Neuigkeit ist: *"her kunig, merckt daz grosse wunder, daz geschach. / Kay waz ein stumm, sein ret hat fur gebrochen."* (W 27,5f.) An anderen Stellen begegnet hingegen eine Redundanz. Bei Lorengels erstem Aufenthalt in Antwerpen erzählt ihm Waldemar zunächst die Motivation für die Rache des verräterischen Grafen in Köln:

> *er wollt in irem land sein her und haubetman.*
> *den haben si gewalltiglich verdrungen,*
> *Sie schlugen im ein pruder tot und vil der ritter here.*
> *der graf daz clügklich an in rach.* (W 79,5 – 8)

Lorengel fragt unmittelbar darauf danach, was gerade erzählt worden ist:[56] *sag, Waldemar, war umb tet diser grafe daß, / daz er die stat mit rach also vorderbet?* (W 80,2f.) Waldemar erzählt diesmal etwas ausführlicher und geht zeitlich weiter als beim ersten Mal, doch im Großen und Ganzen wiederholt er seine vorige Erzählung:

> *er wollt ein fogt tzu Köln und herre sein genant*
> *und sprach, eß wer mit recht auff in geerbet.*
> *Er kam von den von Coln in not, man schwecht im sein gerichte*
> *und teten auß dem land in jagen.*
> *[...]*
> *und hingen im tzwelff ritter zu gesichte.*
> *Sein bruder bleib auch ligen tot.* (W 80,5 – 81,1)

Erst nun kommt die Erzählung in Fluss und die Vorgeschichte der Schlacht vor Köln kann weiter entfaltet werden.

---

55 Steinmeyer 1872, S. 233; dort weitere Literatur zur Ursula-Legende auf S. 239.
56 Vgl. Thomas 1987, S. 304.

Ähnlich wie Lorengel fragt die Herzogin nach etwas, das sie bereits zu Gehör bekommen hat. So können unmotiviertes Fragen und unerwartetes Antworten nebeneinander stehen. Als Lorengels zweite Ankunft in Antwerpen bevorsteht, erkundigt sich die Herzogin bei Waldemar, *wie kam er her zu land, der stoltze ritter clar?* (W 115,2), obwohl dieser ihr kurz davor bereits berichtet hat, wie Lorengel das erste Mal ins Land kam (*in bracht da her ein willder schwan*, W 113,8). Merkwürdig ist auch die Antwort Waldemars, die sich nicht auf die letzte Ankunft Lorengels, sondern auf die kommende bezieht: *Er kumt gar bald und ist bewart* (W 115,4). Waldemars nächster Satz beantwortet eine nicht gestellte Frage: *von wann er ist, daz weiß ich nit und auch sein fart* (W 115,5). Diese Aussage ist im Blick auf ihren Informationsgehalt unauffällig, formal scheint sie sich jedoch auf eine vorangehende Frage zu beziehen, da der indirekte Fragesatz vorgeschaltet ist. Die Auskunft signalisiert eine Konsequenz des Inkognito und des Frageverbots, die im *Lorengel* nicht thematisiert werden.

Im Gespräch zwischen Calebrant und Waldemar über Lorengels Herkunft und Geschlecht (W 69–72) und bei der Begrüßung Lorengels durch Friderich (W 147) ist ebenfalls eine Diskrepanz zwischen Fragen und Antworten zu beobachten, bei der Fragen nach der Herkunft und Identität Lorengels unbeantwortet bleiben. Dies wird im Kapitel zum Frageverbot behandelt.[57]

In der Gesamtbetrachtung wird auf der paradigmatischen Ebene ein Mangel – ignorierte oder unbeantwortete Fragen – durch einen Überschuss – Fragen nach etwas bereits Bekanntem oder Antworten auf nicht gestellte Fragen – kompensiert. Unter den oben genannten Beispielen kann weiter zwischen zwei Typen differenziert werden: Bei Waldemars unerbetener Auskunft und den ignorierten Fragen zur Identität Lorengels scheint das ehemals vorhandene Frageverbot eine Auswirkung zu haben. Die Störung, die das hier unerzählte Frageverbot auslöst, hinterlässt Spuren in sämtlichen Teilen des Textes. Tradiertes Sagenwissen kollidiert hier mit aktuellem Erzählen, so dass Leerstellen einerseits und Überdetermination andererseits möglicherweise die Rezipientenerwartung unterlaufen.[58] Der zweite Typus – die Antwort der Königin über das Reden des Kay und die Fragen Lorengels und Isiliens nach bereits Erzähltem – haben hingegen nicht unmittelbar mit dem Frageverbot und der Identitätsproblematik zu tun; die Alterität, die wir hier in der Erzähllogik empfinden, besteht dennoch weiterhin im Akt des Fragens und des Antwortens. Hier wird weniger auf die lineare Verknüpfung im Sinne einer syntagmatischen Kohärenz geachtet: Eine Antwort muss nicht ursächlich auf eine dazugehörige Frage folgen und eine Frage muss nicht der Notwendigkeit entwachsen, sich nach unbekannter Information zu erkundigen. Vielmehr wird darauf Akzent gesetzt, dass durch Fragen überhaupt Interesse zu einem Sachverhalt geäußert wird, der eine zentrale Bedeutung hat – wie die Vertreibung des usurpatorischen Grafen und die erste Ankunft Lorengels –; und dass

---

57 Vgl. Kap. X.2.2.3.
58 Zu Formen der Kohärenz-‚Störung' im vormodernen Erzählen zusammenfassend bei Kragl/ Schneider 2013, S. 6–14.

durch Antworten – die die Fragen bisweilen ungenügend decken – außergewöhnliche Ereignisse unterstrichen werden, wie beim Wunderwirken Gottes an Kay. Nicht zuletzt ist zu bedenken, dass auch Interpolationen und überlieferungsgeschichtliche Zufälle für die erhaltene Textgestalt verantwortlich sein können. Dies wird auch für die unten zu besprechenden Besonderheiten gelten.

VII.4.2 Wiederholungen und Singularität

Im Handlungsverlauf sind zahlreiche Doppelungen und Wiederholungen zu beobachten, die paradigmatische Verbindungen zwischen den Geschehnissen aufbauen. Parallel zum verräterischen Grafen Friderich von Dündramunt auf der extradiegetischen Ebene handelt die intradiegetische Erzählung des Waldemar von einem verräterischen Grafen von Köln. Die Verbrechen der Grafen haben beide usurpatorische Züge. Friderich begehrt nicht nur Isilie zur Gattin, sondern er trachtet auch nach der Herrschaft in Brabant (*ir lant hat er betzwungen gar*, W 31,8). Ein gelungener Eheanspruch würde seinen Machtanspruch legitimieren. Der Graf von Köln versucht ebenso die Macht an sich zu reißen: *er wollt ein fogt tzu Köln und herre sein genant* (W 80,5).

Es wird mehrfach aus verschiedenen Perspektiven berichtet, wie Friderich seine Treue bricht, zunächst durch den Erzähler (W 10,6; W 11,2–5), dann im Brief (W 31,4–9) und auf der Gralsinschrift (W 35,4 f.). Allein die Herzogin erzählt es zweimal (W 127, W 129). Sie bietet Lorengel auch zweimal ihr Land und Volk an (W 119,9 f.; W 128,5), und Lorengel verspricht dreimal seine Hilfeleistung (W 118,2–7; W 126,5–10; W 130,4–10). Bis auf sporadische zusätzliche Informationen in den Berichten durch die verschiedenen Instanzen handelt es sich um reine Wiederholungen.

Das Motivpaar Ross – Gold taucht sowohl auf der extradiegetischen als auch auf der intradiegetischen Ebene auf. Von Lorengels Pferd heißt es:

> *Sein roß waz stoltz und dar bey starck,*
> *eß waz wol wert deß claren golldeß hundert marck.*
> *daz schencket im die edell kunigynne.* (W 52,4–6)

Der Wert des Pferdes wird an Gold gemessen. Der verräterische Graf lässt die Hufen seiner Pferde mit Gold beschlagen, wodurch ebenfalls eine assoziative Verbindung zwischen Ross und Gold hergestellt wird. Das Motiv des wertvollen Rosses wird somit gedoppelt, wodurch das zweite Wunderwirken Gottes – das unerwartete, effektvolle Erscheinen des Pferdes Lorengels vor dem Zweikampf – vorbereitet wird.

Der *Lorengel* übernimmt das eine Wunderwirken Gottes, das Kommen eines wilden Schwans beim Abschied des auserwählten Kämpfers vom Gralsreich, aus dem *Lohengrin* (W 53,6 f. – k 38,6 f. – L 63,6 f.). Parallel dazu geschieht ein zweites Wunder: Gott sendet Lorengel kurz vor dem Gerichtskampf sein im Gralsreich zurückgebliebenes Pferd, das stärker als alle im Brabanter Marstall vorhandenen Pferde ist und als das Einzige Lorengels Gewicht tragen kann (W 182,1–3). Sowohl dem Schwan als auch dem Pferd wird durch Possessivpronomen eine enge Verbindung und Zugehörigkeit zu Lorengel zugeschrieben (W 54,10: *der fogell seine*; W 182,2: *den folen sein*). Das zweite Wunder wird als ein Geheimnis geschildert, das allein Lorengel verständlich wird. Für alle anderen stellt es ein übernatürliches, nicht nachvollziehbares Geschehen dar: [...] *daz da daz roß aleine kam, / daz wundert manig mensch da also sere* (W 183,2f.). Es wird nach der Herkunft des Pferdes gefragt, aber keine Antwort gefunden:

> *jeder man fraget gund, von wann daß roß her kam.*
> *niemant kund wissen, wer eß bracht da here.*
> *Niemant west umb die rechten mer*
> *dann Lorengell alein.* [...] (W 184,2–5)

Mit Gottes Beistand in dieser Form zu rechnen, wäre wohl eine Zumutung, die die Vorstellungskraft der Anwesenden sprengt. Der Erzähler schreibt das Geschehen als ein *wunder* (W 183,1) Gott zu, auch Lorengel nimmt es als Gottes Wunderwirken wahr. Der kausale Konnex zwischen dem Gebet der Isilie und dem Erscheinen des Pferdes wird expliziert: *Getrost ward da die hertzogein / von got, der sant Lorengell da den folen sein.* (182,1 f.) Für das Volk bleibt das außergewöhnliche Ereignis jedoch ein undurchschautes, unverstandenes Geheimnis, über das man sich wundert.

Zwischen den beiden Wundern wird von zwei Ankünften des Schwanritters in Brabant erzählt. Bei der ersten Ankunft wird er von dem Bürger Calebrant empfangen, bei der zweiten von der Herzogin, Waldemar und der ganzen Hofgesellschaft. Die Aussage des Schwans, Lorengel soll – wohl nach seiner ersten Ankunft – *biß morgen fru* (W 58,5) in Brabant bleiben, korrespondiert mit Lorengels mutmaßlichem Aufbruch nach dem Empfang bei Calebrant und seiner zweiten Ankunft, die in parallelen Zügen zur ersten geschildert wird.

Erste Ankunft:

> *si sahen, wie der helt her auff dem wasser floß* (W 59,9)
>
> *Lorengell auß dem schiffe sprang.*
> *sein edler schwan sich wider auf den see hin schwang.* (W 61,1 f.)

Zweite Ankunft:

> *Lorengell schir zu lande kam*
> *mit seinem edlen schwann, der furste lobesam.*
> [...]
> *her Lorengell sprang auß dem schiff und grußt si all.*
> *der schwann verschwant vor in allen geleiche.* (W 117,1–6)

Beide Ankünfte erfolgen in drei Schritten: Das Nähern des Nachens, der Sprung Lorengels an das Ufer und der Abschied des Schwans. Bei der zweiten Ankunft Lorengels fungiert der Schwan als sein Wiedererkennungsmerkmal. Waldemar sagt zur

Herzogin: „*secht, fraw, dort kummt der ritter her, / in bringt ein schwann, allß man in wunschen solde.*" (116,9 f.) Die erste Ankunft scheint kaum Handlungsfunktion zu haben, denn erst mit der zweiten Ankunft beginnt die Rettung der Herzogin. Diese erste Ankunft, die nicht im Schwanritter-Stoff angelegt ist und in den anderen in dieser Arbeit untersuchten Werken nicht vorkommt, bildet eine narrative und gattungsgeschichtliche Besonderheit des *Lorengel*. Sie führt Figuren aus dem bürgerlichen Milieu (Calebrant, seine Familie und Gefährten) ein und integriert eine heldenepische Figur (Etzel) mit seinen Taten sowie eine Legende (Ursula und die elftausend Jungfrauen) durch die Erzählung des Waldemar in die Schwanritter-Geschichte. Zugleich wird das stoffbedingte Frageverbot unterlaufen, indem Waldemars nicht unbedingt mit der Abstammung zusammenhängende Frage nach einer Bekanntschaft (*habt ir ein edlen fursten ie erkantte?* W 74,3) genau auf Partzefal zielt. Durch die äußere genealogische Ähnlichkeit wird das Inkognito des Schwanritters hintergangen (W 74,9). Die erste Ankunft, die aus dem Erzählschema herausfällt, verdoppelt paradigmatisch das Wunder des kommenden Schwanritters und ermöglicht einerseits das Einwandern von Wissen aus anderen Gattungen auf einer weiteren diegetischen Ebene, andererseits rüttelt sie an der erwarteten Ordnung des Erzählten, indem sie quer zur Stofftradition steht.[59]

Auch der gerichtliche Zweikampf erfährt im *Lorengel* eine symbolische, vorausdeutende Doppelung. Das Würfelspiel auf dem Brett,[60] bei dem Lorengel alle drei Runden gewinnt, prophezeit gleichsam den Ablauf und das Ergebnis des bewaffneten Zweikampfs, bei dem Lorengel ebenfalls in allen drei Runden überlegen bleibt. Die Gegnerschaft der beiden Kontrahenten wird somit gedoppelt, Lorengel besiegt Friderich zunächst symbolisch-metonymisch, dann real-körperlich.

Durch die Rekurrenzen, die nicht immer auf derselben Ebene begegnen, werden zentrale Themen der Erzählung paradigmatisiert:[61] der verräterische Graf als Exempel des treulosen Fürsten, Gottes Wunderwirken bei der Rettung, die Ankunft eines aus der Ferne kommenden Retters am Meeresufer, der Zweikampf als entscheidendes Moment der Hilfestellung. Entgegen der Stofftradition wird dem Pferd Lorengels eine besondere Rolle zugesprochen, dessen Wert über eine assoziative Wiederholung hervorgehoben wird und das neben dem – durch die Stofftradition bewährten – Schwan als Attribut des auserwählten Ritters fungiert. Die Semantik der Handlungselemente lässt sich über solche Rekurrenzen noch deutlicher auf die paradigmatische Achse beziehen, nämlich auf das Thema gottgesandter Kämpfer und gottbegnadeter Zweikampf. Die Doppelungen unterstreichen die Bedeutsamkeit von Gottes Wunderwirken und der Heilsbringerfigur.

---

59 Vgl. Ausführung zu ähnlichen Phänomenen in der Heldenepik bei Lienert 2017, S. 74 und 85.
60 Zu verschiedenen Formen des Brettspiels im Mittelalter sowie deren Erwähnung in der Literatur siehe Bumke [12]2008, S. 304 f.; zu Formen des Brett- und Würfelspiels vgl. Sprandel u. a. 2002, Sp. 2108 und 2110.
61 Zur Paradigmatisierung durch metonymisches Erzählen vgl. Haferland/Schulz 2010, S. 22; Warning 2001.

Die von W präsentierte Fassung des *Lorengel* soll als Exemplum der Fürstentreue dienen. Das zeigen nicht nur das Schlüsselwort *beyspil* (W 207,2) in der Schlussstrophe, sondern auch die belehrenden Tendenzen im Erzählverlauf, wenn der Erzähler den Satz einfügt, *Ein man sein er bewaren sol, / daz stett dem adell und der ritterscheffte wol* (W 197,1 f.), oder an das Publikum appelliert: *secht, also starb der edell graf ellende* (W 197,10). Auf der Handlungsebene wird der Herzogin der präskriptive Satz in den Mund gelegt: *eß stet nit wol dem ritterlichen orden, / Wann ein gut hellt sein trewe bricht und hellt sein trew nit stette.* (W 129,6 f.) Das Gegensatzpaar *trewloß – trewlich* zieht sich von Anfang bis Ende der Handlung und kulminiert in der Klage der Herzogin gegenüber Lorengel (W 127–130).

In dieser Hinsicht dient Friderich dem Schluss nach als Negativexempel, da er seine Treue bricht, indem er die Herzogin nicht wie versprochen beschützt, sondern zur Ehe zwingt und ihrer Herrschaft beraubt. Doch wird er nicht *per se* als negative Figur charakterisiert. Die Strophe k 8, deren Parallelstrophe in W verloren gegangen ist, beschreibt Friderich als einen Fürsten, der – abgesehen von dieser einzigen *missetat*[62]– Vorbildlichkeit und Perfektion an Tugenden besitzt:

Hett er dez selben nit getan,
er mocht fur fursten wol in hohen eren stan,
sin gut ist aller gernden diet gemeyne.
In löbten frauwen unde man, wer kund sich sin genossen?
wan er het zucht und rechte scham,
umb eineß hareß breit het er nie wandel sam,
het er die einen missetag gelassen. (k 8,4–10)

Im weiteren Erzählverlauf wird er als *der degen gut* (W 139,5) bezeichnet und seine Untertanen als *vil gutter held, die stoltzen ritter feine* (W 139,7). Der Kaiser grüßt ihn als *edler graf gar tugentleiche* (W 164,6). Im Anschluss zu Friderichs Wein als Geschenk an Lorengel heißt es:

wann er waz millt und erentreich, sein gleich lebt nit auff erden.
het er die ein sach nit getan,
kein laster ich von im sust me vernumen han.
sein trew brach er mit laster und geferde (W 145,7–10)

Der Treuebruch stellt demnach eine absolute Ausnahme in einer sonst vorbildhaften Lebensführung dar. Verurteilt und mahnend ist eine einmalige Tat Friderichs und nicht seine Person oder Vita. Diametral zu den zahlreichen Doppelungen und Wiederholungen im Text steht die Singularität des Exemplums. Gerade dieser singuläre Treuebruch wird wiederholt erzählt. Der Einzelfall Friderichs hat im *Lorengel* die Funktion der Veranschaulichung einer allgemeinen Regel, nämlich dass Fürsten ihre Treue wahren sollen. Sein Handel und sein Schicksal – Treuebruch und Hinrichtung –

---

62 Wortlaut von k 8,10: *missetag*.

bilden als Teil der syntagmatischen Handlung in Beziehung zu anderen Figuren Wertekonstellationen paradigmatisch ab.[63] Die Wertekonstellationen werden anhand der narrativen Entfaltung illustriert, die Aussage der Herzogin (W 129,6 f.) erweitert das Besondere zum Allgemeinen.[64] Der Erzähler verfolgt im Epilog den Zweck, die Fürsten zu mahnen, Friderichs Verhalten nicht nachzuahmen, um ein schändliches Ende zu vermeiden. Ob die Mahnung tatsächlich als „nicht eidbrüchig zu werden"[65] spezifiziert ist, wie es Cramer in seiner Inhaltsangabe[66] nach der rekonstruierten Textgestalt durch Steinmeyer[67] formuliert, muss aufgrund der unvollständigen Überlieferung in der Schwebe bleiben.

VII.4.3 Inkonsistenzen

In der Erzählung begegnen Inkonsistenzen hinsichtlich der Raum- und Zeitkonfiguration, der Figurenzeichnung, der Informationsvergabe und der Motivation. Wissensformationen verschiedener Herkunft werden im Text mit gleichrangiger Gültigkeit erzählt. Über den Sitz des Königs Etzel heißt es zunächst: *daz si den tzinß nit brachten im gen Indian* (W 76,9), kurz später hingegen: *er dacht an kunig Etzel in der Heẅnen lant* (W 81,9). Über die Diskrepanz, dass der Hunnenkönig in Indien sitzt, wird nicht aufgeklärt.

In der Darstellung der Zeitkonstellation werden einerseits langfristige Vorausdeutungen mit dem Erzählen von der jetzigen Situation verschränkt:

Si dintten baide got mit fleiß und seiner muter werden.
erst ward ir beyder freude gantz.
sich hub stechen, thurniren und manch schoner tantz.
der hellt dint got, die weill er lebt auff erden. (W 203,7–10)

Die beiden mittleren Verse erzählen von der Hochzeit. Gerahmt werden sie von zwei Versen, die das langfristige fromme Leben des Paars darstellen. Andererseits sind die Angaben nicht immer eindeutig zu verstehen. Dem Stoff nach ist es wahrscheinlich, dass Lorengels Sieg mit der Hochzeit zusammen gefeiert wird, die Angabe *vir wochen* (W 202,4 und 205,1) bezieht sich also im plausiblen Fall auf ein einmaliges Fest, bei dem beides gefeiert wird. Doch die Narration evoziert den Eindruck, dass zwei Feste nacheinander gefeiert werden, die jeweils vier Wochen dauern:

ein grossen hoff ließ man gar weit auß schreÿen,
vir wochen gar an underlaß (W 202,3 f.)

---

63 Vgl. Schwarzbach-Dobson 2018, S. 19.
64 Vgl. ebd., S. 21.
65 Cramer 1985b, Sp. 908.
66 Vgl. Cramer 1985b, Sp. 907 f.
67 Vgl. Steinmeyer 1872, S. 225, 207,3: *hüet euch dasz ir nit brechet eure eide.*

[...]
vernemet furbaß hofeliche mere.
Allß ich euch kund in meim gesang,
in Prafant ward volbracht ein loblicher kirchgang. (W 202,10 – 203,2)
[...]
Daz weret wol vir wochen gar. (W 205,1)

Ferner weist die Figurenzeichnung unvereinbare Züge auf. Lorengel wird in Brabant vorwiegend als aktiver, hilfsbereiter Held dargestellt, der unmittelbar nach seiner Ankunft mit Zuversicht seine Hilfe und den bevorstehenden Sieg verspricht (W 118,2 – 7). In der Szene über die für den Zweikampf eingesetzten Pferde scheint er jedoch äußerst passiv zu agieren: Auch das beste Pferd des Marstalls ist zu schwach für Lorengels Gewicht (*daz rosß mocht in nit tragen, waz im vil zu kranck.* W 178,5),[68] doch Lorengel bleibt zunächst darauf sitzen, ohne etwas zu unternehmen (*doch saß dar auff der edell furst so reiche.* W 178,6). Es ist Waldemar, der Sorgen um die Schwäche des Pferdes hegt (W 178,9 f.). Lorengel reitet auf dem schwachen Pferd *durch die stat* (W 179,3) auf den Kampfplatz. Als der Erzähler ein zweites Mal erwähnt, dass das Pferd zu schwach ist (W 179,8), kommt Waldemar zu Wort (*"daz rosß ist euch zu schwach, red ich fur war."* W 180,2). Erst hier verlangt Lorengel nach einem besseren Pferd (W 180,4 f.). In dieser Szene scheint der Held untätig und von seinem Ratgeber abhängig zu sein.

Der verräterische Graf in Waldemars Erzählung wird *Der edell grafe lobesam* (W 83,1) genannt, wodurch eine Diskrepanz zwischen seiner fatalen Handlungsrolle und dem positiven Erzählerkommentar entsteht. Wohl zielt das Attribut *edell* in erster Linie auf die Abstammung bzw. Standesqualifikation, doch ist der Geburtsadel nicht ohne den Aspekt des Tugendadels zu denken, wie bereits die Etymologie andeutet. Jedenfalls wird der moralische Makel des Grafen nicht thematisiert. Eine solche Unvereinbarkeit zwischen Erzählerrede und Diegese[69] stellt eine Art „antinomisches Erzählen" dar, bei dem die Wertung der Figuren zwischen „vordergründige[r] Positivierung" und „latente[r] Problematisierung"[70] oszilliert. Es wird zudem geschildert, dass der verräterische Graf den Rittern Etzels wie ein *engell auß dem himellthrone* (W 86,6) erscheint. Die durch den Blattverlust verursachte benachbarte Position dieses Verses zu W 113,9, in dem Waldemar Lorengel mit einem *engell auß deß himellß thron* vergleicht, lässt die Grenze zwischen grundsätzlich negativ und grundsätzlich positiv gezeichneten Figuren noch mehr verwischen – der Graf von Köln wird nicht nur mit dem Grafen Friderich assoziiert (s. oben Doppelungen), sondern auch mit Lorengel.

---

[68] Eine ähnliche Szene findet sich in Konrads von Würzburg *Schwanritter* V. 986 – 995: Der König lässt den Schwanritter das beste von seinen Rössern auswählen. Die vorgeführten Rösser sinken alle unter dem Handdruck des Schwanritters zu Boden.
[69] Zu Formen des ‚Widerspruchs' aus narratologischer Perspektive vgl. Lienert 2017, S. 71.
[70] Ebd., S. 87.

Die Narration der Szenen, wie sich die Fürsten in Brabant versammeln, um dem Zweikampf beizuwohnen, weist hinsichtlich der Informationsvergabe mehrere Widersprüche auf. Zunächst wird berichtet, dass Lorengels Ankunft den Anlass bietet, den Kaiser und weitere Fürsten einzuladen:

> *Dar nach die mer gar weit erhal,*
> *daz man eß kundet fursten, herren uber all,*
> *[...]*
> *die sahen gern den fremden ritter auss erwelt.*
> *zu disem kampff kam maniger muter kinde.* (W 138,1–10)

Als Friderich zu ebendiesem Anlass an den Kaiserhof kommt, weiß er jedoch zunächst nicht, dass die Herzogin einen Kämpfer gefunden hat: *mich dunckt und hab also vernumen, / wie daz die hertzogin kein kempffer kunn bekumen.* (W 141,8 f.) Auch bedarf es eines weiteren Boten, der die Ankunft des Kämpfers am Kaiserhof verkündet, die weiterhin als Neuigkeit aufgenommen wird: *die herren all gern dise mere.* (W 142,10)[71] Die Frage des Kaisers an Friderich, wer der Kämpfer sei und woher er komme (W 143,3–7), erscheint nicht minder merkwürdig im Anschluss, da Friderich und er stets dieselben Informationen bekommen haben und Friderich somit keinen Wissensvorsprung in diesem Fall hat. In dieser Ereigniskette haben vorangehende Szenen scheinbar keine Konsequenzen für die darauffolgenden. Es wird okkasionell-situativ erzählt,[72] mit weniger Interesse an der linearen Kohärenz als am Effekt der einzelnen Szenen.

In den sich anschließenden Szenen liegt die Inkonsistenz vor allem in der Motivation der Figurenhandlung. Friderich gibt seine Absicht bekannt, den Kämpfer der Herzogin kennen zu lernen (W 144,7). Doch grüßt er Lorengel zunächst nicht als Gegner, sondern als einen Gast, von dem weder Herkunft noch Absicht bekannt wäre. Erst als Waldemar das Urteil für die Herzogin erwähnt, sagt Friderich zornerfüllt: „[...] *ich wil in gern an schawen, der mich tur bestan [...]*" (W 153,9), als wäre er seinem angehenden Gegner bislang noch nicht begegnet. Auch ist die Motivation nicht auszumachen, die Friderichs anfängliche Freude über die Ankunft des Gegners in den Zorn in dieser Szene umwandelt. Zwei Handlungsmuster – das der höfischen Begrüßung und das der Kampfansage – werden hier in paradigmatischem Bezug zu den zentralen Themen des Textes und bedingt durch das vorbestimmte Ende hintereinander gereiht, ohne dass zwischen ihnen auf der linearen Ebene vermittelt bzw. eine Begründung eingefügt würde. Weitere Inkonsistenzen bestehen zwischen Diegese und Figurenrede, so werden beispielsweise Topoi für den ritterlichen Kampf übernommen, jedoch nicht an die konkrete Situation angepasst. Bevor Friderich seinen Speer auf Lorengel zielt, kündigt er an: „*mit meinem schwert schlan ich euch tiffe wunden.*" (W 189,3)

---

71 Vgl. Konjekturvorschlag von Buschinger/Brunner 1979, S. 37: *die herren horten all gern dise mere.*
72 Vgl. Lienert 2017, S. 87.

Über solche Inkonsistenzen werden die Raum- und Zeitkonstellation, die Figuren und ihre Motivation sowie die Informationsvergabe zwischen ihnen verkompliziert und teilweise unterlaufen. Orte scheinen nicht klar voneinander differenzierbar zu sein; die Grenze zwischen Synchronizität und Sukzessivität droht zu verschwimmen; sowohl extradiegetische als auch intradiegetische Figuren geraten in Zwielicht, die Informationsvergabe zwischen ihnen und ihre Motivation zum Handeln erscheinen teils lückenhaft, teils überdeterminiert. Insbesondere die Verbreitung der Nachricht zur Ankunft Lorengels über den Brabanter Hof hinaus und die Bekanntschaft der beiden Kontrahenten – die beiden Handlungselemente, die die friedlichen höfischen Empfangsszenen in die konflikt- und gewaltbeladenen Kampfszenen überführen – scheinen delikate Knotenpunkte zu sein, um die sich Inkonsistenzen akkumulieren.

VII.5 Evidenz und Medialität

Im *Lorengel* spielt die visuelle Evidenz des adligen Körpers eine wichtige Rolle für das Erkennen von Stand und Qualität, im Einzelfall auch für das Erkennen der Identität. Der Adel wird über die visuelle Evidenz wahrgenommen und die Argumentation folgt der Richtung von außen nach innen:

> *Sein helm leucht allß ein spigellglaß, gemacht zu ritterscheffte,*
> *sein brunn und schwert ist auß erwelt,*
> *er ist von edler art, der wunderkune hellt.*
> *auff im so mag kein schwert auch nit gehefft.* (W 68,7–10)

Von der Qualität der Rüstung und der Waffe schließt Calebrant auf die Qualität des Ritters und auf seine Kampffähigkeit. Ähnlich heißt es an einer späteren Stelle: *er ist von hoher art, sein hertz ist tugent vol. / auff erd sach ich nie schoner manneß pillde.* (W 70,2f.) In der Tat wird von Lorengels Ankunft in Brabant bis zu dieser Stelle nur von seinem *pillde* und nicht von seinem Handeln erzählt; Schilderung von Reden und Gebaren sind den Gastgebern reserviert (W 61–67). Wohl reicht das *pillde* für die Evidenz des Adels. Die optische Wirkung vermag es zudem, die Betrübnis der Ritter zu lindern, die durch das Schicksal der Herzogin verursacht wurde (W 73,8–10). Auch in der Erzählung von Waldemar glauben die Ritter am Hof Etzels, die Qualität des Gasts über seine äußere Erscheinung zu erkennen:

> *umb in stund ritter vil, die maintten all geleich,*
> *er wer ein engell auß dem himellthrone.*
> *Sein harnasch der gab lichten schein von gold und von gesteine.* (W 86,5–7)

Die Evidenz ermöglicht nicht nur das allgemeine Erkennen des Adels, sondern auch die Einordnung einer Person in ein bestimmtes Umfeld, die im Fall von Waldemars Vermutung eine genealogische Präzision erreicht:

> „nun sagt unß hie, ir edler ritter unvertzagt,
> habt ir ein edlen fursten ie erkantte?
> Der furst der tafell runne pflag,
> [...]
> mich duncket wol in meyner acht,
> euch hab einß meisterß hant loblich nach im gemacht.
> her Partzefal nent man den ritter here." (W 74,2–10)

Dabei wird das Handwerk des Formens thematisiert. Die Formulierung *nach im* betont die Ähnlichkeit zwischen Bild und Abbild. Die Blutsverwandtschaft zwischen Lorengel und Partzefal wird hier als gelungene, *loblich* Kunst der Bildhauerei gepriesen (vgl. W 75,3: *nach dem seit ir gepildet adelleiche*).

Die Evidenz gewinnt an hoher Gültigkeit, wenn die Situation kollektiv bezeugt ist. Erst Lorengels zweite Ankunft, die offiziell und unter öffentlicher Vorbereitung erfolgt, bestimmt ihn endgültig zum Kämpfer für die Herzogin: *ich hilff ir auß der not, wil eß der schopffer mein, / erloß ir lant und leut und diseß reiche* (W 118,5 f.);[73] während der erste, mehr oder weniger zufällige Empfang durch Waldemar ihn lediglich zum Gast der Stadt macht und die Aussicht einer Rettung im Bereich des Spekulativen bleibt (*Ich waiß nit*, W 71,4; *ich hoff*, W 71,9).

Der Text zeigt in den W eigenen Strophen W 29–33 ein geschärftes Bewusstsein von Medialität. Nachdem die Taube den Brief vom Himmel gebracht hat, wird der Wille Gottes in einem mehrstufigen Prozess bekanntgegeben. Die *maget* (W 29,7) empfängt den Brief, den Träger der Botschaft. Der Inhalt der Botschaft in der Form von Schrift wird von der *kunigin* (W 30,9) verlesen. Das Wahrnehmen dieses Inhalts ist jedoch nicht an den Akt des Lesens gekoppelt. Der Brief wird erst von der Königin geöffnet, doch weiß bereits die Jungfrau, die den Brief versiegelt in der Hand hält, dass dieser die Information enthält, *von wann unß kumt der schal* (W 30,4). Dadurch wird der *maget* eine besondere Fähigkeit zugesprochen, ähnlich der Schwester Lorengels, die alleine den Namen des auserwählten Kämpfers zu lesen vermag (W 47,10).

Der Brief liefert nicht alle Informationen, die für ein wirksames Handeln der Gralsgesellschaft notwendig sind – er besagt lediglich, *dass* der beste Kämpfer entsendet werden soll, aber nicht, *wer* dieser Kämpfer ist. Diese zweite Information hat man in der Gralsinschrift zu suchen (W 33,6). Die Gralsinschrift enthüllt nicht nur die komplementäre Botschaft zum Brief, sondern sie verkündet auch Informationen, die sich mit einem Teil des Briefs decken, nämlich den Vorgang in Brabant (W 35,2–5). Erst anhand der beiden Medien, des Briefs und der Gralsinschrift, wird ein zielgerichtetes Handeln möglich.

---

[73] Zur Überzeugungsfunktion dieser zweiten Ankunft vgl. Steinmeyer 1872, S. 237 f.

VII.6 Heldenepik, Legende und meisterliche Lieddichtung: die Allianzen der arthurischen Literatur

Eine wesentliche Diskussion über den in W überlieferten Text dreht sich um die Pole ‚höfisch' und ‚bürgerlich'. Für Cramer liegt der Bearbeitungsakzent des Werks in der städtischen Kulisse und der bedeutenden Rolle, die im Laufe der Handlung den Bürgern zugeschrieben wird.[74] Dagegen betont Thomas den höfischen Kontext und das adlige Personal der Handlung und liest den Text in der Gestalt von W als eine literarische Verschlüsselung und Überhöhung der Hochzeit zwischen Maximilian von Habsburg und Maria von Burgund im Jahr 1477.[75] Mit Recht weist Thomas auf die eingeschränkte Rolle des Bürgers im gesamten Text hin, die von Cramer[76] überschätzt wird:

> Die Rolle des Bürgers Callebrant und seiner Familie beschränkt sich auf den ersten Empfang und die erste Bewirtung des Schwanritters sowie auf die Benachrichtigung der Waldemare. Im übrigen spielt die Geschichte im höfischen Milieu, und wenn, von den durch den Schwanritterstoff vorgegebenen Figuren einmal abgesehen, einer Gestalt eine besondere Rolle zugewiesen wird, dann ist es der alte Waldemar.[77]

Thomas' Behauptung, angesichts der Datierung der beiden Handschriften sei nicht auszuschließen, dass der *Lorengel* nach 1477 entstanden sei,[78] ist zwar unhaltbar, denn k ist mit Sicherheit um 1460 entstanden. Dies rüttelt allerdings nicht an seiner These der Verschlüsselung, denn die angeführten mit den historischen Ereignissen vergleichbaren Anhaltspunkte im Text – die Schlacht um Köln, die Zeitangabe 22 Tage, die Rettung der Stadt durch den Vater des Bräutigams und die herausragende Stellung des alten Waldemar[79] – sind Besonderheiten der Textgestalt in W. Die Diskussion um die Richtigkeit oder Wahrscheinlichkeit einer solchen These muss an dieser Stelle eingeklammert werden.

Der erste Empfang Lorengels erfolgt durch Figuren aus dem bürgerlichen Milieu (W 73,1: *durch die stat*): *Da stund ein purger auff dem land, der het in balld ersehen, / bei im sein weip und ir genoß.* (W 59,7 f.) Der Erzähler nennt den Empfang Lorengels durch Calebrant *hofeliche mere* (W 60,3). Ohne nach der Identität Lorengels gefragt zu haben, nennt ihn Calebrant bei der ersten Begegnung *furst und edler herre* (W 60,6) und

---

[74] Vgl. Cramer 1985b, Sp. 908.
[75] Vgl. Thomas 1987, der in jeder Hauptfigur des *Lorengel* eine entsprechende historische Person wiedererkennt: Lorengel – Maximilian von Habsburg, Isilie – Maria von Burgund, Partzefal – Kaiser Friedrich III, die beiden Waldemare – die Herren von Ravenstein, Adolf und sein Sohn Philipp. Den Überfall durch Etzel bezieht Thomas auf die Belagerung von Neuß im Jahr 1475. (S. 310–315)
[76] Cramer 1985b, Sp. 908: „der zentralen Rolle, die der Bürger bei den Händeln der Adligen einnimmt".
[77] Thomas 1987, S. 306.
[78] Vgl. ebd., S. 309.
[79] Vgl. ebd., S. 309–315.

vermutet anhand des prächtigen Wappens, *ir seit ein edler kunig auß haidenlant* (W 60,9). Der Bürger erkennt also mithilfe eines evidenten Zeichens den adligen Stand des Ankömmlings. Das Zeremoniell des Empfangs – Begrüßung durch schön geschmückte Frauen, üppiges Festmahl mit Musik (W 63–65) – und die Requisiten, die dabei benutzt werden – Verzierungen aus Gold und Seide im Saal, mit Gold und Edelsteinen geschmückte Trinkgefäße – sind Rituale und Gegenstände aus der höfischen Welt und werden in das bürgerliche Milieu verlagert. Zu erwähnen ist, dass Lorengel zwar bei seiner ersten Ankunft in einem bürgerlichen Haus empfangen wird, aber schon zu Beginn des Festmahls vorgeschlagen wird, die Ritter Waldemars herbeizuholen, wohl um für eine standesgemäße Unterhaltung zu sorgen.[80]

Im größeren Zusammenhang gesehen hat Lienhart Scheubels Heldenbuch sowohl höfische Tendenzen als auch städtische Prägungen: Inhaltlich geht es in allen Werken dieser Sammelhandschrift um die adlige Selbstbehauptung im Kampf sowie Umgangsformen und materielle Pracht im höfischen Leben.[81] Auch zeigen alle Werke außer dem *Antelan* ein Interesse am Thema der Brautwerbung,[82] ein beliebtes Erzählschema der höfischen Epik. Andererseits treten neben dem *Lorengel* auch in der *Virginal* und im *Wolfdietrich* Bürger als Handlungsträger auf.[83] Der Besitzer dieser Handschrift um 1500, Lienhart Scheubel,[84] war mit großer Wahrscheinlichkeit Nürnberger Bürger,[85] der wohl Interesse am in den Texten dargestellten adligen Ideal hatte. Die textinterne Erneuerung des *Lorengel* durch die Versetzung der Handlung des ersten Empfangs in Antwerpen in ein bürgerliches Milieu und die Sympathie lenkende Darstellung des wohlhabenden Bürgers Calebrant neben den ritterlichen Figuren korrespondiert also mit der externen Überlieferungssituation, bei der bürgerliche und adlige Interessen miteinander verschmelzen.[86] Die Überlieferung des Textes inszeniert somit die Tradierung und Bewahrung der höfischen Kultur – auf der Handlungsebene durch adliges Personal und höfische Requisiten, auf der Ebene der Diegese durch die Bearbeitung von Grals- und Artusstoff sowie Heldenepik vertreten –, bei der die bürgerliche Schicht zumindest eine Rolle als Sammler spielt, wenn nicht als Auftraggeber. Mit Recht weist von Ertzdorff darauf hin, dass der Adel und die wohlhabenden Stadtbürger um 1500 einer gemeinsamen Bildungsschicht angehören und ein gemeinsames literarisches Interesse teilen.[87]

Eine gewichtige Erneuerung in der diskursiven Vernetzung leistet die W-Fassung des *Lorengel* dadurch, dass sie durch die intradiegetische Erzählung die Heldenepik

---

80 Vgl. Steinmeyer 1872, S. 236.
81 Vgl. Ertzdorff 1972.
82 Vgl. ebd., S. 36; Kornrumpf 2011, S. 321.
83 Vgl. Ertzdorff 1972, S. 44, Anm. 32.
84 Auf Bl. 1ʳ befindet sich ein Spruchband mit dem Eintrag *Das buech vnd bethschafft sol nymant hassen / ist linharcz schewbels an der prayten gassen*.
85 Vgl. Heinzle 1981, Sp. 952 und Hoffmann 1979, S. 131f.
86 Vgl. Jackson 2000, S. 182.
87 Vgl. Ertzdorff 1972, S. 33.

und die Legende mit dem Grals- und Artuskomplex verschmilzt. Anders als im *Lohengrin*, in dem andere Erzählweisen und Plots um einen und denselben Protagonisten die Gattungsgrenzen öffnen, vollzieht sich dies im *Lorengel* durch neue Figuren und Handlung um diese Figuren. Unabhängig vom *Lohengrin* erzählt der *Lorengel* durch den Mund Waldemars den Überfall auf Rheinland, Frankreich und Spanien durch König Etzel[88] und den Kampf vor Köln, in den die Ursula-Legende mit dem Martyrium der elftausend Jungfrauen eingebettet wird (W 77,6). Die besondere Präsenz des Artus- und Gralsstoffes artikuliert sich darin, dass es am Ende Partzefal ist, der mit dem Gral in der Hand zu Hilfe kommt und die Unterwerfung der gesamten Christenheit durch Etzel zu vermeiden vermag (W 78,8–10). Durch diesen Antagonismus wird der prominenteste Gralsritter[89] einer der mächtigsten Figuren der germanischen Heldendichtung gegenübergestellt.[90] Der Gral wird in dieser Binnenerzählung in Partzefals Hand auf den Kampfplatz geführt und fungiert als Schutz der gesamten Christenheit. Eine weitere Verbindung zum großen heldenepischen Kontext der Handschrift W steht bereits am Anfang des Textes: Im Dialog zwischen dem sterbenden Herzog von Brabant und Friderich sind fünf Verse Dietrich von Bern gewidmet, in denen der heldenepische Minnedienst angesprochen wird: *durch reine frawen facht er ritterleichen* (W 7,6).[91]

Der *Lorengel* präsentiert eine charakteristische Umgangsweise mit dem Artus- und Gralsstoff in der deutschsprachigen Literatur zu einer Zeit, als dieser bald an Produktivität verlor:[92] Arthurische Motive und Themen werden in breitere Kontexte eingebettet und mit Erzählsträngen aus anderen Gattungstraditionen verschränkt, sowohl in Einzelwerken als auch in Sammelhandschriften. Die arthurischen Figuren spielen fortdauernd eine wichtige Rolle in der höfischen Welt, bürgerliche Figuren kommen hinzu. Die Überlieferung zeugt von der Rezeption der arthurischen Literatur im bürgerlichen Kreis und deren Berührung mit der Heldenepik sowie der meisterlichen Liddichtung.

---

88 König Etzel wird bereits in der Ankündigung in W 1,2 erwähnt, was wahrscheinlich den Anschluss zwischen dem *Lorengel* und dem ihm vorangehenden Text in W, dem *Nibelungenlied*, geboten hat. Vgl. Ertzdorff 1972, S. 36.
89 Partzefal wird entgegen der Tradition eine weitere wichtige Rolle beigemessen, indem die Gründung des Gralsgeschlechts von der Generation Titurels auf ihn verlagert wird (W 75,4–6).
90 Vgl. Jackson 2000, S. 181.
91 Vgl. die ebenfalls in W überlieferte *Virginal*, in der die beiden für den *Lorengel* zentralen Themen – ritterliche Bewährung und Frauendienst – bei der ersten Ausfahrt Dietrichs verknüpft werden; dazu Ertzdorff 1972, S. 35.
92 Vgl. Jackson 2000, S. 183.

VII.7 Das Verblassen des Mythos

Einer dauerhaften Ehe der beiden Protagonisten steht in dieser Erzählung kein Frageverbot im Weg, wodurch die mythische Struktur der Schwanritter-Sage, die einer ‚gestörten Mahrtenehe' analog ist, gebrochen wird: Die Position des Frageverbots wird durch kein Funktionselement besetzt; ein Tabubruch, die damit einhergehende Wende der Handlung und das tragische Ende bleiben ebenfalls aus. Stattdessen begegnen an anderen Positionen im Handlungsverlauf Elemente, die auf die Brechung der Struktur zu reagieren scheinen – viele Stellen mit Fragen und Antworten fallen durch Unstimmigkeiten auf. Einerseits das Ignorieren oder unvollständige Beantworten von Fragen, die auf Herkunft, Geschlecht und Identität zielen, andererseits das Beantworten von ungestellten Fragen, das das Nichtwissen um die Identität des fremden Ritters verrät[93] – die Auffälligkeiten dieser beiden Arten legen den prekären Umgang mit der stofflichen Tradition bloß: Die Spuren, die ein herausoperiertes Motiv hinterlässt, sind nur mit Mühe zu bewältigen. Auf der Handlungsebene verursacht das Inkognito jedoch kein Problem für die Protagonisten, die Kommunikation funktioniert auch ohne das Wissen um Lorengels Identität. Dies zeigt sich in der Tatsache, dass die Brabanter Leute Anreden und Bezeichnungen für Lorengel finden, ohne seinen Namen nennen zu müssen. Die Herzogin grüßt ihn zärtlich als *mein trost* (W 119,5) und verfährt höfisch mit *edler her* (W 120,7; W 128,1), *edler furst* (W 129,1) weiter; ihrem Ritter Waldemar vertraut sie *den hellt* (W 121,5) an. Waldemar nennt den Gast *her* (W 122,6), *her degen tzart* (W 125,4), *ir edler degen* (W 133,2). Adliger Stand und evidente Kampffähigkeit genügen, um einen anerkennenden Empfang und die anschließende Kommunikation zu ermöglichen. Dadurch, dass keiner der Protagonisten eine Antwort erwartet oder darauf insistiert, sorgt die aus dem Frageverbot abgewandelte Antwortsverweigerung (durch Calebrant: W 70; durch Friderich: W 143,9; durch Lorengel: W 147,8–10) für keine Irritierung.[94] Der Verlauf der Dialoge stellt das Verblassen des mythischen Motivs aus.

Ein weiteres Motiv, das durch Rationalisierung und christliche Vereindeutigung an Magisch-Übernatürlichem einbüßt, ist der Schwan. Die Jugendgeschichte des Schwanritters mit der Verwandlung der Kinder in Schwäne, die in den deutschen Schwanritter-Bearbeitungen unerwähnt bleibt, erfährt im *Lorengel* durch die Aussage des Schwans einen endgültigen Ausschluss: Indem der Schwan selbst verkündet: *ich bin ein engell* (W 58,3), wird der genealogische Zusammenhang zwischen Lorengel und dem Schwan vollkommen negiert. Mythische Motive verschwinden aus dem Text oder werden rationalisiert, nicht ohne Spuren zu hinterlassen. Stattdessen tritt der didaktische Zweck in den Vordergrund. Daran lässt sich beobachten, wie sich der *Lo*-

---

93 Vgl. Kap. VII.4.1.
94 Vgl. die pychoanalytische Formulierung bei Wyss 1979, S. 113: „[...] der ‚Lorengel' versucht den Konflikt zu verdrängen".

rengel an den Residuen des vorgegebenen mythischen Erzählschemas abarbeitet und den Sagenstoff funktional umwandelt.

VIII Ulrich Füetrer, *Das Buch der Abenteuer*

VIII.1 Mäzen, Entstehung, Überlieferung

Das *Buch der Abenteuer* des Münchner Malers und Dichters Ulrich Füetrer[1] besteht nach Ansicht der neueren Forschung aus drei Teilen, von denen der erste Teil die Geschichte der Artus- und Gralsritterschaft von deren Ursprung bis zur Entrückung des Grals nach Indien schildert, der zweite Teil von den Taten der mit der Artussippe verwandten und in die Tafelrunde aufgenommenen jungen Ritter berichtet und der dritte Teil, der strophische *Lannzilet*, vom weiteren Schicksal der Artus- und Gralshelden bis zum Untergang des abendländischen Rittertums erzählt.[2] Das Werk entstand im Zeitraum von 1473 bis 1487, überliefert ist es in fünf vollständigen Handschriften aus dem Ende des fünfzehnten Jahrhunderts und einem Fragment.[3] Der Auftraggeber des Werks war Albrecht IV. der Weise,[4] Herzog von Baiern-München, für den die Pergamenthandschrift A angefertigt wurde (Abb. 5).[5] Füetrer bearbeitet die integrierten hoch- und spätmittelalterlichen Romanvorlagen[6] auf eine kürzende,

---

[1] Zu Leben und Werk Füetrers siehe Bastert 1997, S. 533, Nyholm 1980 und ders. 1964b, S. XXI–XXVII. Zu seiner Herkunft und den Schreibvarianten des Namens siehe Rosenfeld 1968.

[2] Umfassend zur Produktions- und Rezeptionssituation sowie zu Inhalt und Struktur des Abenteuerbuchs siehe Bastert 1997, S. 534–539; ders. 2000. Grundlegende Untersuchung zum Abenteuerbuch sowie zu dessen historischem Umfeld und literarischen Voraussetzungen bei ders. 1993. In der vorliegenden Arbeit werden für Teil I und II die Editionsbände Thoelen/Bastert 1997a und b zugrundegelegt; Textstellen aus Teil III werden aus den komplementären Editionen Lenk 1989 und Voß 1996 zitiert. Eine Auflistung der Teileditionen aus dem *Buch der Abenteuer* bietet Thoelen/Bastert 1997b, S. 527f.

[3] Vgl. die ausführliche Beschreibung der Handschriften A, b, c und d bei Nyholm 1964b, S. XXXV–LXXVI. Zu Handschriftenverhältnis mit Diskussion über Panzers (1902) Beweisführungen vgl. Nyholm 1964b, S. 77–85, der allerdings das Fragment F unberücksichtigt lässt. Zum Werk sowie zu den Handschriften A und b siehe auch Frühmorgen-Voss 1996, S. 351–359 (Nr. 19). Nyholm erstellt ein Stemma (1964b, S. 83), nach Bastert 1997 ist bezüglich des Verhältnisses der Handschriften zueinander weitere Untersuchung notwendig.

[4] Zur Person und Politik Albrechts IV. siehe Schwertl 2002; Behr 1986, S. 13f. sowie ausführlicher Bastert 1993, S. 100–121.

[5] Vgl. Nyholms These, „sämtliche Hss. des ‚B. d. A.' mit bestimmten Personen [...] verbinden" zu können (1964b, S. LXXVII, Anm. 3; gemeint sind die Hss. A, b, c und d); vgl. auch Rischer 1973, S. 16f.

[6] Füetrers Sammel- und Bearbeitungsverfahren steht exemplarisch dafür, wie fürstliche Bibliotheken im späten fünfzehnten Jahrhundert für die literarische Produktion genutzt wurden; vgl. dazu Kuhn 1980, S. 81. Zur Quellenlage sämtlicher Branchen vgl. Nyholm 1964b, S. XCVI–CV mit Hinweisen S. XCVI, Anm. 3. Die Vorlage der Branche *Mörlin* im ersten Teil ist in der Forschung umstritten, vgl. die in der älteren Forschung verbreitete Vermutung, Füetrer habe einen verschollenen *Merlin*-Roman Albrechts von Scharfenberg benutzt, u.a. bei Nyholm 1964b, S. XCIX und Huschenbett 1978a; Einwand dagegen bei Bastert 1993, S. 184, Anm. 96. Mertens 1998, S. 303 erwägt beide Möglichkeiten: „meint sie [*fraw Awentewr* in I,712; M. Y.] den Autor der Vorlage [...] oder ist er nur ein Vorbild im Vorgehen?" und vermutet, „daß es sich möglicherweise um eine Verfasserfiktion wie bei Wolframs Kyot handelt". Ein

komprimierende Weise[7] und benutzt in seinem Werk eine archaisierende Sprachform,[8] woraus die Forschung den Schluss gezogen hat, dass das *Buch der Abenteuer* für einen Rezipientenkreis geschrieben wurde, der fundierte Kenntnisse von der mittelalterlichen Erzählliteratur besaß und mit der Handlung der Romanvorlagen in hohem Maße vertraut war[9] – „Füetrer schrieb demnach Literatur für Experten".[10] Dennoch erlangte das Werk eine nicht geringe Resonanz, wie die Überlieferung bezeugt.[11] Rezipiert wurde es am Münchner und Innsbrucker Hof, möglicherweise auch in Wien.[12]

Füetrer schrieb das *Buch der Abenteuer* in engem zeitlichen und inhaltlichen Zusammenhang mit der *Bayerischen Chronik*, die ebenfalls Albrecht IV. gewidmet ist.[13] Das *Buch der Abenteuer* wurde chronologisch zum Teil vor, zum Teil neben oder nach der *Chronik* geschrieben,[14] zudem teilen beide Werke streckenweise die gleichen Quellen[15] und das gleiche Personal, beispielsweise die Reihe der Gralshüter von Senebor von Capadocia bis Frimontell; auch Lohargrim begegnet als historisch gedachte Person in der *Bayerischen Chronik*.[16] Horst Wenzel beobachtet in der Wechselbeziehung beider Werke eine „Übereinstimmung im historiographischen und im poetischen Verfahren" und eine „grundsätzliche Nähe historischen und literarhistorischen Wissens bei Füetrer".[17] Freilich weisen sie unterschiedliche Strategien der Beglaubi-

---

mit *Mörlin* betiteltes Werk wird von Füetrer öfter als Quelle genannt, z. B. in der Erzählung von Senebor als Bezugsgröße (I,15,7) neben der *awentewre* (I,15,6); in der Beschreibung des Gralstempels als Fundstelle (I,48,5 und 7) neben dem *Titurel* (I,48,7; gemeint ist der *Jüngere Titurel*) sowie den Gewährsmännern *Kyoth* und *Wolforam* (I,48,4).
7 Zum Umgang mit Quellen vgl. Spiller 1883, S. 1–21 sowie Hamburger 1882 (Reprint 2019), S. 12–44, dort auch zu Stil und Darstellungsweise.
8 Vgl. Bastert 1997, S. 534. Zur Metrik und Grammatik vgl. Hamburger 1882, S. 5–11; zur Metrik vgl. auch Nyholm 1964b, S. LXXXV–XCVI.
9 Vgl. die Vermutung bei Nyholm 1964b, S. LXXVII: „[...] seine eventuelle Beliebtheit muß sich auf die Hofkreise beschränkt haben".
10 Bastert 1997, S. 534.
11 Vgl. ebd., S. 534f.
12 Vgl. Nyholm 1980, Sp. 1005; dort Verweis auf weitere Literatur.
13 Vgl. ebd., Sp. 1001.
14 Vgl. Nyholm 1964b, S. XXXV.
15 Vgl. ebd., S. XXX.
16 Vgl. die Passage zu Lohargrims Taten in den Ungarnkriegen und seinem Tod in Lothringen bei Spiller 1909, S. 145f. Zur Benutzung des bairischen *Lohengrin* als Quelle für die *Bayerische Chronik* siehe Schmid 2017, S. 183–185.
17 Wenzel 1986, S. 14. Wenzels Studie betrachtet die *Bayerische Chronik* und das *Buch der Abenteuer* in engem Zusammenhang miteinander und unter Berücksichtigung des sozialgeschichtlichen Aspekts der Gedächtnissicherung an den Fürstenhöfen gegen Ende des Mittelalters. Er kommt zu dem Schluss, dass die literarischen Tätigkeiten wie die Geschichtsschreibung am Hof Albrechts IV. keine ‚Romantik' im Sinne einer rückwärtsgewandten Idealisierung waren, sondern darauf zielten, „den Gesamtbestand des Wissens zu summieren" (S. 14), genealogisch zu ordnen und auf diese Weise für die Zukunft zu sichern. Daraus sollte die Herrschaft Albrechts, die gerade nicht rückwärtsgewandt, sondern fortschrittlich organisiert war, ihre Beglaubigung und Legitimation schöpfen.

Abb. 5: Ulrich Füetrer, *Das Buch der Abenteuer*, Hs. A, München, Bayerische Staatsbibliothek, Cgm 1, fol. 1ʳ: Akrostichon

gung auf: die *Bayerische Chronik* über „chronologisch sicherbare[] Fakten", das *Buch der Abenteuer* über „Standards aristokratischer Vorbildlichkeit".[18]

VIII.2 Identifikation und Legitimation

Das politische Bemühen Albrechts IV. und der literarische Betrieb an seinem Hof sind durch „ein aktuelles Interesse an integrierenden Identifikationsmodellen" und „die Versuche genealogischer Herrschaftssicherung"[19] gekennzeichnet. Die Funktion des *Buchs der Abenteuer* liegt in erster Linie in der Beglaubigung und Legitimation der Herrschaft Albrechts. Der Bayernherzog ist nicht nur Auftraggeber und Rezipient des Werks, sondern wird auch im Text auf eine Ebene der Gleichwertigkeit mit den Protagonisten erhoben und auf diese Weise als Vorbild des Rittertums und der adligen Herrschaft gepriesen.[20] An Darstellungen seines moralischen Vorrangs wird nicht gespart.

Zum Schluss des ersten Teils konstatiert der Erzähler dem Fürsten gegenüber, dass dessen politische Gegner die moralisch Minderwertigeren sind, wodurch die politische Rivalität in eine moralische umgemünzt und den Gegnern seiner Herrschaft der Boden entzogen wird:[21]

> *Gar sunder gunderfayde*
> *mag ich der red nicht lassen*
> *und bestäts mit meinem ayde,*
> *das euch doch nicht wann nür dy bösen hassen.* (I,2998,1–4)

In der nach dem *Jüngeren Titurel* gestalteten Tschionachtolander-Branche wird die Tugendprobe auf der Wunderbrücke geschildert, bei der nur vollkommene, makellose Ritter und Damen durchreiten können, ohne zu straucheln. Zwischen der Aufzählung der Teilnehmer und Teilnehmerinnen dieser Tugendprobe positioniert der Dichter zwei Strophen, die das Erzählte in Bezug zu seiner Gegenwart setzen – er wünscht sich, dass Albrecht von Bayern auch eine solche Wunderbrücke am Münchner Hof hätte, die dem Fürsten helfen könnte, Treue und Falschheit zu erkennen. Albrecht selbst würde zweifellos ohne Straucheln hinüberreiten, da *in nye kund verdriessen, / er füert ye zúe wierd fraw Eren vane!* (I,1151,4f.). Seine Tugend sei so vorbildlich, dass ihm die Würde des Gralskönigs zukäme: *wär noch zer wellt der edel gral, / er múest dar tragen zepter unde krone!* (I,1151,6f.) Mit diesem Erzählerkommentar wird einerseits

---

18 Wenzel 1986, S. 14.
19 Ebd., S. 12.
20 Vgl. Behr 1986, S. 18.
21 Bastert 1993 geht einen Schritt weiter und liest aus solchen Passagen über Albrechts Gegner und deren Ohnmacht, dass es Füetrer gelungen sei, „der Konventionalität tradierter Panegyrik für das Publikum am Münchner Hof hochaktuelle Konnotationen abzugewinnen" (S. 213).

Bezug auf die Gegenwart des Autors und des Auftraggebers genommen,[22] andererseits wird – durch die konjunktivischen Verbformen – die Gegenwart klar von der erzählten Welt abgesetzt und das Artus- und Gralsrittertum als zwar vorgängige, doch auch vergangene Tradition dargestellt. Was ununterbrochen in der Geblütslinie bis auf Herzog Albrecht tradiert wurde, ist die moralische Integrität der Sippe.[23] Füetrer macht deutlich, dass sich die zentralen Werte des abendländischen Rittertums in seinem Mäzen und Landesherrn vereinen.

Diese exemplarisch-paradigmatische Gleichsetzung im *Buch der Abenteuer* korreliert mit der diachron-genealogischen Herleitung in der *Bayerischen Chronik*, in der die Geblütslinie der bayerischen Herzöge auf Troja zurückgeführt wird.[24] Herzog Albrecht und seine Amtsvorgänger werden somit als Wahrer der alten, ursprünglichen ritterlichen Ideale verherrlicht.[25] Vor diesem Hintergrund gesehen bilden die im *Buch der Abenteuer* kompilierten Geschichten eine von der politischen Partei unabhängige, allgemeingültige Exemplarität, auf die die Legitimationsstrategie Albrechts und seines Hofs abhebt:

> Es muß [...] im Interesse Albrechts liegen, den Rechtfertigungsmustern, die seinen schwer errungenen politischen Status beglaubigen, öffentliche Geltung zu verschaffen, sie aus dem Gesamtzusammenhang der höfischen Abenteuererzählungen begründet zu sehen und seiner Umgebung zu demonstrieren.[26]

VIII.3 Sammeln und Vollenden: die Poetik

Füetrer schrieb mit dem *Buch der Abenteuer* einen „Roman aus Romanen",[27] der eine Summe der „Geschichte des abendländischen Rittertums"[28] von dessen Ursprung bis zu dessen Untergang darstellt.[29] Sein alle Rittertaten inkludierender Plan und die damit verbundene Mühsal finden bereits Ausdruck in der Rede der *fraw Abenntewr* zum Erzähler Ulrich in der Anfangspartie des ersten Teils:

---

[22] Vgl. Bastert 1993, S. 208, der „die Formelhaftigkeit und die relativ beliebige Verwendbarkeit eines panegyrischen Versatzstücks" in dieser und ähnlichen Formulierungen feststellt.
[23] Vgl. auch die Attribuierung I,1432,1–4: *Durch ainen fürsten grossen, / von Bayren des edelen stams, / der untugent ye tett stossen / von im* [...] sowie I,1852,5–7: [...] *eim edelen fürsten hochgeboren, / dem unwierd verr entrunnen ist! / fraw Er hat an sein hof mit stätt geschworen!*
[24] Vgl. Wenzel 1986, S. 13.
[25] Zum weitgehend identischen Gebrauchswert beider Werke vgl. Wenzel 1986, S. 25.
[26] Ebd.
[27] Raumann 2013, S. 55f.
[28] Cramer ³2000, S. 88; vgl. auch Bastert 1993, S. 178: „Gesamtpanorama".
[29] Zurecht wird das summenhafte Werk von den Editoren der neuesten Ausgabe als ‚deutscher Malory' (Bastert 1997, S. 539) bezeichnet. Vgl. zuletzt zur Ästhetik der Fülle in der Erzählkonzeption Füetrers bei Bastert 2021.

> *ich hab nun sorg, es wird am end dich rewen,*
> *das du wilt all der werden that betichten:*
> *vil manig künste reicher man*
> *hat arbait gehabt, ir ainen auss zúe richten!* (I,126,4–7)

Viele kunstreiche Dichter, d. h. die Autoren von Füetrers Vorlagen, haben laut *fraw Abenntewr* schon vom Erzählen einer einzigen ritterlichen Heldentat Strapaze genug gehabt. Füetrer verfolgt sowohl in der Anzahl der Geschichten als auch in deren struktureller Organisation ein viel höheres Ziel: Er bearbeitet den *Parzival*, den *Jüngeren Titurel*, den *Trojanerkrieg* Konrads von Würzburg, *Diu Crône*, den bairischen *Lohengrin* und eine Merlin-Geschichte (im ersten Teil), sieben eigenständige Geschichten von den Rittern der Tafelrunde (im zweiten Teil) und den *Prosa-Lancelot* (im dritten Teil), und verzahnt zudem die Geschichten miteinander. Seine Ambition besteht nach Bernd Bastert darin, „[...] eine große Zahl überlieferter Gral- und Artusromane durch nachvollziehbare Bezüge und Querverweise untereinander zu verflechten und insgesamt einer übergreifenden, logischen Grundidee zu unterstellen".[30]

Um seine heterogenen Quellen in das riesige Gesamtprojekt zu integrieren, greift Füetrer zu verschiedenen kohärenzstiftenden, Bogen spannenden Mitteln.[31] Als Erstes ist die sprachlich-stilistische Einheit zu nennen. Der an den *Parzival* und den *Jüngeren Titurel* angelehnte „höfische[] Sprachstil"[32] sowie die von Albrecht übernommene Titurelstrophe mit Zäsurreimen ziehen sich durch das gesamte Werk.[33] Da Füetrer den *Jüngeren Titurel* für ein Werk Wolframs hielt,[34] bedeutet dieses Vorgehen im Stil und in der Form eine konsequente Anlehnung an das eine emporragende Vorbild, das er in der Anfangspartie nach Albrecht von Scharfenberg und Gottfried von Straßburg eigens in einer gesonderten Strophe benennt.[35] Dazu gehören auch die Auseinandersetzungen der Erzählerrolle Ulrich mit den allegorischen Figuren und mit seinem Mäzen Albrecht. Dadurch, dass einerseits Albrecht als Auftraggeber und textinterner

---

30 Bastert 1993, S. 190.
31 Zur Montage-Technik und Einheit des Werkes vgl. Nyholm 1980, Sp. 1004. Da in der vorliegenden Untersuchung die Lohargrim-Branche im Vordergrund steht, werden im Folgenden nur die Techniken genannt, die für meine Einzeluntersuchung von zentraler Bedeutung sind. Für weitere Verfahrensweisen zur Verdeutlichung der Einheit sowohl des ersten Buchs als auch aller drei Teile verweise ich auf die Zusammenstellung bei Bastert 1993, S. 164–178 mit S. 168, Anm. 59, dort Hinweise auf die französische *Lancelot*-Forschung. Bastert vermutet, „daß Fuetrer sein Werk von Beginn an auf den später erreichten Umfang anlegte" (S. 173). Zum umspannenden genealogischen Bogen als inhaltlichem kohärenzstiftendem Mittel siehe ebd., S. 178–190.
32 Nyholm 1980, Sp. 1004; dort Verweis auf weiterführende Literatur.
33 Bastert 1997, S. 534 spricht von einer „anachronistische[n]" Bearbeitungstendenz.
34 Ein Indiz dafür liefert z. B. Str. I,82, in der die Festszene auf Floritschantze nach dem *Jüngeren Titurel* beschrieben wird und der Erzähler sich auf *herr Wolforan* (I,82,5) beruft.
35 *Albrecht von Scharffennberge* (I,17,1); *von Straspurg herr Göttfrid* (I,17,6); *Wolforan / von Eschenbach* (I,18,4f.). Zu den Fragen, welche Werke unter Füetrers Vorlagen von ihm selbst Albrecht von Scharfenberg zugeschrieben werden dürften und welche Werke dieser tatsächlich verfasst hat, siehe Anm. 6 in diesem Kapitel sowie die Ausführung zur Verfasserschaft des *Jüngeren Titurel* in Kap. V.1.

wie empirischer Rezipient zugleich über den Verlauf der Handlung verfügen kann, anderseits die allegorischen Figuren bisweilen Ulrichs unzulängliche Darbietung des Stoffes bemängeln und damit die Narration vorantreiben, wird die erzählte Welt „grundsätzlich in ihrer Kunsthaftigkeit charakterisiert".[36] Zudem ermöglichen die Dialoge mit den allegorischen Figuren die Hervorhebung der durch sie verkörperten höfischen Werte, die im Schnittpunkt aller behandelten Geschichten stehen:

> [...] das zentrale Thema seines Buches ist die Demonstration vorbildlicher Minne und ritterlicher Tat, das Ringen nach *hocher minne* und nach *ritterschaft der grossen*. Die Auseinandersetzung mit *Fraw Minne*, *Frau Awentewr* und *Fraw Ere* gibt ihm immer wieder die Gelegenheit, die Handlung kommentierend zu begleiten [...] und durch Relativierung und Verkleinerung seiner Erzählerrolle die Personifikationen höfischer Wertordnung und ihre Autorität zu erhöhen.[37]

Ferner erinnern partielle Reminiszenzen an die Vorbilder. Beispielsweise weisen die Anfangsstrophen des *Buchs der Abenteuer*, in denen der Erzähler Gott um Beistand anruft und anschließend seinen Protagonisten einführt, inhaltliche und formale Ähnlichkeiten mit dem Anfangsgebet aus Wolframs *Willehalm* auf.[38] Möglicherweise hat Füetrer den anonym überlieferten bairischen *Lohengrin* – wie sein Lehrer und Freund Jakob Püterich von Reichertshausen – ebenfalls für ein Werk Wolframs gehalten.[39] Im *Buch der Abenteuer* findet sich diesbezüglich keine Aussage; in der *Bayerischen Chronik* äußert Füetrer im Passus zu den Taten Lohargrims allerdings, *das ich nicht warlich auctorem seiner gesta hab funden*.[40]

Zweitens tragen zahlreiche Kürzungen, Glättungen und Vereinfachungen der einzelnen Vorlagen zu einer „Geradlinigkeit des Berichts"[41] bei. Auf Verschachtelungen und Perspektivierungen, die den Erzählertechniken der Vorlagen eigen sind,[42] wird innerhalb einzelner Branchen zugunsten einer homogenen Linearität verzichtet.[43] Über längere Strecken werden gleichwohl Techniken der Handlungsverschränkung angewendet, um Materialien unterschiedlicher Herkünfte zusammenzuklam-

---

36 Behr 1986, S. 11.
37 Wenzel 1986, S. 23.
38 Vgl. Nyholm 1964b, S. XCVIII.
39 Vgl. Mertens 1998, S. 301.
40 Spiller 1909, S. 146.
41 Harms 1974, S. 187.
42 Beispielsweise die Verlagerung eines Berichts auf einen statt zwei Sprecher bei Hartmann in der Branche *Iban*, vgl. dazu Behr 1986, S. 6f. Zum Vergleich zwischen der *Iban*-Branche und dem *Iwein* Hartmanns siehe auch del Duca 2015.
43 Zur Erzählweise vgl. zusammenfassend Harms 1966, S. 317: „[...] so sehr der Artusroman zyklische Züge trägt, beruht Füetrers Arbeitsweise, die eine Handlungseinheit der Romane voraussetzt, auf einer Mißdeutung dieser Gattung. Weniger den Erzählformen, sondern vor allem dem Stoff des mittelalterlichen Romans ist das 'Buch der Abenteuer' verpflichtet [...]".

mern.⁴⁴ Dabei bleibt der Verlauf der Narration übersichtlich, da der Erzähler bei jedem Wechsel der Erzählperspektive oder der benutzten Vorlage sein Publikum ausdrücklich darüber informiert.⁴⁵ Bezüglich der Verzahnung der Segmente im ersten Buch stellt Bastert fest:

> An dieser wie auch an den übrigen Scharnierstellen ist gut abzulesen, auf welche Art Fuetrer die verschiedenen Segmente der komplexen Handlung des ersten Teils untereinander verflocht, die Quellen dabei recht genau aufeinander abstimmte und durch Einsatz eines bekannten Erzählinstrumentariums (Vorverweis, Rückbezug, Kennzeichnung eines Neuanfangs durch formelhafte Gebete oder prädisponierende Prologe) übersichtlich und nachvollziehbar gestaltete.⁴⁶

Drittens werden die Branchen und Episoden⁴⁷ aller drei Bücher nach einer stringenten Zeitstruktur arrangiert, die „im wesentlichen von der epischen Chronologie des Artus- und Gralsrittertums bestimmt wird".⁴⁸ Dabei wird nicht immer nach der Chronologie der Handlung erzählt, doch benutzt der Erzähler zeitliche Indikatoren, um auch im Text weit auseinander liegende Geschehen übersichtlich in das gesamte Raster zu positionieren.⁴⁹

Viertens dient das Baumgleichnis⁵⁰ als die alle drei Teile des Abenteuerbuchs verbindende, ordnungsstiftende Grundstruktur. In der letzten der Übergangsstrophen zwischen dem Ursprung des Gralsgeschlechts (*anfangk der edeln templeysen*, I,120,2) und dem Kampf um Troja (Str. 131) verteidigt sich der Erzähler gegen mögliche kritische Stimmen zu seiner eingeschalteten Erzählung vom Trojanerkrieg (*wartzúe die krümme solde*, I,130,6) und legt zugleich die inhaltlichen Ansprüche seiner Dichtung dar, nämlich die Geschichte der Ritterschaft von seinem allerersten Ursprung her zu erzählen:

> *ich will den grund hie rúeren;*
> *frucht, est unnd auch den stammen*
> *will ich mit alle auss der wurtzel fúeren.* (I,131,2–4)

---

44 Vgl. Bastert 1993, S. 168 prägnant: „Fuetrer 'entflocht' somit keineswegs prinzipiell alle 'Handlungsverschränkungen' seiner Vorlagen, sondern behielt deren narrative Strukturen bei, sofern dies möglich war."
45 Vgl. ebd., S. 164.
46 Ebd., S. 166. Vgl. auch Nyholms Beurteilung, dass Füetrer „einen sorgfältig durchdachten Plan" hat und „sehr genau das Ganze überblickt" (1964b, S. XCVIII).
47 Bei der Gliederung der Handlung unterscheide ich zwischen Branchen (bezogen auf Einzelhelden; in der Hs. A durch rote Überschrift und Initiale mit Ranken markiert) und Episoden (Handlungssegmente innerhalb der Branchen, können eine oder mehrere *Awentewr* beinhalten; die *Awentewr* werden in der Hs. A durch rote Überschrift und größere Lombarde markiert).
48 Bastert 1997, S. 536. Zur chronistischen Perspektivierung im *Buch der Abenteuer* vgl. Rischer 1973, S. 24–29; Harms 1974; Wenzel 1986.
49 Vgl. Bastert 1993, S. 170 f.
50 Zum Baumgleichnis vgl. Bastert 1993, S. 174 f. mit Anm. 65, dort Verweis auf die ältere Forschung.

Hier wird die Metapher eines Baums aufgegriffen, den der Erzähler von der Wurzel heraus über den Stamm entlang bis hin zu den Ästen und Früchten darstellt. Mit der *wurtzel* ist der Ursprung der Pritoneysen gemeint – wie im Vers I,120,4 angekündigt: *fürbaz sag ich ew von den Pritoneisen* –, der der Erzählung nach im Kampf um Troja liegt.[51] Mit den Strophen 10–120 hat der Erzähler berichtet, *wie sich die auss erkoren / ritterschaft erhúeb zum ersten male / ich main in Salva terra* (I,5,4–6). Nun nimmt er sich vor, diese Herleitung vom allerersten Ursprung her auch bei der Tafelrunde vor Augen zu führen, wie im anfänglichen Programm angekündigt (I,6,1–4). Welchen Stellenwert die anderen Teile des Baums für die Konzeption des Gesamtwerks haben, wird an der Scharnierstelle zwischen dem ersten und dem zweiten Buch exemplifiziert. Gegen Ende des ersten Buchs resümiert der Erzähler: *Hye stet der stam und esstte, / der leuber gar gesundertt.* (I,3001,1f.) *stam und esstte* sind die Geschichten, die im ersten Buch erzählt worden sind – die Anfänge der Grals- und der Artussippe und deren repräsentative Helden, von Senebor und Brutus über Titturell, Anfortas, Artus, Gamoreth, Tschionachtolander, Parzival und Gaban bis hin zu Lohargrim. Die beiden Verse machen deutlich, dass der Baum in dem Moment, wo das erste Buch zu Ende ist, noch keine Blätter hat, sondern lediglich aus Stamm und Ästen besteht.[52] Im zweiten Buch, dem *annder[n] púech*,[53] kommen Blätter und Früchte als *zier* (II,3004,2) hinzu:

Ain stam ist auf gerichtet,
noch mangelennd maniger zier.
das er bleib unvernichtet,
darumb hat ain edler fürst gepoten mir,
das ich mit frucht unnd leubern in behencke: (II,3004,1–5)

frucht unnd leuber[] sind demnach die Geschichten der jüngeren Generation der Tafelrunde, die im zweiten Buch erzählt werden und den kahlen Baum des ersten Buchs vervollständigen.[54] Der Baum lässt sich in diesem Sinne als Metapher für das literarische Werk Füetrers lesen. Wo dieser Baum heranwächst, macht Füetrer in seinem Gebet um Gottes Beistand klar, nachdem er seine Unfähigkeiten bildlich dargestellt hat (I,7f.):

---

51 So die Überschrift vor I,130 in der Hs. A: *Hie vacht an die erstörumb Troya, von der vil geschläckt chomen sind in alle land, sunder die geschläckt auß Pritany und die messenney von dem edelen gral.* (Thoelen/Bastert 1997a, S. 34)
52 Das Baumgleichnis ist in der Forschung unterschiedlich gedeutet worden. Dies betrifft unter anderem die Meinungen dazu, wofür der Stamm und die Äste stehen und wofür das Laub und die Früchte. Behr 1986, S. 20 bezieht die Äste und Zweige mit den Blättern zusammen auf die Geschichten des zweiten Teils, d.h. die der jüngeren Generation der Tafelrunde; während Bastert 1993, S. 174f. strikt zwischen Stamm und Ästen des ersten Teils und Laub und Früchten des zweiten Teils trennt. Ich stimme Bastert zu.
53 Die Überschrift des zweiten Teils in der Hs. A fängt an mit *Hie hebt sich an das annder púech* (fol. 75ra).
54 Mit Ausnahme von Poytislier sind alle Protagonisten der Branchen des zweiten Buchs mit der Artussippe verwandt; vgl. dazu u.a. Bastert 1993, S. 186–189.

> *herr, deiner künsten samen*
> *sä in mein hertz unnd den vil dürren prunnen*
> *mit genaden fluz penetz und auch erfeuchte!* (I,9,3–5)

Der Samen der Künste kommt aus Gottes Hand und soll im Herzen des Dichters die dafür fruchtbare Erde finden, um zu gedeihen. Gott soll auf Bitte des Dichters ferner das Wachstum des Baums befördern, indem er den Brunnen, aus dem die Erde benetzt wird, mit dem Fluss seiner Gnade befüllt. Die *inspiratio* des Dichters nimmt auf diese Weise die Metapher der Poetik vorweg und streut – im wörtlichen und übertragenen Sinne – den Samen dafür.

Zugleich kann das Bild als Stammbaum[55] der in den beiden Büchern behandelten Geschlechter verstanden werden, wie zu Beginn der Handlung[56] in Bezug auf das Gralsgeschlecht seit Senebor angekündigt wird:[57]

> *von anfang trúeg nach wunsch den pluénden ast,*
> *von dem entspross vil ritterschaft der frechen,*
> *die von der eeren pawme*
> *dez lobes zwey mit wierden kunden prechen.* (I,10,4–7)

Mit dem ersten Buch wird die Genealogie der Grals- und Artussippe nachgezeichnet, der Stammbaum ist ausgewachsen, gleichwohl ist der Baum noch unvollständig. Das zweite Buch erfüllt dementsprechend die Aufgabe, diesen Stammbaum auszuschmücken, indem es mit den Taten der jungen Artusritter eine paradigmatische Reihe von vorbildlichem Rittertum bildet.[58] Die Verzierung des Stammbaums bedeutet

---

55 Eine „genealogische[...] Anordnung und Zusammenfassung isolierter Quellen nach dem Prinzip des Stammbaums" (Wenzel 1986, S. 12) findet sich ebenfalls in der *Bayerischen Chronik*.
56 Str. 10 ist sowohl der Beginn der Handlung als auch der Anfang des auf Albrecht IV. bezogenen Akrostichons.
57 Zur doppelten Deutungsmöglichkeit des Baumgleichnisses vgl. Killer 1971, S. 115, Anm. 63 und Bastert 1993, S. 178. Ferner legt Bastert 2021, S. 25 f. eine dritte Lesart des Stammes als eines *arbor artis* dar.
58 Leicht anders akzentuiert bei Behr 1986, S. 19 f., der das erste und das zweite Buch jeweils mit den Attributen „dynamisch-progredient" und „statisch-additiv" (S. 20) beschreibt. Siehe auch die Diskussion über divergierende Deutungen des Baumgleichnisses bei Bastert 1993, S. 175, Anm. 68. Bastert sieht mit Recht die Geschichten des zweiten Teils, die *frucht unnd leuber[]* (I,3004,5), als „unverzichtbare[n] Bestandteil" (ebd.) des Baums, tut Behr 1986 und Wenzel 1986 freilich insofern Unrecht, als er deren Deutungen diametral gegensätzlich zur eigenen liest. Behr verfolgt in seinem Beitrag nicht das Ziel, den zweiten Teil als „eigentlich überflüssige 'Materialergänzung' abzutun" (ebd., S. 175), sondern leitet aus Füetrers Verfahren zwei unterschiedliche Prinzipien ab. Wenzel beobachtet richtig, dass die Geschichten des zweiten Teils aufgrund seiner Protagonisten „nicht mehr zum Kernbestand des Stoffes gehören" (Wenzel 1986, S. 14), was nicht dagegen spricht, dass sie unverzichtbar sind. In der Tat betont er gerade im direkten Anschluss ihre Unverzichtbarkeit: „[...] ohne die der Baum der bisherigen Erzählung jedoch ohne Vollendung bliebe [...]" (ebd.). Die Deutungen von Behr, Wenzel und Bastert schließen einander also nicht aus. Behrs „statisch-additiv[es]" Prinzip lässt sich zudem sehr gut mit der „virtuelle[n] 'Unendlichkeit' von Buch II" (Bastert 1993, S. 175) in Einklang bringen.

zudem die Vollendung des Programms, das der Erzähler sich im Prolog vornimmt und bereits das zweite Buch inkludiert:

> *Darnach denn chundt beweysenn,*
> *mit worttenn machen kundt,*
> *anfang der Pritoneysen,*
> *ich mayn dy chúenen von der tavelrundt;*
> *unnd wer geselleschaft dartzúe begerte,*
> *der múest mit ritters ellen*
> *vil preis bejagen mit sper unnd auch mit schwerte.* (I,6)

Das Vorhaben in den ersten vier Versen dieser Strophe wird im ersten Buch eingelöst, während die letzten drei Verse das Projekt des zweiten Buchs beschreiben. Das Bild des Stammbaums, seines Wachsens und Gedeihens kehrt im Laufe der Erzählung wieder, wie beispielsweise in Titurisons Geschichte der Früchte tragende Stamm und das Mehren der Ehre in der Sippe thematisiert werden (I,31,4–7).[59]

Die Klammer zwischen den beiden Büchern besteht nicht nur im Bild des literarischen Baums und des Stammbaums, sondern auch in der inszenierten Forderung des Erzählers an seinen Fürsten und Mäzen, über die Fortentwicklung des Werks zu entscheiden:[60]

> *Gefürstet hoch vil edel,*
> *ewr gwallt zúe mir gepiet,*
> *ich wigs ring alls ein medel,*
> *wo ich mich ewres willens ymmer nyet:*
> *sol ichs lan stan oder aber fürbas ennden?*
> *wye ir das ymmer mainet,*
> *des willens mag mich nymer man erwennden!* (I,3003)

Auf diese Weise wird zum Schluss des ersten Buchs eine Spannung über die ungewisse Entwicklung des Werks aufgebaut, die zu Beginn des zweiten Buchs aufgelöst wird – *darumb hat ain edler fürst gepoten mir* (II,3004,4), *zu meim werck greiff ich wider* (II,3005,3). Dass alle drei Bücher ein Ganzes bilden, zeigt sich auf der Metaebene, indem der Erzähler im Epilog des dritten Buchs (III,5963–6009)[61] in einer Klage an

---

[59] Die Metaphern um Baum und Äste lassen sich nicht nur in genealogischen Zusammenhängen zahlreich finden, sondern sie wuchern sogar in den Bereich der Kampfbeschreibung, was eine an Komik angrenzende Bildhaftigkeit erzeugt. So wird im Zweikampf zwischen Lohargrim und dem Russenkönig erzählt, *alls der den veler schnaittet, / sunst vielen im dy estte in das gras / (ich main baid arm!)* [...] (I,2700,3–5).
[60] Vgl. Bastert 1993, S. 174; Wenzel 1986, S. 13; Behr 1986, S. 11 f.; sowie ebd., S. 13 zu Albrechts Rolle als dem „eigentlich gemeinte[n] Rezipient[en]", „der infolgedessen sogar das (spielerisch-fiktive) Recht besitzt, die Handlung überall dort unter- oder gar abbrechen zu können, wo sie ihm mißfällt".
[61] Ein vergleichbarer Epilog findet sich weder im ersten noch im zweiten Buch, was die Einheit aller drei Bücher bekräftigt. Zitate und Strophenangaben des dritten Buchs nach den komplementären Editionen Lenk 1989 (Str. 1–1122) und Voß 1996 (Str. 1123–6009). Bei beiden wird die erste Strophe des

fraw Wellt (III,5963) die Taten der Figuren aller drei Bücher[62] und die Schicksale der Protagonisten weiterer höfischer Erzählungen außerhalb des Artus- und Gralskomplexes rekapituliert (III,5964–6000), unter denen auch Lannzilets Leben und Leiden aufgeführt werden. Der Held des dritten Buchs wird somit nicht nur in der Erzählung genealogisch, sondern auch hier strukturell in das Personal der ersten zwei Bücher und in den gesamten Kosmos der höfischen Erzählungen eingegliedert. Dieser Epilog ist als Nachwort zur gesamten Geschichte des abendländischen Rittertums, d. h. zu allen drei Büchern, aufzufassen.

VIII.4 Zur Lohargrim-Branche[63]

Als Vorlagen für die Lohargrim-Branche dienten Füetrer Str. 31–730 aus dem bairischen *Lohengrin* (für den Teil I,2608–2920) und die Lohrangrin-Episode (Str. 5997–6045) aus dem *Jüngeren Titurel* (für den Teil I,2921–2951).[64] Weder Krogmann[65] noch Nyholm[66] haben die von Füetrer benutzte Handschrift des *Lohengrin* bestimmen können. Da die drei vollständigen Handschriften des *Lohengrin* zwar in sprachlichen Nuancen differieren, inhaltlich hingegen weitgehend identisch sind und Füetrer in den meisten Fällen den Handlungsverlauf, äußerst selten den Wortlaut der Vorlagen übernimmt, muss die Antwort auf diese Frage wohl weiterhin im Dunkeln bleiben. Nach den Untersuchungen Nyholms hat Füetrer bei der Adaption des *Jüngeren Titurel* mit hoher Wahrscheinlichkeit hauptsächlich die jüngere Überlieferungsgruppe II benutzt.[67]

Die Geschichte Lohargrims und die darauffolgende Translation des Grals in den Orient bilden einen der „drei Hauptzählabschnitte"[68] des ersten Teils des *Buchs der Abenteuer*, die jeweils einen ähnlich aufgebauten Prolog enthalten. Nach einem Gebet an Gott, Jesus und Maria, in dem der Erzähler um

---

dritten Buchs als Str. 1 gezählt. Zu Beginn einer Strophe des Epilogs redet der Erzähler *fraw Mynn* statt *fraw Wellt* an (III,5986). Dazu Ziegeler 1996, S. 335: „[...] endet auch der gesamte Epenzyklus am Ende des ‚Lannzilett' mit einem Epilog, in dem an allen Helden und Heldinnen Arturischer und sonstiger Literatur die Macht der *wellt* oder – synonym und austauschbar – die der *mynn* mit ihrer undurchschaubaren Unbeständigkeit demonstriert wird."

62 Erwähnt werden nicht nur die Titelhelden der einzelnen Branchen, sondern auch andere Haupt- und Nebenfiguren, die ritterliche Taten vollbracht haben.
63 Die von Thoelen/Bastert für den Branchentitel gewählte Namensform *Lohargrim* übernehme ich als eine unter mehreren in den Handschriften verbreiteten Schreibvarianten. Der Beginn dieser Branche wird in der Hs. A durch eine farbige Initiale mit Ranken hervorgehoben.
64 Vgl. Nyholm 1964b, S. XCVII.
65 Vgl. Krogmann 1943, Sp. 73 f. Seine Beweisführung mit wenigen Lesarten überzeugt nicht. Zudem muss seine Auffassung, bei Füetrers Bearbeitung handle es sich um eine „fünfte Hs." (Sp. 73) des *Lohengrin*, als überholt gelten.
66 Vgl. Nyholm 1964b, S. CIV.
67 Vgl. ebd., S. CII–CIII.
68 Bastert 1993, S. 235.

Beistand und Inspiration bittet, setzt die Handlung mit der Notlage einer *maget* (I,2612,7) in *Prabanndt* (I,2613,5) ein. Dabei wird der *prologus praeter rem* mit dem *prologus ante rem* und der Narration verschränkt, so dass Marias Hilfe sowohl auf die *maget* als auch auf die Tätigkeit des Erzählers bezogen wird.[69] (I,2608–2613) Bevor die Handlung fortgesetzt wird, kündigt der Erzähler an, die Geschichten der Bayernfürsten zu erzählen, jedoch nicht jetzt, sondern zu einer späteren Zeit. (I,2614–2616) Anschließend lenkt er zur Herzogin von Brabant, *fraw Ells*, zurück und führt den treulosen Grafen ein, der *nach ir mynn* (I,2618,4) trachtet und fälschlicherweise behauptet, sie habe ihm die Landesherrschaft und die Ehe versprochen. Das weitere Geschehen – der Glockenton auf Montsalvatsch, die Aussendung Lohargrims durch den Gral, seine Reise mit dem Schwan nach Brabant, der Empfang, der Sieg Lohargrims im Zweikampf gegen Fridreich von Telramundt sowie dessen Hinrichtung – wird nach dem bairischen *Lohengrin* erzählt. (I,2616–2668) Nachdem Lohargrim das Frageverbot als Vorbedingung für die Heirat mit Ells genannt hat, wird die Hochzeit in Antwerpen gefeiert. (I,2669–2677) Es folgen der Hunnenkrieg, die innenpolitischen Ereignisse, der Sarazenenkrieg sowie die Kaiserweihe Hainrichs auf dem Feld und zu Rom in enger Anlehnung an den *Lohengrin*. (I,2678–2849) Bei der Einkehr in Köln zur Amtseinführung des Bischofs Bruno, des Kaisersohnes, findet zu den Feierlichkeiten ein Turnier statt, bei dem Herzog Ruedolff von Kleve in der Tjost gegen Lohargrim vom Pferd fällt und sich verletzt. (I,2850–2866) Aus Rache für ihren Mann weckt die Herzogin von Kleve bei einer Zusammenkunft der Damen Ells' Zweifel an Lohargrims Adel und verleitet sie damit zum Tabubruch. (I,2867–2884) Die Erzählung Lohargrims vom Gralsgeschlecht und -gesetz[70] sowie sein Abschied werden weitgehend nach dem *Lohengrin* gestaltet. (I,2885–2919) Füetrer beendet die nach dieser Vorlage erzählte Geschichte Lohargrims mit einer Klage an die *Wellt*, die ihren treuen Diener schlecht belohnt haben soll (I,2920), und fängt mit der Erzählung von der zweiten Ehe seines Helden an, bei der er dem *Jüngeren Titurel* folgt.

Der Quellenwechsel vom *Lohengrin* zum *Jüngeren Titurel* wird nicht nur durch eine neue Abentewr-Überschrift, sondern auch durch einen binnenprologartigen Dialog mit *fraw Mynn*, in dem der Erzähler zur Vollendung seiner Erzählung von Lohargrim aufgefordert wird, für die Rezipienten kenntlich gemacht.[71] (I,2921–2927) Anders als der *Jüngere Titurel*, in dem nach dem Tod Lohrangrins und seiner zweiten Ehefrau, Pelaie, vom Tod der Herzogin von Brabant berichtet wird, macht Füetrer ihr Sterben bereits in diesem Dialog bekannt (I,2923,7). Füetrer übernimmt den Handlungsverlauf von Lohrangrins zweiter Ehe aus seiner Vorlage, überspringt freilich die drei Exkurse bei Albrecht, in denen es jeweils um die weibliche *triuwe*, die Naturelemente sowie das *mal*, das Schlechte, geht. Zudem macht er aus der Sendung Lohargrims zu seiner zweiten Ehefrau, für die im *Jüngeren Titurel* kein Anlass erzählt wird, analog der Ells-Episode erneut eine Rettungsaktion, durch die eine ungerechte Situation wiedergutgemacht wird. Peleye, Tochter des Königs von Kurniwal und legitime Erbin von Lizabar, wird aus ihren Ländern vertrieben. Sie bittet Gott um Hilfe und die Gralsinschrift bestimmt Lohargrim zu dieser Hilfeleistung, woraufhin er nach Lizabar reitet. (I,2928–2933) Lohargrim wird beim Empfang von einem ehemaligen Kampfgesellen in Rom wiedererkannt und das Frageverbot ist aufgehoben. Lohargrim heiratet Peleye und stellt die Ordnung in ihren Ländern wieder her. (I,2934–2937) Es wird nach dem *Jüngeren Tirurel* von Peleyes Minnekrankheit und der List zu deren Abhilfe

---

69 Eine „Beziehungslosigkeit der Gebete zur nachfolgenden Handlung" und die Behauptung, dass „die einzelnen Gebete untereinander austauschbar" seien, die von Rischer 1973, S. 33 vorgebracht wurden, treffen also zumindest für die Lohargrim-Branche nicht zu. Zur näheren Analyse der Erzähleingänge und von deren Funktion bei der Rezeption sei auf Bastert 1993, S. 235–245 verwiesen.
70 Die Begründung des Frageverbots im *Buch der Abenteuer* greift – anders als im *Lohengrin*, der auf seine Vorlage *Parzival* zurückgreift – auf das in demselben Buch bereits Erzählte zurück, vgl. I,2505.
71 Dieser Dialog endet mit der Ankündigung des Erzählers, *fürbas sag ich euch von dem unverzagten* (I,2927,7). Vgl. die ähnliche Aussage beim Quellenwechsel von der *Crône* zum *Parzival* in der Gaban-Branche: *und wil euch fürbas schreyben, wie es Gabanen gieng auf einen tag.* (I,2216,3f.)

erzählt. (I,2938–2943) Lohargrim wird auf der Jagd von Peleyes Verwandten überfallen und stirbt dabei, Peleye stirbt unmittelbar nach ihm. (I,2944–2951)

VIII.5 Die Aufhebung des Frageverbots und das Wiedererkennen: Bearbeitungstendenzen in der Lohargrim-Branche

Im Handlungsverlauf folgt Füetrer getreu seinen beiden Quellen. In der Kombination beider Quellen und der Gestaltung von Einzelszenen lassen sich Tendenzen zur Summierung, Kürzung, Vereinfachung und Rationalisierung erkennen, die im Folgenden zu diskutieren sind. Die Untersuchung ermöglicht einerseits Einsicht darin, in welcher Organisationsform Füetrer das literarische wie historische Wissen im Allgemeinen seinem Publikum vermitteln will, andererseits legt sie die Potentiale offen, die Füetrer sich beim Lohengrin-Stoff im Speziellen zu Nutze macht.

VIII.5.1 *der ding unns an ain ennde gar beschaide* (I,2926,5) – das vollständige Erzählen als Kriterium der ‚Orthodiegese'[72]

Die summierende Tendenz findet seinen Ausdruck in der Rede der *fraw Abenntewr* (siehe oben Zitat I,126,4–7). Zusammen mit der kürzenden Tendenz wird sie auch zu Beginn von Füetrers Prosaroman *Lanzelot* programmatisch angekündigt: [...] *ersamlet* [...] *aus ettlichen püechern dye gesta oder getat von herren Lantzilet vom Lack mit dem kürtzisten synn, doch unmangelnd der awentewr, die dar zue gehören.*[73] Der Anspruch auf Vollendetheit wird durch die grundlegende formale Gestaltung impliziert, denn mit der Übernahme der Titurelstrophe rückt sich das *Buch der Abenteuer* in unmittelbare Nähe der vorangehenden Epensumme, des *Jüngeren Titurel*. Die durch das Summieren erreichte Vollständigkeit soll die Erzählungen und das Wissen darin vor dem Vergessen bewahren.

Dieses Bestreben äußert sich nicht zuletzt in der Zielsetzung, alles bis zu seinem Ende darzustellen. Die große Konzeption des gesamten Werks läuft auf den Untergang des Artusimperiums hinaus, auch bei der Erzählung von Lohargrim werden all seine Taten von der ersten Aussendung durch den Gral bis zu seinem Tod berichtet und seine beiden Ehen nacheinander aufgeführt, was in der deutschen Schwanritter-Lohengrin-Tradition einzigartig ist. Die Lohargrim-Branche als Einheit bildet wiederum die Vollendung der Genealogie des einen Gralsgeschlechts – so dass *der stam und esstte* (I,3001,1) vollständig sind. Die Stellung dieser Branche am Ende des ersten Teils entspricht der Funktion der Figur als Bindeglied zwischen dem ersten und dem zweiten Teil – mit der Erzählung von Lohargrim und der Orientfahrt des Grals schließt

---

[72] Plotke 2017, S. 150.
[73] Peter 1885, S. 1.

sich das Schicksal der Seneborschen Gralssippe; zugleich eröffnet die Lohargrim-Episode die Branchen, die von den Taten der jüngeren Generation der Artusritter handeln. Die metadiegetische programmatische Aussage des Erzählers zu Beginn des zweiten Teils, er werde den aufgerichteten Stammbaum *mit frucht unnd leubern* (II,3004,5) behängen, wird somit bereits gegen Ende des ersten Teils durch die Narration vorweggenommen.

VIII.5.1.1 Die Inszenierung eines vorläufigen Endes
Die Lohargrim-Branche wird bereits hundert Strophen vor ihrem eigentlichen Beginn angekündigt und mit dem Personal und der Handlung des ersten Buchs, insbesondere mit dem Motiv des Frageverbots eng verzahnt. Füetrer folgt der letzten Passage von Wolframs *Parzival* sehr genau bis zum glücklichen Abschluss auf der Gralsburg und resümiert nach Wolframs Duktus (vgl. *Pz* 823,11 *diu rehten mære iu komen sint*) die Geschichte der Gralssippe:

> *Ains tailes von dem grale*
> *habt ir hier inn vernumen,*
> *wie Anfortasses quale*
> *sich húeb von erst und wie es dar zúe ist kumen,*
> *das er genas und sich sein kumer enndet,*
> *von Feravis und Parcival,*
> *auch wie Gaban den frawen dort kumer wendet.* (I,2506)

Bei allen Übereinstimmungen mit dem *Parzival* fallen zwei Unterschiede auf: Erstens resümiert Füetrer das bereits Erzählte, während Wolfram den Status quo darstellt und einen Ausblick bietet, was sich durch einen Vergleich der jeweiligen Passus zu Anfortas' Schicksal klar zeigt: Füetrer rekapituliert, dass Anfortas in Qualen versetzt und wieder geheilt wurde; Wolfram hingegen deutet auf sein künftiges Leben voraus:

> *der werde clâre Anfortas*
> *manlîch bî kiuschem herzen was.*
> *ordenlîche er manege tjoste reit,*
> *durch den grâl, niht durch diu wîp er streit.* (Pz 823,23–26)

Zweitens macht Füetrer deutlich, dass das bis dahin Erzählte lediglich *Ains tailes von dem grale* ausmacht; während Wolfram von *rehten mære[n]* spricht, also vollständigen Geschichten.[74] Beide Abweichungen Füetrers von Wolfram lassen die Erwartung einer Fortsetzung der Gralsgeschichte offen. Unmittelbar vor diesem vorläufigen Schlusswort wird das Frageverbot verkündet, und zwar auf eine lakonische Weise, was die Bekanntheit der Geschichte für das Publikum vorauszusetzen scheint:

---

74 Zur Interpretation des Begriffs *rehten mære* bei Wolfram siehe Kap. III.3.2.

> *war si auf diser erden*
> *durch not vom gral zu herren wurden gesanndt,*
> *so müest man frag ye seyd gen in entperen*
> *von yerer artt und lannde,*
> *sunst müesten si zum grale wider keren.* (I,2505,3–7)

Im Anschluss an die oben zitierte resümierende Stelle wird bei Wolfram raffend von den jugendlichen Taten Loherangrîns erzählt (*Pz* 823,27–30). Zu Beginn des darauffolgenden Dreißigers macht Wolfram durch eine Ansprache der Rezipienten auf einen neuen Erzählstrang aufmerksam: *Welt ir nu hœren fürbaz?* (*Pz* 824,1).

Füetrer greift hier zu anderen Mitteln, um ein vorläufiges Ende und den Anfang eines neuen Handlungsstrangs zu markieren. Der Erzähler Ulrich bittet *fraw Mynn* und *fraw Abentewr* um die Bestätigung seiner erzählerischen Leistung und die Erlaubnis, die Erzählung an dieser Stelle zu beenden (I,2507).[75] Diese beiden sind jedoch unzufrieden mit dem Zustand der Erzählung und fordern den Erzähler zur Fortsetzung auf:

> *„Nicht, Ulrich, pfuch der schannden,*
> *woltzt dw dein werch vernichten!*
> *wes hietzt dich understanden,*
> *ob dw es nicht zu ennde woltest richten!*
> *[...]"* (I,2508,1–4)

Dabei gemahnen sie Ulrich an seine eigene Zielsetzung, die Geschichte zu einem Ende zu bringen. Sie gebieten ihm sogar, *was* er im Folgenden noch zu erzählen hat – wohin der Artushof gezogen ist und aus welchem Grund, was mit Lohargrim geschieht, und wohin der Gral gelangt:

> *wo ist Artus mit der massenney kumen,*
> *wie ligtz umb Lohargrine,*
> *war cham der gral, hab wir noch nicht vernumen!*
> *War cham des hoffs gesinde,*
> *durch was ist das beschehen,* (I,2508,5–2509,2)

Diese Aufforderung wird mit Berufung auf die eigene Aussage des Erzählers zu Beginn des Buchs (I,6,4–7) begründet:

> *wann du doch selb im anfang hast geiehen,*
> *du woltst von ir manhait und starcker krefftte*

---

[75] Vgl. die Beobachtung bei Rischer 1973, nach der dieser Dialog und weitere Dialoge zwischen dem Erzähler und *fraw Mynn* in der Lohargrim-Branche zu einer „Kurve" „kontinuierliche[r] Diskussion" (S. 55) gehören, deren Anfang bereits vor dem Kampf Parzivals mit Feirefiz angelegt sei (vgl. S. 57).

sagen, warumb zer tavelrundt
ir yeder gab durch preys gesell‹e›scheff‌tte! (I,2509,4–7)⁷⁶

Der Erzähler und die beiden allegorischen Figuren befinden sich hier in einem umgekehrten Verhältnis im Vergleich zum Beginn des IX. Buchs von Wolframs *Parzival* – dort ist es der Erzähler, der *frou âventiure* (Pz 433,7) um weitere Informationen über die Taten des Protagonisten bittet: *wie vert der gehiure?* (Pz 433,8) *sagt mir sîn site und al sîn pflegn* (Pz 434,10). Das Format des Streitgesprächs knüpft an den *Jüngeren Titurel* an, der Wolframs Anspruch auf die Vermittlung der vollständigen *âventiure* aufnimmt und „zu einer Serie kleiner Streitgespräche zwischen dem vermeintlichen Erzähler Wolfram und der personifizierten Aventiure"⁷⁷ ausfaltet.

VIII.5.1.2 Die Kunst des Übergangs

Der Erzähler gibt nach, delegiert jedoch die endgültige Entscheidung an seinen *fürst[en]* (I,2510,5). Im weiteren Verlauf der Narration wird vorerst nicht die durch die beiden allegorischen Damen angekündigte Lohargrim-Handlung aufgenommen, sondern in Anlehnung an *Diu Crône* von Gabans Abenteuern erzählt: der unsichtbar machende Handschuh, Verlust des wunderbaren Edelsteins, Gabans Kampf gegen den Drachen und die vier Riesen, Kampf mit Finbeus und Giranphiel, Rückgewinnung des Edelsteins und des Rings der Saelde (Ende: *do si das gollt und auch den stain erstritten*; I,2601,7). Erst danach leitet der Erzähler zu Lohargrim, ohne es zu unterlassen, vorher einen sechsstrophigen Übergang einzufügen:⁷⁸ Da in der Lohargrim-Branche entsprechend der Vorlage *Lohengrin* berichtet wird, dass sich Artus mit der Tafelrunde auf der Gralsburg befindet, bemüht sich Füetrer, dies zu plausibilisieren, indem er es durch die Berufung Gabans, des Artus und der Tafelrunde zum Gral motiviert: *Abentewr, wie ain iunckfraw zu Gabanen kam unnd im sagt, wie Artus mit der messenneye zu dem gral berüefft warn unnd er zw sampt in* (Ü2602⁷⁹). Die *kewsche magt* überbringt Gaban die Botschaft des Grals:

wir haben news auf Montsalvatsch, dem haus,
geschriben funden und lautterlich gelesen,

---

76 Dass Lohargrim hier – entgegen der Version Wolframs – zur Tafelrunde gezählt wird, ist darauf zurückzuführen, dass der Anfang des bairischen *Lohengrin*, den Füetrer übernimmt, Lohengrin als Artusritter einführt.
77 Unger 1990, S. 42. Vgl. dazu auch Strohschneider 1986, S. 308.
78 Nyholm 1964a, S. 300 gibt als Entsprechung aus dem *Lohengrin* die Stelle 24,1–30,10 an, was einer Präzision bedarf. Diese Strophen im *Lohengrin* erzählen in höchst andeutender Weise das entrückte Leben des Artus und seines Hofs im Gebirge sowie die Aussendung Lohengrins durch Artus. Weder von Gawan noch vom Gral ist hier die Rede. Dass Artus mit seiner Tafelrunde auf der Gralsburg residiert und darunter auch Gawan sich befindet, erfährt man erst später zum Anfang der Lohengrin-Handlung (*Loh* 41,8 und 54,1).
79 Dieser Verweis nach Thoelen/Bastert 1997a bezieht sich auf die Überschrift vor Str. I,2602.

das ir bey der templeyser schar
mit frewden ymer sollt mit unns genesen! (I,2604,4–7)

In den Übergangsstrophen informiert der Erzähler die Rezipienten genau darüber, welche Informationen noch auf sie zukommen und wann davon die Rede sein wird:

Wie sich künig Artause
von seinem lannde richt,
wer mit im füer von hause,
zu Montsalvatsche [ ] mit im sich hin verpflicht,
wer von den werden wardt all dar penennet,
in ainem anndern märe
wierdt euch das alls hernach noch wol pekennet. (I,2606)

Angekündigt wird hier die Szene auf der Gralsburg zu Beginn der *Lohargrim*-Branche, in der die Ritter der Tafelrunde einzeln vortreten und jeder sich selbst als Kämpfer für die bedrängte Ells empfiehlt. In dieser nach dem *Lohengrin* gestalteten, jedoch wesentlich um wörtliche Reden gekürzten polemischen Szene erfährt man sechs Namen der Ritter, die mit Artus nach Montsalvatsche zogen. Das Versprechen in der Erzählerrede wird also durch die Narration eingelöst. Ferner tut der Erzähler bekannt, was er nicht berichten wird, nämlich das, was sich in den Quellen nicht findet:[80]

Wie si mit her gezieret
nach künigklichen sitten
oder wie si gesalvieret
zum grale sein, wie si mit schare ritten,
das chundt ich in geschrift nye lautter ervinden.
so lass ichs auch peleiben
und wil michs auch fürpas nicht unterwinden. (I,2607)

Diese sechs Übergangsstrophen, die sich in keiner der Vorlagen vorfinden, zeigen einen hohen Grad an Reflektiertheit der Erzählung bei Füetrer. Erstens füllt er die Motivationslücke in seiner Vorlage *Lohengrin*, indem er die Berufung der Tafelrunde zum Gral auserzählt. Zweitens erwägt er die Komposition der Branchen im Hinblick darauf, an welcher Stelle welcher Inhalt zu berichten ist, und kommuniziert dies den Rezipienten. Drittens schließt er die Erzählung gewisser Einzelheiten bewusst aus und rechtfertigt sich dadurch, dass diese in seinen Quellen eine Lücke bilden. Wie die beiden gegenläufigen Umgangsweisen mit Lücken erkennen lassen, ist es Füetrers Entscheidung, diese zu füllen oder zu übernehmen. Es hängt davon ab, ob sie für die kausale Motivierung der Handlung von Belang sind. Die Erzählerrede dient hier ei-

---

80 Mertens 1998, S. 307 zieht aus dem in dieser Strophe mitgeteilten Kenntnisstand den Schluss, Füetrer habe „offensichtlich weder Manessiers *Perceval*-Fortsetzung noch den elsässischen *Parzifal* von Wisse und Colin" gekannt.

nerseits der branchenübergreifenden Kohärenzstiftung und der Orientierung für Rezipienten, andererseits der Erläuterung der eigenen Verfahrensweise.

VIII.5.1.3 Motivische Verzahnung als Integrationsstrategie für heterogenes Material

Im *Parzival* (826,24) und im *Lohengerin* (714,9 f. und 723,10) wird erzählt, dass der Schwanritter nach der gescheiterten Ehe mit der Herzogin von Brabant auf die Gralsburg zurückkehrt. Über sein weiteres Schicksal verraten die beiden Texte jedoch nichts. Komplementär dazu erzählt der *Jüngere Titurel* diese erste Ehe nicht aus, sondern alludiert sie in nur einer Strophe (*JT* Str. 5999), und schildert ausführlich die zweite Ehe des Schwanritters mit der Fürstin von Liasperie. Entsprechend dem Bestreben nach Vollständigkeit und Vollendung im *Buch der Abenteuer* kombiniert Füetrer beide Ehen Lohargrims und lässt keine seiner Taten aus. Füetrer bleibt nicht beim Sammeln des Erzählmaterials, sondern setzt verschiedene Motive und Handlungselemente dafür ein, das heterogene Material zu integrieren.

Im Gespräch zwischen dem Erzähler und *fraw Mynn* am Anfang der Peleye-Episode findet sich neben dem Anklang an den *Parzival* in I,2927,1 (s.u.) eine weitere genealogische Anspielung: *fraw Mynn* fragt Ulrich, *wie es gieng Locheragreine, / durch den fraw Ells dorte starb vor hertzen layde!* (I,2926,6 f.) Durch diese Anspielung an Herzeloyde wird der Schmerz der Ells nach dem Abschied Lohargrims mit dem Scheiden und Leiden in der Großelterngeneration parallelisiert. Zugleich nimmt diese Assoziation den Inhalt der Peleye-Episode vorweg, in der Peleye die mutmaßliche Unbeständigkeit Lohargrims auf seine Abstammung von Gamureth zurückführt. Die Präfiguration der Figuren im *Jüngeren Titurel* ist auch bei Füetrer zu spüren.

Die Ausgangssituation der zweiten Sendung Lohargrims wird mit derjenigen seiner ersten Sendung parallelisiert: Auch die Fürstin in Lizabar befindet sich in einer bedrohten Situation und muss daraus befreit werden. Dadurch tritt nicht nur die Peleye-Episode mit der unmittelbar vorangehenden Ells-Episode in paradigmatische Verbindung, sondern beide Episoden werden als exemplarische Anwendungen des Gralsgesetzes (*durch not vom gral zu herren wurden gesanndt*; I,2505,4) mit dem Ende der Parzival-Handlung verknüpft. In der Ells-Episode überbringt ein Glockenton die Botschaft der Bedrängnis auf die Gralsburg, hier verkündet eine Taube mit einem Zettel im Mund einem Abt die bevorstehende Ankunft Lohargrims (I,2932,3–7). Füetrer benutzt das Motiv der Bedrängnis, um die beiden Ehen miteinander zu verzahnen, wie er nach Wolfram die Geschichten Parzivals und Lohargrims durch das Fragemotiv miteinander verzahnt. Wieder ist Lohargrim Gralsgesandter in Not, doch der Schwanritter ist er nicht mehr, sondern er *rait* (I,2930,6) nach Lizabar. Es bedarf weder einer Verhandlung noch eines Zweikampfes, allein die Anwesenheit eines potentiellen männlichen Herrschers genügt, um die Herrschaft wieder zu erlangen. So wird Lohargrim zum Landesherrn erwählt und die Ordnung im Land gesichert (vgl. I,2936 f.):

> *Wer vor die lanndes frawen*
> *mit valsch her tet petriegen,*
> *dye macht man all nw schawen,*
> *das si vor vorcht sich alle múesten schmyegen.* (I,2937,1–4)

Diese Hilfsaktion könnte in ihrem Ablauf isoliert von der vorangehenden Handlung stehen. Doch vorher, in der Empfangsszene, fügt der Erzähler Elemente ein, die diese Episode mit der vorigen verbindet – das Wiedererkennen Lohargrims durch einen der Vasallen in Lizabar, der am zweiten ‚Heiden'-krieg beteiligt war, und die Aufhebung des Frageverbots.[81] Lohargrim wird in dieser Episode bei Namen und Taten erkannt, ferner darf man nun nach seiner Herkunft fragen. Das Inkognito-Motiv wird somit entfunktionalisiert.

Trotzdem muss auch diese Ehe scheitern, diesmal an Peleyes intensiver, unübertrefflicher Liebe zu Lohargrim. Sie ist emotional so sehr an ihn gebunden, dass seine physische Präsenz für sie lebensnotwendig wird:

> *das nye man hören kunde,*
> *das ye kain weib in mynne sunß gunde prynnen:*
> *wann er aus augen cham der súessen, claren,*
> *ir leib der amacht wieltte,*
> *das man si sach vil nach tödlich geparen.*
>
> *Sunst wollt die mynikleiche*
> *und klare hertzogin,*
> *das der fürst ellensreiche*
> *stätt bey ir wont. [...]* (I,2938,3–2939,4)

Das Wissen um Lohargrims Herkunft verschlimmert ihre Besorgnis – sie unterstellt ihm eine unbeständige Natur, die in der Genealogie begründet liegt:

> *[...] si vorcht, unstätte mynn*
> *trúg er geleich dem Gamurethes leibe,*
> *alls er tett Pelakonen*
> *und auch fraw Hertzenlautt, dem rainen weybe.* (I,2939,4–7)

Peleye fürchtet, dass Lohargrim sie verlassen würde, wie sein Großvater Gamureth zunächst dessen erste Frau ganz verließ, sich dann von dessen zweiter Frau verabschiedete, um nach ritterlichen Taten zu jagen. Dementsprechend leitet sie aus Lohargrims vom Gralsgesetz bedingtem Scheiden aus Brabant ebenfalls ein Fehlurteil über seine Moral ab:

> *Ir dacht auch dy vil klare,*
> *wie das der fürste frúet*

---

[81] Vgl. die Ausführung zu diesen Textstellen in Kap. X.2.2.2.

geschaiden wär für ware
aus Prabannt nicht wann durch unstätten múet. (I,2940,1–4)

Dadurch, dass Füetrer die Aufhebung des Frageverbots vorschaltet, löst er ein Paradoxon im *Jüngeren Titurel* auf, das darin besteht, dass Pelaie die verbotene Frage meidet (*Si gap im lant und lûte und hûte sich vor vrage*; JT 6001,1) und infolgedessen nicht um Lohrangrins Abstammung wissen kann, aber dennoch fürchtet, dass er die Unbeständigkeit von Gahmuret geerbt haben könnte. Auch Peleyes Fehleinschätzung der Ursache von Lohargrims Abschied aus Brabant ist bei Füetrer plausibler, denn anders als ihr Pendant im *Jüngeren Titurel* weiß sie nicht von dem Frageverbot und somit auch nicht von der Übertretung, die der eigentliche Grund von Lohargrims Abschied war. Der verheerende Rat der alten Dame an Peleyes Hof, zur Abhilfe ihrer Minnekrankheit Lohargrim ein Stück vom Bein abzuschneiden und Peleye als Speise aufzutragen, knüpft an die Vorstellung eines Bindungszaubers im Sinne des *pars pro toto* an, der durch den Verzehr eines Körperteils eines geliebten Menschen herbeigeführt werden soll.[82] Auch hier bemüht sich Füetrer um Plausibilisierung im Detail: Während der Rat der Kammerfrau im *Jüngeren Titurel* 'heizet im nemen den fûz zertenken siten [...]' (JT 6020,3) lautet, heißt er bei Füetrer *ein praten schneydt im aus sein klaren painen* (I,2942,5). Wie in Kapitel V erläutert, meint der Rat im *Jüngeren Titurel* wohl, dass man Lohrangrin nicht den ganzen Fuß, sondern ein Stück Fleisch daraus abschneiden soll, das dann als Braten zubereitet werden soll. Der Fuß ist allerdings ein Körperteil, der sich gerade sehr wenig dafür eignet, ein Stück Fleisch daraus zu schneiden. Wahrscheinlich ändert Füetrer deshalb den *fûz* zum *painen*.

Die Schilderung des Überfalls auf Lohargrim wird gegenüber dem *Jüngeren Titurel* in der Raumbeschreibung konkretisiert: Es wird nicht nur erzählt, dass er auf der Jagd im Schlaf angegriffen wird (I,2945,5–7; vgl. JT 6025,1a; 6026,3f.), sondern auch, dass er sich an einem Brunnen zur Ruhe legt (I,2945,3f.). Die nacheinander gereihten Szenen – der Held auf der Jagd, die heimtückischen Verwandten, das Ausruhen am Wasser, der mit dem Tod endende Überfall, die Nachricht an die Ehefrau am Hof sowie deren Trauer und Ohnmacht – weisen Anklänge an Siegfrieds Ermordung aus dem *Nibelungenlied* auf.[83] Es ist möglich, dass Füetrer die bereits im *Jüngeren Titurel* vorliegende Figurenkonstellation der Unrechttat – die Verwandten der Fürstin töten

---

[82] Zum Fleischraub und Ritual der Inkorporation siehe auch Kap. V.5.
[83] Vgl. Huschenbett 2000, S. 312f., der diese Anklänge bereits in der Lohrangrin-Episode im *Jüngeren Titurel* sieht. Meines Erachtens treten die Ähnlichkeiten hier bei Füetrer durch die Raum- und Detailbeschreibungen deutlicher hervor, weshalb sie in diesem Kapitel thematisiert werden. Die von Huschenbett behauptete Parallele zum *Nibelungenlied* in dem „Versuch, die Sache [Pelaies Minnekrankheit; M. Y.] geheim zu halten" (ebd., S. 313), sehe ich weder im *Jüngeren Titurel* noch im *Buch der Abenteuer*. Vielmehr ist die Aussage im *Jüngeren Titurel*, Pelaie *do clagende was niht uber lut, vil tougen stille* (JT 6025,2), als Pelaies Gewohnheit infolge guter Erziehung zu verstehen; vgl. die Charakterisierung der Pelaie, *mit uz genomener zuhte* (JT 5998,2b), die mit ihrem Verhalten korreliert. Dass es sich um eine Gewohnheit handelt, erkennt man daran, *daz si zekeiner wile sich clagender sene wolt offenbare nieten.* (JT 6025,4)

ihren Ehemann – als dem *Nibelungenlied* ähnlich auffasst und seine Beschreibungen vor allem in der Reihung der Szenen einen Schritt weiter in diese Richtung gestaltet. Die entsprechenden Beschreibungen bei ihm zeigen eventuell wörtliche Entlehnungen aus dem *Nibelungenlied* [meine Hervorhebungen, M. Y.]:

> *Des tags die klare sunnen*
> *was scheins und hitze pflegen.*
> *bey ainem **kúelen prunnen***
> *wolt nu der fürst durch múe⟨d⟩ zúe rúe sich legen.* (I,2945,1–4)

> *Der **brunne** der was **küele**,   lûter unde guot.* (NL 979,1)[84]
> *Dâ der herre Sîfrit   ob dem **brunne** tranc,* (NL 981,1)

> *Zúe hoff nu komen **märe***
> *mit **klag** der zartten frawen.*
> *des wardt mit **iamer swäre***
> *ir súesses hertz zu verche gar verhawen.*
> ***unmächtig seygent** si ir hennde vieltte,* (I,2949,1–5)

> *Dô si mit ir vrouwen   zem münster wolde gân,*
> ***dô sprach der kamerære:**   „ir sult stille stân!*
> *ez lît vor disem gademe   ein ritter tôt erslagen."*
> *dô begonde Kriemhilt   vil harte unmæzlîche **klagen**.*
> *[...]*
> *von ir was allen vreuden   mit sînem tôde widerseit.*

> *Dô **seic** si zuo der erden,   daz si niht ensprach.*
> *die schœnen vreudelôsen   ligen man dô sach.*
> *Krîemhîlde **jâmer**   wart **unmâzen grôz**.*
> *do erschrê si nâch **unkrefte**, [...]* (NL 1007,1–1009,4a)

Das wichtige Detail des kühlen Brunnens bei der Jagd und die Reaktionen der Ehefrau auf die erschütternde Todesnachricht, die Zusätze Füetrers gegenüber dem *Jüngeren Titurel* sind, bringen die Beschreibung des Angriffs wesentlich näher an das *Nibelungenlied*.

Die Tendenz zur Gründlichkeit zeigt sich nicht zuletzt in der detaillierten Gestaltung, wie der Erzähler den Schwanritter bezeichnet. Gerade in der ersten Ehe, in der seine Identität verborgen bleiben soll, dekliniert der Erzähler die Möglichkeiten, ihn zu benennen, durch und spielt auf diese Weise mit seiner verdeckten Identität. Die wechselnden Bezeichnungen reichen von den Ländern der Großeltern Lohargrims (*den Anschawein*, I,2648,2; I,2667,1; *Der Waleys*, I,2650,1; I,2890,3), seiner Genealogie (*des kúenen Parcivales kindt*, I,2809,4) und seinem Namen (*Herr Lohargrim*, I,2668,1) über seine Herkunft vom Gral (*dem templeysen*, I,2665,6; *der fürst von dem grale*, I,2840,7; I,2817,1; I,2886,1) bis hin zu seinem Lehen (*Der fürste aus Prabannde*, I,2677,1; I,2875,5; I,2876,5) und seiner Helmzier (*Der ritter, der den schwanen / fürtt und dy*

---

84 Das *Nibelungenlied* wird zitiert nach Bartsch/de Boor 2007.

reichen barcken, I,2827,1f.). Dieses Verfahren geht weit über jenes des *Lohengrin*-Erzählers hinaus, der seinen Schwanritter über weite Strecken *der gast* (*Loh* 217,1; 218,8; 220,10 u. ö.) nennt. Füetrer sammelt die Aspekte, die Lohargrims Identität ausmachen, und stellt durch ihre Variation die Problematik des ausgeblendeten Wissens aus.

Durch die Revisionen des Gesetzes über das Fragen – von dem verheißungsvollen Fragegebot, das Anfortas heilen soll, über das Frageverbot für die Ehefrau und die Untertanen aller Gralsgesandten bis hin zur Aufhebung desselben – gerät die Autorität der Gralsinstanz immer mehr ins Wanken.[85] Zudem ist die Gralsgesellschaft durch die Schuld in der Sippe moralisch belastet. Die auf die Lohargrim-Handlung folgende Erzählpassage problematisiert nach dem *Jüngeren Titurel* das Anhäufen von Leid und Trauer in Montsalvatsch: *do Montsalvatsch alls dick enterdt ward an Parcivals frag, an Anfortas qual, Sigunen tod, Trefretzentz trauren und der gleichen an dem gral* (Ü2952); dazu zählt auch, *wie ergieng das mördlich maine / an Locheragrim!* (I,2955,3f.). Was nach den Gründergenerationen zu dieser Zeit in Montsalvatsch herrscht, sind *iamer*[] (I,2952,3), *clag* (I,2952,5), *zächer* (I,2952,7), *kumer* (I,2953,3) und *nott* (I,2953,4). Die Gralsgesellschaft befindet sich aufgrund der an der Sippe anhaftenden Schuldhaftigkeit in einem *gemaledeyet*[en] (I,2954,1) Zustand. Salva Terra ist nicht mehr das intakte, selige Reich wie zur Zeit der Gründung der Gralsgesellschaft, wie einst in Titurisons Erzählung beschrieben, das den jungen Titurel zur Reise dahin bewegt:

> *in Salva terra, wie im da ward chund*
> *in süessem geschmach ein englisch gedöne,*
> *und das kain man seinr augen wunn*
> *auf diser erd niendert fund mer so schöne.* (I,34,4–7)

Infolgedessen ist das Reich keine passende Residenz mehr für den Gral. Parzivals Tochter Elis findet am Gral geschrieben: *der gral in Salva Terra / durch dye getatt die lenng nicht wolte wesen.* (I,2953,6f.) Der entehrte Gral wird nach Indien überführt, von Feravis und Uripans in Empfang genommen und fungiert fortan als die richtende Instanz im Land. Auch die Burg Monsalvatsch wird nach Indien versetzt. (I,2956–2996)

Bei der Gestaltung dieser Änderungskette des Gralsgesetzes über das Fragen greift Füetrer auf einen Kunstgriff zurück, den bereits Wolfram zur Verlängerung der Genealogie angewandt hat, nämlich die Verzahnung der Handlungssegmente anhand verwandter Motive: Wolfram verzahnt das Frageverbot für die Gralsgesandten mit dem Frageversäumnis Parzivals;[86] Füetrer verzahnt die Aufhebung des Frageverbots mit den beiden vorigen Motiven und verlängert damit die Gralshandlung um eine weitere Episode. Ferner ist er – wie Albrecht im *Jüngeren Titurel* – darum bemüht, das letzte

---

85 Beide Revisionen des Gesetztes werden nicht explizit mit dem Vermeiden des Leides begründet. Die erste mechanische Begründung (I,2905,5 – 2906,7) geht – wie bereits bei Wolfram – kausallogisch nicht auf, die zweite Revision wird nicht begründet.
86 Vgl. dazu Kap. III.2.

Schicksal des Grals darzustellen, sodass nicht nur die Genealogie der Gralssippe vollendet wird, sondern auch für den Gral als Instanz und Gemeinschaft sich eine abschließende Perspektive eröffnet. Der inszenierte Vorwurf von *fraw Mynn* und *fraw Abentewr* gegen Ende der Parzival- und Gaban-Handlung (I,2508,1–4) wird auf diese Weise durch die Narration zurückgewiesen, deren Forderung (I,2508,5–2509,2) kommt der Erzähler dadurch nach: Alle drei Fragen der beiden Damen werden durch die Narration beantwortet, die erste Frage *wo ist Artus mit der massenney kumen* (I,2508,5) in den Übergangsstrophen I,2602–2607, die zweite Frage *wie ligtz umb Lohargrine* (I,2508,6) in der Lohargrim-Branche I,2608–2951, die dritte Frage, die aus drei Teilen besteht, *war cham der gral, [...] / War cham des hoffs gesinde, / durch was ist das beschehen* (I,2508,7–2509,2) nach Lohargrims Schicksal in den Strophen I,2952–2996.

Füetrers kombinierendes, summierendes und verzahnendes Verfahren in der Lohargrim-Branche spiegelt sich im größeren Format in der Konzeption des gesamten *Buchs der Abenteuer* wider: Erzählt wird bereits im ersten Teil von zwei Gralsgeschlechtern, das eine zu Beginn eingeführte, durch Wolfram von Eschenbach bekannte Geschlecht der Templeysen, das von Senebor abstammt; und das andere, im Zusammenhang der Mörlin-Branche erwähnte, seit Robert de Boron[87] überlieferte Urgeschlecht des Grals, das von Ioseph von Armathy gegründet wird (I,851–876). Dementsprechend begegnen bei Füetrer zwei unterschiedliche Vorstellungen von der Gestalt des Grals, je nachdem, in welchem Kontext dieser erwähnt wird: bei der Passion Christi empfängt Ioseph von Armathy von Gott einen *kelch* (I,855,5), in dem das Blut Christi aufbewahrt wird; wohingegen Parzival bei seinem ersten Besuch in Montsalvatsch *ain masse* (I,1568) in den Händen einer Jungfrau erblickt, was offensichtlich an den *lapsit exillîs* (Pz 469,7) bei Wolfram anknüpft. Beide Gegenstände werden *gral* genannt (I,855,7; I,1568,7).[88] Während die Taten und Schicksale der Templeysen im ersten Teil ausführlich behandelt werden, bleiben die Protagonisten des anderen Gralsgeschlechts ohne Bezug zu den in diesem Teil erzählten Geschichten. Erst im dritten Teil gewinnt das scheinbar blinde Motiv wieder an Bedeutung, da die beiden Protagonisten dieses Teils, Lannzilet und Galaat, Sprösslinge des Boronschen Gralsgeschlechts sind. Auch in der Vorgeschichte der Grals- und Artusritter legt Füetrer also Wert auf die Vollständigkeit des Materials und führt bereits im ersten Teil die *wurtzel* (I,131,4) der Protagonisten aller drei Teile seines Romanzyklus auf – der Templeysen und der Pritoneysen im ersten Teil, der Verwandten der Ar-

---

87 Robert de Boron, *Le Roman du Saint-Graal*. Benutzt wird die Ausgabe Schöler-Beinhauer 1981.
88 Vgl. die Beschreibung des Grals in Titurels Rede am Ende des *Jüngeren Titurel*, die diese beiden Vorstellungen miteinander verbindet – der Gral ist eine aus Stein gefertigte Schüssel, die Christus als Abendmahlsschüssel diente: *Ein schar den gral uf erde   bi alten ziten brahte, / ein stein in hohem werde.   man eine schuzzel druz da wurken dahte. / jaspis und silix ist er genennet* (JT 6292,1–3) und weiter: *Diu selbe schuzzel gehiure   was Jesu Krist gebære. [...] daz wer ouch im ze schuzzel da gezemende / zu siner mandat here,   die sine junger waren mit im nemende.* (JT 6293) Vgl. dazu Huschenbett 1978b, Sp. 167 f. Ein Pendant dieser Rede gibt es im *Buch der Abenteuer* nicht.

tussippe im zweiten Teil und Lannzilets und Galaats im dritten Teil. Dementsprechend resümiert der Erzähler am Ende des ersten Teils seinem Mäzen gegenüber:

> ewr gnad ains tails vom grale hat vernumen,
> den anefanck und das mittel
> und war aufs iüngste er auch hin ist kumen.[89] (I,2999,5–7)

Die Geschichte des Grals ist bis dahin vorübergehend nach dem einen Traditionsstrang zu Ende gebracht worden, daher spricht der Erzähler von *ains tails*, aber zugleich *aufs iüngste*.[90] Im dritten Teil des *Buchs der Abenteuer* wird dem Gral wieder – nach dem anderen Traditionsstrang – eine handlungstragende Bedeutung zukommen.

VIII.5.1.4 Der Bauplan für das Lebenswerk
Im Prolog zur Lohargrim-Branche, der sich an die Übergangsstrophen anschließt, äußert sich Füetrers kompositorisches Bemühen um die Vollständigkeit in einer noch umfangreicheren Dimension: In diesem letzten einer Branche vorangestellten Prolog des ersten Buchs geht es ihm um mehr als seinen dreiteiligen Zyklus, er weitet den Blick auf die Gesamtheit seines Œuvres aus. Nachdem die Protagonistin dieser Branche eingeführt worden ist und bevor die eigentliche Handlung beginnt, kündigt der Erzähler das Vorhaben an, die Geschichte der Bayernfürsten zu schreiben:

> In deinem súessen namen
> so wollt ich da von sagen
> aim fürsten lobesamen,
> des hertz do her in allen seinen tagen
> nicht wann alltzeit nur hoher eren gerett.
> dy frucht slecht nach dem stamen:
> von seim geslächt und plúetes hoch geheret,
>
> Armeny, Rom, Franckreiche,
> Kriechen unnd Unngerlanndt,
> aus diser plúetes teiche
> sein an und allderan den urhab vanndt.
> ob ichs yetz sagt, es näm zu lange stunde;
> doch wiertz von mir gesaget
> noch hie, ob mir got zeit und lebens gunde. (I,2614 f.)

Dieses Versprechen löste Füetrer mit hoher Wahrscheinlichkeit nach der Fertigstellung des ersten Buchs mit dem Verfassen der *Bayerischen Chronik* ein.[91] Dabei verfolgte er das hier beschriebene Verfahren, von der *frucht*, Albrecht IV., ausgehend nach

---

[89] Zur Ambiguität der Formulierung *aufs iüngste* vgl. Bastert 1993, S. 178, Anm. 78.
[90] Vgl. ebd., S. 177.
[91] Vgl. Nyholm 1964b, S. XXXV.

dem stamen zu forschen, nämlich das Geschlecht der bayerischen Herzöge zu ergründen. Wohl aufgrund der zeitlichen Nähe im Schaffensprozess kündigt Füetrer seine *Bayerische Chronik* an dieser Stelle an. Der hohe Grad an kompositorischer Reflektiertheit äußert sich im inszenierten Erwägen der Priorität der Erzählungen: Ähnlich wie in den Übergangsstrophen durchdacht wird, an welcher Stelle welcher Inhalt zu berichten ist, wird hier überlegt, zu welcher Zeit welches Werk zu schreiben ist. Die geplanten Geschichten der Bayernfürsten hier zu erzählen, nähme zu viel Zeit in Anspruch (I,2615,5), daher würden sie erst dargeboten, *pis es hat sein zeit* (I,2616,2). Dass Füetrer betont, dass auch das hinausgeschobene Erzählen *noch hie* geschehen werde, ist wohl in Bezug auf den großen gemeinsamen Stoffhorizont und den chronologischen Rahmen, derer sich das *Buch der Abenteuer* und die *Bayerische Chronik* bedienen, sowie den gemeinsamen Anspruch der Herrschaftslegitimation zu verstehen.

VIII.5.2 Kürzung

Eine weitere Tendenz in Füetrers Gestaltung des Materials ist die Kürzung. Dies wird leicht anschaulich, wenn man den Umfang der Geschichten im *Buch der Abenteuer* mit demjenigen der Vorlagen vergleicht: Der bairische *Lohengrin* schildert die erste Sendung des Schwanritters mit den beiden ‚Heiden'-kriegen in 700 Strophen im ‚Schwarzen Ton' (Str. 31–730), im *Buch der Abenteuer* nimmt die gleiche Geschichte, die im Handlungsverlauf mit dem *Lohengrin* übereinstimmt, lediglich 303 Titurelstrophen (I,2617–2919) ein. Die Handlung der zweiten Sendung beansprucht im *Jüngeren Titurel* 34 Strophen (Str. 5997–6004, 6012, 6016–6035, 6039–6043), im *Buch der Abenteuer* 24 Strophen (I,2928–2951).

Ausdrücklich zum *brevitas*-Ideal bekennt sich Füetrer in der Eingangspartie des ersten Buchs:[92]

> **Bey**[93] *umbe red vil lange*
> *verdrossenhait ist vil,*
> *darumb ich fürpas gange:*
> *mit rede kurtz ich ewch nun sagen will,*
> [...] (I,20,1–4)

Zur *umbe red vil lange* gehören nach Füetrers Praxis unter anderem Wiederholungen in der Narration und der Figurenrede, längere wörtliche Rede und Gedanken, De-

---

[92] Zum ‚Substraktionsverfahren' vgl. Harms 1966, S. 310–312. Harms sieht in der Tendenz zur Kürzung und Vereinfachung den Einfluss der Geschichtsschreibung.
[93] Bestandteile des Akrostichons, die sich in der Leithandschrift A aus einer Lombarde und roten Folgebuchstaben zusammensetzen (Abb. 5), sind in der Edition fett formatiert.

tailbeschreibungen, Retardierungen[94] sowie die kommentierenden Exkurse aus dem *Jüngeren Titurel*. Behr stellt fest, dass Füetrer „die dargestellte Handlung stets auf ihren Hauptstrang" reduziert, „das heißt auf jene Ereignisse, die unmittelbar zur Titelgeschichte gehören".[95] Ergänzende, beschreibende, reflektierende und kommentierende Passagen entfallen weitgehend.[96]

Im *Lohengrin* erzählt die Kaiserin bei der Zusammenkunft in Köln allen Damen von den ruhmreichen Taten Lohengrins im Sarazenenkrieg:

> *Diu keiserîn des niht verdeit,*
> *den vrouwen ûf dem gestüele sie allen seit,*
> *waz der Prâbant in strît het wirde erworben.*
> *Wie er het heinlîch sich verstoln*
> *mit den vremden wâpenkleiden gar verholn*
> *und waz von sîner hant was künige erstorben,*
> *Und wie er den sturemvann stolzlîchen nider braehte*
> *und menlîch die vier künige vie,*
> *die der keiser ledic durch sîn bete lie,*
> *des er an wirde geniuzt und sîn geslehte.* (Loh Str. 691)

In dieser Strophe rekapituliert die Kaiserin Lohengrins Kampf in weißer Rüstung an der Seite der Apostel, seine Einzelkämpfe gegen die Heidenkönige, den Sturz der Kriegsfahne der Heiden sowie die Gefangennahme und Freilassung vierer Könige. Diese Taten sind bereits vom Erzähler in den Strophen 460–606 berichtet worden. Es handelt sich dabei also um eine gekürzte Wiederholung des bereits Erzählten, die in der Kommunikation zwischen der Kaiserin und den Damen neue Informationen vermittelt, in derjenigen zwischen dem Text und den Rezipienten hingegen keine solche Funktion hat. Bei Füetrer wird diese indirekte Rede daher wesentlich kürzer gestaltet: *dy kayserin all den frawen sagt, / wie er hiet zu Rom in dem streitt geworben.* (I,2867,6 f.), um die Redundanz in der Informationsvergabe durch den Erzähler zu vermeiden.[97] Behr fasst dieses Verfahren prägnant zusammen:

> Füetrer meidet Dubletten, indem er das Informationsgefälle zwischen Erzähler, Publikum und Akteuren nivelliert und sich somit der Notwendigkeit entledigt, einzelne, dem Hörer schon vertraute Ereignisse zur Unterrichtung seiner Romanhelden nachtragen zu müssen.[98]

Die Streitszene der Artusritter vor Lohargrims Aussendung wird stark gekürzt (*Loh* Str. 52–59 vs. *BdA* I,2631–2634), da Füetrer vor allem daran liegt, dass sein Held – wie

---

94 Ein Beispiel für die Tilgung von Retardierungen findet sich in der Analyse der Version Füetrers in Kap. X.2.1.4.
95 Behr 1986, S. 6.
96 Vgl. ebd.
97 Vgl. auch die Erzählung von Lohengrins Taten durch König Heinrich während des Hunnenkriegs (*Loh* Str. 319), die im *Buch der Abenteuer* kein Pendant hat.
98 Behr 1986, S. 6.

in anderen Branchen – ausgesandt wird. Da die Auserwähltheit des Titelhelden als Gewissheit vorausgesetzt werden darf, kann der Findungsprozess des Kämpfers gekürzt erzählt werden. Hinzu kommt, dass die Eingangsstrophen des *Lohengrin* aus dem *Rätselspiel*, die eine stilistische Folie für die polemische Rede bieten, nicht in das *Buch der Abenteuer* übernommen worden sind. Infolgedessen verliert der Streit der Artusritter seine stilistische Korrespondenz und thematische Relevanz.

In der Speisungsszene auf dem Meer im *Buch der Abenteuer* (I,2641–2643) werden die wörtliche Rede und die Gedanken des Schwanritters, die erlittenen Strapazen sowie das Detail, dass er im süßen Gesang des Schwans einschläft, im Vergleich zu *Lohengrin* (65,1–68,4) getilgt. Die im Gedanken geäußerte Gleichsetzung des Schwans mit einem Engel (*diz ist vürwâr ein engel rein, Loh* 67,5; *In hât got nâch mir gesant, Loh* 67,7) entfällt. Dennoch wird die Speisung mit der Oblate explizit auf Gottes Willen zurückgeführt ([...] *durch das göttlich wunnder / kam im ain klaine hosty in den mund.* I,2642,3f.). Zudem wird der montagenhafte Perspektivenwechsel zwischen den Reisenden auf dem Meer und dem Geschehen in Brabant im *Lohengrin* (jeweils *Loh* 68,3–5 und 70,10–71,1 vs. *BdA* I,2643,7) nicht von Füetrer übernommen. An solchen Stellen lässt sich deutlich zeigen, wie Füetrer Beschreibungen von Einzelheiten auslässt und trotzdem die Kernaussagen bewahrt. Die meisten Kürzungen finden sich im chronistischen Teil, der im *Lohengrin* 439 Strophen im ‚Schwarzen Ton' und im *Buch der Abenteuer* hingegen nur 154 Titurelstrophen einnimmt. Füetrer schildert beispielsweise den Hintergrund des Hunnenkriegs knapper (vgl. *Loh* 253–259 vs. *BdA* I,2681–2683) und reduziert maßgeblich die langwierigen Reise- und Ratsszenen sowie ausgedehnte Beschreibungen der höfischen Mahle und Feste (vgl. *Loh* 366–375 vs. *BdA* I,2720,1–3; *Loh* 292–332 vs. *BdA* I,2708–2717).

Die Tendenz zur Kürzung kann auf den Chronikschreiber Füetrer zurückgeführt werden, der sich auf die wesentlichen Ereignisse beschränkt; sie zeugt freilich auch von einer Arbeitsweise des Romanautors, der das Vorwissen des Publikums über die integrierten Stoffe im *Buch der Abenteuer* voraussetzt.[99] Ähnlich verfährt Wolfram von Eschenbach mit der Loherangrîn-Episode, deren an Änigma angrenzende Lakonik vermuten lässt, das der Schwanritter-Stoff zu seiner Zeit dem deutschsprachigen höfischen Publikum bekannt war. Hinzu kommt, dass einzelne reichspolitische Persönlichkeiten und Ereignisse, die im *Lohengrin* detailliert geschildert werden, zu Füetrers Zeit nicht mehr aktuell waren, weshalb sie nur kurz erwähnt oder getilgt werden. Ein weiterer Grund für die Kürzungen ist die Bemühung um eine stilistische und strukturelle Einheitlichkeit der einzelnen Branchen untereinander. Stellenweise vorkommende Detailbeschreibungen oder Retardierungen, die nicht in allen Geschichten adäquat anzuwenden sind, werden daher zugunsten der Gleichmäßigkeit aller Branchen ausgelassen. Auch aus diesem Grund wird auf die sukzessiven Ent-

---

[99] Vgl. Raumann 2013, S. 56 und Bastert 1993, S. 234.

hüllungstechniken, die in nur einigen der Vorlagen – u. a. Wolframs *Parzival*, Hartmanns *Iwein*, dem bairischen *Lohengrin* – eingesetzt werden, verzichtet.[100]

VIII.5.3 Glättung und Vereinfachung

Mit der kürzenden Tendenz gehen die Vereinfachung in der Erzählstruktur und im Handlungsverlauf sowie die Glättung von Umschweifen einher. Auf Verschachtelungen, häufigen Wechsel der Perspektive und Anachronie wird weitgehend verzichtet. Dies wird im Folgenden anhand zweier Beispiele der Glättung in kleinerer Dimension und zweier Beispiele der Vereinfachung in Bezug auf die diegetischen Ebenen oder einen längeren Passus veranschaulicht.

Eine Entwirrung des Erzählstrangs findet sich bei der Vorgeschichte zu Lohargrims Sendung. Im *Lohengrin* werden die Ereignisse, die zu dieser Sendung führen – die wunderbare Schelle der Elsam, der Tod ihrer Eltern, die Bedrängnis durch Friedrich von Telramund, die Ankündigung eines Gerichtskampfes, die Suche nach einem Kämpfer, Elsams Gebet und das Läuten der Schelle bis auf die Gralsburg (*Loh* 31–40) – anachronistisch, repetitiv und montagehaft aufgerollt.[101] Füetrer erzählt diese Ausgangssituation hingegen strikt chronologisch und linear (I,2617–2625), wie in seiner sonstigen Handlungsführung.

Bei Lohargrims Erzählung von seiner Herkunft und Montsalvatsch folgt Füetrer ziemlich genau seiner Vorlage *Lohengrin* und führt wie dieser das Frageverbot auf Parzivals Frageversäumnis zurück. Doch glättet Füetrer einen kleinen Umweg, den der *Lohengrin*-Autor gegangen ist: Dieser lässt Lohengrin nach der Aufzählung seiner Vorfahren ankündigen, er werde nun berichten, *wie mich von dem grâle hab got her gesant* (*Loh* 712,9), lenkt jedoch in den vier unmittelbar darauffolgenden Strophen zunächst auf die Begründung des Frageverbots für alle männlichen Gesandten und den Bau einer zweiten Gralsburg in Indien ab, um erst dann mit der Geschichte von Lohengrins Entsendung anzufangen (*Loh* 716,4). Füetrer lässt mit einer hohen Sensibilität für die Geradlinigkeit der Erzählung die dazu passende Geschichte unmittelbar auf Lohargrims rhetorische Frage – *wie es dar zûe ist chumen, / das ich zûe lannde her gesenndet wardt?* (I,2902,3 f.) – folgen und begründet danach das Frageverbot.

Zu Beginn der Branche ist eine Reduktion der diegetischen Ebenen zu beobachten: Während der *Lohengrin* die Schwanritter-Geschichte als Binnenerzählung in der Wartburg-Handlung gestaltet (*Loh* 1–32), steigt Füetrer nach einem kurzen Prolog ohne die Eingangsstrophen aus dem *Wartburgkrieg*-Komplex direkt in die Schwanritter-Geschichte ein (I,2616). Dies ist ein markanter Eingriff, der für die Homogenität

---

100 Vgl. del Duca 2015, S. 16. Zur sukzessiven Enthüllung der Identität beider Apostel im *Lohengrin* siehe Kap. VI.7 sowie VIII.5.3.
101 Hallmann 2015, S. 281–283.

der Branchen sorgt. Im prologlosen *Lohengrin* fungiert die Wartburg-Handlung als Rahmen, um Wolframs Rolle als den fiktiven Erzähler der Schwanritter-Geschichte zu etablieren. Im *Buch der Abenteuer*, das einen eigenen Prolog aufweist, wäre es hingegen unpassend, wenn die Wartburg-Handlung mitten im Erzählfluss eingeschaltet und die Erzählerrolle Ulrich suspendiert würde. Demensprechend entfallen auch die Exkurse während des Erzählverlaufs der Lohengrin-Handlung, in denen Wolfram und Clingsor darüber streiten, wer die Geschichte weiter erzählen soll. Die Lohargrim-Branche erhält somit dieselbe Erzählerrolle und einen vergleichbaren Prolog wie die anderen Branchen des Abenteuerbuchs.

Die Vereinfachung betrifft ebenfalls das bedeutsamste Geschehen im Sarazenenkrieg, nämlich den Beistand der Apostel Peter und Paul für Lohengrin. Die Identität der beiden weißen Ritter wird – anders als im *Lohengrin* – nicht retardierend und mehrstufig enthüllt, sondern einmalig und in einem Zug.[102] Innerhalb der vereinfachten Passage schaltet Füetrer freilich in unüblicher Weise eine Zwischeninstanz in die intradiegetische Erzählung ein, weshalb diesem Fall eine detaillierte Betrachtung zukommt. Lohargrim zieht unerkannt in weißem Gewand in den Kampf. Zwei ebenfalls weißgekleidete Ritter schließen sich ihm an und unterstützen ihn dabei, die Scharen der Feinde zu durchbrechen:

In klaideren weys verholen
het sich der von Prabant
vom kayser kaum verstolen
nu zúe dem streit (I,2755,1–4)

Man sach pey im zwen ritter
in klaideren liecht, schne var.
si machten si dicke schitter,
ia, wo si kertten gen der veintte schar,
so wardt dy dicke gar von in zertrennet.
wer dise ritter wären,
was dem Prabant und der diet unerkennet. (I,2756)

Im Gegensatz zum Autor des *Lohengrin* bettet Füetrer die darauffolgende Szene, in der Lohargrim und elf weitere weiße Ritter auf der christlichen Seite kämpfen, nicht in die von König Karl von Frankreich geführte Heerschar ein, wodurch sie an symbolischer Bedeutung – Anspielung auf Karl den Großen und die zwölf Pairs – einbüßt.[103] Füetrer erzählt offen, dass *Der Prabanndt* (I,2760,1) den weißen Ritter rächt, der vom König

---

102 Vgl. die Beobachtung bei Harms 1966, S. 310: „[...] ein differenzierter, sukzessiver Enthüllungsprozess ist nicht möglich" sowie spezifisch in Bezug auf den Kampf zwischen Iban und Gaban: „Von den feineren Stufungen eines Erkennungsprozesses [...] ist bei Füetrer nichts mehr erhalten" (ebd., S. 309). Vergleichbar mit der Apostelszene ist Füetrers Umgestaltungsverfahren in der Iban-Branche, die bei Hartmann auf zwei Figuren verteilte Binnenerzählung von der Befreiung Ginovers durch Gaban auf den Burgherrn allein zu verlagern und diesen die Geschichte in einem Zug vortragen zu lassen; vgl. dazu Behr 1986, S. 6.
103 Vgl. Kap. VI.7; Kolb 1986, S. 106 f.

von Amatisten getötet wurde, ohne die Spannung aufbauende Verhüllung im *Lohengrin* zu übernehmen, die an Wolframs Erzählprinzip des Bogens anklingt:

> Der wart gerochen sâ zehant
> von der drîer einem, die noch unbekant
> mit namen sint, doch machet sie lîht schiere
> Iu diu âventiure kunt, swenn ir zît sie ez heizet. (*Loh* 464,4–7)

Dies ist ein Resultat dessen, dass Füetrer die Verkleidung Lohargrims nur für das textinterne Publikum gelten lässt und die Rezipienten davon ausnimmt (I,2755,1–3), während die verspätete Informationsvergabe im *Lohengrin* die Rezipienten wie das textinterne Publikum in diesem Moment auf gleiche Weise betrifft (*Loh* 460,4 f.).

In der Nacht nach diesem Kampf erinnert sich Lohargrim in Anwesenheit König Hainrichs[104] und des Papstes an den Einsatz der beiden unerkannten Ritter, die ihm den Weg durch die Kampfscharen bahnten, jedoch niemanden verletzten oder gar töteten:

> Der Prabanndt sprach: „zwen ritter
> kos ich hewt in dem streitt,
> der gvertt den hayden pitter
> was, in gedreng si machten schnell dy weytt.
> [...]
> mit sper oder mit schwertte
> sach ich ir kain nye hares gros verseren.
> alls wir des streitz zu nacht wollten erwinden,
> sy verschwunden mir vor augen,
> das ich mit gschicht ir kainen mer kund vinden." (I,2773,1–2774,7)

Nach dieser Erzählung wird die Identität der beiden Ritter weder von den Figuren noch vom Erzähler thematisiert, bis den Christen der große Sieg gelungen ist und das Königspaar in Rom die kaiserliche Weihe empfängt. Zu dieser Gelegenheit, als Lohargrims kühne Taten im Kampf erneut gepriesen werden, bedauert er, die Namen seiner Helfer nicht zu kennen:

> [...] „ich schwer pey der gottes huld,
> das ich dy ritter zwene gerne erkantte,
> dy mir gestúnden in dem streyt.
> ich klag, das sich ir kainer gen mir nantte!" (I,2848,4–7)

Der Papst lüftet daraufhin das Geheimnis, fügt dabei im Vergleich zum bairischen *Lohengrin*, in dem er selbst die Namen von den Aposteln genannt bekommt, eine Zwischeninstanz hinzu:

---

104 Hier ist König Hainrich noch nicht zum Kaiser geweiht worden, wird jedoch vom Erzähler *kaiser* genannt; vgl. I,2767,1 und bereits zu Beginn der Branche I,2653,1.

> *Der babst, der sprach: „ich hortte*
> *ain rainen priester iehen,*
> *des mundt nye valsch enportte,*
> *er hiet si von dem streite reytten sehen,*
> *er fragt si, wie si mit dem namen hiessen;*
> *si iahen: ‚Peter und auch Paul.'*
> *do si verschwunden, die namen si im liessen."* (I,2849)

Die dreistufige retardierende Enthüllung im *Lohengrin* entfällt hier, mit ihr das geheimnisvolle Spiel mit dem göttlichen Eingriff in das heilsgeschichtlich bedeutende Geschehen. Auffällig ist die Änderung darin, dass der Papst nicht mehr selbst Augenzeuge der Taten und des Scheidens der Apostel ist, sondern einen *rainen priester* als Gewährsmann benennt. An dieser Stelle scheint Füetrer entgegen seiner großen vereinfachenden Tendenz zu verfahren, indem er die Augenzeugeninstanz verlagert und eine weitere diegetische Ebene hinzufügt. Dem Papst, der hier redet, wird nicht die Augenzeugenschaft zugetraut, was zur Konsequenz hat, dass diejenigen, die davon berichten, die Namensnennung der Apostel nie persönlich gehört haben und – im Gegenzug – der Einzige, der sie gehört hat, nicht persönlich zu Worte kommt, was bei einer solchen Versammlung in Rom, an der die gesamte christliche Heerschar teilnimmt (*der kayser und dy fürsten all / wurden mit hohen frewden do entpfanngen.* I,2842,7), verwunderlich ist. Die Unbestimmtheit der Formulierung *ain rainen priester* ist bei der genauen Bekanntschaft des Papstes mit seiner Qualität (*des mundt nye valsch enportte*) auffällig, auch war während der Kämpfe nie von einem Priester die Rede. Es gibt also – dem Papst zufolge – einen Priester, den er gut kennt und doch nicht bei Namen nennen kann, dieser hat sich auf dem Kampfplatz befunden, ohne dass der Erzähler davon Notiz genommen hätte, der sonst alle wichtigen Amtsträger auf der christlichen und der ‚heidnischen' Seite einzeln vorstellt. Vor diesem Hintergrund markieren die Berufung auf den Augenzeugen und die Wahrheitsbeteuerung eher die Merkwürdigkeit des Berichts, als dass sie seine Glaubwürdigkeit garantieren würden. Dies scheint eine leise Geste Füetrers zu sein, sich von dem Wunder, das er zwar von seiner Vorlage übernommen hat, zu distanzieren.

Mit der Vereinfachung erzielt Füetrer eine Erzähltechnik, die durch die „lineare[] Handlungsführung"[105] gekennzeichnet ist. Bögen und Verschachtelungen entfallen weitgehend, Wiederholungen und Retardierungen weichen einer ökonomischen Zielgerichtetheit. Ferner sind seine Erzählungen durch eine chronologische Ordnung geprägt,

> die sich ausschließlich am ‚natürlichen' Gang der Ereignisse orientiert und epische Variationen meidet, sofern diese raschen Perspektivenwechsel und eine Abkehr von der üblichen Darstellungsform des Geschehnisberichtes, etwa durch Vor- und Rückverweise, verlangen.[106]

---

105 Behr 1986, S. 7.
106 Ebd.

VIII.5.4 Rationalisierung

Die oben erwähnte Distanzierung Füetrers vom Wunder zeigt eine Tendenz zur Rationalisierung, die sich auch an weiteren Stellen der Lohargrim-Branche äußert. Dazu gehören Eingriffe, die die Logizität der Ereignisse gegenüber der Vorlage verbessern:[107] Füetrer tilgt die Erwähnung einer Gralsburg in Indien in der Erzählung Lohengrins nach dem Tabubruch (*Loh* 715,1–716,3), da die Versetzung von Montsalvatsch nach Indien im *Buch der Abenteuer* – wie im *Jüngeren Titurel* – erst nach Lohargrims Tod erzählt wird. Er macht aus der Peleye-Episode analog der Ells-Episode erneut eine Hilfsaktion (I,2929), um die zweite Sendung Lohargrims besser zu motivieren; statt die Verse aus dem *Jüngeren Titurel* zu übernehmen, die zwar eine Kausalkonstruktion enthalten, jedoch die Sendung nach Liasperie nicht wirklich begründen: *durch niht wan eine vrage   wart er sit in Liasper bekennet // Gewalticlich zeherren.* (*JT* 5999,4–6000,1). Ebenfalls in dieser Episode schaltet Füetrer im Vergleich zum *Jüngeren Titurel* die Aufhebung des Frageverbots vor, und löst – wie in Abschnitt VIII.5.1.3 gezeigt – ein Paradoxon bezüglich Pelaies Wissen um Lohrangrins Abstammung auf. Die Logizität wird an solchen Stellen dadurch gebessert, indem Inkonsistenzen beseitigt und Motivierung hinzugefügt werden. Während in den beiden Vorlagen aus dem dreizehnten Jahrhundert wohl anderen Kohärenzebenen als der kausalen Logik eine höhere Priorität zukam, äußert sich in der frühneuzeitlichen Bearbeitung Füetrers eine konsequente Forderung nach Widerspruchsfreiheit.

VIII.5.5 Bilanz

Füetrer ist in seiner Bearbeitung um die Vollständigkeit, Klarheit, Linearität, Logizität und Motivierung des Erzählten bemüht: Es soll das gesamte vorhandene Wissen von den Taten des Protagonisten bewahrt werden und möglichst keine Motivierungslücke geben, kausal Zusammenhängendes wird in unmittelbarer Nähe erzählt, Widersprüche werden weitgehend geglättet, Umwege beseitigt. Der Erzähler reflektiert und rechtfertigt seine Komposition an markanten Scharnierstellen und erwägt das Punktuelle stets mit Blick auf das Gesamtwerk. Mit der inszenierten Beschränktheit der Erzählerrolle den allegorischen Figuren gegenüber stellt Füetrer die Artifizialität des literarischen Werks aus. Die oben herausgearbeiteten Tendenzen sowie die Wiederholung von Motiven zur Verknüpfung der Episoden und Querverweise der Branchen untereinander lassen sich durch das ganze *Buch der Abenteuer* beobachten.[108] Es ist wahrscheinlich, dass diese Organisationsformen des Wissens über den literarischen

---

107 Vgl. Behr 1986, S. 8.
108 Vgl. Untersuchungen der Einzelbranchen im Vergleich mit deren Quellen u. a. bei Behr 1986 (Iban); del Duca 2015 (Iban). Zu System der Querverweise und Wiederholung der Motive im zweiten Buch vgl. Raumann 2013.

Gebrauchswert hinaus mit den „übergeordneten Prinzipien planvoller Organisation von Herrschaft"[109] am Hof Albrechts IV. korrespondieren.

VIII.6 Allegorische Figuren und Erzählerrolle

Die fingierten Dialoge der Erzählerrolle Ulrich mit den allegorischen Figuren durchziehen das gesamte *Buch der Abenteuer*.[110] Dass sich Füetrer in diesen Dialogen einerseits an den Wolframschen Stil im *Parzival* und im *Jüngeren Titurel* orientiert, andererseits dieses stilistische Mittel wesentlich weiterentwickelt, ist in der Forschung oft beachtet worden. Rischer konstatiert, dass Füetrer „dieses vorgegebene literarische Muster in neuer, für sein Vorhaben charakteristischer Weise"[111] nutzt. Ragotzky misst diesen Dialogen eine eigene sprachliche Abstufung bei:

> Fast zweihundert Jahre später gewinnt Ulrich Füetrer in seinem ›Buch der Abenteuer‹ diesem Gesprächsschema neue erzähltechnische Möglichkeiten ab, er steigert die Diskussionen zwischen »Wolfram« und Frau Abentiure bzw. Frau Minne zu handfesten Streitereien, die auch von der angespielten Sprachschicht her in deutlichem Kontrast zum Romangeschehen stehen, und wendet damit die Abtönung ins Komische zum Zug ins Burleske.[112]

Strohschneider reflektiert aus der Perspektive der Persibein-Branche „das Verhältnis von spielerischer auktorialer Selbstinszenierung und erzähltem Handlungsgeschehen"[113] und betont die in der Inszenierung artikulierte Distanz zwischen den gesammelten Geschichten im *Buch der Abenteuer* und der Erwartungshaltung der Rezipienten im fünfzehnten Jahrhundert. Welche charakteristische Weise und welche neuen Möglichkeiten sich in Füetrers fingierten Dialogen artikulieren und in welchem Machtverhältnis die Personifikationen zur Erzählerrolle Ulrich stehen, wird im Folgenden an repräsentativen Beispielen diskutiert.

---

109 Wenzel 1986, S. 25.
110 Zur Interpretation der Streitgespräche zwischen dem Erzähler und den allegorischen Figuren, deren Beziehung zueinander sowie zur Kommentarfunktion der Gespräche siehe grundlegend Rischer 1973, S. 54–59, darin die beiden wichtigen Beobachtungen, dass erstens die Gesprächspassagen aufeinander bezogen sind (S. 55) und zweitens „das Dialogschema bewußt zur Errichtung einer zweiten literarischen Ebene im Werk umfunktioniert wird" (S. 57). Zu „Verfügungsgewalt des Erzählers über seine Geschichte" (S. 329) im dritten Teil des *Buchs der Abenteuer* und „Spiel überpersönlicher […] Mächte" (S. 328), die die Geschehnisse steuern und letztendlich undurchschaubar und auf die Kontingenz zurückzuführen sind, siehe Ziegeler 1996.
111 Rischer 1973, S. 55.
112 Ragotzky 1971, S. 138f.
113 Strohschneider 1986, S. 299.

VIII.6.1 Geleitetes Erzählen und aufgespaltener Kommentar

Die über das gesamte Buch in den Handlungsverlauf eingeblendeten fingierten Dialoge sind wohl als Imitation einer der literarischen Verhaltensweisen aufzufassen, die als für Wolfram von Eschenbach typisch empfunden wurden.[114] Füetrer baut diese Gesprächssituation weiter aus, die er seinem Vorbild, dem *Jüngeren Titurel*, entnommen hat und die bereits dort „vom Streitgesprächsschema der Minnereden überlagert ist".[115] Bisweilen begegnen im *Buch der Abenteuer* noch beinahe wörtliche Anklänge an den *Parzival*, beispielsweise erinnert die Frage der *fraw Mynn* an den Erzähler nach Lohargrims Schicksal, *Wie fertt der fürst gehewre* (I,2927,1), wörtlich und genealogisch an die Frage Wolframs an *frou âventiure: wie vert der gehiure?* (*Pz* 433,8).

Wolfram erzählt in dieser angedeuteten Stelle, zu Beginn des IX. Buchs,[116] nach dem dialogischen Passus die von der Aventiure mitgeteilte Geschichte zunächst konjunktivisch als eine übernommene Rede, bald darauf wechselt er in den Indikativ, wie er eine Geschichte erzählt, von der er selbst der Urheber ist:

> nu tuot uns de âventiure bekant,
> er habe erstrichen manec lant,
> [...]
> sus kan sîn wâge seigen
> sîn selbes prîs ûf steigen
> und d'andern lêren sîgen. (*Pz* 434,11–19)

Damit verschiebt Wolfram unmerklich den Standpunkt der Rede und lässt zwei Instanzen, *frou âventiure* und den Erzähler, in eine fallen, indem er den Erzähler die Regie übernehmen lässt.[117] Bei Füetrer erfolgt keine solche Übernahme der Regie, der Erzähler empfängt die zu erzählende Geschichte nicht von einer der allegorischen Figuren, sondern bietet ihnen die Narration stets als Antwort auf deren Frage(n) und Forderung. Dies ist ein Resultat des oben (VIII.5.1.1) beschriebenen Phänomens, dass bei Füetrer nicht der Erzähler, sondern die allegorischen Damen um Informationen bitten. Die Narration wird von *fraw Mynn* dem Erzähler gegenüber als *dein sag* (I,2926,3) bezeichnet, ebenfalls macht der Erzähler klar, *fürbas sag ich euch von dem unverzagten* (I,2927,7).

Während die Narration die Leistung des Erzählers ist, wird oft ein Teil der Bewertung und Deutung des Erzählten an die allegorischen Figuren delegiert. Vor der Erzählung von dem Auszug des Anfortas im Minnedienst der Orgulus schiebt Füetrer

---

114 Vgl. Ragotzky 1971, S. 137.
115 Ebd., S. 138.
116 Eine ausführliche syntaktische, rhetorische und rezeptionsästhetische Analyse zu Beginn des IX. Buchs des *Parzival* bietet Lähnemann 2007.
117 Anders ebd., S. 261: „Die personifizierte Auskunft wird graduell wieder durch die allgemeine Erzählinstanz *âventiure* ersetzt, während gleichzeitig der fragende Erzähler in das kollektive *uns* eines allgemeinen Publikums zurücktritt."

einen Disput des Erzählers mit *fraw Mynn* ein, in dem jener dieser zornig vorwirft, *stätt unnd trewen ane / seit ir zúe zeitten!* (I,93,3f.). Grund dafür ist die ungerechte Belohnung des Anfortas durch *fraw Mynn*:

> *Secht zúe, wie kündt ir tailen*
> *ewrn sold so ungeleich!*
> *zwar, fraw, solt ich euch sailen*
> *mit meiner handt, gen euch vil zornes reich*
> *wurd ich hie umb disen fürsten grossen!*
> *er dient euch ye mit trewen,*
> *so welt ir in ab von sein freuden stossen!* (I,94)

Anfortas diene *fraw Mynn* stets mit Treue, jedoch wolle diese ihn seiner Freude berauben, so die Anschuldigung des Erzählers.[118] *Fraw Mynn* tadelt daraufhin die Uneinsichtigkeit des Erzählers, bedauert Anfortas' Schicksal und verteidigt sich:

> *du pist, tzwar, weishait ane!*
> *ich sprich dich in die zunft zúe anndern thoren,*
> *dein torpelhait magstu lassen mit nichte!*
> *doch rewt ain tail der werde mich:*
> *es waz ausserthalb rechter minne pflichte!*
> *[...]*
> *nun was doch die vil clare*
> *aim andern hochenn fürsten vor verkant,*
> *dartzúe mocht es nicht dulden grales wierde,*
> *wann zucht pey keusch da múeste sein,*
> *annderst sein freud zúe layd sich condubierte!* (I,95,3–96,7)

In dieser Rede nennt *fraw Mynn* zwei Gründe dafür, warum Anfortas' Werben um Orgulus ein unheilvolles Irrtum ist: Zum einen sei Orgulus bereits einem anderen Fürsten zugesprochen, zum anderen erlaube das Gralsgesetz eine Liebesbeziehung wie die zwischen Orgulus und Anfortas nicht, da sie außerhalb der von Gott vorgesehenen Partnerschaften stehe und insofern keine *rechte[] minne* darstelle. Wenn der Erzähler *fraw Mynn* der Treulosigkeit und Ungerechtigkeit bezichtigt, dann liegt es nach *fraw Mynn* daran, dass er diese beiden Gründe für Anfortas' späteres Leid übersieht. Deshalb zählt *fraw Mynn* ihn zu den Toren. Den wichtigeren von beiden Gründen, nämlich den, dass Anfortas' Liebe für Orgulus nicht mit den Ordnungen des Grals zu vereinbaren ist, nennt *fraw Mynn* zweimal, nachdem der Erzähler ihn bereits in der Narration erwähnt hat (I,91,6f.). Die Verantwortung für Anfortas' Leiden liegt

---

118 Diese und ähnliche vorausdeutende Klagen und Vorwürfe des Erzählers, z. B. vor dem Tabubruch der Ells (vgl. Kap. X.2.1.4), zeigen, dass der Erzähler in der Rolle eines Narren durchaus um den Verlauf der Handlung weiß. Insofern ist der Charakterisierung des Erzählers bei Bastert 1993 als „unwissend[]" (S. 265) bzw. „ahnungslos[]" (S. 266) im Blick auf den Fortgang der Geschichten, was die Überlegenheit des Publikums bestätigen soll, nicht zuzustimmen.

also – das macht *fraw Mynn* klar – nicht bei ihr, sondern beim Gral und bei Anfortas selbst.

Dadurch, dass der Erzähler in diesem Disput zunächst den Unwissenden spielt, der Partei für Anfortas nimmt und in *zorn*[] (I,94,4) gerät,[119] ermöglicht er seinem Gegenüber *fraw Mynn* einen umso pointierteren Kommentar zu Anfortas' Verfehlung. Was eine Infragestellung der höfischen Werte zu sein scheint, stellt sich als inszenierter und auf die Rollen verteilter Doppelkommentar heraus.[120] Auf diese Weise unterstreicht Füetrer die Wertung bedeutsamer Ereignisse und erhöht die Autorität der allegorischen Figuren, indem er diesen das stärkere Deutungsvermögen gegenüber seiner Erzählerrolle zugesteht.[121]

VIII.6.2 Diegetischer Standort der allegorischen Figuren

Wolfram berichtet von der Interaktion zwischen dem Erzähler und *frou âventiure* im Präsens (*Pz* 434,11 *tuot*), dem üblichen Tempus für Kommentare auf der *discours*-Ebene. Der Dialog kann also auf der Ebene des Erzählerkommentars angesiedelt werden. Bei Füetrer hingegen stehen die Inquit-Formeln, sofern die Reden der allegorischen Figuren durch solche eingeleitet werden, im Präteritum (vgl. I,2926,1 *sprach*). Daher unterscheidet sich der Bericht von diesen Reden von Erzählerkommentaren im herkömmlichen Sinne, bei denen die Inquit-Formeln in der Regel im Präsens stehen.[122] Der Standort dieser Reden ist eine Diegese, die zur Darstellung des Erzählvorgangs selbst generiert wird und sich jenseits des Hauptstrangs der Narration befindet. Ich nenne sie – mit Sonja Glauch – eine ‚Nebendiegese'.[123] Die Entscheidungen darüber, ob die Geschichte weiterzuerzählen ist und was jeweils erzählt werden soll, werden in dieser Nebendiegese inszeniert und beeinflussen die Hauptdiegese. An den Schlüsselstellen – zu Beginn einer neuen Branche, am Wendepunkt

---

119 Strohschneider 1986 beobachtet in dieser Haltung des Erzählers eine Distanzierung, die das Erzählte „auf einer seiner Verfügungsgewalt scheinbar weit entrückten Ebene" (S. 306) abspielen lässt und ihm erlaubt, „sich als Erzähler aus der Verantwortung für das berichtete Handlungsgeschehen wie für die Protagonisten seines Romans zu verabschieden" (ebd.).
120 Vgl. die Beschreibung einer ähnlichen „Kompetenzaufspaltung" bei Rischer 1973, S. 59 sowie „Aufspaltung der Erzählerrolle" bei Müller 1980, S. 30. Der Begriff ‚Erzählerrolle' meint bei Bastert 1993 das Rollenbild allein des Erzählers *Ulrich*, bei Strohschneider 1986 und Müller 1980 hingegen die in den Kommentaren entstandene Summe der Haltung des Verfassers, die in den Erzähler und die allegorischen Figuren aufgespalten wird.
121 Vgl. dazu Bastert 1993, S. 263–272, der in der zum Narren stilisierten Erzählerfigur eine „Negativfolie" sieht, die der „Stiftung einer Gruppenidentität qua kultureller Überlegenheit" unter den Rezipienten dient. Warum eine nicht-höfische Negativfolie, die auf eine reale soziale Gruppe verweist, überhaupt in die Dichtung einbezogen werden soll, bleibt hingegen in dieser Deutung unerklärt.
122 Anders Strohschneider 1986, S. 311: „Das Präsens der Streitgespräche zwischen Ulrich und den höfischen Damen betont das Präteritum des Erzählens und damit des Erzählten."
123 Vgl. Glauch 2018, S. 96. Die hier analysierten Stellen sind vergleichbar mit dem Dialog zwischen dem Erzähler und *vrou Minne* in Hartmanns *Iwein*, V. 2971–3028.

einer Handlung oder beim Wechsel von einer Vorlage zur anderen – wird die Narration in der Hauptdiegese durch das Geschehen in der Nebendiegese vorangetrieben, in eine bestimmte Richtung gelenkt oder kommentiert.[124] Aus den Forderungen der allegorischen Damen an die Erzählerrolle, die ihm im Wissen scheinbar unterlegen, in der Macht jedoch überlegen sind, erwächst die weitere Narration. Durch den Spott der Damen und den Gehorsam des Erzählers in den Dialogen gelingt Füetrer die Verkleinerung seiner Erzählerrolle,[125] die „gespielt[e]" „Inkompetenz".[126] Dies wird durch die Metaphern des Blinden und des Blindenleiters auf den Punkt gebracht: Im Anfangsgebet findet sich neben anderen Unfähigkeitstopoi der Selbstvergleich des Dichters mit einem Blinden, der fechten will (I,8,7). In einem späteren Wortwechsel warnt *fraw Abentewr* den Erzähler davor, seinem Blindenleiter nicht zu folgen und sich zu verirren: *du woltest ye für sich gen gleich den plinden, / die yerm laitter wellen mit nichte volgen* (I,59,4 f.).

Ferner ist zu beobachten, dass nicht alle allegorischen Figuren auf derselben Ebene agieren. Beispielsweise wirken *fraw Mynn* und *fraw Werre* in manchen Fällen gegeneinander, indem beide gegensätzliche Kräfte freisetzen, die ihre Namen jeweils bezeichnen (I,2872): *fraw Mynn* führt liebende Herzen zueinander, *fraw Werre* bringt sie wieder auseinander und zerstört somit das Werk der *fraw Mynn*; in anderen Fällen wirken sie auf verschiedenen Ebenen des Textes, indem *fraw Mynn* den Erzähler zum Weitererzählen kommandiert (I,2873 u. ö.) und *fraw Werre* die Interaktion der Figuren beeinflusst (I,2876).[127] Auf diese Weise tragen manche allegorischen Figuren nur Verantwortung für das Ergehen der epischen Protagonisten[128] – wie z. B. Lohargrims Abschied von Brabant auf die ungerechte Belohnung der *fraw Wellt* zurückgeführt wird (I,2920),[129] während andere sowohl eine solche Verantwortung tragen als auch den Verlauf der Narration bestimmen – genauer genommen sind dies *fraw Mynn* und *fraw Abentewr*. Diese beiden Figuren treiben den Erzähler oft zum Weitererzählen

---

124 Vgl. Rischer 1973, S. 59 mit anderer Akzentuierung: „den Charakter eines dramatisch aufgebauten Kommentars zur Ebene des epischen Berichts".
125 Vgl. Ziegeler 1996, S. 332: „Diesen Zug nun hat Fuetrer entschieden ausgebaut und zur Rolle des *gouch* vereindeutigt, des Erzählers als Narren, des inkompetenten Kritikers an dem von *fraw Minne* und ihren *gespilen* verfügten Geschehen."
126 Müller 1980, S. 31: „Die Inkompetenz aber ist gespielt: wer anders denn als Fuetrer spricht durch den Mund jener höfischen Damen, die den Banausen Ulrich ob seiner törichten Kommentare notfalls mit Prügeln zurechtweisen?" Einen vergleichbaren Fall im *Voir dit* (um 1365) des Guillaume de Machaut beschreibt Glauch 2018, S. 103 äußerst treffend: „Diese Schwebe erfaßt dann aber auch die Erzählinstanz, die einerseits als derjenige erscheint, der kunstfertig über Sprachbilder verfügt, andererseits als derjenige, der von allegorischen Damen, die er selbst zum Leben erweckt hat, belächelt, zurechtgewiesen und mit dichterischen Hausaufgaben beauftragt wird. Das erzählende Ich – der Autor – begibt sich also in ein selbstironisches Spiel, in dem es/er poetische Meisterschaft und poetische Selbstverkleinerung zugleich demonstrieren kann."
127 Eine nähere Analyse zu den Wirkungen beider allegorischen Figuren findet sich in Kap. X.2.1.4.
128 Vgl. dazu die Schlussfolgerung bei Rischer 1973, S. 58, das die allegorischen Figuren „als Movens der Handlung begriffen" werden.
129 Zur Unberechenbarkeit des Laufs der *Wellt* im Buch der Abenteuer vgl. Ziegeler 1996, S. 334 f.

voran oder versuchen ihn – in seltenen Fällen – dabei aufzuhalten; gleichzeitig werden sie für das Schicksal der Figuren verantwortlich gemacht, beispielsweise wird *fraw Mynn* der Ursache von Ells' Tod beschuldigt (I,2923,5 – 7); *fraw Abentewr* wird vorgeworfen, Parzival und Gaban verleitet zu haben (I,1670). Dass die Vorstellung einer Verantwortungsübernahme[130] für das Handeln der Protagonisten notwendig ist, hängt eng mit der oben besprochenen Funktion des Werks zusammen, wie Rischer in ihrer Studie zum kulturellen Selbstverständnis der Epoche Füetrers zeigt:

> Füetrers Verständnis seiner Helden als nahezu makellose Vorbilder ritterlichen Verhaltens schließt eine Interpretation der Krisenmomente im Sinne einer selbst mitverursachten Gefährdung ihres Weges aus. [...] jede Krisensituation wird von dem Dichter angesichts der Untadeligkeit seiner Gestalten als unangemessen, nicht gerechtfertigt und als von ihrer Persönlichkeit unabhängige, von außen kommende Willkür angesehen.[131]

Die beiden Instanzen, die sowohl einen unmittelbaren Einfluss auf das Handeln und das Schicksal der Figuren haben als auch den Verlauf der Narration steuern, überschreiten die Grenze zwischen der Hauptdiegese und der Nebendiegese: *Fraw Mynn* agiert in der Hauptdiegese, wenn sie die Liebenden zueinander führt; sie wechselt in die Nebendiegese, wenn sie mit dem Erzähler spricht. *Fraw Abentewr* und *fraw Mynn* wirken sowohl im Erzählten als auch im Erzählen selbst.[132] Ihre Lenkung auf der Handlungsebene und ihre Entscheidungen in der Nebendiegese setzen Möglichkeiten um und weisen zugleich andere Möglichkeiten ab. Dadurch wird sowohl das Erzählte als kontingent gekennzeichnet als auch der Erzählvorgang als konstruiert und fremden Gewalten unterworfen dargestellt.

---

130 Im dritten Teil des *Buchs der Abenteuer*, der hier aufgrund des Umfangs der Arbeit nicht umfassend berücksichtigt werden kann, kommt zu den bereits eingeführten allegorischen Figuren *fraw Fortunn* hinzu. Die dadurch erzeugte Willkürlichkeit, Kontingenz und Irrationalität beschreibt Ziegeler wie folgt: „Zwar sind Minne und Abentewr diejenigen, die in ihrer Steuerung der Figuren einen letzten Sinn zu garantieren scheinen, aber Fuetrer hat durch die entschiedene Ausweitung des Inventars personifizierter Abstrakta ihnen die behauptete Verantwortung für Sinn bedenkenlos, aber reflektiert genommen. [...] Damit verbindet *fraw Fortunn* mit den anderen Personifikationen in der Darstellung Fuetrers die willkürliche, rationalem Verständnis selten oder nie zugängliche, in hohem Grade das Handeln der Figuren determinierende, aber keiner Regel gehorchende, deshalb auch von den Figuren kaum beeinflußbare Verfügungsgewalt. Sie provozieren zwar Fragen von Seiten Ulrichs und sind diesen Fragen auch prinzipiell zugänglich, ihre Antworten aber – es sind fast ausschließlich die von *fraw Mynne* – bleiben ebenso widersprüchlich und undurchschaubar wie der Prozeß der *gesta und getat*, der *histori*, die sie erzeugen." (Ziegeler 1996, S. 333 f.)
131 Rischer 1973, S. 57.
132 Vgl. Philipowski 2007, S. 282 zur Personifikation der *aventiure* in der späthöfischen Epik: „Durch die Personifikationen der *aventiure* wird die Grenze zwischen *histoire* und *discours* überschritten, doch die eigentliche Funktion der Personifikation besteht darin, die Grenze und damit auch die Differenz zwischen dem Gegenstand des Erzählens und dem Erzählen selbst für den Rezipienten erfahrbar und so auch erkennbar zu machen."

VIII.6.3 Albrecht als die endgültige Instanz

Die allegorischen Damen sind dem Erzähler in der Macht überlegen, gleichwohl beruft sich dieser immer wieder auf seinen Fürsten Albrecht als die höhere Autorität. Beispielsweise rät *fraw Abentewr* dem Erzähler kurz vor der allerersten Erwähnung des Grals von der Fortführung seiner Tätigkeit ab: *sweyg unnd lass ab!* (I,38,5), da sie der Meinung ist, dem zu erzählenden Material sei die Auffassungsfähigkeit Ulrichs nicht gewachsen (*sy ist dir ye zúe here / deinn synnen grob und vil zúe ungehewr!* I,39,4) und das Weitererzählen könne ihm zum *spot* (I,38,6) werden. Der Erzähler würde zwar gerne *fraw Abentewr* gehorsam sein, muss jedoch um Herzog Albrechts willen die Geschichte fortsetzen:

> *Zwar, fraw, das thät ich geren,*
> *möcht es mitt fúeg gesein.*
> *darumb ich fürbas cheren*
> *múess hin zúe der abenntewre mein,*
> *da ich den fürsten mit rede han gelassen,*
> *dortt, in der freuden wunne,*
> *wann er ist kummen erst die rechten strassen.* (I,40)

Ähnlich diesem Fall zaudert der Erzähler an einer späteren Stelle mit dem Weitererzählen von Anfortas' und Trefretzents Jugend, da diese beiden im Turnier zu viele Lanzen zerbrechen würden: *aller erst mein har mir straubet, / wie ich pring für dy frechen zwen waltschwende.* (I,57,6f.) Nachdem *fraw Abentewr* ihm geraten hat, seine dichterische Bahn weiterzuverfolgen, lässt sich der Erzähler zwar dazu bewegen (*mit getichte / will ich mein ding vollenden!* I,62,1f.), beruft sich jedoch zusätzlich auf den Willen Albrechts als seine Richtschnur (I,62,5–7). In seltenen Fällen kommt die Gebieter-Rolle Albrecht selbst zu Wort und diktiert dem Erzähler, was zu erzählen ist, wie nach der Bitte des Erzählers um das Schweigen vor Tschionachtolanders Tod:

> *Durchleuchtig, hochgeboren*
> *Albrecht, in Bayren gefürstt,*
> *wär es an ewren zoren,*
> *das ich mit ewren hulden schweigen törstt!*
> *„ei naina! sag unns dise abentewre!*
> *pericht unns gar der märe,*
> *wie vertt nwn Grahartzoys, der vil gehewre!"* (I,1404)

An den oben besprochenen Stellen zeichnet sich das Machtverhältnis der aufeinander bezogenen Instanzen ab: Allegorische Figuren wie *fraw Wellt, fraw Ere, fraw Wenndelmútt* und *fraw Werre* beeinflussen das Handeln und das Schicksal der Protagonisten; *fraw Mynn* und *fraw Abentewr* können zusätzlich zu dieser ersten Funktion den Verlauf der Narration bestimmen; über diesen beiden und über der Erzählerrolle steht die in der Nebendiegese durch fingierte Gespräche konstruierte Gebieter-Rolle Herzog

Albrechts, der jedes Tun und Lassen des Erzählers vorbehaltlos unterworfen sind.[133] Dabei entspricht das inszenierte Verhältnis zwischen der Erzähler- und der Gebieter-Rolle dem empirischen Verhältnis zwischen Autor und Mäzen. Mit der Erwägung von Albrechts Interesse kann der Erzähler entweder der Forderung der allegorischen Figuren folgen oder aber sich ihr widersetzen.

VIII.6.4 Verantwortung und Funktion

Die Verantwortungsübernahme durch die allegorischen Figuren wird seitens des Erzählers stets als Erklärungsmodell für die Schicksale der Protagonisten herangezogen, doch nach einer durchschaubaren, eindeutigen ursächlichen Zuschreibung sucht man oft vergebens. *Fraw Werre* wird für die verhängnisvolle Frage der Ells verantwortlich gemacht (I,2872 und 2876), doch dass Lohargrims erste Sendung mit der Trennung beider Ehepartner scheitern muss, wird *fraw Wellt* als ungerechtes Dienst-Lohn-Verhältnis vorgeworfen (I,2920). Der Erzähler macht sich Sorgen um die Würde der *fraw Mynn*, da sie die Ohnmacht der Ells beim Abschied und anschließend ihren Tod bewirkt haben soll (I,2910 und 2923); doch *fraw Wenndelmútt* (I,2923,4), die in enger Verwandtschaft mit *fraw Mynn* charakterisiert wird, bleibt nicht ohne Anteil an der Tragik. Ebenso unbestimmt ist das Zusammenspiel der allegorischen Figuren mit anderen Figuren und Instanzen, wenn der Erzähler *fraw Wellt* vorhält:

> *Wie tát ir von dem grale*
> *dem kúenen Anfortas,*
> *dem stoltzen, liecht gemale,*
> *der weybes äugen was ain Spiegel glas,*
> *durch Orgelus von Logrois der klaren!* (III,5967,1–5)

Die Täterin von Anfortas' Leid ist *fraw Wellt*, doch tat sie dies um des Grals willen, und Orgulus wird ebenfalls zu den Ursachen gezählt. Die Ursache des Handelns und Leidens der Protagonisten ist zwar im Einzelnen zu klären; doch je größer die zeitliche und personale Dimension wird, desto diffuser wirkt die Kausalität. Das Schicksal der gesamten höfisch-ritterlichen Gesellschaft in der Hauptdiegese scheint durch ein undurchschaubares Spiel einer Gruppe miteinander interagierender Instanzen bestimmt und daher unkontrollierbar zu sein.[134] Wenn sich der Erzähler im Epilog des gesamten Werks an *fraw Wellt* wendet und ihr die Schuld für den Untergang des Rittertums (III,5963,5 *secht, wie habt ir ain eren hof zerstóret!*) und das Leiden der

---

133 Anders Strohschneider 1986, S. 306: „[...] etabliert an seiner Stelle Frau Minne und Frau Aventiure als letztverantwortliche Instanzen des Abenteuerbuches".
134 Vgl. Ziegeler 1996, S. 336.

einzelnen Ritter und Damen (III,5964–6000) zuweist,¹³⁵ dann liefert diese Geste immer noch keine ursächliche Erklärung für die Schicksale, sondern bündelt diese lediglich im immerwährenden Prinzip des Laufs der Welt, dass ihre treuen Diener nicht immer gut belohnt werden und die Vorbildlichkeit – zumindest in der literarischen Tradition – kein glückliches Ende garantiert.¹³⁶ Der Wechsel von der *súesse* (III,5994,1) zur *gallen* (III,5994,2) ist kennzeichnend für diese Unbeständigkeit, aufgrund deren der Erzähler seinen Dienst für die Welt absagt (III,6004 und 6009). In der Nebendiegese ist das Verhältnis klarer: Die allegorischen Figuren und Albrecht fungieren als Antrieb für die Fortsetzung der Narration, indem sie hier und dort den nur „unzureichend durch Ulrich bewältigten Erzählfluß und -zusammenhang"¹³⁷ bemängeln. Zudem wird Ulrich oft von den beiden Damen wegen seiner Unbelehrbarkeit gescholten und über die weitere Vorgehensweise mit dem Erzählmaterial zurechtgewiesen. Der Effekt solcher Gespräche ist eine „Erzähler-Rolle in ihrer durch den Autor spielerisch-souverän inszenierten Beschränktheit".¹³⁸

Bei Wolfram hat das Gespräch zwischen dem Erzähler und *frou âventiure* in erster Linie eine kompositorische Funktion – er lenkt damit von der Gawan-Handlung zur Parzival-Handlung zurück und rekapituliert in den Versen zwischen seinen ersten beiden Fragen an *frou âventiure* Einzelheiten, die an den Handlungsverlauf bis Ende des VI. Buchs erinnern (*Pz* 433,8–15).¹³⁹ Mit weiteren Fragen kündigt er an, was von dieser Stelle an noch von Parzival erzählt werden soll (*Pz* 433,16–434,9). Albrecht baut dieses stilistische Muster im *Jüngeren Titurel* zu einer Serie in die Handlung eingeblendeter Gespräche aus, um das Erzählte aus der moralisch-didaktischen Perspektive zu reflektieren und zu kommentieren.¹⁴⁰ Bei Füetrer werden nicht nur die angeredeten allegorischen Figuren und Gesprächspartner zahlreicher, sondern die Funktion der Gespräche wird auch um die Komponente erweitert, dass *fraw Mynn* und *fraw Abentewr* den Zustand und die Richtung des Erzählvorgangs steuern. Damit öffnet er eine Nebendiegese, deren Geschichte eine eigene Kohärenz aufweist. Dadurch, dass der Handlungsverlauf der Hauptdiegese und die Narration dieser Diegese von der Nebendiegese abhängen, stellen sich die Geschichten der Artus- und der Gralsge-

---

135 *Fraw Wellt* ist im Epilog auch für die Schicksale und das Leiden der Figuren anderer höfischer Erzählungen verantwortlich, deren Dienst sie wenig gekümmert haben soll (prägnant III,5987 zu Apolonius).
136 Strohschneider 1986 sieht in der „Konstellation des Widerspruches zwischen der makellosen Vorbildlichkeit der *werden* Helden und ihrem doch auch leidvollen Schicksal" (S. 308) den „Ausdruck des bewußt gewordenen historischen Abstands der eigenen Gegenwart und ihrer Ansprüche zur Romanfiktion und deren Bedingungen" (S. 309) zu Füetrers Zeit.
137 Bastert 1993, S. 184.
138 Voß 1994, S. 227.
139 Vgl. Lähnemann 2007, S. 261: „Der Überraschungseffekt des die Erzählkommunikation unterbrechenden direkten Gesprächs wird so zum Aufmerksamkeitssignal für einen besonders raffinierten Kulissenwechsel bei dem Wechsel zwischen den Handlungssträngen."
140 Vgl. Ragotzky 1971, S. 138f. und Rischer 1973, S. 54.

sellschaft als Konstrukt einer künstlerischen Tätigkeit aus.[141] Füetrer erzählt vom Erzählen – die Diskussionen und Entscheidungen über den Verlauf der Narration sind ebenso fiktionaler Natur wie die durch die Narration entfaltete epische Welt. Diese Welt wird in einer Serie konstruierter Gespräche modelliert, sie selbst erscheint als ein Konstrukt zweiten Grades. Das Erzählen wird hier als Darstellung von Möglichkeiten aufgefasst, die durch Vorwissen in der literarischen Tradition zu fiktionalen Notwendigkeiten geworden sind.[142] Dass es eine historische Distanz zwischen den zeitgenössischen Erwartungen und Ansprüchen einerseits und den überlieferten Handlungsgeschehen und Erzählmustern andererseits gibt, macht der Vermittlungsbedarf zwischen ihnen deutlich, der in den immer wieder von Neuem entfachten Streitgesprächen zwischen dem Erzähler Ulrich und den allegorischen Damen zum Vorschein kommt.[143] Der Zweifel des Autors an den fiktionalen Notwendigkeiten zeigt sich in den kritischen, beklagenden Kommentaren, die er in der Maske des Narren Ulrich äußert, und nicht zuletzt in der konsequenten Abgabe der Verantwortung für das Handlungsgeschehen und der Absage an *fraw Wellt* im Epilog.

VIII.7 Entmythisierung und Remythisierung

VIII.7.1 Frageverbot, Schwan und Fleischraub

Der Schwanritter-Stoff wird im *Buch der Abenteuer* durch die Erweiterung um eine zweite Ehe weitgehend entmythisiert, indem die konstituierenden mythischen Motive, der Schwan als Gefährte und das Frageverbot, entweder getilgt oder entfunktionalisiert werden. Der Schwan, der in der Sage eine Verwandtschaft und einen Wesenszusammenhang mit dem Ritter aufweist, begleitet diesen nicht mehr auf dessen zweiter Sendung, zu der er zu Pferd aufbricht. Der verblasste Marker einer Anderweltlichkeit, wie der Schwan im bairischen *Lohengrin* und in der nach dieser Vorlage erzählten ersten Sendung Lohargrims charakterisiert wird, verschwindet in der zweiten Sendung vollends. Das Motiv des Frageverbots ist in der zweiten Sendung zwar weiterhin präsent, jedoch in einer negativen Form – es wird gleichsam ein Relikt aus der ersten Sendung erwähnt, um sodann aufgehoben zu werden. Was die zweite Ehe Lohargrims kennzeichnet, ist das Nichtvorhandensein des Frageverbots. Anders als im *Jüngeren Titurel*, in dem das beibehaltene Motiv ein Paradoxon auslöst, oder im *Lorengel*, in dem das nicht erzählte Motiv Spuren und Brüche hinterlässt, wird bei Füetrer das Frageverbot bewusst auf der Handlungsebene in einer markierten Weise beseitigt. Damit baut Füetrer die Handlungselemente sorgfältig kausal aufeinander

---

141 Vgl. Rischer 1973, S. 54: „Betonung des Inszenierungscharakters literarischen Geschehens". Vgl. Philipowski 2007, S. 282, die die Funktion der narrativen Grenzüberschreitung als „fiktional-allegorische Selbstanzeige" formuliert.
142 Vgl. Ziegeler 1996, S. 332.
143 Vgl. Strohschneider 1986, S. 308f.

auf. Von den beiden mythischen Attributen des Schwanritters – dem Schwan und dem Inkognito – wird Ersteres gegen ein gewöhnliches höfisches Verkehrsmittel ausgetauscht und Letzteres abgelegt. Dementsprechend scheitert seine zweite Ehe – anders als bei dem Mahrtenehe-Typus – nicht an den Friktionen zwischen den Gesetzen einer Anderwelt und den Normen einer Feudalgesellschaft in der gewöhnlichen Welt, sondern an der Minnekrankheit seiner Gattin und ihrer Abhilfe.

Die Methode dieser Abhilfe hingegen basiert auf einer Vorstellung mythischen Ursprungs.[144] Der Bindungszauber, der bewirken soll, dass die Ehefrau durch den Verzehr eines Stücks Fleisch des Ehemannes sich seiner Treue vergewissern kann, entzieht sich jeglicher Rationalität. Durch diesen magischen Eingriff sollen der Mensch und die menschlichen Emotionen beherrschbar gemacht werden, doch überschreitet er selbst wiederum die Grenzen des empirischen Denkens und ist unbeherrschbar.[145] Die Übernahme dieses magischen Rituals in der zweiten Sendung aus dem *Jüngeren Titurel* leistet daher einen gegenläufigen Beitrag zu den durchgehenden Bemühungen um eine Rationalisierung, die gerade in dieser Episode gehäuft hervortreten.

Zudem lässt sich eine subtile Neigung zur Remythisierung in der Profilierung des Schwans in der ersten Sendung bemerken. Der Schwan wird – entgegen der Darstellung im *Lohengrin* – nicht durch Figurenrede als Engel identifiziert (vgl. *Loh* 67,5). Vielmehr wird das Tier als Lohargrims *gevertt* (I,2643,7) mit eigenem Willen stilisiert:

der schwan tett alles ramen,
wo er dy kewschen fürstin wol getanen
säch; sunst wollt er zu lannde nyndert keren. (I,2647,3 – 5)

Das denkende Tier bringt seinen Ritter nicht nur zielsicher nach Brabant, sondern es sucht auch beim Landen genau die Stelle aus, wo die Herzogin steht, da er zu wissen scheint, dass sein Ritter ihr bestimmt ist. Demgegenüber ist es in Füetrers Vorlage *Lohengrin* die Absicht des Titelhelden, nur mit einer persönlichen, körperlichen Begrüßung der Herzogin (*Und reiht im die hende dar   lanc, snêwîz und linde*; *Loh* 79,7) an Land gehen zu wollen (*Loh* 79,2 – 4). Vorher hat weder der Bischof noch der Abt Lohengrins Hand greifen können (*Loh* 78,8 – 10). Der anthropoide Zug des Schwans bei Füetrer liefert eine leise Reminiszenz an die Kontiguität zwischen Tier und Mensch, die in der vorliegenden Arbeit unter anderem in der Einleitung und im Kapitel zu Konrad von Würzburg besprochen wird.[146]

---

144 Vgl. Müller 2008, S. 437, der diejenigen Phänomene unter dem Stichwort des Mythischen verbucht, die „sich dem Rationalisierungsprozeß entziehen".
145 Vgl. ebd., S. 454 f.
146 Vgl. Kap. I.4 und IV. 7.

VIII.7.2 Exkurs: Die Realisierung des Mahrtenehe-Schemas im zweiten Buch

Das Festhalten am mythischen Inhalt im *Buch der Abenteuer* manifestiert sich ferner in der Vorliebe für das Mahrtenehe-Schema, das in der Seyfrid- und der Poytislier-Branche des zweiten Buchs realisiert wird.[147] Für die Seyfrid-Branche sind wie für die erste Ehe Lohargrims die Motive des Tabus und des Tabubruchs konstitutiv. In der Poytislier-Branche wird die Position im Handlungsverlauf, die eine äquivalente Funktion wie der Tabubruch hat, mit einem anderen, rein höfischen Element besetzt.[148]

Seyfrid muss zunächst eine Dame aus ihrer Schlangengestalt erlösen, um dann zu der ihm bestimmten Geliebten Mundirosa zu gelangen, die an einem Ort herrscht, in dessen Nähe „Getier und Gewürm"[149] den Weg des Helden begleiten. Sie zeigt sich bei ihrer ersten Begegnung mit Seyfrid allwissend, was seine Vergangenheit betrifft. Das Tabu, das für die einjährige Trennung des Paares gilt, schreibt vor, dass Seyfrid während dieser Zeit sich Mundirosas nicht rühmen darf. Bricht er das Tabu, so müssen die Liebenden für immer getrennt bleiben (II,3644–3646). Seyfrid rühmt die Schönheit Mundirosas auf dem Turnier von Iberne zwar nur gegenüber seinem Begleiter Waldin, was jedoch von seinem Besiegten belauscht und öffentlich gemacht wird.[150] So gilt das Tabu als gebrochen und Mundirosa erscheint, um der Regel des Turniers Genüge zu tun: Wer vor dem König behauptet, jemals eine Dame gesehen zu haben, die sich in ihrer Schönheit mit der Königstochter messen kann, muss *zeugnüss* (II,3687,5) liefern. Wird der Beweis nicht öffentlich anerkannt, muss er sterben.[151] Mit ihrem Erscheinen rettet Mundirosa Seyfrid das Leben, doch die Trennung der Liebenden wird von dem Tabubruch bewirkt. Auf der Suche nach Mundirosa gelangt Seyfrid über das Meer in ihr Land und wird von ihr wieder aufgenommen.

Poytislier wird nach seiner ersten gemeinsamen Nacht mit Floraklar von dieser verstoßen, weil er, von ihrer Schönheit überwältigt, nicht daran dachte, ihre erotischen Annäherungsversuche zu erwidern, bevor er einschlief. Sein Versäumnis erfüllt handlungslogisch die Funktion eines Tabubruchs, die die Trennung herbeiführt. Nach einer langen Suche, auf der Episoden mit Verbotsmotiven begegnen, und der Überwindung von Riesen und Tieren wird Poytislier wieder mit seiner Minnedame vereint. Auch wenn die Geliebte Floraklar selbst kaum feenhafte Züge aufweist[152] und die mythisch-magischen Motive in dieser Branche „außerhalb der gestörten Liebesbeziehung angesiedelt"[153] sind, bleibt das Mahrtenehe-Schema im Handlungsverlauf deutlich erkennbar.

---

147 Untersuchungen zu diesen beiden Branchen finden sich bei Mertens 1998, S. 311–316 (zur Seyfrid-Branche) und S. 324–330 (zur Poytislier-Branche) mit Fokus auf die intertextuellen Verweise; bei Schulz 2004, insb. S. 240–250 mit Schwerpunkt auf der textimmanenten mythischen Logik und der Aufspaltung der Feenfiguren; sowie bei Raumann 2013, S. 64–69 unter Berücksichtigung des Erzählmusters und des Tabus.
148 Vgl. Schulz 2004, S. 250.
149 Ebd., S. 243.
150 Ähnlich wie in der ersten Ehe Lohargrims führt auch hier die Rache der besiegten Partei unmittelbar zum Tabubruch.
151 Die Parallelen zum *Lanval* der Marie de France sind offensichtlich. Vgl. dazu Mertens 1992, S. 205–207.
152 Vgl. Schulz 2004, S. 245: „Aus der Fee ist hier eine vollständig ‚humanisierte' Minneherrin geworden"; anders Mertens 1998, S. 326–329.
153 Schulz 2004, S. 247.

Die Abenteuer dieser beiden Helden orientieren sich zwar offensichtlich an einem mythischen Muster und sind mit verschiedenen anderweltlichen, übernatürlichen Wesen besetzt, doch sind sie von der mythischen Funktion entkoppelt: Die Liebesverbindung hat in beiden Geschichten weder die Setzung eines Ursprungs noch die Gründung eines Geschlechts zum Zweck, da von keinen Nachfahren des Paares die Rede ist. Vielmehr werden hier das Mahrtenehe-Schema und die Anderweltlichkeit dazu funktionalisiert, eine „unhintergehbare[] Letztbegründung"[154] der Liebe zu liefern. Dies kennzeichnet solche Geschichten als „tendenziell eskapistische Liebeserzählungen, die sich an den Zwängen des sozialen Lebens abarbeiten und imaginäre Freiräume der erotischen Selbstentfaltung narrativ ausspekulieren".[155] Ihre Faszination liegt nicht in der Erklärung einer Wirklichkeit in der Gegenwart, sondern in der Kraft des Imaginären, das es insbesondere gegen Ende der höfisch-ritterlichen Kultur zu bewahren gilt.

Die Erklärung einer gegenwärtigen Wirklichkeit durch die Setzung eines Ursprungs ist Gegenstand eines anderen Werks von Füetrer, der *Bayerischen Chronik*. Darin schildert Füetrer *das herkommen des aller edlisten stamen des fürstentumbs und weit berüembten loblichen haws von Bayren, auch aller fürsten diss aller edlisten kunnes vergangen loblich gedächtnüss gegenwürtiger loblicher regierung*.[156] An die Gegenwart wird aus der Vergangenheit lückenlos herangeführt. Die männlichen Mitglieder der Gralssippe werden mit weiblichen Sprösslingen der kaiserlichen und königlichen Geschlechter Europas vermählt und erhalten dazu die Herrschaft.[157] Auf diese Weise werden die Länder Europas an die Geblütslinie der Gralshüter angeschlossen. In der *Chronik* stammen die bayerischen Fürsten vom Spitzenahn Bavarus (Bayr) ab, der einst das Land nach seinem eigenen Namen benannte.[158] Die Geschichte Bayerns ist laut der Branche zum Kampf um Troja im *Buch der Abenteuer* auf Anthenor zurückzuverfolgen, der aus Troja zog und Passau gründete:

Anthenor auch von dannen
muest do in kürtze lenden.
[...]
Germania zwang er gar seiner hende.
zúe Passaw noch sein grebde ist,
[...] (I,679,1–6)

Die Entdifferenzierung zwischen Sage und Historie, zwischen Geschlechtermythologie und Adelschronik[159] sowie die Vermittlung der Geschlechter in den Neu-Gründungsakten leisten eine legitimierende und verherrlichende Funktion, die der my-

---

154 Schulz 2004, S. 237.
155 Ebd.
156 Spiller 1909, S. 3.
157 Vgl. ebd., S. 17.
158 Vgl. ebd., S. 7.
159 Vgl. Müller 2007, S. 46.

thischen vergleichbar ist. Diese wirkungsvolle repräsentative Strategie der gleichsam mythischen Herleitung dient gewissermaßen dazu, die unzureichende Konsensfähigkeit der „rationale[n] Organisation von Heer und Finanzverwaltung"[160] für die öffentliche Beglaubigung zu kompensieren, durch die sich die Herrschaft Albrechts IV. auszeichnet.

---

160 Wenzel 1986, S. 23.

IX Rezeption: Richard Wagner, *Lohengrin*

Der Schwanritter-Stoff erreichte in der Romantik, vor allem in der dreiaktigen romantischen Oper *Lohengrin* Richard Wagners[1] seine maximale Ausstrahlung. Unsere heutige Kenntnis der Schwanritter-Geschichte verdankt sich zum größten Teil der Bearbeitung Wagners. Laut Wagners eigener Aussage war es sein Bestreben, den mythischen Kern des Stoffes aus den mittelalterlichen Bearbeitungen, in denen die Geschichte durch hinzugefügte Figuren und Handlungsstränge bereichert und variiert wird, wieder herauskristallisieren zu lassen.[2] Sein künstlerisches Schaffen war von theoretischen Überlegungen begleitet: „Wagners Theorie des Bühnenkunstwerks ist wesentlich eine Theorie des Mythos, dieser verstanden als Form der Welterklärung mittels anschaulicher, zu bildlicher Verdichtung drängender Erzählungen."[3] Zwei Wesenszüge des mythischen Denkens, die später in der modernen Mythenforschung systematisch herausgearbeitet wurden, waren bereits für Wagners Auffassung des Mythos und seine Denkform konstitutiv: die Zyklizität der Geschichte und das konkrete, dinghafte Denken.[4] Die Geschichte ist nach Wagner eine „zyklische Wiederholung prototypischer Ereignismuster"[5] statt einer linearen Entwicklung. Hinsichtlich der Darstellung des Mythos bei Wagner stellt Friedrich Nietzsche fest: „[...] dass er in sichtbaren und fühlbaren Vorgängen, nicht in Begriffen denkt, das heisst, dass er mythisch denkt, so wie immer das Volk gedacht hat."[6] Für Wagner liegt das „Unvergleichliche des Mythos" darin, „daß er jederzeit wahr, und sein Inhalt, bei dichtester Gedrängtheit, für alle Zeiten unerschöpflich ist. Die Aufgabe des Dichters war es nur, ihn zu deuten".[7] Die Versionen der Mythen in seinen Bühnenwerken sind somit keine Neuschöpfungen, sondern Reaktualisierungen und Deutungen der Mythen. Der Dichter ist an der ‚Arbeit am Mythos'[8] beteiligt und wird zum „Vollender der Mythogenese"[9] erklärt.

---

[1] Das Werk trug vom ersten Prosaentwurf bis zum fertigen Textbuch den Untertitel „Romantische Oper". Die Textbuchausgaben von 1852 und 1871 erschienen ohne Gattungsbezeichnung. Wagners Autograph der Partitur ist ohne Untertitel. Zum Gattungszusammenhang vgl. das Nachwort bei Voss 2001, S. 95f. Die Reflexion Wagners über diese Gattungsbezeichnung findet sich im Vorwort der Ausgabe *Drei Operndichtungen* (1852), *Eine Mitteilung an meine Freunde* (1851, unten als *Mitteilung*); in dieser Arbeit zitiert nach Borchmeyer 1983, Bd. 6, S. 199–325, hier insb. S. 237. Wagners Vorwort zur Buchausgabe der drei Dichtungen *Der fliegende Holländer*, *Tannhäuser* und *Lohengrin* diente unter anderem dazu, seine Absichten klar zu erläutern und Missdeutungen zu korrigieren bzw. vorzubeugen. Teile dieses Kapitels wurden zuvor veröffentlicht in Yu 2022.
[2] Zum Mythos-Begriff Wagners und seiner Mittelalter-Rezeption vgl. u. a. Heinzle 2012. Zur politisch-sozialen Akzentuierung von Wagners Mythos-Begriff vgl. u. a. Bermbach 2013, S. 16–21.
[3] Heinzle 2012, S. 102.
[4] Zur Dinglichkeit des Bedeutungsmäßigen vgl. Cassirer 1925/2010, S. 47–49.
[5] Borchmeyer 2013b, S. 185.
[6] Colli/Montinari 1986, Bd. 1, S. 485.
[7] *SSD* Bd. 4, *Oper und Drama*, S. 64.
[8] Blumenberg ⁵1990.

Vor dem genannten Hintergrund soll in diesem Kapitel, das die Untersuchung zu den Einzelwerken abschließt, die Oper *Lohengrin* in Zusammenhang mit deren mittelalterlichen Quellen und im Zuge der Transformation des Sagenstoffes betrachtet werden. Ziel ist es, aus der möglichst vollständigen Quellenlage heraus Wagners Version des Mythos zu untersuchen, insbesondere im Vergleich mit dem bairischen Epos *Lohengrin*, das in der bisherigen literatur-, theater- und musikwissenschaftlichen Forschung kaum in einer eingehenderen Weise für die Analyse der gleichnamigen Oper herangezogen worden ist als der Inhaltszusammenfassung.[10] Dabei sollen Wagners Bearbeitungsverfahren für die mittelalterlichen Erzähltexte, der mediale Wechsel von der textuellen in die musiktheatralische Gattung sowie die epische Qualität und die narrativen Techniken der Musik im Mittelpunkt stehen. Der innere Zusammenhang der Werke Wagners, der sich aus der Quellenlage und der Thematik ergibt, wird im Anschluss erörtert.

IX.1 Von der höfischen Epik zur Oper: Quellen und Entstehung

Die erste Konzeption des *Lohengrin* kann auf den Winter 1841/42 während Wagners Pariser Aufenthalts zurückverfolgt werden. Laut seiner eigenen Darstellung lernte er den Stoff zunächst über die Nacherzählung in Christian Theodor Ludwig Lucas' *Ueber den Krieg von Wartburg* (Königsberg 1838) kennen.[11] Diese Publikation, die Wagner von Samuel Lehrs erhielt, enthält neben der neuhochdeutschen Übertragung des mittelhochdeutschen *Wartburgkrieg*-Komplexes eine Einleitung und Erläuterungen zum Text. Der erste Teil des Buchs, „Kampf Heinrichs von Ofterdingen gegen die übrigen fünf Sänger am Thüringer Hofe",[12] entspricht dem *Fürstenlob*; der zweite Teil, „Klingsors Kampf für Heinrich von Ofterdingen und gegen Wolfram von Eschenbach",[13] dem *Rätselspiel*. Der dritte Teil mit dem Titel „Wolframs Erzählung vom Lohengrin"[14] gibt den Inhalt des mittelalterlichen bairischen *Lohengrin*[15] in Prosa mit

---

9 Heinzle 2012, S. 102.
10 Zur philologischen Analyse der Oper *Lohengrin* in Bezug auf mittelalterliche Erzähltexte und Studien zum Mittelalter siehe grundlegend Ukena-Best 2014; Mertens 1986, S. 26–31; Buschinger 2007, S. 44–59; dies. 2011, S. 309–311. Die dort angeführten Quellen werden in der vorliegenden Studie erweitert und detaillierter in die Analyse einbezogen.
11 Vgl. *Mein Leben* (Gregor-Dellin 1976), S. 223f. Vgl. die Interpretation zu dieser Darstellung bei Voss 2001, S. 108, die vermutet, dass damit gemeint ist, dass „im Winter 1841/42 der *Lohengrin*-Stoff erstmals als Sujet einer Oper in Betracht gezogen wurde", denn Wagner kannte ihn in Umrissen bereits früher über das Buch *Ritterzeit und Ritterwesen* von Johann Gustav Gottlieb Büsching (Leipzig 1823). Siehe auch die weniger konkrete Darstellung in *Mitteilung*, S. 242.
12 Lucas 1838, S. 43.
13 Ebd., S. 102.
14 Ebd., S. 211.
15 Um die Oper *Lohengrin* von dem gleichnamigen Epos zu unterscheiden, werden im Folgenden die Bezeichnungen ‚der mittelalterliche *Lohengrin*' bzw. ‚der bairische *Lohengrin*' für das Epos verwendet.

starker Kürzung des chronistischen Teils wieder. Wagner verstand die Erzählung von dem Gralsgesandten als eine „Fortsetzung des Wartburggedichtes" und nannte ihn ein „breitschweifige[s] Epos".[16] Wie aus dem Titel des ersten Teils ersichtlich ist, lieferte diese Publikation auch den Stoff für Wagners *Tannhäuser*. Den Schlusserläuterungen des Buchs entnahm Wagner die Information, dass die Gestalt des Sängers Heinrich von Ofterdingen im *Wartburgkrieg* „durch ursprüngliche Verwandtschaft oder durch später eingetretene Verbindung"[17] mit der des Tannhäuser zusammenhänge.

Das mittelhochdeutsche *Lohengrin* kannte Wagner auch im Original über die Edition von Joseph Görres nach der Handschrift A (Heidelberg 1813).[18] Ferner besaß er zwei gereimte neuhochdeutsche Übersetzungen des *Parzival* – jeweils von San-Marte (Magdeburg 1836) und Karl Simrock (Stuttgart und Tübingen 1842) –, dessen Schlussepisode von Loherangrîn handelt.[19] Die Lachmannsche wissenschaftliche Edition des *Parzival* (Berlin 1833) besorgte sich Wagner ebenfalls,[20] sie blieb allerdings vermutlich „wegen der sprachlichen Schwierigkeiten ungelesen".[21] Die innerhalb der deutschsprachigen Tradition isoliert stehende Schwanritter-Version Konrads von Würzburg kannte Wagner wohl über die Edition der Brüder Grimm in den *Altdeutschen Wäldern*.[22] Ferner ist Konrads Text als Nacherzählung in die *Deutschen Sagen* der Brüder Grimm (Berlin 1816–1818)[23] und die *Niederländischen Sagen* Johann Wilhelm Wolfs (Leipzig 1843)[24] aufgenommen, die überdies jeweils eine Kurzfassung der Geschichte Lohengrins bieten. Beide Sammlungen besaß Wagner in seiner Dresdener Bibliothek. Die *Deutschen Sagen* enthalten außerdem unter dem Titel *Der Ritter mit dem Schwan* eine Nacherzählung dreier Branchen der altfranzösischen *Chansons de geste*: *La Naissance du Chevalier au Cygne* in der *Beatrix*-Version, *Le Chevalier au Cygne*

Wo es im Zitatnachweis einer Differenzierung bedarf, wird für das Epos die Abkürzung *Loh* und für die Oper die Sigle *L* benutzt.
16 *Mein Leben* (Gregor-Dellin 1976), S. 224. Zum Verhältnis zwischen dem mittelalterlichen *Lohengrin* und dem *Rätselspiel* siehe Kap. VI.3.1. Zu textkritischen Problemen des *Wartburgkriegs* und des *Lohengrin* siehe Kap. VII.1.
17 Lucas 1838, S. 270.
18 Görres 1813 (= Dresdener Bibliothek Nr. 85).
19 San-Marte 1836 (= Dresdener Bibliothek Nr. 165) und Simrock 1842 (vgl. Mertens 2016, S. 15, Anm. 11). Siehe die naheliegende Annahme bei Mertens, dass Wagner vornehmlich Simrocks Übersetzung benutzte (ebd., S. 16, Anm. 15).
20 Lachmann 1833 (= Dresdener Bibliothek Nr. 163), S. 13–388.
21 Mertens 2016, S. 15.
22 *Der Schwan-Ritter von Conrad von Würzburg*, in: Grimm/Grimm 1816, S. 49–96. Vgl. Ukena-Best 2014, S. 24, Anm. 18.
23 Die Versionen der Schwanritter-Sage finden sich im zweiten Teil der Sammlung (Grimm/Grimm 1818 = Dresdener Bibliothek Nr. 23), darin Nr. 536: *Lohengrin zu Brabant. Altdeutsches Gedicht* (S. 306–310); Nr. 537: *Loherangrins Ende in Lothringen. Nach dem Titurel* (S. 310 f.); Nr. 538: *Der Schwanritter. Nach Conrads von Würzburg Gedicht* (S. 312–314).
24 Wolf 1843 (= Dresdener Bibliothek Nr. 103). Darin Nr. 61: *Lohengrin und Elsa. – Lohengrin und Belaye. Nach altdeutschen Gedichten* (S. 83–88); Nr. 62: *Der Schwanritter. Nach Konrads von Würzburg Gedicht* (S. 88–90).

und *La Fin d'Elias*.²⁵ Wagner kannte also beide Zweige der deutschen und dazu die französische Schwanritter-Überlieferung des Mittelalters. Seine Kenntnisse stammten in erster Linie von den zeitgenössischen Vermittlern, doch ein Studium des mittelalterlichen *Lohengrin* in der Edition und des *Parzival* in der neuhochdeutschen Übertragung ging wohl seinem Entwurf des Textbuchs voraus. Neben diesen literarischen Quellen hat Wagner auch Studien zur französischen Tradition des Schwanritter-Stoffes zur Kenntnis genommen.

Aus dem mittelalterlichen *Lohengrin* und dem *Parzival* stammen das Personal und die Grundzüge des Handlungsverlaufs der Oper sowie die genealogische Verknüpfung der Schwanritter-Sage an den Gralskomplex. Konrads von Würzburg Erzählung hat höchstwahrscheinlich den Wortlaut für die Ankunftsszene Lohengrins geliefert²⁶ sowie das Detail, dass Lohengrins Gegner ihn der Zauberei zeihen (*Schwanritter* V. 804;²⁷ *L* V. 263, V. 551 u. ö.). Die *Deutschen Sagen* und die *Niederländischen Sagen* erzählen neben dem Geschehen in Brabant auch von der zweiten Ehe Lohengrins nach dem *Jüngeren Titurel*. Darin begegnet das Sujet des Fleischraubs, das sich bei Wagner in abgewandelter Form wiederfindet (*L* V. 767–770). Die Grimmsche Nacherzählung der französischen Schwanenkinder- und Schwanritter-Geschichte nach dem Flamländischen Volksbuch bietet ein Vorbild für die Verwandlung zwischen Mensch und Schwan.²⁸ Für die Darstellung der authentischen Prozedur des Gottesurteils konsultierte Wagner die *Deutschen Rechtsalterthümer* Jacob Grimms.²⁹ Der Name ‚Ortrud' ist mutmaßlich Wagners Erfindung;³⁰ ‚Radbod', der Name des Friesenfürsten, aus dessen Geschlecht Ortrud stammt, findet sich in den *Deutschen Sagen*.³¹ Die verschiedenen Quellen, die den gleichen Stoff bzw. dasselbe Epos *Lohengrin* in unterschiedlichen Gestalten wiedergeben, die im Umfang des Textes stark divergieren, hinterließen bei Wagner voneinander abweichende, bisweilen konträre Eindrücke. Davon wird unten in der Analyse der Bearbeitungsverfahren die Rede sein.

Das genaue Datum des Arbeitsbeginns am *Lohengrin* ist den Dokumentationen³² nicht zu entnehmen; fest steht nur, dass am 3. August 1845 der Prosaentwurf in Marienbad, wo Wagner zur Kur weilte, fertiggestellt wurde. Während seines dortigen Aufenthalts befasste sich Wagner mit der Edition von Görres samt der Einleitung. Das Ende der Erstschrift des versifizierten Textbuchs ist auf den 27. November 1845 in Dresden datiert. Die Vorstellung und Diskussion des Textbuchs unter anderem im Dresdener Künstlerkreis führten zu neuen Erwägungen und Änderungen im Text. Das

---

25 Grimm/Grimm 1818, S. 291–304, Nr. 534: *Der Ritter mit dem Schwan. Flamländisches Volksbuch*.
26 Vgl. Kap. IX.2.3.2.3.
27 Versangaben und Zitate aus Konrads *Schwanritter* in diesem Kapitel nach Grimm/Grimm 1816.
28 Mertens 1986, S. 27 verweist zudem auf die Märchensammlung Bechsteins.
29 Grimm 1828.
30 Cosima Wagner: Die Tagebücher. Bd. 1 (Gregor-Dellin/Mack 1976), S. 557 (3. August 1872).
31 Vgl. Voss 2001, S. 107.
32 Zur Entstehungsgeschichte vgl. Voss 2001, S. 109–111; Kinderman 2012, S. 322 f. sowie Deathridge/Döge 2003, S. 14.

Abb. 6: Musteraufführung des *Lohengrin* von Richard Wagner am 16. Juni 1867 im Hoftheater München, Schlussszene des 2. Aktes. Quelle: akg-images

Anfangsdatum der Komposition ist ebenfalls unklar. Der erste Gesamtentwurf (Kompositionsskizze) wurde am 30. Juli 1846 in Groß-Graupa abgeschlossen, der zweite Gesamtentwurf (Orchesterskizze) entstand im Zeitraum vom 9. September 1846 bis 29. August 1847 mit einigen Unterbrechungen. Dabei überarbeitete Wagner zunächst den 3. Akt, dann den 1. und den 2., zuletzt das Vorspiel. Die Niederschrift der Partitur erfolgte vom 1. Januar bis zum 28. April 1848 in Dresden. Uraufgeführt wurde die Oper am 28. August 1850[33] am Großherzoglichen Hoftheater in Weimar unter dem Dirigat Franz Liszts und der szenischen Einrichtung Eduard Genasts. Zu der Zeit befand sich Wagner selbst im Schweizer Exil. Er hörte sein eigenes Werk zum ersten Mal vollständig an der Wiener Hofoper 1861. Unter Wagners eigener Einstudierung und Regie aufgeführt wurde *Lohengrin* 1867 in München[34] (Abb. 6) sowie 1875 in Wien. Beide sogenannten ‚Musteraufführungen' waren dafür vorgesehen, als Modell für weitere Inszenierungen zu dienen. In Anlehnung an die Wiener Aufführung 1875 entstand 1894 die erste Bayreuther Adaption durch Cosima Wagner. Zusammen mit *Tannhäuser* wurde *Lohengrin* zur meistgespielten Wagner-Oper im neunzehnten Jahrhundert und prägte entscheidend das damalige Wagnerbild in ganz Europa.

---

33 Geburtstag Johann Wolfgang von Goethes. Die Aufführung des *Lohengrin* war Teil der Goethe-Feier in Weimar, zu der ein Prolog gehalten wurde.
34 Näheres zu dieser Aufführung siehe Schick 2015, S. 27 sowie Hinrichsen 2015, S. 252.

IX.2 Umgang mit den ‚alten Dichtern': das Textbuch

IX.2.1 Zur Version

Wagners Version der Schwanritter-Geschichte folgt im Großen und Ganzen seiner Hauptvorlage, dem bairischen *Lohengrin*. Die Handlung der Oper beginnt mit einer Gerichtsszene. König Heinrich I. kommt nach Antwerpen, um sich Hilfe für den Krieg gegen die Ungarn zu verschaffen, und findet Brabant in einem Machtvakuum vor. Der verstorbene Herzog von Brabant hinterließ eine Tochter, Elsa,[35] und einen jüngeren Sohn, Gottfried. Friedrich von Telramund, dessen Schutz der Herzog seine Kinder vor seinem Tod anvertraute, erhebt Anspruch auf das Land aus zweierlei Gründen:

> Dies Land doch sprech' ich für mich an mit Recht,
> da ich der Nächste von des Herzogs Blut,
> mein Weib jedoch aus dem Geschlecht, das einst
> auch diesem Lande seine Fürsten gab. (V. 60–63)[36]

Zu seinem Recht auf Elsas Hand liefert Friedrich widersprüchliche Aussagen, zunächst:

> dem Recht auf ihre Hand, vom Vater mir
> verliehn, entsagt' ich willig da und gern, (V. 54f.)

kurz darauf jedoch:

> O Herr, traumselig ist die eitle Magd,
> die meine Hand voll Hochmut von sich stieß. (V. 69f.)

Letzteres wird durch Ortruds Aussage im 2. Akt bestätigt:

> Wie könntest du fürwahr mir neiden
> das Glück, daß mich zum Weib erwählt
> der Mann, den du so gern verschmäht? (V. 488–490)

Die Anklage gegen Elsa betrifft zwei vermeintliche Verbrechen, zunächst den Brudermord (V. 59), dann die „[g]eheime[] Buhlschaft" (V. 71). Der grundlegende Unterschied zur Hauptvorlage der Oper, dem strophischen *Lohengrin*, liegt darin, dass sich Friedrich dessen nicht bewusst ist, dass es sich bei seiner Anklage um einen Betrug handelt – seine Gattin Ortrud überzeugte ihn davon, dass Elsa schuldig sei („da ich zu lügen nie vermeint"; V. 266).[37] Deshalb kann er vor dem Gottesgericht auf „Sieg nach Rechtes Lauf" (V. 268) hoffen. Zwar spricht er von einem „sichren Grund" (V. 131) und will Elsas „Frevel" „glaubwürdig" „bezeugt" (V. 132) wissen, doch ist sein Beweis subjektiver Natur: Die Krän-

---

[35] Elsa hieß im Prosaentwurf noch nach dem mittelalterlichen *Lohengrin* „Elsam". Siehe Prosaentwurf bei Deathridge/Döge 2003, S. 209–244.
[36] Das Textbuch wird zitiert nach der Ausgabe Voss 2001, die Wagners eigener letzter Ausgabe (*GSD* Bd. 2, S. 85–150) prüfend folgt. Bei der Analyse von Wagners Bearbeitung der Vorlagen wird ebenfalls nach Voss 2001 zitiert, deren Fassung den letzten Willen Wagners zum Textbuch präsentiert und der formalen Gestaltung des Textbuchs als einer eigenständigen Gattung Rechnung trägt. Dabei wird auf die Varianten der Partitur hingewiesen. Bei der Diskussion der musikalischen Erzähltechnik wird der Text nach der Partitur zitiert, die das aufgeführte Bühnenwerk wiedergibt und den Bezug des Textes zur Musik dokumentiert. Die Varianten und Zitate aus der Partitur entstammen der kritischen Ausgabe Deathridge/Döge 1996–2000.
[37] Carl Dahlhaus bringt dies auf den Punkt, indem er Friedrich als einen „betrogene[n] Betrüger" (1988, S. 40) bezeichnet.

kung durch die Tatsache, dass Elsa seine Werbung zurückwies,[38] lässt den Verdacht aufkommen, dass sie einen geheimen Liebhaber hat. Das merkwürdige Verschwinden Gottfrieds bekräftigt Friedrichs Vermutung (V. 72–75) und Elsas Erzählung von einer Vision, in der sie Beistand von einem tugendhaften Ritter erhält, scheint diese Vermutung zu bestätigen. Friedrich ist nicht bereit, ein Zeugnis abzulegen, sondern besteht auf einem Zweikampf. Diese Form der gerichtlichen Entscheidung wird sofort von allen Anwesenden akzeptiert („Zum Gottesgericht! Zum Gottesgericht! Wohlan!" V. 145).[39] Trotz zweier Rufe nach einem stellvertretenden Kämpfer für Elsa wagt niemand, vorzutreten. Auf die Anrufung Gottes durch Elsa erscheint am Scheldeufer ein von einem Schwan gezogenes Boot, in dem Lohengrin steht. Seine Ankunft wird von den Anwesenden als „Wunder" (V. 187) aufgefasst, König Heinrich erkennt seine Gottesgesandtschaft (V. 212). Lohengrin verabschiedet den Schwan, verspricht seine Hilfeleistung für Elsa im Zweikampf, schlägt – entgegen allen mittelalterlichen Versionen – die Ehe vor (V. 223f.) und nennt als Bedingung dafür das Frageverbot:

> Nie sollst du mich befragen,
> noch Wissens Sorge tragen,
> woher ich kam der Fahrt,
> noch wie mein Nam' und Art! (V. 231–234)

Die Informationen, nach denen zu fragen untersagt ist, entsprechen denjenigen im mittelalterlichen *Lohengrin* – ‚Ich sprach, ob sie möht vrâge gein mir vermîden, / Wer ich waere oder wanne kumen. […]' (*Loh* 709,3f.). Trotz Elsas Gelöbnis ordnet Lohengrin das Verbot ein zweites Mal an, und zwar in musikalisch gesteigerter Form,[40] sodass es einem Mantra nahekommt. Lohengrin gewinnt im gerichtlichen Zweikampf – einem Schwertkampf zu Fuß – und beweist somit Elsas Unschuld. Das Gottesgericht hat bei Wagner – wie in seiner Hauptvorlage – lediglich die Funktion einer Urteilsfindung,[41] was die Worte des Königs bestätigen („Durch Schwertes Sieg ein Urteil sprich, / das Trug und Wahrheit klar erweist." V. 290f.). Trotz der vorangehenden Ankündigung von einem „Kampf auf Leben und auf Tod" (V. 147) „schenk[t]" (V. 307) Lohengrin dem Besiegten das Leben. In allen mittelalterlichen Bearbeitungen des Stoffes wird der Bedränger entweder bereits im Zweikampf enthauptet (*Chevalier au Cygne*, Konrad von Würzburg) oder nach der Niederlage hingerichtet (*Lohengrin, Lorengel, Buch der Abenteuer*). Wagner lässt seinen Friedrich trotz des verlorenen Gottesgerichts am Leben, wohl aus dramaturgischen und musikalischen Überlegungen, weil dieser noch Aufgaben in den folgenden zwei Akten zu leisten hat, die Ortrud als Frau bzw. alleine nicht zustehen.

Wie endgültig der Sieg des Guten am Ende des 1. Aktes auch anmutet, so lebt doch das Böse im 2. Akt in der Nacht wieder auf. Nach seiner Niederlage glaubt Friedrich an Elsas Unschuld und führt seine falsche Anklage auf Ortruds Lüge zurück. (V. 368–374) Ortrud hingegen überzeugt den leichtgläubigen

---

[38] Nach Friedrichs Erzählung (V. 35–57) dürfte Elsa zu der Zeit, als der Herzog von Brabant starb, bereits im heiratsfähigen Alter gewesen sein; vgl. u. a. „Zum Sterben kam der Herzog von Brabant, / und meinem Schutz empfahl er seine Kinder, / Elsa, die Jungfrau, und Gottfried, den Knaben:" (V. 38–40) sowie „dem Recht auf ihre Hand, vom Vater mir / verliehn […]" (V. 54f.). Daher sollte bei der Trennung der Geschwister, die danach geschieht, eher nicht von einem „Kindheitstrauma" bzw. „Motiv der traumatischen Geschwistertrennung in der frühen Kindheit" (Schneider 2013, S. 151) gesprochen werden.

[39] Zum Gottesgericht im *Lohengrin* vgl. Mertens 2014.

[40] Lohengrins Frageverbot beginnt beim ersten Mal in as-Moll und endet auf As-Dur, beim zweiten Mal führt es von a-Moll zu A-Dur. Zudem wird der Orchestersatz beim zweiten Mal um die Streicher verstärkt.

[41] In den mittelalterlichen Versionen kann ein solcher Zweikampf durchaus als Beweisfindung, Urteil und Vollstreckung zugleich fungieren; vgl. dazu Kap. XII.

Friedrich abermals von ihrer wahrheitswidrigen Behauptung, die diesmal besagt, Lohengrin hätte den Sieg im Gottesgericht mithilfe der Zauberei errungen:

> [...] ist er gezwungen
> zu nennen wie sein Nam' und Art,
> all seine Macht zu Ende ist,
> die mühvoll ihm ein Zauber leiht? (V. 409–412)[42]

Aus Ortruds Um- und Fehldeutung des Zwecks des Frageverbots wird ersichtlich, dass der heilige Schutz des Grals für seine Gesandten (V. 1054–1057) zumindest in der Art seiner Erscheinung – das Inkognito als Gewähr für die Kraft – nicht klar vom heidnischen dunklen Zauber zu unterscheiden ist. Beides geht auf die mythische Vorstellung der Ungeschiedenheit zurück, dass in dem Namen der Mensch unmittelbar als Ganzheit wirkt und mit der Besitznahme des Namens die Wirkungskraft des Menschen geschwächt wird oder gar verloren geht.[43] Ortrud und Friedrich schwören Rache für ihre Schmach, die in zwei Schritten vollzogen werden soll: Erstens gilt es, Zweifel bei Elsa zu wecken; in einem zweiten Schritt soll Lohengrin eines kleinen Teils am Körper beraubt werden:

> Jed' Wesen, das durch Zauber stark,
> wird ihm des Leibes kleinstes Glied
> entrissen nur, muß sich alsbald
> ohnmächtig zeigen, wie es ist. (V. 432–435)

Auch diese Strategie beruht auf der Vorstellung der Ungeschiedenheit, die zwischen dem Körper als Ganzem und seinen Teilen besteht.[44] Der Raub eines auch so kleinen Teils vom Körper führt bereits das Bezwingen des ganzen Menschen herbei. Entsprechend dem Racheplan weckt Ortrud bei Elsa, die sich auf die kommende Heirat freut, das Mitleid für sich und den Zweifel an Lohengrins Herkunft. Ihr Versuch des Verleitens (V. 418) gipfelt in der Störung des Brautzugs vor dem Münster, bei der sie den Vortritt vor Elsa beansprucht, da Friedrichs Adel im Land weit bekannt ist, wohingegen Lohengrins Herkunft ungewiss sei (V. 629–632, V. 643–648). Dabei zielt sie in ihren rhetorischen Fragen genau auf das Wissen, das durch das Frageverbot verborgen bleiben soll:

> Kannst du ihn nennen? Kannst du uns es sagen,
> ob sein Geschlecht, sein Adel wohl bewährt?
> Woher die Fluten ihn zu dir getragen,
> wann und wohin er wieder von dir fährt? (V. 651–654)

Elsa, der König und ihre Gefolgschaft glauben dennoch an den Adel Lohengrins, da dessen Erscheinung und Sieg im Gottesgericht visuell evident sind („So rein und edel ist sein Weisen, / so tugendreich der hehre Mann", V. 661f.; „durch seine Tat ward uns sein Adel kund", V. 750). Der König und Lohengrin schlichten den Streit der beiden Frauen und wollen die Hochzeitsfeier einleiten, was abermals durch Friedrich vereitelt wird, der Lohengrin des „Gottestrugs" bezichtigt (V. 616). Auch er verlangt nach Auskunft über „Name[], Heimat, Stand und Ehren" (V. 714) Lohengrins. Zudem bietet er Elsa insgeheim an, in der Nacht Lohengrin ein Stück von der Fingerspitze abzuschneiden, um sein Geheimnis zu lüften und ihn dauerhaft an sie zu binden (V. 767–772). Auch wenn Lohengrin einen solchen Pakt rechtzeitig unterbinden kann und die Hochzeit schließlich stattfindet, ist der aufkeimende Zweifel bei Elsa nicht mehr zu verhindern (V. 756), was ihre Widersacher wohl bemerken (V. 744).

---

42 Vgl. auch Friedrichs Überzeugung durch die vermeintliche Erhellung V. 441–443, die nicht ganz frei von Zweifel ist („Betrügst du jetzt mich noch, dann weh dir, weh!" V. 449).
43 Vgl. Cassirer 1925/2010, S. 47–53.
44 Vgl. ebd., S. 62.

Der 3. Akt fängt wie der 2. Akt mit der Nacht an. Lohengrin und Elsa werden ins Brautgemach geleitet. Sobald sie zum ersten Mal seit ihrer Begegnung allein gelassen werden, fällt Elsa ein, dass sie Lohengrin gerne beim Namen nennen möchte. Lohengrin versucht, sie davon abzulenken, indem er sie darüber belehrt, wie man einem geheimnisvollen Wesen begegnen soll, nämlich durch „fraglos[es]" (V. 862) Begreifen.[45] (V. 859–870) Elsa hegt jedoch den starken Wunsch, Lohengrin gleichgestellt zu werden, und will seine Geheimniswahrerin sein (V. 871–886). Sie stellt zwar noch keine Fragen, doch in drei Imperativsätzen erkundigt sie sich nach den Informationen, die verhüllt bleiben sollen: „Laß dein Geheimnis mich erschaun, / daß, wer du bist, ich offen seh'!" (V. 890 f.); „enthülle deines Adels Wert! / Woher du kamst, sag ohne Reue" (V. 893 f.). Lohengrin gemahnt sie daran, sein Gebot zu halten und versucht, sie durch körperliche Annäherung zu besänftigen. (V. 900–907) Dabei verrät er ein Stückchen von sich und bezeichnet seinen Abschied aus seiner Herkunftssphäre als „Opfer" (S. 914) für Elsa, das sie ihm durch ihr „Lieben" (V. 908, V. 917) „entgelten" (V. 908) soll. Es ist nur folgerichtig, dass Elsa durch diese Aussage noch mehr gereizt wird, da sie befürchtet, Lohengrin würde eines Tages dorthin zurückkehren wollen, woher er kam. (V. 920–947) Ruhe kann ihr nun nur das Wissen geben. Sie stellt die drei verbotenen Fragen und bricht vollends das Tabu: „[...] wer du seist?" (V. 956) „Woher die Fahrt?" (V. 961) „Wie deine Art?" (V. 962) Den Überfall durch Friedrich und vier Edelleute verhindert Lohengrin rechtzeitig mit Elsas Hilfe. Es ist in der Szene III/2 strukturell markant, dass Elsa zweimal – einmal indirekt und einmal direkt – das Verbot übertritt, wie Lohengrin vorher es zweimal verfügt. Bei Tagesanbruch klagt Lohengrin vor König Heinrich und dem versammelten Heerbann, den er gegen die Ungarn anführen soll, Friedrichs Überfall und Elsas Verrat an. In seiner Erzählung enthüllt Lohengrin das Mysterium des Grals, seine Abstammung vom Gralskönig Parzival und seinen Namen. (V. 1038–1065) Laut dem Gralsgesetz muss jeder Gralsgesandte, der genötigt wird, seine Identität und Herkunft preiszugeben, nach Monsalvat zurückkehren. Trotz des allgemeinen Flehens muss Lohengrin Brabant verlassen. Der Schwan, der ihn dorthin geleitete, erscheint wieder, um ihn abzuholen. Lohengrin klärt Elsa darüber auf, dass der Schwan ihr Bruder Gottfried ist und nach einem Jahr im Dienst des Grals in Menschengestalt zurückkehren wird.[46] Er überlässt Elsa die Herrschaftsinsignien Horn, Schwert und Ring, die für Gottfried bestimmt sind. Ortrud erkennt Gottfried an der Kette, anhand derer sie ihn in einen Schwan verwandelte, und gesteht ihre Tat. Durch Lohengrins Gebet wird Gottfried – entgegen dem Gralsgesetz – vorzeitig von seiner Schwanenexistenz erlöst. Statt seiner zieht eine weiße Taube (die Gralstaube) das Boot Lohengrins zurück ins Gralsreich.

IX.2.2 Das Schema der ‚gestörten Mahrtenehe' in Wagners Œuvre

Wie in den Untersuchungen zu den mittelalterlichen Schwanritter- und Schwanenkinder-Erzählungen in der vorliegenden Arbeit erörtert wird, weist die Handlung der Sage, sowohl in der Elterngeneration des Schwanritters nach dem mittellateinischen *Dolopathos* als auch beim Schwanritter selbst, signifikante Parallelen zum Erzählschema der ‚gestörten Mahrtenehe' auf.[47] In den Mahrtenehe-Erzählungen des Mittelalters wird die Liebesbeziehung meistens zwischen einem weiblichen anderweltlichen Wesen und einem Adligen an ein Tabu als Bedingung gebunden. Bricht der Partner das Tabu, muss sie ihn verlassen oder er muss sterben. Das Tabu, das in seinen Varianten stets der Verhüllung einer anderweltlichen Identität und der Vorenthaltung

---
[45] Schneider 2013, S. 215 deutet diese Passage als einen Verführungsversuch durch erotische Worte.
[46] Vgl. dazu auch den vor der Uraufführung von Wagner gestrichenen zweiten Teil der Gralserzählung bei Voss 2001, S. 83.
[47] Siehe dazu Kap. II.2 und IV.4.1.1.

geheimen Wissens dient, ist als Symbolisierung einer kaum auf Dauer überschreitbaren Grenze zwischen der menschlich-diesseitigen und der irrational-überirdischen Sphäre aufzufassen.[48] In der Schwanritter-Sage werden die herkömmlichen Geschlechterrollen invertiert. Das Frageverbot besetzt die Stelle des Tabus, das als Angelpunkt im Mahrtenehe-Schema fungiert. In der mittelalterlichen höfischen Literatur ist dieses Erzählschema z. B. auch im *Lanval* der Marie de France (mit einem Erwähnungsverbot) und in den Melusinen-Romanen (mit einem Sichtverbot) präsent. Die Figurenkonstellation mit einem irdischen und einem anderweltlichen/göttlichen Beziehungspartner und das Tabu als konstituierendes Handlungselement finden sich auch in der antiken Mythologie, beispielsweise in den Liebesbeziehungen zwischen Zeus und Semele[49] – die Wagner als „den Grundzug des Lohengrinmythos"[50] auffasst – sowie zwischen Amor und Psyche, die beide einem Sichtverbot unterliegen. Das Sujet einer solchen Verbindung wird nicht nur in der Erzählliteratur, sondern auch in den dramatischen Genres realisiert, etwa in Händels dramatischem Oratorium[51] *The Story of Semele*, in Schillers lyrischer Operette *Semele* und in Kleists Tragikomödie *Amphitryon*.[52] In der Opernliteratur findet sich das Mahrtenehe-Schema mit den herkömmlichen Geschlechterrollen in *Undine*[53] und *Rusalka*[54] wieder, in beiden Geschichten sind die Liebesbeziehung und der Erhalt des menschlichen Partners an ein Treuegebot gebunden.

In Wagners Bühnenwerken begegnet das Mahrtenehe-Schema in diversen Varianten. Carl Dahlhaus sieht in Lohengrin „Undine in Gestalt eines Ritters";[55] Volker Mertens beobachtet überzeugend die Vorliebe Wagners für Partnerschaften nach diesem Schema:

> Wagners Opern exponieren das Mahrtenehe-Thema in vielfacher Gestalt: Holländer und Senta, Venus und Tannhäuser, Lohengrin und Elsa, Brünnhilde und Siegfried – eine solche Fülle von anderweltlichen Partnerschaften finden wir sonst nur bei Clemens Bretano in seinen Rheinmärchen.[56]

In einem Brief, den Wagner während der Komposition des *Lohengrin* an Hermann Franck schrieb, erwähnte er die Faszination, die „die Berührung einer übersinnlichen

---

48 Vgl. dazu die Ausführungen zum Frageverbot in Kap. X.1.
49 Mit ähnlicher Figurenkonstellation wie im *Lohengrin*: Hera in der Gestalt von Semeles Amme weckt Zweifel bei Semele.
50 *Mitteilung*, S. 264 f.
51 Händels Gattungsbezeichnung lautet 'after the Manner of an *Oratorio*'. Vgl. Dean 1995, S. 365.
52 Eine philologisch präzise Betrachtung des *Lohengrin* im Vergleich mit Schillers *Semele* und Kleists *Amphitryon* bietet Borchmeyer 2002b, S. 198–204. Vgl. dazu auch ders. 2002a.
53 Jeweils von Ernst Theodor Amadeus Hoffmann, Uraufführung 1816 in Berlin, und von Albert Lortzing, Uraufführung 1845 in Magdeburg.
54 Von Antonín Dvořák, Uraufführung 1901 in Prag.
55 Dahlhaus 1988, S. 41.
56 Mertens 1992, S. 225.

Erscheinung mit der menschlichen Natur und die Unmöglichkeit einer Dauer derselben"[57] hervorrufen. Bereits seine erste vollendete Oper *Die Feen*, nach dem Märchen *La donna serpente* Carlo Gozzis,[58] handelt von der Beziehung zwischen einer Fee, Ada, und einem menschlichen Prinzen, Arindal. Aus Liebe zu Arindal ist Ada bereit, ihre Unsterblichkeit aufzugeben. Die Ehe der beiden ist an ein befristetes Frageverbot gebunden. Ada, die sich in eine Hirschkuh verwandelt hat und der Arindal auf seiner Jagd bis in einen Fluss – Markierung der Schwelle zwischen der menschlichen und der überirdischen Welt – folgt,[59] nimmt in der Anderwelt die Gestalt eines „schönen Weibes"[60] an und erlegt Arindal ein befristetes Frageverbot auf: „Vor allem magst acht Jahre lang / du nicht erfragen wer ich bin!"[61] Arindals Verstoß gegen das Verbot nimmt inhaltlich zwei von Elsas drei Fragen vorweg:

> bis gestern der verliebte Prinz,
> von heftiger Begier getrieben,
> in seine Gattin drang zu sagen,
> wer und woher sie sei? (*Die Feen*, V. 151–154)

Während der Lohengrin-Stoff das Mahrtenehe-Schema nur rudimentär realisiert, indem die Ehe darin an einem Verbot scheitert, verläuft die Handlung der *Feen* beinahe ganz nach diesem Modell – inszeniert wird hier nicht der Einbruch der Transzendenz in die Immanenz, sondern der Eintritt des dieswieltlichen, menschlichen Helden in die Feenwelt. Der mythische Nexus zwischen Hirschkuh und Fee bleibt ganz erhalten – die Hirschkuh ist Ada selbst in verwandelter Gestalt. Eine leichte Abweichung der *Feen* vom gängigen Mahrtenehe-Schema liegt darin, dass der Held zweimal gegen je einen „Kommunikationskontrakt"[62] verstößt und dass er beim zweiten Mal, nach der Übertretung des Fluchverbots, nicht nur eine Krise erleidet, sondern auch die Gattin in leblose Form versetzt wird. Ihm geht es diesmal zuvörderst darum, nicht ihre Gunst, sondern ihre Lebenskraft zurückzugewinnen. Die Befristung des ersten Verbots dient dazu, die härtere Prüfung, den „letzten Tag"[63] herbeizuführen, an dem Ada wegen des Meineids Arindals in einen Stein verwandelt wird, was die eigentliche katastrophale Folge ist.[64] Der endgültige Zustand ist die Wiedervereinigung statt der Trennung des

---

57 An Dr. Hermann Franck, Groß-Graupe 30. Mai 1846. Strobel/Wolf ²1980, Nr. 212, S. 511–515, hier S. 511.
58 Das dramatische Märchen erschien 1772; die deutsche Übersetzung, *Die Frau eine Schlange*, erschien 1777.
59 Vgl. Gernots Erzählung V. 110–127 und V. 133–160. Das Textbuch von *Die Feen* wird zitiert nach *Text des Gesamtentwurfs mit Varianten der Partitur*, in: Jost/Voss 2019, S. 47–88.
60 *Die Feen*, V. 137.
61 *Die Feen*, V. 142f.
62 Schulz 2000, S. 88.
63 *Die Feen*, V. 655.
64 Für die Verwandlung Adas in einen Stein steht ein anderes Drama Gozzis, *Il corvo* (1772; dt. *Der Rabe*, 1804), Pate (vgl. Jost 2010, S. VI).

Paares. Der Tabubruch ist hier also, anders als im *Lohengrin*, wiedergutmachbar. Auch in der Richtung der Erlösung unterscheiden sich die beiden Opern: Während es im *Lohengrin* gilt, ein überirdisches Wesen in die menschliche Welt zu integrieren und ihn durch den Gewinn der Sterblichkeit zu erlösen,[65] geschieht die Erlösung in den *Feen* – zuletzt – durch die Gottwerdung des Menschen: Nicht Ada wird sterblich, sondern Arindal gewinnt Unsterblichkeit.[66] Den Reiz des Stoffes im Gozzischen Märchen und die Bedeutung seiner eigenen Gestaltung des Schlusses beschrieb Wagner knapp zwei Jahrzehnte später in seiner *Mitteilung an meine Freunde* folgendermaßen:

> Nach einem Gozzischen Märchen dichtete ich mir einen Operntext »die Feen«; die damals herrschende »romantische« Oper Webers und auch des gerade an meinem Aufenthaltsorte, Leipzig, zu jener Zeit neu auftretenden Marschner, bestimmte mich zu Nachahmung. [...] Dennoch reizte mich an dem Gozzischen Märchen nicht bloß die aufgefundene Fähigkeit zu einem Operntexte, sondern der Stoff selbst sprach mich lebhaft an. Eine Fee, die für den Besitz eines geliebten Mannes der Unsterblichkeit entsagt, kann die Sterblichkeit nur durch die Erfüllung harter Bedingungen gewinnen, deren Nichtlösung von seiten ihres irdischen Geliebten sie mit dem härtesten Lose bedroht [...] Im Gozzischen Märchen wird die Fee nun in eine Schlange verwandelt; der reuige Geliebte entzaubert sie dadurch, daß er die Schlange küßt [...] Ich änderte diesen Schluß dahin, daß die in einen Stein verwandelte Fee durch des Geliebten sehnsüchtigen Gesang entzaubert, und dieser Geliebte dafür vom Feenkönig – nicht mit der Gewonnenen in sein Land entlassen –, sondern mit ihr in die unsterbliche Wonne der Feenwelt selbst aufgenommen wird. – Dieser Zug dünkt mich jetzt nicht unwichtig: gab mir ihn damals auch nur die Musik und der gewohnte Opernanblick ein, so lag doch hier schon im Keime ein wichtiges Moment meiner ganzen Entwickelung kundgegeben. –[67]

Im *Lohengrin* ist nicht die Anderwelt, sondern die Menschenwelt das Ziel der Vereinigung, wie auch beim Fliegenden Holländer und bei Brünnhilde. Die romantische Variante des gemeinsamen Strebens nach dem Jenseits wird nach den *Feen* erst im *Tristan* wieder realisiert – vorausgesetzt, dass in den älteren Schichten der Überlieferung eine Feengeschichte mit der Bindung an ein Treuegelöbnis in den keltischen Ur-*Tristan* eingeflossen ist.[68] Unter allen durch das Mahrtenehe-Schema geprägten dramatischen Beziehungen bei Wagner ist diejenige zwischen Lohengrin und Elsa die einzige absolute Tragödie,[69] die „ohne Versöhnung"[70] und ebenfalls ohne Verklärung oder Vereinigung im Jenseits enden muss.

---

65 Lohengrin verliert mit seinem Abschied von Monsalvat seine Unsterblichkeit, da er den Gral nicht mehr sieht (vgl. V. 1050–1053).
66 Dies kündigt die Schlussrede des Feenkönigs an: „So wisse denn, durch deine Schuld als Mensch / bleibt Ada jetzt unsterblich, wie sie war[!] / Doch der sie uns mit Götterkraft entwunden, / ist mehr als Mensch[,] unsterblich sei – wie sie." (*Die Feen*, V. 399–402) Ursprünglich war es Adas Wunsch, sterblich zu werden: „Nur, wenn dein Herz standhaft vor Liebe sei, / sollt' ich das Loos der Sterblichkeit erhalten." (V. 658f.)
67 *Mitteilung*, S. 223f.
68 Näheres zur Stoffgeschichte des *Tristan* und zu seiner Verbindung zum Mahrtenehe-Schema siehe Mertens 2019.
69 Vgl. Borchmeyer 2002b, S. 205.

Das Frageverbot in Wagners *Lohengrin* dient – schemagerecht – der Wahrung des Numinosen und der dadurch erhaltenen Kraft (V. 1056 f.; V. 1074 f.; V. 1103 f.). Bei Wagner spielt die mechanische Begründung des Frageverbots durch Parzivals Frageversäumnis, wie man es bei Wolfram von Eschenbach und im mittelalterlichen *Lohengrin* kennt, keine Rolle.[71] Lohengrin ist hier – entsprechend der von Wolfram ausgehenden Tradition – vollkommen entdämonisiert; die Verwandlung, wie sie die altfranzösische Tradition am ‚Schwan-Ritter' (Tier und Mensch zugleich) präsentiert, bleibt bei Wagner dem heidnischen Zauber vorbehalten und wird an Elsas Bruder Gottfried vollzogen. Das Übersinnliche der Gralssphäre, das für das Mahrtenehe-Schema konstitutiv ist, wird im Grals-Motiv[72] und vor allem im Vorspiel durch den ätherischen, entrückten Klang der Violinen[73] im Wechsel mit den hohen Holzbläsern realisiert. Dabei setzen die vier geteilten Partien der Violinen, die Flöten und Oboen sowie die vier einzelnen Flageolett spielenden Violinen versetzt ein (VS,1–4; Wiederholung zu Beginn der Gralserzählung III,1219–1222),[74] sodass die Einsätze der letzteren beiden kaum wahrnehmbar sind und am Ende nur die vier einzelnen Violinen zu hören sind, was einen Eindruck der Ferne und der Transzendenz erzeugt. Von einer Ehe, die an eine Bedingung gebunden ist, erzählt auch die Musik (s.u. IX.3.3).

IX.2.3 Verfahren der Bearbeitung

Anders als beim *Tannhäuser*, für dessen Konzeption Wagner vorwiegend die Nacherzählungen der Romantik las, befasste er sich beim *Lohengrin* viel mehr eigenständig mit den mittelhochdeutschen Originaltexten. Dies belegen die mittelhochdeutschen Wörterbücher und Grammatiken in seiner Dresdener Bibliothek. In diesem Teil der Arbeit soll anhand eines Vergleichs des *Lohengrin* mit seiner Hauptvorlage, dem gleichnamigen Epos aus dem dreizehnten Jahrhundert, Wagners Bearbeitungsverfahren im Zuge des medialen Wechsels von der narrativen in die musikdramatische Gattung erörtert werden. Die Schwanritter-Handlung setzt im bairischen *Lohengrin* nach dem 32-strophigen Eingang auf der Wartburg, der eine dramatisch inszenierte Metaebene darstellt,[75] ein. Die Handlung der eigentlichen Schwanritter-Sage wird in den Passus Str. 33–252 (von der Bedrängnis bis zur Hochzeit) und Str. 692–730 (vom

---

70 Cosima Wagner: Die Tagebücher. Bd. 2 (Gregor-Dellin/Mack 1977), S. 619.
71 Auch später bei der Konzeption des *Parsifal* hielt Wanger das Versäumnis der erwarteten Frage und die Wiedergutmachung bei Wolfram für untauglich; vgl. dazu Mertens 2016, S. 19–28.
72 Die Benennungen der Motive folgen der Ausgabe Mottl 1914. Sie dienen als heuristische Arbeitshilfe und haben einen beschreibenden Charakter, sind jedoch keine semantische Festlegung.
73 Teilweise mit Dämpfer, z.B. in Elsas Erzählung I,351–354.
74 Belegstellen aus der Partitur werden mit Vorspiel bzw. Aktzahl und Taktzahl angegeben.
75 Dieser Disput zwischen Klingsor und Wolfram gehört zum altüberlieferten Kernbestand aus dem *Rätselspiel* (mit mutmaßlich späteren Zusatzstrophen), einem Teil des *Wartburgkrieg*-Komplexes, den, wie bereits in Kap. IX.1 erwähnt und in Kap. IX.4.1 noch zu erläutern ist, Wagner nicht für die Handlung seines *Lohengrin* berücksichtigt, sondern in seinem *Tannhäuser* adaptiert.

Tabubruch bis zum Abschied Lohengrins) entfaltet. Zwischen diesen beiden Passus ist ein chronistischer Teil integriert, der eine Länge von 439 Strophen einnimmt (Str. 253– 691 mit dem Hunnenkrieg, den reichspolitischen Ereignissen[76] und dem Sarazenenkrieg). Auf das Ende der Schwanritter-Handlung folgt ein Abriss der Ottonischen Kaiser (Str. 731–762). Die folgende Übersicht bietet einen Einblick darin, welche Passagen aus dem Epos als Vorbild für die jeweiligen Szenen der Oper dienten und in das quantitative Verhältnis der beiden Werke zueinander. Die Handlungselemente werden nach ihrer Reihenfolge in der Oper benannt. Die rechte Spalte verzeichnet weitere mittelalterliche Erzähltexte, die in Wagners Konzeption eingeflossen sind.

Tab. 1: Vorlagen der Oper *Lohengrin* nach Szenen

Szene der Oper	Passage(n) aus dem Epos	Handlung des Epos	Sonstige mittelalterliche Quelle(n)
I/1	Str. 33–35, 39 Str. 158–195 Str. 253–259	Elsams Bedrängnis durch Friedrich von Telramund – Reise der beiden Parteien nach und Ankunft in Mainz, Begegnung mit König Heinrich I. – Ansage des Kriegs gegen die ‚Hunnen' (Ungarn)	Konrad von Würzburg, *Der Schwanritter* V. 380–385 (Anspruch des Bedrängers auf das Herzogtum)
I/2	Str. 31 f., 35–38, 40	Elsams Gebet, Beschluss über den Gerichtskampf, vergebliche Suche nach einem Kämpfer	
I/3	Str. 70–104 Str. 227 f., 231 Str. 200–226	Ankunft Lohengrins in Antwerpen – Frageverbot – gerichtlicher Zweikampf, Hinrichtung Friedrichs, Beschluss über die Heirat	Konrad von Würzburg, *Der Schwanritter* V. 240–245 (Abschiedsrede des Schwanritters an den Schwan)[77]
II/1	Str. 246 Str. 692	Herzog von Kleve im Turnier gegen Lohengrin verletzt – seine Frau sinnt auf Rache	
II/2	Str. 692 f.	Herzogin von Kleve erweckt Zweifel bei Elsam	
II/3	Str. 234 Str. 233	Lohengrin erhält Lehen von Heinrich I. – Zusage der Hilfeleistung beim Ungarnkrieg durch die Fürsten	

---

[76] Einkehr des christlichen Heers in Köln, Plan der Romfahrt und der Kaiserweihe, Aufschiebung der Romfahrt, Verhandlungen über Lothringen.
[77] Der Schlichtheit halber wird in dieser Übersicht nur eine exemplarische Stelle aus dem *Schwanritter* für den Auftritt Lohengrins genannt. Zu weiteren Entsprechungen mit Konrad in dieser Szene vgl. Kap. IX.2.3.2.3.

Tab. 1: Vorlagen der Oper *Lohengrin* nach Szenen *(Fortsetzung)*

Szene der Oper	Passage(n) aus dem Epos	Handlung des Epos	Sonstige mittelalterliche Quelle(n)
II/4	Str. 692–695	Öffentliche Auseinandersetzung der Frauen über Lohengrins Adel	*Das Nibelungenlied* Str. 758–773; Str. 778–786[78] (Königinnenstreit)
II/5	Str. 695 f. Str. 235	Elsam von Zweifel besessen – Hochzeitsfeier	Konrad von Würzburg, *Der Schwanritter* V. 776–832 (verbale Auseinandersetzung des Schwanritters mit seinem Gegner) *Jüngerer Titurel* Str. 5941[79] (Bindungszauber)
III/1	Str. 236 f.	Zug ins Brautgemach	
III/2	Str. 237–240 Str. 697–700	Hochzeitsnacht – Tabubruch im Schlafgemach	*Jüngerer Titurel* Str. 5947–5950 (Überfall auf Lohrangrin)
III/3	Str. 701–725	Versammlung der Fürsten in Antwerpen, Lohengrins Erzählung vom Gral und Abschied	*Parzival* 469,1–471,29 (Wesen und Wunderkraft des Grals) *La Naissance du Chevalier au Cygne, La Fin d'Elias* (Verwandlung zwischen Kind und Schwan anhand einer Kette)

Aus den Entsprechungen der Opernszenen mit den Erzählpassagen aus dem mittelalterlichen *Lohengrin* und den anderen Quellen wird ersichtlich, dass Wagner bei der Handlung der Schwanritter-Sage nahezu sämtliche Szenen seiner Hauptvorlage entnimmt. Dabei ändert er die Reihenfolge mancher Szenen, beispielsweise nennt sein Lohengrin das Frageverbot noch vor dem Zweikampf, und die Verleitung der Elsa durch das Intrigantenpaar ereignet sich bereits vor bzw. bei der Hochzeit – während sich die entsprechende Szene im Epos erst Jahre später abspielt –, was mit der dramatischen Verknappung und Pointierung zusammenhängt. Aus demselben Grund fügt Wagner manche im Epos zeitlich getrennte Szenen zu einer einzigen zusammen oder bringt sie in unmittelbare Nähe, z. B. die Hochzeitsnacht und der Tabubruch, die

---

[78] Strophenangaben und Zitate aus dem *Nibelungenlied* folgen der Ausgabe Vollmer 1843 (= Dresdener Bibliothek Nr. 99).
[79] Strophenangaben aus dem *Jüngeren Titurel* nach der Ausgabe Hahn 1842. Die Nacherzählung bei San-Marte 1841 (= Dresdener Bibliothek Nr. 164) erfolgt überwiegend in Prosa.

beide im Schlafgemach erfolgen, sowie die Niederlage des Gegners und die Rache seiner Frau. Stark gekürzt und peripher geworden ist der chronistische Teil, den Wagner zwar in den Szenen I/1, II/3 und III/3 mit dem Ungarnkrieg thematisiert („Für deutsches Land das deutsche Schwert!" V. 982), jedoch nicht zur dramatischen Handlung entfaltet. Der Sieg über die Ungarn, d. h. die Bewahrung des christlichen Reichs gegen die Bedrohung fremder, heidnischer Völker, die im Epos ausführlich erzählt wird, deutet Wagner lediglich durch eine Prophezeiung aus Lohengrins Mund an:[80]

> Doch, großer König, laß mich dir weissagen:
> dir Reinem ist ein großer Sieg verliehn.
> Nach Deutschland sollen noch in fernsten Tagen
> des Ostens Horden siegreich niemals ziehn! (V. 1105–1108)[81]

Neben der dramaturgischen Festlegung auf die Schwanritter-Sage als Kernhandlung spielt für die szenische Absenz der ‚Heiden'-kriege sicher auch eine Rolle, dass Massenkampfszenen charakteristisch für die Grand Opéra sind, weshalb Wagner sich bewusst davon distanziert. Ausgelassen sind die langwierigen Reise- und Ratsszenen sowie ausgedehnte Beschreibungen der höfischen Mahle und Feste, die in einer den aristotelischen Einheiten verpflichteten Oper kaum Platz haben.

Gegenläufig dazu entfaltet Wagner einzelne Strophen oder gar leise Andeutungen aus dem Epos zu größeren Szenen, die einerseits der schrittweisen nachvollziehbaren Entwicklung des dramatischen Konfliktes und der Figurenpsyche dienen, andererseits für szenische und musikalische Höhepunkte sorgen. Einer solchen Ausweitung entwachsen die Unterredung des bösen Paares, die Konfrontationen Elsas mit dem Paar und die Hochzeitsfeier – die Konsequenzen des Racheplans gipfeln nach dessen Entwicklung über den gesamten 2. Akt in der Ensemble- und Chorszene ‚In wildem Brüten' (II,1879–1956), die zugleich auch eine musikalische Pointe darstellt, die der romantischen Oper eigen ist. Der Brautzug in seiner pompösen Besetzung entstammt ganz Wagners Erfindung. Nicht ganz durch die Übersicht oben abzudecken sind die nummernartigen Darbietungen der SolistInnen, beispielsweise Elsas Monolog ‚Euch

---

[80] Anders Matthews 2016, S. 86f., der Wagners *Lohengrin* Unrecht tut, indem er behauptet, Wagner habe den historisch-politischen Rahmen und den religiösen Konflikt ausgeblendet. Wagner thematisiert pointiert das Deutsche Reich und den Kampf gegen die Ungarn. Der König und sein Heerrufer treten noch vor dem Schwanritter auf; die Rede des Königs bei Wagner ist mit zahlreichen wörtlichen Entlehnungen aus dem bairischen *Lohengrin* gestaltet, beispielsweise die Tätigkeiten während des neunjährigen Friedens (*Loh* Str. 253–259 vs. *L* V. 7–25). Es fehlt zwar dramaturgisch gesehen die Zeit für die Entfaltung der Kampfgeschehen, doch wird der politisch-religiöse Konflikt mit den vorchristlichen Ungarn im dritten Akt auf symbolischer Ebene gelöst.

[81] Diese Stelle (III,1452–1463) gehört zur Passage, die in der gegenwärtigen Aufführungspraxis meistens gestrichen wird. Vgl. die aufgeführten Fassungen der Bayreuther Festspiele 2010 und 2018, die jeweils die Takte III,1368–1465 sowie III,1298–1465 strichen.

Lüften' (II,424–474) und Ortruds Beschwörung ‚Entweihte Götter' (II,563–621), die den punktuellen psychischen Zustand der Figuren untermalen.

Bei der Gestaltung des bösen Paares Ortrud und Friedrich bedient sich Wagner weiterer Erzähltexte des Mittelalters, sowohl aus der höfischen wie aus der heldenepischen Tradition. Für die verbalen Auseinandersetzungen zwischen Elsa und Ortrud sowie zwischen Lohengrin und Friedrich orientiert er sich an dramatisch-performativ aufgeladenen Passagen jeweils aus dem *Nibelungenlied* und dem *Schwanritter* Konrads;[82] für Ortruds List des Fleischraubs nimmt er Anregungen aus dem *Jüngeren Titurel* auf. Das Argument Friedrichs vor Gericht, „Dies Land doch sprech' ich für mich an mit Recht, / da ich der Nächste von des Herzogs Blut" (V. 60 f.) übernimmt die Aussage des Bedrängers bei Konrad beinahe wörtlich:

> *do von heiz ich unde bin*
> *sin erbe gar mit rehte,*
> *wan ime von geslehte*
> *nieman so nahe sippe als ich.* (*Schwanritter*, V. 380–383)

Die Verwandlung des Kindes in einen Schwan anhand einer Kette findet sich in der altfranzösischen Schwanenkinder-Geschichte, die Wagner wohl über die Grimmsche Nacherzählung in den *Deutschen Sagen* bekannt war.[83] Für die Beschreibung des Grals – was der Gral ist, wie er gepflegt wird und woher er seine Wunderkraft erhält – bedient sich Wagner des Berichts Trevrizents aus dem *Parzival* Wolframs von Eschenbach. Wagners Gral ist freilich ein Gefäß statt Stein.[84] Von dem Wesen des Grals wird im mittelalterlichen *Lohengrin* nicht eigens erzählt, da dieser als Erweiterung von Wolframs Werk es als bekannt voraussetzt.

Dass Wagner die oben genannten weitreichenden Umakzentuierungen und Umgestaltungen vornahm, lag in seiner Ansicht über den mittelalterlichen *Lohengrin* begründet, die er in einem Brief an seinen Bruder Albert einen Tag nach der Fertigstellung des Prosaentwurfs äußerte:

> Meine Erfindung u. Gestaltung hat bei dieser Schöpfung den größten Antheil: das altdeutsche Gedicht, welches uns diese hochpoetische Sage bewahrt hat, ist das dürftigste u. platteste, was in dieser Art auf uns gekommen ist, und ich fühle mich in der Befriedigung des Reizes sehr glücklich, die fast ganz unkenntlich gewordene Sage aus dem Schutt u. Moder der schlechten, prosaischen Behandlung des alten Dichter's erlöst u. durch eigene Erfindung u. Nachgestaltung sie wieder zu ihrem reichen, hochpoetischen Werthe gebracht zu haben.[85]

---

82 Zwischen Wagner und Konrad gibt es wörtliche Entsprechungen; ferner übernimmt Wagner die Argumente – Zauber, wilder Schwan, Recht muss über Unrecht siegen – von Konrad.
83 Näher dazu siehe IX.2.3.2.3.
84 Dies ist eine in der Romantik verbreitete Auffassung. Wagner könnte dieses Detail aus der Nacherzählung des *Jüngeren Titurel* bei San-Marte (Bd. 2 der Wolfram-Ausgabe, 1841) übernommen haben. Vgl. Mertens 1986, S. 28.
85 An Albert Wagner, Marienbad 4. August 1845. Strobel/Wolf ²1980, Nr. 168, S. 445–447, hier S. 446.

Dass die Sage fast ganz unkenntlich geworden sei, damit meint Wagner wohl, dass der mittelalterliche Dichter durch die ausgedehnten Beschreibungen der höfischen Veranstaltungen und den Einschub des chronistischen Teils die Struktur der Schwanritter-Sage verwischt, weshalb sie ihren Eigenwert als Sage einbüßt.[86] Zudem ist im Epos kaum Übernatürliches vorhanden, das in der Regel zu einer romantischen Oper gehört. Wohl aus diesem Grund beseitigt Wagner alles von der Handlung, was nicht unmittelbar im narrativen Kern der Sage angelegt ist, und reichert seine Geschichte mit Formen des Zaubers an, die zur Faszination des Genres beitragen. Damit macht er den Rahmen der Reichsgeschichte im Epos zur eigentlichen Handlung seiner Oper.

Oben wurden ausgehend vom Vergleich des *Lohengrin* mit seiner Hauptvorlage die Grundzüge der Bearbeitung erläutert. Anschließend werden einige Verfahren genauer betrachtet: die Konzentration, die Kombination und die Akzentverschiebung.

IX.2.3.1 Konzentration

Als Erstes ist das Verfahren der Konzentration zu betrachten, das für die Umgestaltung eines Erzähltextes von seinem 767-strophigen Umfang in ein Bühnenwerk notwendig ist. Die sich über mehrere Jahre erstreckende Epenhandlung wird inhaltlich auf den Kern der Sage reduziert und zeitlich auf drei Tage und zwei Nächte verknappt. Die Trennung erfolgt am Tag nach der Eheschließung, das mehrjährige Bestehen der Ehe entfällt in der Oper, was deutlich an den Angaben der entsprechenden Strophen aus dem Epos zu den Szenen II/1, II/5 und III/2 in der obigen Übersicht erkennbar ist. Die jeweils zwischen den beiden Textstellen liegende Passage von gut vierhundert Strophen erzählt von den Ereignissen in den Jahren nach der Eheschließung und vor dem Tabubruch. Auch die Gestaltung des Gerichtskampfes ist stark auf die zeitliche und räumliche Einheit ausgerichtet. Sämtliche Nebenfiguren im Epos finden keine Pendants in der Oper bzw. treten in den Chor zurück.[87] Infolge der Konzentration entstehen aus der ursprünglich linearen Handlung zahlreiche Überlagerungen. Beispielsweise ist die Hochzeitsfeier nicht nur die Besiegelung der Eheallianz, sondern auch der Anlass zur Verkündigung von Rechts- und Reichsangelegenheiten sowie die Konfrontation des Guten mit dem Bösen, des Glaubens mit dem Zweifel. Die Hochzeitsnacht ist nicht nur die Stunde der Liebesgeständnisse und Glücksempfindungen, sondern auch das katastrophale Ende der Ehe.

Zu den Aspekten der Konzentration gehören nicht nur die Kürzung und die Zusammenziehung von Szenen, sondern auch die Verdichtung, wie im Falle der Figur Ortrud zu erörtern ist. Im Epos werden die beiden ‚Heiden'-kriege zur Eliminierung der Bedrohungen für das Christentum, die jeweils von den vorchristlichen ‚Hunnen' (Ungarn) und den muslimischen Sarazenen ausgehen, ausgetragen. Die Symbolik einer existentiellen Notlage für die gesamte abendländische Christenheit beim Sarazenenkrieg wird an der Zusammensetzung der Kampfscharen auf der christlichen

---

[86] Vgl. die Charakterisierung der Handlung bei Meyer 2000, S. 106.
[87] Der Heerrufer des Königs ist freilich eine von Wagner neu entworfene Figur.

Seite, der Beteiligung des Papstes und des griechischen Kaisers, sowie nicht zuletzt am Schauplatz Rom ersichtlich. Der im Epos breit entfaltete und reflektierte religiöse Konflikt mit den ‚Heiden', die zugleich Reichs- und Glaubensfeinde darstellen, wird bei Wagner anders herausgestellt.

Betont werden zwar in erster Linie die „Not des Reiches" (V. 9) und „deutschen Reiches Ehr'" (V. 26), doch dass die christliche Religion für die Reichsherrschaft von zentraler Bedeutung ist, erkennt man an der entscheidenden Rolle, die Gott im juristischen Verfahren spielt – alles Recht im Reich wird Gott anvertraut (V. 143f.) –, und an der wiederholten Bezeichnung Lohengrins als Gottgesandten (V. 605, V. 986 u.ö.), die seine Vertrauenswürdigkeit und Autorität ausmacht. Die vorchristlichen Ungarn werden in Wagners Text zwar nicht wörtlich als Religionsfeinde bezeichnet, sondern „des Reiches Feind" (V. 978) genannt, doch in der Rede des Königs vom „öden Ost" (V. 980) werden die Alterität im Glaubensstatus des Feindes und die damit einhergehende Bedrohung für das christliche Reich impliziert. Freilich findet der Ungarnkrieg nach der Opernhandlung statt, der Sieg ist lediglich vorausgesagt, für einen Triumph des Christentums über das Heidentum in Massenkämpfen bietet diese Oper keinen Raum. Stattdessen findet der religiöse Konflikt seine symbolische Verdichtung und Auslotung bei Wagner in der Rivalität zwischen Lohengrin und Ortrud, die die alten heidnischen Mächte verkörpert und in ihrem monologischen Furioso die germanischen Götter anruft.[88] Für Lohengrin und Elsa ist Ortrud jemand, der „nie das Glück besessen" (V. 554) hat, „das sich [...] nur durch Glauben gibt" (V. 555). Für Ortrud sind alle Christen die „Abtrünnigen" (V. 512). Ortruds eigene Rachetaten richten sich gegen Elsa, doch ihr Racheplan zielt auf Lohengrin, vor dessen Macht sie sich fürchtet (V. 324–327). Die Aufeinanderbezogenheit und der dramatische Antagonismus zwischen Lohengrin und Ortrud ist auch in ihren parallel zueinander stehenden Tonarten A-Dur und fis-Moll angelegt. Ortrud erkennt richtig – auch wenn mit Missverständnissen – die Schwachstelle von Lohengrins Macht (V. 409–411); dass Elsa die verbotenen Fragen stellt, ist freilich nicht nur auf die Manipulation Ortruds zurückzuführen. Dass Lohengrin trotz der vereitelten Ehe Ortrud überlegen ist und die christlichen Mächte über die heidnischen siegen, zeigt eine kurze, musikalisch unauffällige Szene:

> LOHENGRIN, *schon bereit in den Nachen zu steigen, hat,* ORTRUDS *Stimme vernehmend, eingehalten, und ihr vom Ufer aus aufmerksam zugehört. Jetzt senkt er sich, dicht am Strande, zu einem stummen Gebete feierlich auf die Kniee. Plötzlich erblickt er eine weiße Taube sich über dem Nachen senken: mit lebhafter Freude springt er auf, und löst dem Schwane die Kette, worauf dieser sogleich untertaucht: an seiner Stelle erscheint ein Jüngling –* GOTTFRIED.[89]

Die vorzeitige Erlösung Gottfrieds durch Lohengrins stummes Gebet bannt nicht nur Ortruds Zauber, sondern signalisiert auch die Gnade des Grals entgegen dem Gesetz,

---

[88] Zur Figur der Ortrud und Instrumentalisierung des germanischen Mythos siehe Borchmeyer 2002b, S. 206f.
[89] Voss 2001, S. 75.

die durch die Taube überbracht wird.[90] Die Rückverwandlung lange vor der einjährigen Frist stellt – mit der Heilung des Anfortas durch die nachträgliche Frage Parzivals vergleichbar – eine Ausnahme innerhalb der Ordnungen des Grals dar. Die Ohnmacht Ortruds artikuliert sich darin, dass Lohengrin mühelos die Zauberkette von dem Schwan lösen kann. Dass der Sieg Lohengrins über Ortrud zudem ein endgültiger sein dürfte, das deutet die Regieanweisung an: „ORTRUD *ist beim Anblicke der Entzauberung* GOTTFRIEDS *mit einem Schrei zusammengesunken.*"[91]

IX.2.3.2 Kombination
IX.2.3.2.1 Die Figur der Ortrud

Wagners kombinatorisches Verfahren soll anhand von Beispielen der Figurenkonzeption und der Übernahme aus anderen Erzähltraditionen jenseits des Lohengrin-Stoffes gezeigt werden. Für die Figur der Ortrud findet sich in der mittelalterlichen Erzählliteratur kein ausgereiftes Vorbild, sie speist sich aus heterogenen Quellen und Anregungen. In das böse Paar Friedrich – Ortrud[92] ist nicht nur die Figur des Friedrich von Telramund im bairischen *Lohengrin* eingeflossen, der logischerweise noch keine Ehefrau hat, da er Elsams Hand durch eine falsche Anklage gewinnen will. Als Vorbild dafür dient auch das Klevische Herzogspaar: Der Herzog unterliegt Lohengrin in einer Tjost und bricht sich dabei den rechten Arm, was eine dauerhafte Lähmung hinterlässt. Jahre später will seine Frau die Kränkung rächen, indem sie Lohengrins Adel bezweifelt und Elsam dadurch betrübt (*Loh* 693,4–10). Die Motivation, den im Kampf besiegten Ehemann zu rächen, bewegt auch Ortrud dazu, Elsa zu verunsichern. Ortrud verfolgt jedoch darüber hinaus höhere Ziele – sie will die einstige Herrschaft ihres Stammes in Brabant restaurieren (V. 62f., V. 374–377) und macht Friedrich zu ihrer Marionette. Er nimmt sie zur Frau, weil sie ihm Macht verspricht (V. 378–380). Für diese Relation steht offensichtlich die Figurenkonstellation aus der Oper *Euryanthe* Carl Maria von Webers Pate: Dem unschuldigen Paar Adolar – Euryanthe (Tenor – Sopran) wird das intrigante Paar Lysiart – Eglantine (Bariton – Sopran) gegenübergestellt. Lysiart verspricht Eglantine die Ehe, da sie ihm zu Adolars Landbesitz dadurch verhelfen kann, dass sie Euryanthe ein Geheimnis entlockt hat. Beide, Eglantine und Ortrud, gestehen am Ende triumphierend ihre Intrige. Die Verzauberung des Menschen in eine Tiergestalt erinnert an Händels Alcina; musikalisch weist Ortrud Parallelen zu Mozarts Elettra auf,[93] die von den Furien in ihrem Herzen zur Rache getrieben wird.

---

90 Vgl. die vor der Uraufführung gestrichene Passage der Gralserzählung in der autographen Partitur: „denn wer ein Jahr nur seinem Dienst erlesen, / dem weicht von dann ab jedes Zaubers Fluch" (Voss 2001, S. 83).
91 Voss 2001, S. 75.
92 Zum spannungsvollen Kontrast zwischen den „beiden ungleichen Paaren", der „den mittelalterlichen Fassungen fehlte", vgl. Mertens 1986, S. 29.
93 Insbesondere mit der Arie *Tutte nel cor vi sento*. Zu ‚rasenden Weibern' in Oper und Drama des achtzehnten und neunzehnten Jahrhunderts vgl. Borchmeyer 1992.

IX.2.3.2.2 Der Streit vor dem Münster

Für den gestörten Brautzug findet sich in der Lohengrin-Tradition kein Vorbild. Sehr wahrscheinlich ließ sich Wagner von der Szene des Streites zwischen den beiden Königinnen Brünhild und Kriemhild aus dem *Nibelungenlied* dazu anregen,[94] von dem er drei Ausgaben und eine neuhochdeutsche Übersetzung in der Dresdener Bibliothek besaß.[95] Die öffentliche Streitszene mit der Figurenkonstellation zweier Frauen in Rivalität begegnet nicht selten auf der Bühne. So entlädt sich auch der Konflikt zwischen den beiden Königinnen in Schillers *Maria Stuart* in einer solchen Szene, die im Drama des neunzehnten Jahrhunderts oft wiederaufgegriffen und transformiert wurde.[96] Das unmittelbare Vorbild für die Szene II/4 im *Lohengrin* scheint dennoch das *Nibelungenlied* geliefert zu haben, da die entsprechenden Passagen in beiden Werken szenische, thematische und wörtliche Parallelen aufweisen. Mit den sagengeschichtlichen Studien zum Nibelungen-Stoff begann Wagner etwa im Jahre 1842, zur gleichen Zeit, als er sich mit dem Lohengrin-Stoff vertraut gemacht hat.[97] Im Spätsommer 1848 – d.h. als das unmittelbare Folgeprojekt nach der Fertigstellung der *Lohengrin*-Partitur – entstand der Aufsatz *Die Wibelungen. Weltgeschichte aus der Sage*. Im Oktober desselben Jahres beendete Wagner den Prosaentwurf zu *Siegfrieds Tod*, der später der dritte Tag des *Rings der Nibelungen*, die *Götterdämmerung*, wurde.[98] In diesem Werk, dem zuerst konzipierten unter den vier Teilen des *Rings*, begegnen sich Brünnhilde und Gutrune, jedoch wird die Szene des Königinnenstreits, die sich im *Nibelungenlied* zwischen Gunthers und Siegfrieds Gattinnen abspielt, nicht auf diese Begegnung angewendet, sondern im *Lohengrin*. Im *Nibelungenlied* tragen sich die Streitigkeiten zwischen den beiden Königinnen in der 14. von insgesamt 39 Aventiuren zu und bilden den direkten Anlass für die Ermordung Siegfrieds in der 16. Aventiure und somit einen wichtigen Wendepunkt in der Epenhandlung. Der gestenreichen Auseinandersetzung vor dem Münster geht ein Wortgefecht der beiden Königinnen über den ständischen Vorrang ihres jeweiligen Ehemannes voraus. Während sie Ritterspielen zusehen, behauptet Brünhild, Gunther sei mächtiger als Siegfried, woraufhin Kriemhild erwidert, die beiden Männer seien ebenbürtig. (NL Str. 758–762) Brünhild erwähnt die Täuschung während der Werbung um sie, bei der Siegfried sich als Lehnsmann Gunthers ausgab, weshalb sie ihn für einen Leibeigenen hält. (Str. 763f.) Da Brünhild nicht von dieser Aussage abzubringen ist, werden beide Frauen zornig und Kriemhild plant, mit dem Vortritt ins Münster allen zu beweisen, dass Siegfried angesehener ist als Gunther (*und daz mîn man ist tiuwer danne der dîn sî*, 771,2). Noch an demselben Tag ziehen die beiden Frauen mit ihrem Gefolge vor das Münster. Der Anfang der Begegnung wird folgendermaßen beschrieben:

---

[94] Vgl. Pahlen 2010, S. 96; Buschinger 2007, S. 54; Mertens 1986, S. 28f. mit überzeugendem Vergleich der Figuren.
[95] Westernhagen 1966, S. 99 (Nr. 98–101).
[96] Vgl. dazu Vogel 2001.
[97] Vgl. Ukena-Best 2014, S. 34.
[98] Vgl. Breig/Fladt 1976, S. 12f.

Ze samene si dô kômen   vor dem münster wît.
ez tete diu hûsvrouwe   durch einen grôzen nît:
si hiez vil übellîche   Kriemhilde stân.
„jâ sol vor küneges wîbe   nimmer eigen wîp gegân." (NL Str. 781)

[Nun kamen sie zusammen   vor dem Münster weit.
Die Hausfrau des Königs   in ihrem Zorn und Neid
hieß da mit schnöden Worten   Kriemhilden stille stehn:
Es soll vor Königsweibe   die Eigenholdin nicht gehn.]⁹⁹

Dô sprach diu schœne Kriemhilt   (zornec was ir muot):
„kundest du noch swîgen,   daz wære dir lîhte guot.
du hâst geschendet selbe   dînen schœnen lîp.
wie möhte mannes kebese   immer werden küneges wîp?" (NL Str. 782)

[Da sprach die schöne Kriemhild,   zornig war ihr Muth:
„hättest du noch geschwiegen,   das wär dir leichtlich gut.
Du hast geschändet selber   deinen schönen Leib:
Wie mocht eines Mannes Kebse   je werden Königesweib?"]

Den performativen Befehl Brünhilds Kriemhild gegenüber, stehenzubleiben, äußert auch Ortrud zu Elsa, mit sogar mehr dynamischer Wucht, sodass Elsa zum Zurücktreten gezwungen wird:

> Als ELSA *unter dem lauten Zurufe des Volkes eben den Fuß auf die erste Stufe zum Münster setzen will, tritt* ORTRUD *wütend aus dem Zuge heraus, schreitet auf* ELSA *zu, stellt sich auf derselben Stufe ihr entgegen und zwingt sie so vor ihr wieder zurückzutreten.*¹⁰⁰

Der *nît* Brünhilds und der *zorn*[] Kriemhilds erfüllen auch hier die beiden Frauenfiguren bei Wagner. Der Disput über den Vorrang ihrer Ehemänner und der Frauen selbst, der im *Nibelungenlied* vorgängig ist, wird zwischen Elsa und Ortrud im Anschluss ausgetragen. Beide wollen ihr Recht des Vortritts durch den Rang ihres Ehemanns legitimieren:

> ORTRUD.
> [...]
> Mein Leid zu rächen will ich mich vermessen,
> was mir gebührt, das will ich nun empfahn.¹⁰¹

---

99 Neuhochdeutsche Übersetzung nach Simrock ³1843 (= Dresdener Bibliothek Nr. 101), S. 155. Den Begriff ‚Eigenholdin' bei Simrock übernahm Wagner später für die Rede seiner Isolde: „Befehlen ließ' / dem Eigenholde / Furcht der Herrin / ich, Isolde." (*Tristan und Isolde*, V. 133–136) Zitiert nach Voss 2003.
100 Voss 2001, S. 45.
101 Im Prosaentwurf artikuliert Ortruds Aussage an dieser Stelle klarer ihren Herrschaftsanspruch: „[...] mir gehört der Vortritt, sei es wo es immer will, denn ich bin dieses Landes Herzogin!" (Prosaentwurf wird zitiert nach Deathridge/Döge 2003, S. 209–244, hier S. 217)

ELSA.
Weh! Ließ ich durch dein Heucheln mich verleiten,
die diese Nacht sich jammernd zu mir stahl?
Wie willst du nun in Hochmut vor mir schreiten,
du, eines Gottgerichteten Gemahl?

ORTRUD.
Wenn falsch Gericht mir den Gemahl verbannte,
war doch sein Nam' im Lande hochgeehrt;
als aller Tugend Preis man ihn nur nannte,
gekannt, gefürchtet war sein tapfres Schwert.
Der deine, sag, wer sollte hier ihn kennen,
vermagst du selbst den Namen nicht zu nennen? (V. 637–648)

ELSA
[...]
Hat nicht durch Gott im Kampf geschlagen
mein teurer Held den Gatten dein?
Nun sollt nach Recht ihr alle sagen,
wer kann da nur der Reine sein? (V. 665–668)

Anders als die gegenseitige Beleidigung zwischen Brünhild und Kriemhild bleibt die Szene bei Wagner eine eher einseitige Provokation, da sich Elsa auf die Verteidigung der Reinheit ihres Mannes beschränkt. Während sie defensiv und sachlich den Vorrang und die Integrität ihres Gatten zu beweisen bemüht ist, lenkt Ortrud raffiniert den Disput auf die vorbereitete Anschuldigung der Zauberei gegen Lohengrin:

ORTRUD.
Ha! Diese Reine deines Helden,
wie wäre sie so bald getrübt,
müßt' er des Zaubers Wesen melden,
durch den hier solche Macht er übt!
Wagst du ihn nicht darum zu fragen,
so glauben alle wir mit Recht,
du müssest selbst in Sorge zagen,
um seine Reine steh' es schlecht! (V. 670–677)

Der Vortritt ist für Ortrud also nicht das eigentliche Ziel – wie soll eine Heidin auch so eifrig ins Münster gehen wollen? –, sondern der Streit darum ist das Mittel zum Zweck, Elsa und ihr Gefolge zu verunsichern und Friedrichs Anklage des Gottestrugs (701f.) vorzubereiten. Es besteht kaum eine Rivalität zwischen den beiden Frauen, die Machtbestrebungen Ortruds richten sich gegen Lohengrin, nicht gegen Elsa, wie er in seinen Worten zu Ortrud demonstrativ klar macht („Hier wird dir nimmer Sieg!" V. 693).

Die Entlehnung der Szene des Königinnenstreits in aller Öffentlichkeit aus dem *Nibelungenlied* sorgt für einen eklatanten Einschnitt genau in der Mitte der Oper. Diese Szene bietet die notwendige dramatische Zuspitzung, die in der Handlung von Wagners Hauptvorlage, dem *Lohengrin*-Epos, nicht zuletzt aufgrund seiner an die Chronistik angelehnten Poetik weitgehend fehlt. Die Innenhandlungen der Epenfiguren werden bei Wagner verbal und gestisch nach außen getragen und von anderen Figuren ebenso wie dem Publikum wahrgenommen. Auch die Konsequenz des Zweifel-Säens durch Ortrud und Friedrich, Elsas innerer Kampf mit sich selbst (vgl. *Loh* 696,6–10), wird sichtbar und hörbar externalisiert,[102] dies sowohl in der Regieanweisung:

> *Als er sich zu* ELSA *wendet, hält er betroffen an, da er sie, mit heftig wogender Brust, in wildem inneren Kampfe vor sich hinstarrend erblickt.*[103]

als auch im gesungenen Text, dem in diesem Moment eine kommentierende Funktion zum innehaltenden szenischen Geschehen zukommt:

> LOHENGRIN.
> Elsa! – Wie seh' ich sie erbeben!
> In wildem Brüten muß ich sie gewahren! (V. 738f.)
>
> FRIEDRICH und ORTRUD.
> In wildem Brüten darf ich sie gewahren,
> der Zweifel keimt in ihres Herzens Grund; – (V. 743f.)
>
> ELSA.
> [...]
> im Zweifel doch erbebt des Herzens Grund! (V. 756)

Die private, vertrauliche Unterredung zwischen Ortrud und Elsa in der Nachtszene wird vor dem Münster der allgemeinen Aufmerksamkeit zugänglich gemacht und gewinnt an „Zeremonialcharakter"[104] und „spektakuläre[r] Wirkung".[105]

IX.2.3.2.3 Der Schwan
An der Gestaltung des Schwans lässt sich Wagners Beschäftigung mit diversen Strängen der Stoffüberlieferung beobachten. Allein die deutsche Lohengrin-Tradition liefert offenbar nicht alle notwendigen Sujets für eine romantische Oper, da das

---

102 Vgl. Dahlhaus 1988, S. 155f. zum Aspekt der Entäußerung: „Die zentrale Kategorie in Wagners Ästhetik des musikalischen Dramas ist *Verwirklichung*. Wagner betont – kaum anders als Hegel, unter dessen Einfluß er aufgewachsen ist –, daß sich das Innere entäußern, daß es Gestalt annehmen müsse, um nicht nichtig zu sein. Entscheidend ist nicht die dichterische Absicht, die im Inneren eines Werkes verschlossne Bedeutung, sondern die Realisierung des Intendierten, die Sinnfälligkeit, mit der es erscheint" (Hervorhebung im Original); und S. 43 zum *Lohengrin*: „[...] eine Katastrophe, die von innen heraus motiviert ist. Die Intrige, scheinbar das bewegende Moment, ist in Wahrheit nichts als der Reflex, den die innere Handlung nach außen wirft, um szenisch sinnfälliger zu werden oder sich überhaupt erst als Drama konstituieren zu können."
103 Voss 2001, S. 52.
104 Vogel 2001, S. 193.
105 Ebd., S. 183.

Übernatürliche dort weitgehend durch die historisch-politische und die heilsgeschichtliche Komponente verdrängt worden ist.[106] Die Verwandlung der Kinder zwischen Menschen- und Schwanengestalt, die Wagner zu Ortruds Zauber an Gottfried angeregt hat, ist zwar seit der Eingliederung der *Naissance du Chevalier au Cygne* in den Kreuzzugszyklus der *Chansons de geste* Anfang des dreizehnten Jahrhunderts integraler Bestandteil der französischen Schwanritter-Überlieferung. In den deutschen Bearbeitungen ist die Schwan-Mensch-Doppelexistenz in der Kindheit des Schwanritters hingegen spurlos verschwunden. Freilich findet sich die Vorgeschichte als eigenständige Erzählung in deutscher Prosaübersetzung seit dem vierzehnten Jahrhundert wieder. In die Einleitung Görres' und die Sagensammlungen der Brüder Grimm und Wolfs ist die Geschichte von den Schwanenkindern aufgenommen.[107] Die Nacherzählung *Der Ritter mit dem Schwan* in den *Deutschen Sagen* bietet neben den Taten des Schwanritters in Bouillon auch die Vorgeschichte und die Fortsetzung dazu. Dort wird nach der *Naissance du Chevalier au Cygne* geschildert, wie sich sechs Kinder – die Geschwister des späteren Schwanritters Helias – in Schwäne verwandeln, nachdem ihnen die Halskette abgestreift worden ist. Nach der *Fin d'Elias* wird die Rückverwandlung des einen in Schwanengestalt verbliebenen Jünglings – des Bruders und Gefährten des Schwanritters – beschrieben, die durch die später zurückgewonnene Kette herbeigeführt wird.[108] Die Kette ist in der altfranzösischen Tradition also Teil der Natur der Kinder und erhält ihnen die Menschengestalt. Bei Wagner ist die Funktion der Kette umgekehrt: Sie trägt den heidnischen Zauber Ortruds und versetzt Elsas Bruder in Schwanengestalt. Erst durch Lohengrins Gebet kann die Kette von ihm gelöst werden, wodurch der Zauber von ihm gebannt wird. Die Freiheit in Wagners Gestaltung trotz der Entlehnung des Sujets zeigt sich auch darin, dass der Schwan zwar immer noch Weggefährte des Ritters ist, doch nicht mehr sein Bruder, sondern der Bruder Elsas. Die erste Option ist aufgrund der Ansippung Lohengrins an die Gralsgenealogie nicht mehr möglich. Durch die Einführung eines männlichen Erben gewinnt die Herrschaftsproblematik in Brabant eine andere Facette (siehe auch IX.2.3.3.1). Der Name ‚Gottfried' erinnert freilich noch an den Kreuzzugshelden Gottfried von Bouillon, der im altfranzösischen Kreuzzugszyklus als Enkel des Schwanritters dargestellt wird.

In der mittelhochdeutschen Werkreihe zum Schwanritter-Stoff ist der Schwan ein gottgesandtes und mit Wunderkraft gesegnetes Tier und bleibt auch Tier, selbst wenn der Schwanritter beispielsweise in Konrads Erzählung mit einer „anthropomorphisierenden Anrede"[109] zu ihm spricht: *flueg dinen weg wol, lieber swan* (V. 240). Das Auftrittssolo von Wagners Lohengrin ist hingegen eine chiffrierte Kommunikation mit

---

106 Vgl. dazu Kap. VI.7.
107 Vgl. Ukena-Best 2014, S. 22, Anm. 16.
108 Siehe die vollständige Handlung der Schwanenkinder-Geschichte in Kap. II.2.1.
109 Ukena-Best 2014, S. 25.

dem in Schwanengestalt erscheinenden Gottfried, die zunächst nur diese beiden Protagonisten verstehen:[110]

> Nun sei bedankt, mein lieber Schwan!
> Zieh durch die weite Flut zurück
> dahin, woher mich trug dein Kahn,
> kehr wieder nur zu unserm Glück!
> Drum sei getreu dein Dienst getan!
> Leb wohl, leb wohl, mein lieber Schwan! (V. 196–201)

Mit „woher mich trug dein Kahn" ist Monsalvat gemeint; in „unserm Glück" sind die Rettung und Heirat der Schwester Gottfrieds und seine eigene Erlösung in einem Jahr enthalten; der „Dienst", den der Schwan „getreu" verrichten soll, ist der Dienst für den Gral als Voraussetzung für seine Rückverwandlung. Lohengrin verabschiedet Gottfried also nicht nur mit allen guten Wünschen, sondern weist ihm auch die Richtung der Fahrt, sagt ihm die Zukunft voraus, unterrichtet ihn über das Gralsgesetz und gemahnt ihn an seine Aufgabe. Diese Aspekte der Abschiedsrede bleiben in dem Moment für die anderen Figuren und das Publikum noch verborgen. Der „*tödliche*[] *Schreck*",[111] in den Ortrud beim Anblick der Ankömmlinge gerät, dürfte darin begründet liegen, dass sie Gottfried bereits in diesem Moment an der Kette erkannt haben müsste (vgl. V. 1138) und sich von Lohengrins Macht geschlagen fühlt, die es vermag, ihr Zauberwerk zum Fahrzeug umzufunktionieren. Dass der Schwan nicht ein beliebiges wildes Tier ist, sondern in Verbindung zum Gral und zu Ortrud steht, ist in der Musik allerdings bereits in diesem Moment für alle zu erahnen: Das Schwan-Motiv hat sich aus dem Grals-Motiv verselbständigt (Abb. 7), in der Tonart ist es durch die alternierenden fis-Moll- und A-Dur-Dreiklänge mit den Spitzentönen Fis und E sowohl auf Ortrud als auch auf Lohengrin bezogen. Der Schwan steht also unter Ortruds Zauber und zugleich im Dienst des Grals.[112]

Die Reaktion des Chors, die Lohengrins Ankunft hervorruft, weist Anklänge an die Erzählerrede und den Kommentar des Königs bei Konrad von Würzburg auf:

> Ein Wunder! Ein Wunder! Ein Wunder ist gekommen!
> Ha, unerhörtes, nie geseh'nes Wunder!
> Gegrüßt! Gegrüßt, du gottgesandter Held! (*L* V. 193–195)

> *vil schiere wart beschauwet do*
> *ein fremmedes wunder ûf dem se,*
> *daz man gesach nie keinez me*
> *daz wunderlicher were*
> *und auch so tugentbere.* (*Schwanritter*, V. 101–104)

---

[110] Vgl. Ukena-Best 2014, S. 25.
[111] Voss 2001, S. 19.
[112] Zum Vokalpart des Schwans am Ende des 3. Aktes, der von Wagner aus der Kompositionsskizze gestrichen wurde, vgl. Kinderman 2012, S. 325.

Got hat vns wilde geste
gesant her ůf dem wage wit: (*Schwanritter*, V. 178 f.)

Wie faßt uns selig süßes Grauen!
Welch holde Macht hält uns gebannt! –
Wie ist er schön und hehr zu schauen,
den solch ein Wunder trug ans Land! (*L* V. 202–205)

„*wil ieman schauwen und spehen*
daz groste unbilde, daz gesehen
ie wart zů keinem male,
der kere sunder twale
mit mir zů des meres stade.
[…]" (*Schwanritter*, V. 147–151)

durch sine ritterliche art,
durch wunder, wart er an gesehen:
man durfte dekeinen spehen
nie so ritterlichen mer. (*Schwanritter*, V. 256–259)

Die kommentierende Funktion der Erzähler- und Figurenrede verlagert Wagner auf den Chor, der einerseits das Geschehen mit besonderer, individuell komponierter Anteilnahme und Ausdruck seines eigenen Gefühls begleitet, andererseits durch die Begrüßung des Helden in der Handlung agiert. Hier erhält das Volk am Scheldeufer Züge des kommentierenden Chors aus der attischen Tragödie, die Wagner als das große Vorbild für sein mythisches Drama dient, das im *Ring des Nibelungen* vollends realisiert werden soll. In solchen innehaltenden Momenten der Oper schimmert der epische Charakter des dramatischen Werks durch. Im Wechselgesang zwischen Lohengrins nahezu a cappella vorgetragenem Solo und dem darauf reagierenden Chor ist die Struktur des Responsoriums wiederzuerkennen, was dieser Szene eine sakrale Aura verleiht.[113]

---

[113] Für diesen Hinweis bedanke ich mich bei Markus Höring.

Abb. 7: Die Verselbständigung des Schwan-Motivs aus dem Grals-Motiv (I, 689 f. und 701–703). Der Abdruck der Auszüge aus den Werkausgaben Richard Wagners (Deathridge/Döge 1996–2000; Voss/Geck 1972; Voss 2012) erfolgte mit freundlicher Genehmigung der SCHOTT MUSIC GmbH & Co. KG.

IX.2.3.2.4 Der doppelte Verrat

Das intrigante Paar Ortrud – Friedrich verfolgt eine Doppelstrategie in seinem Racheplan: „So gält' es, Elsa zu verleiten" (V. 418) lautet der erste Schritt, „Mißglückt's, / so bleibt ein Mittel der Gewalt" (V. 427 f.) der zweite. In der Szene III/2 brechen Friedrich und die vier Brabantischen Edlen „*mit gezücktem Schwerte*"[114] in das Brautgemach ein, nachdem Elsa die verheerenden Fragen gestellt hat. Hier inszeniert Wagner unter Engführung der intellektuellen und physischen Gewalt zwei Formen des Verrats an Lohengrin, die in den Erzähltexten des Mittelalters jeweils in der ersten und der zweiten Ehe Lohengrins geschehen. Wolfram von Eschenbach erzählt im *Parzival* von der ersten Ehe mit dem Tabubruch der Herzogin von Brabant,[115] der im bairischen *Lohengrin* narrativ weiter entfaltet wird. Albrecht erzählt im *Jüngeren Titurel* von der zweiten Ehe mit dem tödlichen Angriff auf Lohengrin in Liasperie.[116] Ulrich Füetrer kombiniert im *Buch der Abenteuer* beide Ehen derselben Figur und reiht sie hintereinander.[117] Friedrichs nächtlicher Überfall weist insofern Parallelen zum Angriff im *Jüngeren Titurel* und *Buch der Abenteuer* auf, als auch dort das Abschneiden eines

---

114 Voss 2001, S. 65.
115 Vgl. Kap. III.1.
116 Vgl. Kap. V.2.
117 Vgl. Kap. VIII.4.

Körperteils die dauerhafte Bindung Lohrangrins/Lohargrims an seine Frau, Pelaie/ Peleye, herbeiführen soll, freilich durch das Verspeisen des Körperteils.[118] Einen vermeintlichen Bindungszauber behauptet Friedrich Elsa gegenüber als seine Absicht: „dir treu, soll nie er dir von hinnen gehen" (V. 770). Wagner realisiert nur die erste Ehe Lohengrins,[119] vereint jedoch in dieser einen Ehe die beiden destruktiven Taten in einer Szene, was den Effekt einer Verdichtung und Doppelung hat: Der verräterische Überfall durch Friedrich und die vier Brabanter Edlen hinterlässt zwar – anders als im *Jüngeren Titurel* – keine physischen Folgen bei Lohengrin, doch seine potentiellen Konsequenzen veranschaulichen die zerstörerische Kraft des Tabubruchs, die auch durch die Wucht der Musik in dieser Szene ausgedrückt wird. Elsas Verrat ist die eigentliche vernichtende Tat, die Lohengrin an seiner Mission scheitern lässt: „O Elsa! Was hast du mir angetan?" (V. 1070) Während er sich mühelos vor den Attentätern retten kann – „LOHENGRIN *streckt* FRIEDRICH, *da er nach ihm ausholt, mit einem Streiche tot zu Boden*" –,[120] können die Konsequenzen von Elsas Verrat nicht abgewendet werden:

> Nur eine Strafe gibt's für dein Vergehen, –
> ach, mich wie dich trifft ihre herbe Pein!
> Getrennt, geschieden sollen wir uns sehen, –
> dies muß die Strafe, dies die Buße sein! (V. 1095–1098)

Die Trennung ist freilich nicht nur die Strafe, sondern sie ist die Realisierung und Veranschaulichung dessen, was der Tabubruch für die Beziehung des Paares bedeutet: „*Elsa* hat *Lohengrin* verwirkt, ihr Vereinigtbleiben ist unmöglich, denn als Elsa die Frage an ihn richtet, sind Beide bereits geschieden: die *Trennung*, die Idee der Trennung, erschien mir von Anfange her beim ersten Bekanntwerden mit dem Stoffe als das Eigenthümliche, besonders Bezeichnende desselben [...]".[121] Wohl aus diesem Grund ist Wagner bei der Trennung als Ausgang der Handlung geblieben, nachdem er die Möglichkeit erwogen und erprobt hatte, Lohengrin bei Elsa bleiben zu lassen. „Die Sühne für Elsa's Vergehen kann nur in ihrer Bestrafung liegen, und selten kann ein Vergehen eine consequentere und somit unerläßlichere Strafe nach sich ziehen, als sie hier in der *Trennung* ausgesprochen ist: keine Züchtigung, kein Tod (unmittelbar) kann ihre Strafe sein, – jede andere Strafweise wäre Willkür und müßte empören, nur – die allerdings härteste – die Strafe der *Trennung* erscheint als die unerläßlichste, und sie kann nicht *zu* hart erscheinen, weil sie die gerechteste, die folgerichtigste ist."[122]

---

118 Vgl. Kap. V.5 und VIII.5.1.3.
119 Die Geschichte von Lohengrins zweiter Ehe hat meines Wissens bislang noch keine Vertonung gefunden.
120 Voss 2001, S. 65.
121 An Dr. Hermann Franck, Groß-Graupe 30. Mai 1846. Strobel/Wolf ²1980, Nr. 212, S. 511–515, hier S. 511. Hier und unten Hervorhebungen in der Ausgabe.
122 Strobel/Wolf ²1980, S. 511.

IX.2.3.3 Akzentverschiebung
IX.2.3.3.1 Die Tragik der Liebe

Wagner nahm den mittelalterlichen *Lohengrin* zur Hauptvorlage seiner Oper, doch die erste Bekanntschaft mit diesem „Gedicht", wie er es nannte, rief zunächst „Mißtrauen" und „Widerwillen" in ihm hervor.[123] Als geeigneter Opernstoff erschien ihm die Geschichte des Schwanritters erst später, in einer anderen Form:

> Erst als der unmittelbare Eindruck dieser Lektüre sich mir verwischt hatte, tauchte die Gestalt des Lohengrin wiederholt und mit wachsender Anziehungskraft vor meiner Seele auf; und diese Kraft gewann von außen her namentlich auch dadurch Nahrung, daß ich den Lohengrinmythos in seinen einfacheren Zügen, und zugleich nach seiner tieferen Bedeutung, als eigentliches Gedicht des Volkes kennenlernte, wie er aus den läuternden Forschungen der neueren Sagenkunde hervorgegangen ist. Nachdem ich ihn so als edles Gedicht des sehnsüchtigen menschlichen Verlangens ersehen hatte, das seinen Keim keineswegs nur im christlichen Übernatürlichkeitshange, sondern in der wahrhaftesten menschlichen Natur überhaupt hat, ward diese Gestalt mir immer vertrauter [...].[124]

Mit der Version des Mythos in „einfacheren Zügen" ist wahrscheinlich die kurze Nacherzählung bei den Brüdern Grimm gemeint, die auch von Wolf in seine Sammlung aufgenommen wurde. Durch eine solche kondensierte Version und die eigene geistige Verarbeitung wurden Wagner die jenseits der historisch-politischen Kulisse und der religiösen Thematik wirkenden anthropologischen Komponenten des Stoffes klarer vor Augen geführt. Ebendiese Komponenten rückt Wagner bei seinem Schaffen ins Zentrum, er zeigt in Lohengrin die menschliche Natur in einer gotthaften Gestalt.

Eine Verschiebung der zentralen Thematik findet bei Wagner gegenüber der mittelalterlichen Werkreihe in der Darstellung der Beziehung des Paares und des Tabubruchs statt. Die literarischen Bearbeitungen des Mittelalters zur Schwanritter-Sage sind Gründungserzählungen, die die Genealogie eines oder mehrerer Adelsgeschlechter auf einen mythischen Spitzenahn zurückführen. Die Bouilloner/Brabanter Dynastie und zahlreiche mit ihnen verwandte nordwesteuropäische Herrscherhäuser, die eine Abstammung vom Schwanritter für sich behaupten, beziehen aus dem Ursprungsmythos ihre Legitimität. Dementsprechend geht/gehen in allen mittelalterlichen Versionen aus der Verbindung des Schwanritters mit der Herzogin ein Kind/Kinder hervor, in ihnen erfüllt sich der Zweck der (Neu-)Gründung einer bedrohten Dynastie, in der legitime männliche Erben fehlen. Dementsprechend ist der schemen- und stoffbedingte Tabubruch oft durch das dynastische Interesse der Herrschaftsle-

---

[123] *Mitteilung*, S. 263. Die Aussagen Wagners zu seinem *Lohengrin* aus der *Mitteilung*, die im Folgenden berücksichtigt werden, bilden zwar ab, wie er zur Zeit der Drucklegung der *Drei Operndichtungen* sein Werk verstanden haben will; sie haben freilich nur einen sehr eingeschränkten Bezug zu seinen Überlegungen während der Schaffensphase des *Lohengrin*. In diesem Sinne schreibt Wagner in der *Mitteilung* seine früheren Werke gewissermaßen ‚neu'. Für diesen Hinweis bedanke ich mich bei Dieter Borchmeyer.

[124] *Mitteilung*, S. 263f.

gitimation motiviert, für die das genealogische Wissen unabdingbar ist.[125] Die Herzogin kann dieses Wissen für die gemeinsamen Kinder, die die künftigen Herrscher des Herzogtums sind, nur erlangen, indem sie das Frageverbot übertritt. Die Fatalität des mythischen Schemas wird durch den Einbezug des historischen und personalen Horizonts einer Feudalgesellschaft konkretisiert. In den mittelalterlichen Bearbeitungen der Sage stellt die Herzogin die verbotene(n) Frage(n) erst mehrere Jahre nach der Heirat, teils unmotiviert (altfranzösischer *Chevalier au Cygne*, Wolframs *Parzival*), teils um sich der Abstammung der gemeinsamen Kinder zu vergewissern (Konrads *Schwanritter*, bairischer *Lohengrin*).

Der entscheidende Unterschied von Wagners Version liegt darin, dass die Ehe *de facto* nicht vollzogen wird. Das Zeugen von Nachkommen und das dynastische Interesse der Herrschaftslegitimation über die Generationsgrenze hinweg spielen bei Wagner keine Rolle. Somit entfällt – trotz der historischen Einbettung – das „spezifisch Mittelalterliche"[126] des Mythos. Lohengrin wird nicht zum Spitzenahn, da er nicht die Geblütslinie der Brabanter Herzöge neu begründet, sondern nur so lange den Amtstitel ‚Schützer von Brabant' (V. 590) zu tragen braucht, wie Gottfried vermisst wird.[127] Dies wird dadurch veranschaulicht, dass die Herrschaftsinsignien für Gottfried bestimmt sind – im mittelalterlichen *Lohengrin* werden das Horn und das Schwert für die beiden Söhne Lohengrins hinterlassen, der Ring für Elsam. Die Brabanter Herrschaft ist zu Beginn der Oper also auf eine andere Art bedroht als in den mittelalterlichen Texten – ein legitimer Erbe ist zwar vorhanden, jedoch abwesend. Dass er am Leben ist und zurückkehren wird, das dürften in dem Moment nur die Gralsleute wissen.[128] Die Motivation der Elsa, die verbotenen Fragen zu stellen, liegt in keinerlei äußeren, personalen oder gesellschaftlichen Normen begründet, sondern ganz in ihr selbst. Sie fragt für sich und Lohengrin, nicht für potentielle Nachkommen. Die Antwort auf ihre Fragen wäre trotz des Inhalts in erster Linie kein genealogisches Wissen, sondern ein Erweis von Vertrauen und Gleichwertigkeit. Dies macht sie im Brautgemach deutlich:

> Ach! Könnt' ich deiner wert erscheinen!
> Müßt' ich nicht bloß vor dir vergehn!
> Könnt' ein Verdienst mich dir vereinen,
> dürft' ich in Pein für dich mich sehn!
> Wie du mich trafst vor schwerer Klage,
> o! wüßte ich auch dich in Not!
> Daß mutvoll ich ein Mühen trage,

---

[125] Vgl. Kap. IV.4 und X.
[126] Mertens 1986, S. 30.
[127] Vgl. Ukena-Best 2014, S. 21.
[128] Vgl. den vor der Uraufführung aus der autographen Partitur gestrichenen zweiten Teil von Lohengrins Erzählung: „da auf der Flut wir einen Schwan erblickten, / zu uns zog einen Nachen er herbei: – / mein Vater, der erkannt des Schwanes Wesen, / nahm ihn in Dienst nach des Grales Spruch:" (Voss 2001, S. 83).

> kennt' ich ein Sorgen, das dir droht! –
> Wär' das Geheimnis so geartet,
> das aller Welt verschweigt dein Mund?
> Vielleicht, daß Unheil dich erwartet,
> würd' es den Menschen offen kund?
> O, wär' es so, und dürft' ich's wissen,
> dürft' ich in meiner Macht es sehn,
> durch Keines Drohn sei mir's entrissen,
> für dich wollt' ich zum Tode gehn! (V. 871–886)

Elsa fühlt sich nach der Rettung durch Lohengrin ihm nicht gleichgestellt, da sie in seiner Schuld steht. Um dieses Ungleichgewicht auszugleichen, ersinnt sie eine Gegenrettung: Lohengrin müsste auch „Not" und „Sorgen" haben, genauso wie sie; in einer solchen Situation „Pein" und „Mühen" für ihn zu ertragen, wie er es im Gottesgericht für sie getan hat, würde für sie ein „Verdienst" bedeuten, das sie seiner „wert" macht. Wie ein derartiges „Unheil" für Lohengrin aussehen könnte, sieht Elsa im Zusammenhang mit dem Frageverbot (V. 881 f.), worin sie Recht hat. Die Abwendung dieses Unheils liegt für sie jedoch nicht in ihrer Vermeidung der Fragen, sondern im Teilen des Geheimnisses mit ihrem Mann. Wenn sie als seine Geheimniswahrerin bedroht oder gar getötet wird, würde sie ihre Rettungsphantasie erfüllt sehen. Ohne die Gleichstellung, die nur durch Vertrauen, d. h. durch das Teilen des Geheimnisses geschehen kann, kann sich Elsa Lohengrin nicht geben. Daher kann die Ehe nicht vollzogen werden, bevor sie die Fragen stellt. Jahre später offenbarte Wagner sein Mitfühlen mit der Figur:

> Ich mußte sie so berechtigt finden in dem endlichen Ausbruche ihrer Eifersucht, daß ich das rein menschliche Wesen der Liebe gerade in diesem Ausbruche erst ganz verstehen lernte; und ich litt wirklichen, tiefen, – oft in heißen Tränen mir entströmenden – Jammer, als ich unabweislich die tragische Notwendigkeit der Trennung, der Vernichtung der beiden Liebenden empfand. Dieses Weib, das sich mit hellem Wissen in ihre Vernichtung stürzt um des notwendigen Wesens der Liebe willen, – das, wo es mit schwelgerischer Anbetung empfindet, ganz auch untergehen will, wenn es nicht ganz den Geliebten umfassen kann [...] dieses so und nicht anders lieben könnende Weib, das gerade durch den Ausbruch ihrer Eifersucht erst aus der entzückten Anbetung in das volle Wesen der Liebe gerät, und dies Wesen dem hier noch Unverständnisvollen an ihrem Untergange offenbart [...].[129]

Die wahre Liebe, die Elsa offenbart, ist nicht die unbedingte Liebe, nach der es Lohengrin verlangt, obwohl beides wahrhaftig ist. Aus seiner Natur, die er verbergen muss, kann Lohengrin Elsa in diesem Moment nicht verstehen. Die Tragik der Liebe zwischen Wagners Lohengrin und Elsa liegt – anders als in den mittelalterlichen Mahrtenehe-Erzählungen – nicht in den Friktionen zwischen den Ansprüchen einer Anderwelt und den „üblichen Regeln feudaler Allianzbildung",[130] sondern in der

---

[129] *Mitteilung*, S. 278.
[130] Schulz 2004, S. 234.

Unvereinbarkeit zwischen dem göttlichen Gesetz und den menschlichen Bedürfnissen. Die Unmöglichkeit des absoluten Glaubens liegt in der menschlichen Natur, was der Berührung dieser mit einer übersinnlichen Erscheinung, die den Anspruch des absoluten Glaubens stellt, die Möglichkeit der Dauer nimmt.[131]

Dass Elsa trotz des Bewusstseins, dass ihr Fragen nicht ohne Konsequenz bleiben wird, dennoch fragt, stellt einen emanzipatorischen Akt dar.[132] Ihre Reflexion und ihre Eigenständigkeit zeigen sich nicht nur darin, dass sie über das Wesen Lohengrins grübelt und an der Dauerhaftigkeit ihrer Ehe zweifelt, sondern auch darin, dass sie die ‚Hilfeleistung' Friedrichs entschieden ablehnt (V. 771) und selbst versuchen will, Antwort und Lösung zu finden; dass sie nicht aufgibt, auch wenn sie um die nahezu sichere Ausweglosigkeit ihres Versuchs weiß („Ach! Dich an mich zu binden, / wie sollt' ich mächtig sein?" V. 942f.). Sie lässt sich zum Zweifel verleiten, glaubt jedoch nicht vorbehaltlos den Säern des Zweifels. Für sie scheint es einen Unterschied zu machen, ob sie mit Lohengrin das Geheimnis zu zweit teilt oder es der Öffentlichkeit preisgegeben wird: „Was er verbirgt, wohl brächt' es ihm Gefahren, / vor aller Welt spräch' es hier aus sein Mund" (V. 751f.; vgl. V. 881f.). Entsprechend dieser Vermutung will sie ihm sein Geheimnis nicht in aller Öffentlichkeit entreißen, sondern nur für sich wissen und „treu bewahren" (V. 755). In diesen Äußerungen sieht sie sich durch die eheliche Bindung als Verbündete Lohengrins und nicht als Mitglied einer Gegenwelt zu Lohengrins Herkunftssphäre.

Zur Emanzipation der Elsa trägt Ortrud maßgeblich bei. Es ist ihre Warnung, dem Glück nicht „zu blind" (V. 545) zu trauen, die mit einem Schreck am Prinzip des absoluten Glaubens in Elsa rüttelt. Auch wenn Elsa noch beteuert, „wie zweifellos mein Herze liebt!" (V. 553), zeigt ihre Reaktion – sie „*zuckt erbebend vor* ORTRUD *zurück*"[133] –, dass sich durch die Begegnung mit dem Gegenprinzip zum Glauben etwas in ihr verändert. Sie zeigt dadurch eine Empfänglichkeit für das andere Gedankengut als den absoluten Glauben und erkennt einen gewissen Wahrheitsgehalt in Ortruds Provokation. Das ist der Punkt, an dem sie zu reflektieren und nach Erkenntnis zu verlangen beginnt. Die Entwicklung, die sie in der darauffolgenden Handlung durchmacht, ist eine Entwicklung von der rein sinnlichen Anschauung zur Reflexion, von der Intuition zur Diskursivität. Es genügt ihr nicht mehr, dass der in der Realität erschienene Ritter genau ihrem Traumbild entspricht, sie verlangt nach der Erzählung hinter diesem Erscheinungsbild.[134] Gemessen an dem Gralsgesetz, das nur die reine Sinnlichkeit erlaubt, ist Elsas Fragen als Verfehlung zu werten; im Hinblick auf ihren

---

131 Vgl. die Deutung des Zweifels in Wagners *Lohengrin* im Zusammenhang mit dem *zwîvel* im Prolog des *Parzival* bei Kienzle 2005, S. 103–105; vor dem Hintergrund der Krise der Religionsphilosophie im 19. Jahrhundert S. 105–107.
132 Der Emanzipationsprozess wird in Bezug auf Ludwig Feuerbach interpretiert bei Kienzle 2005, S. 118.
133 Voss 2001, S. 40. Variante der Partitur: „*Elsa, von Grauen erfaßt, wendet sich unwillig ab*" (II,774–776); die Regieanweisung steht über dem *tremolo* der Streicher.
134 Vgl. Schneider 2013, S. 216.

Entwicklungsprozess zu einer selbstbestimmten Frau – betrachtet man den Bogen von „so halt' in Treu' ich dein Gebot" (V. 246) zu „wo fänd' ich dein' Gewähr?" (V. 947) – ist die Übertretung des Verbots ein entscheidender und notwendiger Schritt. In diesem Prozess fungiert Ortrud als die aufklärende Instanz.

IX.2.3.3.2 Die Antike hinter dem Mittelalter

Für die Konzeption der Tragik aufgrund der Unvereinbarkeit der menschlichen Natur mit dem göttlichen Gesetz greift Wagner über das Mittelalter zurück auf die Antike. Dieser Anspruch in der künstlerischen Konzeption geht mit kulturell-ideologischen Prämissen einher. Die „Annahme einer exklusiven Wesensverwandtschaft zwischen Griechen und Deutschen" gehört zur „Topik des deutschen Nationalbewusstseins".[135] Wagners Äußerungen zu verschiedenen Zeiten machen auf die thematische Parallele zwischen *Lohengrin* und der Geschichte von Zeus und Semele aufmerksam.[136] Hinter der Opernhandlung, die nach ihrer mittelalterlichen Vorlage ein christliches Gewand trägt, liegt eine antik-mythische Konstellation. In diesem Sinne stellen Wagners Bühnenwerke eine Art „mythische Palimpseste"[137] dar.[138] Seine Reduzierung und Konzentration der Epenhandlung auf das mythische Substrat und die ‚Erlösung' der Sage aus ihrer unkenntlichen Gestalt, wie er seine Bemühung im Brief an seinen ältesten Bruder Albert (s. Zitat oben) beschreibt,[139] sind eine Annäherung an die von ihm angestrebte ‚ursprünglichere' Gestalt des Mythos.[140] Das Studium antiker Tragödien während der Entstehungszeit des *Lohengrin* hinterließ nicht nur Spuren in Wagners eigenartiger Gestaltung des Stoffes, sondern prägte auch grundlegend sein Verständnis der gesamten dramatischen Gattung, wie er es in *Mein Leben* dokumentiert: „Meine Ideen über die Bedeutung des Dramas und namentlich auch des Theaters haben sich entscheidend aus diesen Eindrücken gestaltet."[141]

Wagners Auffassung des Mythischen ist stark von der Vorstellung einer christlichen Gefangenschaft der Mythologie geprägt. Dies gelte für diverse Stoffe und Motive:

> Keiner der bezeichnendsten und ergreifendsten christlichen Mythen gehört dem christlichen Geiste, wie wir ihn gewöhnlich fassen, ureigentümlich an: er hat sie alle aus den rein menschlichen Anschauungen der Vorzeit überkommen und nur nach seiner besonderen Eigentümlichkeit gemodelt.[142]

---

135 Heinzle 2012, S. 103.
136 Siehe u. a. den Brief an Dr. Hermann Franck, Groß-Graupe 30. Mai 1846. Strobel/Wolf ²1980, Nr. 212, S. 511–515, hier S. 511f. und *Mitteilung*, S. 264–266.
137 Schadewaldt 1962, S. 167.
138 Zur eingeschränkten „Aussagekraft der Analogien" siehe Heinzle 2012, S. 104.
139 An Albert Wagner, Marienbad 4. August 1845. Strobel/Wolf ²1980, Nr. 168, S. 445–447, hier S. 446.
140 Vgl. die Äußerungen zu einfachen Zügen und ursprünglicher Gestalt des Stoffes in *Mitteilung*, S. 276.
141 *SSD* Bd. 14, *Mein Leben*, S. 169.
142 *Mitteilung*, S. 264.

Noch während der Konzeption des *Parsifal* äußerte Wagner in einem Brief an Mathilde Wesendonck bezüglich der mythischen Vorstellung vom Gral als einem Stein: „Leider bemerkt man nämlich, dass alle unsre christlichen Sagen einen auswärtigen, heidnischen Ursprung haben."[143] Die Anbetung eines vom Himmel gefallenen Steines mit Wunderkräften habe ihre Wurzel in den arabischen Quellen und sei durch die Berührung mit dem Reliquienkult christlich überformt worden. Auch der Lohengrin-Mythos ist für Wagner „kein eben nur der christlichen Anschauung entwachsenes, sondern ein uralt menschliches Gedicht".[144] Einer christlichen Metamorphose gehe das Urmotiv eines Unbekannten, der über das Meer in die gewöhnliche Welt tritt, voran:

> Das ätherische Gebiet, aus dem der Gott herab nach dem Menschen sich sehnt, hatte durch die christliche Sehnsucht sich in die undenklichsten Fernen ausgedehnt. Dem Hellenen war es noch das wolkige Reich des Blitzes und des Donners, aus dem der lockige Zeus sich herabschwang, um mit kundigem Wissen Mensch zu werden: dem Christen zerfloß der blaue Himmel in ein unendliches Meer schwelgerisch sehnsüchtigen Gefühles, in dem ihm alle Göttergestalten verschwammen, bis endlich nur sein eigenes Bild, der sehnsüchtige Mensch, aus dem Meere seiner Phantasie ihm entgegentreten konnte. Ein uralter und mannigfach wiederholter Zug geht durch die Sagen der Völker, die an Meeren oder an meermündenden Flüssen wohnten: auf dem blauen Spiegel der Wogen nahte ihnen ein Unbekannter von höchster Anmuth und reinster Tugend, der Alles hinriß und jedes Herz durch unwiderstehlichen Zauber gewann; er war der erfüllte Wunsch des Sehnsuchtsvollen, der über dem Meeresspiegel, in jenem Lande, das er nicht erkennen konnte, das Glück sich träumte. Der Unbekannte verschwand wieder und zog über die Meereswogen zurück, sobald nach seinem Wesen geforscht wurde.[145]

Wagners Beschreibung, die das Meer als Träger des Numinosen ins Zentrum stellt, erinnert an die germanische Sceaf-Sage, die eine mutmaßliche Vorstufe der Schwanritter-Sage darstellt.[146] Nach Wagners Auffassung ist der Gott, der sich nach dem Menschen sehnt, das Eigenbild des Menschen aus der Phantasie. Monsalvat wird demnach zum Traumbild der Brabanter „aus dem Meere" ihrer „Phantasie", Lohengrin erhält den Status einer Geburt aus der Sehnsucht Elsas. Es ist die „Sehnsucht *aus der Höhe nach der Tiefe*, aus dem sonnigen Glanze der keuschesten Reine nach dem trauten Schatten der menschlichsten Liebesumarmung",[147] die die anthropologische Komponente in der Figur des Lohengrin ausmacht und ihn mit seinem antiken Pendant verbindet. Die Bedürfnisse Lohengrins deutet Wagner als eine Suche nach Verständnis:

---

143 An Mathilde Wesendonck, Luzern 30. Mai 1859. Dürrer/Kraft 1999, Nr. 41, S. 102–108, hier S. 106. Zur Vorstellung des Grals bei Wolfram von Eschenbach und in der arabischen Kultur vgl. Yu 2017, S. 101 f.
144 *Mitteilung*, S. 264.
145 Ebd., S. 266.
146 Vgl. Lecouteux 1978, insb. S. 30.
147 *Mitteilung*, S. 271; hier und unten Hervorhebungen in der Ausgabe.

> Lohengrin suchte das Weib, das an ihn *glaubte*: das nicht früge, wer er sei und woher er komme, sondern ihn liebte, wie er sei, und weil er so sei, wie er ihm erschiene. Er suchte das Weib, dem er sich nicht zu erklären, nicht zu rechtfertigen habe, sondern das ihn unbedingt *liebe*. Er mußte deshalb seine höhere Natur verbergen, denn gerade eben in der Nichtaufdeckung, in der Nichtoffenbarung dieses höheren – oder richtiger gesagt: *erhöhten* – Wesens konnte ihm die einzige Gewähr liegen, daß er nicht um dieses Wesens willen nur bewundert und angestaunt, oder ihm – als einem Unverstandenen – anbetungsvoll demütig gehuldigt würde, wo es ihn eben *nicht* nach Bewunderung und Anbetung, sondern nach dem einzigen, was ihn aus seiner Einsamkeit erlösen, seine Sehnsucht stillen konnte, – nach *Liebe*, nach *Geliebtsein*, nach *Verstandensein durch die Liebe*, verlangte.[148]

Der Zweck des Inkognito ist demnach – wie Elsas Wunsch – die Gleichstellung, durch die er geliebt und verstanden zu werden hofft. In der Nichtoffenbarung liegt der Weg der Erlösung eines gotthaften Wesens durch die Menschwerdung. Dieses menschliche Verlangen plausibilisiert das Frageverbot, das laut Wagner kein äußerlicher Zwang, sondern eine intrinsische Haltung ist, ohne deren Verständnis manche die Tragik des Helden missdeutet haben:

> Bekundete sich hierin zunächst der willkürliche Charakter der modernen kritischen Anschauung die von dem unwillkürlichen Eindrucke der Erscheinung absieht, und diesen willkürlich nach sich bestimmt; und hatte ich leicht zu erkennen, daß dieses Mißverständnis eben nur aus einer willkürlichen Deutung jenes bindenden Gesetzes entsprang, welches in Wahrheit kein äußerlich aufgelegtes Postulat, sondern der Ausdruck des notwendigen inneren Wesens des, aus herrlicher Einsamkeit nach Verständnis durch *Liebe* Verlangenden ist [...].[149]

Insbesondere in der Szene III/2 suggeriert Lohengrin jedoch unausweichlich den Eindruck, dass er der gewöhnlichen Welt überlegen ist. Nach der Logik der Rede des Loherangrîn bei Wolfram – *sol ich hie landes hêrre sîn, / dar umbe lâz ich als vil* (*Pz* 825,16 f.)[150] – sagt Lohengrin zu Elsa: „Dein Lieben muß mir hoch entgelten, / für das, was ich um dich verließ" (V. 908 f.). Dass er, nachdem er das erste Mal dazu genötigt worden ist, sein Wesen zu offenbaren, Elsa schrittweise verrät, „kein Los in Gottes weiten Welten / wohl edler als das meine hieß' / [...] aus Glanz und Wonne komm' ich her" (V. 910–919), steht seinem ursprünglichen Zweck entgegen. Damit erhöht er sich über sie und nimmt ihr die letzte Möglichkeit des Verstehens aus dem Gefühl heraus und der unbedingten Liebe.

---

[148] *Mitteilung*, S. 271 f. Vgl. zu dieser Aussage die Ausführungen zu *Lohengrin* und Kleists *Amphitryon* bei Borchmeyer 2002b, S. 202 f.: „Liest sich die [...] Selbstinterpretation des *Lohengrin*-Autors nicht wie eine Auslegung von Kleists tragischem Lustspiel? [...] Das ist eine sehr schöne, doch sehr spekulative Deutung Lohengrins – doch sie könnte eine ganz und gar textgetreue Analyse Jupiters in Kleists *Amphitryon* sein."
[149] *Mitteilung*, S. 276.
[150] Übersetzung bei Simrock 1842: „Soll ich dieses Landes Kron empfahn, / So verlier ich anderwärts ein Reich."

Wenn Wagner in seiner *Mitteilung* die Relation zwischen Lohengrin und Elsas Phantasie nur andeutet, so äußert er sich zu dem Verhältnis konkreter, in welchem Elsa zu Lohengrin steht:

> In »Elsa« ersah ich von Anfang herein den von mir ersehnten Gegensatz Lohengrins, – natürlich jedoch nicht den diesen Wesen fern abliegenden, absoluten Gegensatz, sondern vielmehr das *andere Teil* seines eigenen Wesens, – den Gegensatz, der in seiner Natur überhaupt mitenthalten, und nur die notwendig von ihm zu ersehnende Ergänzung seines männlichen, besonderen Wesens ist. *Elsa* ist das Unbewußte, Unwillkürliche, in welchem das bewußte, willkürliche Wesen Lohengrins sich zu erlösen sehnt; dieses *Verlangen* ist aber selbst wiederum das unbewußte Notwendige, Unwillkürliche im Lohengrin, durch das er dem Wesen Elsas sich verwandt fühlt. Durch das Vermögen dieses »unbewußten Bewußtseins«, wie ich es selbst mit Lohengrin empfand, kam mir auch die weibliche Natur [...] zu immer innigerem Verständnisse.[151]

Elsa ist also Teil von Lohengrin, wie Lohengrin Teil von Elsa ist. Beide werden, wiewohl unvereinbar, durch die Sehnsucht verbunden: Elsa ahnt durch ihre Sehnsucht das Kommen ihres „Erlöser[s]" (V. 241), Lohengrin verspürt in seiner Sehnsucht eine Wesensverwandtschaft mit dem unbewussten Weiblichen.

IX.2.3.3.3 Das Frageverbot: eine Keuschheitsmetapher?

Im Gegensatz zur gesamten mittelalterlichen Stoffüberlieferung schlägt Wagners Lohengrin die Ehe vor, was diesen zum Erlösungsbedürftigen macht.[152] Wie das Wesen der unbedingten Liebe beschaffen ist, durch die Lohengrin als Mensch verstanden und erlöst werden kann, ist aus dem Werk heraus nicht ganz klar zu erfassen. Der Ausgang der Handlung – die Trennung nach einer nicht vollzogenen Ehe – lässt vermuten, dass das Wahren der Keuschheit im Sinne des Gralsgesetzes ist und durch das Frageverbot realisiert werden soll. Ist das Frageverbot ein Mittel dafür, sich trotz der Heirat der Sexualität zu entziehen?

Das vollständige Gesetz, das das Keuschheitsgebot, die heimliche Entsendung der Ritter und das spätere Frageverbot enthält, findet sich im *Parzival* Wolframs von Eschenbach. Dort wird vorgeschrieben, dass alle Gralsdiener der weltlichen Liebe entsagen müssen, außer dem Gralskönig, der sich eine von Gott bestimmte Frau nehmen darf, und den Rittern, die von Gott als Herrscher in herrenlose Länder gesandt werden:

> *swer sich diens geim grâle hât bewegn,*
> *gein wîben minne er muoz verpflegn.*
> *wan der künec sol haben eine*
> *ze rehte ein konen reine,*

---

151 *Mitteilung*, S. 277.
152 Bei Konrad von Würzburg und im bairischen *Lohengrin* lehnt der Schwanritter das Heiratsangebot zunächst ab, um anschließend das Frageverbot als Bedingung zu nennen. Vgl. Kap. IV.2, VI.2 und X.2.1.

unt ander die got hât gesant
ze hêrrn in hêrrenlôsiu lant. (Pz 495,7–12)[153]

Für jemanden wie Lohengrin ist laut Wolfram die *wîben minne* (weltliche Liebesbeziehung mit einer Frau) erlaubt. Was Wagner in Hinsicht auf Sexualität für seine Gralsritter vorsieht, ist seinem Werk nicht eindeutig zu entnehmen. In dem mutmaßlich zu Beginn der Kompositionsarbeit des *Lohengrin* an Hermann Franck gerichteten Brief spricht er dieses Thema an. Dabei nennt er eine nach der Besprechung der Dichtung im Dresdener Künstlerkreis geplante Änderung[154] bezüglich der Passage nach Lohengrins Erzählung vom Gral:

> [...] soll er nun – statt daß er sich in der früheren Abfassung nur mit schmerzlichem Vorwurfe an Elsa wandte – in größter Ergriffenheit sich folgendermaßen auslassen:
>
> O Elsa! was hast du mir angethan!
> Als meine Augen dich zuerst ersahn,
> Fühlt' ich, zu dir in Liebe schnell entbrannt,
> Mein Herz des Grales keuschem Dienst entwandt;
> Nun muß ich ewig Reu' und Buße tragen,
> Weil ich von Gott zu dir mich hingesehnt,
> Denn ach! der Sünde muß ich mich verklagen,
> Daß Weibeslieb' ich göttlich rein gewähnt! –
>
> [...] Ich sollte meinen, es müßte genügen, wenn man an diesem Lohengrin faktisch die Erfahrung mache, daß die weltlichen Liebesbande streng genommen einem Grals-Ritter nicht zukämen. (Uebrigens erfinde ich in dieser schwankenden Gesetzbestimmung Nichts, – es ist ganz in dieser Weise schon von Wolfram angeführt.)[155]

Nach Wagners Auffassung ist eine nicht „göttlich rein[e]" Liebe, also weltliche, sinnliche Liebe, auch Lohengrin nicht vergönnt. Sie sei mit Schuld behaftet und verdiene „Reu' und Buße". Gottesliebe und Weibesliebe sind diametral entgegengesetzt, Lohengrins Sünde liegt darin, dass er sich das Liebesband mit Elsa so rein vorstellte wie die Liebe zu Gott. Dass dies eine Fehlannahme war, erkennt er erst bei der Begegnung mit Elsa; diese Verfehlung wird in dem Moment zum Problem, als er unerlöst zum Gral zurückkehren muss – aber anscheinend nicht, wenn er bei Elsa geblieben wäre. Wie im *Tannhäuser* die Keuschheit als Tugend und „der Liebe Wesen"[156] am Thüringer Hof gepriesen wird, lebt diese Vorstellung in Wagners Ver-

---

153 Übersetzung bei Simrock 1842: „Frauenminne muß verschwören / Wer zur Schar des Grales will gehören. / Nur dem König allein / Gebühret ein Weib, an Tugend rein, / Und jenen, welche Gott gesandt / Zu Herren herrenlosem Land."
154 Diese Änderung wurde auf einem separaten Zettel festgehalten und bei der Komposition nicht einbezogen.
155 An Dr. Hermann Franck, Groß-Graupe 30. Mai 1846. Strobel/Wolf ²1980, Nr. 212, S. 511–515, hier S. 513 f.
156 Zitiert nach dem Textbuch aus *GSD*, in: Jost 2007, S. 491–524, hier S. 508. Zur Fassung siehe ebd., S. 491.

ständnis vom Gralsrittertum weiter und findet ihren gesteigerten, anschaulichen Ausdruck in Amfortas' Wunde im *Parsifal*, die als Folge der sexuellen Ausschweifungen durch nichts als die heilige Lanze zu heilen ist.

Die sinnliche Liebe, die Lohengrin als Gralsritter nicht zukäme, empfindet er dennoch: Das Entbrannt-Sein bei der ersten Begegnung findet seinen konkreten Ausdruck im Brautgemach:

> An meine Brust, du Süße, Reine!
> Sei meines Herzens Glühen nah,
> daß mich dein Auge sanft bescheine,
> in dem ich all mein Glück ersah!
> O, gönne mir, daß mit Entzücken
> ich deinen Atem sauge ein!
> Laß fest, ach! fest an mich dich drücken,
> daß ich in dir mög' glücklich sein! (V. 900 – 907)

Wissend, dass es eine Sünde ist, ist Lohengrin bereit, sich dem Verlangen nach „Weibeslieb'" hinzugeben. In dem oben zitierten Brief erwähnt Wagner die Intention bei der Komposition dieser Passage:

> Es widersteht mir, hier ebenfalls in Worten mehr anzudeuten, und behalte ich es mir ausdrücklich vor, hier durch die Musik den Ausdruck so zu vervollständigen, daß Niemand im Zweifel sein soll, wie Lohengrin zu Muth ist.[157]

Auffällig ist die Form des substantivierten Infinitivs „Lieben" (V. 908, V. 917), die nur in dieser A-Dur-Passage (III,549 – 633) benutzt wird, die durch die Regieanweisung „*Er wendet schnell sich wieder liebevoll zu Elsa*" eingeleitet wird. In diesem Kontext meint die Form ‚Lieben' statt ‚Liebe' höchstwahrscheinlich mehr als die emotionale Ebene, sie steht für das Minnespiel mit seiner erotischen Komponente.[158] Durch Elsas Tabubruch wird die Vereinigung nicht mehr möglich. Das Nichteinhalten des Frageverbots bewirkt, dass Lohengrin seine Keuschheit wahren kann und muss. Ob dies von Lohengrin intendiert ist, muss im Bereich des Spekulativen bleiben.

Eine weitere Verbindung zwischen Gralsgesetz und Sexualität lässt sich in Lohengrins Ablehnung der Heeresführung vermuten:

> O König, hör! Ich darf dich nicht geleiten!
> Des Grales Ritter, habt ihr ihn erkannt,

---

157 An Dr. Hermann Franck, Groß-Graupe 30. Mai 1846, S. 513.
158 Anders Voss 2001, S. 103 f. Die von Voss beobachtete „paradox anmutende[] Formulierung von der ‚keuschen Glut'" [V. 626, bezogen auf Elsa] ist in der Tat nicht paradox. ‚Keusch' meint nicht nur die sexuelle Enthaltsamkeit, sondern auch reine, von Gott gesegnete Eheverbindungen. Wenn Don Carlo in Fontainebleau Gott darum bittet, *Benedici un casto amor* (Mehnert 2005, S. 12), dann bedeutet das nicht, dass er eine Josefsehe mit Elisabetta zu führen vorhat.

wollt' er in Ungehorsam mit euch streiten,
ihm wäre jede Manneskraft entwandt! (V. 1101–1104)[159]

Die Entwendung der „Manneskraft" erinnert an die Wunde des Anfortas bei Wolfram, der – anders als in Wagners *Parsifal* – nicht an der Seite, sondern am Hoden verletzt wird, als er entgegen dem Gralsgebot im weltlichen Frauendienst in einer Tjost gegen einen Heiden auftritt. Das Gift an der Speerspitze des Heiden führt dazu, dass die Wunde auch mit den kostbarsten Wundermitteln nicht zu heilen ist, weshalb der Gralskönig und mit ihm die gesamte Gralsgesellschaft so lange impotent bleibt, bis Parzival die erlösende Frage – *œheim, waz wirret dier?* (*Pz* 795,29)[160] – stellt. (*Pz* 479,3–484,18) Die Verwundung und die vergeblichen Heilungsversuche werden von Trevrizent als Strafe Gottes gedeutet (*Pz* 481,18). Parzivals Versäumnis bei seinem ersten Besuch auf der Gralsburg, die erlösende Frage zu stellen, ist laut Wolfram genau der Grund, warum der Schwanritter und mit ihm alle späteren Gralsgesandten nicht nach ihrem *namen* und *gesleht*[] (*Pz* 818,29) gefragt werden dürfen. Anfortas' Verstoß gegen das Keuschheitsgebot des Grals führt zu seiner Verwundung, die wiederum das Fragegebot notwendig macht, das die Gralsgesellschaft aus dem impotenten Zustand erlösen soll; Parzivals Nichterfüllung des Fragegebots führt zum Frageverbot für die Gralsgesandten.[161] Vor diesem Hintergrund kann Lohengrins Aussage so gedeutet werden, dass auch sein Ungehorsam, trotz der gestandenen Gralsherkunft in weltlichen Ländern zu verweilen, mit Impotenz bestraft wird – kann er seine intellektuelle Keuschheit, das Inkognito, nicht wahren, wird er zur physischen Keuschheit gezwungen. Die Worte „Manneskraft entwandt" werden durch einen verminderten Septakkord im Orchester begleitet, Lohengrin singt zu diesen Worten einen gebrochenen verminderten Septakkord (III,1449 f.). Dies kann im Kontext der sonstigen Verwendung dieses Akkords in dieser Oper ein Hinweis auf die destruktive Gewalt des Grals sein.

IX.3 Psychologisierung durch die Musik: eine motivische Narratologie

Für die Darstellung der Tragik der Liebe, der menschlichen Natur und des Konflikts zwischen Glauben und Zweifel verfeinert Wagner die Zeichnung der Figurenpsyche gegenüber seinen mittelalterlichen Quellen maßgeblich. Seine Figuren stehen im

---

159 Diese Stelle gehört zur Passage, die in der gegenwärtigen Aufführungspraxis meistens gestrichen wird; vgl. Anm. 81.
160 Übersetzung bei Simrock 1842: „Oheim, was fehlet Dir?"
161 Vgl. Kap. III.2.

Kontext der romantischen Anthropologie,[162] ihre psychischen Zustände und Vorgänge werden neben der Vermittlung durch den Gesangstext und die Regieanweisung auch in der Musik fassbar gemacht.[163] Im *Lohengrin* tritt zum ersten Mal in einem Wagnerschen Werk der Orchesterklang eindeutig als Träger des Bühnengeschehens hervor.[164] Die „Formbildung" in der Komposition erfüllt die Funktion von „Übersetzungen von dramatischen Abläufen ins Musikalische".[165] Das Orchester gewinnt an narrativer Dimension und hat eine wichtige Verweisfunktion im Handlungsverlauf, die durch Vorausdeutung und Rückblendung, Ahnung und Erinnerung realisiert wird. Dadurch wird der Musik ein gesteigerter Stellenwert in der Dramaturgie beigemessen als in den früheren Werken Wagners.[166] Ein wesentliches Merkmal der Musik im *Lohengrin* ist die „Entwickelung" der musikalischen Themen, die die „Hauptstimmungen"[167] ausdrücken. Das symphonische Motivsystem, so Dahlhaus, ist eine grundlegende Komponente, die die Kompositionstechnik eines Musikdramas von der einer Oper unterscheidet, auf deren Schwelle der *Lohengrin* steht:

> Musik in der Oper ist, grob und formelhaft gesprochen, affirmativ und an den Augenblick, die unmittelbare Gegenwart gebunden. Sie begründet und verknüpft nicht, sondern behauptet und setzt fest […]. Dagegen werden im Musikdrama, zu dessen konstitutiven Merkmalen die Leitmotivtechnik gehört, unablässig Fäden geknüpft und Zusammenhänge gestiftet. Alles, was geschieht, erinnert an Früheres, aus dem es hervorgeht oder mit dem es durch Analogie verbunden ist.[168]

In der Komposition des *Lohengrin* werden beide Techniken, sowohl die ‚behauptende' als auch die Zusammenhänge stiftende, eingesetzt. Das Gewebe der Motive verleiht der Handlung interne Bezüge über das Jetzt der einzelnen Momente hinaus und ermöglicht, Zeitverlauf, Begründungen und psychische Entwicklungen hörbar zu machen. Die zwei Charaktere des Gewebes im *Lohengrin* bringt Egon Voss auf den Punkt:

> Auch auf dem Weg zum symphonischen Motivsystem des Musikdramas markiert Lohengrin eine bedeutende Station. Das betrifft sowohl die Genese der Themen und Motive, nämlich ihre Verwandtschaft und ihr Voneinander-Abgeleitetsein, als auch die Beharrlichkeit im Festhalten der einmal eingeführten thematisch-motivischen Gestalten. Lohengrin gibt einen Vorgeschmack vom

---

162 Vgl. dazu u. a. Schneider 2013, der Wagners Figuren in die anthropologischen und ästhetischen Konzepte der romantischen Literatur und Philosophie einbettet. Zu *Lohengrin* vgl. S. 68 f., S. 214–216, S. 218 f., S. 238, S. 242 f. sowie S. 324–326.
163 Vgl. Kienzle 2005, S. 103 und 110.
164 Vgl. Deathridge 1997, S. 571. Zur Kompositionstechnik im *Lohengrin* siehe grundlegend Dahlhaus 1988, S. 39–53 und Breig 1986, S. 398–407.
165 Breig 1986, S. 400.
166 Zur musikalischen Dramaturgie im *Lohengrin* vgl. Siegele 1971. Zum Formgewebe in der Komposition des *Lohengrin* siehe Döge 2003 mit eingehender Analyse. Zu den Themen im Vorspiel siehe Schmid 1988. Umfassend zur Dramaturgie der Leitmotive bei Wagner in den Werken vom *Ring* bis zum *Parsifal* siehe Wald/Fuhrmann 2013.
167 Mitteilung, S. 301.
168 Dahlhaus 1996, S. 43.

späteren Leitmotivsystem und dem, was Wagner selbst 1852 das „Gewebe der Hauptthemen" nannte, dessen Charakteristikum es sei, sich nicht nur „über eine Szene [...], sondern über das ganze Drama" auszubreiten.[169]

Zwar erweisen sich die allermeisten Motive in dieser Oper, im Unterschied zum ausgereiften Leitmotivsystem, noch als formal „geschlossene Perioden",[170] doch ist das Verfahren, dramatische Entwicklungen durch Zerlegung, Kombination, Variation und Derivation der Motive zu veranschaulichen, bereits erkennbar, was in diesem Abschnitt zu zeigen ist. In der *„Verbindung und Verzweigung der thematischen Motive"* besteht, so Wagner, die „Einheit des Dramas".[171] Er betont die Entfaltung und Variation der Motive im *Lohengrin* als eine Besonderheit seines Schaffens, die sein thematisches Gewebe beispielsweise von den Erinnerungsmotiven bei Weber unterscheidet:

> Außerdem gewann mein Verfahren, namentlich im Lohengrin, eine bestimmtere künstlerische Form durch eine jederzeit neue, dem Charakter der Situation angemessene, Umbildung des thematischen Stoffes, der sich für die Musik als größere Mannigfaltigkeit der Erscheinung auswies, als dies z. B. im »fliegenden Holländer« der Fall war, wo das Wiedererscheinen des Themas oft noch nur den Charakter einer absoluten Reminiszenz (in welchem dies schon vor mir bei anderen Komponisten vorgekommen war) hatte.

In diesem Abschnitt wird ferner versucht, zwischen den Kategorien der literaturwissenschaftlichen Narratologie und dem herkömmlichen Begriffsinventar der Musikanalyse zu vermitteln, sodass die erzählerische Qualität insbesondere der psychologisierenden Verwendung und der Vernetzung von Motiven beleuchtet werden kann. Die Partitur wird hier als eine Textur aus Musik, Gesangstext und Regieanweisung gelesen. Einige genuin narratologische Analysekategorien wie z. B. Motivierung, Erzählinstanz und Erzählperspektive können für die Beschreibung und Interpretation der Musik fruchtbar gemacht werden. In der folgenden Untersuchung liegt der Schwerpunkt auf der musikalischen Psychologisierung der Figur Elsa, die einerseits gewisse somnambule Züge aufweist,[172] andererseits eine enge Verbindung zur Transzendenz hat. Wie in Abschnitt IX.2.3.3.1 erörtert, zeigt Elsa ferner Empfänglichkeit für fremde Denkweisen und macht im Handlungsverlauf eine bemerkbare Entwicklung durch.

IX.3.1 Entrückung beim Auftritt

Elsas Auftritt wird vom wiederholten Unschulds-Motiv in den Holzbläsern begleitet und durch den Männerchor kommentiert. Das Unschulds-Motiv lässt sich in zwei Teile

---

[169] Voss 2001, S. 100; Hervorhebungen im Original. Zitate im Zitat aus *Mitteilung*, S. 301 f.
[170] Dahlhaus 1988, S. 48.
[171] *Mitteilung*, S. 301, Kursivierung in der Ausgabe.
[172] Mit Recht nennt Martin Schneider (2013, S. 68) Elsa eine „typisch romantische Figur".

gliedern,[173] von denen der erste Teil von Flöten, Klarinetten, Bassklarinette und Fagotten gespielt wird (I,271–274), der zweite Teil von Oboen und Englischhorn (I,275–278).[174] Insbesondere das dreimalige Vorkommen des ersten Motivteils in den Takten I,271–297 erzeugt einen sonderbaren, schwer fassbaren Klang: „Es handelt sich um eine Kombinatorik, in der, vergleichbar gekoppelten Orgelregistern, durch die verdeckte Entstehung des Einzelklangs der spezifische Charakter der Instrumente zugunsten eines Gesamtklangs zurücktritt."[175] Elsa wird durch diese kaum definierbare Klangfarbe von dem Rest der Welt abgehoben, ihr wird gleichsam eine eigene Sphäre zugeordnet (Abb. 8). Der Schluss des ersten Motivteils mit der Tonfolge A–E–Fis–Fis–E ist identisch mit einem Teil des Grals-Motivs, sodass Elsa, noch bevor sie von ihrer Vision erzählt, bereits mit dem Gralsreich und mit Lohengrin in Verbindung gesetzt wird. Diese Verbindung kommt einer Erzählpassage aus der Innenperspektive gleich, da sie in dem Moment der Außenwelt noch unbekannt bleibt.

In Elsas Traumerzählung (I,321–379), die die Position einer Auftrittsarie in der herkömmlichen romantischen Oper besetzt, wird Elsa der Wirklichkeit entrückt, anstatt dass sie mit den anwesenden Figuren in Interaktion tritt und die ihr vor Gericht gestellten Fragen beantwortet. Martin Schneider zeigt überzeugend, dass Elsas Gesang arienhafter gestaltet ist als der Friedrichs und des Königs; in Hinsicht auf die Metrik, die Rhythmik und die Harmonik reiht sich Elsas Musik deutlich in die romantische Tradition, die auf die Traumwelt und die Phantasie verweist, während das Rezitativische für realitätsbezogenes, rationales Kalkül steht.[176] „[...] Wagner lässt seine Heldin ihre erste Arie nicht singen, um ihre szenische Präsenz zu festigen, sondern um ihr allmähliches Entgleiten in eine Phantasiewelt darzustellen."[177]

Dass Elsa nicht in eine beliebige Phantasiewelt entgleitet, sondern in Verbindung zur Transzendenz – in dieser Oper konkret durch den Gral vertreten – steht, wird durch motivische Bezüge ausgedrückt. Elsa erzählt am Ende ihrer ersten zwölfzeiligen, kreuzgereimten Strophe von ihrem einstigen Sinken „in süßen Schlaf" (I,346 f.), das in den folgenden Takten (I,347–351) durch eine aufsteigende chromatische Tonfolge dargestellt wird. Das physische Sinken in den Schlaf korreliert also mit dem geistigen Aufsteigen in eine höhere Sphäre. Dabei lässt sie sich weder durch den Kommentar der Männer noch durch den Einwurf des Königs aus ihrer Welt bringen. Welcher Erscheinung Elsa in der höheren Sphäre begegnet und woher die Erscheinung kommt, wird durch das Grals-Motiv auf den Streichern zu Beginn der zweiten Strophe ange-

---

[173] Die Begriffe ‚Vordersatz' und ‚Nachsatz' werden hier vermieden, da bei den Teilen dieses Motivs kein Verhältnis einer Entwicklung herrscht. Vgl. die Charakterisierung bei Dahlhaus 1988, S. 49: „Der Nachsatz des Elsamotivs, der zuvor mit einem anderen Vordersatz verbunden war, wirkt im Elsamotiv eher angestückt als aus dem Vordersatz entwickelt."
[174] Dieses Motiv wird im 3. Akt vor der doppelten Anklage Lohengrins melodisch verzerrt (III,1078–1081), da Elsa in der Zwischenzeit schuldig geworden ist.
[175] Deathridge 1997, S. 571.
[176] Schneider 2013, S. 68 f.
[177] Ebd., S. 69.

Abb. 8: Der entrückte Klang des Unschulds-Motivs (I,271–274)

deutet, als „*Elsas Mienen*" „*von dem Ausdruck träumerischen Entzücktseins zu dem schwärmerischer Verklärung*" (I,350–354) übergehen. Dies ist die erste musikalische Erscheinung des Grals in der Opernhandlung (Abb. 9), nachdem das Motiv im Vorspiel dem Publikum symphonisch, jedoch ohne konkrete semantische Aufladung offenbart wurde. Die Melodie, die Elsa zu Beginn der zweiten Strophe singt (I,355 f.), nimmt den Anfang von Lohengrins Gralserzählung (III,1223 f.) vorweg. Die motivische Gestalt, die zu Elsas Worten „ein Ritter nahte da" (I,356–369) einsetzt, nämlich die Kombination des Lohengrin- und des Preis-Motivs (Abb. 10), begleitet später Lohengrins Ankunft (I,605–628). Alle drei melodischen Verweise, die das in der Realität Vorkommende antizipieren, stehen in Elsas Tonart As-Dur – das von ihnen Bezeichnete existiert in diesem Moment noch in Elsas Vorstellungswelt, bevor es später, real auf der Bühne oder in Lohengrins Erzählung, im A-Dur, der Tonart des Grals und Lohengrins, wieder erscheint. Elsa erzählt von dem Bild in ihrem vergangenen Traum, das in Zukunft Wirklichkeit werden soll. Der Inhalt ihres Traums zeigt einerseits ihr Behaftetsein mit

IX.3 Psychologisierung durch die Musik: eine motivische Narratologie — 301

Abb. 9: Das Grals-Motiv in Elsas Erzählung (I,351–354)

Abb. 10: Das Lohengrin-Motiv in Elsas Erzählung (I,358 ff.)

den unbewussten Wünschen auch im Wachzustand;[178] andererseits wird der Traum durch die Transzendenz verbürgt, was zu seiner späteren Erfüllung führt. Er erhält somit Züge einer Vision ganz im christlichen Sinne, die infolge des Gebets eingetreten ist – Elsas Klagen wird durch das Verhallen des „gewalt'ge[n] Tönen[s]" (I,334–336) von Gott erhört. Ihre Erzählung ist sowohl Erinnerung als auch Vorausdeutung, was in der Komposition fassbar wird: Während die Musik der ersten Strophe der Traumerzählung vorwiegend auf das Jetzt bezogen und affirmativ ist, fängt sie in der zweiten Strophe an, Zusammenhänge zu stiften.

---

[178] Vgl. Schneider 2013, S. 76.

IX.3.2 Vision – Vorfreude – Erfüllung

Das Gewebe der musikalischen Darstellungen von Elsas Vorstellungswelt und von der Realität, die zwischen verschiedenen Zeitebenen verweisen, zieht sich durch das gesamte Werk. Das Bild eines tugendhaften Ritters aus ihrer Vision wird Realität, nachdem sie beim Ausbleiben eines Kämpfers an Gott appelliert hat. Elsas Gesangsmelodie reaktualisiert in den Takten I,600–606 das Unschulds-Motiv mit rhythmischen Abweichungen, infolge derer der Ges-Dur-Akkord (I,601) wiederholt wird und in ein Fis-Dur umgedeutet wird (I,602). Dies ermöglicht die Modulation von As-Dur nach A-Dur vom vorletzten Vers des Gebets, „Laß mich ihn sehn, wie ich ihn sah" (I,598–601), zum letzten Vers „wie ich ihn sah, sei er mir nah!" (I,602–606). Die Grenze zwischen dem „sah" in der vergangenen Vision und dem „sehn" in der unmittelbar bevorstehenden Realität wird im Wechsel der Tonart abgebildet (Abb. 11). Auf dem letzten „sah" wird die Tonika A in *fortissimo* erreicht. Der helle Schrei, den Elsa bei Lohengrins erstem Anblick vor Entzücken ausstößt, wird ebenfalls auf A notiert (I,660). Der erträumte Ritter begegnet ihr in voller sinnlicher Erscheinung.[179] Hier wird das optisch Wahrnehmbare in ihrem Bezug zum Vergangenen durch die Musik vermittelt.

Die Heirat zwischen Lohengrin und Elsa wird in dem Moment beschlossen, als Lohengrin im Gottesgericht den Sieg erringt. Dazu singt Elsa ihre Jubelweise (I,1095–1098, Abb. 12). Der Schluss dieser Jubelweise erklingt in der Klarinette – ebenfalls in B-Dur – zu Beginn der Szene II/2 bei Elsas nächtlichem Auftritt als Teil des Liebesglück-Motivs (II,430–433, Abb. 13). Elsas Vorfreude auf die Hochzeit ist Folge des Siegs, das dazugehörige Motiv enthält deshalb die Jubelweise als Erinnerung an die Freude des Siegs. Die Jubelweise wird hier in das neue Motiv einverleibt und rhythmisch gleichmäßiger gestaltet, sodass sie nach innen gekehrter und ruhiger wirkt. Zudem endet das Liebesglück-Motiv auf der Tonika B und verkörpert das Ziel von Elsas Sehnsüchten. Das Liebesglück-Motiv als Derivat der Jubelweise zeigt anschaulich das „Voneinander-Abgeleitetsein"[180] in der Genese der Motive bei Wagner, das ein zeitliches Nacheinander und eine Kausalität impliziert. Auf eine ähnliche Weise wird der Beginn des Liebesweihethemas während des Brautzugs (II,1346 f.) in Lohengrins Gesangsmelodie im Brautgemach übernommen (III,613–615) und mit der Jubelweise (III,616 f.) kombiniert, als Erinnerung an die Doppelaufgabe seiner Sendung, Gerichtskampf und Heirat.

Das Liebesglück-Motiv wird während des Brautzugs[181] zunächst von der Oboe (II,1361–1365) wiedergegeben – als die Erinnerung an die Vorfreude auf die Hochzeit in der vorigen Nachtszene, dann von der Klarinette in eine höhere Lage weiterentwickelt (II,1365–1370) – als die volle Erfüllung jener Vorfreude bei Tag. Die Schar-

---

179 Vgl. die Deutung der Ankunft Lohengrins als „Déjà-vu" bei Schneider 2013, S. 243.
180 Voss 2001, S. 100.
181 Zur Musik des Brautzugs im *Lohengrin* vgl. Stollberg 2017.

Abb. 11: Die Modulation bei Lohengrins Ankunft (I,600–606)

Abb. 12: Die Jubelweise der Elsa (I,1094–1098)

Abb. 13: Das Liebesglück-Motiv (II,430–434)

nierstelle zwischen Vorfreude und Erfüllung ist exakt der Auftritt Elsas (II,1365). Die anfängliche Gestalt des Motivs und ihre Entwicklung, die gleichsam Vorder- und Nachsatz einer periodischen Phrase bilden, die von der Vergangenheit und der Gegenwart erzählt, werden anschließend von den Violinen gespielt (II,1378–1387). Zu dieser Motiventfaltung schrieb Wagner in einem Brief an Theodor Uhlig, seinen engen Freund und Arrangeur des Klavierauszugs zum *Lohengrin*, gleichsam jemand, der das Werk von außen betrachtet:

> Gleich im Anfang der zweiten Scene desselben [2.; M. Y.] Actes [...] fiel es mir auf, wie dort im 7. 8. umd 9ten takte bei Elsa's nächtlicher Erscheinung zum ersten mal ein motiv sich zeigt, das später,

als Elsa am hellen tage, im vollen glanze zur kirche zieht, ganz ausgebildet, breit und hell zur ausführung kommt. Hieran wurde mir recht klar, wie bei mir die themen erstehen, immer im zusammenhang und nach dem Charakter einer plastischen Erscheinung.[182]

Auch andere Motive in dem symphonischen Gewebe des Brautzugs verweisen sporadisch auf einstige Zustände der Elsa, beispielsweise in den Takten II,1371–1374 auf ihre Gesangsmelodie zum Vers „Dort harre ich des Helden mein" (II,704–707) und in den Takten II,1375–1377 auf einen Teil des Unschulds-Motivs, das die angeklagte Elsa begleitete. Solche melodische Phrasen und Motivteile bilden gleichsam Bruchstücke aus Elsas Erinnerung, die in dem Moment ihres höchsten Glücks wieder zum Vorschein kommen. Nicht nur dramaturgisch, sondern auch psychologisch wird die Hochzeitsszene zum Höhepunkt der Oper, auf den alles Vergangene, Leid wie Freude, zuläuft.

IX.3.3 Das Wesen der Ehe

In dem Abschnitt zum Mahrtenehe-Schema wird erwähnt, dass die Musik von einer Ehe, die an ein Tabu gebunden ist, erzählt. Dies wird an der Stelle deutlich, nachdem Lohengrin den König gegrüßt hat und sich zu Elsa wendet, um ihr seine Hilfeleistung anzubieten und die Heirat vorzuschlagen. Bis zu Elsas Antwort auf seine Frage „willst du wohl ohne Bang und Graun / dich meinem Schutze anvertraun?" (I,748–752) steht der Tonsatz in A-Dur. Dann gleitet dieser zum As-Dur und nimmt damit Bezug auf Elsa, als Lohengrin von der Ehe spricht: „Wenn ich im Kampfe für dich siege, / willst du, daß ich dein Gatte sei?" (I,761–764) „Elsa, soll ich dein Gatte heißen, / soll Land und Leut' ich schirmen dir" (I,769–772). Dabei spielen die Streicher das erweiterte Grals-Motiv aus dem Vorspiel (VS,5–12) und Lohengrins Gesang ist den Takten I,763f. sowie 769–772 bis auf die Pausen mit der von den ersten Violinen getragenen Melodie identisch. Der Text handelt von der Ehe, die Musik verweist auf das Gralsreich, auf Lohengrins Geheimnis. Noch bevor Lohengrin das Frageverbot ausspricht, wird das dadurch Verhüllte in der Musik thematisiert und man erahnt die Koppelung der Heirat an das Frageverbot. Nicht zufällig erklingt das erweitere Grals-Motiv hier zum ersten Mal in der Handlung, denn das Tabu gilt der Ehefrau allein, andere können den Gralsritter nicht zur Preisgabe seiner Identität und Herkunft zwingen, wie Lohengrin in der Szene II/5 Friedrich entgegnet: „Nicht dir, der so vergaß der Ehren, / hab' Not ich Rede hier zu stehn" (II,1818–1824), „Ja, selbst dem König darf ich wehren, / und aller Fürsten höchstem Rat! [...] Nur eine ist's, der muß ich Antwort geben: / Elsa..." (II,1845–1869). Die finale Motivierung des Mahrtenehe-Schemas wird bereits im Vorspiel angedeutet, in dem auf die vierfache Ausführung des Grals-Motivs die Trennungsklage (VS,58–67) folgt – die Sendung Lohengrins ist auf das Scheitern hin programmiert.

---

[182] An Theodor Uhlig, 28. Dezember 1851. Strobel/Wolf 1979, Nr. 111, S. 239–245, hier S. 241.

Eine weitere Facette der Ehe zwischen Elsa und Lohengrin, die in der Textstelle „Mein Schirm! Mein Engel! Mein Erlöser" (V. 241) angelegt ist, erhält in den motivischen Bezügen eine nähere Charakterisierung. Das Motiv der Glaubenstreue erklingt in der Szene II/2 dreimal auf Oboe (II,788 f.; II,790 f.; II,795 f.), als Elsa Ortrud über den Glauben und die Treue belehrt. Auf Ortruds suggerierende Aussage, Lohengrin würde Elsa durch Zauber wieder verlassen, antwortet diese:

> Du Ärmste kannst wohl nie ermessen,
> wie zweifellos mein Herze liebt!
> Du hast wohl nie das Glück besessen,
> das sich uns nur durch Glauben gibt! –
> Kehr bei mir ein, laß mich dich lehren
> wie süß die Wonne reinster Treu'!
> Laß zu dem Glauben dich bekehren:
> es gibt ein Glück, das ohne Reu'. (V. 552–559)

Da es in diesem von Ortrud ausgehenden Gespräch um Elsas Zukunft und ihre Beziehung zu Lohengrin geht, scheint Elsas Erwähnung des „Glauben" (V. 555) zunächst das persönliche Vertrauen zwischen Ehepartnern zu meinen. Auch die „Treu'" (V. 557) kann in diesem Sinn aufgefasst werden. Erst das „bekehren" verleiht dem „Glauben" eine religiöse Dimension. Vom Ende aus betrachtet erscheint Elsas Rede also doppeldeutig: Sie spricht von ihrem Glück als einer Engführung des Vertrauens zum Ehepartner und des religiösen Glaubens. Die Musik greift diese Doppeldeutigkeit auf: Bei Elsas zweiter Erwähnung des „Glauben" (II,797) erhält das Motiv der Glaubenstreue[183] in der Mitte eine leicht abweichende Wendung (A–G statt G–E), bleibt jedoch als Ganzes stabil und bildet somit eine anders getönte Variante von seiner vorigen Gestalt, die in den Kontext der persönlich-privaten Liebesbeziehung eingeordnet werden kann. Mit variierten Intervallen erklingt das Motiv der Glaubenstreue zu Beginn der Brautgemach-Szene (III/2) wieder, zunächst in der Klarinette und der Oboe in Kombination mit der Jubelweise (III,313–317), dann in Elsas Gesang zum Text „Wie wär' ich kalt, mich glücklich nur zu nennen" (III,328 f.), als Hinführung zum Duett über die Liebesseligkeit. Die Verwendung der Motivvarianten in dieser intimen Szene schafft eine Analogie zwischen dem christlichen Glauben und der Liebesvereinigung. Die Ehe gewinnt dadurch Züge der Religion („atme ich Wonnen, die nur Gott verleiht", III,336 f.) und die Verbindung beider Protagonisten kommt einer *unio mystica* gleich – Lohengrin als der Erlöser, Elsa die gläubige Braut. Diese Rollenverteilung basiert auf der für das Mahrtenehe-Schema konstitutiven Diskrepanz im Informationsstand, die beide Ehepartner ungleich macht: Elsa glaubt bedingungslos; Lohengrin hingegen braucht nicht an Elsas Unschuld zu *glauben*, wie er behauptet (V. 838), sondern er *weiß*, dass sie unschuldig ist. Davon wird in Abschnitt IX.3.5 die Rede sein.

---

[183] Kienzle 2005, S. 114 deutet dieses Motiv als eine verfremdete Variante des Liebesglück-Motivs und Zeichen des Zweifels.

IX.3.4 ‚Zweifel säen' im wörtlichen und musikalischen Sinne

Die Übertretung des Frageverbots ist ein der Schwanritter-Sage inhärentes Funktionselement. Die mittelalterlichen Bearbeitungen der Sage führen teilweise das dynastische Interesse als Grund für die Übertretung an. An Stelle eines stofflich bedingten, oft ungenügend motivierten Tabubruchs in den vormodernen Werken tritt bei Wagner die psychologisierende Figurenzeichnung in Form einer Auseinandersetzung zwischen Vertrauen und Zweifel.[184]

Im 2. Akt wird eine dreistufige psychologische Entwicklung vollzogen: Ortrud schmiedet mit Friedrich den Racheplan und sät Zweifel in Elsas Herz, der Kampf zwischen Glauben und Zweifel wird sowohl verbal als auch im Inneren der Elsa ausgetragen und zuletzt gewinnt der Glauben temporär die Oberhand. In den drei obigen Abschnitten werden die motivischen Bezüge des einen Handlungsstrangs, nämlich der Heilshandlung, erläutert. Im 2. Akt werden zwei Motive eingeführt, die für die Unheilshandlung von tragender Bedeutung sind: das Unheil-Motiv und das Serpentinen-Motiv. Beide zeichnen sich bereits im Orchestervorspiel auf den Celli bzw. in den Fagotten ab und ziehen sich in großer Dichte durch den Handlungsverlauf bis zu Elsas Tabubruch. Diese beiden Motive und ihre Varianten stehen zunächst in enger Verbindung mit Ortrud und begleiten sie als ihre charakteristische Idiomatik. Diese Idiomatik der Intrige, welche durch die Instrumentation des Zweifels vollzogen wird, dringt im Laufe der Handlung des 2. und 3. Aktes immer mehr in die Musik der Elsa ein und realisiert somit das bildliche ‚Säen' des Zweifels auf der motivischen Ebene.

Das Unheil-Motiv (II,3–6, Abb. 15), das das Orchestervorspiel des 2. Aktes einleitet, übernimmt an seinem Anfang die fallende Quinte, die das Frageverbot-Motiv (Abb. 14) umrahmt. Dadurch sind die beiden Motive, die dramaturgisch eng zusammenhängen – das Unheil wird durch die gezielte Missdeutung und die Übertretung

Abb. 14: Das Frageverbot-Motiv (I,777 f.)

Abb. 15: Das Unheil- und das Serpentinen-Motiv (II,3–6 und 12–14)

---

184 Zur musikalischen Gestaltung des Zweifels vgl. Kienzle 2005, S. 111–118; Kienzle sieht in Ortrud ein „dramaturgisches Werkzeug des Zweifels" (S. 113).

des Frageverbots herbeigeführt –, musikalisch verwandt. Die Serpentine (II,12–14, Abb. 15), auch ‚Versuchungs-Motiv' genannt, besteht aus einem gebrochenen verminderten Septakkord mit einer kleinen Obersekunde voran, der um eine kleine Terz nach unten verlängert wird und dann in einer punktierten Figur zurück zum Leitton schwenkt.

Ortruds Racheakt beginnt vor Elsas Kemenate. Sie bedankt sich für Elsas Güte, indem sie ihr anbietet, sie vor einem Unheil in der Zukunft zu bewahren (II,742–766). Zu ihrem Text „daß nicht ein Unheil dich umgarne, / laß mich für dich zur Zukunft schaun" erklingt die Serpentine wiederholt in den Fagotten (II,762–764). Zwei gebrochene verminderte Septakkorde, einmal sinkend und einmal steigend (II,763 und 765), werden in diesem verunsichernden Satz von Ortruds gesungener Partie getragen. Elsa reagiert mit einer ängstlichen Frage: „Welch Unheil?" (II,766) Unmittelbar darauf deutet das Frageverbot-Motiv in Englischhorn und Bassklarinette das von Ortrud Gemeinte an, noch bevor diese selbst zur Sprache kommt (II,767–770). Ortrud will Elsa suggerieren, dass die ungeklärte Herkunft Lohengrins ihr zum Verhängnis werden könnte. Das eigentliche Unheil wird freilich Elsas Fragen sein. Das Orchester legt hier einerseits aus der Figurenperspektive Ortruds Text aus – das Frageverbot verhüllt die „wundersam[e]" „Art" (II,770) Lohengrins –, andererseits leistet es eine auktoriale Vorausdeutung, indem es Elsas Frage nach der Zukunft entsprechend der kommenden Handlung beantwortet (Abb. 16).

Bis zur Szene II/5 haben Ortrud und Friedrich alles versucht, „Elsa zu verleiten" (V. 418). Als Konsequenz besetzen die Motive der Intrige den Tonsatz in größerer Dichte. Zu Lohengrins Ausruf „Elsa, wie seh' ich sie erbeben!" (II,1872–1875) und Elsas

Abb. 16: Das Serpentinen- und das Frageverbot-Motiv im Gespräch zwischen Ortrud und Elsa (II,762–770)

„*wildem inneren Kampfe*" (Regieanweisung II,1875f.) folgt das Frageverbot-Motiv mit abgewandeltem Schluss (II,1875–1878) der wiederholten Serpentine (II,1870–1874), was den Grund von Elsas Erbeben darlegt (Abb. 17). Im Tonsatz zum Ensemble „In wildem Brüten" (II,1880ff.) bilden dann die Serpentine (II,1882–1886) und das Unheil-Motiv (II,1887–1890, II,1944–1947) den ahnungsvollen Hintergrund der kontemplativen Gesangsstimmen.[185] Die Intrige ist in einem Stadium angelangt, in dem die Katastrophe nicht mehr aufzuhalten ist. Das Unheil-Motiv wird zudem in Ortruds Gesangsmelodie übernommen (II,1929–1931), was die Urheberschaft der Intrige kennzeichnet. Das Frageverbot-Motiv, das in voller Besetzung der Bläser in die C-Dur-Kadenz des Ensembles einfällt (II,1948–1950), nimmt ähnlich einer übergeordneten auktorialen Instanz die Katastrophe vorweg.

Obwohl die Hochzeit mit dem Kirchgang in aller Pracht erfolgt, kann das Unheil nicht mehr abgewendet, sondern nur noch hinausgeschoben werden. Elsas Antwort auf Lohengrins eindringliche Frage „Willst du die Frage an mich tun?" (II,2044–2046) wird von verminderten Septakkorden im *tremolo* der Violinen eingeleitet (II,2048–2051). Anders als bei Lohengrins Ankunft beruft sich Elsa nicht mehr auf den „Glauben" (V. 244), sondern antwortet mit „hoch über alles Zweifels Macht / soll meine Liebe stehn" (II,2055–2061). Zum Text „Liebe" (II,2059f.) erklingt in den Bläsern der G-Dur-Akkord. In G-Dur steht die spätere Passage, in der Elsa von der Liebe gedrängt das Tabu bricht (III,634–795). Die Liebe wird also den Zweifel fördern, statt ihn zu besiegen. Dass Elsas Herz bereits in diesem Moment nicht frei von Zweifel ist und dass Ortrud Macht über sie gewonnen hat, drückt das bedrohliche, von Trompeten und Posaunen getragene Frageverbot-Motiv (II,2098–2100) aus, das in den Orgelklang einfällt, der die Ehe besiegeln soll. Bei diesen Takten steht die Regieanweisung: „*Elsa wendet sich in großer Ergriffenheit zu Lohengrin, dieser empfängt sie in seinen Armen. Aus dieser Umarmung blickt sie mit scheuer Besorgnis rechts von der Treppe hinab und gewahrt Ortrud, welche den Arm gegen sie erhebt, als halte sie sich des Sieges gewiß; Elsa wendet erschreckt ihr Gesicht ab.*" Nochmals wird der innere Zweifel externalisiert – Ortrud verkörpert die Macht, die in Elsa einen fruchtbaren Boden gefunden hat.

Im Brautgemach wird die Kraft des Zweifels freigesetzt, die damit verbundenen Motive erklingen auch ohne die Präsenz der Figur Ortrud. Nachdem Elsa eine der drei verbotenen Fragen indirekt gestellt hat, versucht Lohengrin sie aufzuhalten „Ach schweige, Elsa!" (III,523) – zu diesem vergeblichen Versuch spielen die ersten Violinen einen gebrochenen verminderten Septakkord als Sinnbild des durch Ortrud gegossenen Gifts,[186] was die Unabwendbarkeit der Katastrophe anklingen lässt. Verstärkt wird die düstere Ahnung durch den verminderten Septakkord im *fortissimo* mit schmetternden Posaunen nach allen drei Fragen der Elsa (III,532f.). Während Lohengrin danach Elsa daran gemahnt, „den Zweifel" zu „meiden", erklingen das Un-

---

[185] Vgl. Dahlhaus 1988, S. 46.
[186] Vgl. V. 694: „Vermocht' ihr Gift sie in dein Herz zu gießen?"

IX.3 Psychologisierung durch die Musik: eine motivische Narratologie — 309

Abb. 17: Motive zu Elsas Erbeben (II,1870–1878)

heil- und das Frageverbot-Motiv unmittelbar nacheinander (III,618–623). Auffällig und einzigartig ist an dieser Stelle, dass der Beginn des Unheil-Motivs variiert ist – die Bassklarinette und die Fagotte spielen nicht die fallende Quinte des ursprünglichen Unheil-Motivs, sondern eine fallende Quarte, die eine punktierte Figur einleitet (III,618), d. h. genau den Anfang des Duetts „Fühl' ich zu dir so süß mein Herz entbrennen" (III,334). Die Liebesseligkeit mündet innerhalb eines Motivs ins Unheil. Die Heilshandlung und die Unheilshandlung werden hier auf das Engste verschränkt.

Auch im mittelalterlichen *Lohengrin* versucht der Held, seine Frau durch körperliche Intimität vom Fragen abzubringen. Doch anders als sein mittelalterliches Pendant trägt Wagners Lohengrin verbal zu Elsas Tabubruch bei. Es sind seine Aussagen „[...] was ich um dich verließ; / [...] aus Glanz und Wonne komm' ich her" (V. 909–919), die Elsas Unruhe steigern. Sie reagiert mit „Welch Zeugnis gab dein Mund! / Du wolltest mich betören" (III,636–641) und schließt folgerichtig aus Lohengrins Auskunft: „du kamst zu mir aus Wonnen / und sehnest dich zurück!" (III,650–654). Ihr Zweifel an Lohengrins Beständigkeit und ihre Sorge, verlassen zu werden, finden dabei Ausdruck in der zweimal durch Violinen und Violen vorgetragenen Serpentine (III,634–638), der sich weitere Wiederholungen des Motivanfangs in der dringlichen Form anschließen, dass jede Wiederholung um eine kleine Terz erhöht wird (III,638–641), sodass die letzte Erscheinung des Motivs genau eine Oktave über seiner ersten Ausführung liegt (Abb. 18). Kurz darauf, auf den Text „Wie soll ich Ärmste glauben, / dir g'nüge meine Treu'?" (III,654–658) übernimmt Elsa die Serpentine mit der dringlichen Form der Wiederholungen in ihre Gesangsmelodie. Der Zweifel ist völlig in ihre Psyche eingedrungen, als hörbare Motivierung für ihren Tabubruch. Dieser endgültige Sieg des Zweifels ist durch den zunehmenden Hang zur Chromatik in Elsas Musik in der Szene III/2 vorbereitet worden. Mit dem musikalisch gezeichneten Wandel geht die Tatsache einher, dass Elsa genau diejenigen Argumente gegen Lohengrin richtet, die ihr Ortrud und Friedrich eingeredet haben: „dann wirst du mir enteilen, / im Elend bleib' ich hier!" (III,677–683; vgl. V. 550 f., V. 770) „Voll Zauber ist dein Wesen, / durch Wunder kamst du her" (III,692–698; vgl. V. 670–673). Bemerkenswert ist hier die Engführung von „Zauber" und „Wunder" als ein unlösbares Paradoxon zwischen Zweifel und Glauben – der Zweifel an dem zauberhaften Wesen erwächst gerade aus dem Glauben an das Wunder, von dem Elsa selbst Augenzeugin war und über das Lohengrin im Brautgemach ihr etwas mehr verrät. Mit Recht beobachtet Ulrike Kienzle, dass die Kategorie des Wunders und die des Zaubers in dieser Oper sonst „konsequent gegenübergestellt"[187] sind. Sie verweist auf die entsprechende Erörterung in der *Deutschen Mythologie* Jacob Grimms,[188] die Wagner rezipiert hat: „*Wundern* heißt übernatürliche kräfte heilsam, *zaubern* sie schädlich oder unbefugt wirken lassen, das wunder ist göttlich, der zauber teuflisch; erst den gesun-

---

187 Kienzle 2005, S. 109.
188 Grimm ²1844 (= Dresdener Bibliothek Nr. 44).

Abb. 18: Die dringliche Form der Wiederholungen der Serpentine (III, 638–641)

kenen, verachteten göttern hat man zauberei zugeschrieben."[189] In Elsas Rede sind die beiden Aspekte der übernatürlichen Kräfte nicht mehr klar auseinanderzuhalten – sie fühlt sich aus ihrem Informationsrückstand dem Ungewissen gegenüber ohnmächtig.

Elsas existentielle Besorgnis wird intensiviert, bis sie ihrem Wahn verfällt: Sie hört in ihrem Inneren den Schwan kommen (Abb. 19). Das Schwan-Motiv erklingt in den hohen Holzbläsern (III,713–715), die Elsas Auftritte oft begleitet haben. Dieses von der Realität abgekoppelte Erlebnis ist sowohl eine subjektive akustische Wahrnehmung – Elsa „*hält an, wie um zu lauschen*" und fragt Lohengrin: „Vernahmest du kein Kommen?" (III,707–709) – als auch ein „höheres Sehen"[190] – „*vor sich hinstarrend*" (III,712f.) schildert sie, wie der Schwan den Kahn herbeizieht. Noch einmal wird sich ihre Vision durch ihre Tat erfüllen.

Abb. 19: Der Schwan in Elsas Wahn (III,713–715)

---

189 Grimm ²1844, Bd. 2, S. 861. Vgl. zu einer solchen Gegenüberstellung im *Lohengrin* Hartwich 2000, S. 107.
190 Schneider 2013, S. 182.

Bevor Elsa das zweite Mal die verbotenen Fragen stellt, versucht Lohengrin ein letztes Mal vergebens, das Unheil aufzuhalten und singt „Elsa, was willst du wagen?" auf das Frageverbot-Motiv (III,739–742). Dieses Motiv, das für jenes Gesetz steht, das die Dauerhaftigkeit von Lohengrins Verbleib in Brabant sichern soll, gerät ab dem 2. Akt immer mehr in die Nachbarschaft des Zweifels und des Unheils. Es ist nur vordergründig die Bedingung, die eine der Mahrtenehe ähnliche Verbindung ermöglicht. In der Narration der Musik bahnt gerade dieses Motiv den Weg zur Unmöglichkeit einer solchen Verbindung, die aus der Kluft zwischen dem absoluten Glauben und den menschlichen Bedürfnissen resultiert.

Nach Elsas Fragen, der Katastrophe, erklingen die Motive nur noch in verzerrter oder zertrümmerter Gestalt. In der erstickenden Stille nach dem Fall Friedrichs führen die Celli eine rhythmisch kaum noch erkennbare Serpentine auf; das Liebesseligkeit-Motiv aus dem Duett vom Anfang dieser Szene ertönt langsam und verlassen, in einer einzigen Klarinette bzw. Oboe statt auf den ersten Violinen vorher (III,784–791), als Erinnerung und Abschiedsgruß an das scheinbar schon fern gerückte Glück, nachdem Lohengrin sich und Elsa bewusst gemacht hat, „nun ist all unser Glück dahin!" (III,776–780). Das Unheil-Motiv hingegen wird auf eine bisher noch nicht begegnete wuchtige Weise durch Fagotte, Posaune, Basstuba und Kontrabässe unter Einsatz von Pauken vorgeführt (III,802–806). Der Vorder- und Nachsatz von Lohengrins Frageverbot (α und β) aus dem 1. Akt erklingen nun in vertauschter Reihenfolge (β–β–α–α; III,817–838). Dabei wird der Nachsatz β von Lohengrin auf den Text „Dort will ich Antwort ihr bereiten, / daß sie des Gatten Art erschau'!" gesungen, der noch halb offene, über sich hinausweisende A-Dur-Schluss in Terzlage (Abb. 20) wird hier ersetzt durch einen gleichsam ultimativen a-Moll-Schluss in Oktavlage (Abb. 21). Die Phrase schließt nicht mehr in einer schwebenden Intonation, was die Enthüllung des Geheimnisses voraus deutet. Die beiden Hälften der Frageverbot-Melodie, die in ihrer intakten Reihenfolge für das Ordnung stiftende Gesetz stehen, erscheinen hier fragmentarisch und dekonstruiert, da das Gesetz gebrochen und die Heilshandlung zerrüttet worden ist.

Abb. 20: Der Nachsatz der Frageverbot-Melodie (β) aus dem 1. Akt (I,780–784)

Abb. 21: Der von Lohengrin gesungene Nachsatz der Frageverbot-Melodie (β) im 3. Akt (III,817–823)

IX.3.5 Von der Schattenseite des Helden: Lohengrins Unehrlichkeit

Lohengrin verrät Elsa nicht viel über sich. Die wenigen Fakten, die er ihr im Brautgemach über sich erzählt, sind entweder auf die Kompensation seines persönlichen Verlusts ausgerichtet (V. 908–919) oder von halbwahrer Natur (V. 859–870). Unmittelbar nach dem Liebesduett spricht Lohengrin die Prädestination der beiden füreinander an – „Die nie sich sahn, wir hatten uns geahnt" (V. 835) – und erinnert sich an ihre erste Begegnung: „Dein Auge sagte mir dich rein von Schuld" (V. 838). Dass Elsa „frei aller Schuld" (V. 253) ist, wusste er freilich bereits vor seiner Ankunft in Brabant aus der Tatsache, dass Gottfried sein Schwan ist und nicht ermordet worden sein kann.[191] Dies verschweigt er hier. Er will Elsas Unschuld an ihrem Blick allein erkannt haben. Elsas Wunsch, Lohengrin bei Namen zu nennen, entgegnet dieser mit der Belehrung über die Umgangsweise mit geheimnisvollen Wesen. Als Beispiel für solche Wesen nennt er „die süßen Düfte" (V. 859): „Geheimnisvoll sie nahen durch die Lüfte, – / fraglos geb' ihrem Zauber ich mich hin." (V. 861 f.) Laut Lohengrin ist die fraglose Hingabe die ratsame Weise, solchen Wesen zu begegnen. Daraus bildet er eine Analogie zu seiner Begegnung mit Elsa:

> So ist der Zauber, der mich dir verbunden,
> als ich zuerst, du Süße, dich ersah;
> nicht brauchte deine Art ich zu erkunden,
> dich sah mein Aug', – mein Herz begriff dich da. (V. 863–866)

Wieder reduziert er das Begreifen auf das rein Visuelle, denn nach Elsas „Art" fragte er nicht. Nochmals beteuert er, sich Elsas Unschuld auf visuelle Weise versichert zu haben: „so mußte deine Reine mich entzücken, / traf ich dich auch in schwerer Schuld Verdacht." (V. 869 f.) Eine solche fraglose Hingabe fordert Lohengrin auch von Elsa, dann würde sie sich ihm gegenüber genau so verhalten wie er ihr gegenüber. Dabei nivelliert er völlig die Asymmetrie zwischen ihnen. Lohengrin gibt vor, dass er Elsa absoluten Glauben geschenkt habe. Dass er sie nicht zu fragen brauchte, liegt jedoch in seinem überlegenen Wissen begründet. Als Gralsgesandter weiß er mehr als das Gesehene, Elsa weiß nur so viel wie sie sieht. Was er von ihr fordert, ist eine vorgetäuschte Gleichstellung.[192]

Diese fragwürdige Aussage Lohengrins wird durch die Musik unterstrichen. In der oben zuerst genannten Rede schwingt der Tonsatz bereits im Vers „hat Liebe mir zu dir den Weg gebahnt" (III,370–372) Richtung F-Dur; während des nächsten Verses, „Dein Auge sagte mir dich rein von Schuld", gelangt er dann zum C-Dur (III,374). Erst zum Schluss der Rede gleitet der Tonsatz zurück zum A-Dur (III,377), wo sie angefangen hat

---

[191] Vgl. Mertens 2014, S. 76.
[192] Den Hinweis auf dieses Detail und die diese These stützende musikalische Analyse verdanke ich jeweils Anja Harteros und Markus Höring, wofür ich an dieser Stelle herzlich danke. Eine szenische Deutung nach dieser Lesart bietet beispielsweise die Bayreuther Produktion 2018 (siehe Abb. 2, S. VI).

(III,363). Die Halbwahrheit wird also von einer harmonischen Instabilität begleitet, während die ehrlichen Aussagen – z. B. „Wie hehr erkenn' ich unsrer Liebe Wesen!" (III,364–366) sowie „mich zwang dein Blick zu dienen deiner Huld" (III,374–377) – mit klaren einheitlichen Kadenzen abgeschlossen werden. Die arios gestaltete Passage „Atmest du nicht mit mir die süßen Düfte?"[193] steht im neutralen C-Dur (III,422–477), das sonst dem König und der profanen Welt zukommt. Hier markiert es die Leere der Aussage – Lohengrin redet an Elsas Wunsch vorbei und belehrt sie, um nichts von sich preiszugeben. Zudem ist diese Passage von ständiger Kadenzflucht besetzt. Kadenzvermeidung ist hier der Regelfall, erwartbare Kadenz die Ausnahme. Die tonale Instabilität[194] dieser Passage weist bereits auf einen Prozess voraus, in dem Wagner sich in einem anderen Kontext, unter anderem in *Tristan und Isolde*, dieser Technik bediente und die traditionelle Harmonielehre revolutionierte.[195] Nur in den Takten 459 und 475 wird der Tonsatz mit einer klaren C-Dur-Kadenz abgeschlossen. Die punktuelle harmonische Zielgerichtetheit korreliert freilich mit der semantischen Fragwürdigkeit. Wie oben in Bezug auf den Text erörtert, ist weder die Aussage „dich sah mein Aug', mein Herz begriff dich da" (III,456–459) noch „so deine Reine mußte mich entzücken, / traf ich dich auch in schwerer Schuld Verdacht" (III,468–475) die ganze Wahrheit. Zudem wirken diese beiden authentischen Schlüsse im Umfeld der harmonischen Turbulenz der gesamten Passage unnatürlich.

Lohengrin versucht hier Elsa scheinbar sich gleichzustellen, entzieht sich jedoch musikalisch und textuell immer mehr einer Greifbarkeit. Insofern lässt sich für die Figurenpsychologie in dieser romantischen Oper festmachen, was in der mediävistischen Forschung geäußert wurde: Lohengrin geht die Ehe auf eine „uneigentlich[e]"[196] Weise ein. Er macht sich verfügbar und hält sich zugleich jenseits der Verfügbarkeit.[197] Die ganze Wahrheit zu lüften, müsste ihn wohl um sein Inkognito bringen. Die Einhaltung des Gralsgesetzes hat zur Folge, dass der Gralsritter sein Unwissen vortäuscht, das ihn der menschlichen Welt gleichstellen würde, und seiner Ehefrau abverlangt, ihn trotz der Unverfügbarkeit zu lieben.[198]

---

193 Vgl. die Analyse der Brautgemach-Szene bei Schneider 2013, S. 218 f. Er stellt einen Kontrast zwischen dem unmittelbaren, affirmativen Charakter von Lohengrins Musik und der Zeitlichkeit von Elsas Musik fest.
194 Mit Diether de la Motte könnte man sie als ‚atonikal' (^{17}2014, S. 212) bezeichnen.
195 Aus der Korrespondenz mit Markus Höring.
196 Weidenkopf 1979, S. 325.
197 Vgl. Weidenkopf 1979, S. 308 im Blick auf Konrads Erzählung: „[...] indem er keine Verbindung seiner Person mit menschlichen Verhältnissen zuläßt, die nach den Formen des gesellschaftlichen Seins sein Herkommen umfassen würde".
198 Vgl. Voss 2001, S. 102: „Es [das Frageverbot; M. Y.] dient darum nicht nur äußerlich und allgemein dem Erhalt der Macht, die vom Gral verliehen ist [...], sondern erscheint zugleich und vornehmlich als der Schutzwall, hinter dem Lohengrin die eigene Person verbirgt. Nähe zu sich läßt er nicht zu [...]".

IX.4 *Tannhäuser* – *Lohengrin* – *Parsifal*: die Kontinuität des mythischen Kosmos

Die Bühnenwerke Richard Wagners seit dem *Tannhäuser* realisieren ohne Ausnahme mittelalterliche Stoffe bzw. spielen im Mittelalter. „Mit seiner Vorliebe für Stoffe aus dem Mittelalter steht Wagner in der Tradition der Romantik, für die die Epoche eine bevorzugte Projektionsfläche für Sehnsüchte jedweder Art gewesen ist."[199] Darunter stehen drei Werke aufgrund der stoffgeschichtlichen Verwandtschaft und der Autorschaft in besonders engem Zusammenhang – *Tannhäuser und der Sängerkrieg auf Wartburg*, *Lohengrin* und *Parsifal*. Der Dichter Wolfram von Eschenbach wird im mittelalterlichen *Wartburgkrieg*-Komplex und in Wagners *Tannhäuser* als Teilnehmer des Sängerkrieges am Thüringer Hof dargestellt; die Hauptvorlage des *Parsifal*, der *Parzival*-Roman, ist ein Werk Wolframs. Der bairische *Lohengrin*, eine genealogisch begründete Fortsetzung des *Parzival*-Romans, inszeniert anhand der Übernahme von Teilen aus dem *Wartburgkrieg* eine fiktive Autorschaft, sodass die Schwanritter-Geschichte als Vortrag Wolframs auf der Wartburg erscheint. Im Spätmittelalter galt der bairische *Lohengrin* daher als Wolframs Werk. Der Kontinuität zwischen den drei Bühnenwerken, die durch personale, thematische und motivische Übernahme und Wiederholungen hergestellt wird, soll im Folgenden nachgegangen werden.

IX.4.1 Der einheitliche Horizont der Quellen

Als Wagner Anfang der 1840er Jahre auf die Ausgabe des *Wartburgkriegs* von Lucas aufmerksam gemacht wurde, die die Vorlage für zwei seiner künftigen Opern liefern sollte, standen durchaus weitere literarische wie historische Stoffe in Konkurrenz mit diesem Werk. Damals war keineswegs klar, in welche Richtung sein Schaffen nach dem *Fliegenden Holländer* weitergehen wird. Erst mit der Konzeption und Ausführung des *Tannhäuser*-Projektes galt das Ringen zwischen der historischen und der mythischen Richtung als entschieden:

> Für jetzt berichte ich bloß noch, daß ich auch in der Wahl des Tannhäuserstoffes gänzlich ohne Reflexion verfuhr [...] Mit der »Sarazenin«[200] war ich im Begriffe gewesen, mehr oder weniger in die Richtung meines »Rienzi« mich zurückzuwerfen, um eine fünfaktige »historische« Oper zu verfertigen: erst der überwältigende, mein individuelles Wesen bei weitem energischer erfassende Stoff des Tannhäusers, erhielt mich im Festhalten der mit Notwendigkeit eingeschlagenen neuen Richtung.[201]

---

199 Heinzle 2012, S. 104.
200 *Die Sarazenin* (WWV 66), eine geplante fünfaktige Oper, wurde 1841 in Paris skizziert und nach der Uraufführung des *Fliegenden Holländers* 1843 in Dresden zu einem Prosaentwurf ausgearbeitet. Danach wurde das Projekt durch die Konzeption des *Tannhäuser* verdrängt. Vgl. dazu Borchmeyer 2017.
201 *Mitteilung*, S. 245 f.

Diese neue Richtung ist die Bearbeitung und Darstellung mythischer Stoffe, die unter anderem in mittelalterlichen literarischen Werken, in erster Linie Erzähltexten, überliefert sind. Dabei ging es Wagner weniger um diese Werke in ihrer konkreten Gestalt als um „den Mythos an sich, in seiner Ur- oder Kerngestalt, als Geschehen des Allegemeinmenschlichen jenseits von Zeit und Raum".[202]

Die früheste erhaltene deutschsprachige Bearbeitung des Schwanritter-Mythos begegnet im *Parzival* Wolframs von Eschenbach und ist bereits dort – im Unterschied zur französischen Tradition und als das wichtigste Merkmal des deutschen Zweiges – als genealogische Verlängerung der Parzival-Handlung konzipiert. Diese genealogische Verbindung zur Gralssippe bleibt in den meisten deutschsprachigen Bearbeitungen des Stoffes (mit Ausnahme Konrads von Würzburg) erhalten. Der Zusammenhang zwischen Lohengrin und Parzival sowie zwischen Lohengrin und Wolfram dürfte Wagner über die Nacherzählung Lucas' bekannt geworden sein. Während seines Kuraufenthalts im Sommer 1845 in Marienbad las Wagner Wolframs *Parzival* und *Titurel* in der Übertragung Simrocks[203] sowie die *Lohengrin*-Edition Görres' als potentielle Stoffe für sein Schaffen nach der Uraufführung des *Tannhäuser*. Die Gestaltung eines *Lohengrin*-Dramas kam ihm dabei dringender vor, sodass trotz des dringenden ärztlichen Rats, während der Kur die Arbeit zu unterlassen, der Prosaentwurf dazu noch in Marienbad entstand.

Lucas' Publikation *Ueber den Krieg von Wartburg* inspirierte Wagner für alle drei Bühnenwerke, die mit Wolfram in Zusammenhang stehen. Der erste Teil bei Lucas, die Wiedergabe des *Fürstenlobs*, liefert das Grundgerüst für die Handlung des 2. Aktes des *Tannhäuser* mit der Situierung am Hof Hermanns von Thüringen, der Figurenkonstellation und dem antagonistischen Schema für den polemischen Gesang und Gegengesang. Der Herausforderer Heinrich von Ofterdingen wird bei Wagner durch die Figur Tannhäuser ersetzt, der – wohl deshalb – ebenfalls den Namen Heinrich trägt, jedoch mit dem historischen Dichter Tannhäuser wenig gemeinsam hat.[204] Der Schauplatz des 2. Aktes, der Thüringer Hof, gilt als prototypischer Raum des deutschen mittelalterlichen Literaturbetriebs. An diesem Hof sind Teile des *Parzival* und des *Jüngeren Titurel* entstanden, auch der *Wartburgkrieg*-Komplex weist Verbindungen zu dynastischen Trägergruppen im Thüringischen Raum auf.[205] Der dritte Teil aus Lucas' Publikation diente Wagner als Vorlage für den *Lohengrin*. Wolframs Erzählung von Lohengrin ist allerdings nicht direkt aus dem *Fürstenlob* entsprossen, sondern aus dem *Rätselspiel*, dessen Strophenbestand Lucas im zweiten Teil wiedergibt. Im fünften Abschnitt des zweiten Teils[206] werden die entsprechenden überleitenden Strophen eigens als „Uebergang zum Lohengrin"[207] gekennzeichnet. In Lucas' Erläuterungen[208]

---

202 Voss 2001, S. 100.
203 Vgl. Mertens 2016, S. 16.
204 In der Literaturgeschichte ist dieser Name für den Tannhäuser nicht überliefert.
205 Vgl. Hallmann 2015, S. 152, 333.
206 Vgl. Lucas 1838, S. 187–191.
207 Ebd., S. 6.

zum mittelalterlichen *Lohengrin* wird die Fiktion der Wolfram-Autorschaft dadurch erklärt, dass dieses Werk Wolframs dichterisches Schaffen vervollständige. Dabei geht Lucas auf den Zusammenhang zwischen der unterlassenen Frage Parzivals und der verbotenen Frage bei Lohengrin ein. Zudem schließt Lucas aus der Abstammung Hermanns von Thüringen von Herzog Karl von Lothringen und Brabant darauf, dass die Schwanritter-Erzählung das Geschlecht Hermanns verherrliche. Im *Rätselspiel* begegnet ferner Klingsor als einer der beiden Kontrahenten, jedoch nicht als Figur aus Wolframs Roman, sondern als dessen Widersacher und „Obmann"[209] Heinrichs von Ofterdingen. Heinrich, der im *Fürstenlob* eine Niederlage gegen die anderen fünf Sänger erleiden muss, begibt sich nach Ungarn, um Hilfe bei Klingsor zu holen. Nach der Rückkehr beider nach Thüringen kämpft Klingsor stellvertretend für Heinrich und stellt Wolfram Rätsel auf. Züge dieser Klingsor-Figur und seines Namensvetters in Wolframs Roman, der den Artushof gefährdet, fanden später ihren Niederschlag in der Figur des Zauberers Klingsor im Bühnenweihfestspiel *Parsifal*. In den *Parsifal* flossen auch Lohengrins Erzählung von der Gralsgesellschaft und Teile aus Wolframs *Parzival*-Roman ein.

Ein Abglanz des prototypischen Wettgesangs auf der Wartburg findet sich in den *Meistersingern von Nürnberg*. Walther von Stolzing beruft sich bei seinem ersten Versuch des Vorsingens in der dreiteiligen Kanzonenform auf „Herr Walther von der Vogelweid'",[210] einen der sechs Sänger auf der Wartburg, als seinen „Meister".[211] Tatsächlich liefern die beiden Töne des *Wartburgkrieg*-Komplexes, der ‚Thüringer Fürstenton' aus dem *Fürstenlob* und der ‚Schwarze Ton' aus dem *Rätselspiel*, Vorbilder für die in den *Meistersingern* als Regel geltende Kanzonenform, in der der Abgesang auf zwei formal identische Stollen, den Aufgesang, folgt.[212] Gattungsgeschichtlich steht die meisterliche Lieddichtung, wie sie in den *Meistersingern* realistisch inszeniert wird,[213] in der Nachfolge der Sangspruchdichtung,[214] auf deren Gattungshorizont der *Wartburgkrieg*-Komplex punktuell rekurriert.[215] Die städtischen Meistersinger im

---

208 Vgl. Lucas 1838, S. 255–259.
209 Ebd., S. 6.
210 *Meistersinger*, V. 575. Textbuch der *Meistersinger von Nürnberg* wird zitiert nach der letzten Fassung aus *GSD*, in: Voss 2013, S. 277–369.
211 *Meistersinger*, V. 576.
212 In der meisterlichen Lieddichtung wurden diese beiden Töne lebhaft verwendet, vgl. dazu Hallmann 2015, S. 19: „Vor allem jedoch lässt sich beobachten, dass die beiden *Wartburgkrieg*-Töne nun [im 15. und 16. Jh., M. Y.] zunehmend in den Sog der meisterlichen Lieddichtung und ihres konventionalisierten Themeninventars geraten und sich dabei sukzessive immer mehr von ihrer ursprünglich exklusiven Bindung an den *Wartburgkrieg* lösen."
213 Die Regeln des Dichtens und Komponierens sowie die Form des Wettgesangs in Wagners komischer Oper entsprechen den historischen Gegebenheiten, doch wurde in dieser Tradition nicht um die Hand einer Jungfrau gesungen. Horst Brunner mündlich.
214 Vgl. dazu u. a. die gründlichen Untersuchungen bei Brunner 1975; prägnant am Beispiel des ‚Schwarzen Tons' und mit Schwerpunkt auf der Melodieüberlieferung bei dems. 2001.
215 Zur gattungsgeschichtlichen Klassifikation des *Wartburgkrieg*-Komplexes siehe Hallmann 2015, S. 111–130.

Spätmittelalter stehen also durch die überlieferten und rezipierten Töne bzw. ‚Weisen', wie Wagner diese nennt, mit den Spruchdichtern des dreizehnten Jahrhunderts in einer kontinuierlichen Tradition. Beispielsweise sind zahlreiche Meisterlieder aus dem fünfzehnten Jahrhundert zu verschiedensten Themen im ‚Schwarzen Ton' überliefert, in dem neben Teilen des *Wartburgkriegs* auch das ganze *Lohengrin*-Epos gedichtet ist.

Der erste Entwurf zu den *Meistersingern* fiel in die Zeit, in der sich Wagner intensiv mit dem Grals- und Lohengrin-Stoff beschäftigte. Die direkte Anregung dafür bot ihm die Darstellung der Meistersinger und des Hans Sachs in der *Geschichte der poetischen National-Literatur der Deutschen* von Georg Gottfried Gervinus (Leipzig 1835–42).[216] Das Werk wurde Wagner 1845 bekannt,[217] den Entwurf zu einem Drama mit Hans Sachs als Protagonist stellte er, wie den Prosaentwurf des *Lohengrin*, in Marienbad fertig. Datiert ist der Entwurf auf den 16. Juli 1845. Das Drama war als eine Art Satyrspiel zum *Tannhäuser* konzipiert:

> Mit fast willkürlicher Absichtlichkeit hatte ich in der letzten Zeit mich bereits dazu bestimmt, mit Nächstem eine *komische* Oper zu schreiben [...] Wie bei den Athenern ein heiteres Satyrspiel auf die Tragödie folgte, erschien mir auf jener Vergnügungsreise plötzlich das Bild eines komischen Spieles, das in Wahrheit als beziehungsvolles Satyrspiel meinem »Sängerkriege auf Wartburg« sich anschließen konnte. Es waren dies »die Meistersinger zu Nürnberg«, mit *Hans Sachs* an der Spitze.[218]

Die *Meistersinger* stehen daher in Hinsicht sowohl auf die gattungsgeschichtlichen Vorbilder als auch auf den Entstehungsprozess innerhalb des durch den *Tannhäuser* geschaffenen mythischen Kosmos.

IX.4.2 Tannhäuser und Lohengrin: der nicht verstandene Künstler

Die Geschichte von Lohengrin galt als ein Werk Wolframs und soll von Wolfram auf der Wartburg vorgetragen worden sein. Neben diesem überlieferungsgeschichtlichen Zusammenhang sind die beiden romantischen Opern *Tannhäuser* und *Lohengrin* durch thematische Gemeinsamkeiten verbunden. Ein wesentliches Thema in Wagners Schaffen, das sich in beiden Werken wiederfindet, ist das Künstlertum.[219] Wagner betrachtet die Gestalt des Tannhäuser als „*Mensch* bis auf den heutigen Tag, bis in das

---

[216] Gervinus 1835–1842, hier Bd. 2: Vom Ende des 13ten Jahrhunderts bis zur Reformation, Leipzig 1836.
[217] Vgl. die Einleitung bei Strobel/Wolf ²1980, S. 5–66, hier S. 53.
[218] *Mitteilung*, S. 259.
[219] Zu Wagners romantischen Opern als Künstlerdramen vgl. Borchmeyer 2013a, S. 185–206, mit Kontextualisierung in Bezug auf die Literatur der Romantik. Zur Künstlerproblematik im *Lohengrin* vgl. ferner Kunze 1971.

Herz eines lebenssehnsüchtigen Künstlers".[220] Prägend für diese Gestalt sind die künstlerische Einsamkeit und die Sehnsucht nach dem Sinnlichen:

> Im Tannhäuser hatte ich mich aus einer frivolen, mich anwidernden Sinnlichkeit – dem einzigen Ausdruck der Sinnlichkeit der modernen Gegenwart – heraus gesehnt; mein Drang ging nach dem unbekannten Reinen, Keuschen, Jungfräulichen, als dem Elemente der Befriedigung für ein edleres, im Grunde dennoch aber sinnliches Verlangen, nur ein Verlangen, wie es eben die frivole Gegenwart nicht befriedigen konnte.[221]

In dieser späteren Lesart Wagners steht Tannhäuser für den einsamen Künstler, der ein edles Verlangen hegt, das keine Befriedigung bei Venus, dem Sinnbild für das Frivole der Moderne, findet, sondern nur von Elisabeth, der reinen Jungfrau, gestillt werden kann. Tannhäusers Kunst und Menschlichkeit werden von der Gesellschaft auf der Wartburg nicht verstanden. Mit der vernichtenden Niederlage, die das Werk bei der Uraufführung in Dresden erlitt, wurde Wagner selbst unerwartet mit dem Schicksal seiner Figur konfrontiert.

Zu den fremden Eindrücken von seiner Dichtung des *Lohengrin* und von der Uraufführung äußert Wagner in seiner *Mitteilung an meine Freunde*, dass die Kritiken und Missverständnisse zu diesem Werk nicht der „unmittelbaren Herzensempfindung" entwachsen würden, sondern Folgen einer reflektierenden, „vermittelten Verstandestätigkeit"[222] seien. Ersteres vermöge der wahre Künstler, letzteres der kritische Mensch.[223] Mit der Rezeptionsweise des kritischen Menschen widerfährt Wagner als Künstler genau das, was Lohengrin durch dessen Umgebung angetan wird:

> Ich fand an dieser Erscheinung daher das Tragische des Charakters und der Situation Lohengrins als eine im modernen Leben tief begründete bestätigt: sie wiederholte sich an dem Kunstwerke und dessen Schöpfer ganz so, wie sie am Helden dieses Gedichtes sich dartat.[224]

Das Verlangen des Künstlers, so Wagner, ist wie jenes Lohengrins, nämlich „durch das Gefühl rückhaltlos aufgenommen und verstanden zu werden".[225] Elsas Unmöglichkeit, unbedingt zu glauben und zu lieben, findet sich in der „durch das moderne Kunstleben bedingte[n] [...] *Unmöglichkeit*" wieder, „dieses Gefühl in der Unbefangenheit und zweifellosen Bestimmtheit anzutreffen".[226] *Tannhäuser* und *Lohengrin* stehen dadurch in Verbindung, dass beide Protagonisten ein Bildnis des unverstandenen Künstlers sind und somit Figuren der ‚impliziten Poetologie' sowie Autobiographie Wagners darstellen, der sich gegen den Theaterbetrieb seiner Zeit auflehnt und in der Kunst der Zukunft nach Lösungen für den tragischen Konflikt sucht.

---

220 *Mitteilung*, S. 245.
221 Ebd., S. 270.
222 Ebd., S. 273.
223 Ebd., S. 272f. mit Anmerkungen.
224 Ebd., S. 273.
225 Ebd., S. 275.
226 Ebd.

IX.4.3 Parsifal und Lohengrin: das Geschlecht der Gralshüter

Mit dem Bühnenweihfestspiel *Parsifal* schuf Wagner die Vorgeschichte zu seiner romantischen Oper *Lohengrin*. Parzival,[227] der Vater Lohengrins und Gralskönig zur Zeit von Lohengrins Sendung nach Brabant, ist bereits im *Lohengrin* aktiv handelnd und trägt maßgeblich zur Erlösung Gottfrieds bei, wie der zweite Teil der Erzählung Lohengrins aus Wagners autographer Partitur schildert:

> mein Vater, der erkannt des Schwanes Wesen,
> nahm ihn in Dienst nach des Grales Spruch:
> denn wer ein Jahr nur seinem Dienst erlesen,
> dem weicht von dann ab jedes Zaubers Fluch.[228]

Während Gottfried in Brabant für tot gehalten wird, weiß man im Gralsreich, dass es sich bei dem Schwan um den verzauberten Erben von Brabant handelt und trifft die entsprechenden Maßnahmen für den Dienst des Grals und zur Erlösung des Verzauberten – „dienet uns, und hilft auch sich"[229] ist Gottfrieds Dienst für den Gral, wie Gurnemanz Kundrys Gralsdienst bewertet.

Parzival und der Gral, die im *Lohengrin* nur durch die Erzählung des Protagonisten in die Handlung hereingeholt werden und die periphere Grundierung einer fernen Gegenwelt zum Raum der gegenwärtigen Handlung bilden, werden jeweils zum Titelhelden und zum zentralen „Heiltum"[230] im mehr als dreißig Jahre später vollendeten *Parsifal*. In diesem Werk wird ein früherer Zustand der Gralsgesellschaft dargestellt, jener Gesellschaft, die Lohengrin in seiner Erzählung als „wir"[231] und „der Menschen reinste" (V. 1044) bezeichnet. Zwei wichtige Funktionen des Grals im *Parsifal* – die Gralshüter am Leben zu erhalten und ihre Fragen zu beantworten – sind bereits im *Lohengrin* angelegt:

> Wer nun dem Gral zu dienen ist erkoren,
> den rüstet er mit überird'scher Macht;
> an dem ist jedes Bösen Trug verloren,
> wenn ihn er sieht, weicht dem des Todes Nacht. (V. 1050–1053)
>
> als wir den Gral zu fragen nun beschickten,
> wohin ein Ritter zu entsenden sei, –
> da auf der Flut wir einen Schwan erblickten,
> zu uns zog einen Nachen er herbei: –

---

[227] Wagner benutzt die Namensform ‚Parzival' nach Lachmann und Simrock bis einschließlich zum zweiten Prosaentwurf vom Februar 1877. In der Dichtung nennt er seinen Helden ‚Parsifal'. Diese Schreibweise komme laut Wagner aus dem Arabischen und soll ‚reiner Tor' (*Parsi-fal*) bedeuten.
[228] Voss 2001, S. 83.
[229] *Parsifal*, V. 123. Textbuch des *Parsifal* wird zitiert nach dem Erstdruck der Dichtung von 1877, in: Geck/Voss 1970, S. 90–134.
[230] *Parsifal*, V. 183.
[231] Voss 2001, S. 83.

[...]
Zunächst nun sollt' er mich dahin geleiten,
woher zu uns der Hilfe Rufen kam; (Fassung der autographen Partitur)[232]

Der Anblick des Grals hält die Gralsdiener vom Tod fern. Der Gral beantwortet die Frage, wohin der Kämpfer zu schicken sei, dadurch, dass er Gottfried in seinen Bann zieht und ihm die Richtung weist. Eine Generation früher, als Anfortas das Gralskönigtum innehat, ist es die Amtspflicht, den Gral in regelmäßigem Zeitabstand zu enthüllen – um die Gralsleute, vor allem Titurel, am Leben zu erhalten –, die Amfortas am Sterben hindert, sein Leiden unendlich verlängert und die einstige Wunde immer wieder von Neuem aufreißt:

Titurel
Mein Sohn Amfortas! Bist du am Amt?
(Schweigen.)
Soll ich den Gral heut' noch erschau'n und leben?
(Schweigen.)
Muss ich sterben, vom Retter ungeleitet?

Amfortas
(im Ausbruche qualvoller Verzweiflung).
Wehe! Wehe mir der Qual! –
Mein Vater, oh! noch einmal
verrichte du das Amt!
Lebe! Leb' und laß mich sterben!

[...]

Amfortas
(den Knaben wehrend).
Nein! Laßt ihn unenthüllt! – Oh! –
Daß Keiner, Keiner diese Qual ermißt,
die mir der Anblick weckt, der euch entzückt! –
Was ist die Wunde, ihrer Schmerzen Wut,
gegen die Not, die Höllenpein,
zu diesem Amt – verflucht zu sein! –
[...]
von Neuem sprengt es das Tor,
daraus es nun strömt hervor,
hier durch die Wunde, der Seinen gleich,
geschlagen von desselben Speeres Streich,
der dort dem Erlöser die Wunde stach,
[...]
Nimm mir mein Erbe,
schließe die Wunde,
daß heilig ich sterbe,

---

[232] Voss 2001, S. 83.

rein Dir gesunde!
(Er sinkt wie bewußtlos zurück). (*Parsifal*, V. 378–437)

Die lebenserhaltende, heilstiftende Wunderkraft des Grals wird für Amfortas zu einem unwillkürlichen Zwang. Weiterleben zu müssen bedeutet für ihn das perpetuierliche Empfinden des Schmerzes und der Reue. Der Anblick des Grals ist für ihn erlösungsgefährdend, gar Verdammung. Der Gral antwortet auf Amfortas' Flehen nach Genesung mit einer Verheißung, deren Erfüllung in ungewisser Zukunft liegt:

> Gurnemanz
> (nach einem Schweigen).
> Vor dem verwaisten Heiligtum
> in brünst'gem Beten lag Amfortas,
> ein Rettungszeichen heiß erflehend:
> ein sel'ger Schimmer da entfloß dem Grale;
> ein heilig' Traumgesicht
> nun deutlich zu ihm spricht
> durch hell erschauter Wortezeichen Male: –
> »durch Mitleid wissend
> der reine Tor,
> harre sein',
> den ich erkor.« (*Parsifal*, V. 220–230)

Diese Botschaft scheint sowohl akustisch durch die Stimme des Gesichts als auch visuell durch die Inschrift am Gral verkündet zu werden, was ihre Bedeutsamkeit steigert. An den unterschiedlichen Konfigurationen derselben Funktionen des Grals ist trotz der Kontinuität eine große Diskrepanz zwischen den Zuständen der Gralsgesellschaft jeweils während Amfortas' und Parsifals Amtszeit zu beobachten. Lohengrin erwähnt eine reine und intakte Gralswelt, in der die Menschen selig und frei von Leiden leben. Demgegenüber ist die Gralswelt im *Parsifal* höchst problematisch und wird von der Sünde des Amfortas beschattet, die als Unheil in das Heil hineingebrochen ist. Im 3. Akt des *Parsifal* berichtet Gurnemanz, dass Amfortas sich weigert, sein Amt auszuführen, und Titurel infolgedessen gestorben ist. Die Gralsburg ist verödet, die Gralsritter werden nicht mehr ausgesandt: „nie kommt uns Botschaft mehr, / noch Ruf zu heil'gen Kämpfen aus der Ferne".[233] Eine Tätigkeit wie die Lohengrins ist in jenem Zustand nicht möglich. Die von Parsifal wiederhergestellte Ordnung und Intaktheit der Gralsgesellschaft – der Zustand „neuer mythischer Integrität"[234] – bieten die Voraussetzung dafür, dass diese als Hilfsinstanz für die weltlichen Länder wieder funktionsfähig wird. Im *Parsifal* wird zwar die Hilfeleistung für Länder in der Ferne thematisiert, doch die Gralswelt wird – anders als im *Lohengrin* – nicht mit der säkularen Welt in konkreten Bezug gesetzt. So bleibt sie im Weltab-

---

[233] *Parsifal*, V. 1100f.
[234] Borchmeyer 2013b, S. 185.

Abb. 22: Das erweiterte Schwan-Motiv im *Lohengrin* (III,1487–1494)

schiedswerk Wagners der ‚Historie' enthoben. Dies ist wohl unter anderem darauf zurückzuführen, dass die Trennung des Heiligen vom Profanen bereits durch Lohengrins Entschwinden aus der historischen Welt vollzogen ist. „Die Entzauberung der Welt läßt es nicht mehr zu, das Mythische unmittelbar aus der historischen Wirklichkeit hervorgehen zu lassen."[235]

Ein einheitlicher Kosmos, innerhalb dessen die beiden Gralsdramen sich abspielen, wird ferner durch die Wiederverwendung identischer bzw. ähnlicher musikalischer Motive gestiftet. Der Schwan im Dienst des Grals im *Lohengrin* und der Schwan als heiliges Tier im Gralsreich im *Parsifal* werden mit demselben Motiv gestaltet. Die Grundform des Schwan-Motivs erscheint als Teil des Grals-Motivs bei der Ankunft Lohengrins (I,690 f.).[236] Sie verselbständigt sich gegen Ende von Lohengrins Abschiedsgruß (I,701–703). Beim zweiten Auftritt des Schwans erfährt das Motiv eine Erweiterung und Steigerung (III,1487–1494), der Nachsatz des Motivs besteht aus den Dreiklängen von e-Moll und Fis-Dur mit den Spitzentönen G und Fis (Abb. 22).

Das aus dem *Lohengrin* bekannte Schwan-Motiv begleitet den Auftritt des vom Titelhelden verwundeten Schwans im *Parsifal* (I,747–750).[237] Wohl aufgrund der Verwundung wird das Motiv erst nach einigen stolprigen Bewegungen in den Holzbläsern und den hohen Streichern erkennbar (Abb. 23). Die Form mit Erweiterung erklingt dann eine Quarte tiefer als im *Lohengrin*, als Gurnemanz den jungen Helden vorwurfsvoll fragt: „Was tat dir der treue Schwan? / Sein Weibchen zu suchen, flog der auf, / mit ihm zu kreisen über dem See, / den so er herrlich weihte zum Bad." (*Parsifal* I,827–841) Jedoch wird hier nicht das vollständige Motiv wie im *Lohengrin* zu Ende geführt, sondern es mündet in das im *Parsifal* etablierte Grals-Motiv, sodass der Schwan auch in diesem Werk mit dem Gral verbunden wird (Abb. 24). Nach dem Mahl im Tempel ist die erste Hälfte des erweiterten Schwan-Motivs in gebrochener Gestalt in den Klarinetten leise zu hören, zu Gurnemanz' Worten „laß du hier künftig die Schwäne in Ruh', / und suche dir Gänser die Gans!" (I,1648 f.), als er Parsifal entläßt.

---

235 Borchmeyer 2002b, S. 207.
236 Vgl. die Ausführungen in Kap. IX.2.3.2.3.
237 Taktangaben aus der Partitur des *Parsifal* nach Voss/Geck 1972.

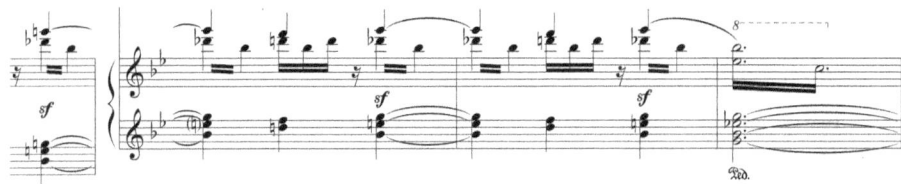

Abb. 23: Der Auftritt des Schwans im *Parsifal* (Voss 2012, I,747–750)

Abb. 24: Das Schwan-Motiv mündet ins Grals-Motiv (*Parsifal*; Voss 2012, I,836–841)

Das Schwan-Motiv bezeichnet also mehr als einen einzelnen Schwan, es bezieht sich auf die Gattung. Die durch das Motiv ausgedrückte Gattungsidentität begegnet auch bei dem Riesenwurm im *Ring des Nibelungen*, dessen Motiv sich Alberich und Fafner teilen, wenn sie sich in einen Wurm verwandeln.

Eine etwas abstraktere motivische Gemeinsamkeit herrscht zwischen den beiden Heidinnen jeweils im *Lohengrin* und im *Parsifal*. Ortrud beherrscht Zauberkünste, Kundry wird von einem Gralsknappen „Zauberweib"[238] genannt. Ein melodisches Idiom verbindet sie: In der Szene II/1 singt Ortrud bei der Unterredung mit Friedrich zu „furchtbar tödlich Gift" (II,84f.) mit den Celli – die zu Beginn des Aktes das Unheil angestimmt haben – eine aufsteigende Phrase, in der zwei kleine Sekunden auf zwei kleine Terzen folgen (Abb. 25). Mit dem „Gift" ist unter anderem auch die Anschuldigung des vermeintlichen Zaubers gemeint, mit dem Lohengrin das Gottesgericht betrogen haben soll. Eine Phrase mit denselben Intervallen erklingt im 1. Aufzug des *Parsifal* zunächst auf den Violen, so dann auf den Violinen und in den Klarinetten (Abb. 26), als Gurnemanz von Titurels und seiner einstigen Begegnung mit Kundry erzählt und diese fragt: „Warum halfst du uns damals nicht?" (*Parsifal* I,468–471; 474–481; 487–491) Das mit Ortrud gemeinsame melodische Idiom bietet die Grundierung für die Erzählung von Kundrys Vergangenheit, insbesondere von jenen Momenten, in denen sie „schlafend" (I,470) im Wald nahe der Gralsburg liegt – „erstarrt, leblos, wie tot" (I,471–473) –, als Titurel bei der Gründung der Burg sie findet, und als Gurnemanz sie im gleichen Zustand kurz nach der Verwundung des Amfortas, dem „Unheil" (I,476), wiederfindet. Das Idiom beschreibt also Kundry in ihrem totähnli-

---

[238] *Parsifal*, V. 114.

IX.4 Die Kontinuität des mythischen Kosmos — 325

Abb. 25: Ortruds Idiom (II,84 f.)

chen Zustand, der beim zweiten Mal die Folge dessen ist, dass sie von Klingsor verzaubert als Werkzeug für die Verführung des Amfortas benutzt wurde. Es verweist auch in diesem Werk auf den Zauber und wird in der Forschung ‚Zauberei-Motiv'[239] genannt. Der Unterschied zu Ortruds Idiom besteht darin, dass jenes nur nach oben geht, während Kundrys Zauberei-Motiv danach wieder zurück pendelt. Das Hin- und Zurückschleichen untermalt ihren hypnotisierten, schlafwandlerischen Zustand. Ortrud zaubert selbst, wohingegen Kundry stets *verzaubert* wird.

Die Grundierung der Erzählung ist auktorial, da Gurnemanz nichts von der Verzauberung der Kundry weiß – er fragt sie: „wo schweiftest damals du umher, / als unser Herr den Speer verlor?" (I,483–486). Bei den ersten beiden Vorkommen des Idioms erzählt das Orchester mehr als die redende Figur: Gurnemanz erzählt nur von seinem Wissen; dass Kundry mit Klingsor in Verbindung stand, liegt jenseits dieses Wissens und wird vom Orchester berichtet. Das dritte Mal erklingt das Motiv genau während der Regieanweisung *„Kundry schweigt düster."* (I,487 f.). Kundry antwortet nicht, doch das Orchester erzählt aus ihrer Erinnerung und entlarvt sie als Amfortas' Verführerin.

Die Bühnenwerke *Tannhäuser*, *Lohengrin* und *Parsifal* überspannt ein einheitlicher mythischer Kosmos, dessen Kontinuität makrostrukturell über den Nexus der Autorschaft und der Gralsgenealogie, mikrostrukturell über thematische und motivische Gemeinsamkeiten gestiftet wird. Prototypische Symbole, Handlungsmuster und Figurenkonstellationen kommen in Wagners Schaffen wiederkehrend vor, was in

---

[239] Kühn 1914 (Anhang ohne Paginierung).

Abb. 26: Das Zauberei-Motiv bei Kundry (Voss/Geck 1972, T. 487–491)

dieser Untersuchung anhand der Beispiele des Grals, des Mahrtenehe-Schemas und des Problems des Künstlertums gezeigt worden ist. Ähnliche Figuren und Wesen mit derselben Gattungszugehörigkeit werden durch musikalische Verwandtschaft miteinander in Verbindung gesetzt. In diesem bildlich und theatralisch verdichteten Kosmos kann sich alles mit allem berühren,[240] die Grenzen zwischen Autor und Werk, Künstler und Figur, Realität und Kunst verfließen darin.

---

240 Vgl. Cassirer 1925/2010, S. 58.

Zweiter Teil: **Werkübergreifende Untersuchungen**

X Frageverbot

X.1 Kontextualisierung, Funktion, Forschungspositionen

gevrâget nimmer wer ich sî:
sô mag ich iu belîben bî.[1]

„Wo mittelalterliche Erzählungen von einem einzelnen Helden sprechen, sprechen sie zunächst von seiner Herkunft."[2] Dieses Prinzip wird durch das Frageverbot in den Erzählungen vom Schwanritter unterlaufen. Identitätsstiftend für den Helden ist das Unbekanntsein seiner Herkunft. In dem Moment, wo das Geheimnis seiner Herkunft gelüftet wird, endet seine Verfügbarkeit für die erzählte profane Welt und die Rezipienten. „Die gängigen Modi der ›Personerkenntnis‹, der sozialen Epistemik der Adelskultur, werden durch das Tabu verboten und verhindert; damit untergräbt es die öffentliche Legitimation selbstgewählter Liebes- und Ehebindungen."[3]

Die Schwanritter-Sage mit dem konstitutiven Motiv des Frageverbots lässt sich in eine Reihe literarischer Ausformungen mythologischer Stoffe einordnen, die von einer Liebesbeziehung zwischen höherem und niederem Wesen mit einschränkender Tabubindung handeln.[4] Das Motiv des Verbots und der Zerstörung des Glücks durch Tabubruch hat eine lange Tradition. Es findet sich bereits in den hellenistischen Mythen, wie etwa das Sichtverbot im mythologischen Kunstmärchen des Apuleius von Amor und Psyche. In dieser Geschichte hat der Bruch des Verbots aufgrund von Neugier und Ungehorsam die Trennung des Liebespaares zur Konsequenz, die jedoch durch eine lange Suchreise und die Bewältigung zahlreicher scheinbar unlösbarer Aufgaben wiedergutgemacht werden kann.[5] Das Kernmotiv und das Grundgerüst der Handlung finden zahlreiche Parallelen in späteren Sagen, Märchen und Novellen. Auch für das Frageverbot in der Schwanritter-Sage, dessen Übertretung ebenfalls zur Trennung der Liebenden führt, kann das Sichtverbot aus der ‚Amor und Psyche'-Tradition als Motiv-Archetyp angesehen werden.[6] Das bedingte Schweigen ist eine Verhaltensregel in literarischen Welten, dessen sich Diesseitige im Kontakt mit Jenseitigen vielfach bedienen sollen. Die unter Umständen glückverheißende Beziehung scheitert meistens an der Unfähigkeit des Menschen, diese Regel auf Dauer zu be-

---

1 *Pz* 825,19 f.
2 Müller 2007, S. 46.
3 Schulz 2008, S. 386.
4 Vgl. die Einordnung verschiedener Schwanritter- und Schwanenkinder-Versionen in die literarische Rezeptionsgeschichte des mythologischen Kunstmärchens von Amor und Psyche bei Reinhardt 2012, S. 86 f. (die Tradition des *Chevalier au Cygne* samt Kindheitsgeschichte) und S. 113–115 (KHM 49: *Die sechs Schwäne*).
5 Vgl. ebd., S. 53–59, 66.
6 Vgl. ebd., S. 87.

achten.⁷ Das Muster der ‚gestörten Mahrtenehe',⁸ das den Erzählungen von einer solchen Beziehung zugrundeliegt, war seit dem zwölften Jahrhundert sowohl in der lateinischen als auch in der volkssprachlichen Literatur weit verbreitet.⁹ Das Frageverbot in der Schwanritter-Sage findet seine Pendants etwa im Sichttabu in den Melusinenromanen und dem Erwähnungstabu im *Lai de Lanval*. Durch das Verbot soll das Erkennen des höheren Wesens, sei es durch Fragen, Nachforschen oder Sehen, bzw. die Öffentlichwerdung einer grenzüberschreitenden Verbindung verhindert werden. Es dient einerseits als Chiffrierung der Unaussprechbarkeit des Ursprungs, andererseits als Symbolisierung einer kaum auf Dauer überschreitbaren Grenze zwischen der irdischen und der überirdischen Sphäre.

Das Motiv des Frageverbots im Schwanritter-Stoff ist spätestens seit dem altfranzösischen *Chevalier au Cygne* präsent. Bei dem Handlungsgerüst handelt es sich um einen final ausgerichteten Plot. Die Funktionselemente – Bedrängnis, Rettung, an eine Bedingung gebundene Ehe und deren Scheitern an der ungehaltenen Bedingung – stehen in einer metonymischen Relation zur Gesamtheit des Erzählmusters, das man als eine ‚gestörte Mahrtenehe' im weiteren Sinne bezeichnen kann.¹⁰ Was das Frageverbot verhüllen soll, ist in den deutschsprachigen Schwanritter-Bearbeitungen anders als in der altfranzösischen und mittellateinischen Tradition. Dort soll es den Blick vor der „Regellosigkeit", dem „Chaos vor der Ordnung" versperren, das in den „Gewalttaten, Verfehlungen, Verbrechen"¹¹ am Ursprung vor dem Ursprung liegt, die in der Schwanenkinder-Geschichte erzählt werden.¹² In den deutschsprachigen Bearbeitungen (mit Ausnahme Konrads) erhält der Schwanritter eine andere Jugendgeschichte und wird Sohn des Gralskönigs. Was hier durch das Frageverbot verhüllt werden soll, ist seine Herkunft vom Gral. Man könnte mit Elisabeth Schmid vermuten,

---

7 Vgl. Reinhardt 2012, S. 80f.
8 Vgl. Kap. IV.4.1.1.
9 Vgl. die Kontextualisierung im Blick auf das Verbot in den Mahrtenehe-Erzählungen in der westeuropäischen mittelalterlichen Literatur bei Lecouteux 1980. Eine umfassende Darstellung der deutschsprachigen Mahrtenehe-Erzählungen des Mittelalters bietet Schulz 2004. Zur Einbettung der Schwanritter-Geschichte in das Erzählschema der ‚gestörten Mahrtenehe' vgl. Schulz 2008, S. 385–388. Zu Tabu und Liebesproblematik in *Partonopier und Meliur* und *Friedrich von Schwaben* siehe Wawer 2000, insb. S. 227–231.
10 Zum metonymischen Erzählen vgl. Haferland/Schulz 2010.
11 Kellner 2004a, S. 137.
12 Diese Sichtweise ergibt sich, wenn man die Schwanenkinder-Geschichte und die Schwanritter-Geschichte nach der Chronologie der Handlung liest. Von der Werkgenese her gesehen entstand zunächst die Schwanritter-Geschichte mit dem Frageverbot, in der der Zweck des Verbots nicht ganz klar ist (vgl. Lecouteux 1978b, S. 31, der eine kompositorische Motivierung vermutet). Danach entstand die Schwanenkinder-Geschichte, die sich durch deutliche Verweise als Vorgeschichte an die Schwanritter-Geschichte anschließt und genau das erzählt, was in der Letzteren durch das Frageverbot ausgeblendet werden soll, nämlich die Herkunft und Vergangenheit des Schwanritters. Insofern erklärt die Schwanenkinder-Geschichte nicht nur die Jugend des Schwanritters, sondern bietet auch eine Motivierung für das Frageverbot, indem sie das Chaos und die Gewalttaten enthüllt, die durch das Verbot verhüllt werden sollen.

dies dient dazu, zu verhindern, dass die Nachkommen der ausgesandten Gralsritter rechtlichen Anspruch auf eine Berufung zum Gral erheben.[13] Doch in keinem der Texte wird das Frageverbot auf diese oder eine andere Weise in Bezug auf den Inhalt der verbotenen Frage kausal motiviert. Wolfram, der bairische *Lohengrin* und Ulrich Füetrer beziehen lediglich den verbotenen Akt des Fragens auf Parzivals ehemals unterlassene Frage (s. u.).

In der Lohengrin-Tradition werden die Gottesgesandtschaft und der Adel des Schwanritters trotz des fehlenden Wissens um seine Herkunft bereits bei seiner Ankunft in Brabant evident, da er als Erfüllung des Wunsches/Gebets der Herzogin erscheint. Wolframs Fürstin sehnt sich nach einem gottgesandten Gatten, woraufhin der Gral ihr einen solchen sendet (*Pz* 824,25–30). Im bairischen Epos kommt Lohengrin zeitnah (*In der wochen*; *Loh* 71,7) im Anschluss an Elsams Klage in Brabant an. Zudem erscheint der Schwan dem Abt in der Gestalt eines Engels und wird von diesem als Zeichen von Gottes Wunderwirken erkannt (*Loh* 78,1–7). Diese visuelle und im Grunde religiös verbürgte Evidenz entfaltet eine beglaubigende Wirkung für die Augenzeugen. Durch die Grenzziehung vor der Erkenntnis des Ursprungs wird einerseits die öffentliche Legitimation der Herrschaft über die Generationsgrenze hinaus erschwert, andererseits wird gerade aufgrund des Numinosen und der Unhinterfragbarkeit die Auserwähltheit des Schwanritters umso mehr suggeriert.

Der Schwanritter erscheint in der Lohengrin-Tradition aufgrund der Motivparallele der Frage als Parzivals Sohn. Das Fragen beim Frageverbot ist vergleichbar mit anderen Formen des Erkennens; dass Anfortas mithilfe einer Frage erlöst werden soll, geht hingegen auf ein spezifisches magisches Ritual zurück. Dieses Fragemotiv kann bis auf die keltischen Überlieferungen zurückverfolgt werden:

> Diese Affinitäten zum Wasser verbinden Amfortas mit einem übernatürlichen Wesen: mit Bran, dem Gebenedeiten aus den walisischen Mythen, der dem irischen Gott Nuadu entspricht (dessen Name exakt »Fischer« bedeutet); beide sind Herr über ein Zauberschwert und einen magischen Kessel. In den keltischen Überlieferungen führt die sexuelle Impotenz oder die moralische Nichtswürdigkeit des Herrschers häufig zum Niedergang seines Reiches, zur Unfruchtbarkeit von Menschen, Vieh und Land, das heißt, zu ähnlichen Verwünschungen, wie sie das Gralsreich, das »öde Land« (*terre gaste*), seit dem Siechtum seines Königs heimsuchen. Um diesen Zauber zu brechen, bedarf es eines unbekannten Besuchers, der eine oder mehrere Fragen stellt, ein Motiv, das bereits in den irischen oder walisischen Überlieferungen vorhanden ist.[14]

Die magische Handlung nimmt in Wolframs *Parzival* „eine moralische Wendung" und „setzt eine karitative Empfindung und den Willen zur Anteilnahme am Unglück des anderen voraus".[15] Das Fragegebot für Parzival bietet den idealen strukturell-para-

---

13 Vgl. Schmid 1986, S. 204.
14 Lévi-Strauss 2008, S. 328. Vgl. auch Mertens 2007, S. 10–13 zu Frage und Initiationsritus in der keltischen Überlieferung um den Gral.
15 Lévi-Strauss 2008, S. 342.

digmatischen Anknüpfungspunkt dafür, den durch das Frageverbot gekennzeichneten Schwanritter genealogisch an die Gralssippe anzubinden.

In der Forschung werden die Entstehung und die Funktion des Frageverbots unterschiedlich gedeutet. Neben den Ansätzen, die in der Analyse der Einzeltexte herangezogen werden, gibt es Untersuchungen, die die Sage als Bezugsgröße nehmen oder die gesamten Fassungen des Mythos in Betracht ziehen. Diese Untersuchungen marginalisieren zwar die literarische Eigenart der jeweiligen Texte, tragen jedoch aus sagengeschichtlicher, anthropologischer oder psychoanalytischer Perspektive zur Deutung des Motivs bei. Die strukturalistischen Studien von Claude Lecouteux weisen auf frühere Stufen der Gestalt der Schwanrittersage hin, die das Frageverbot noch nicht enthalten, und stellen zwei Funktionen des später eingeführten Motivs fest: Einerseits soll es das „plötzliche Verschwinden"[16] des Helden erklären, das in den älteren lateinischen Fassungen unmotiviert bleibt;[17] andererseits soll es „die Erkenntnis vom Göttlichen durch den Menschen verhindern"[18] – der Schwanritter, ein überirdisches Wesen, dürfe sich bei den Menschen aufhalten, solange seine eigentliche Art verborgen bleibe.[19] Zudem versteht Lecouteux das Frageverbot als eine „Sonderform des Melusinenmotivs".[20] Übereinstimmend mit Lecouteux deutet Herbert Kolb das Tabu als eine Verhüllung der „außerirdischen Wesenheit".[21] Die mythische Struktur, die die Schwanritter-Sage mit der Melusinen-Geschichte und dem *Lai de Tydorel* teilt – sobald die anderweltliche Herkunft des mythischen Wesens offenbart wird oder preisgegeben zu werden droht, muss es die irdische Welt verlassen und dorthin zurückkehren, woher es kommt – vergleicht Kolb mit dem Schema der zeitweiligen Rückkehr aus dem Totenreich: „Ein Erlösungsmythos also, von einer auf Zeit geglückten, auf Dauer aber mißlungenen Rückkehr aus der 'anderen Welt', könnte der Schwanenrittergeschichte zu Grunde gelegen haben."[22]

Die psychoanalytische Studie von Otto Rank führt die Abweisung von Fragen als Rache an den Eltern auf die unbefriedigte Sexualneugierde des Kindes zurück[23] und sieht den Zweck der Verheimlichung des Namens in der Inzestverhüllung.[24] Jedoch sei dieser Zweck in der Gestalt der Schwanritter-Geschichte nicht mehr zu erkennen, da

---

16 Lecouteux 1978b, S. 31.
17 Vgl. ebd., S. 19–21, insb. die zitierten Passagen aus Helinand von Froimont, *Weltchronik* und Geoffroy von Auxerre, *Super Apocalypsim*.
18 Lecouteux 1978b, S. 32.
19 Vgl. ebd., S. 32.
20 Ebd., S. 31. Vgl. auch die strukturalistische und psychoanalytische Deutung im Kapitel ‚L'interdit' bei Lecouteux 1997, S. 173–195, der die Schwanritter-Sage mit der Melusinen-Sage vergleichend untersucht und beide vor dem Hintergrund weiterer altfranzösischer und mittelhochdeutscher Mahrtenehe-Erzählungen kontextualisiert.
21 Kolb 1985, S. 26.
22 Ebd., S. 26 f.
23 Vgl. Rank 1911, S. 57–127.
24 Vgl. ebd., S. 143–145.

die Sage „ihrer ursprünglichen Bedeutung entfremdet"[25] sei. Mit Rank sieht Ulrich Wyss die Schwanritter-Geschichte in Verbindung mit der Schwanenkinder-Geschichte als eine verhüllende Darstellung des Mutter-Inzestes,[26] unter der Prämisse, dass die Rettung der Frau und die Rettung der Mutter parallelisiert werden.[27] Wyss sieht das Defizit hermeneutischer Deutungsweisen darin, dass dabei die Ebene der mythischen Konstellation nicht zutage komme,[28] und schlägt eine strukturale Mythenanalyse nach Lévi-Strauss vor,[29] die alle vorhandenen Fassungen des Schwanritter-Mythos berücksichtigt und diesen mit dem Ödipus-Mythos vergleicht. Analog dem Ödipus-Mythos sieht Wyss in der Lohengrin-Geschichte das Moment der intellektuellen Kommunikation[30] – das Fragen der Ehefrau – und das der sexuellen Kommunikation – die Ehe. Das Frageverbot ließe sich dann folgendermaßen umformulieren: „Die sexuelle Kommunikation ist wirksam unter der Bedingung, daß die intellektuelle Kommunikation nicht stattfindet."[31] „Die Frage markiert die Grenze, an welcher sexuelle und intellektuelle Kommunikation voneinander getrennt werden."[32]

X.2 Erzählen vom Frageverbot

Das Frageverbot als mythisches Motiv und integratives Funktionselement der Schwanritter-Sage begegnet in nahezu jeder Bearbeitung des Stoffes. Bereits im altfranzösischen *Chevalier au Cygne* findet das Verbot eine narrative Ausformung:

> "[...]
> *Tant con vos me vaurés avoir a compaignon*
> *Ne me demandés ja qui je sui ne qui non,*
> *Noveles de ma terre par nule assensïon.*
> *Et se vos le me dites sor ma desfentïon,*
> *D'illueques a .VIII. jors, certes, departiron."* (V. 1363 – 1367)[33]
>
> [Solange Ihr mich als Gefährte haben wollt,
> fragt mich niemals, wer ich bin noch wie mein Name ist,

---

25 Rank 1911, S. 145.
26 Vgl. ebd., S. 100.
27 Vgl. ebd., S. 112. In der Parzival-Handlung gebe es ebenfalls ödipale Themen, die jedoch nicht in der Form von Eheschließung zutage treten, sondern in Parzivals Verwandtenmord an Ither, der von Trevrizent als Ur-Inzest gedeutet wird.
28 Vgl. Wyss 1979, S. 107.
29 Vgl. Lévi-Strauss' Analyse der Parzival-Mythen als Umkehrung der Ödipus-Mythen in Hinsicht auf drei Kategorien der Kommunikation bei Lévi-Strauss 2008, insb. S. 341.
30 Im Ödipus-Mythos ist es das Lösen der Rätsel. Vgl. Wyss 1979, S. 112.
31 Ebd., S. 111. Der Unterschied zum Schicksal des Ödipus liege nach Wyss darin, dass beim Letzteren das Vorhandensein der intellektuellen Kommunikation die Voraussetzung für die sexuelle Kommunikation ist; denn er muss die Rätsel gelöst haben, um die Mutter heiraten zu können.
32 Ebd., S. 112.
33 Zitiert nach Nelson 1985.

noch irgendetwas über meine Heimat; fragt aus keinem Anlass danach.
Wenn Ihr die Frage zu meinem Widerwillen gegen mich richtet,
dann werde ich in acht Tagen, dessen könnt Ihr Euch sicher sein, scheiden.][34]

Auch in den meisten deutschen Bearbeitungen findet sich in der Rede des Schwanritters zu seiner künftigen Ehefrau – bei unterschiedlichen Inhalten der verbotenen Frage – die Warnung, dass er sie im Falle einer Übertretung des Verbots verlassen muss. Aufgrund der verbotenen Frage nach Identität und Herkunft des Schwanritters bleibt der genealogische Ursprung des Spitzenahns verhüllt und unaussprechbar. Die dadurch entstandene unhintergehbare Zäsur am neuen, doch absoluten Anfang nährt die Faszination und das Legitimationspotential des Gründungsmythos.

In diesem Abschnitt werden die unterschiedlichen Gestaltungen des Verbots, der Begründung, des Gelübdes zur Einhaltung des Verbots und der Motivierung des Tabubruchs in den Texten des Untersuchungscorpus beleuchtet und miteinander verglichen. Dabei werde ich auf die ‚Überdetermination' eingehen, die Armin Schulz in den mittelalterlichen Mahrtenehe-Erzählungen beobachtet:

> Gerade der „Kommunikationskontrakt" ist in den mittelalterlichen Adaptionen des Mahrtenehenschemas *der* narrative Ort, an dem normative Konzepte eingespielt und auch problematisiert werden. Solche Passagen, in denen die Bedingungen der Liebesbeziehung formuliert werden, sind nicht selten überdeterminiert, da hier das 'archaische' Tabu auf zeitgenössische normative Setzungen prallt – und gleiches gilt entsprechend auch für diejenigen Textstellen, die den Tabubruch motivieren, thematisieren und seine Konsequenzen schildern. Hieran lassen sich parallele Logiken aufzeigen, die z.T. miteinander im Einklang sind, z.T. 'isoliert' nebeneinanderstehen und so einander widersprechen.[35]

X.2.1 Texte mit Frageverbot und Übertretung

In den Texten, die von dem Frageverbot erzählen und dieses Element entsprechend seiner Funktion einsetzen, wird durch das Tabu das Fragen oder Forschen nach unterschiedlichen Informationen untersagt: Bei Wolfram und Konrad will der Schwanritter geheim halten, *wer ich sî* (*Pz* 825,19; *Schwanritter*, V. 1299), Konrad nennt zusätzlich *von mînen friunden ihtes iht* (*Schwanritter*, V. 1305). Im bairischen *Lohengrin* verbietet der Gralsgesandte danach zu fragen, *Wer ich waere oder wanne kumen* (*Loh* 709,4). Die davon abhängige Bearbeitung im *Buch der Abenteuer* nennt *wann ich der lannde sey* (*BdA* I,2672,2) als Inhalt der verbotenen Frage. Je nach Version richtet sich die verbotene Frage also auf die Identität, die genealogische Abstammung und geographische Herkunft sowie die Herrschafts- und Verwandtschaftsverhältnisse des Ritters.

---

34 Übersetzung von der Autorin.
35 Schulz 2000, S. 86.

X.2.1.1 Wolfram: Individualisierung des Gralsgesetzes

Die deutschsprachige Werkreihe variiert nicht nur die Formulierung des Frageverbots und der Übertretung, sondern sie ist auch darum bemüht, das Vorhandensein eines solchen Tabus zu motivieren. Bei Wolfram erscheint das Frageverbot – anders als in den altfranzösischen Texten – nicht mehr voraussetzungslos, sondern es wird zumindest auf der Textoberfläche unternommen, das Tabu aus der Schuld, die der Sippe anhaftet, zu erklären.[36] Die scheinbare Begründung –

> *durch daz der süeze Anfortas*
> *sô lange in sûren pînen was*
> *und in diu vrâge lange meit,*
> *in ist immer mêr nu vrâgen leit.* (Pz 819,3–6)

– liefert kaum eine kausale Erläuterung für die Einführung des neuen Gralsgesetzes; vielmehr wird daran ersichtlich, dass die Schuld-Thematik einen unauflösbaren Konnex innerhalb der Sippe darstellt. Die Erlösung des Anfortas ist an eine Aufgabe gebunden, die an einen anderen, einen Nächsten gestellt wird. Eine ‚Selbsterlösung' in Form von Buße oder guten Werken ist nicht möglich.[37] Ähnlich ist Loherangrîns Erfolg und Glück als Herrscher im weltlichen Land nicht in erster Linie von seinen eigenen Taten abhängig, sondern von einer Verzichtleistung seiner Gattin (laut seiner eigenen Aussage bei der Ankunft in Antwerpen, 825,18–22) bzw. seiner Untertanen (laut der Gralsinschrift, 818,26–29). Die scheinbare Begründung verweist auf eine durch Parzivals nachgeholte Frage nicht ganz wiedergutgemachte Verfehlung, ja auf eine defizitäre Grundbedingung der Gralssippe, aus der die Tabubindung resultiert – „eine Art Sündenfall in einem individuellen heilsgeschichtlichen Prozeß".[38] Aus Anfortas' Verfehlung resultiert die Notwendigkeit von Parzivals erlösender Frage, diese Aufgabe meistert Parzival aufgrund seiner ungesühnten Schuld – Verwandtenmord und unterlassener Hilfe für die Mutter – nur ungenügend mit einer etwa fünfjährigen Verspätung. Dieser Mangel bleibt fortwährend in der Sippe und führt zu weiteren Einschränkungen und Bindungen für ihre Mitglieder. Vor dem Hintergrund der christlichen Lehre kann das Frageverbot für die ausgesandten Gralsritter wie das Frageversäumnis Parzivals als die jeweilige Aktualisierung und Individualisierung der Erbsünde gedeutet werden.[39]

Das Verbot wird bei Wolfram wie folgt formuliert:

> *nu hœret wes i'uch biten wil.*
> *gevrâget nimmer **wer ich sî**:*
> *sô mag ich iu belîben bî.*

---

36 Vgl. Kap. III.2.
37 Vgl. Mertens 1992, S. 209 und 213, der diese Bedingung der Erlösung beim Fluch der Mutter für Melusine und ihre Schwestern feststellt.
38 Ebd., S. 209.
39 Vgl. ebd., S. 210.

> *bin ich ziwerr vrâge erkorn,*
> *sô habt ir minne an mir verlorn.*
> *ob ir niht sît gewarnet des,*
> *sô warnt mich got, er weiz wol wes.* (825,18–24) [Meine Hervorhebung, M. Y.]⁴⁰

Die Bedingung der Heirat und des Verweilens in Brabant entspricht der Gralsinschrift nach der Taufe des Feirefîz (818,26–819,2), auch wird die Warnung auf den Urheber der Inschrift, den Willen Gottes, zurückgeführt. Im Vergleich zum Text der Inschrift fällt freilich auf, dass das für alle Untertanen (*vremder diete*, 818,27; *sô mugen sis niht langer hân.* 819,2) vorgesehene Frageverbot nun spezifisch an die Ehefrau alleine gerichtet wird. Der anfängliche Kontrakt einer Herrschaftsübernahme wird hier als die Prämisse einer Liebesbeziehung (*minne* 825,22) formuliert. Das Frageverbot wird mit dem Tabu einer Mahrtenehe parallelisiert. Die Vorbereitung auf die strategische Ausweitung der Gralsherrschaft auf weltliche Länder mündet in der Schlussepisode des Romans – bedingt durch die „intertextuelle Determination textueller Elemente"⁴¹ – in die Szenerie einer individuellen persönlichen Beziehung. Die Fürstin von Brabant antwortet mit einem Gelübde:

> *si sazte wîbes sicherheit,*
> *diu sît durch liebe wenken leit,*
> *si wolt ze sîme gebote stên*
> *unde nimmer übergên*
> *swaz er si leisten hieze,*
> *ob si got bî sinne lieze.* (825,25–30)

Die *sicherheit* wird eigens als das Ehrenwort einer Frau charakterisiert, die nur solange das Gebot einhalten kann, wie Gott sie bei Sinnen lässt. Dementsprechend wird bereits hier auf die Übertretung des Verbots vorausgedeutet (825,26). Die Motivation des Tabubruchs wird laut dem Text die Liebe der Fürstin sein. Das *wenken*, das Nicht-halten-können des abgelegten Gelöbnisses, wird als eine spezifisch weibliche Veranlagung dargestellt. Die ins Extrem getriebene Engführung des Zustandekommens und des Bruchs des Ehevertrags innerhalb zweier Verse führt die Lakonik von Wolframs Version vor Augen. Indem sowohl Loherangrîn als auch die Fürstin die Verantwortung ihres Handelns an Gott delegieren, gewinnt das, was noch geschehen wird, an Vorbestimmtheit. Das Scheitern der Ehe wirkt „vorprogrammiert"⁴² und unabwendbar, was mit der finalen Motivierung des Stoffes korreliert.

Von dem Tabubruch und seiner Konsequenz wird komprimiert in einem einzigen Vers berichtet: *daz in ir vrâge dan vertreip* (826,13), ohne dass die Frage ausformuliert würde. Eine eingehende Begründung, die etwa über die genannte *liebe* (825,26) hin-

---
40 Hier und unten hervorgehoben sind Begriffe, die die Informationen benennen, nach denen nicht gefragt oder geforscht werden darf.
41 Schulz 2000, S. 84.
42 Bumke 1991, S. 243.

ausgeht, bleibt ebenfalls aus. Es erscheint plausibel, dass das rigide Verbot kaum einzuhalten ist – sowohl aus dem Bedürfnis der Geliebten, sich der Identität des Gatten zu vergewissern, als auch aus der Notwendigkeit für die Mutter und Fürstin, Wissen über die Herkunft der gemeinsamen Kinder und der Erben der Landesherrschaft zu sichern.[43]

X.2.1.2 Konrad: doppelte Determination und kausal-psychologische Motivierung

Bei Konrad von Würzburg hat das Frageverbot weder einen Hintergrund noch eine Vorgeschichte, es bleibt ein „*factum brutum*".[44] In der Lohengrin-Tradition werden die Herkunft des Schwanritters und der Grund des Frageverbots auf der Handlungsebene thematisiert, wodurch sie spätestens am Ende des Vortrags bzw. der Lektüre keine Geheimnisse mehr für die Rezipienten darstellen. Bei Konrad hingegen verfügt der Rezipient nach dem Vortrag bzw. der Lektüre über genauso wenig Information über die Herkunftssphäre des Schwanritters wie vorher. Der Tabubruch der Herzogin wird hingegen in aller Ausführlichkeit motiviert. Da es sich bei der Schwanritter-Sage um einen mythischen Stoff mit vorgegebenem Ausgang handelt, ist die Erzählung auf der makrostrukturellen Ebene final motiviert. Dies betrifft insbesondere das Ergebnis des Zweikampfs und den endgültigen Abschied des Schwanritters. Dass es zu Letzterem kommen wird, das erfährt man in einer Vorausdeutung, die der Erzähler im Anschluss an die Schilderung der Hochzeit unternimmt:

> *Nu daz der hof ein zil gewan,*
> *dô fuor der künec Karle dan*
> *mit êren aber anderswar,*
> *und ouch die frouwen freuden bar*
> *. . . . . e gas[t*
>   17 Verszeilen
> *einander hæten lange zît.*
> *doch wurden si gescheiden sît.* (*Schwanritter*, V. 1349–1372)

Der Tabubruch, der die Trennung beider Ehepartner herbeiführt, ist hier – vom Erzählschema der ‚gestörten Mahrtenehe' bedingt – eine zwangsläufige Konsequenz des Frageverbots.[45] Freilich ist die finale Motivierung nicht die einzige und auch nicht die stets dominierende, sondern wird mit der kausal-psychologischen Motivierung auf der mikrostrukturellen Ebene verschränkt, wie im Folgenden zu erläutern ist. Anders als sein französisches Pendant lehnt Konrads Schwanritter das Heiratsangebot der beiden Frauen zunächst ab, da seine Hilfeleistung eine unentgeltliche sein soll:

---

43 Ähnlich dazu Brunner 1991, S. 381, der darin eine „menschlich höchst verständliche[...] Verfehlung der Frau" sieht.
44 Strohschneider 1997b, S. 131. Teile dieses Abschnitts erschienen in leicht abweichender Form bei Yu 2021, 169–178.
45 Zu den Friktionen zwischen den Regeln der Anderwelt und denjenigen der menschlichen, adligen Welt siehe Kap. IV.4.1.1.

> 'Nein!' sprach der gast bescheiden
> 'darumbe enquam ich niht dâher,
> daz ich gült oder wîbes ger
> ze solde noch ze lône.
> [...]' (V. 1270–1273)

Erst unter der Bedingung, dass seine Anonymität auch in der Ehe gewahrt wird, willigt er in die Heirat ein. Dies lässt die Vermutung zu, dass die Hilfeleistung *âne lônes zol* (V. 1276) nicht der eigentliche Grund für die anfängliche Ablehnung der Ehe ist. Da Konrads Erzählung anders als die Texte der Lohengrin-Tradition auch nachträglich, d. h. nach dem Tabubruch, keine Begründung für das Frageverbot liefert, ist es hier nicht eindeutig, warum der Schwanritter die Ehe zunächst ablehnt – Will er seine Anonymität schützen? Oder kommt die Bindung der Ehe an das Frageverbot von einer höheren Instanz, der er sich nicht widersetzen kann? Lehnt er die Ehe zunächst ab, damit er die Bedingung stellen kann? Jedenfalls eröffnet Konrad eine Situation, in der die Vereinbarung des Frageverbots zumindest scheinbar einen Grund hat – sie schwächt die eheliche Verbindung etwas ab und macht sie dadurch für den Schwanritter akzeptabler. Dies unterscheidet Konrads Text von der französischen Fassung, in der der Schwanritter das Frageverbot in der Hochzeitsnacht seiner Braut auferlegt. Die anfängliche Ablehnung motiviert also die Vereinbarung einer Bedingung für die Ehe, in diesem konkreten Fall die Vereinbarung des Frageverbots. Damit macht sich der Schwanritter auf eine uneigentliche Weise für die Ehe verfügbar: Er geht die Ehe ein, jedoch ohne das Wissen um seine Person zu verraten, das nach zeitgenössischen Vorstellungen für eine eheliche Verbindung unverzichtbar ist.[46] Die Textlücke V. 1278–1298 ist so beschaffen, dass das darauffolgende Verbot mit hoher Wahrscheinlichkeit gerade noch vollständig erhalten ist:

> *ob sî mich frâge **wer ich sî**,*
> *daz ich dan ledec unde frî*
> *mit rehte müeze werden,*
> *und daz ich ûf der erden*
> *mich scheide von ir sâzehant.*
> *wil si daz ich ir tuo bekant*
> *von **mînen friunden** ihtes iht*
> *sô wizzent daz ich langer niht*
> *belîbe in ir betwinge.*
> *sus wil ich mit gedinge*
> *si zeinem wîbe kiesen,*
> *daz si mich niht verliesen*
> *geruoche mit ir frâge,*
> *sô daz si **mîner mâge***
> *niht vorsche noch der **dinge mîn**'.* (V. 1299–1313) [Meine Hervorhebungen, M. Y.]

---

46 Vgl. Weidenkopf 1979, S. 308.

Auffällig ist, dass das Verbot durch die beiden Konditionalsätze (V. 1299 und V. 1304) doppelt determiniert ist – verboten ist nicht nur das Fragen nach der Identität des Schwanritters (V. 1299), sondern auch das Wissen-Wollen seiner Braut (V. 1304). Parallel dazu fasst der Schwanritter in den letzten vier Versen (V. 1310–1313) der zitierten Passage die Bedingung zusammen: Seine Gemahlin kann ihn durch *ir frâge* (V. 1311) *verliesen* (V. 1310) oder aber durch *vorsche[n]* (V. 1313). Damit hängt die Beurteilung des Tabubruchs an späterer Stelle eng zusammen. Auch der Inhalt des Frageverbots ist im Vergleich mit Wolframs Version überdeterminiert – thematisiert wird nicht nur die Identität, sondern auch freundschaftliche und verwandtschaftliche Beziehungen des Schwanritters. Unter den Informationen, nach denen nicht gefragt werden darf – *wer ich sî* (V. 1299), *von mînen friunden ihtes iht* (V. 1305), *mâge* (V. 1312), *dinge* (V. 1313) – erinnert die Formulierung *mînen friunden* an Wolframs Bezeichnung des Schwans als *sîn friunt der swan* (Pz 826,16), die nach Joachim Bumke in ihrer Semantik zwischen ‚Gefährte' und ‚Verwandter' changieren kann.[47] Die Variante ‚Verwandter' wird durch die erzählte Welt im *Parzival* ausgeschlossen, denn dort hat Loherangrîn ausschließlich menschliche Verwandte. In Konrads Text können mit *friunden* durchaus Verwandte gemeint sein und diese können den Schwan möglicherweise einschließen. Aus der *Naissance du Chevalier au Cygne*,[48] der Kindheitsgeschichte des Schwanritters in der französischen Tradition, geht nämlich hervor, dass der Schwan ein Bruder des Ritters ist. Der Heirat der Tochter unter den genannten Konditionen stimmt die Mutter zu, während unklar bleibt, ob die Braut als die eigentlich Betroffene auch selbst gelobt, das Verbot einzuhalten und nicht nach der Herkunft des Schwanritters zu fragen oder zu forschen (Textlücke V. 1317–1334): *Des antwurt im diu herzogîn / der maget muoter unde sprach, / daz niemer*[49] *im kein ungemach [...]* (V. 1314–1316).

Die Übertretung des Verbots zieht nicht nur am Faden der finalen Motivierung die Handlung auf das tragischen Ende hin, sondern ebendieses Ende wird auch differenziert kausal motiviert und gewinnt an psychologischer Plausibilität. Eingeleitet wird der Tabubruch durch eine auffällige Umkehrung, denn eine Frage stellt nicht die Gemahlin des Schwanritters, sondern dieser selbst, die sie dann beantwortet. Aus der lückenhaften Textstelle V. 1378–1407 kann man die ungefähre Handlung rekonstruieren: Nach mehreren Jahren glücklichen Ehelebens kehrt der Schwanritter eines Tages nach einer angenehmen Jagd nach Hause zurück und findet seine Frau voller Jammer und Leid vor. Daraufhin fragt er sie:

waz wirret iu? daz sagent mir,
sô rehte liep als ich iu sî.

---

47 Vgl. Bumke 1991, S. 258.
48 Näheres dazu siehe Kap. II.2.2.
49 Die Handschrift bietet an dieser Stelle die Lesart *numant* (Bl. 8a^{rb}). Gleichwohl scheint die Konjektur Schröders plausibler zu sein, denn nur die Tochter ist dem Gesetz nach im Stande, dem Schwanritter *ungemach* zuzufügen. Blattzählung nach der Handschrift; Bl. 8a ist das zunächst verschollene, dann wiedergefundene und eingefügte Blatt zwischen Bl. 8 und Bl. 9.

> *waz iu won ungemüetes bî,*
> *daz ruochent mir durgründen*
> *und ûf ein ende künden'.* (V. 1408–1412)

Mit diesen Sätzen fordert der Schwanritter seine Frau auf, ihm die Ursache ihres Leids bekanntzumachen. Die Frage *waz wirret iu?* erinnert – insbesondere vor dem Horizont der Stoffgeschichte – nahezu unausweichlich an Parzivals erlösende Frage an Anfortas: *œheim, waz wirret dier?* (Pz 795,29),[50] obwohl der Schwanritter in Konrads Erzählung nicht an die Gralssippe angebunden wird. In ihrer Rede stellt die Ehefrau keine einzige Frage:

> *'Herre, ich mac wol trûric sîn!'*
> *sprach diu werde herzogîn*
> *'ich hân von iu zwei schœniu kint,*
> *diu beidiu wol gerâten sint,*
> *und ist verborgen mir dâbî,*
> *von waz **geburt** er komen sî*
> *der in ze vater ist gezelt.*
> *mîn herze daz hât iuch erwelt*
> *für alle man ze liebe noch,*
> *und <ir> verbergent mir iedoch*
> *ze tougenlichen **iuwer dinc**.*
> *sît daz ir in dis landes rinc*
> *her quâmet, sô getorste ich nie*
> *gevorschen noch gefrâgen hie,*
> *waz **iuwer künne** wære.*
> *der kumber und diu swære*
> *ze herzen mir gedrücket sint.*
> *sô man nu frâget unser kint*
> *hernâch umb **ir geslehte**,*
> *so enkunnen si ze rehte*
> *bescheiden noch bediuten,*
> *von **welher hande liuten***
> *ir quæmet her in disiu lant.*
> ***ir mâge** sint in unbekant*
> *unde **ir besten friunde namen:***
> *si müezen sich des iemer schamen,*
> *daz si niht wizzen umb **des leben***
> *der in ze vater ist gegeben'.* (V. 1413–1440) [Meine Hervorhebungen, M. Y.]

Die Ehefrau antwortet, dass die Identität und Herkunft ihres Mannes ihr unbekannt geblieben seien und dass sie sich nie getraut habe, danach zu forschen oder zu fragen. Sie formuliert ihr Bedürfnis, darum zu wissen, um. Statt einer Frage legt sie ein Problem dar, nämlich, dass die gemeinsamen Kinder in ihrem späteren Leben keine

---

50 Für den Austausch zu dieser Betrachtung bedanke ich mich bei Katharina Philipowski. Vgl. auch Strohschneider 1997b, S. 132, Anm. 15.

Auskunft geben können, wenn sie nach ihrer Abstammung väterlicherseits gefragt werden (V. 1430–1440). Eine solche Aussicht werde den Kindern *scham[]* (V. 1438) bringen, was die Frau in *kumber* und *swære* (V. 1428) versetzt. Dennoch gilt das Tabu als gebrochen, da die Ehefrau gegen das Verbot des Wissen-wollens verstoßen hat (vgl. *wil si daz ich ir tuo bekant*, V. 1304). Dies wird durch die Gegenrede des Schwanritters bestätigt (*daz ir versmâhent mîn gebot*, V. 1463). Mit einem Bündel an Vokabeln, die die genealogischen, verwandtschaftlichen und dynastisch-herrschaftlichen Verhältnisse um eine Person bezeichnen – *geburt* (V. 1418), *dinc* (V. 1423), *künne* (V. 1427), *geslehte* (V. 1431), *welher hande liuten* (V. 1434), *mâge* (V. 1436), *friunde* (V. 1437), *leben* (V. 1439) – zielt die Ehefrau auf die Informationen, nach denen nicht gefragt oder geforscht werden darf. Die variierenden Formulierungen, die das Tabuisierte bezeichnen, häufen sich in ihrer Rede, so dass ihrem Wunsch nach Wissen umso stärkerer Ausdruck verliehen wird. Thematisiert wird hier nicht der Name, der lediglich auf eine isolierte Identität verweisen würde; sondern soziale Beziehungen, in denen sich der Schwanritter befand oder befindet und anhand derer sich sein gesellschaftliches Dasein konstituiert – *wer ich sî* (V. 1299) im sozial gebundenen Sinne. Diese sind für das Herkommen des neuen Spitzenahns und somit für die Fortsetzung der Dynastie von höchster Bedeutung. Die eingehende und dringliche Problemdarstellung in der Rede der Ehefrau zeichnet Konrads Erzählung gegenüber dem *Parzival* und dem bairischen *Lohengrin* aus, in denen die Motivation des Tabubruchs entweder nicht oder nur kurz genannt wird. Auffällig ist, dass Konrads Schwanritter seine Ehefrau des Fragens zeiht (*daz ir nâch mînen mâgen / alsus beginnent frâgen*, V. 1449 f.), wie sie auch später selbst ihr Vergehen *die vertânen frâge mîn* (V. 1495) nennt, obwohl sie keine Frage gestellt hat.

Nicht nur der Tabubruch der Ehefrau, sondern auch die Reaktion des Schwanritters darauf wird durch die Figurenrede detailliert psychologisch motiviert. In der oben zitierten Rede begründet die Ehefrau ihr Bedürfnis zu wissen mit dynastischem Interesse und emotionaler Bindung – *liebe* (V. 1421), später führt sie ihr Vergehen auf *guotes willen* (V. 1490) zurück. Der Schwanritter glaubt hingegen, am Nachforschen seiner Frau Zweifel an seinem Adel und böse Absichten erkennen zu können:

> *Der ritter von der rede erschrac.*
> *er sprach: 'nu kan ich unde mac*
> *wol hœren unde wizzen,*
> *daz ir iuch hânt geflizzen*
> *mit willen ûf mîn ungemach.*
> *iuch dunket daz ich iu ze swach*
> *ze wirte und zeime manne sî.*
> *[...]*
> *ich sihe wol, iuwer herze sent*
> *ûf mînen schaden mit genuht.* (V. 1441–1453)

Auch sieht er den Anstand und die aufrichtige Gesinnung seiner Frau gefährdet:

> *ir hânt benamen iuwer zuht*
> *vil sêre an mir zebrochen.*
> *[...]*
> *und ist nu valsch und üppiclich*
> *al iuwer rede worden;*
> *ir hânt der wârheit orden*
> *vil sêre an mir zetrennet.* (V. 1454–1461)

Von der Bedingung der Ehe her gesehen ist die Trennung des Paares durch das Nachforschen der Herzogin verursacht, doch die Ehe wird auch emotional gefährdet, der Schwanritter wird durch den Zweifel an seiner Herkunft gekränkt.[51] Im Vergleich zu anderen Versionen der Schwanritter-Geschichte ist dieses Schelten bei Konrad singulär.[52] Dadurch wird das tragische Ende, die Trennung, final und psychologisch doppelt motiviert. Dementsprechend bleibt ambivalent, ob das Scheiden des Schwanritters von seinem eigenen Willen oder dem unwiderruflichen Gesetz einer höheren Instanz veranlasst wird. Erzählt wird mit dem Modalverb *wollen*: *doch wolte er niht erwinden / an sîner verte sâzehant* (V. 1556 f.) und *belîben wolte er dô niht mê* (V. 1564); der Schwan, der ihn wieder abholt, ist von ihm *geheizen* (V.1569) worden. Auch dies ist eine Besonderheit von Konrads Version gegenüber dem französischen *Chevalier au Cygne*, in dem der Schwan nach seinem Ritter ruft und dieser entweder Bouillon verlassen oder sterben muss.[53] Hier lässt sich geltend machen, was Jan-Dirk Müller am Melusinenroman beschreibt: „Der Mechanismus der Erzählung von einer gescheiterten Mahrtenehe löst sich in der Psychologie eines Ehedramas auf. [...] Was mythische Zwangsläufigkeit war, erscheint als psychologische Plausibilität."[54] An Konrads Formulierung des Verbots, des Tabubruchs und seiner Konsequenzen kommen feudale Interessen und zeitgenössische normative Werte zum Ausdruck. Sein Text legt mit einer solchen Gestaltung der Handlungsbausteine Bemühungen um eine rationalisierende Motivierung innerhalb einer Erzählung mythischen Ursprungs offen.[55] Mit der Überdetermination des Inhalts der verbotenen Frage korreliert die Überdetermination in der Motivierung.

Im Detail zeigen die Reminiszenzen an Wolframs Gralsroman, wie Konrad mit der literarischen Tradition umgeht: Zwar bearbeitet er einen anderen Zweig des Schwanritter-Stoffes als Wolfram – mit statt ohne Zweikampf, ein Herzog statt vieler

---

51 Vgl. Schulz 2008, S. 388: „Der Schwanritter interpretiert die Frage der Herzogin als einen Angriff auf seine *êre*". Vgl. zudem Wyss 1979, S. 102.

52 Im bairischen *Lohengrin* und im *Buch der Abenteuer* drückt der Titelheld kein emotionales Empfinden nach dem Tabubruch aus, sondern hält sich ausschließlich an das Gralsgesetz des Antwortens und Scheidens.

53 Vgl. die Nacherzählung des *Chevalier au Cygne* bei Nelson 1985, S. xiv–xxvi.

54 Müller 2008, S. 441.

55 Vgl. Schulz 2000, S. 94 in Hinsicht auf die Subjektivität der Figuren: „Wo die Selbstverständlichkeit der ‚Motivation von hinten' nicht mehr existiert, muß das Erzählgeschehen neu ‚von vorne' motiviert werden."

Grafen als Bedränger, ohne statt mit Anbindung an die Gralssippe – doch erinnert er mit einer Anspielung auf wörtlicher Ebene an die ältere Schwanritter-Geschichte in der deutschen Literatur: *œheim, waz wirret dier?* Parzivals Versäumnis bei seinem ersten Besuch auf der Gralsburg, diese Frage zu stellen, ist laut Wolfram genau der Grund, warum der Schwanritter und mit ihm alle späteren Gralsgesandten nicht nach ihrem *namen* und ihrem *gesleht*[] (*Pz* 818,29) gefragt werden dürfen.

X.2.1.3 *Lohengrin*: Verrätselung des Frageverbots und Retardierung

Während in der Schlussepisode des *Parzival* die Öffentlichkeit bei der Anordnung des Frageverbots hervorgehoben wird – *rîch und arme ez hôrten, / die dâ stuonden en allen orten* (*Pz* 825,13f.) –, wird im bairischen *Lohengrin* (*Loh* 227,7) und im *Buch der Abenteuer* (*BdA* I,2671,4f.) das Verbot in einem privatisierten, heimlichen Raum unter den beiden künftigen Ehepartnern vereinbart. Das Verbot im *Lohengrin* wird – in der Werkreihe singulär und vermutlich aufgrund der Einleitung der intradiegetischen Erzählung durch das *Rätselspiel* – verrätselt erzählt. Der Inhalt des Verbots wird auf eine kunstvolle Weise übergangen und knapp fünfhundert Strophen später in einer Analepse nachgeholt. Zwischen dem Gelöbnis der Elsam – ‚*bî got ich iu vergich / daz ich iuwer heiz wil dulden und lîden.*' (*Loh* 228,2f.) – und dem rekapitulierenden Satz der Erzähler-Rolle Wolfram vor der Fortsetzung seiner Geschichte – *nû het diu iuncvrouwe wol gehoeret, / Wes er sie underwîset het.* (231,3f.) – wird ein Exkurs auf die Ebene der Rahmenhandlung eingefügt, der das Verschweigen des verbotenen Inhalts gerade dadurch ermöglicht, indem er diesen thematisiert (228,6).[56] Durch die deiktischen Bezeichnungen in den Reden Lohengrins – *mac iuwer munt / vermîden des ich iuch wîse hie ze stunt* (227,8f.) – und der Erzähler-Rolle Wolfram (231,4 s.o.) wird sowohl in der intradiegetischen Erzählung als auch in der Rahmenhandlung auf das Verbotene verwiesen, ohne es zu enthüllen. Was Lohengrin Elsam verbietet, wird zu einem Rätsel in der Erzählung der Wolfram-Rolle.

Der Inhalt des Frageverbots wird erst nach dem Tabubruch bei der Versammlung in Antwerpen entschlüsselt und präzisiert, als Lohengrin den Kaiser und die anwesenden Fürsten an das Geschehnis vor einigen Jahren erinnert:

> *Er sprach ze dem keiser; ‚herre, sol*
> *ich nû sprechen, sô sult ir gedenken wol,*
> *dô mich diu vrouwe behabte mit gerihte*
> *[...]*
> *dô lobt sie mir, daz sie kund sider brechen.*' (708,4–10)

Wieder wird mit einem Relativpronomen *daz* auf das Gelobte verwiesen. In der Folgestrophe wird die Bedingung der Ehe auserzählt:

---

56 Eine eingehende Analyse der Strophen *Loh* 227–231 findet sich in Kap. VI.3.2.

‚Ich sprach, ob sie möht vrâge gein mir vermîden,
Wer ich waere oder **wanne kumen.**
[...]
[...] braehe aber sie die lêre,
daz sie des naem mîn sicherheit,
ich müest von ir, es waer ir liep oder leit,
daz sie gesaehe mich vürbaz nimmer mêre.' (709,3–10) [Meine Hervorhebungen, M. Y.]

Die Konsequenz des Tabubruchs ist nur für die Figuren in Antwerpen eine neue Information,[57] doch was die *lêre* verbietet, erfahren neben diesen sowohl das Publikum der Rahmenhandlung als auch die textexternen Rezipienten an dieser Stelle zum ersten Mal – in Form der Lösung eines Rätsels, die nach einem Spannungsbogen dargeboten wird. Diese Lösung ist allerdings für die Rezipienten bereits im vorigen Erzählverlauf zu erahnen, sowohl an den Gedanken der Elsam – *und west doch wol, daz ir diu vrâge niht vüegete.* (700,10; vgl. 696,9) – als auch an den wiederholten Versuchen Lohengrins, die Frage mit *süezer rede* (698,4) und mit *lieben sachen* (697,10) zu unterbinden. Begründet wird das Frageverbot im *Lohengrin* und *Buch der Abenteuer* in Anlehnung an Wolframs Roman durch das Frageversäumnis Parzivals (*Loh* 713,2–6; *BdA* I,2906,4–7).[58] Offensichtlich hat die mechanische Motivverknüpfung bei Wolfram in der spätmittelalterlichen Rezeption breite Akzeptanz gefunden. Im *Lohengrin* schreibt das Gralsgesetz – im Unterschied zur Version im *Parzival* – von Beginn an das Frageverbot spezifisch für die Ehefrau des Gesandten vor (*Loh* 713,9f.).

Für die Übertretung des Verbots bieten der *Lohengrin* wie das *Buch der Abenteuer* eine kausal-psychologische Begründung durch ein Movens von außen. Im *Lohengrin* wird nach der Hochzeit zwischen dem Titelhelden und Elsam von einem Turnier erzählt, bei dem Lohengrin inkognito auftritt und zwei Ritter aus dem Sattel wirft. Einer von ihnen ist der Fürst von Kleve, der sich beim Fall (*diu tiost schuof daz man in ûz dem rosse muoste heven*; 246,5) den rechten Arm bricht. Dass er sich dabei den Arm gebrochen hat, erfahren die Rezipienten allerdings erst nach einem Bogen von mehr als vierhundert Strophen, bei der Einkehr in Köln nach den beiden ‚Heiden'-kämpfen, als dieses Thema bei einem Gespräch unter den Frauen wieder aktuell wird, da sich die Fürstin von Kleve an Lohengrin rächen will: *daz man in verquetschet ûz dem ros muost heven, / wan im sîn zesmer arme was entwichen.* (692,5f.)

Die Fürstin von Kleve erkennt zwar die Kampftaten des Schwanritters an, bemängelt jedoch seine unbekannte Herkunft:

Und waer er niur dar zuo geborn,
daz sîn lop niht adelshalbe waer verlorn.
sô ist ot er weizwann dort her gevlozzen,
Daz niemant gewizzen kan, welh ent sîn adel reiche. (693,4–7)

---

57 Vgl. Lohengrins Aussage am Tag des Gerichtskampfs ‚[...] *Tuot ir des niht, ir vlieset mich!'* (228,1) in der Erzählung der Wolfram-Rolle.
58 Zur Erzählung Lohengrins vor seinem Abschied vgl. Kap. VI.5.1.

Obwohl die Kaiserin von Lohengrins Adel überzeugt ist (*Er muoz von adel sîn geborn*; 694,4) und den Zweifel der Fürstin von Kleve entschieden zurückweist (*dû hâst vunden einen wunderlîchen gerich*; 694,9), ist Elsam sehr davon betroffen: *swie ez sie ze grunde het versniten / und ir daz herze unsenfticlîch gerüeret.* (695,9f.) Zum ersten Mal seit der Hochzeit empfindet sie es als unangemessen, mit jemandem das Leben zu verbringen und die gemeinsamen Kinder aufzuziehen, von dessen Herkunft sie nichts weiß:

> *doch diu herzogîn was trûric und niht geil.*
> *sie dâht: ‚sol ich mîn zît mit im vertrîben,*
> *Daz ich niht enwizzen sol wann unseriu kinder heizen*
> *und von wannen sie sint geborn?* (696,5–8)

Sie will ihren Mann danach fragen, doch weiß sie um die negative Konsequenz der Frage: *vrâg ichz in, sô wirt im lîhte gein mir zorn.* (696,9) Als Lohengrin die betrübte Elsam zu trösten versucht, stellt er ihr eine Frage (697,4), die an diejenige von Konrads Schwanritter (*waz wirret iu?*; *Schwanritter*, V. 1408) anklingt: Die Handschriften A und M überliefern jeweils *waz wirt dir liep daz min* bzw. *was wirt dir lieb das mein*,[59] während die Handschrift B den Wortlaut *was würt dir liep das myn* bietet.[60] Auch hier erkundigt sich der Schwanritter nach der offensichtlich unguten Befindlichkeit seiner Frau. Thomas Cramer konjiziert in seiner Edition die Stelle zu *waz wirrt dir, liep daz mîn?*, führt also das Wolframsche *wërren* in den Text ein.

Der Katastrophe geht eine Retardierung voraus: Es dauert einige Nächte, bis Elsam ihrem Mann die verheerende Frage stellt, da Lohengrin zunächst gelingt, sie durch Minnespiel zu besänftigen: *als den trûten wîben hiut von man geschiht, / daz man ir zorn mit lieben sachen endet.* (697,9f.) Nach der dritten solchen Nacht stellt Elsam doch die verbotene Frage:

> *sô west ich daz gerne **wann ir waert geborn**.*
> *durch willen unserr kinde muoz ich iuchz vrâgen,*
> *[...]*
> *ir nent mir wol iuwer **geslehte** und iuwern **namen**,* (699,5–9) [Meine Hervorhebungen, M. Y.]

Elsam fragt nach dem Namen, dem Geschlecht und der Herkunft ihres Mannes. Als Motivation nennt sie die gemeinsamen Kinder, das Denkmuster der Ehefrau hier ist also ähnlich wie bei Konrad. Demgegenüber zeigt der Schwanritter hier keine emotionale Reaktion, sondern schiebt gleichsam einem archaischen Ritual die Antwort auf die verbotene Frage hinaus und gibt Elsam für die Zwischenzeit eine vorläufige Versicherung seines Adels:

---

[59] Hs. A (Heidelberg, Universitätsbibl., Cpg 364), fol. 147vb. Hs. M (München, Staatsbibl., Cgm 4871), S. 120^a.
[60] Hs. B (Heidelberg, Universitätsbibl., Cpg 345), Bl. 165^r.

> Er sprach ze ir: ‚mîn sicherheit
> sî des pfant, daz ez dâ heim iu wirt geseit
> beidiu mîn nam, mîn art und mîn geslehte.
> Die wîle mügt ir vürwâr wol iehen,
> ez sî mîn geslehte vür daz beste ersehen
> beidiu an art, an liut, an guot, an mehte.' (700,1–6)

X.2.1.4 Die erste Ehe bei Füetrer: Auflösung der Bögen und Streit der Instanzen

Die Gestaltung des Verbots im *Buch der Abenteuer* geht über das Verbot als Bedingung einer Ehe und den Tabubruch hinaus, und reicht bis zur Aufhebung des Verbots und dem Wiedererkennen des Schwanritters, dessen Inkognito der Stoffgeschichte nach zu seiner Identität gehört. Hier, im Rahmen des Abschnitts X.2.1, wird zunächst die erste Ehe Lohargrims mit dem Frageverbot und dem Tabubruch besprochen.

Unmittelbar vor dem Schluss der nach Wolfram gestalteten Parzival-Handlung (*BdA* I,2506) wird das Frageverbot verkündet, ohne dass dessen Begründung von Wolfram übernommen wird:

> war si auf diser erden
> durch not vom gral zu herren wurden gesanndt,
> so müest man frag ye seyd gen in entperen
> von yerer artt und lannde,
> sunst müesten si zum grale wider keren. (I,2505,3–7)

Nach dem Sieg im Zweikampf werden Lohargrim Land und Frau zugesprochen. Als Bedingung dafür, dass er dieses Angebot annimmt, verbietet er Ells, nach seiner Herkunft zu fragen:

> er sprach: „mügt ir pehaltten
> ain mein gepott in mynn und auch in zoren,
> Das ir nymer gefraget,
> **wann ich der lannde sey?**" (I,2671,6–2672,2) [Meine Hervorhebung, M. Y.]

In der entsprechenden *Awentewr*-Überschrift heißt es: *wie er ir verpot, nach seim geschlächt noch namen nicht zw fragen.* (Ü2669) In der Rede Lohargrims wird sein Name jedoch nicht thematisiert, sondern es geht vordergründig um sein Geschlecht. Die verwandtschaftlichen und herrschaftlichen Verhältnisse werden auch in der späteren Frage der Ells statt des Namens als das erwünschte Wissen genannt. Die Zugehörigkeit zu einer Gruppe scheint mehr Gewicht zu haben als die individuelle Bezeichnung.[61]

Im Vergleich zu den vorgängigen Versionen der Schwanritter-Geschichte bei Wolfram, bei Konrad und im bairischen *Lohengrin*, in denen ebenfalls vom Frageverbot erzählt wird, bietet Füetrer eine ‚abgemilderte' Version des Verbots, indem er

---

61 Vgl. Müller 2007, S. 170.

seinen Schwanritter zumindest einen Teil der Informationen über dessen Geschlecht in unmittelbarem Anschluss an das Verbot lüften lässt:

> *doch sey euch das gesaget,*
> *das mein geslächt ist misse wennde frey;*
> *mein voderen wieltten ye vil weytter lannde,*
> *aus küniges purd ist all mein künn:*
> *das hat gelebt mit eren ane schannde.* (I,2672,3–7)

Fraw Ells wird versichert, dass ihr künftiger Gemahl von einem vornehmen, reinen, mächtigen und königlichen Geschlecht abstammt. Auch werden ihr eine glückliche Ehe und die Sicherung der Landesherrschaft in Aussicht gestellt, solange sie die Frage meidet; was die negative Konsequenz des Tabubruchs sein wird, bleibt hingegen unklar:

> *Mügt ir das glübt mir hallden*
> *und frag von mir vermeyden,*
> *so müg wir frölich allden*
> *(ewr frag, dy brächt unns baid sunst in leyden!),*
> *so pflig ich euch der lannde so mit trewen,*
> *mit frid und guttem grichte,*
> *wardt nür, das unns dy frag nicht bring zu rewen!* (I,2673)

Erst bevor Lohargrim seine Identität und Herkunft vor dem Kaiser und allen Fürsten feierlich enthüllt, konkretisiert er die Konsequenz des Tabubruchs: *ir flieset mich darnach in kurtzer stunde!* (I,2896,7).

Anders als in seiner direkten Vorlage *Lohengrin*, der das Frageverbot zunächst verrätselt erzählt und erst nach dem Tabubruch den Inhalt des Verbots enthüllt, gibt Füetrer bereits hier das Verbotene offen wieder. Ein möglicher Grund dafür ist, dass der Eingang des *Lohengrin*, der vorwiegend aus dem Strophenbestand des *Rätselspiels* stammt, im *Buch der Abenteuer* entfällt, so dass eine Verrätselung des Verbots weder einen paradigmatisch-thematischen Bezug innerhalb der Lohargrim-Branche hätte noch im Einklang mit dem klaren, linearen Erzählstil des ganzen Werks stünde.

Denselben Vorgang bis zum Tabubruch erzählt Füetrer im Großen und Ganzen nach dem *Lohengrin*, jedoch mit einigen Umgestaltungen im Detail. Der Fall des Herzogs von Kleve[62] wird zeitlich und erzähltechnisch in unmittelbare Nähe der Rache seiner Frau und des Tabubruchs durch Ells gerückt, so dass der lange Bogen entfällt und der kausallogische Zusammenhang leichter nachzuvollziehen wird. Zugleich wird ein wiederholtes Erzählen des Turniergeschehens vermieden. Die Aussage der *Abentewr*-Überschrift, *wie die von Cleff nach dem vall irs manns fraw Ellsen von Prabant in unmúet pracht* (Ü2872), drückt sowohl den temporalen als auch den kausalen Zu-

---

62 Bei Füetrer wird der Herzog namentlich benannt – *Rúedolff von Kleff* (I,2863,2) – und ist mit Kaiser Hainrich verwandt: *wann er von naher sippe was sein neff* (I,2863,4).

sammenhang der beiden Handlungselemente aus. Das Turnier findet bei Füetrer nicht vor den ‚Heiden'-kriegen, sondern danach statt, aus Anlass der Amtseinführung des jungen Bischofs Bruno und der Hochzeit der Kaisertochter. Anders als im *Lohengrin*, wo der Fall des Herzogs von Kleve zunächst gleichsam ein blindes Motiv ohne Folge bleibt, wird hier im direkten Anschluss durch die Erzählerrede eine Vorausdeutung negativer Konsequenzen eingefügt:

> *Ich klags noch innikleichen,*
> *das von dem kúenen gastt*
> *dem fürsten ellensreichen*
> *sein zesmär arm von disem valle prast!*
> *o we, fraw Ells, nw clag von disen dingen!*
> *ia, fürcht ich ser, das werdt dich noch*
> *in kumer und in grosse arbait pringen!* (I,2866)

Die Rache und der Tabubruch folgen unmittelbar darauf. Zudem erfährt das Erzählen vom Turnier eine Vereinfachung, da Lohargrim hier entgegen der Vorlage nicht *in vremdiu wâpenkleit* (*Loh* 246,9; das gesamte Turnier 245,4–250,10),[63] also inkognito, auftritt. Das Turnier wird seiner Außergewöhnlichkeit entblößt, auf eine Variation des Inkognito-Motivs wird hier zugunsten der Linearität und Schlichtheit verzichtet.

Eine weitere Wirkung der Umgestaltung ist, dass die Figurenreden in ihrer Intention deutlicher und bestimmter werden. Während die Fürstin von Kleve im *Lohengrin* lediglich die unbekannte Herkunft des Schwanritters hervorhebt und den mangelnden adligen Stand impliziert, negiert ihr Pendant im *Buch der Abenteuer* kurzerhand seine adlige Abstammung: *das er sich nicht tar nennen, / das macht nur, das er ist des adels par.* (I,2869,3f.) In ähnlicher Weise vereindeutigt, legt die Kaiserin bei Füetrer die Motivation der Herzogin von Kleve verbal offen: *du wild deins herren vall sunst rechen!* (I,2870,5), während sie im *Lohengrin* lediglich deren Zweifel widerlegt. Parallel zur Verdeutlichung sind manche Passagen der Kürzung und Reduktion unterworfen. Der dreimalige Versuch Lohengrins, Elsams Frage zu unterbinden, wird im *Buch der Abenteuer* auf ein einziges Mal reduziert, nach etwas Zögern und Erwägen stellt Ells die verbotene Frage, nicht ohne vorher ihre gute Absicht kundzutun:

> [...] *„ameys, was ich dich frag,*
> *auf all mein wierdt, das túe ich gantz im pestten.*
> *Durch unnser kinder willen*
> *soltu mir rechte sagen,*
> *und meine gierde stillen,*
> *von deim* **geschlächt** *und ander deinen* **magen**. (I,2882,6–2883,4)

Die Motivation der Ells, die Frage zu stellen, wird im Vergleich zum Prätext um eine Komponente erweitert: Nicht nur aus dynastischem Interesse, sondern auch aus ei-

---

63 Vgl. die Analyse in Kap. VI.7.

gener Neugier will sie die Herkunft ihres Mannes wissen. Beide Aspekte der *curiositas*, sowohl die Besorgnis als auch die Neugier, werden in ihrer Rede thematisiert.[64] Zu den dynastisch-genealogischen Implikationen der mittelalterlichen Schwanritter-Versionen tritt bei Füetrer die anthropologische Dimension hinzu.

An den oben genannten Eingriffen zeigen sich die vereinfachenden, vereindeutigenden und kürzenden Tendenzen in Füetrers Bearbeitung. Gegenläufig dazu baut Füetrer Elemente in seine Erzählung ein, die zur Vielschichtigkeit der Narration beitragen, beispielsweise wenn weitere Instanzen neben dem Erzähler den Verlauf der Handlung beeinflussen oder wenn der Erzähler zu seinen Figuren spricht. Nach der auf den Tabubruch vorausdeutenden *Abentewr*-Überschrift redet der Erzähler *fraw Mynn* an und bedauert, dass ihr Werk von *fraw Werre* zunichtegemacht wird, indem diese liebende Herzen auseinander bringt:

> *Fraw Mynn, ir habt mit liebe*
> *dy geliebten zämen pracht,*
> *so kumbt gleich dem diebe*
> *fraw Werre! o gott, wes hatt si ir erdacht,*
> *si tregt ain sam, der hatt dick lieb verworren!*
> *mit urlaub all der werden*
> *wünscht ich, das si sollt auf erhangen dorren!* (I,2872)

Mit dem *sam* (I,2872,5), den *fraw Werre* trägt, ist die Kraft gemeint, die die Eintracht der Liebenden zerstört. Spezifisch in diesem Kontext bezieht er sich auf den Zweifel, den die Herzogin von Kleve Ells ins Herz sät. Einige Strophen später heißt es, *wie fraw Werre es ane vingk* (I,2876,4), als Ells sich nachts im Bett tränenüberströmt über die Ereignisse am Tag beklagt. Der *sam* wirkt als eine von *fraw Werre* freigesetzte, über die Herzogin von Kleve auf Ells übertragene Kraft, die nun stellvertretend für *fraw Werre* die weitere Handlung in Gang setzt, indem sie *lieb verwirret*. Da dies auf eine unbemerkte, verstohlene Weise verursacht wird, vergleicht der Erzähler das Kommen von *fraw Werre* mit *dem diebe*. Wie oft im *Buch der Abenteuer* delegiert der Erzähler die Verantwortung für das Geschick seiner Protagonisten an die allegorischen Figuren. Die Schuldzuweisung, dass *fraw Werre* für das Scheitern der Ehe zwischen Ells und Lohargrim verantwortlich sei, rekurriert auf eine vorangehende Belehrung durch *fraw Mynn* in der Parzival/Gaban-Branche, in der sie *fraw Werre* ins Spiel bringt und somit sich selbst die Verantwortung für Zwietracht und Missgeschick nimmt:

---

64 Vgl. Reinhardt 2012, S. 58 f. zum Tabubruch im Kunstmärchen von Amor und Psyche: „Die zentrale Motivation ist hier fixiert im Begriff *curiositas*, der den Aspekt ‚Neugier' bezeichnet, speziell in dem Sinn, dass man sich übermäßig um etwas kümmert und seine Nase in alle mögliche Dinge hineinsteckt, die einen besser nicht interessieren sollten [...]. Andererseits meint *curiositas* auch den Aspekt ‚Besorgnis' in dem Sinn, dass man sich all zu viele Sorgen um alle möglichen Dinge macht, mit der praktischen Konsequenz, dass man den richtigen Leuten zu wenig traut und auf die falschen Ratgeber zu viel hört."

> „[...]
> *fraw Werr das alles machet,*
> *das ich vil dick verleus der werden hulde.*
> *So ich mit anefange*
> *mach früntschafft, trew und lieb,*
> *und werdt etwenn auch lannge,*
> *so kumpt fraw Werr geschlichen alls ein dieb*
> *und säd dann iren sam mit valsch dar unnder,*
> *der untrew man mich zeiet!*
> *das nymbt mich frömbd und an den lewtten wunder."*[65] (I,2448,6 – 2449,7)

Anschließend an die oben zitiere Rede an *fraw Mynn* bittet der Erzähler sie um Erlaubnis, über die folgende Handlung schweigen zu dürfen, da das Weitererzählen ihm die Freude rauben würde. Doch *fraw Mynn* besteht darauf, dass die Geschichte offen fortgeführt werden soll: *„nain, nain! sag an der awentewre richtte!"* (I,2873,5) Hier wird also an einem Wendepunkt der Handlung ein Entscheidungsprozess inszeniert, bei dem *fraw Mynn* die höhere Autorität hat und der Erzähler *nolens volens* die Geschichte fortsetzt.[66] Während *fraw Mynn* den Verlauf der Narration beeinflusst, ist *fraw Werre* für die Zwietracht unter den Figuren verantwortlich.

Der Erzähler, der in die Innenwelt der Figuren hineinlesen kann, versucht hingegen, die Katastrophe abzuwenden. Nach Ells' Entschluss (*zúem iüngsten dacht si*; I,2880,5), die verbotene Frage zu stellen, nimmt der Erzähler alle Kraft zusammen, um sie zum Schweigen zu bringen:

> *o we, fraw, schweig, dw pist hier mit petrogen!*
> *schweyg, raines weib! ich sag dir pey meinen trewen:*
> *wildw der frag erwinden nicht,*
> *es wierdt dich sicher an dem ennd gerewen!* (I,2881,4 – 7)

Der Weg zum tragischen Ende der ersten Ehe Lohargrims wird gleichsam als ein Gefecht zwischen Instanzen verschiedener Ebenen ausgetragen. Der Erzähler setzt sich dafür ein, dass dieses Ende nicht erreicht werden muss, entweder dadurch, dass er die Handlung verschweigen darf, oder aber dadurch, dass sich die Schlüsselfigur nach seiner Anweisung verhält. Doch vergebens: Weder gestattet ihm die ihm übergeordnete *fraw Mynn* das Schweigen, noch hört die ihm untergeordnete *fraw Ells* auf seinen dringenden Rat. So verliert der wohlmeinende Erzähler Ulrich im Ringen gegen *fraw*

---

65 Vgl. die abweichende Interpunktion und somit Gliederung der letzten drei Verse bei Nyholm 1964.
66 Vgl. Ziegeler 1996, S. 333 zu diesem Wortwechsel: „Der providentiell versicherte, und d. h. durch Vorwissen des Autors und Lesers garantierte Ablauf ist nicht zu korrigieren, wird zugleich aber in seiner kontingenten Sinnlosigkeit zur Anschauung gebracht." Ähnlich setzt der Erzähler die Geschichte nur ungerne und gezwungenermaßen fort, wenn er den Auszug des Anfortas im Minnedienst der Orgulus erzählt, der mit verheerenden Folgen endet – *Nun múess ich euch hie gare / die mär zúe ende sagen; / mir greuselt hawt und hare* (I,98,1 – 3).

Werre. Die durch die finale Motivierung dominierte Bahn in die Katastrophe hinein erweist sich als unkorrigierbar.

X.2.1.5 Zwischenbilanz I

Bei einem Vergleich der oben analysierten Texte fällt auf, dass der Name als die individuelle Bezeichnung des Schwanritters in den Formulierungen des Verbots nicht thematisiert wird – anders als das romantische Pendant bei Wagner: „woher ich kam der Fahrt, / noch wie mein Nam' und Art!" (*L* V. 233 f.) Verboten wird die Frage allgemein nach der Identität (Wolfram, Konrad, *Lohengrin*) und nach der Herkunft (*Lohengrin*, Füetrer). In der späteren Frage der Herzogin wird diese Identität (*wer ich sî*) zu verwandtschaftlichen, sozialen und dynastischen Beziehungen, aber auch dem Namen des Ritters konkretisiert; entscheidend für das genealogische Wissen in den vormodernen Texten sind dennoch die Position eines Adligen im Personenverband und die damit zusammenhängenden Verhältnisse.

In den Texten, in denen die Schwanritter-Handlung chronologisch der Parzival-Handlung folgt (Wolfram, Füetrer), besteht eine Diskrepanz zwischen der anfänglichen Regelung des Frageverbots für alle Untertanen der Gralsgesandten durch den Gral und der Wiedergabe des Verbots in Brabant durch den Schwanritter, der es ausschließlich seiner Ehefrau auferlegt. Diese Diskrepanz markiert den Übergang vom Ausblick der Gralsgeschichte mit einem universalen Anspruch zu einer ‚gestörten Mahrtenehe' mit invertierten Geschlechterrollen im individuellen Fall. Sie legt die hybride Quellenlage und die intertextuelle Determination der Gralsgenealogie offen. Die Begründung des Frageverbots für alle Gralsgesandten durch das Frageversäumnis Parzivals bei Wolfram von Eschenbach, die in der Forschung aufgrund ihrer aus der heutigen Sicht gesehen mangelnden Logizität für Diskussionen sorgt, wurde von den spätmittelalterlichen Autoren nicht hinterfragt, sondern übernommen.

An der Vorausdeutung des epischen Geschehens ist die final ausgerichtete Motivierung eines archaisch-mythischen Stoffes erkennbar (Wolfram, Konrad). Mit Lugowski ließe sich hier von einer „Entspannung"[67] sprechen. Dass die Handlung in den Texten ohne kausale Motivierung und mit unterschiedlichen Varianten der kausalen Motivierung zum gleichen Ausgang kommt, unterstreicht die Schemadeterminiertheit des Erzählstoffes. Die Texte sind zudem bemüht, das tragische Ende einerseits durch die punktuelle psychologische Motivierung – scheinbar kontingenten Vorfall, dynastisches Interesse und Neugier – plausibel zu machen (Konrad, *Lohengrin*, Füetrer), andererseits durch poetologische Inszenierungen als vorbestimmt und unvermeidbar darzustellen (Füetrer). Die ‚Motivation von hinten' gewinnt die Oberhand, indem eine versuchte gegenläufige ‚Motivation von vorne' scheitert und somit ausgeschlossen wird.

In den Texten, in denen das Frageverbot durch das Gralsgesetz vorgeschrieben ist (Wolfram, *Lohengrin*, Füetrer), muss der Schwanritter nach dem Tabubruch seiner

---

[67] Lugowski 1932, S. 81.

Frau das Land für immer verlassen. In den beiden ausführlicheren Erzählungen (*Lohengrin*, Füetrer) ist für den Fall einer Übertretung auch durch den Gral gesorgt, sodass die Aufschiebung der Antwort und die öffentliche Enthüllung der Identität und Herkunft nach einem gewissen Automatismus rituell erfolgen. Konrads Schwanritter hingegen erleidet eine starke emotionale Reaktion auf den Tabubruch, dementsprechend bleibt die Motivation des Scheidens bei ihm ambivalent.

X.2.2 Arbeit am Frageverbot

Nicht alle Texte meines Untersuchungscorpus thematisieren das Frageverbot bzw. belassen es bei der aufgrund des Verbots gescheiterten Ehe des Schwanritters. Die spätmittelalterlichen Versionen der Schwanritter-Geschichte präsentieren eine lebhafte ‚Arbeit am Frageverbot', um den Titel des Buches von Hans Blumenberg in Anschlag zu bringen. In diesem Abschnitt wird der Umgang mit dem stoffinhärenten Motiv in den drei Texten untersucht, die es entweder entfunktionalisieren oder ganz ausblenden.

X.2.2.1 Albrecht: Untergang des Gralsgesandten und Korrektur des Gralsgesetzes

Der *Jüngere Titurel*, der sich als Fortsetzung von Wolframs Nachlass versteht, stellt im Blick auf das Schicksal Lohrangrins eine zweite Chance und zugleich eine Fortsetzung bis in den Tod dar. Erzählt wird von der zweiten Sendung Lohrangrins in ein anderes Fürstentum, die als *offenlichen* (JT 5997,2b) bezeichnet wird. Trotz dieser angekündigten Öffentlichkeit der Sendung hütet sich die zweite Frau Lohrangrins, Pelaie, vor einer gewissen Frage; das bereits bei Wolfram bekannte Frageverbot wird doch erst nach dem Tod des Paars aufgehoben. Obwohl das Frageverbot auch für Pelaie zu gelten scheint, weiß Pelaie um die Genealogie Lohrangrins und die Taten seiner Vorfahren. Um das Motiv häufen sich also diverse Widersprüche.[68] Es fällt durch seine Funktionslosigkeit trotz des Vorhandenseins auf. Dadurch, dass die Handlung das Frageverbot unterläuft und die zweite Ehe Lohrangrins trotz der Funktionslosigkeit des Verbots scheitert, lenkt Albrecht das Augenmerk auf die Thematik der Minne und der Treue.

Der Aufhebung des Frageverbots geht eine kritische Auseinandersetzung mit diesem Gralsgesetz im Kommentar voran. Gewertet wird das Verbot als ein *mal*, etwas Schlechtes, das verwandelt und beseitigt werden muss. Das Nicht-wissen der Verwandten der Pelaie führt zur Sünde und zum Tod des Paares, das durch die Aufhebung des Verbots gewonnene Wissen führt zur Buße. Der in Wolframs Roman unabgeschlossene Zirkel der ‚Erbsünde' in der Gralssippe wird gegen Schluss des *Jüngeren Titurel* durch die fremde Bußleistung abgelöst – *daz buten si zu bůze / dem grales*

---

[68] Nähere Ausführungen dazu siehe Kap. V.3.3.

wunschel rise und sinen werden magen ouch zegrůze. (6041,1b–2) –, was im Einklang zu den legendarischen Zügen am Ende der Lohrangrin-Episode steht.

X.2.2.2 Die zweite Ehe bei Füetrer: Anfang und Ende des Frageverbots

Die Erzählung von der zweiten Ehe des Schwanritters samt der Aufhebung des Frageverbots bei Albrecht wird von Füetrer im *Buch der Abenteuer* übernommen, die ethisch-moralischen und religiösen Reflexionen werden jedoch ausgelassen. Bei aller Quellentreue schaltet Füetrer die Aufhebung vor die Minnekrankheit der Peleye, um die Widersprüche in seiner Vorlage zu glätten.[69] Unter allen Texten meines Untersuchungscorpus ist das *Buch der Abenteuer* der einzige, der von der Genese über die Praktizierung bis zur Aufhebung des Frageverbots erzählt, was Füetrers Bestreben nach Vollständigkeit entspricht. In der Empfangsszene in Lizabar fügt der Erzähler Elemente ein, die Lohargrims zweite Ehe mit seiner ersten verbinden. Am Kampf gegen die *Affrigonen* (*BdA* I,2713,2)/*Sarazen* (I,2765,4), den Lohargrim an der Seite König Hainrichs,[70] des griechischen Kaisers und des Papstes führte, war das gesamte christliche Abendland beteiligt, darunter auch Vasallen aus Lizabar. Einer von ihnen erkennt Lohargrim als den kühnen Heerführer mit ruhmvollen Taten wieder:

> *Hörtt, ob man in dem lannde*
> *den fürsten lobesan*
> *mit namen nicht erkannde:*
> *ia, zwar! do was vil menig kúener man,*
> *der hett gesehen den fürsten unervorchte,*
> *wie er der Affrigonen vil*
> *künig vor Rom mit striette dort entworchte.* (I,2935)

Das Visuelle führt hier zum Wiedererkennen des Helden und zur Erinnerung an seine Taten. Anschließend berichtet der Erzähler von der Aufhebung des Frageverbots, die im *Jüngeren Titurel* erst nach dem Tod Lohrangrins und Pelaies als eine Gnade des Grals hinsichtlich des Leidens und des Todes der Herzogin von Brabant erzählt wird (vgl. *JT* Str. 6034 f. und 6039): *Auch mocht man in nu fragen / geslächtz und all sein artt.* (*BdA* I,2936,1–2) Bis dahin werden alle drei Informationen bekannt, die in der ersten Ehe durch das Frageverbot verhüllt werden sollten[71] – *namen* (I,2935,3), *geslächtz* und *artt* (I,2936,2). Lohargrim wird also, anders als in der Vorlage, nicht erst nach dem Tod von allen als Gralsgesandter erkannt, sondern er herrscht öffentlich als Gralsgesandter in Lizabar. Der ehemalige Schwanritter, der sich durch sein Inkognito und seine übernatürliche Aura von der Umgebung abhob, wird hier des Numinosen entkleidet und zu einem ‚Standard-Herrscher'.

---

69 Vgl. Kap. VIII.5.1.3.
70 Wie im *Lohengrin* wird Hainrich im *Buch der Abenteuer* bereits vor seiner Kaiserweihe *kaiser* genannt, vgl. I,2675 u. ö.
71 Vgl. Ü2872 (S. 575).

Das Frageverbot, das in den vorangehenden Bearbeitungen der Schwanritter-Geschichte der Ehefrau zum Verhängnis (mit Ausnahme *Lorengel*) wurde, wird in der Peleye-Episode aufgehoben, zudem wird das Erkennen durch Vorwissen ermöglicht. Jedoch werden gerade das Erkennen des Helden und das Wissen um seine Genealogie erneut zum Verhängnis seiner zweiten Gattin. Die erste Ehe scheitert mit der Trennung, weil die Frau zu viel wissen will; die zweite Ehe mündet in den doppelten Tod, weil die Frau alles weiß.[72] Füetrer erweitert das Erzählschema der an das Tabu gebundenen Ehe und überholt es zugleich.

X.2.2.3 *Lorengel*: Entschärfung der Frageproblematik und Relikt des mythischen Motivs

Lorengel verhängt kein Frageverbot, weder für seine Frau noch für die Brabanter Leute. Seine Heirat ist an keine Bedingung gebunden. Auch der Erzähler verhüllt den Namen des Helden nicht: Anders als der *Lohengrin*-Erzähler, der seinen Protagonisten über weite Strecken *der gast* (*Loh* 203,1 u. ö.) nennt, erwähnt der Erzähler im *Lorengel* seinen Helden stets beim Namen. Dennoch fällt auf – gleichsam Spuren des Kernmotivs –, dass in der Kommunikation der Figuren in Antwerpen alle Informationen zu Lorengels Herkunft ausgeblendet werden und Fragen dazu unbeantwortet bleiben. Dies ist in den folgenden Beispielen der Fall.

Im Gespräch mit Lorengel fragt ihn Waldemar, ob er Partzefal kenne,[73] und liefert über Partzefal diejenigen Informationen, die gerade über Lorengel fehlen (*Lor* Str. 75). Dadurch übernimmt Waldemar gewissermaßen Teile der Gralserzählung, die im *Lohengrin* und im *Buch der Abenteuer* von dem Schwanritter beim Abschied öffentlich vorgetragen wird. Seine Rede ist jedoch keine Forderung an Lorengel, dessen eigene Identität preiszugeben, sondern geht in den Bericht vom Kampf zwischen Etzel und Partzefal vor Köln über, den Waldemar als Augenzeuge erlebte. Auch mit der ausbleibenden Antwort Lorengels zu seinem Verhältnis zu Partzefal hat Waldemar keinerlei Problem. Die Frage, die zufällig genau auf die Genealogie Lorengels trifft, scheint von Seiten Waldemars eine rhetorische Frage zu sein, mit der er eine Erzählung einleitet, deren Inhalt aufgrund des Ausmaßes und der Brutalität des Kampfes den Gast beeindrucken soll.

Ebenfalls bei Lorengels erster Ankunft entfaltet sich zwischen Calebrant und Waldemar ein Gespräch über Lorengels Herkunft und Fahrt nach Antwerpen (Str. 69–72), bei dem Calebrant nur diejenigen Fragen Waldemars beantwortet, die sich auf das von ihm persönlich Gesehene beziehen. Die anderen Fragen (69,3; 69,5 f.), die exakt die Inhalte berühren, gegen die sich das Frageverbot in der Schwanritter-Sage richtet, ignoriert er. Statt Auskünfte zu Lorengels Herkunft und Geschlecht bekommen die Ritter auf der Aue Superlativ-Topoi (70,2; 71,2; 71,10) zu hören. Dennoch

---

72 Vgl. Wyss 1979, S. 104.
73 Zu diesem Gespräch vgl. Kap. VII.3 und VII.5.

erkennt Waldemar Lorengel als *fursten hoch geporn* (72,7) an und scheint die unbeantworteten Fragen nicht zu bemerken.

Nach Lorengels zweiter Ankunft fragt der römische Kaiser den Grafen Friderich beim gemeinsamen Mahl nach Identität, Geschlecht und Herkunft des Kämpfers der Isilie:

> „*sag, Friderich, wer ist der ritter feine?*
> *Ist er von adell hoch geporn,*
> *daz in die hertzogin tzu kampff hat auß erkorn?*
> *waz landeß herren mag diser helt seine?*
> *Auß welchem reich er kumen sey, daz wollt wir wissen gerne.*" (143,3–7)

Als Antwort bekommt er ein schlichtes Nicht-wissen, was nicht überrascht, denn die Nachricht von Lorengels Ankunft ist für Friderich genau so neu wie für den Kaiser: „*her kaiser, ich weiß nicht von seiner ritterschafft, / von wann er kumt auß fremden landen ferne.*" (143,9f.) Die Herkunft des Kämpfers scheint den Kaiser länger zu beschäftigen, weshalb er Friderich beauftragt, herauszufinden, *von welchem adell diser hellt sey kumen* (145,3). Dementsprechend fragt Friderich Lorengel unmittelbar nach der Begrüßung, *waz landeß herren ir mugt sein* (147,2). Lorengels Gegenrede darauf ist auf das Formelle beschränkt: „*got danck euch, ritter fein, / und Maria, wollen all tzeit ewr pfleger sein.*" (147,8f.) Auf die Frage wird nicht eingegangen, was Friderich keineswegs stört: *der graf sach gern sein adelich geperde.* (147,10) Als ein Ritter Friderichs anschließend die Gabe für Lorengel präsentiert, versäumt er nicht, den Schenkenden mit Herkunftssitz und Namen vorzustellen: „*[...] Daz schencket euch ein werder hellt, ein her in disem lande, / der ist graf Fridereich genant / von Dundramunt [...]*" (148,7–9), wodurch zu Friderich genau die Informationen vergeben werden, die Lorengel von sich nicht preisgegeben hat.

Gegenläufig zu den unbeantworteten Fragen finden sich ‚Antworten' auf ungestellte Fragen, die das Nicht-wissen um die Identität des fremden Ritters verraten. So bemerkt etwa Waldemar im Gespräch mit der Herzogin kurz vor der zweiten Ankunft Lorengels – ohne danach gefragt zu werden –: „*[...] von wann er ist, daz weiß ich nit und auch sein fart. [...]*" (115,5), worauf die Herzogin nicht eingeht.

In einer erzählten Welt, in der die visuelle Evidenz – Ähnlichkeit mit Partzefal, Schwan als Wiedererkennungsmerkmal – ausschlaggebend ist, mangelndes Wissen kein Problem verursacht und Fragen keine Antwort erwarten, verliert das Frageverbot sein Konflikt auslösendes und Unheil herbeiführendes Potential. Die ausgebliebenen Antworten auf Fragen nach Geschlecht und Herkunft sowie die unerwarteten ‚Antworten' auf nicht gestellte Fragen kommen den hinterlassenen Spuren eines Motivs gleich, das zum Erzählstoff gehörig, jedoch abwesend ist. Im Zuge der Entmythisierung ist das Relikt eines mythischen Motivs kaum zu bewältigen, es hinterbleibt als textuelle Indizien.

X.2.2.4 Zwischenbilanz II

In den spätmittelalterlichen Bearbeitungen der Schwanritter-Geschichte wird dem Protagonisten eine zweite Chance gegeben und eine Ehe ohne Tabubindung erzählt, indem sie das Frageverbot entfunktionalisieren oder aufheben (Albrecht, Füetrer), oder ein *happy end* herbeigeführt, indem das Verbot aus der textuellen Welt verbannt wird (*Lorengel*). Das stoffinhärente Frageverbot erweist sich dabei als ein ‚schwieriges' Motiv, an dem zwar gearbeitet wird, das sich jedoch kaum völlig beseitigen lässt. Bei dem Versuch, das Verbot in der Handlung aufzuheben oder bei der Narration zu verschweigen und somit von einem Schwanritter ohne Frageverbot zu erzählen, häufen sich Widersprüche um das Motiv, die das Fragen, das Antworten und das Wissen betreffen (Albrecht, *Lorengel*). Werden die Widersprüche restlos aufgelöst, wird auch das Distinktive des Stoffes, die Aura des Numinosen aufgrund des Inkognitos, eingeebnet (Füetrer).

X.3 Die Notwendigkeit des Tabubruchs

Dem mittelalterlichen dynastischen Denken nach verhüllt das Frageverbot das Herkommen des Ahnherrn, was in erster Linie Probleme für die Herrschaftsansprüche der Nachkommen verursacht. In allen mittelalterlichen Texten, in denen die Herzogin ihren Tabubruch begründet, nennt sie die Legitimation der Herkunft der gemeinsamen Kinder als den Grund oder einen der Gründe. Dementsprechend betrifft die Verzichtleistung zunächst die Normen der Feudalgesellschaft. Eine leichte Umakzentuierung, die etwaige anthropologische Grundgegebenheiten wie die Neugier des Individuums einbezieht, findet sich im *Buch der Abenteuer*, in dem Ells ihre *gierde* (*BdA* I,2883,3) zur Sprache bringt. Eine konsequente Verschiebung der Verzichtleistung auf die individuelle, emotionale Ebene findet sich bei Wagner, in dessen Oper keine Nachkommen gezeugt werden, da Elsa sich ohne das Wissen um die Identität ihres Mannes ihm nicht geben kann.[74] Den Namen des Gatten wissen und nennen zu dürfen, stellt für Elsa eine Gleichheit der Geschlechter dar, die in der Romantik etwa von Friedrich Schlegel in seiner *Lucinde* (1799) umrissen wird. Unbelehrt über die Unerbittlichkeit des Gralsgesetzes, will Elsa dem Ehepartner auf Augenhöhe begegnen, indem sie in der „Liebesstille" (*L* V. 855) auf eine rituelle Weise ihr „Höchstes" beim Namen „nennen" (V. 851) kann. Ihr existenzielles Bedürfnis – „gelt' es auch mein Leben!" (V. 955) – ist nicht im Ansatz mit dem Gedanken an Nachkommen verbunden, sondern stets auf ihr Verhältnis zu Lohengrin bezogen. Wagner gestaltet den Tabubruch ganz im Geiste der Romantik, bei dem nicht die Dynastie im Vordergrund steht, sondern die Geschlechterliebe und die Loslösung des Individuums von dem Gesetz und der Konvention.

---

74 Vgl. Kap. IX.2.3.3.1.

Dass die Herzogin, um die Konsequenzen wissend, das Frageverbot übertreten muss, um für ihre Kinder das notwendige genealogische Wissen zu sichern, zeigt die Bedeutsamkeit dieses Wissens in den Ordnungen mittelalterlichen Denkens: „[...] besonders in sogenannten traditionalen Gesellschaften ist die Identität des einzelnen in ganz erheblichem Maße durch sein Wissen um seine Eltern und Vorfahren, durch seine Einbindung in Familie und Verwandtschaft bestimmt: Wie der Name garantiert seine Herkunft die Unverwechselbarkeit des Menschen."[75] Ein weiteres zentrales Thema in den mittelalterlichen Schwanritter-Erzählungen, die Genealogie, soll im folgenden Kapitel betrachtet werden.

---

[75] Kellner 2004b, S. 15.

XI Genealogie

Des sun man nande Parzivâl,
der ist mîn vater und ist herre zuo dem grâl[1]

Die Schwanritter-Sage handelt von einer „zur fundierenden Geschichte verdichtete[n] Vergangenheit"[2]. Sie gehört – wie in der Einleitung dargelegt – in die Reihe der Gründungsmythen, die den genealogischen Ursprung privilegierter Familien auf einen auratisierten Spitzenahn zurückführen.[3] Genealogie ist im Blick auf das Mittelalter nicht nur eine der bedeutendsten institutionellen Organisationsformen des gesellschaftlichen Lebens, sondern auch eine „dominante mentale Struktur".[4] Bei der genealogisch akzentuierten Gestaltung des Stoffes handelt es sich um den Ausdruck einer spezifisch mittelalterlichen Denkform:

> Studien unterschiedlichster Provenienz postulieren entsprechend Genealogie nicht nur als eine Form der Geschichtsschreibung, sondern als eine epochenspezifische Denkform, die Natur-, Sprach- und Heilsgeschichte gleichermaßen strukturiere. Genealogie wird zum universalen Modell in den mittelalterlichen Ordnungen des Wissens.[5]

Bereits in den ältesten erhaltenen Textzeugen wird der Schwanritter mit dem Haus Bouillon in Verbindung gebracht.[6] Die genealogische Begründung und Legitimation ist auch in den Erzähltexten der deutschen Schwanritter-Tradition ein zentraler Aspekt. Mit dem göttlichen Eingriff in die bedrohte Dynastie von Brabant durch die Sendung des Schwanritters wird ein neuer „radikaler Anfangspunkt",[7] eine unhintergehbare Zäsur gesetzt. Die Herleitung eines weltlichen Fürstengeschlechts von einem überirdischen Wesen bzw. von der Gralssippe fungiert als wirkungsvolles Mittel der Entfaltung von Herrschaft, Macht und Ruhm. Daher versuchten historische Geschlechter im Spätmittelalter durch ihre Ansippung an die mythische Figur aus der Textwelt der Sage, von dem Numinosen und Wunderbaren am Ursprung zu profitieren.

In der Kindheitsgeschichte des Schwanritters,[8] die in der deutschen Rezeption des Schwanritter-Stoffes spurlos bleibt, werden die Vermittlung der menschlichen und

---

1 *Loh* 711,1f.
2 Althoff 1996, S. 14.
3 Vgl. die Überlegungen zu Konfigurationen des Ursprungs bei Kellner 2004b. Zu Ursprungserzählungen vgl. Jolles ⁸2006, S. 91–125; Lotman ²1981, S. 305. Grundlegend zur Genealogie in der höfischen Epik vgl. Müller 2007, S. 46–106.
4 Kellner 2004b, S. 15.
5 Friedrich/Quast 2004, S. XXXIIf. Zu verschiedenen Aspekten der Genealogie als vormoderner Denkform siehe auch die Beiträge im Sammelband Heck/Jahn 2000.
6 Vgl. Lecouteux 1978b, S. 19.
7 Kellner 2004b, S. 434.
8 Vgl. die Interpretation bei Kellner 2004a, S. 142–154 mit Schwerpunkt auf der Fassung aus dem *Dolopathos*.

der anderweltlichen Sphäre sowie die Entgrenzung zwischen Mensch und Tier thematisiert. In der zusammenhängenden Überlieferung der Schwanenkinder- und der Schwanritter-Geschichte rührt das Legitimationspotential der Schwanritter-Genealogie gerade von dem Entdifferenzierten und Dämonischen am Ursprung her, den man sich diversen mythischen und literarischen Traditionen nach als das Chaos vorzustellen hat.[9] Bei der Angliederung der Schwanenkinder- an die Schwanritter-Geschichte tritt die „Aporie" der „genealogischen Ordnung"[10] zutage, die darin besteht, dass einerseits mit dem mythischen Spitzenahn ein absoluter Anfang gesetzt werden soll, andererseits auch der Spitzenahn Eltern haben muss und daher die genealogische Kette auch bei ihm um eine weitere Generation nach vorne verlängerbar ist, wodurch der unaussprechliche Ursprung vor dem Ursprung offengelegt wird.

Am Prozess der Zyklusbildung der *Chansons de geste* wird ersichtlich, dass Genealogie als Dynamik der Werkgenese dient. Dass sie auch in den höfischen Romanen zum „poetologischen Prinzip"[11] und „Intertextualitätsmodell"[12] wird, zeigt nicht nur die Strukturierung der erzählten Welt im *Parzival* über die Verwandtschaft, sondern auch die Entstehung des bairischen *Lohengrin* aus dem Erzählkern am Ende der Gralssippe im Roman Wolframs. In dem Baumgleichnis im *Buch der Abenteuer*, das als ordnungs- und einheitsstiftende Grundstruktur der Geschichte des gesamten abendländischen Rittertums dient, findet das poetologische Prinzip der Genealogie seine anschauliche Darstellung.[13] Den „romanübergreifend[en]" „Erzählkosmos"[14] um *Parzival* und *Lohengrin*, in den sich weitere Geschichten einschreiben lassen, füllen die Epensummen *Jüngerer Titurel* und *Buch der Abenteuer* jeweils als Einzelwerk mit ihrer weitgespannten erzählten Zeit und ihren multiperspektivischen Handlungssträngen.

Neben dem Ursprung verhandeln die mittelalterlichen Schwanritter-Erzählungen auch prekäre Situationen der Generationenübergänge. In den Texten werden Erbschwierigkeiten und Streitigkeiten um Erbrechte thematisiert, bei denen eine Dynastie aufgrund fehlender legitimer männlicher Erben von innen beinahe usurpiert (in der Lohengrin-Tradition) oder von außen bedroht (in den Redaktionen AD des *Chevalier au Cygne* und bei Konrad von Würzburg) wird. Das Frageverbot wird bei der Herrschaftsübergabe an die Folgegeneration zum Problem, da die Kinder ohne das Wissen um die Herkunft des Vaters ihre Stellung in der Gemeinschaft und ihren Rang als Herrscher nicht behaupten können. An dem Tabubruch der Herzogin und der spezifisch mittelalterlich-dynastischen Motivierung des Tabubruchs wird deutlich,[15] dass

---

9 Vgl. die Kontextualisierung in Bezug auf das Chaos in der hebräischen Bibel und die theriomorphen Gottheiten in der griechischen Mythologie bei Kellner 2004b, S. 466 f.
10 Kellner 2004a, S. 136.
11 Müller 2007, S. 47.
12 Kellner 2004b, S. 32.
13 Siehe dazu Kap. VIII.3.
14 Müller 2007, S. 47.
15 Vgl. Kap. X.

genealogisches Wissen für die Kontinuität und die Legitimierung von Adelsgeschlechtern unentbehrlich ist. Genealogien werden im mittelalterlichen Denken nicht nur als Ordnungen des Blutes, sondern vor allem auch als Ordnungen des Wissens verstanden.

XI.1 Herkommen

Wie in der Einleitung dargestellt, lässt sich innerhalb des Untersuchungscorpus zwischen zwei Traditionssträngen differenzieren: Konrads Erzählung präsentiert einen Textzeugen aus dem älteren Strang, der von den französischen *Chansons de geste* ausgeht; die übrigen fünf Texte gehören der jüngeren, deutschen Lohengrin-Tradition an. Bei Konrad wird der Schwanritter weder genealogisch in die Gralssippe eingegliedert noch wird ihm eine andersartige Herkunft zugeschrieben. Doch können eine überirdische Natur und eine Verwandlungsmöglichkeit, wie sie durch die nahestehende französische Tradition vorgeprägt sind, nicht ausgeschlossen werden. In der Lohengrin-Tradition ist der Schwanritter Sohn des Gralskönigs Parzival. Die Möglichkeit einer überirdischen bzw. dämonischen Herkunft ist damit ‚gesperrt'.[16] Die Verbindung eines Menschen mit einem überirdischen Wesen, die in den lateinischen und französischen Quellen dargestellt wird und bei Konrads Schwanritter-Version mitschwebt, weist Parallelen mit dem Erzählschema der ‚gestörten Mahrtenehe' auf.[17] Im Folgenden wird daher zunächst die Schwanritter-Sage im Kontext dieses Erzählschemas betrachtet, dann der Aspekt des Herkommens in der der Lohengrin-Tradition eigenen Variante diskutiert.

XI.1.1 Die Schwanritter-Sage vor dem Hintergrund des Mahrtenehe-Schemas

Auf die Nähe des Typus der Schwanritter-Sage zu dem der Melusinen-Sage[18] wurden bereits mittelalterliche Gelehrte aufmerksam. Beispielsweise präsentiert Gaufredus von Auxerre in der 15. seiner zwanzig Predigten *Super Apocalypsim* (1187/1193) drei Mahrtenehe-Varianten und schaltet dabei die Schwanritter-Sage zwischen zwei Versionen der Melusinen-Sage ein.[19] Eine offensichtliche Parallele beider Sagen liegt im Motiv des Tabus: Im Sichtverbot für Raymond im Melusinenroman ist im Grunde

---

16 Die Version Gerberts de Montreuil stellt in dieser Hinsicht eine Ausnahme dar: Sie ist eine Synthese beider Stränge, die den Schwanritter in die deszendente Genealogie Percevals einreiht und zugleich die Verwandlung in der Kindheit sowie die Nachfahren in Jerusalem erwähnt. Vgl. dazu Kap. III.4.
17 Eine systematische Ausführung zum Erzählschema der ‚gestörten Mahrtenehe' findet sich in Kap. IV.4.1.1.
18 Vgl. dazu u. a. Lecouteux 1997, zur Melusinen-Sage vgl. ders. 1978a und ders. 1979.
19 Gaufredus, *Super Apocalypsim* (Gastaldelli 1970), Sermo XV, S. 183–191, hier S. 183–187. Vgl. Kellner 2001, S. 279 und Lecouteux 1978b, S. 31.

genommen die „Frage nach dem Ursprung"[20] tabuisiert – Raymond erkennt das wahre Wesen seiner Ehefrau, indem er sie an einem Samstag nackt im Bad in der Gestalt einer Schlangenfrau erblickt. Das Frageverbot für die Ehefrau des Schwanritters untersagt je nach Version Fragen nach der Identität, der Herkunft und/oder der Abstammung des Schwanritters – es erfüllt daher ebenfalls die Funktion der Verhüllung des Ursprungs.[21] Das Sichtverbot und das Frageverbot sind somit Realisierungsvarianten desselben Zweckes, nämlich vor der Erkenntnis des Ursprungs eine Grenze zu setzen, die nicht ohne Konsequenzen überschritten werden darf. Im Blick auf die genealogische Begründung und Legitimation, d.h. die mythische Funktion einer grenzüberschreitenden Verbindung, weist die Schwanritter-Sage ebenfalls Parallelen mit der Melusinen-Sage auf. Da sich das Schema der Liebesbeziehung mit einem mythischen Wesen in der Schwanritter-Sage an zwei Generationen in unterschiedlichen Konstellationen wiederholt, soll im Folgenden zunächst ein Blick auf die *Enfance*, die Kindheitsgeschichte des Schwanritters, geworfen werden, um anschließend die Reaktualisierung des Schemas an der Schwanritter-Geschichte zu diskutieren.

XI.1.1.1 Die *Enfance*

Sowohl in der Binnenerzählung *Cygni* im mittellateinischen *Dolopathos* als auch in den drei Versionen der altfranzösischen *Naissance du Chevalier au Cygne* (*Elioxe*, *Beatrix* und der Mischversion) wird von der Verwandlung von sechs Kindern in Schwäne aufgrund der abgestreiften Halsketten erzählt.[22] Die Konstellation einer Mahrtenehe kommt im *Dolopathos*[23] und in der in den meisten Punkten mit ihm identischen *Elioxe*-Version am deutlichsten zum Vorschein, während die in den Handschriften des Kreuzzugszyklus weiter verbreitete *Beatrix*-Version in höherem Maße auf die Handlung der Folgebranche *Chevalier au Cygne* hin bearbeitet und daher christlich und höfisch überformt worden ist.[24] So ist Beatrix kein Natur- bzw. Elementarwesen, sondern eine Königin; an der Verwandlungsfähigkeit der Kinder wird freilich nichts geändert.[25] Die bisherige Forschung geht davon aus, dass auch Elioxe, der der König Lothair auf der Jagd an einem Brunnen begegnet, keine Fee mehr ist,[26] wodurch ihre Figur entmythisiert und der Brunnen entfunktionalisiert wird. Der Schwanritter ist nach dem *Dolopathos* Sohn einer Nymphe, nach der *Elioxe*-Version Sohn einer aus der Natur kommenden Frau, nach der *Beatrix*-Version Sohn einer Königin. Die Mischversion behält die Begegnung des Königs mit seiner künftigen Braut auf der Jagd bei (nach *Elioxe*), fährt nach der Geburt der Kinder jedoch mit der

---

20 Kellner 2004b, S. 427.
21 Vgl. Lecouteux 1980, S. 60.
22 Vgl. Kap. II.2.
23 Zum Aspekt der Genealogie in der Binnenerzählung *Cygni* im *Dolopathos* vgl. Kellner 2004a.
24 Zu den kontroversen Annahmen der Abhängigkeitsverhältnisse zwischen den Versionen siehe Mickel/Nelson 1977, S. lxxxxiv–lxxxxvi.
25 Vgl. ebd., S. lxxxxvi.
26 Vgl. ebd., S. lxxxxv, dort Verweis auf die ältere Forschung.

auf den einen Buben akzentuierten Version fort (nach *Beatrix*). Im Folgenden soll der Schwerpunkt auf den *Dolopathos* und die *Elioxe*-Version gelegt werden, während die *Beatrix*-Version punktuell zum Vergleich herangezogen wird.

Von der Chronologie der Werkgenese her ist die Geschichte des erwachsenen Schwanritters mit dem ihr inhärenten Frageverbot der Schwanenkinder-Geschichte vorgängig.[27] An dem Sujet der Verwandlung zwischen Menschen- und Schwanengestalt in der Schwanenkinder-Geschichte können die Herkunft und das Wesen des Schwans aus dem *Chevalier au Cygne* narrativ beleuchtet werden, die zugleich Herkunft und Wesen des Ritters sind. Die Schwanenkinder-Geschichte wird gewissermaßen als Antwort auf die verbotene Frage in der Schwanritter-Geschichte an diese angegliedert und verlängert – im Kontext des gesamten Kreuzzugszyklus gesehen – die Genealogie Gottfrieds von Bouillon um eine weitere Generation zurück.[28] Das zentrale Motiv in allen Versionen der Kindheitsgeschichte – die Halskette der sieben Kinder, die zum Erhalt ihrer Menschengestalt dient – findet im *Chevalier au Cygne* keine Erwähnung, ebenso die Verwandlung zwischen Mensch und Schwan.[29] Auch dies ist ein Indiz dafür, dass die Überlieferung der Schwanritter-Sage älter ist als die des Schwanenkinder-Märchens.[30]

Im *Dolopathos* gehen die sieben Schwanenkinder eindeutig aus einer Mahrtenehe hervor. Ihre Mutter ist eine Nymphe, auf die der Vater, ein Burgherr, auf der Jagd an einem Brunnen trifft. Es wird zu Beginn dieser Erzählung und auch in der *Elioxe*-Version das für das Mahrtenehe-Schema typische Motiv der Verirrung auf der Jagd und des unwillkürlichen Eintritts in den Raum der übernatürlichen Wesen aufgegriffen. In der *Elioxe*-Version werden die dadurch hervorgerufenen Assoziationen jedoch wieder abgewiesen. Im *Dolopathos* wird zudem berichtet, der junge Burgherr sei einem weißen Hirsch gefolgt, bevor er auf die badende Nymphe trifft.[31] Die Ehe zwischen dem Vater des Schwanritters und der Nymphe/Frau in der Kindheitsgeschichte ist freilich keinem Tabu unterlegen, sondern wird von der Gegenspielerin, der bösen Schwiegermutter der Braut, ‚gestört'. Diese Störung wird wiedergutgemacht, indem die Taten der Schwiegermutter später aufgedeckt werden und diese bestraft wird. Der Überschuß der Anderwelt zeigt sich in der außergewöhnlichen Fruchtbarkeit der Nymphe/Frau, die in allen Versionen sieben Kinder auf einmal gebiert, was eher an die Würfe bei Tieren als an die gewöhnliche Geburt bei Menschen erinnert. Dieser

---

27 Vgl. dazu Kap. II.2.1.
28 Vgl. die These bei Lecouteux 1978b, S. 29, die Angliederung sei zudem darauf zurückzuführen, dass es sich bei der Schwanenkinder- und der Schwanritter-Sage um zwei Überlieferungszweige eines und desselben Fruchtbarkeitsmythos handelt.
29 Nach der Logik der Verwandlungen in der *Naissance* müsste auch der erwachsene Schwanritter eine Kette um den Hals tragen, um seine Menschengestalt zu behalten.
30 Kolb 1985, S. 41.
31 Vgl. Hilka 1913, S. 80f.: *Adolescens quidam [...] aliquando siluam cum canibus uenandi gratia ingressus ceruam niue candidiorem, decem in quolibet cornu habentem ramos in collibus inuenit. [...] Vbi cerua canibusque amissis [...] peruagatur, fontem repperit nimphamque in eo uirginem cathenam auream tenentem manu nudaqua menbra lauantem conspicit.*

tierhafte Charakter tritt bei den Kindern vollends zur Erscheinung. Alle sieben Kinder tragen bei der Geburt eine goldene (*Dolopathos* und *Elioxe*) bzw. silberne (*Beatrix*) Kette um den Hals. Sobald die Kette abgestreift wird, verwandeln sie sich in Schwäne. Ihr Status in der Ordnung der Welt ist also uneindeutig, die üblicherweise unüberschreitbare Grenze zwischen Mensch und Tier wird in ihnen aufgehoben. Sie gehören zu den Wesen, die „aufgrund ihres Status zwischen Mensch und Gott, zwischen Mensch und Teufel, zwischen Mensch und Tier gerade für Turbulenzen im gottgegebenen *ordo* sorgen".[32]

Man würde erwarten, dass die Mutter diese Eigenarten mit ihren Kindern teilt, zumal die Nymphe im *Dolopathos* beim Bad auch eine goldene Halskette in der Hand hält.[33] Von einer Verwandlung der Mutter ist in den Texten freilich nicht die Rede. Allenfalls könnte der weiße Hirsch im *Dolopathos*, nach dessen Verschwinden der Burgherr die Nymphe erblickt, auf die Verwandlungsfähigkeit deuten. Die Verleumdung der bösen Großmutter im *Dolopathos*, die besagt, dass die Nymphe sieben Hunde geboren habe, unterstellt dieser jedoch nicht die Natur eines Mischwesens, sondern das Verbrechen des wiederholten Verkehrs mit einem Hund (so auch in der *Beatrix*-Version). Dies ist der Grund für die brutale Bestrafung der Mutter. Neben der besonderen Fruchtbarkeit zeichnet sich die Nymphe/Elioxe durch ihre Fähigkeit der Prophezeiung aus. Die Nymphe versteht sich auf die Astrologie und sagt anhand der Sternkonstellation die Geburt von sechs Söhnen und einer Tochter voraus. Die Prophezeiung der Elioxe besagt darüber hinaus, dass die Geburt der Kinder sie das Leben kosten und einer unter den Nachkommen dieser Kinder König im Orient werden wird.[34] In der Vorausdeutung künftiger Geschehen über mehrere Generationen hinweg wird die Zukunft an den Ursprung zurückgebunden, worin die mythische zyklische Zeitauffassung zum Ausdruck kommt.[35] Eine zyklische Wiederholung ist ferner in der Doppelung des Gerichtskampfs in der *Beatrix*-Version zu beobachten: Der junge Elias rettet im Gottesurteil seine Mutter, der erwachsene Schwanritter befreit im Gottesurteil seine künftige Braut und deren Mutter.

---

[32] Kellner 2004b, S. 409.
[33] Vgl. Lecouteux 1978b, S. 23: „Die *nimpha* hätte sich in einen Schwan verwandeln müssen, als ihr der Edelman die Kette raubte, da die besondere Kraft von Mutter und Kindern sich in beiden Fällen in der Kette verkörpert." Siehe auch Knapp 2012, S. 85: „Diese ist eine (gute) Fee, die sich offenbar verwandeln kann, es allerdings hier nicht tut. Sie vererbt ihre Verwandlungsfähigkeit, symbolisiert durch die Goldkettchen, an ihre Kinder, welche dann auch tatsächlich zu Schwänen werden, warum, kann man nur ahnen. Die Metamorphose erscheint jedoch eher als Gabe denn als Fluch."
[34] Vgl. Mickel/Nelson 1977, S. lxxxxiii. An diesem eingearbeiteten Konnex zu den Branchen um Gottfried von Bouillon (siehe Kap. II.1.) ist zu erkennen, dass die aus dem *Dolopathos* bzw. der gemeinsamen Vorlage übernommene Geschichte auf den Kreuzzugszyklus hin modifiziert wurde.
[35] Vgl. Kellner 2004a, S. 134f. und S. 146 zur goldenen Kette als „Metonymie der genealogischen Verkettung". Zur zyklischen Zeitauffassung und Vergegenwärtigung in einem homogenen Zeitraum vgl. Czerwinski 1993, S. 259–320. Zur mythischen Zeitauffassung von Anfang und Zukunft vgl. Cassirer 1925/2010, S. 123–165; Dux 1987, S. 536–539.

Die zur Kindheitsgeschichte des Schwanritters funktionalisierte Schwanenkinder-Geschichte stellt den künftigen *Chevalier au Cygne* als Mischwesen zwischen Mensch und Schwan dar. Der Schwan, der in der folgenden Branche des Kreuzzugszyklus als der mysteriöse Gefährte des Helden erscheint, ist demnach einer seiner Brüder, der aufgrund der verschmolzenen Kette in Schwanengestalt verbleiben muss. Auf diese Weise wird das Schicksal des Ahnherrn Gottfrieds von Bouillon in Richtung Anfang weitergesponnen, seine Herkunft findet eine narrative Entfaltung. Das Frageverbot, das seinen Ursprung verhüllen soll, scheint plausibilisiert zu werden: Die Entdifferenzierung der Gattungen am Ursprung, die Vermischung zwischen Mensch und Tier, aber auch das Verbrechen der bösen Großmutter und die schuldhaften Verstrickungen in der Elterngeneration sollen beim erwachsenen Schwanritter ausgeblendet werden.[36] Eine solche unterschwellige Problematisierung des Status der Mischwesen wird allerdings erst dann evoziert, wenn die später hinzugedichtete *Enfance* in Zusammenhang mit dem Frageverbot rezipiert wird. Weder im *Dolopathos* noch in den Versionen der *Naissance du Chevalier au Cygne* werden die Schwanenkinder und ihre Mutter als Problem oder Bedrohung dargestellt. Verurteilt wird stets die böse Großmutter, die das Leiden der Mutter und die unwillkürliche Verwandlung/das unwillkürliche Verbleiben der Kinder in Schwanengestalt verursacht. Das Schema der Liebesbeziehung mit einem mythischen Wesen – im *Dolopathos* eindeutig eine Mahrtenehe, in den Versionen der *Naissance* mit abweichenden Figuren und im Grunde ähnlicher Konstellation – wird herangezogen, um die Herkunft einer weiteren mythischen Figur, des Schwanritters, offenzulegen, die zugleich der genealogische Ursprung der im Kreuzzugszyklus mythisierten historischen Figur Gottfried von Bouillon und somit des christlichen Königtums in Jerusalem ist. Für das Haus Bouillon, das durch Heirat mit ihm verwandte Haus Boulogne und das Herzogtum Niederlothringen geht die Abstammung von einem Mischwesen als Spitzenahn in „literarische Formen genealogischer Geschichtsschreibung"[37] ein.

XI.1.1.2 Die Schwanritter-Geschichte

Liest man die Schwanritter-Geschichte von der *Enfance* her und betrachtet man den Schwanritter als Mischwesen zwischen Mensch und Schwan, so liegt in dieser Geschichte die Konstellation einer ‚Mahrtenehe' mit invertierten Geschlechterrollen vor – hier verbindet sich eine menschliche Fürstin mit einem übernatürlichen männlichen Wesen. Im *Chevalier au Cygne* ist dies der Fall; unter den deutschsprachigen Texten zum Schwanritter wird eine solche Verbindung nur bei Konrad von Würzburg angedeutet, der am nächsten zur französischen Tradition steht.[38] Im breiteren Kontext des Erzählschemas weist die Schwanritter-Sage Parallelen mit dem Typus ‚Amor und

---

36 Vgl. Kellner 2004a, S. 153f.
37 Kellner 2004b, S. 414.
38 Vgl. Kap. IV.3.

Psyche' auf, bei dem der übernatürliche männliche Partner aufgrund der Verletzung des Tabus zur Aufgabe der Verbindung gezwungen wird.[39]

Bei Konrad könnte der Schwanritter, der keine Vorgeschichte hat, durchaus überirdischer Herkunft sein, dies wird jedoch im Text nicht explizit thematisiert, sondern lediglich durch die Konfiguration der Teilräume suggeriert.[40] Die übrigen Texte im Untersuchungscorpus blenden gerade das Übernatürliche am genealogischen Ursprung des Schwanritters aus, indem sie ihn zu Parzivals Sohn machen.[41] Dennoch wird die Handlung in allen französischen und deutschen Schwanritter-Versionen nach dem Schema der gestörten Mahrtenehe erzählt, mit der Abweichung, dass nicht die Herzogin sich in die Herkunftssphäre des Schwanritters begibt und dort auf ihn trifft, sondern dieser in die gewöhnliche Welt entsendet wird. Ausschlaggebend ist das Funktionselement des Frageverbots – die Ehe wird dadurch zu einer Verbindung, die einem Tabu unterliegt, und scheitert an dem Tabubruch. Der Konflikt und die Ursache der Trennung der Paares sind dieselben wie bei einer Feenliebe: Es sind die „Friktionen"[42] zwischen den Ansprüchen, die der Schwanritter aus seiner Herkunftssphäre mit sich bringt – sei es das Gebot einer nicht näher zu bestimmenden übergeordneten Instanz wie in der Tradition der *Chansons de geste*, sei es das Gralsgesetz wie in der Lohengrin-Tradition –, und den „üblichen Regeln feudaler Allianzbildung".[43] Das Verbot der Frage nach dem Ursprung steht nicht im Einklang mit den auf dem genealogischen Wissen beruhenden Legitimationsansprüchen der Herrscherhäuser.

XI.1.1.3 Entdifferenzierung und Spaltung

In den *Chansons de geste* wird dem Kreuzzugshelden Gottfried von Bouillon im Laufe der Zyklusbildung in der später entstandenen Branche *Chevalier au Cygne* eine Genealogie zugeschrieben, die von einem mythischen Spitzenahn ausgeht. Die Gründungsgeschichte des Spitzenahns wird nach dem Schema der gestörten Mahrtenehe erzählt. Dieser Spitzenahn, der als eine Zäsur am Ursprung fungieren soll, erhält auf eine paradoxe Weise wiederum seine eigene genealogische Herleitung, da durch die Eingliederung der *Naissance* in den Kreuzzugszyklus die Herkunft des Schwanritters auf einen Ursprung vor dem Ursprung zurückgeführt werden kann, der in einer Verbindung liegt, die ebenfalls Züge einer Mahrtenehe trägt. Die Aporie des Ursprungs wird dadurch zwar narrativ bewältigt, indem das Unaussprechliche ausgesprochen

---

39 Vgl. Röhrich 1999, Sp. 48f. Weitere Erzähltraditionen, die dieses Geschlechterverhältnis thematisieren, sind z.B. ‚Wassermanns Frau' (AaTh 425C) und ‚Mädchenmörder Blaubart' (AaTh 312).
40 Siehe dazu Kap. IV.4.4.
41 Dass Lohengrin über Gahmuret von Lazaliez abstammt, der aus der Verbindung zwischen Mazadan und der Fee Terdelaschoye hervorgeht, ist nicht distinktiv für den Schwanritter und in dieser Diskussion daher von geringerer Relevanz.
42 Schulz 2004, S. 234.
43 Ebd.

wird;⁴⁴ dieser Ursprung ist freilich ein unergründlicher – der Zwischenstatus der feenhaften Frau und ihrer Kinder zwischen Menschlichkeit, Göttlichkeit und Tierhaftigkeit, dem das Dämonische anhaftet,⁴⁵ kann nur narrativ verhandelt, jedoch nicht erklärt werden. Die Frage, was der Schwanritter ontologisch ist, kann innerhalb einer christlichen Weltordnung schwer beantwortet werden, da die Existenz eines solchen Wesens die üblichen Kategorien der Taxonomie sprengt. In der Ambivalenz der Vermischung liegt das Faszinosum des Ursprungs, aus dem sich das Legitimationspotential für Adelsgeschlechter entfaltet – zunächst innerhalb des Kreuzzugszyklus für die christlichen Herrscher im Heiligen Land, später für zahlreiche nordwesteuropäische Herrscherhäuser, die eine Verwandtschaft mit dem Haus Bouillon und somit einen Platz in der Schwanrittergenealogie für sich beanspruchen. Umgekehrt dienen die historiographischen und literarischen Zeugnisse, die einen solchen Ahnherrn narrativ verbürgen, als ‚Spur' und Nachweis für die fruchtbare Verbindung zwischen einem menschlichen und einem überirdischen Wesen, die es gegeben haben soll.⁴⁶

Eine ‚Spaltung' des überirdischen Wesens liegt sowohl in der Geschichte des Schwanritters als auch in der Elterngeneration vor. In der *Naissance* wird die Gestalt der Fee, wie sie noch im *Dolopathos* vorzufinden ist, in den höfischen Rahmen der „romans chevaleresques épiques"⁴⁷, der mittleren Branchen des Kreuzzugszyklus,⁴⁸ überführt und als eine menschliche Frau aus der Natur bzw. als Königin dargestellt. In der weiter verbreiteten *Beatrix*-Version scheint die Figur am weitesten der gewöhnlichen höfischen Gesellschaft angeglichen zu sein, während in der weniger umgestalteten *Elioxe*-Version noch Residuen der Mythologeme zu finden sind, die das Mahrtenehe-Schema markieren, beispielsweise die Begegnung des Paares und die Hochzeit im Naturraum, ja scheinbar übernatürlichen Raum, sowie die Prophezeiung der Frau. Trotz Zügen der Entdämonisierung und Vermenschlichung der Figur der Ehefrau artikuliert sich das Tierhafte in der Anzahl der Kinder und das Übernatürliche in ihren Ketten und ihrer Verwandlungsfähigkeit; beides ist kaum anders als ihr von der Mutter geerbtes Wesen zu erklären.⁴⁹ Das Dämonische der Mutter wird also auf die Kinder abgespalten, wodurch die Figur der Mutter verharmlost wird. Im *Chevalier au Cygne*

---

44 Vgl. Kellner 2004a, S. 136.
45 Zur Dämonologie im Mittelalter vgl. Daxelmüller 1981, Sp. 243–246, insb. Sp. 246 zur Entgrenzung von menschlichem und tierischem Wesen sowie zur Möglichkeit eines sexuellen Kontakts zwischen Nymphen und Menschen in der gelehrten Tradition.
46 Zur Auseinandersetzung u. a. bei Vincenz von Beauvais über die Frage, ob Dämonen Nachkommen zu zeugen in der Lage sind, siehe Kellner 2001, S. 279 f. In der mittelalterlichen Diskussion über diese Frage konfligieren Fallbeispiele in den narrativen Texten mit der naturkundlich-medizinischen Erklärung der Autoritäten. Vincenz von Beauvais schließt sich letzterer an, die auf der „strikten genealogischen Trennung von Menschen- und Dämonenwelt" (Kellner 2001, S. 280) besteht.
47 Bender/Kleber 1986, S. 61.
48 Zur Werkgenese und Gruppierung der Branchen innerhalb des Kreuzzugszyklus siehe Kap. II.1.1.
49 Vgl. Lecouteux 1978b, S. 24 in Bezug auf den *Dolopathos*: „Kettenraub und Verwandlung in Schwäne zeigen, daß wir hier vor dem Rest eines Schwanjungfraumärchens stehen."

wird ein Teil des Wesens des Ritters auf seinen Begleiter, den Schwan, abgespalten. Ausgehend von der *Naissance* hat man den Ritter und den Schwan als wesensgleiche Brüder aufzufassen, von denen jeder ein Teilwesen von beiden repräsentiert – der tierische Teil des Ritters äußert sich im Schwan, der menschliche Teil des Schwans äußert sich im Ritter. Dadurch, dass der Schwan aber nur als Gefährte des Ritters erscheint, kommt das halbtierische Wesen des Ritters auf der narrativen Ebene nicht zur Sprache. Die deutsche Lohengrin-Tradition übernimmt zwar das mythische Schema der an ein Tabu gebundenen Ehe aus den französischen Quellen, eine Mahrtenehe ist die Verbindung zwischen Lohengrin und der Herzogin von Brabant jedoch nicht mehr.

XI.1.2 Der Ritter *mit* dem Schwan

Das ambivalente Wesen des Schwanritters, das im *Chevalier au Cygne* durch die Spaltung des Schwans vom Menschen unterdrückt wird, erhält in der deutschsprachigen Lohengrin-Tradition eine konsequente Ausblendung.[50] Es gibt im deutschen Sprachraum keine zusammenhängende Überlieferung der Schwanenkinder- und der Schwanritter-Geschichte. Der deutsche Schwanritter wird ausnahmslos – wie wörtlich bei Konrad zu lesen – als *der ritter mit dem swanen* (*Schwanritter*, V. 1207) inszeniert. Der Schwan tritt als Gefährte des Ritters auf, eine Verwandlungsmöglichkeit zwischen den beiden Gestalten wird in keinem Text thematisiert. Hingegen mutet der französische Titel *Le Chevalier au Cygne* durchaus ambig an und bietet Assoziationsraum für die Implikation einer Wesensidentität, die bei der Angliederung der Kindheitsgeschichte auch genutzt wurde. Das beunruhigende Moment der Verwandlung zwischen Mensch und Tier, das die Grenzen der Gattungen in der christlichen Weltordnung sprengt, wird in der Lohengrin-Tradition beseitigt. Doch hat ein uneindeutiges Relikt in manchen Texten diesen Strangs Niederschlag gefunden: Der Schwan wird sowohl bei Wolfram als auch im bairischen *Lohengrin* als *sîn vriunt* (Pz 826,16; Loh 723,1) bezeichnet,[51] was auf eine verwandtschaftliche Beziehung zwischen dem Ritter und seinem Schwan anspielen könnte. Doch diese Lesart wird, sobald sie im Verständnishorizont der Rezipienten auftaucht, durch die Genealogie des Gralsgeschlechts korrigiert. Der Schwan kann in dieser Genealogie unmöglich einen Platz haben.[52] Die Figur des Schwanritters wird durch seine Ansippung an das Gralsgeschlecht vollends entdämonisiert, das Problem der Grenzüberschreitung und der Vermischung wird dementsprechend entschärft.

Die Ambiguität im ontologischen Status des Schwanritters ist in meinem Untersuchungscorpus nur in Konrads Erzählung präsent. Sie wird durch die Tatsache, dass

---

50 Vgl. Kolb 1985, S. 42f.
51 Im *Buch der Abenteuer*, das den *Lohengrin* adaptiert, ist von *seim gevertt, dem schwannen* (BdA I,2915,2) die Rede; der Schwan weist freilich einen eigenen Willen auf.
52 Vgl. Kolb 1985, S. 41. Eine Ausnahme liegt in Gerberts *Perceval*-Fortsetzung vor; vgl. dazu Kap. III.4.

der Schwanritter bei seiner Ankunft in Brabant zum Schwan spricht, als würde er zu einem Menschen sprechen (*Schwanritter*, V. 380–385), noch prekärer. Hier wird möglicherweise ein Wesen von Gott gesandt – seine Ankunft und Hilfeleistung für Brabant werden von den Protagonisten wie vom Erzähler als Gottes Wunderwirken aufgefasst (V. 318 f.; V. 1614–1621) –, das selbst die Kategorien der Schöpfung Gottes überschreitet. Zwar spricht der Schwanritter auch in der Lohengrin-Tradition zu seinem Schwan, so in der Speisungsszene auf dem Meer im bairischen *Lohengrin* (*Loh* 65,9 f.) und im *Lorengel* (*Lor* 55,8–10; 57,4–10), und der Schwan im *Lorengel* spricht sogar zu seinem Ritter. Doch ruft dies hier keine Assozation einer Wesensidentität beider Existenzen hervor, weil erstens der Schwanritter Parzivals und Condwiramurs' Sohn ist, zweitens der Schwan später in der Gestalt eines Engels erscheint (*Loh* 78,1 f.) oder sagt, dass er ein Engel sei (*Lor* 58,2–7).

XI.2 Deszendenz und Kontinuität

Das Legitimationspotential, das eine Abstammung vom Schwanritter mit sich bringt, äußert sich in den Erzähltexten in der Gestaltung der Deszendenz. Das mythische Schema und/oder das übernatürliche Wesen in den verschiedenen Schwanritter-Versionen erfüllen ihre mythische, auf die genealogische Begründung ausgerichtete Funktion, nämlich die Deutung des Aufstiegs privilegierter Geschlechter im Blick auf einen außergewöhnlichen Gründungsakt: In den *Chansons de geste* werden die Heerführer des Ersten Kreuzzuges – Gottfried, Eustach und Balduin – als Enkelkinder des Mischwesens Schwan-Ritter dargestellt. Konrad von Würzburg führt die Herrscherhäuser Kleve, Geldern und Rieneck in der Erzählgegenwart auf den numinosen Schwanritter als Ahnherrn zurück, dessen Wesen im Text unerklärt bleibt. In der Lohengrin-Tradition rührt das Außergewöhnliche im Neugründungsakt von der Gralsgesellschaft her, die eine besondere Verbindung zur christlichen Transzendenz hat. Über die Ehe der Brabanter Erbin mit dem Gralsgesandten wird das weltliche Herzogtum genealogisch an die Gralssippe angeschlossen, wodurch es sich vor den anderen weltlichen Ländern heraushebt. Der Konnex zwischen dem mythischen Inhalt und der mythischen Funktion bleibt in den mittelalterlichen Bearbeitungen der Schwanritter-Sage also – anders als in den meisten deutschsprachigen Feenliebe-Erzählungen des Mittelalters – ganz erhalten. Im Kontrast zu der romantischen Gestaltung des Stoffes durch Richard Wagner wird ersichtlich, dass es sich bei der genealogisch-dynastischen Ausrichtung um ein spezifisch mittelalterliches Interesse handelt.[53]

Entgegen der französischen Tradition wird bei Konrad die Kreuzzugsthematik nicht in der Deszendenz, sondern bereits in der Figur des verstorbenen Herzogs, des Schwiegervaters des Schwanritters, verhandelt. Im deutschen Zweig der Stoffgestal-

---

53 Vgl. dazu Kap. IX zu Wagners *Lohengrin*, insb. IX.2.3.3.1.

tung mit Ausnahme Konrads werden die Nachkommen des Schwanritters aus der Gralssippe nicht mit konkreten Herrscherfunktionen vorgestellt bzw. bis in die Erzählgegenwart aufgezählt. In zwei Werken werden keine Nachkommen thematisiert: Im *Jüngeren Titurel* überspringt Albrecht die erste Ehe und lässt die zweite Ehe kinderlos enden. Der *Lorengel* erzählt nur bis zur Hochzeit. Die übrigen drei Werke der Lohengrin-Tradition berichten von den Kindern des Schwanritters: Wolfram erwähnt beiläufig die *schœniu kint* (Pz 826,9) in einer unbestimmten Mehrzahl. Der bairische *Lohengrin* nennt die beiden Söhne Iôhan (Loh 383,5) und Lohengrîn (726,9), Letzterer wird nach dem Abschied des Vaters vom Kaiserpaar adoptiert (727,1–4). Das Epos greift in der Benennung der beiden Söhne Lohengrins auf den genealogischen Ausblick im letzten Buch des *Parzival* zurück, indem bei der Taufe des ersten Sohns betont wird, *nâch priester Iôhan er in sînem sinne / Wart genennet* [...] (383,6 f.). Während Lohengrin, Sohn Parzivals, die Gralsherrschaft in das Deutsche Reich und das gesamte christliche Abendland hinein verlängert, steht Priester Johannes, Sohn des Feirefîz und Cousin Lohengrins,[54] im Erzählkosmos um *Parzival* und *Lohengrin* für die Translation der christlichen Herrschaft in den Orient. Das *Buch der Abenteuer* verfährt bei der ersten Ehe nach dem *Lohengrin*, bei der zweiten nach dem *Jüngeren Titurel*. Im Vergleich zur französischen Tradition fällt auf, dass in diesen drei Erzählungen ein Ausblick auf das künftige Schicksal der Kinder fehlt. Ihnen werden weder Funktionen in der Gralsgesellschaft noch in den weltlichen Ländern zugeschrieben. Die bisweilen in der Forschung behauptete Verbindung zwischen dem Gral und Jerusalem,[55] wie sie beispielsweise in den Anfangspartien des *Jüngeren Titurel* typologisch angelegt ist, thematisiert die Lohengrin-Tradition nicht.

Innerhalb der deutschen Werkreihe wird bei Wolfram, Konrad und im bairischen *Lohengrin* die Kontinuität der Geblütslinie und des genealogischen Wissens unterstrichen. Wolfram erwähnt in der Loherangrîn-Episode nicht nur die Kinder aus der Ehe, sondern auch, dass sich die *memoria* an den Schwanritter bis in die Erzählgegenwart hält: *vil liute in Brâbant noch sint, / die wol wizzen von in beiden* (Pz 826,10 f.). Der Neugründungsakt wird als bis in die Erzählgegenwart hinein in der mündlichen Tradition narrativ verbürgtes kollektives Wissen inszeniert. Von der Augenzeugenschaft geht eine lebendige lokale Schwanritter-Tradition in Brabant aus, die die Gralsabstammung der Herzoge von Brabant für die Rezipienten beglaubigt.[56] Ähnlich wie Wolfram bedient sich Konrad gegen Ende seiner Erzählung eines Tempuswechsels

---

54 Patrilinear gesehen ist Priester Johannes ein Cousin Lohengrins. Über die Verwandtschaft mütterlicherseits gesehen ist er Sohn der Schwester von Lohengrins Großmutter, also Onkel Lohengrins.
55 Vgl. Kolb 1963, S. 54 f., S. 60–64 und nach ihm Bumke 1991, S. 262 f., die in der Erwähnung der *schœniu kint* bei Wolfram einen Hinweis auf Gottfried von Bouillon und seine beiden Brüder sehen; das Gralskönigtum sei daher als Präfiguration des Königtums von Jerusalem zu deuten. Dies ist eine höchst spekulative Deutung. Vgl. zugespitzt bei Kolb 1963, S. 64: „Alles dies zeigt, wie wenig es Wolfram auf die Schwanrittersage selber ankommt und wie sehr auf den Zielpunkt dieser Sage; sie ist ihm nur Mittel zum Zweck."
56 Zur Inszenierung von Gegenwärtigkeit vgl. Hasebrink 2009, S. 208–210.

ins Präsens (*Schwanritter*, V. 1605, 1611), um von den Sprösslingen des mythischen Spitzenahns zur Zeit der Schreibsituation zu berichten:

> *Diu herzoginne reine*
> *diu zôch mit flîze ir lieben kint,*
> *von den sît grôze herren sint*
> *ûf gewahsen und geborn.*
> *vil werde fürsten ûzerkorn*
> *von ir geslehte quâmen:*
> *in wuohsen ûz ir sâmen*
> *vil mâge und <vil> hêrlicher neven.*
> *von Gelre beide und <ouch> von Cleven*
> *die grâven sint von in bekomen,*
> *und wurden Rienecker genomen*
> *ûz ir geslehte verre erkant.*
> *ir künne wart in manec lant*
> *geteilet harte wîte,*
> *daz noch aldâ ze strîte*
> *den swanen füeret unde treit.* (*Schwanritter*, V. 1596–1611)

Über die gemeinsamen Kinder des Schwanritters und der Herzogin von Brabant, die von ihnen abstammenden *grôze[n] herren* und *werde[n] fürsten* sowie deren *mâge* und *neven* verlängert sich die Geblütslinie bis auf die Grafen von Geldern, Kleve und Rieneck. Durch diesen Gegenwartsbezug – in dem möglicherweise Konrads Auftraggeber eingeschlossen sind – wird eine lückenlose Kontinuität der erzählten Ereignisse bis an die geschichtliche Zeit des Erzählers inszeniert. Die körperliche Evidenz der adligen Nachkommen im Umkreis des Erzählers verbürgt die einstige Präsenz des Schwanritters in Brabant und die eheliche Verbindung einer menschlichen Fürstin mit einem mutmaßlich überirdischen Wesen. Genealogie dient hier als „Argument für die Wahrheit des Erzählten".[57] Dass die Nachkommenschaft des Schwanritters, die in fernen Ländern zerstreut ist, in Kämpfen als Wappen *den swanen füeret unde treit*, verweist auf ihren gemeinsamen Ursprung und zeichnet sie durch die Abstammung von einem mythischen Ahnherrn aus.[58] Die Heraldik fungiert als Teil der genealogischen Geschichtsschreibung, die beanspruchte Genealogie rechtfertigt die Heraldik. Im Fall des Auftragswerks Konrads bedurfte es offenbar – wie in der Forschung vielfach vermutet wurde[59] – zusätzlich der literarischen Repräsentation, um die Schwanritter-Abstammung der Auftraggeberfamilie narrativ, historisch und symbolisch zu etablieren und zu pflegen.

Im bairischen *Lohengrin* wird die Absenz des Schwanritters gewissermaßen dadurch kompensiert, dass auf das Bedauern der Kaiserin hin – *ô wê wen ersetz ir den*

---

57 Kellner 2001, S. 277.
58 Mertens 1992, S. 204.
59 Vgl. u. a. Ruf 1984, S. 185, 188; Brunner 1981, S. 284 f.; ders. 1987, S. 21.

Prâbant, / des nam in landen wît ist wol erkennet? (*Loh* 726,2f.) – der jüngere seiner beiden Söhne durch den Bischof von Lüttich in *Lohengrîn* umbenannt wird:

> ‚der elter ist Iôhan genant.
> dem iungen sî Lohengrîn der nam bekant,
> swie er in toufe het anders nam enpfangen.' (*Loh* 726,8–10)

Der Vater, der mit dem Schwan ins Gralsreich entschwand, wird durch die Namensidentität mit dem Sohn wieder in die Gegenwart in Brabant hineingeholt. Darin kommt die mythische Auffassung von der Sprache zum Ausdruck, dass im Namen der Mensch und dessen Wirkungskraft enthalten sind.[60] Es herrscht ein nur „schwebender Übergang"[61] zwischen Name und Person, Wort und Sache, zwischen Formen des ‚abbildlichen' und denen des ‚urbildlichen' Seins.[62] Der Junge Lohengrin wird von der Kaiserin um seines Vaters willen adoptiert:

> Sie sprach: ‚antwurt mir Lohengrîn,
> den wil ich behalten durch den vater sîn
> und wil in als mîn selbes kinder ziehen.' (*Loh* 727,1–3)

Zwar weist das Vorhaben des Kaisers, *der keiser wolt an dem kinde lân werden schîn* (729,5), auf eine ruhmreiche Zukunft des Schwanrittersohnes voraus, doch wird davon nicht mehr erzählt. Mit dem Abschied des Kaiserpaares von Brabant wechselt der Erzählstrang zur Genealogie der ottonischen Kaiser, ohne dass die Söhne des Schwanritters darin Erwähnung finden. Der umbenannte Junge Lohengrin fungiert lediglich als erzähltechnisches, nicht jedoch als genealogisches Bindeglied zwischen zwei Geschlechtern. Die Kontinuität des römisch-deutschen Kaisertums, die in der wiederholten Phrase *nâch im* (733,7; 741,1; 742,10; 753,1) ihren prägnanten Ausdruck findet, tritt in der Passage vor dem Epilog in den Vordergrund, während der Brabanter Dynastie mit dem Ende der Schwanritter-Handlung keine Aufmerksamkeit mehr gewidmet wird.

In der Lohengrin-Tradition kommt ferner den Objekten eine bedeutende Funktion zu. Durch ihren Tabubruch tauscht die Herzogin unwillentlich die Person ihres Ehemannes gegen das Wissen über seine Person ein. „Dieses Wissen materialisiert sich in dinglichen Memorialzeichen":[63] Der Schwanritter hinterlässt seinen Kindern und seiner Frau drei Gaben zum Gedenken – ein Horn, ein Schwert und einen Ring (*Pz* 826,19; *Loh* 722,5; *JT* 5999,2; *BdA* 2911,5–7).[64] Die Objekte sind nicht nur materiali-

---

[60] Vgl. Cassirer 1925/2010, S. 49–51.
[61] Ebd., S. 44.
[62] Vgl. ebd., S. 53.
[63] Strohschneider 1997b, S. 132, Anm. 17.
[64] Diese drei Gaben kommen auch in der historiographischen Schwanritter-Überlieferung vor; vgl. dazu Kolb 1985, S. 32f. Am Ende des *Chevalier au Cygne* hinterlässt der Schwanritter, der seine Herkunft nicht enthüllt, seiner einzigen Tochter Ida ein Wunderhorn mit der Funktion, vor Leid zu schützen. Das

siertes Wissen, sondern auch ein ritueller Versuch der *memoria*, die abwesende Person des Schwanritters doch präsent zu halten.[65] Im mythischen Sinne sind sie also mehr als „Zeichen des entschwundenen Numens",[66] sondern in ihnen ist der Numens selbst gegenwärtig.[67] Im Akt der Vergegenwärtigung wird die Differenz zwischen dem Reellen und dem Ideellen, dem Signifikat und den Signifikanten aufgehoben. Im bairischen *Lohengrin* wird ferner die Herkunft der Gaben erläutert: *mîn vater gap mir horn und swert, / mîn muoter daz vingerlîn.* (*Loh* 722,8 f.) Das Horn und das Schwert gehen an die Söhne und erinnern an Parzival, der Ring geht an Elsam und erinnert an Condwiramurs. Die Gaben wandern von den Besitzern der einen in die nächste bzw. übernächste Generation und verbinden dadurch die Glieder der genealogischen Kette miteinander. In den Gaben ist nicht nur der mythische Spitzenahn Lohengrin präsent, sondern auch der Ursprung vor diesem Spitzenahn, die Gralssippe, wird in ihnen vergegenwärtigt – *daz ist bî dem grâle   gewesen lange wîle.* (722,7) Ursprung, Gegenwart und das dazwischen Geschehene verdichten sich in den Objekten, die verschiedenen Zeitebenen fallen in eins. Die repräsentationale Distanz in Lohengrins Erzählung von seinen Vorfahren, die auf vergangene Zeiten verweist, wird in den Objekten zur präsentischen Unmittelbarkeit. Durch die Tradierung der Objekte wird die Gegenwart von Ursprüngen erfüllt.[68] Insofern sind die drei Gaben des Schwanritters Sinnbild der fundierenden Kontinuitätsfunktion des Mythos.

Wunderhorn hat er beim Abschied aus Lillefort von seinem Vater Oriant geschenkt bekommen. Vgl. Nelson 1985, S. xx; Reinhardt 2012, S. 87.
65 Dagegen Kolb 1985, S. 25, der die drei Gaben als „blindes Motiv" betrachtet, da diese „keine Folgewirkung" hätten.
66 Borchmeyer 2002b, S. 207.
67 Cassirer 1925/2010, S. 49.
68 Vgl. Assmann [7]2013, S. 79.

XII Der gerichtliche Zweikampf

sô triuwe ich gote daz erlôst
werd iuwer lant von mîner craft.[1]

Neben dem zentralen Motiv des Frageverbots ist auch der gerichtliche Zweikampf spätestens seit dem altfranzösischen *Chevalier au Cygne* ein integrales Funktionselement der Schwanritter-Sage. Es ist wohl die in diesem Element enthaltene Vorstellung einer unter dem Einfluss transzendenter Kräfte geübten Gerechtigkeit, die dem Erzählstoff neben der Anderweltlichkeit zusätzlich Faszinationspotential verleiht. Der Zweikampf ist nicht nur der unmittelbare Zweck der göttlichen Sendung des Schwanritters, sondern auch die erste rechtliche Auseinandersetzung, die dieser nach seiner Ankunft in Nimwegen/Brabant zu bestehen hat und durch die er die Herrschaft dort gewinnt. Der Gerichtskampf wird in den Texten auf verschiedene Weisen, doch stets als ein Eingriff der Transzendenz inszeniert, bei dem der Schwanritter als Gottgesandter – und mit der Hilfe Gottes – die körpergebundene Gewaltfähigkeit des Bedrängers der Herzogin besiegt. In den Bearbeitungen des Stoffes werden zentrale Aspekte unterschiedlich gestaltet, insbesondere die Ansprüche, die im Gerichtsverfahren geltend gemacht werden sollen, die Argumentationsfiguren und performativen Praktiken vor Gericht sowie die Funktion des Zweikampfes.

Die deutschsprachige vormoderne Textreihe lässt sich in Hinsicht auf das Funktionselement Zweikampf in zwei Stränge aufteilen: Wolfram von Eschenbach und Albrecht erwähnen keinen gerichtlichen Zweikampf in der Schwanritter-Episode; in den anderen vier Texten wird von einem gerichtlichen Zweikampf erzählt, an dem der Schwanritter teilnimmt. Darunter lässt sich wiederum zwischen zwei Fassungen differenzieren: Bei Konrad von Würzburg ist der Bedränger ein auswärtiger Herzog; der Zweikampf wird nicht als Gottesurteil[2] angekündigt, jedoch greift eine überirdische Instanz ein. Zudem befinden sich bei Konrad zwei verschiedene Rechtssysteme im Normenkonflikt, weshalb das einfache Modell einer Konfrontation von Recht und Unrecht hier zu kurz greift. Der *Lohengrin* und das *Buch der Abenteuer* bieten zwei annähernd identische Versionen, der *Lorengel* eine leicht davon abweichende Version. Diese drei Versionen bilden eine Fassung, in der der Bedränger ein heimischer Graf ist. Die göttliche Lenkung ist in dieser Fassung expliziter als bei Konrad, jedoch nicht eindeutig. In dieser Fassung stehen Recht und Unrecht einander klar gegenüber.

Im Folgenden wird die Gestaltung des Gerichtsverfahrens, des Waffengangs, des Urteils und der Hinrichtung, soweit in der Handlung vorhanden, in den oben genannten vier Texten mit Zweikampf erläutert. Die entsprechenden Erzählpassagen werden unter den folgenden Aspekten in den Blick genommen: Inwiefern ist Gott die

---
1 *Schwanritter*, V. 892f.
2 Zum Gottesurteil siehe grundlegend Nottarp 1956; zur Darstellung von Gottesurteilen in der mittelhochdeutschen Literatur und Verhandlung ihrer Legitimität siehe zuletzt Sieburg 2021.

Autorisierungsinstanz im gerichtlichen Zweikampf? Wird mit einem Eingreifen Gottes gerechnet und daran geglaubt? Wann und wodurch greift Gott in das Kampfgeschehen ein? Welche Funktion hat der Zweikampf bei der gerichtlichen Entscheidung?

Bevor ich auf die Texte eingehe, sei eine Darstellung des Zweikampfs als Gottesurteil in der – soweit dokumentierten – mittelalterlichen Praxis in Umrissen aus der Untersuchung Rüdiger Schnells zitiert:

> Erst in fränkischer Zeit wandelte sich der gerichtliche Zweikampf zum Beweismittel. [...] So entschied der Zweikampf über die Rechtmäßigkeit der Anklage. [...] Die Voraussetzung für die Auffassung vom gerichtlichen Zweikampf als eines Beweismittels schuf der Glaube, Gott bringe in und durch einen solchen Zweikampf die Wahrheit über einen umstrittenen Sachverhalt ans Licht. [...] Im Prolog des Sachsenspiegels (1215–1235) tritt uns schließlich die Grundlage dieser Anschauung entgegen: *Got is selve recht, dar umme is em recht lef.*
> [...]
> Dem Richter bzw. dem Gericht fällt offenbar lediglich die Aufgabe zu, für die formelle Einhaltung des vorgeschriebenen Procedere (Anklage – Reinigungseid – Forderung zum Zweikampf) zu sorgen statt sich auf Grund eingehender Nachforschungen und Prüfungen der inhaltlichen Aussagen der streitenden Parteien ein eigenes Urteil über den Sachverhalt zu bilden. Doch gilt es festzuhalten, daß schon im 13./14. Jh. entscheidende Änderungen im Beweisverfahren eintreten und die Anfänge des neuzeitlichen Prozeßverfahrens in diese Zeit zu datieren sind.³

Das literarische Interesse hatte jedoch eine zeitversetzte Relation zur Rechtspraxis:

> Zwei gegenläufige Tendenzen stoßen hier aufeinander: das Beweisverfahren tendiert seit dem 13. Jh. zur Abschaffung des Zweikampfs; zahlreiche literarische Stoffe aber leben noch von dem Motiv des gerichtlichen Zweikampfs.⁴

Ferner weist Schnell auf die „latent stets vorhandenen Zweifel"⁵ am Gottesurteil hin. Wohl auch aus diesem Grund begegnen in den Texten Darstellungen, die den Status des gerichtlichen Zweikampfs als eines göttlichen Urteils und den Glauben der Figuren daran uneindeutig machen. Dies gilt auch für die Texte meines Untersuchungscorpus.

XII.1 Altes und neues Recht: Konrad von Würzburg

Konrads Erzählung ist die erste deutschsprachige Bearbeitung des Schwanritter-Stoffes, in der der gerichtliche Zweikampf erwähnt wird. Im Blick auf dieses Funkti-

---

3 Schnell 1983, S. 54. Dass die literarische Konstruktion des Entscheidungsprocedere nach dem Ritual des ritterlichen Einzelkampfs wirklichkeitsfremd war, dürfte klar sein: „Gerichtskämpfe sind als Einzelkämpfe ausgetragen worden; aber sicherlich nicht in der Form von Lanzenstechen." (Bumke ¹²2008, S. 232)
4 Schnell 1983, S. 60.
5 Ebd., S. 55.

onselement bei Konrad werden in der Forschung drei Aspekte hervorgehoben: Erstens stellt der Zweikampf keine Form der Beweisfindung dar, sondern bedeutet Entscheidung und Vollstreckung zugleich, indem „der Anspruch einer der beiden streitenden Parteien zugleich mit ihrem Dasein verschwinden muß".[6] Zweitens fällt auf, dass dem Sachsenherzog die Möglichkeit eingeräumt wird, die vom König, der für die beiden Frauen Partei ergreift (V. 744 f.), vorgeschlagene Konfliktlösung (V. 764–767) zurückzuweisen. Demgegenüber akzeptieren der König und die Herzogin die vom Sachsenherzog genannte Entscheidungsform ohne Einwand. Drittens wird der Zweikampf nach Rüdiger Brandt von keiner der beiden Parteien explizit als Gottesurteil aufgefasst. Damit wäre der Sieg in diesem Zweikampf ausschließlich von der physischen Stärke der jeweiligen Kontrahenten abhängig. Gott greife nur aufgrund der Teilnahme des Schwanritters am Kampf ein.[7] Demgegenüber stellt Rüdiger Schnell fest: „Der Ausgang des gerichtlichen Zweikampfs ist also eindeutig als Gottesurteil gesehen."[8] Denn: „Gott habe Karl als Richter auf Erden eingesetzt (V. 652 f.); Gott habe den Schwanritter zu den in Not geratenen Frauen gesandt (318 f., 852 ff.); Gott wird der Sieg im Zweikampf gedankt und verdankt (852 ff., 892 f., 1238 f.)."[9]

XII.1.1 Waffengang

Das Gerichtsverfahren, die Wahl der Entscheidungsform und die Findung des Kämpfers werden im Kapitel zu Konrads Erzählung behandelt.[10] In diesem Abschnitt wird der Verlauf des Zweikampfs unter Berücksichtigung der oben genannten Fragestellungen näher untersucht. Im *Chevalier au Cygne*, dessen eine Redaktion Konrad mutmaßlich als Vorlage für Teile seiner Erzählung diente, muss der Sachsenherzog Regnier dreißig seiner Männer zur Bürgschaft aushändigen, die Kaiser Otto einsperren lässt. Zudem beraten die Fürsten vor dem Zweikampf kontrovers über die mögliche Bestrafung für die verlorene Partei. Bei der Beratung ist ein silberner Automat zugegen, der mit einem gehobenen Zeigefinger auf falsche Urteile reagiert. Am Ende einigen sich die Fürsten darauf, dass erstens der Zweikampf mit Lanze und Schwert ausgetragen wird; zweitens sollen die dreißig Männer des Herzogs in dem Fall, dass er verliert, enthauptet werden, andernfalls sollen die Herzogin von Bouillon und ihre Tochter verbrannt werden.[11]

Bei Konrad findet diese Beratung nicht statt. Riskiert wird lediglich das Leben der beiden Kämpfer und der Ausgang des Zweikampfs entscheidet nur über das Erbrecht,

---

6 Weidenkopf 1979, S. 320.
7 Vgl. Brandt 1987, S. 104; anders Schröder 1867, S. 148; van D'Elden 1990, S. 552 und Westphal-Wihl 2008, S. 172.
8 Schnell 1983, S. 60.
9 Ebd.
10 Vgl. Kap. IV.2 und IV.5.
11 Vgl. Nelson 1985, S. xiv.

nicht aber über das Leben der beiden Frauen. Die Entscheidungsform, eine Tjost und anschließend ein Schwertkampf, wird als selbstverständlich von Konrad übernommen. Die Beschreibung der Brutalität des Kampfes im *Chevalier au Cygne* übertrifft bei weitem diejenige in den deutschen Schwanritter-Erzählungen. Die Überformung eines ursprünglich heldenepischen Stoffes durch höfische Erzählmuster und -konventionen wird hier erkennbar.

Der Zweikampf wird nicht als Gottesurteil angekündigt. Der Sachsenherzog insistiert auf einem Zweikampf als Form der Entscheidung über die Konflikte. Dabei will er mithilfe seiner überlegenen Körperkraft die Sache mit Waffengewalt zu seinem Vorteil wenden. Auf Gott beruft er sich nicht. Seine Kraft ist dazu da, sein behauptetes Recht zu verteidigen statt zu beweisen:

> *ich hân wol in der mâze*
> *rehtes zuo der hêrschaft,*
> *daz ich mit aller mîner craft*
> *daz lant <sol> schirmen unde wern.*
> *swer mich dâ geltes wil verhern*
> *daz ûf mich gevallen ist,*
> *der muoz ze dirre selben frist*
> *mit bitterlichen swertes slegen*
> *mich ûz mînem rehte wegen*
> *und von dem criege trîben.* (V. 682–691)

Der Herzog spricht die Möglichkeit an, dass er im Zweikampf verliert – in diesem Fall wäre er daran gehindert, sein Recht auf Brabant zu beanspruchen: *ûz mînem rehte wegen*. Dass sein Recht widerlegt werden könnte, zieht er nicht in Erwägung. Der Schwanritter hingegen hofft auf Gottes Beistand: *sô triuwe ich gote daz erlôst / werd iuwer lant von mîner craft.* (V. 892 f.) Doch findet sich keine Aussage darüber, dass Gott im bevorstehenden Zweikampf als richtende Instanz die Wahrheit ans Licht bringen soll. Für den Sachsenherzog ist die Entscheidung ein Kampf auf Leben und Tod (*Brâbant muoz mir belîben, / oder ich darumbe ligen tôt.* V. 692 f.). Auch ohne klare Beweisfindung ist demnach logisch und einzig möglich, dass der Partei, die gewinnt, Brabant zufällt:

> '[...]
> *und swer bî disen zîten*
> *die sigenunft ervehte,*
> *der habe daz lant ze rehte*
> *daz dâ <ze> Brâbant heizet*
> *und uns ze strîte reizet'.* (V. 722–726)

In dieses Ziel des Kampfs willigt der Schwanritter am Ende seiner verbalen Konfrontation mit dem Sachsenherzog (V. 916–972) ein: '[...] *kein dinc mag anders hie gesîn / wan <daz> der eine tôt gelige / und im der ander an gesige'.* (V. 970–972) Eine solche vom Sachsenherzog vorgebrachte Vorstellung von einer Entscheidung nach Körperstärke und auf Leben und Tod mag die Tatsache erklären, dass niemand aus dem Gefolge der beiden Frauen sich traut, sie zu verteidigen, obwohl viele ihnen gerne geholfen hätten:

> [...]
> *dur daz ir <dâ> geholfen hete*
> *ir eteslicher bî der zît.*
> *si stuonden alle in widerstrît,*
> *sô daz dekeiner an ir stat*
> *ze strîte noch ze kamphe trat.* (V. 800–804)

Der *widerstrît* der Dienstleute rührt wohl daher, dass sie zwar an die Rechtmäßigkeit des Anspruchs der beiden Frauen glauben, diese Rechtmäßigkeit jedoch nicht als Gewähr für den Sieg gegen den Sachsenherzog ansehen, der mit Riesen verglichen wird (*er was sô langgewahsen / daz er ze risen wart gezelt*; V. 736f.)

Der Kampf beginnt mit einer Tjost, bei der die Lanzen beider Kontrahenten zerbrechen. Anschließend wird mit Schwertern unerbittlich gekämpft. Zum dritten Mal wird erwähnt, diesmal in der Erzählerrede, dass es um Leben und Tod geht: *die ritter müezic niht beliben, / wan si vâhten umb daz leben* (V. 1144f.). Bei einem Schlag vom Sachsenherzog ist der Schwanritter aufgrund der Differenz in der Körpergröße deutlich unterlegen, was die Zuschauer alle sehen:

> *si wolten alle wænen,*
> *der gast der viele tôt dâhin,*
> *wan der herzog über in*
> *was alsô langgewahsen :*
> *des wart im von dem Sahsen*
> *ein slag gemezzen und gegeben*
> *daz man für sîn erweltez leben*
> *genomen hæte ein halbez ei.* (V. 1160–1167)

Der heftige Schlag des Gegners spaltet den Schild des Schwanritters entzwei und dringt durch seine eiserne Brustbedeckung bis auf das seidene Untergewand, das er bei seiner Ankunft auf dem Meer trug. In einem konditionalen Kommentar berichtet der Erzähler, dass der Schwanritter nur dank eines glücklichen Zufalls nicht den linken Arm verloren hat (V. 1172–1179). Hätte ihn nicht das Untergewand vor der Schwertspitze geschützt, wäre er tödlich verwundet ins Gras gestürzt (V. 1184–1189).[12] Statt des Ritters wird nur das Schwanenwappen auf seinem Schild beschädigt (V. 1180–1183); das seidene Untergewand, das zur Herkunftssphäre des Schwanritters gehört, hält einem Schlag stand, der Eisen durchdrungen hat. Nicht in den unentschiedenen Runden, sondern bei einem für den Schwanritter ungünstigen Schlag artikuliert sich die Wirkung überirdischer Kräfte, indem seine mythischen Attribute ihm das Leben retten.

---

12 Zu dieser Stelle siehe Kap. IV.6.2.

In einem von ökonomischen Metaphern durchsetzten Dialog fordert der Sachsenherzog den Schwanritter auf, sein Erbrecht anzuerkennen oder mit dem Leben zu bezahlen, was dieser entschieden zurückweist, indem er den geforderten Tribut für zu hoch erklärt und seinen Gegner an *milte* gemahnt:

> 'welt ir mir nû mîn erbe lân?'
> sprach der herzoge wider in.
> 'sult ir mîn eigen ziehen hin,
> ir müezent ez verzinsen,
> daz man ûz herten flinsen
> noch sanfter gülte schriete.
> es gît mir zeiner miete
> niht anders wan den lebetagen,
> swer iht des mînen von mir tragen
> gewalticlichen hiute wil'.
> 'des zolles wære ein teil ze vil!'
> sprach der ritter mit dem swanen.
> 'iuch sol diu milte des ermanen
> daz ir sô hôher zinse enbert.
> sît daz ir miete von mir gert,
> sô machet si gefüege,
> wand ich unsanfte trüege
> sô grimmes zolles überlast'. (V. 1196–1213)

Nach dieser Konfrontation enthauptet der Schwanritter seinen Gegner *mit alles sînes herzen craft* (V. 1219). Das erfreuliche Ergebnis des Zweikampfs wird von den Anwesenden der Hilfe Gottes zugeschrieben:

> die ritter sprâchen alle dô
> ze dem vil sigebæren,
> er künde gar ze swæren
> zins den liuten bieten:
> daz got vor sînen mieten
> geruochte ir aller lîp bewarn! (V. 1234–1239)

Gott habe sie alle vor der allzu hohen Tributforderung des Sachsen, nämlich dem Tod des Schwanritters, bewahrt. Während des Zweikampfs wird Gott nicht als lenkende Instanz erwähnt, doch der Ausgang des Kampfs wird von den Figuren als Eingriff Gottes aufgefasst.[13] In diesem Zusammenhang ist der Schutz, den das Untergewand dem Schwanritter bietet, als Gottes Wunderwirken zu beurteilen. Es wird sich nirgends

---

13 Im Hinblick auf die Wahrheitsbeteuerung des Erzählers am Ende des Textes (vgl. Kap IV.6.3) ist Karls Aussage über die Gottesgesandtschaft des Schwanritters (V. 319 f.) und der Zuschreibung des Sieges an Gottes Beistand (V. 1238 f.) Glauben zu schenken.

auf Gott als Richter berufen, Gott ergreift Partei für seinen Gesandten und somit für die beiden Frauen.[14]

XII.1.2 Funktion des Zweikampfes

Die Enthauptung des Sachsenherzogs vereint die Entscheidung und die Vollstreckung in sich. Dies entspricht seiner Forderung vor dem Zweikampf: Sein Anspruch auf Brabant könne nur mit seinem physischen Dasein erlöschen (V. 692f.). Eine eindeutige Beweisfindung ist bei dem in Konrads Text präsentierten Streitfall nicht möglich, da zwei unvereinbare Rechtssysteme in Konkurrenz stehen. Durch die physische Stärke des Schwanritters und Gottes Eingriff setzen sich das neue Rechtssystem und die kognatische Erbfolge durch. Die Konvention, das Gewohnheitsrecht, wird mit ihrem eigenen Mittel – der körpergebundenen Gewalt – abgeschafft.[15]

Der Eingriff Gottes – sowohl die Sendung des Schwanritters als auch der Beistand im Zweikampf – ist in der Entscheidung über diese Streitigkeit notwendig, da die beiden Frauen in der vom Sachsenherzog verlangten Entscheidungsform keine ebenbürtigen Gegnerinnen sind. Selbst dem Gottgesandten ist der Sachse in der physischen Stärke überlegen. Der Erzähler markiert im Epilog die Außergewöhnlichkeit des Eingriffs, indem er das Geschehen als *diz fremde wunder* (V. 1632) bezeichnet und unter Berufung auf weiteres Wunderwirken Gottes, *daz noch unmügelicher was* (V. 1615), zu beglaubigen versucht. Gottes Intervention ist in der erzählten Welt wahr, doch nicht als Alltägliches zu erwarten:

> Der Legendenton, den hier der Dichter anschlägt, bestimmt die Perspektive, von der aus die Erzählung zu betrachten ist: es handelt sich hier um eines der außergewöhnlichen, wunderbaren Ereignisse, bei denen das unmittelbare Eingreifen Gottes in das irdische Geschehen sichtbar wird. Doch, wie bereits angedeutet, das Wunder impliziert zugleich das Moment des Ungewöhnlichen, Einmaligen.[16]

Konrads Text inszeniert einen gerichtlichen Zweikampf, bei dem Gott als Mitstreiter der einen Partei statt als neutrale richtende Instanz in die Entscheidung eingreift. Nur die Partei, die am Ende den Sieg erlangt, glaubt an Gottes Einsatz. Während des Kampfes geschehen Wunder, die nachträglich von den Figuren Gott zugeschrieben werden. Eine eindeutige Wahrheitsfindung ist hier nicht möglich, erübrigt sich freilich auch aufgrund der Tatsache, dass die von Gott mitgetragene Entscheidung in demselben Moment vollstreckt wird und die physische Existenz einer der beiden Parteien somit verschwindet.

---

14 Vgl. die Darstellung des Zweikampfs im *Chevalier au Cygne*, in der der Sachsenherzog Regnier vom Teufel geschützt wird, Gott abschwört und dem Christentum den Krieg erklärt (Nelson 1985, S. xv).
15 Vgl. Strohschneider 1997b, S. 148.
16 Schnell 1983, S. 60.

XII.2 Recht gegen Unrecht: die Lohengrin-Tradition

XII.2.1 *Lohengrin*

XII.2.1.1 Anklage, Entscheidungsform und Wahl des Kämpfers

Der Bedränger im *Lohengrin* ist ein heimischer Graf, Friedrich von Telramund.[17] Er wirbt um die Hand der Herzogstochter Elsam und wird von dieser mit der Begründung zurückgewiesen, dass es ein *übermuot* (*Loh* 33,8) sei, als Lehnsmann ihres Vaters sie ehelichen zu wollen; d.h. diese Brautwerbung verstößt gegen das Kriterium der feudalen Gleichrangigkeit.[18] Kurz vor seinem Tod überlässt der alte Herzog Friedrich von Telramund *lant, guot und liute* (34,6) und fügt hinzu: *hab die tohter mîn vür dîne vrouwen* (34,10). Dieses mündliche Testament, das die Landesherrschaft an Elsam vererbt, wird von Friedrich als Elsams Wille verfälscht wiedergegeben: *Er gap ir schult, sie het die ê / im gelobt, daz tet der edeln megde wê.* (35,4f.)[19] Friedrich geht mit Unterstützung seiner Verwandten zu Kaiser Heinrich[20] vor Gericht und klagt Elsam an. Daraufhin wird ein Gerichtskampf anberaumt:

> *mit klage erz an des rîches keiser brâhte.*
> *Man sach in und die mâge sîn   mit grôzen diensten ringen*
> *bî dem keiser durch diu lant.*
> *dâ von tet man der vil edeln megde bekant,*
> *ir müeste ein kempfe vor gerihte dingen.* (35,6–10)

Dass sich die von Friedrich gewollte Entscheidungsform beim Kaiser durchsetzt, hängt mit seinen Diensten gegenüber dem Kaiser zusammen. Dies erfährt man von einem Ritter in Elsams Gefolge:

> *[...] dar zuo het er dem keiser*
> *sô vaste gedienet über maht,*
> *daz er in nâch sînem willen hât sô brâht,*
> *daz unser aller rede ist gein im heiser.* (84,7–10)

Der gerichtliche Zweikampf soll der Klärung der Klage dienen und entscheiden, ob Friedrich Elsam heiraten darf. Die Findung eines Kämpfers für Elsam läuft über eine weite Strecke. Vor Ort in Brabant wagt niemand gegen Friedrich zu kämpfen, da dieser als übermäßig starker Drachentöter bekannt ist:

---

[17] Vgl. die Behandlung der Stellen zu Rechtslage und Gerichtskampf im *Lohengrin* bei Schröder 1867, S. 150–153.
[18] Vgl. Strohschneider 1997b, S. 138, Anm. 26.
[19] Hinter der Brautwerbung und dem öffentlichen Betrug Friedrichs könnte ein machtpolitischer Zweck stehen: Ein Graf kann die Herrschaft über ein Herzogtum nicht ohne Weiteres übernehmen. Der Anspruch auf das Land ließe sich nur durch die Heirat mit Elsam mittelbar realisieren.
[20] Gemeint ist König Heinrich I., der Vogler, der im Text bereits vor seiner Kaiserweihe *keiser* genannt wird.

> *Dô was dâ an den zîten kunt,*
> *daz der selbe Friderîch von Telramunt*
> *ze Stokhalm sluoc den wurm von Swedenlanden.*
> *Den suocht er durch vermezzenheit,*
> *des wart in diutschen landen vil von im geseit,*
> *ez torst ouch nieman kampf gein im enblanden.* (40,1–6)

> *In Prâbant noch in Engellant,*
> *in Fránkrîche mán dekeinen kempfen niendert vant,*
> *der durch kein miete dise maget verstüende.* (36,1–3)

Elsams Gebet und das Tönen ihres Glöckchens bringen die Botschaft über ihre Notlage auf die Gralsburg, der Gral erwählt Lohengrin zum Kämpfer für sie. Die vereinte Grals- und Artusgesellschaft erfüllt auf diese Weise ihre Funktion als Hilfsinstanz durch einen Gesandten. Auf der Reise nach Brabant wird Lohengrin mit mehrfachen Attributen als von Gott Geschützter ausgestattet.[21] Nach der Ankunft in Antwerpen glaubt Lohengrin an die Unschuld Elsams und hofft auf einen Sieg durch Gottes Hilfe. Doch ist die Gerechtigkeit des Kaisers die notwendige vermittelnde Instanz dafür, dass der Partei der beiden Gottes Hilfe im Zweikampf zuteilwird:

> *Wil er uns rehte rihter sîn,*
> *der keiser, sô habt ez ûf die triuwe mîn,*
> *daz mir von gotes helfe muoz gelingen.*
> *Diu iuncvrou hât guotiu reht, dâvon sît stolzes muotes.* (85,4–7)

Der Kaiser zeigt seine neutrale Haltung bereits bei der Begrüßung vor dem in Mainz stattfindenden Gerichtskampf, indem er beide Kontrahenten bei der morgendlichen Messe besucht: *wan er ze beidersît wolt pflegen triuwen* (206,6). Auch versichert er Elsam und Lohengrin, dass er für Ordnung sorgen wird: ‚*habt ez ûf die êre mîn, / daz iu mit gewalt hie nieman unreht briuwe.*' (207,5f.) Figuren, die für Elsam Partei ergreifen, glauben ebenfalls an Gottes Einsatz, beispielsweise die Herzogin von Lothringen:

> [...] ‚*ich gan dir wol*
> *ob dir hie von gotes hilfe gelingen sol,*
> *und dem, der sich durch dich hât kampfes vermezzen.*' (194,1–3)

XII.2.1.2 Waffengang

Am Tag des Kampfs wird auf Seiten von Lohengrin und Elsam während einer Messe erneut um Gottes Hilfe gebeten:

> *der abt Gundemâr ze hant ein messe sprach*
> *der trinitât, daz got hulfe sigenünfte*
> *Dem degen, der sîn iungez leben*
> *het durch die iuncvrouwen ûf tôdes wâg begeben.* (202,2–5)

---

21 Vgl. Kap. VI.6.

Leben und Tod werden in dieser Rede gegenübergestellt, um die Gefahr des Zweikampfs zu demonstrieren; *got* wird als die schirmende Instanz für den *degen* und die *iuncvrouwe* angerufen. Friedrich von Telramund, der sich ebenfalls in einer Messe befindet, glaubt fest an seinen Sieg, ganz ohne Gott zu erwähnen:

> *Dô er den keiser kumen sach,*
> *muoticlîchen er ûz vrîem muote sprach:*
> *‚wizzet, herre, daz sich mîn herze kan vreude gesinden.*
> *Ich weiz wol, daz mir diu magt   noch hiute wirt ze teile,*
> *nâch der mîn herze lange her*
> *ringet.'* [...] (205,4–9)

Der Kaiser ahnt jedoch schon den Ausgang des Zweikampfs, was sein Gedanke beim Anblick Lohengrins verrät: *er gedâchte: ‚und waerst dû Friderîch bekant, / im möht vürwâr von dîner manheit schiuzen.'* (206,9 f.) Friedrich selbst beruft sich zwar nicht auf Gott, im anwesenden Publikum wird jedoch der Wunsch nach Gottes Hilfe zu Beginn des Kampfes laut: *vil maniger sprach: ‚got günne in alles guotes.'* (208,6)

Der Kampfring wird mit Gestühl und Schranken abgesperrt (Str. 201), anschließend das Friedensrecht gesichert (Str. 210). Der Zweikampf fängt mit einer Tjost (Str. 211) an und wird als Schwertkampf zu Pferd (Str. 212 f.) und zu Fuß (Str. 214–222) fortgeführt. Als Friedrich für eine Weile die Oberhand gewinnt, klagt Elsam aus Sorge um ihren Kämpfer. Der Erzähler kommentiert an dieser Stelle, als würde er in die Figurenebene eingreifen und Lohengrin anfeuern:

> *Owê, Parzivâles barn,   wie lange wilt dû sîn borgen?*
> *wende der iuncvrouwen herzenleit;*
> *und gedenke, daz dîn geslehte ie menlîch streit.* (215,7–9)

Das Wort *herzenleit* kann einerseits wörtlich als ‚Herzensleid' verstanden werden; andererseits erinnert es in der Nachbarschaft zu *Parzivâles barn* an die Mutter Parzivals und Großmutter Lohengrins, Herzeloyde. Gleichzeitig evoziert das Wort *geslehte* Assoziationen an Parzivals und Gahmurets ruhmvolle Taten in Turnieren. Gerade dieses genealogische Wissen, auf das hier in der Erzählerrede angespielt wird, wird gut zehn Strophen später durch das Frageverbot tabuisiert und erst am Ende der Schwanritter-Handlung enthüllt (710,9–711,4). Die Parallele von Lohengrins und Gahmurets Schicksal wird noch offensichtlicher, als sich Elsam nach dem Zweikampf – ganz nach dem Vorbild Herzeloydes – in einem weiteren Gerichtsverfahren ihren Kämpfer als Gemahl zusprechen lässt (Str. 226).[22]

Während des Zweikampfs wird nicht mehr an Gott appelliert; eine andere, gemeinsame Quelle von Zuversicht wird zur treibenden Kraft für die beiden Ritter, nämlich die Minne:

---

22 Vgl. dazu Kap. VI.3.2.

> *der selbe gedinge in beiden quam ze trôste.*
> *Alsus was diu minne dâ ir beider kerzen zündel*
> *dâ von dicke daz viur erschraet*
> *ûz den helmen, daz ez gein den lüften waet.*
> *sus wart sie dâ ir beider underkündel.* (216,6–10)

Die Minne, der Gedanke an die reine Jungfrau Elsam, ist in diesem Moment sowohl der *kerzen zündel* (216,7) des realen Feuers, das sich an den Helmen entfacht, als auch das *underkündel* (216,10) des inneren Feuers der beiden kämpfenden Ritter. Nach einer Niederlage Friedrichs und einer Pause, die ihm Lohengrin gewährt, starten die beiden Ritter in die zweite Runde. Das letzte Stadium des Zweikampfs verläuft ohne Waffen. Als Friedrich beinahe von Lohengrin erdrückt wird, gibt er sich besiegt und gesteht seine Schuld:

> *mit den starken armen er in umbevie*
> *und druct in, daz im rip und rücke erkrachet.* (221,2f.)

> *er druct in, daz im daz bluot ze munde ûz brast,* (222,2)

> *nû het er in gedrücket vor sô harte,*
> *Daz er kûm daz wort gewan. er sprach: ‚helt ellentrîche,*
> *ich biute dir mîn sicherheit*
> *und verzîhe mich der hôchgebornen meit.*
> *die hân ich an gelogen sicherlîche.'* (222,6–10)

Diese Szene wird von dem Kaiser, den Fürsten und allen weiteren Anwesenden öffentlich auditiv und visuell bezeugt (223,2f.). Trotz der Bitte um Schonung durch seine Anhänger wird Friedrich vom Kaiser zum Tode verurteilt und bei der Hinrichtung enthauptet, während Elsam freigesprochen wird (225,1–5).

XII.2.1.3 Funktion des Zweikampfes

Der Zweikampf fungiert im *Lohengrin* als Mittel der Beweisfindung. Dementsprechend gesteht Friedrich von Telramund nach der Niederlage seine Lüge, die darin besteht, dass Elsam ihm die Ehe gelobt habe (222,9f.). Das Urteil des Kaisers (225,3f.) sowie die Vollstreckung des Urteils finden nach der Beweisfindung statt. Hinter dem gerichtlichen Zweikampf liegt die Vorstellung eines Gottesurteils. Dies wird in den Figurenreden der rechthabenden Partei und des Publikums klar zum Ausdruck gebracht. Der Kaiser wird als Zwischeninstanz für die Gerechtigkeit eingesetzt, die den Vollzug des richtenden Willens Gottes garantiert. Freilich rückt die Einstellung Friedrichs das Bild des Gottesurteils ins Zwielicht: Würde das Ergebnis des Zweikampfs allein von der physischen Stärke abhängen, würde er nicht als Modus der Rechtsfindung taugen, bei der es nicht um Stärke, sondern um Wahrheit geht. Friedrich setzt sich mit dem Zweikampf als der von ihm bevorzugten Entscheidungsform beim Kaiser durch, scheint jedoch nicht die Grundlage einer solchen Entscheidung zu beherzigen – er hofft auf den Sieg, da er von seiner eigenen Stärke überzeugt ist. Dem Kaiser gegenüber spricht er nicht vom Beistand Gottes, den er nicht achtet, sondern von Kampftechniken: ‚*ich wil selbe sîn gewer / mit dem swerte ûf sînem kopfe und mit dem sper, / daz in sîn kumendiu vart muoz immer riuwen.*' (206,1–3) Die Messe vor dem Kampf ist für ihn scheinbar nur ein äußerliches Ritual. Dass das Recht nicht auf seiner Seite ist, dürfte ihm klar sein. Dass Gott die Entscheidung aufgrund seiner Lüge zu seinem Ungunsten lenken könnte, kommt hingegen für ihn nicht infrage. Das Mittel der Beweisfindung wird von Friedrich nicht als Gottesurteil aufgefasst. Bei ihm wird somit das Prinzip des gerichtlichen Zweikampfs *ad absurdum* geführt. Während des Kampfs ist weniger Gott als die Minne die treibende Kraft am Werk. Hier könnte man von einer „gattungsbedingten Umfunktionalisierung des gerichtlichen Zweikampfs"[23] sprechen.

XII.2.2 *Lorengel*

Im *Lorengel* stellt der Zweikampf samt der anschließenden Hochzeit den Höhepunkt und Schluss der überlieferten Handlung dar. Aufgrund der Abhängigkeitsverhältnisse zwischen den Handschriften k und W des *Lorengel* sowie der Fassung L (den *Lohengrin*-Handschriften)[24] sind die Ausgangssituation bis zur Meerfahrt und die Ansprüche der Parteien vor Gericht nahezu identisch wie im *Lohengrin*. Die Lüge des Grafen ist hier jedoch nicht vorhanden, der Konflikt entsteht lediglich daraus, dass Friderich von Dündramunt entgegen der Standesmäßigkeit und der geschworenen Treue des Muntwalts um die Hand der Herzogin Isilie wirbt. Dementsprechend erhebt hier, anders als im *Lohengrin*, Isilie Klage beim römischen Kaiser.[25]

Da die Entsprechung zwischen der Fassung L und der Handschrift W an der Stelle L 67,2 – W 59,2 aufhört, weist die Gestaltung des Zweikampfs im *Lorengel*, der nur in W überliefert ist, größere Freiheit auf. Das grundlegende Prinzip eines Gottesurteils, nämlich dass die Differenz an Körperstärke durch Gottes Beistand kompensiert wird und somit nicht der entscheidende Faktor im Kampf ist, kommt in einer Rede Lorengels so klar wie in keinem anderen Text zum Ausdruck:

Und het er aller rissen sterck und auch Sampssoneß krefte,
wil got mit hilff mir bey gestan,

---

[23] Schnell 1983, S. 59.
[24] Vgl. Kap. VII.1.
[25] Vgl. L 35,6: *mit klage* **erz** *an des rîches keiser brâhte* vs. W 11,6: *fur den romischen kaiser* **sie** *daß brachte* und k 3,6: *mit clage* **sie** *eß fur den keser brachte*. [Meine Hervorhebungen, M. Y.] Dass die Fürsten kein Urteil zugunsten der Herzogin fällen können, sondern eines Gottesurteils bedürfen, wird von Ertzdorff 1972, S. 39 als Versagen der Rechtsordnung im Reich gedeutet: „Eine übergreifende Rechtsordnung gibt es zwar im Lorengel, indem sich die bedrängte Herzogin von Brabant an den Kaiser um Hilfe wendet. Vergebens, der von Gott gesandte Helfer Lorengel erst besiegt den treulosen, eidbrüchigen Grafen von Dundramunt und läßt ihn hinrichten."

> *so sag ich euch, eß muß im an sein leben gan,*
> *ich tzwing den hellt mit werder ritterscheffte.* (*Lor* 130,7–10)

Vor dem Zweikampf bittet Isilie einen Priester, eine Messe *Zu lob und er der trinitat* (169,4) zu singen, bei der Gott und Maria um Beistand gebeten werden:

> *si sprach: „mein got, laß unß nit misselingen."*
> *Her Lorengell der kam auch dar mit mangem ritter werden.*
> *si patten got all zu der stunt:*
> *„ewiger got, tu unß dein gnad und hilffe kunt,*
> *ertzeige unß dein barmhertzikeit auff erden."* (169,6–10)
>
> *„hilff mir auß not, himlische keyserynne.*
> *Erwirb unß, reine magt, den sigk, hilff der gerechtikeitte,*
> *ich pitt dich, reine maget her.*
> *hilff, susser Jesu Crist, durch deiner marter er,*
> *der an dem kreutz erlost die cristenheitte."* (170,6–10)

Inmitten der floskelhaften Wendungen finden sich Formulierungen, die die *hilffe* Gottes und Marias konkret auf die gegenwärtige *not* beziehen und – ganz im Geiste des Gottesurteils – den *sigk* an die *gerechtikeitte* koppeln. Gottes Beistand für Lorengel und Isilie äußert sich zunächst im ‚Rosswunder': Weder das beste Pferd aus dem Marstall in Antwerpen noch das Pferd des Kaisers ist in der Lage, Lorengels Gewicht zu tragen. Dieses Detail stellt eine Reminiszenz an die Pferdeprobe in Konrads *Schwanritter* dar. Dort testet der Protagonist durch Druck auf den Rücken der Pferde, ob diese kräftig genug für den Kampf sind. Nur eines der vorzüglichen Pferde des Königs besteht die Probe (*Schwanritter*, V. 978–1007). Während die Druckprobe bei Konrad vor allem die außergewöhnliche Kraft des Schwanritters demonstriert, wird im *Lorengel* sein übermäßiges Körpergewicht (das Gewicht seiner kostbaren Rüstung?) veranschaulicht. Auf das Gebet der besorgten Herzogin hin sendet Gott Lorengel sein im Gralsreich zurückgebliebenes Pferd, das für den Kampf vorbereitet ist:

> *Getrost ward da die hertzogein*
> *von got. der sant Lorengell da den folen sein.*
> *der lieff von einem perg her ab geschwinde.*
> *[…]*
> *Her Walldemar eillt pald da hin, da er dem rosß gund nahen.*
> *daß roß daz waz verdecket wol,*
> *gesatellt schon, allß eß ein kempffer reytten sol.* (182,1–9)

Das Erscheinen des Pferdes wird eindeutig Gott zugeschrieben, am Eingriff Gottes lässt der Text keinen Zweifel. Sowohl Lorengel als auch der Erzähler nennt das Geschehen ein *wunder* (182,5; 183,1). Doch die Dimension des Wunderwirkens durch Gott bleibt dem Protagonisten allein vorbehalten: *Niemant west umb die rechten mer / dann Lorengell alein.* (184,4 f.) Auf die staunende Frage des Volks, *von wann daß roß her kam* (184,2), wird ähnlich vielen anderen Stellen im *Lorengel* nicht geantwortet. Wiewohl die Auffassung von der Rechtsprechung Gottes durch den Zweikampf auch in diesem Text gelten dürfte, ist das Eingreifen Gottes bereits vor Beginn des Kampfes nicht für jeden als solches erkennbar.

Der Zweikampf fängt mit einer Tjost an, wird als Speerschießen zu Fuß fortgesetzt und endet mit einem Schwertkampf zu Fuß. Das Speerschießen in der zweiten Phase fällt aus dem Schema des ritterlichen Einzelkampfs[26] und ist in den vorgängigen Schwanritter-Versionen nicht vertreten. Dass es hier erzählt wird, ist möglicherweise auf die im gesamten Text vorhandenen Bezüge zur heldenepischen Tradition zurückzuführen. In der ersten Runde sticht Lorengel Friderich hinters Pferd. Dieser fordert ihn zum weiteren Kampf auf. In der zweiten Runde kann Lorengel Friderichs Speerwurf ausweichen, während sich sein Speer durch den Schild Friderichs bohrt. Auch während des Kampfs bittet Isilie Gott um Beistand (188,2). In der dritten Runde ist Lorengel zunächst unterlegen, doch hilft ihm Gott, die Situation zu wenden und Friderich zu Boden zu schlagen: *die gotteß krafft halff im sein kumer wenden.* (191,6) Gottes Kraft zeigt sich vor allem in der absoluten Unverwundbarkeit Lorengels, so dass zwischen zwei starken Rittern, die beide vorher nie besiegt worden sind, eine drastische Asymmetrie entsteht:

den Lorengell versert er nie
allß klein allß umb ein har, daz müet den grafen ie.
er waz versert mit mancher tiffen wunden. (193,8–10)

Aufgrund dieser Asymmetrie rechnet der Kaiser mit dem Sieg Lorengels: *fur war sigt er wol an dem grafen Fridereich.* (192,5) Als Friderich zum zweiten Mal auf dem Boden liegt, bittet er um Schonung, die Lorengel ablehnt: „[...] *du hast dein trew gebrochen an der hertzogein, / dar um must du deß todeß eygen wesen.*" (194,9 f.) Dies ist der durch den Zweikampf erzielte Beweis, dass Friderichs Werbung um Isilie einen Bruch seines der Herzogin und ihrem Land gegenüber geleisteten Treueschwurs darstellt (vgl. 196,7–9).

Auf Friderichs wiederholte Bitte um Schonung geht Lorengel nicht ein, sondern er lässt ihn bei einem herbeigeschafften Priester vor dem ganzen Volk beichten und einen Henker holen, der die Hinrichtung vollzieht. Die öffentliche Beichte, die in der hier besprochenen Textreihe einzigartig ist und repetitiv erzählt wird (vgl. 196,3; 197,5 und 9), korrespondiert mit dem exempelhaften, mahnenden Charakter des *Lorengel*. Statt des Kaisers, der im *Lohengrin* das Urteil spricht (*Loh* 225,3–5), fällt hier Lorengel das Todesurteil (*Lor* 196,10) und gibt den Befehl zur Hinrichtung (197,7). Der vom Kaiser berufene Fürstenrat, der das Gottesurteil als Entscheidungsform beschlossen hat (11,8–10), verliert seine richtende Funktion. Lorengel, der zunächst als Kämpfer auftrat, scheint die Rolle des von Gott autorisierten Richters am Ende des Kampfs übernommen zu haben. Der Kaiser bezieht in seiner Rede Lorengels Vorsprung bzw. Sieg nicht auf Gott, sondern auf seine *werde ritterschafft* (198,3; vgl. 192,6). Der Bei-

---

26 Vgl. Bumke [12]2008, S. 227–236.

stand Gottes, den der Erzähler mit diversen Mitteln inszeniert, ist nicht für alle Figuren evident.

Unter allen in diesem Kapitel verglichenen Versionen stellt der *Lorengel* das Eingreifen Gottes im Entscheidungsprozess am deutlichsten und zweifellosesten dar. Die Partei, die am Ende Recht bekommt – nämlich Lorengel und Isilie –, glaubt an die Gerechtigkeit Gottes und den mit ihr verbundenen Sieg als Beweisfindung. Ferner wird die Vorstellung artikuliert, dass der göttliche Beistand die Asymmetrie in der natürlichen Körperkraft kompensiert. Im Zweikampf schafft Gott zudem eine Asymmetrie, in welcher der Streiter der Unschuldigen unverwundbar bleibt. Sowohl vor als auch in dem Kampf antwortet Gott auf Isiliens Gebet und lässt Lorengel Hilfe zuteilwerden. Vom Eingreifen Gottes berichtet der Erzähler eindeutig; die siegreiche, im Recht stehende Partei vertraut sich Gottes Wunderwirken an. Doch die Einsicht in das Prinzip des Gottesurteils bzw. das Wunder ist nicht allen Figuren gewährt. Friderich verlässt sich, wie sein Pendant im *Lohengrin*, nur auf seine Stärke; auch dem Kaiser und dem Volk scheint die lenkende Kraft der Entscheidung verborgen zu bleiben.

XII.2.3 *Buch der Abenteuer*

Die Beschreibung der Streitigkeit zwischen Fridreich und Ells sowie des gerichtlichen Zweikampfs bei Ulrich Füetrer stellt im Großen und Ganzen eine gekürzte Wiedergabe der entsprechenden Passagen aus dem *Lohengrin* dar. Es fällt auf, dass Füetrer bei der Ausgangssituation dieser Branche – wie die Vereindeutigungen an mehreren anderen Stellen[27] – die potentielle Absicht Friedrichs aus dem *Lohengrin*, über die Heirat die Landesherrschaft zu erlangen, explizit macht: *der zartten maget sprach er nach ir mynn, / er iach, lanndt und ee hiet si im versprochen.* (BdA I,2618,4 f.) Der Kampf dient auch hier zur Wahrheitsfindung und die Auffassung dahinter dürfte nicht viel anders sein. Für diese Version behalten daher die allermeisten Punkte, die in Abschnitt XII.2.1 herausgearbeitet worden sind, ihre Gültigkeit.

Füetrer übernimmt trotz der Kürze durchaus deskriptive Einzelheiten zu den Rüstungen der beiden Ritter und zum Verlauf des Kampfs aus seiner Vorlage, doch ist er nicht darum bemüht, den Einfluss Gottes auf das Kampfgeschehen zu inszenieren. Der Aspekt des ritterlichen Turniers steht im Vordergrund, wie aus der Ansage vernehmbar ist: *„weicht umb, hallt aus und lat dy kůenen recken / nach baider hertzen gere / ir willens an ein annder sich erstrecken!"* (I,2661,5–7) Der Beschreibung nach bietet Füetrers Text einen herkömmlichen ritterlichen Einzelkampf mit dem Kaiser als Ordnungswahrer (I,2658,6 f.). Keiner der beiden Parteien beruft sich auf den Beistand Gottes. Der Zweck der Wahrheitsfindung wird dennoch erfüllt und sogar betont, indem Lohargrim ein klärendes Geständnis von Fridreich fordert: *„sag an, hat dir mein frawe / verlübet icht?"* (I,2667,3 f.)

---

27 Vgl. dazu Kap. X.2.1.4.

XII.3 Vorstellungen vom ‚Gottesurteil'

Die deutsche Textreihe zum Schwanritter-Stoff verhandelt im Funktionselement des gerichtlichen Zweikampfs unterschiedliche Konflikte, Konzepte und Vorstellungen. Bei Konrad von Würzburg wird das Erbrecht zweier Frauen in der Konstellation Herzogswitwe und -tochter streitig gemacht – es geht um das Land. In der Lohengrin-Tradition versucht ein Vasall der Herzogin, diese zur Ehe zu zwingen – es geht hier um die Hand der Herzogin; dass sie in Verbindung mit der Landesherrschaft steht, macht Ulrich Füetrer deutlich. Konrad schildert ausführlich die verbale Auseinandersetzung während des Gerichtsverfahrens und eröffnet damit eine komplexe, kaum zu entscheidende Rechtslage, was in der deutschsprachigen Werkreihe einmalig ist. Dies könnte auf einen höheren Grad an Vertrautheit mit der damaligen Rechtspraxis im Umfeld des Autors hindeuten, als bei den anderen Werken im hier analysierten Corpus zu vermuten ist.

Das Grundmuster eines konventionellen Gottesurteils – beide Parteien verlassen sich auf Gott als Richter, der gemäß der Wahrheit über das Ergebnis des Zweikampfs entscheidet – ist in den hier besprochenen Texten nicht zu finden. Die Beobachtung an diesen Texten lässt sich an die Feststellung Florian Kragls zum Erzählen von Ordalien in der mittelalterlichen Literatur anschließen:

> So klar das Modell, so auffällig ist es zugleich, dass sich das [...] Grundmuster kaum je in einfacher Weise umgesetzt findet. Wo immer Ordalien erzählt werden, sind ihr Ablauf und ihre narrative Einbettung schwierig, ihr Rechtsverständnis mitunter durchaus abgründig.[28]

In den Schwanritter-Erzählungen wird der gerichtliche Zweikampf nicht immer eindeutig als von Gott her veranlasstes Urteil aufgefasst. Die grundlegende Voraussetzung für die Auffassung vom gerichtlichen Zweikampf als Mittel der Wahrheitsfindung, nämlich der Glaube an Gottes Lenkung und Urteil, wird nicht von allen Figuren in den Texten geteilt und abhängig vom Gattungsmuster unterschiedlich stark zur Geltung gebracht. Bei Konrad ist aufgrund der konkurrierenden Rechtssysteme eine klare Wahrheitsfindung und somit ein Urteil nicht möglich. Der Zweikampf wird hier nicht als Form der Rechtsfindung wahrgenommen, sondern er erfüllt den Zweck, dass eine der Rechtspositionen durch den Tod ihres Vertreters eliminiert wird. Gott ist hier keine richtende Instanz, sondern ein ‚parteiischer Gott',[29] der seinen Gesandten und das Haus Brabant bevorzugt, was für einen legendarischen Charakter sorgt. In der Lohengrin-Tradition dient die Auffassung vom Gottesurteil als Grundlage für die Entscheidung, hier wird auf der Basis einer Beweisfindung das Urteil gesprochen. Doch begegnet bei manchen Figuren eine Inkongruenz zwischen der Anerkennung des gerichtlichen Zweikampfs als Form der Rechtsfindung und der fehlenden Vor-

---

28 Kragl 2019, S. 111.
29 Vgl. ebd., S. 125.

stellung von der Lenkung durch Gott (der Graf in allen drei Texten; der Kaiser im *Lorengel*).

Für alle Versionen gilt, dass der Schwanritter, der den Zweikampf gewinnt, als Titelheld und Gottgesandter doppelt privilegiert ist.[30] Doch ist er nirgendwo der Stärkere – der Sachsenherzog bei Konrad wird mit Riesen verglichen (s. o.), Friedrich von Telramund im *Lohengrin* ist ein Drachentöter (*Loh* 40,3), der *Lorengel* und das *Buch der Abenteuer* unterstreichen ebenfalls die physische Stärke des verräterischen Grafen (*Lor* 12,1–3; *BdA* I,2620,1). In der Lohengrin-Tradition wird der Schwanritter als zwar kühner, aber junger und im Kampf noch unerfahrener Ritter eingeführt. Nach der Bekanntgabe der Gralsinschrift, die ihn zum Kämpfer erwählt, werden in der Gralsgesellschaft große Sorgen um ihn geäußert (*Loh* 59,4–62,10; *Lor* 47,4–51,10; *BdA* I,2634,5–2635,7). Aufgrund der körperlichen Überlegenheit des Gegners wird Gottes Eingriff notwendig, damit der Schwanritter den Sieg erlangen kann; aus demselben Grund markiert sein Sieg das *wunder* umso stärker.[31] Gleichwohl berichtet nicht in allen Texten der Erzähler ‚objektiv' vom Einsatz Gottes während des Kampfs: Im *Lorengel* ist dieser entsprechend den legendarischen Zügen evident, bei Konrad werden übernatürliche Interventionen nachträglich Gott zugeschrieben und zugleich in ihrer Einmaligkeit ausgestellt. Im *Lohengrin*, in dem der Zweikampf zu den höfisch geprägten Passagen gehört, nimmt die Minne eine zentrale Stellung ein. Das *Buch der Abenteuer* übernimmt zwar die wundersame Aussendung des Schwanritters aus seiner Vorlage, im Blick auf das Kampfgeschehen ist es freilich wesentlich mehr am Aspekt der Ritterschaft interessiert. In diesen beiden Texten steht die Kampfbeschreibung in der Tradition des ritterlichen Turniers und ist frei von der Inszenierung übernatürlicher Kräfte. Der Kaiser als die irdische Autorität wird als eher passiv dargestellt: Er und sein Fürstenrat sind nicht dazu fähig, ein Urteil zu fällen; sie lassen stattdessen die Entscheidungsform von dem Sachsenherzog/Grafen bestimmen (Konrad, *Lohengrin*, Füetrer) und delegieren dadurch die Verantwortung für die Gerechtigkeit an Gott als die transzendente Autorität. Zudem verliert der Kaiser bisweilen gegen Ende des Gerichtsverfahrens vollends seine richtende Funktion (Konrad, *Lorengel*).

Das in der Romantik rekonstruierte Bild des Mittelalters bei Richard Wagner enthält ein ganz von Gott her veranlasstes Urteil,[32] in dem die Ambivalenzen aus den vormodernen Erzählungen aufgehoben werden. Bei ihm wird das Ergebnis des Zweikampfs von allen (außer Ortrud) eindeutig als Gottesurteil aufgefasst.[33] Wagner

---

30 Vgl. Kragl 2019, S. 113 in Bezug auf den Zweikampf zwischen dem Titelhelden und Valerin im *Lanzelet* Ulrichs von Zatzikhoven.
31 Vgl. ebd., S. 116; siehe zudem die Analyse am Beispiel von *Reinfrit von Braunschweig* bei Schnell 1983, der darin feststellt, dass bei einem expliziten Gottesgericht versucht wird, die physische Stärke der beiden Parteien in der Ausgangssituation gleich zu halten. Auf dieser Basis greift dann Gott ein.
32 Zu Wagners Kenntnissen über die mittelalterliche Rechtspraxis vgl. Kap. IX.1.
33 Vgl. Kap. IX.2.1. Diese klare Auffassung äußert sich unter anderem im Aufruf des Chors „Zum Gottesgericht! Zum Gottesgericht! Wohlan!" (*L* V. 145), in der *preghiera* des Ensembles „Mein Herr und

lässt zwar von Anfang an zweifelsfrei an Gott appellieren, doch wird Gottes Hilfe von der transzendenten Natur des Kämpfers abhängig gemacht.[34] Ferner erkennt die große Mehrheit das Recht und der Ausgang des Zweikampfs wird durch die Figurenreden antizipiert. Auf der Opernbühne ist ein stärker christlich geprägter Gerichtskampf als in allen hier besprochenen mittelalterlichen Texten zu sehen und zu hören, mit einer klaren Rechtsprechung durch Gott: „Den Sieg hab' ich erstritten / durch deine Rein' allein!" (*L* V. 316 f.)

Gott, nun ruf' ich dich [...]" (V. 288–305; Ortrud singt ihren eigenen Text!) sowie in Lohengrins Urteilsverkündung „Durch Gottes Sieg ist jetzt dein Leben mein" (V. 306).

34 Es glauben zwar alle anwesenden Christen an die Gerechtigkeit und das Wunderwirken Gottes, dennoch fürchten sie sich vor der körperlichen Überlegenheit Friedrichs. Es scheint so, dass in der Vorstellung der Männer – von denen keiner sich traut, Elsa zu verteidigen – Gottes Hilfe für Personen anderer Herkunft anders gesichert ist. Bei ihnen selbst rechnen sie vielmehr mit einer Entscheidung aufgrund der physischen Stärke; doch bei Lohengrin, der als gottgesandter Held gegrüßt und aufgenommen wurde, wird Gottes Beistand selbstverständlich erwartet, weshalb die brabantischen Edlen Friedrich vom Zweikampf abraten.

XIII Fazit und Ausblick

Die Überlieferung des Schwanritter-Stoffes im deutschen Kulturraum wird von der weitgehend eigenständigen Lohengrin-Tradition dominiert und weist in der Erzählung Konrads von Würzburg, die ein Sonderphänomen abseits der Lohengrin-Tradition darstellt, sporadische Affinitäten zur französischen Tradition des *Chevalier au Cygne* auf. Die durch Wolfram von Eschenbach begründete Lohengrin-Tradition ist von der Zugehörigkeit des Schwanritters zur Gralssippe, seiner Abstammung von Parzival und dem Namen ‚Lohengrin' in verschiedenen Ausformungen geprägt. Diese Eigenarten sowie weitere Differenzen in der Figurenkonstellation und im Handlungsverlauf unterscheiden die Lohengrin-Tradition wesentlich von der französischen Tradition. Gemeinsam mit dieser hat die Version Wolframs lediglich den Schwan als Attribut des Ritters und die konstitutiven Funktionselemente des Frageverbots und des Tabubruchs. Der gerichtliche Zweikampf, der bei Wolfram fehlt, ist seit dem bairischen *Lohengrin* – wie in der französischen Tradition – fester Bestandteil der Lohengrin-Tradition. Die Version Konrads kann als ein Zweig des Traditionsstrangs um den *Chevalier au Cygne* betrachtet werden. Unmittelbare französische Einflüsse sind mit hoher Wahrscheinlichkeit in den Schwanritter-Erzählungen bei Wolfram und Konrad, ferner in der Wolfram-Nachfolge im bairischen *Lohengrin* vorauszusetzen. Der *Jüngere Titurel* führt einen völlig neuen, sonst von der Schwanritter-Tradition unabhängigen Plot, der wohl Berührung mit der Schwankdichtung hat, in die Lohrangrin-Episode ein. Richard Wagner nimmt zwar Elemente anderer Zweige auf, gestaltet jedoch die wesentliche Figurenkonstellation und Handlung nach der Lohengrin-Tradition. In dieser Tradition sind eine Verwandtschaft zwischen dem Ritter und seinem Schwan sowie eine Verwandlungsmöglichkeit zwischen beiden Gestalten ausgeschlossen. Ein Überlieferungsverbund der Schwanritter- mit der Schwanenkinder-Geschichte ist in der gesamten vormodernen deutschen Werkreihe nicht vorhanden.

Im Zuge einer „Mythomorphose"[1] wird der Schwanritter-Stoff in den deutschen Bearbeitungen auf verschiedene Weisen um- und neu gestaltet. Bei Wolfram von Eschenbach erscheint der Stoff aus dem Kontext des Ersten Kreuzzugs herausgelöst und mit dem Mythenkreis um den Gral und den Gralskönig Parzival verschmolzen; das Frageverbot wird als die vermeintliche Konsequenz des Frageversäumnisses Parzivals eingeführt. Bei Konrad von Würzburg wird das Gewicht auf den juristischen und den genealogischen Diskurs verlagert, die Konfrontation von altem und neuem Recht sowie die genealogische Herleitung der Herrscherhäuser bis an die Zeit der Schreibsituation stehen im Mittelpunkt der Erzählung. Im letzteren Punkt ist die Version Konrads ein Paradebeispiel der dynastischen Selbstmythologisierung. Im *Jüngeren Titurel* wird im Anschluss an die tragische Trennung der Familie am Ende der ersten Ehe des Schwanritters weitergedichtet, doch endet seine zweite Ehe wieder tragisch, diesmal mit dem Tod der Liebenden. Das Gralsgesetz, das das Frageverbot

---

1 Kern 2005, S. 55.

vorschreibt, wird revidiert, um nicht weiterhin Leid und Trauer zu verursachen. Der bairische *Lohengrin* entwickelt die Erzählung vom Schwanritter sukzessiv aus dem *Wartburgkrieg* und funktionalisiert sie wiederum zum Rahmen für die Reichsgeschichte unter der Herrschaft Heinrichs I., um sie der Verherrlichung des Kaisertums dienlich zu machen. Dieses Werk mit seiner heterogenen Quellenlage ist von Interferenzen „intertextuell präfigurierter"[2] Gattungsmuster – aus dem höfischen Roman, der Chronistik, der Kreuzzugsepik, der Legende und der Hagiographie – geprägt. Die Allianzen des Artus- und Gralsromans setzen sich im *Lorengel* fort, hier werden die Heldenepik, die Legende und die meisterliche Lieddichtung ins Spiel gebracht. Das Frageverbot fehlt in dieser Erzählung vollends, ebenso der Tabubruch. Infolgedessen ist sie die einzige Schwanritter-Version in meinem Untersuchungscorpus, die mit einem positiven Ende schließt. Das *Buch der Abenteuer* setzt die Vollständigkeit als das Kriterium des richtigen Erzählens und verbindet die erste Ehe des Schwanritters nach dem *Lohengrin* und die zweite Ehe nach dem *Jüngeren Titurel*. Die Varianten der ehelichen Verbindung mit und ohne Frageverbot werden hier durchgespielt, eine Korrektur des tragischen Endes, die auch auf der Ebene der inszenierten Nebendiegese mit den allegorischen Figuren versucht wird, erscheint jedoch als unmöglich. Bei Richard Wagner, der von den verschütteten Gestalten des Mythos in den mittelalterlichen Texten zum ursprünglichen Mythos gelangen will und „nach Gutdünken" mit seinen Quellen umgeht wie mit „Steinbrüche[n]"[3], ist der mittelalterliche genealogische Aspekt nicht mehr von Belang. Das Übernatürliche und die Verzauberung, die Gegenüberstellung des lichten und des intriganten Paares, die Tragik der Geschlechterliebe, aber auch das mittelalterliche Kolorit sind die Elemente, die auf der Opernbühne der Romantik faszinieren. Dem Orchester in der Oper *Lohengrin* kommt häufig die Funktion einer Erzählinstanz zu, die Zusammenhänge stiftet und Verbindungen knüpft. Die Narration durch die Musik kann unterschiedlich perspektiviert und fokalisiert sein.

In der Geschichte der Bearbeitung des Sagenstoffes wird der Schwanritter zunächst aus dem französischen Kreuzzugszyklus als Einzelheld herausisoliert und an das Gralsgeschlecht angesippt (*Parzival*), so dann mit (*Lohengrin* und *Lorengel*) oder ohne (*Der Schwanritter*) expliziten Bezug zum Gralskomplex zum Protagonisten einzelner, im Umfang divergierender Erzählungen erhoben, und gegenläufig dazu als Mitglied der Gralssippe und Repräsentant von deren Schicksal in Summen des höfischen Romans aufgenommen (*Jüngerer Titurel*, *Buch der Abenteuer*). Blickt man auf Anfang und Ende der literarischen Bearbeitung dieses Stoffes im Mittelalter, so wandert die Gestalt des Schwanritters vom einen in den anderen Zyklus, aus der Genealogie der Kreuzzugshelden in die Sippe der Gralshüter und in König Artus' Tafelrunde. Im Kreuzzugszyklus verleiht er als Ahnherr mit numinoser Herkunft den Kreuzzugshelden eine transzendente Aura und ermöglicht mit ebendiesem Geheimnis

---

2 Schulz 2000, S. 37.
3 Heinzle 2012, S. 104.

am Ursprung die Verlängerung der genealogischen Kette des Zyklus um eine weitere Branche (*Naissance*) in Richtung Anfang. In der Gralssippe lässt er sich aufgrund des inhärenten Fragemotivs ideal in die Nachkommenschaft Parzivals integrieren.

In der Nachfolge Wolframs wird nach unterschiedlichen intertextuellen Verfahren mit dem Erzählkern, der in der Schlussepisode des *Parzival* angelegt ist, umgegangen: Der *Lohengrin* erzählt die lakonische Geschichte *aus*, während der *Jüngere Titurel* die Geschichte im Sinne eines Fortspinnens *weiter*erzählt. Der Dichter Wolfram von Eschenbach ist in den späteren Artus- und Gralsromanen auf verschiedenen Ebenen jeweils als Autorität, Vorbild, Rolle sowie stilistische und poetologische Folie gegenwärtig. Im Tod des Schwanritters, des einzigen in der Textwelt bekannten Gralsgesandten, scheinen die Werte und die geltenden Gesetze der Gralsgesellschaft in Frage gestellt zu werden. Es bedarf eines neuen Anfangs. In den beiden Epensummen, dem *Jüngeren Titurel* und dem *Buch der Abenteuer*, die diese Perspektive aufnehmen und entwickeln, werden nach dem Tod Lohrangrins/Lohargrims die Translation des Grals und die Übersiedlung der Gralsgesellschaft nach Indien erzählt. Dabei wird dem Amt des Priesters Johan, das bereits im ersten genealogischen Ausblick am Ende des *Parzival*-Romans als der Anschlusspunkt der Gralsherrschaft im Orient eingeführt wurde, eine zentrale Rolle in der Wiederbelebung der Gralsgesellschaft und des Gralskönigtums zugewiesen.

Unter den Texten meines Corpus bedient sich nur die Erzählung Konrads von Würzburg der ursprünglichen Funktion des Mythos, die darin besteht, die Gegenwart der Adelsgeschlechter durch einen legitimierenden Gründungsakt zu erklären, der durch die Vermittlung der menschlichen und einer womöglich überirdischen Seinssphäre gesetzt wird. Die übrigen Schwanritter-Geschichten im Corpus erzählen zwar auch von einem Ursprung bzw. einer Zäsur in der dynastischen Geschichte, doch die Genealogie des Geschlechts, das aus der Verbindung zwischen dem Schwanritter und der Herzogin von Brabant hervorgeht, wird nicht über die Generation von deren Kindern hinaus thematisiert. Im *Lohengrin* und im entsprechenden Teil des *Buchs der Abenteuer* wird die mythische Aura des Gralsritters dazu funktionalisiert, die Reichsgründung und das Kaisertum unhintergehbar zu legitimieren. Die heilsgeschichtliche Perspektive ist in der universalen Herrschaft im vereinigten Grals- und Priesterreich (Albrecht, Füetrer) sowie in der gottgewollten Konsolidierung des Christentums und des Kaisertums (*Lohengrin*) angelegt.

Das Mythische als Bewusstseinsform äußert sich in mehreren Funktionselementen auf der Handlungsebene der Texte. Zur Vorstellung, dass der Mensch in seinem Namen bzw. in einem für ihn repräsentativen Objekt gegenwärtig ist, gehören nicht nur das prominente Beispiel des Frageverbots, sondern auch die Versuche, den entschwundenen Schwanritter durch Namensidentität oder Kleinodien weiterhin präsent zu halten: Im *Lohengrin* wird einer der beiden Söhne nach dem Abschied des Schwanritters in dessen Namen umbenannt; bei Wolfram von Eschenbach und in seiner Nachfolge hinterlässt der Schwanritter einen Ring, ein Horn und ein Schwert zum Andenken. Das mythische Denken prägt ferner die Zeit- und Raumwahrnehmung in den Mentalitätsstrukturen der Textwelt. Das mittelalterliche genealogische Denken ist von einer Zeitauffassung bestimmt, die neben einer linearen auch eine zyklische Dimension in sich trägt, die für das mythische Bewusstsein kennzeichnend ist.⁴ So kann die Gegenwart durch verschiedene Kontinuität stiftende Formen der *memoria* – genealogische Geschichtsschreibung (*Der Schwanritter*), mündliche Tradition (*Parzival*), Heraldik (*Der Schwanritter*) und Ausstellung des einbalsamierten Leichnams des Helden (*Jüngerer Titurel*) – von Ursprüngen erfüllt sein. Ebenso können sich Ahnen in den Nachkommen wiederholen, wie Lohengrin vielfach als der zweite Gahmuret dargestellt (*Lohengrin*) oder wahrgenommen (*Jüngerer Titurel*) wird. Die mythische Zeitlosigkeit und Konkreszenz schlagen sich zudem in der übertragbaren Einheit von Amtstitel und Eigenname des Priesters Johan (*Parzival*, *Jüngerer Titurel*) nieder, die die Differenz zwischen den individuellen Amtsträgern in gewisser Weise nivelliert, wodurch die Gegenwart als fortwährende Reaktualisierung der Vergangenheit erscheint. Das Mythische als Bewusstseinsform wird in den literarischen Texten stets in Bezug auf den jeweiligen historischen Horizont aktualisiert und erhält eine weitere Dimension der historischen Mentalität. So ist in den mittelalterlichen Schwanritter-Versionen der Tabubruch der Herzogin nicht nur – nach der mythischen Denkform – ein Versuch, die Person ihres Ehemanns in einem konkreten, realen Sinne ganz zu besitzen, sondern auch eine Bemühung, genealogisches Wissen für die gemeinsamen Kinder zu sichern, was vom mittelalterlichen dynastischen Interesse geprägt ist.

Im Blick auf das ‚mythische Analogon', das sich als eine Erzählform manifestiert und unter anderem in der ‚Motivation von hinten' Ausdruck findet, lässt sich Folgendes festhalten: Der Schwanritter-Sage liegt ein mythisches Erzählmuster mit der dazugehörigen finalen Motivierung zugrunde. In meinem Corpus finden sich in Hinsicht auf die Übertretung des Frageverbots graduell unterschiedliche Beteiligungen beider Motivierungen – derjenigen ‚von hinten' und der ‚vorbreitenden' – an der Darstellung des Geschehens: Bei Wolfram erscheinen das Frageverbot und die dadurch in Gang gesetzte Handlung in höchstem Maße final motiviert. Bereits bei der Verkündigung des Verbots wird es auf Gottes Willen bezogen. Die Erzählung von der Versicherung der Braut wird mit der Vorausdeutung des Tabubruchs enggeführt.⁵ Die lakonische Erwähnung des Tabubruchs enthält keine eingehende Begründung dafür. Hier kann man noch am ehesten die ‚Ergebnisorientiertheit' beobachten – der Schwanritter kommt, heiratet die Fürstin, zeugt Kinder mit ihr und verlässt sie wieder aufgrund ihres Tabubruchs; der von Beginn an feststehende Endzustand wird in wenigen Versen erreicht. Die einzelnen Funktionselemente hängen weniger über eine kausale Linie zusammen als am „Ergebnis als Mittelglied"⁶. Die spätmittelalterlichen Texte motivieren den Tabubruch zunehmend kausal durch den Einbezug des historischen und personalen Horizonts einer Feudalgesellschaft und/oder durch die anthropologisch bedingte Neugier. In der Erzählung Konrads von Würzburg begründet

---

4 Vgl. Cassirer 1925/2010, S. 123–140.
5 Es ließe sich mit Lugowski (1932, S. 88) sagen, „die Gewißheit über den Ausgang" ist „absolut" und „die Spannung des ‚Ob überhaupt'" wird „aufgehoben".
6 Lugowski 1932, S. 84.

die Herzogin ihr Bedürfnis, die Identität und Herkunft ihres Mannes zu wissen, mit dynastisch-genealogischen Überlegungen. Hier hat man mit einer intrinsischen Motivation der betroffenen Figur zu tun. Der bairische *Lohengrin* und das *Buch der Abenteuer* behalten dieses dynastische Interesse als Begründung der Frage in der Rede der Herzogin bei, lassen freilich den Antrieb des Zweifels gleichsam von außen kommen – die Herzogin von Kleve bemängelt die unbekannte Herkunft des Schwanritters und bezweifelt seinen Adel bei einem öffentlichen Gespräch, woraufhin Elsam/Ells die verbotene Frage an ihren Gatten richtet. In dieser chronologisch geordneten Reihe gewinnt die kausale Motivierung immer mehr an Gewicht, obgleich der Handlungsverlauf in allen drei Fällen auf das final bestimmte Ende hin geführt wird. Man könnte mit Lugowski sagen, das ‚mythische Analogon' zersetzt sich[7] in Hinsicht auf die Motivierung von Figurenhandlung allmählich, was wahrscheinlich mit dem wachsenden Bedürfnis des Publikums nach kausaler, rationaler Erklärung einhergeht: „Wo die Selbstverständlichkeit der ‚Motivation von hinten' nicht mehr existiert, muß das Erzählgeschehen neu ‚von vorne' motiviert werden."[8]

In der Bearbeitungsgeschichte des Schwanritter-Stoffes begegnet ein Nebeneinander von entmythisierenden und remythisierenden Tendenzen. Die drei leitenden Richtungen der Entmythisierung, die zu Beginn des Buchs vorgestellt wurden, finden in meiner Textreihe auf unterschiedliche Weisen Ausdruck. Die Schwanenkinder-Geschichte rückt die geheimnisvolle Natur des Schwanritters und seine naturbedingte Affinität zu, ja Abhängigkeit von dem Schwan ins Licht und leistet damit eine – nicht restlos befriedigende – Erklärung. In den vormodernen deutschen Schwanritter-Versionen wird durch das Verfahren der narrativen Spaltung das Potential einer Wesensidentität zwischen dem Ritter und dem Schwan, wie sie in der Schwanenkinder-Geschichte narrativ entfaltet wird, durch eine getrennte Koexistenz ersetzt. Zwar ist die Interdependenz zwischen dem Ritter und seinem Schwan an den Bezeichnungen der Figur abzulesen, sei es *der den der swane brâhte* (Pz 824,29) oder *der ritter mit dem swanen* (*Schwanritter*, V. 1207). Doch werden die beiden Brüder aus der französischen Tradition, die sich in ihrer Kindheit zwischen Mensch und Schwan verwandeln können, hier jeweils in einer Gestalt fixiert. Die Verwandtschaft der beiden wird nicht mehr thematisiert, sondern der Schwan ist ‚nur noch' der Begleiter des Ritters. Aus dem Schwan-Ritter wird der Ritter *mit* dem Schwan – oder bisweilen auch *ohne* den Schwan, wie bei der zweiten Sendung. Insbesondere die Texte der Lohengrin-Tradition versuchen, dem Potential einer Wesensidentität eine eindeutig erzählte, rein menschliche Genealogie entgegenzusetzen. Indem der Schwanritter an das Gralsgeschlecht angesippt wird und als Parzivals Sohn erscheint, verbannen diese Texte die Möglichkeit einer Vorgeschichte mit der Verwandlung zwischen Mensch und Schwan aus der erzählten Welt. Auf diese Weise arbeiten sich die deutschen Versionen der Schwanritter-Sage – wie auch viele Mahrtenehe-Erzählungen des Hochmittelalters –

---

7 Vgl. Lugowski 1932, S. 52.
8 Schulz 2000, S. 94.

an den Verdikten der mittelalterlichen Theologie ab, „für die die Misch- und Mittlerwesen der vorchristlichen niederen Mythologie nichts anderes als gestaltwandlerische Dämonen sind".[9] Indem die Schwanenkinder in der Lohengrin-Tradition spurlos verschwinden, wird die Gestalt des Schwanritters restlos entdämonisiert. Mit Armin Schulz lässt sich dabei von einer „Höfisierung und theologisch bedingte[n] Depotenzierung"[10] sprechen.[11] Doch die Nähe des Begleiters zu seinem Ritter, die Kontiguität[12] der beiden, evoziert im mythischen Denken trotz der Spaltung den Eindruck des In-eins-fallens. In Konrads Text, der die Herkunft des Schwanritters im Dunkeln hält, kann sich die Wesensidentität der beiden leicht hineinschleichen. Die Kindheitsgeschichte, die in den mittelalterlichen deutschen Bearbeitungen unrezipiert bleibt, findet sich bei Richard Wagner in Form einer Verschiebung wieder – der in einen Schwan verwandelte Gottfried ist hier der Bruder Elsas und der rechtmäßige Erbe Brabants, der durch ein Gebet Lohengrins vom dunklen Zauber erlöst wird.

Es wird in vielen Schwanritter-Versionen darum bemüht, die durch das Frageverbot verursachten Ursprungsprobleme zu entschärfen. Im französischen Kreuzzugszyklus wird am Anfang der Genealogie weitergedichtet, indem die *Naissance du Chevalier au Cygne* eingegliedert wird. Dadurch wird die Frage nach dem Ursprung auf die Elterngeneration des Schwanritters verlagert. In der Lohengrin-Tradition wird erzählt, dass (Wolfram) und wie (*Lohengrin*, *Lorengel*, Füetrer) der Schwanritter aus Munsalvæsche gesandt wird, somit ist seine Herkunft für die Rezipienten keine Leerstelle mehr. Ferner dient die Erzählung des Schwanritters von der Gralsgesellschaft vor seinem Abschied (*Lohengrin*, Füetrer) als Antwort auf die verbotene Frage für die Figuren in der Textwelt. Damit ist das genealogische Wissen für die dynastische Legitimation in Brabant gesichert. Die Aufhebung des Frageverbots und seiner Konsequenzen findet in drei Texten aus meinem Corpus je verschiedene Ausformungen: Im *Jüngeren Titurel* hält sich Pelaie zwar an das Frageverbot, weiß jedoch – aus unbekannten Gründen – von der genealogischen Herkunft Lohrangrins.[13] Das Verbot wird somit entfunktionalisiert. Nach dem Tod des Paares wird das Frageverbot vom Gral für alle entsandten Ritter aufgehoben, Lohrangrins Herkunft wird für die Leute in Liasperie bekannt.[14] Im *Lorengel* entfällt das Frageverbot, doch herrschen im Verlauf der Dialoge eine Antwortverweigerung[15] in Bezug auf die Identität Lorengels und weitere Inkonsistenzen. Das Frageverbot im ersten Teil der Lohargrim-Episode aus dem *Buch der Abenteuer* wird im zweiten Teil aufgehoben, und der Schwanritter,

---

9 Schulz 2004, S. 234f.
10 Schulz 2004, S. 235.
11 Dass jedoch auch in diesem Zusammenhang mythische Residuen unbewältigt bleiben, zeigt sich an der Genealogie Gahmurets, des Großvaters Lohengrins – seine Sippe ist aus der Feenliebe zwischen Mazadan und Terdelaschoye hervorgegangen.
12 Vgl. Cassirer 1925/2010, S. 83.
13 *JT* Str. 6001.
14 *JT* Str. 6039f.
15 Unter anderem *Lor* W 70; W 143,9 und W 147,8–10.

dessen Identität kein Geheimnis mehr darstellt, wird von ehemaligen Kampfgesellen wiedererkannt.[16] Das Frageverbot ist insofern zentral für die mythische Funktion der Schwanritter-Sage, als es gerade die Frage nach dem Ursprung verbietet und somit den Anfang einer Genealogie unhinterfragbar macht. Mit der Tilgung dieses Motivs ändert sich die Funktion der Erzählungen – das Numinose, das den Gründungsmoment umgibt, entfällt, mit ihm der absolute Anfang. Die Einheit von Name und Person und die magische Kraft der Namensnennung verlieren ihre Relevanz. Es bedarf zudem nicht mehr des Preises der Trennung, um das Wissen über den Ursprung zu erlangen. Im *Jüngeren Titurel* wird dem Akt der Aufhebung entsprechend der ethisch-moralischen Bestrebung des Werks die Eigenschaft des Guten, im Gegensatz zum *mal*, zugeschrieben. Dass die Ehe freilich auch aus anderen Gründen scheitern kann, demonstriert die Minnekrankheit der Pelaie/Peleye, die durch das Wissen über die Abstammung ihres Gatten verschlimmert wird. Hier transformiert sich der Ursprungsmythos in eine lokale Legende, der kinderlose Schwanritter wird nach seinem Tod gleichsam als Ortsheiliger verehrt. Das abwesende Motiv des Frageverbots hinterlässt im *Lorengel* zwar Konsequenzen in der Textstruktur, verursacht jedoch keine Probleme in der Handlung. Der Mythos verblasst hier mit dem Schwinden des konstitutiven Funktionselements.

Von der Historisierung sind Konrads *Schwanritter*, der *Jüngere Titurel*, der bairische *Lohengrin* und das von ihm abhängige *Buch der Abenteuer* betroffen: Konrad lässt Karl den Großen als Figur seiner Erzählung auftreten. Dies wird freilich durch die Anachronie, dass Karl nach dem Tod Herzog Gottfrieds herrscht, sogleich unterlaufen und in seine symbolische Funktion aufgelöst. Der bairische *Lohengrin* bettet die Taten des Schwanritters konsequent in die deutsch-römische Reichsgeschichte ein, indem Lohengrin an der Seite Heinrichs I. in zwei chronikalisch verbürgten ‚Heiden'-kriegen agiert und das Ende der Schwanritter-Handlung den Abriss der ottonischen Kaiser[17] einleitet. Die beiden ‚Heiden'-kriege werden vom *Buch der Abenteuer* übernommen. Die von der Schwanritter-Handlung flankierte Reichsgeschichte liefert ein Beispiel der Überhöhung einer weltlichen Herrschaft und der gesamten abendländischen Christenheit durch den Gralsgesandten und die ihn begleitenden gottgesandten Apostel. Der *Jüngere Titurel* verfährt mit einer konkreten Zeitangabe: Das Erzählte sei im Jahr 500 nach Christi Geburt geschehen. Zudem liefert der Text eine rationalisierende Erklärung des Namens *Lohrangrin*, indem er die Umbenennung von *Liasperie* in *Lutringen* auf die Herrschaft Lohrangrins zurückführt. Damit bindet er den Namen an einen historischen Ort und füllt in umgekehrter Richtung eine Bedeutungslücke, die seit der Benennung des Schwanritters durch Wolfram offen bleibt.

Trotz Zügen der Entmythisierung zeichnen sich in manchen Texten und Gattungen Gegentendenzen ab: Mit dem Motiv des Fleischraubs (Albrecht, Füetrer) wird der

---

16 *BdA* Str. 2935 f.
17 Da im *Lohengrin* Heinrich I. entgegen der historischen Realität zum Kaiser erhoben wird, scheint es hier adäquat zu sein, von den ‚ottonischen Kaisern' zu sprechen.

Glaube an die Konkreszenz zwischen dem Körper und seinen Teilen in die Textwelt eingeführt; in der heilsgeschichtlichen Funktionalisierung der Sage (Albrecht, *Lohengrin*, Füetrer) lebt das Mythische im christlichen Weltbild fort. An den Geschichten im zweiten Teil des *Buchs der Abenteuer* lässt sich beobachten, dass das Mahrtenehe-Schema und die dafür typischen Motive bis in die Frühe Neuzeit hinein attraktiv bleiben, auch wenn sie in manchen Kontexten losgelöst von ihrer ursprünglichen mythischen Funktion und den dazugehörigen Konsequenzen eingesetzt werden. Nicht zuletzt schlagen sich Tendenzen der Remythisierung im Laufe der Textproduktion und -rezeption im Schicksal der Schwanenkinder-Geschichte nieder, die im vierzehnten Jahrhundert nach der französischen Übertragung des *Dolopathos* durch Herbert de Paris (*Li Romans de Dolopathos*) in deutsche Prosa übersetzt wurde und sich ferner in Volkssagen und Märchensammlungen der Romantik wiederfindet. Die nicht ganz vollzogene Rückverwandlung der sieben Geschwister in Menschengestalt und der eine in Schwanengestalt verbliebene Junge scheinen trotz der angeblichen Mythenfeindschaft ein Faszinosum zu sein. Auf diesem Wege finden sie ihre Persistenz in der literarischen Produktion bezeugt.

Die Schwanritter-Geschichte ist eine mythische Erzählung gegen den Absolutismus des Mythos, in der nach Erklärung, nach ‚Supplement', nach dem Ursprung vor dem Ursprung verlangt wird. Dadurch, dass dieses Verlangen in einigen Fällen im Unglück endet, in anderen Fällen außerdem nicht befriedigt wird und epistemisch scheitert, beharrt der Mythos auf seinem eigenen Absolutismus – durch das Abweisen von Fragen, durch das Verweigern von Antworten. Die Lakonik soll bleiben, der Terror soll weiter ausgeübt werden. In diesem Sinne inszeniert, reflektiert und affirmiert der Schwanritter-Mythos die Eigenart des Mythos als eines anthropologischen Phänomens. In der Verkettung der Schwanritter- mit der Schwanenkinder-Geschichte wird zwar versucht, den Absolutismus des Mythos zu relativieren, doch dieser Versuch führt in einen *regressus ad infinitum*. Jede Erklärung eines numinosen Ursprungs generiert wiederum die Frage nach dem *davor*. Wird einmal die Frage nach dem Ursprung erlaubt, sind Sprossfragen nicht mehr aufzuhalten. Indem nach Vorfahren gefragt wird, wird das Bedürfnis nach Erklärung gleichsam Nachkommen geboren. Das Mittel des Mythos zum Bannen des Terrors, nämlich die Frage nach dem Anfang durch eine Erzählung zum Schweigen zu bringen, funktioniert in diesem Versuch nicht. Vielleicht ist das der Grund, den Absolutismus des Mythos aufrechtzuerhalten. Insofern reißt der Schwanritter-Mythos das Grundproblem des Mythos auf – die Unerklärbarkeit des Anfangs.[18] Er ist ein Metamythos.

Ausgehend von den hier gewonnenen Erkenntnissen wären weiterführende Studien wünschenswert, die die mediale Beschaffenheit der mittelalterlichen Werkreihe näher berücksichtigen. Beispielsweise würde sich eine gründliche Untersuchung der Text-Bild-Beziehung in der illustrierten Handschrift B des *Lohengrin* anbieten, die die bestehenden Forschungsarbeiten zur textuellen Komposition des Werks, zur Interfe-

---

18 Für diesen Hinweis danke ich Cordula Kropik.

renz des Mythischen mit dem Historischen und zur Heidendarstellung im Text einbezieht. Stärker als bisher herauszuarbeiten wären des Weiteren die Wechselbeziehung zwischen Text und Melodie in den vier strophischen Erzählungen im Corpus sowie deren Sangbarkeit und Performanz im epischen Vortrag. Im Rahmen der Forschung zum Œuvre Konrads von Würzburg würden Arbeiten lohnen, die seine beiden Erzählungen, die am Schema der ‚gestörten Mahrtenehe' partizipieren – den *Schwanritter* und *Partonopier und Meliur* – in Hinsicht auf die Wissensvergabe vergleichend untersuchen.[19] Dabei sollte gezeigt werden, wie eine unwissbare/unsichtbare Figur durch Erzähler- und Figurenrede modelliert wird. Ein weiteres Forschungsfeld stellt die Rezeptionsgeschichte des Schwanritter-Stoffes im zwanzigsten und einundzwanzigsten Jahrhundert dar. Zu berücksichtigen sind beispielsweise die Erwähnungen in *Der kleine Herr Friedemann* (1897) Thomas Manns, in *Der Untertan* (1914) Heinrich Manns und die Oper *Lohengrin* (1982/1984) von Salvatore Sciarrino. Im Blick auf die musikgeschichtliche Forschung würde sich ferner anbieten, die Anwendung der Methode der (leit-)motivischen Narratologie, die in der vorliegenden Studie am *Lohengrin* entwickelt und erprobt worden ist, auf das gesamte Bühnenwerk Richard Wagners und musiktheatralische Werke anderer KomponistInnen auszuweiten, um die Entwicklung der narrativen Qualität und Techniken der Musik im Schaffen Wagners und in der Gattung Musiktheater zu verfolgen.

---

19 Ein erster, rudimentärer Versuch wurde unternommen bei Yu 2021, S. 180–182.

Literaturverzeichnis

Handschriften

Berlin, Staatsbibliothek, Mgf 475 (= *Jüngerer Titurel*, Hs. X).
  https://digital.staatsbibliothek-berlin.de/werkansicht/?PPN=PPN735216290
Frankfurt a. M., Universitätsbibliothek, Ms. germ. qu. 2 (= *Der Schwanritter*).
  https://sammlungen.ub.uni-frankfurt.de/msma/content/pageview/4094782
Heidelberg, Universitätsbibliothek, Cpg 345 (= *Lohengrin*, Hs. B).
  https://digi.ub.uni-heidelberg.de/diglit/cpg345
Heidelberg, Universitätsbibliothek, Cpg 364 (= *Lohengrin*, Hs. A).
  https://digi.ub.uni-heidelberg.de/diglit/cpg364
Heidelberg, Universitätsbibliothek, Cpg 383 (= *Jüngerer Titurel*, Hs. B).
  https://digi.ub.uni-heidelberg.de/diglit/cpg383
Heidelberg, Universitätsbibliothek, Heid. Hs. 1332 (= Albrecht, *Verfasserfragment*).
  https://digi.ub.uni-heidelberg.de/diglit/heidhs1332
München, Bayerische Staatsbibliothek, Cgm 1 (= *Buch der Abenteuer*, Hs. A).
  https://daten.digitale-sammlungen.de/0007/bsb00074101/images/index.html?fip=193.174.98.30&id=00074101&seite=1
München, Bayerische Staatsbibliothek, Cgm 4997 (= *Lorengel*, Hs. k).
  https://www.digitale-sammlungen.de/de/view/bsb00105055?page=,1
München, Staatsbibliothek, Cgm 4871 (= *Lohengrin*, Hs. M).
Wien, Österreichische Nationalbibliothek, Cod. 2675 (= *Jüngerer Titurel*, Hs. A).
  https://digital.onb.ac.at/RepViewer/viewer.faces?doc=DTL_3168660&order=1&view=SINGLE
Wien, Österreichische Nationalbibliothek, Cod. 15478 (= *Lorengel*, Hs. W).
  https://digital.onb.ac.at/RepViewer/viewer.faces?doc=DTL_8322238&order=1&view=SINGLE

Facsimilia, Abdrucke und Editionen

Albrechts *Jüngerer Titurel*. Nach den Grundsätzen von Werner Wolf kritisch hrsg. von Kurt Nyholm, Bde. III/1 und III/2, Berlin 1985–92. Bd. IV: Textfassungen von Handschriften der Mittelgruppe, Berlin 1995 (DTM LXXIII, LXXVII und LXXIX).
Albrechts von Scharfenberg [sic!] *Jüngerer Titurel*. Nach den ältesten und besten Handschriften kritisch hrsg. von Werner Wolf, Bde. I–II/2, Berlin 1955, 1964 und 1968 (DTM XLV, LV und LXI).
Chrétien de Troyes: Le Roman de Perceval ou Le Conte du Graal. Der Percevalroman oder Die Erzählung vom Gral, Altfranzösisch/Deutsch, übersetzt und hrsg. von Felicitas Olef-Krafft, Stuttgart 1991 (RUB 8649).
Cramer, Thomas: Lohengrin. Edition und Untersuchungen, München 1971.
Das Buch der Welt. Vollständige Faksimile-Edition der Bilderhandschrift Ms. Memb. I 90, Forschungs- und Landesbibliothek Gotha, Schloß Friedenstein, hrsg. von Hubert Herkommer, Bd. 3: Kommentar und Edition zur *Sächsischen Weltchronik*, Luzern 2000.
Das Nibelungenlied. Mittelhochdeutsch/Neuhochdeutsch, nach dem Text von Karl Bartsch und Helmut de Boor ins Neuhochdeutsche übersetzt und kommentiert von Siegfried Grosse, Stuttgart 2007 (RUB 644).
Das Nibelungenlied, uebersetzt von Dr. Karl Simrock, Stuttgart/Tübingen ³1843.
Der Jüngere Titurel, hrsg. von Karl August Hahn, Quedlinburg/Leipzig 1842.

Der keiser und der kunige buoch oder die sogenannte *Kaiserchronik*, hrsg. von Hans Ferdinand Massmann, Bd. 3, Quedlinburg/Leipzig 1854.
Der Nibelunge nôt und diu klage, hrsg. von Alois Joseph Vollmer, Leipzig 1843 (Dichtungen des deutschen Mittelalters 1).
Der Physiologus. Tiere und ihre Symbolik, hrsg. von Emil Peters, Köln 2013.
Der Schwanritter Konrads von Würzburg. Aus der Frankfurter Handschrift neu ediert und mit einem Kommentar versehen von Jan Habermehl, 2015. (Online erschienen: http://publikationen.ub.uni-frankfurt.de/frontdoor/index/index/docId/38627; letzter Zugriff 22.08.2022)
Der Schwan-Ritter von Conrad von Würzburg, in: Grimm, Jacob/Grimm, Wilhelm (Hrsg.): Altdeutsche Wälder. Bd. 3, Frankfurt a. M. 1816, S. 49–96.
Deutsche Sagen, hrsg. von Jacob Grimm und Wilhelm Grimm, Berlin 1816–1818.
Die Colmarer Liederhandschrift. Faksimile-Ausgabe ihrer Melodien, hrsg. von Friedrich Gennrich, Langen 1967 (Summa Musicae Medii Aevi XVIII).
Die Kolmarer Liederhandschrift der Bayerischen Staatsbibliothek München (Cgm 4997), 2 Bde, in Abbildung hrsg. von Ulrich Müller, Franz Viktor Spechtler und Horst Brunner, Göppingen 1976 (Litterae: Göppinger Beiträge zur Textgeschichte 35).
Die Sangesweisen der Colmarer Handschrift und die Liederhandschrift Donaueschingen, hrsg. von Paul Runge, Leipzig 1896 (Nachdruck Hildesheim 1965).
Edition, in: Hallmann, Jan: Studien zum mittelhochdeutschen *Wartburgkrieg*. Literaturgeschichtliche Stellung – Überlieferung – Rezeptionsgeschichte, mit einer Edition der *Wartburgkrieg*-Texte, Berlin 2015, S. 346–584.
Füetrer, Ulrich: Bayerische Chronik, hrsg. von Reinhold Spiller, München 1909 (Repr. Aalen 1969) (Quellen und Erörterung zur bayerischen und deutschen Geschichte N.F. 2).
Füetrer, Ulrich: Das Buch der Abenteuer. Teil 1: Die Geschichte der Ritterschaft und des Grals (= 1997a). Teil 2: Das annder púech (= 1997b), nach der Handschrift A (Cgm 1 der Bayerischen Staatsbibliothek) in Zusammenarbeit mit Bernd Bastert hrsg. von Heinz Thoelen, Göppingen 1997 (GAG 638,1–2).
Füetrer, Ulrich: Die Gralepen in Ulrich Füetrers Bearbeitung. Buch der Abenteuer, Nach der Münchner Handschrift Cgm 1 unter Heranziehung der Wiener Handschriften Cod. vindob. 2888 und 3037 und der Münchner Handschrift Cgm 247, hrsg. von Kurt Nyholm, Berlin 1964 (DTM 57) (= 1964a).
Füetrer, Ulrich: Lannzilet (Aus dem ‚Buch der Abenteuer'), Str. 1–1122, hrsg. von Karl-Eckhard Lenk, Tübingen 1989 (Altdeutsche Textbibliothek 102).
Füetrer, Ulrich: Lannzilet aus dem ‚Buch der Abenteuer', Str. 1123–6009, hrsg. von Rudolf Voß, Paderborn u. a. 1996 (Schöninghs mediävistische Editionen 3).
Gerbert de Montreuil: La continuation de Perceval. Quatrième continuation, éd. Frédérique Le Nan, Genève 2014 (Textes littéraires français 627).
Goffredo d'Auxerre: Super Apocalypsim, a cura di Ferruccio Gastaldelli, Roma 1970 (Temi e Testi 17).
Herbert de Paris: Li Romans de Dolopathos, publié pour la première fois en entier d'après les deux manuscrits de la Bibliothèque Impériale par MM. Charles Brunet et Anatole de Montaiglon, Paris 1856.
Johannes de Alta Silva: Dolopathos or The King and the Seven Wise Men, translated by Brady B. Gilleland, Binghamton/New York 1981 (Medieval and Renaissance Texts and Studies 2).
Johannes de Alta Silva: Dolopathos sive de rege et septem sapientibus, nach den festländischen Handschriften kritisch hrsg. von Alfons Hilka, Heidelberg 1913 (Sammlung mittellateinischer Texte 5: historia septem sapientum 2).
Kinder- und Haus-Märchen, gesammelt durch die Brüder Grimm, 2 Bde., Berlin 1812–1815 (= KHM).
Konrad von Würzburg *Trojanerkrieg* und die anonym überlieferte Fortsetzung, hrsg. von Heinz Thoelen und Bianca Häberlein, Wiesbaden 2015 (Wissensliteratur im Mittelalter 51).

Konrad von Würzburg: ‚Das Herzmære' und andere Verserzählungen.
    Mittelhochdeutsch/Neuhochdeutsch, nach den Textausgaben von Eduard Schröder übersetzt
    und kommentiert von Lydia Miklautsch, Stuttgart 2016 (RUB 19381).
Konrad von Würzburg: Der Schwanritter, hrsg. von Franz Roth, Frankfurt a. M. 1861.
Konrad von Würzburg: Kleinere Dichtungen II. Der Schwanritter. Das Turnier von Nantes, hrsg. von
    Edward Schröder, Berlin ³1959.
La lettera del Prete Gianni, hrsg. von Gioia Zaganelli, Parma 1990 (Biblioteca medievale 13).
Leben und Dichten Wolfram's von Eschenbach. Erster Band: Parcival. Rittergedicht von Wolfram von
    Eschenbach, Aus dem Mittelhochdeutschen zum ersten Male übersetzt von San-Marte,
    Magdeburg 1836. Zweiter Band: Lieder, Wilhelm von Orange und Titurel von Wolfram von
    Eschenbach und der jüngere Titurel von Albrecht in Uebersetzung und im Auszuge, nebst
    Abhandlungen über das Leben und Wirken Wolfram's von Eschenbach und die Sage vom
    heiligen Gral, Magdeburg 1841.
Lohengrin. Ein altteutsches Gedicht, hrsg. von Joseph Görres, nach der Abschrift des Vaticanischen
    Manuscriptes von Ferdinand Gloekle, Heidelberg 1813.
Lohengrin, zum Erstenmale kritisch hrsg. und mit Anmerkungen versehen von Dr. Heinrich Rückert,
    Quedlinburg/Leipzig 1858.
Lorengel, éd. avec introduction et index par Danielle Buschinger, Mélodie éd. par Horst Brunner,
    Göppingen 1979 (GAG 253).
Lucas, Christian Theodor Ludwig: Ueber den Krieg von Wartburg, Königsberg 1838.
Meisterlieder der Kolmarer Handschrift, hrsg. von Karl Bartsch, Stuttgart 1862 (Bibliothek des
    Litterarischen Vereins in Stuttgart 68).
Merlin und *Seifrid de Ardemont* von Albrecht von Scharfenberg. In der Bearbeitung Ulrich Füetrers,
    hrsg. von Friedrich Panzer, Tübingen 1902 (Bibliothek des Litterarischen Vereins in Stuttgart
    227).
Niederländische Sagen. Gesammelt und mit Anmerkungen begleitet von Johann Wilhelm Wolf,
    Leipzig 1843.
Nietzsche, Friedrich: Sämtliche Werke. Kritische Studienausgabe, hrsg. von Giorgio Colli/Mazzino
    Montinari, München 1986.
Nova vulgata bibliorum sacrorum editio. Sacros. oecum. concilii Vaticani ii ratione habita iussu
    Pauli PP. VI recognita. Auctoritate Ioannis Pauli PP. II promulgata, Vaticanus 1986.
Ottonis episcopi Frisingensis Chronica sive Historia de duabus Civitatibus, hrsg. von Adolf
    Hofmeister, Hannover/Leipzig ²1912 (MGH Scriptores rerum Germanicarum in usum scholarum
    separatim editi 45).
Parzival und Titurel. Rittergedichte von Wolfram von Eschenbach, 2 Bde., uebersetzt und erläutert
    von Dr. K. Simrock, Stuttgart/Tübingen 1842.
Richard Wagners Musikdramen. Sämtliche komponierten Bühnendichtungen durchgesehen, mit den
    ursprünglichen Fassungen verglichen, mit Einleitungen sowie den hauptsächlichsten Motiven
    und Notenbeispielen versehen, nebst einem Vorwort, einem Anhang und einer Zeittafel aus
    Wagners Leben, hrsg. von Edmund E. F. Kühn, Berlin 1914.
Robert de Boron: Le Roman du Saint-Graal, übersetzt und eingeleitet von Monica
    Schöler-Beinhauer, München 1981 (Klassische Texte des romanischen Mittelalters 18).
Sächsische Weltchronik, hrsg. von Ludwig Weiland, Hannover 1877 (MGH Deutsche Chroniken II).
Spruchsang. Die Melodien der Sangspruchdichter des 12. bis 15. Jahrhunderts, hrsg. von Horst
    Brunner und Karl-Günther Hartmann, Kassel u. a. 2010 (Monumenta Monodica Medii Aevi 6).
Steinmeyer, Elias: *Lorengel*. In: ZfdA 15 (1872), S. 181–244.
The Old French Crusade Cycle. Vol. I: La Naissance du Chevalier au Cygne. Elioxe and Beatrix, *Elioxe*
    ed. by Emanuel J. Mickel Jr., *Beatrix* ed. by Jan A. Nelson, with an essay on the manuscripts of
    the Old French Crusade Cycle by Geoffrey M. Myers, Tuscaloosa 1977.

The Old French Crusade Cycle. Vol. II: *Le Chevalier au Cygne* and *La Fin d'Elias*, ed. by Jan A. Nelson, Tuscaloosa 1985.
The Old French Crusade Cycle. Vol. III: *Les Enfances Godefroi* and *Le Retour de Cornumarant*, ed. by Emanuel J. Mickel, Peter R. Grillo and Jan A. Nelson, Tuscaloosa 1999.
Ulrich Füeterers Prosaroman von Lanzelot. Nach der Donaueschinger Handschrift, hrsg. von Arthur Peter, Tübingen 1885.
Verdi, Giuseppe: Don Carlo/Don Darlos. Oper in fünf Akten nach Friedrich Schillers gleichnamigem Drama, Textbuch Italienisch/Deutsch, übersetzt und hrsg. von Henning Mehnert, Stuttgart 2005 (RUB 18350).
Wagner, Cosima: Die Tagebücher. 2 Bde., hrsg. von Martin Gregor-Dellin und Dietrich Mack, München/Zürich 1976/77.
Wagner, Richard: Eine Mitteilung an meine Freunde (1851), in: Borchmeyer, Dieter (Hrsg.): Dichtungen und Schriften. Jubiläumsausgabe in zehn Bänden, Bd. 6: Reformschriften 1849–1852, Frankfurt a. M. 1983, S. 199–325.
Wagner, Richard: Gesammelte Schriften und Dichtungen. Bd. 2, Leipzig 1871.
Wagner, Richard: Lohengrin. Romantische Oper in drei Akten, Klavierauszug, hrsg. von Felix Mottl, Leipzig 1914 (Edition Peters 3401).
Wagner, Richard: Lohengrin. Textbuch mit Varianten der Partitur, hrsg. von Egon Voss, Stuttgart 2001 (RUB 5637).
Wagner, Richard: Mein Leben. Vollständige, kommentierte Ausgabe, Unter Zugrundelegung der im Richard-Wagner-Archiv Bayreuth aufbewahrten Diktatniederschrift, ergänzt durch Richard Wagners Annalen 1864 bis 1868, hrsg. von Martin Gregor-Dellin, München 1976.
Wagner, Richard: Parsifal. Ein Bühnenweihfestspiel in drei Aufzügen, WWV 111, Klavierauszug, 2., verbesserte Aufl., nach dem Text der Richard-Wagner-Gesamtausgabe hrsg. von Egon Voss, Mainz 2012.
Wagner, Richard: Sämtliche Briefe. Bd. 2: Briefe der Jahre 1842–1849, hrsg. von Gertrud Strobel und Werner Wolf, Leipzig ²1980.
Wagner, Richard: Sämtliche Briefe. Bd. 4: Briefe der Jahre 1851–1852, hrsg. von Gertrud Strobel und Werner Wolf, Leipzig 1979.
Wagner, Richard: Sämtliche Briefe. Bd. 11: 1. April bis 31. Dezember 1859, hrsg. von Martin Dürrer, Wiesbaden 1999.
Wagner, Richard: Sämtliche Schriften und Dichtungen. Volksausgabe, Leipzig o. J. [1912–1914].
Wagner, Richard: Sämtliche Werke. Bd. 1,I: Die Feen. Große romantische Oper in drei Akten. WWV 32, Ouvertüre und Erster Akt, hrsg. von Peter Jost, Mainz 2010.
Wagner, Richard: Sämtliche Werke. Bd. 7: Lohengrin. Romantische Oper in drei Akten. WWV 75, hrsg. von John Deathridge und Klaus Döge, Mainz 1996–2000.
Wagner, Richard: Sämtliche Werke. Bd. 14,I: Parsifal. Ein Bühnenweihfestspiel, erster Aufzug, hrsg. von Egon Voss und Martin Geck, Mainz 1972.
Wagner, Richard: Sämtliche Werke. Bd. 22: Dokumente und Texte zu ‚Die Feen', hrsg. von Peter Jost. Dokumente und Texte zu ‚Das Liebesverbot oder: Die Novize von Palermo', hrsg. von Egon Voss, Mitarbeit: Eva Katharina Klein, Mainz 2019.
Wagner, Richard: Sämtliche Werke. Bd. 25: Dokumente und Texte zu ‚Tannhäuser und der Sängerkrieg auf Wartburg', hrsg. von Peter Jost. Reinschrift des Textbuches mit Varianten hrsg. von Cristina Urchueguía, Mainz 2007.
Wagner, Richard: Sämtliche Werke. Bd. 26: Dokumente und Texte zu ‚Lohengrin', hrsg. von John Deathridge und Klaus Döge, Mainz 2003.
Wagner, Richard: Sämtliche Werke. Bd. 28: Dokumente und Texte zu ‚Die Meistersinger von Nürnberg', hrsg. von Egon Voss, Mainz 2013.

Wagner, Richard: Sämtliche Werke. Bd. 29,I: Dokumente zur Entstehungsgeschichte des Bühnenfestspiels ‚Der Ring des Nibelungen', hrsg. von Werner Breig und Hartmut Fladt, Mainz 1976.
Wagner, Richard: Sämtliche Werke. Bd. 30: Dokumente zur Entstehung und ersten Aufführung des Bühnenweihfestspiels *Parsifal*, hrsg. von Martin Geck und Egon Voss, Mainz 1970.
Wagner, Richard: Tristan und Isolde. Textbuch mit Varianten der Partitur, hrsg. von Egon Voss, Stuttgart 2003 (RUB 18272).
Wirnt von Grafenberg: Wigalois, hrsg. von Johannes Marie Neele Kapteyn, übersetzt, erläutert und mit einem Nachwort versehen von Sabine Seelbach und Ulrich Seelbach, 2., überarbeitete Aufl., Berlin u. a. 2014.
Wolfram von Eschenbach, hrsg. von Karl Lachmann, Berlin 1833.
Wolfram von Eschenbach: *Parzival* und *Titurel*, hrsg. von Karl Bartsch, 4. Aufl. bearbeitet von Marta Marti, Zweiter Teil, Leipzig 1929 (Deutsche Klassiker des Mittelalters 10).
Wolfram von Eschenbach: Parzival. 2 Bde., nach der Ausgabe Karl Lachmanns revidiert und kommentiert von Eberhard Nellmann, übertragen von Dieter Kühn, Frankfurt a. M. 1994 (Bibliothek des Mittelalters 8).
Wolfram von Eschenbach: Parzival. Mittelhochdeutsch/Neuhochdeutsch, mittelhochdeutscher Text nach der Ausgabe von Karl Lachmann, hrsg. von Wolfgang Spiewok, Bd. 2: Buch 9–16, Stuttgart 2010 (RUB 3682).
Wolfram von Eschenbach: Parzival. Studienausgabe, mittelhochdeutscher Text nach der sechsten Ausgabe von Karl Lachmann, Übersetzung von Peter Knecht, mit Einführungen zum Text der Lachmannschen Ausgabe und in Probleme der ‚Parzival'-Interpretation von Bernd Schirok, Berlin/New York ²2003.
Wolfram von Eschenbach: Parzival, translated by Arthur T. Hatto, London 1980.
Wolfram von Eschenbach: Werke, zweites Heft: *Parzival* Buch VII bis XI, hrsg. von Albert Leitzmann, Halle a. S. 1903 (Altdeutsche Textbibliothek 13).
Wolfram von Eschenbach: Willehalm. Text und Kommentar, hrsg. von Joachim Heinzle, Frankfurt a. M. ²2015 (Bibliothek des Mittelalters 9).
Wolfram's von Eschenbach *Parzival* und *Titurel*, hrsg. von Karl Bartsch, zweiter Theil, Leipzig 1871 (Deutsche Classiker des Mittelalters 10).

Forschung

Aarburg, Ursula: Verzeichnis der im Kolmarer Liedercodex erhaltenen Töne und Leiche. In: Klemm, Eberhardt (Hrsg.): Festschrift Heinrich Besseler zum sechzigsten Geburtstag, Leipzig 1961, S. 127–136.
Aarne, Antti Amatus: The types of the folktale. A classification and bibliography, translated and enlarged by Stith Thompson, Helsinki ²1961 (= Aarne-Thompson-Index [AaTh]).
Althoff, Gerd: Formen und Funktionen von Mythen im Mittelalter, in: Berding, Helmut (Hrsg.): Mythos und Nation, Frankfurt a. M. 1996, S. 11–33.
Assmann, Jan: Das kulturelle Gedächtnis. Schrift, Erinnerung und politische Identität in frühen Hochkulturen, München ⁷2013.
Baechtold, Jacob: Geschichte der deutschen Literatur in der Schweiz, Frauenfeld 1892 [Nachdruck 1919].
Baisch, Martin u. a. (Hrsg.): Der *Jüngere Titurel* zwischen Didaxe und Verwilderung. Neue Beiträge zu einem schwierigen Werk, Göttingen 2010 (Aventiuren 6).
Bastert, Bernd: Der Münchner Hof und Fuetrers *Buch der Abenteuer*. Literarische Kontinuität im Spätmittelalter, Frankfurt a. M. 1993 (Mikrokosmos 33).

Bastert, Bernd: Fülle und Ende. Zur Erzählkonzeption des letzten deutschen Artusromans, in: Glasner, Peter u. a. (Hrsg.): Ästhetiken der Fülle. Festschrift für Elke Brüggen, Berlin 2021, S. 19–28.

Bastert, Bernd: Late medieval summations. Rappoltsteiner Parzifal and Ulrich Füetrer's Buch der Abenteuer, in: Jackson, William Henry/Ranawake, Silvia (Hrsg.): The Arthur of the Germans. The Arthurian legend in medieval German and Dutch literature, Cardiff 2000, S. 166–180.

Bastert, Bernd: Zu Autor und Werk, in: Das Buch der Abenteuer. Teil 2: Das annder púech, nach der Handschrift A (Cgm 1 der Bayerischen Staatsbibliothek) in Zusammenarbeit mit Bernd Bastert hrsg. von Heinz Thoelen, Göppingen 1997, S. 533–539.

Becker, Peter Jörg: Handschriften und Frühdrucke mittelhochdeutscher Epen. 'Eneide', 'Tristrant', 'Tristan', 'Erec', 'Iwein', 'Parzival', 'Willehalm', 'Jüngerer Titurel', 'Nibelungenlied' und ihre Reproduktion und Rezeption im späteren Mittelalter und in der frühen Neuzeit, Wiesbaden 1977.

Becker, Udo: Lexikon der Symbole, Freiburg i. Br. 1992.

Beckers, Hartmut: Literatur am Klevischen Hof von 1174 bis 1542. Zeugnisse, Spuren, Mutmaßungen, in: ZfdPh 112 (1993), S. 426–434.

Behmenburg, Lena: Philomela. Metamorphosen eines Mythos in der deutschen und französischen Literatur des Mittelalters, Berlin/New York 2009.

Behr, Hans-Joachim: Von der aventiure zum abenteur. Überlegungen zum Wandel des Artusromans in Ulrich Füetrers ‚Buch der Abenteuer', in: Internationales Archiv für Sozialgeschichte der deutschen Literatur 11 (1986), S. 1–20.

Bender, Karl-Heinz/Kleber, Hermann: Les épopées romanes. Tome 1/2, Fasc. 5, A I: 5 Le premier cycle de la croisade. De Godefroy à Saladin: entre la chronique et le conte de fées (1100–1300), Heidelberg 1986 (Grundriss der romanischen Literaturen des Mittelalters III).

Bermbach, Udo: Mythos Wagner, Berlin 2013.

Bertau, Karl: Über Literaturgeschichte. Literarischer Kunstcharakter und Geschichte in der höfischen Epik um 1200, München 1983.

Bertelsmeier-Kierst, Christa/Heinzle, Joachim: Paläographische Tücken! Noch einmal zur Datierung des *Lohengrin*, in: ZfdPh 115 (1996), H. 1, S. 42–54.

Bertelsmeier-Kierst, Christa/Heinzle, Joachim: Zur Datierung des *Lohengrin*. Das Zeugnis der Koblenzer (Berliner) Fragmente Cf, in: ZfdA 122 (1993), H. 4, S. 418–424.

Bertelsmeier-Kierst, Christa: *Willehalm* und *Lohengrin*. Ein mittelrheinisches Skriptorium um 1300, in: Wolfram-Studien 14 (1996), S. 444–451.

Birkhan, Helmut/Lichtblau, Karin/Tuczay, Christa (Hrsg.): Motif-Index of German Secular Narratives from the Beginning to 1400. Vol. 1: Matière de Bretagne. Albrecht, Jüngerer Titurel – Lancelot 2, ed. by the Austrian Academy of Sciences, Berlin 2005.

Bischoff, Bernhard: Paläographie des römischen Altertums und des abendländischen Mittelalters. Mit einer Auswahlbibliographie 1986–2008 von Walter Koch, Berlin ⁴2009.

Blank, Walter: Der Zauberer Clinschor in Wolframs *Parzival*, in: Gärtner, Kurt/Heinzle, Joachim (Hrsg.): Studien zu Wolfram zu Eschenbach. Festschrift für Werner Schröder zum 75. Geburtstag, Tübingen 1989, S. 321–332.

Blank, Walter: Die positive Utopie des Grals. Zu Wolframs Graldarstellung und ihrer Nachwirkung im Mittelalter, in: Greule, Albrecht/Ruberg, Uwe (Hrsg.): Sprache, Literatur, Kultur. Studien zu ihrer Geschichte im deutschen Süden und Westen. Wolfgang Kleiber zu seinem 60. Geburtstag gewidmet, Stuttgart 1989, S. 337–353.

Bleck, Reinhard: Überlegungen zur Entstehungssituation der Werke Konrads von Würzburg, in denen kein Auftraggeber genannt wird, Wien 1987.

Blöte, Jan Frederik David: Das Aufkommen der Sage von Brabon Silvius, dem brabantischen Schwanritter, Amsterdam 1904 (Verhandelingen der Koninklijke Akademie van Wetenschappen te Amsterdam, Afdeeling Letterkunde, Nieuwe Reeks V/4).

Blöte, Jan Frederik David: Das Aufkommen des clevischen Schwanritters, in: ZfdA 42 (1898), S. 1–53.
Blöte, Jan Frederik David: Der historische Schwanritter, in: Zeitschrift für romanische Philologie 21 (1897), S. 176–191 und 25 (1901), S. 1–44.
Blöte, Jan Frederik David: Der zweite Teil der Schwanrittersage. Ein Versuch zur Erklärung des Schwans, in: ZfdA 38 (1894), S. 272–288.
Blöte, Jan Frederik David: Die Sage vom Schwanritter in der Brogner Chronik von ca. 1211, in: ZfdA 44 (1900), S. 407–420.
Blumenberg, Hans: Arbeit am Mythos, Frankfurt a. M. ⁵1990.
Boisserée, Sulpiz: Ueber die Beschreibung des Tempels des heiligen Grales in dem Heldengedicht: Titurel, Kap. III, in: Abhandlungen der Bayerischen Akademie der Wissenschaften, Philosophisch-Philologische und Historische Klasse 1 (1835), S. 307–392.
Boor, Helmut de: Die Chronologie der Werke Konrads von Würzburg, insbesondere die Stellung des ‚Turniers von Nantes', in: PBB 89 (1967), S. 210–269.
Borchmeyer, Dieter: Das Theater Richard Wagners. Idee – Dichtung – Wirkung, Stuttgart 2013 (= 2013a).
Borchmeyer, Dieter: Lohengrin: Jupiters Inkognito. Schillers *Semele* und Kleists *Amphitryon* als mythische Grundschrift einer romantischen Oper, in: Döge, Klaus u. a. (Hrsg.): „Schlagen Sie die Kraft der Reflexion nicht zu gering an". Beiträge zu Richard Wagners Denken, Werk und Wirken, Mainz u. a. 2002, S. 62–68 (= 2002a).
Borchmeyer, Dieter: Mozarts rasende Weiber, in: ders. (Hrsg.): Mozarts Opernfiguren. Große Herren, rasende Weiber – gefährliche Liebschaften, Bern 1992, S. 167–212.
Borchmeyer, Dieter: Richard Wagner. Ahasvers Wandlungen, Frankfurt a. M. 2002 (= 2002b).
Borchmeyer, Dieter: Richard Wagner. Werk – Leben – Zeit, Stuttgart 2013 (= 2013b).
Borchmeyer, Dieter: Wagners West-östlicher Divan: Das Projekt der Hohenstaufenoper *Die Sarazenin*, in: wagnerspectrum 13 (2017), H. 1, S. 15–25.
Brall, Helmut: Gralsuche und Adelsheil. Studien zu Wolframs Parzival, Heidelberg 1983 (Germanische Bibliothek, N.F. Reihe 3: Untersuchungen).
Brandt, Rüdiger: Konrad von Würzburg, Darmstadt 1987.
Brandt, Rüdiger: Konrad von Würzburg. Kleinere epische Werke, 2., neu bearb. und erweiterte Aufl., Berlin 2009.
Breig, Werner: Wagners kompositorisches Werk, in: Müller, Ulrich/Wapnewski, Peter (Hrsg.): Richard-Wagner-Handbuch, Stuttgart 1986, S. 353–470.
Brunner, Horst: Art. ‚Konrad von Würzburg', in: ²VL 5 (1985), Sp. 272–304.
Brunner, Horst: Das Turnier von Nantes. Konrad von Würzburg, Richard von Cornwall und die deutschen Fürsten, in: ders.: Annäherungen. Studien zur deutschen Literatur des Mittelalters und der Frühen Neuzeit, Berlin 2008, S. 185–200 (= 2008a).
Brunner, Horst: Die alten Meister. Studien zu Überlieferung und Rezeption der mittelhochdeutschen Sangspruchdichter im Spätmittelalter und in der frühen Neuzeit, München 1975 (MTU 54).
Brunner, Horst: Genealogische Phantasien. Zu Konrads von Würzburg ‚Schwanritter' und ‚Engelhard', in: ZfdA 110 (1981), S. 274–299.
Brunner, Horst: Konrad in Würzburg und am Niederrhein, in: Das ritterliche Basel. Zum 700. Todestag Konrads von Würzburg, Basel 1987, S. 20–22.
Brunner, Horst: Strukturprobleme der Epenmelodien, in: ders.: Annäherungen. Studien zur deutschen Literatur des Mittelalters und der Frühen Neuzeit, Berlin 2008, S. 201–223 (= 2008b).
Brunner, Horst: Strukturprobleme der Epenmelodien, in: Kühebacher, Egon (Hrsg.): Deutsche Heldenepik in Tirol. König Laurin und Dietrich von Bern in der Dichtung des Mittelalters, Bozen 1979, S. 300–328.

Brunner, Horst: *Von Munsalvaesche wart gesant / der den der swane brahte.* Überlegungen zur Gestaltung des Schlusses von Wolframs *Parzival*, in: GRM N.F. 41 (1991), S. 369–384.
Bumke, Joachim: Art. ‚Wolfram von Eschenbach', in: ²VL 10 (1999), Sp. 1376–1418.
Bumke, Joachim: Höfische Kultur. Literatur und Gesellschaft im hohen Mittelalter, München ¹²2008.
Bumke, Joachim: Parzival und Feirefiz – Priester Johannes – Loherangrin. Der offene Schluß des *Parzival* von Wolfram von Eschenbach, in: DVjs 65 (1991), S. 236–264.
Bumke, Joachim: Wolfram von Eschenbach, 8., völlig neu bearbeitete Aufl., Stuttgart/Weimar 2004 (Sammlung Metzler 36).
Buschinger, Danielle: Das Mittelalter Richard Wagners, Würzburg 2007.
Buschinger, Danielle: Variationen des Mythos von Lohengrin vom 12. bis zum 19. Jahrhundert, in: Wolfzettel, Friedrich u. a. (Hrsg.): Artusroman und Mythos, Berlin/Boston 2011 (Schriften der Internationalen Artusgesellschaft 8), S. 303–316.
Cassirer, Ernst: Philosophie der symbolischen Formen. Zweiter Teil: Das mythische Denken [1925], Text und Anmerkungen bearbeitet von Claus Rosenkranz, Hamburg 2010 (Philosophische Bibliothek 608).
Classen, Albrecht: Verzweiflung und Hoffnung. Die Suche nach der kommunikativen Gemeinschaft in der deutschen Literatur des Mittelalters, Frankfurt a. M. 2002.
Cramer, Thomas: Art. ‚Lohengrin', in: ²VL 5 (1985), Sp. 899–904 (= 1985a).
Cramer, Thomas: Art. ‚Lorengel', in: ²VL 5 (1985), Sp. 907–909 (= 1985b).
Cramer, Thomas: Geschichte der deutschen Literatur im späten Mittelalter, München ³2000.
Cramer, Thomas: Lohengrin. Edition und Untersuchungen, München 1971.
Czerwinski, Peter: Gegenwärtigkeit. Simultane Räume und zyklische Zeiten, Formen von Regeneration und Genealogie im Mittelalter, Exempel einer Geschichte der Wahrnehmung, München 1993.
D'Elden, Stefanie Cain van: Das Erbrecht in Konrads von Würzburg ‚Schwanritter', in: Jahrbuch der Oswald von Wolkenstein-Gesellschaft 5 (1988/1989), S. 227–238.
D'Elden, Stefanie Cain van: Does Might make Right? The ‚Schwanritter' by Konrad von Würzburg, in: Busby, Keith/Kooper, Erik (Hrsg.): Courtly Literature, Culture and Context, Amsterdam 1990, S. 549–559.
Dahlhaus, Carl: Richard Wagners Musikdramen, 2., überarb. Aufl., München 1988 (Serie Piper 752).
Dahlhaus, Carl: Richard Wagners Musikdramen, Stuttgart 1996 (RUB 9490).
Daxelmüller, Christoph: Dämonologie, in: Ranke, Kurt u. a. (Hrsg.): Enzyklopädie des Märchens. Handwörterbuch zur historischen und vergleichenden Erzählforschung, Bd. 3, Berlin/New York 1981, Sp. 237–259.
Dean, Winton: Handel's Dramatic Oratorios and Masques, Oxford 1995 (Originalausgabe Oxford 1959).
Deathridge, John: Art. ‚Lohengrin. Romantische Oper in drei Akten', in: Pipers Enzyklopädie des Musiktheaters. Oper, Operette, Musical, Ballett, hrsg. von Carl Dahlhaus und dem Forschungsinstitut für Musiktheater der Universität Bayreuth unter Leitung von Sieghart Döhring, Bd. 6: Werke Spontini – Zumsteeg, München/Zürich 1997, S. 568–574.
Detering, Heinrich: Zum Verhältnis von ‚Mythos', ‚mythischen Analogon' und ‚Providenz' bei Clemens Lugowski, in: Martínez, Matías (Hrsg.): Formaler Mythos. Beiträge zu einer Theorie ästhetischer Formen, Paderborn u. a. 1996, S. 63–79.
Die deutsche Literatur des Mittelalters. Verfasserlexikon, begründet von Wolfgang Stammler, fortgeführt von Karl Langosch, 2. völlig neu bearbeitete Auflage, hrsg. von Kurt Ruh u. a., 10 Bde., Nachtragsbd. und Register, Berlin/New York 1978–2008 (= ²VL).
Dietl, Cora/Däumer, Matthias/Wolfzettel, Friedrich: Vorwort der Herausgeber, in: dies. (Hrsg.): Artusroman und Mythos, Berlin/Boston 2011 (Schriften der Internationalen Artusgesellschaft 8), S. XI–XVI.

Döge, Klaus: Wagner beim Wort genommen: ‚über das thematische formgewebe' im *Lohengrin*, in: Der ‚Komponist' Richard Wagner im Blick der aktuellen Musikwissenschaft. Symposion Würzburg 2000, Wiesbaden 2003, S. 95–104.

Draesner, Ulrike: Wege durch erzählte Welten. Intertextuelle Verweise als Mittel der Bedeutungskonstitution in Wolframs ‚Parzival', Frankfurt a. M./New York 1993 (Mikrokosmos 36).

Duca, Patrick del: Vom ‚Iwein' Hartmanns von Aue zum ‚Iban' Ulrich Füetrers. Ein Vereinfachungs- und Neu-Gestaltungsprozess, in: Andersen-Vinilandicus, Peter Hvilshøj/Lafond-Kettlitz, Barbara (Hrsg.): Die Bedeutung der Rezeptionsliteratur für Bildung und Kultur der Frühen Neuzeit (1400–1750) III. Beiträge zur dritten Arbeitstagung in Wissembourg/Weißenburg (März 2014), Bern 2015, S. 13–37.

Dux, Günter: Struktur und Semantik der Zeit im Mythos, in: Kamper, Dietmar/Wulf, Christoph (Hrsg.): Das Heilige. Seine Spur in der Moderne, Frankfurt a. M. 1987, S. 528–547.

Ebenbauer, Alfred: Albrecht: *Jüngerer Titurel*, in: Brunner, Horst (Hrsg.): Mittelhochdeutsche Romane und Heldenepen, Stuttgart ²2004, S. 364–365.

Ebenbauer, Alfred: Tschionatulander und Artus. Zur Gattungsstruktur und zur Interpretation des Tschionatulanderlebens im *Jüngeren Titurel*, in: ZfdA 108 (1979), S. 397–403.

Ehrismann, Gustav: Geschichte der deutschen Literatur bis zum Ausgang des Mittelalters. 2. Teil: Die mittelhochdeutsche Literatur. München 1935.

Ehrismann, Otfrid: Art. ‚Schwan(en)ritter', in: Ranke, Kurt u. a. (Hrsg.): Enzyklopädie des Märchens. Handwörterbuch zur historischen und vergleichenden Erzählforschung, Bd. 12, Berlin/Boston 2007, Sp. 296–307.

Eikelmann, Manfred/Friedrich, Udo (Hrsg.): Praktiken europäischer Traditionsbildung im Mittelalter. Wissen – Literatur – Mythos, Berlin 2013.

Elster, Ernst: Beiträge zur Kritik des *Lohengrin*. In: PBB 10 (1885), S. 81–194.

Elster, Ernst: Das Verhältnis des *Lorengel* zum *Lohengrin*. In: Philologische Studien (1896), S. 252–276.

Ertzdorff, Xenia von: Linhart Scheubels Heldenbuch, in: Bandle, Oskar u. a. (Hrsg.): Festschrift für Siegfried Gutenbrunner, Heidelberg 1972, S. 33–46.

Fasching, Richard F.: Neue Erkenntnisse zum 'Nuwen Parzifal' und zu einer 'Epenwerkstatt' des 14. Jahrhunderts, in: ZfdA 147 (2018), H. 4, S. 491–509.

Fischer, Hanns: Studien zur deutschen Märendichtung, 2., durchgesehene und erweiterte Aufl. besorgt von Johannes Janota, Berlin/New York ²1983.

Fourquet, Jean: Wolfram d'Eschenbach et le Conte del Graal. Les divergences de la tradition du Conte del Graal de Chrétien et leur importance pour l'explication du texte du Parzival, Paris 1966.

Frey, Anna-Louise: The Swan Knight Legend: Its Background, Early Development and Treatment in the German Poems, Nashville 1931.

Freytag, Hartmut: Die Theorie der allegorischen Schriftdeutung und die Allegorie in deutschen Texten besonders des 11. und 12. Jahrhunderts, Bern/München 1982 (Bibliotheca Germanica 24).

Friedrich, Udo/Quast, Bruno: Mediävistische Mythosforschung, in: dies. (Hrsg.): Präsenz des Mythos. Konfigurationen einer Denkform in Mittelalter und Früher Neuzeit, Berlin/New York 2004, S. IX–XXXVII.

Friedrich, Udo: Mythos und europäische Tradition (Einleitung), in: Eikelmann, Manfred/Friedrich, Udo (Hrsg.): Praktiken europäischer Traditionsbildung im Mittelalter. Wissen – Literatur – Mythos, Berlin 2013, S. 187–204.

Friedrich, Udo: Zwischen Utopie und Mythos. Der Brief des Priester Johannes, in: ZfdPh 122 (2003), S. 73–92.

Gebert, Bent/Mayer, Uwe (Hrsg.): Zwischen Präsenz und Repräsentation. Formen und Funktionen des Mythos in theoretischen und literarischen Diskursen, Berlin 2014 (= 2014a).
Gebert, Bent/Mayer, Uwe: Mythos zwischen Präsenz und Repräsentation. Zur Einführung, in: dies. (Hrsg.): Zwischen Präsenz und Repräsentation. Formen und Funktionen des Mythos in theoretischen und literarischen Diskursen, Berlin 2014, S. 1–24 (= 2014b).
Gebert, Bent: Beobachtungsparadoxien mediävistischer Mythosforschung, in: Poetica 43 (2011), S. 19–61.
Gebert, Bent: Mythos als Wissensform. Epistemik und Poetik des ›Trojanerkriegs‹ Konrads von Würzburg, Berlin 2013 (Spectrum Literaturwissenschaft 35).
Gephart, Irmgard: Geben und Nehmen im *Nibelungenlied* und in Wolframs von Eschenbach *Parzival*, Bonn 1994 (Studien zur Germanistik, Anglistik und Komparatistik 122).
Gerdes, Udo: Art. ‚Sieben weise Meister', in: ²VL 8 (1992), Sp. 1174–1189.
Gereke, Paul: Textkritisches und Metrisches zu den Dichtungen Konrads von Würzburg. III: Nachträge zum *Engelhard*, Beiträge zum *Silvester* und zum *Schwanritter*. IV: Zum Text des *Alexius* und des *Pantaleon*, in: PBB 38 (1913), S. 501–519, S. 519–529.
Gervinus, Georg Gottfried: Geschichte der poetischen National-Literatur der Deutschen. 5 Bde., Leipzig 1835–1842.
Glauch, Sonja: An der Schwelle zur Literatur. Elemente einer Poetik des höfischen Erzählens, Heidelberg 2009.
Glauch, Sonja: Grenzüberschreitender Verkehr oder uneigentliche Rede? Allegorische Assistenzfiguren des Erzählers und ihr diegetischer Standort, in: BmE 1 (2018), S. 86–107 (online). https://ojs.uni-oldenburg.de/ojs/index.php/bme/article/view/1/1
Golther, Wolfgang: Lohengrin, in: Romanische Forschungen: Vierteljahrsschrift für romanische Sprachen und Literaturen 5 (1890), S. 103–136.
Golther, Wolfgang: Parzival und der Gral in der Dichtung des Mittelalters und der Neuzeit, Stuttgart 1925.
Graf, Klaus: Genealogisches Herkommen bei Konrad von Würzburg und im ‚Friedrich von Schwaben', in: Jahrbuch der Oswald von Wolkenstein-Gesellschaft 5 (1988/1989), S. 285–295.
Grimm, Jacob: Deutsche Mythologie. 2 Bde., Göttingen ²1844.
Grimm, Jacob: Deutsche Rechtsalterthümer, Göttingen 1828.
Haferland, Harald/Schulz, Armin: Metonymisches Erzählen. In: DVjs 84 (2010), H. 1, S. 3–43.
Hagen, Friedrich Heinrich von der: Die Schwanensage, in: Abhandlungen der Königlichen Akademie der Wissenschaften in Berlin 1846. Philologische und historische Abhandlungen, Berlin 1848, S. 513–577.
Hallmann, Jan: Studien zum mittelhochdeutschen *Wartburgkrieg*. Literaturgeschichtliche Stellung – Überlieferung – Rezeptionsgeschichte, mit einer Edition der *Wartburgkrieg*-Texte, Berlin 2015.
Hamburger, Paul: Der Dichter des *Jüngeren Titurel*, in: ZfdPh 21 (1889), S. 404–419.
Hamburger, Paul: Untersuchungen über Ulrich Fürtrers Dichtung von dem Gral und der Tafelrunde. 1. Zur Metrik und Grammatik, Stil und Darstellungsweise, Straßburg 1882 (Reprint Berlin/Boston 2019).
Hammer, Andreas: „Nie sollst du mich befragen". Der Schwanenritter zwischen Ursprungslogik und Geschichtlichkeit, in: Egidi, Margreth/Greulich, Markus: Schwierige Heilbringer. Das Anderssein des Helden in erzählenden Texten des Mittelalters und der Frühen Neuzeit [erscheint 2023].
Hammer, Andreas: Tradierung und Transformation. Mythische Erzählelemente im ‚Tristan' Gottfrieds von Straßburg und im ‚Iwein' Hartmanns von Aue, Stuttgart 2007.
Harms, Wolfgang: Anagnorisis-Szenen des mittelalterlichen Romans und Ulrich Füetrers ›Buch der Abenteuer‹, in: ZfdA 95 (1966), S. 301–318.
Harms, Wolfgang: Zu Ulrich Füetrers Auffassung vom Erzählen und von der Historie, in: ZfdPh 93 (1974), Sonderheft ‚Spätmittelalterliche Epik', S. 185–197.

Hartwich, Wolf-Daniel: Deutsche Mythologie. Die Erfindung einer nationalen Kunstreligion, Berlin 2000 (Kulturwissenschaftliche Studien 3).

Hasebrink, Burkhard: Die Ambivalenz des Erneuerns. Zur Aktualisierung des Tradierten im mittelalterlichen Erzählen, in: Peters, Ursula/Warning, Rainer (Hrsg.): Fiktion und Fiktionalität in den Literaturen des Mittelalters. Jan-Dirk Müller zum 65. Geburtstag, München 2009, S. 205–218.

Haug, Walter: Parzival ohne Illusionen, in: DVjs 64 (1990), S. 199–217.

Haupt, Moriz: Märchen und Sagen, in: Altdeutsche Blätter 1 (1836), S. 113–163.

Heck, Kilian/Jahn, Bernhard (Hrsg.): Genealogie als Denkform in Mittelalter und Früher Neuzeit, Tübingen 2000 (Studien und Texte zur Sozialgeschichte der Literatur 80).

Heinzle, Joachim: Art. ‚Heldenbücher', in: ²VL 3 (1981), Sp. 947–956 und ²VL 11 (2004), Sp. 639.

Heinzle, Joachim: Die Heiden als Kinder Gottes. Notiz zum *Willehalm*, in: ZfdA 123 (1994), H. 3, S. 301–308.

Heinzle, Joachim: Mythos, Mythen und Wagners Mittelalter, in: Lütteken, Laurenz (Hrsg.): Wagner Handbuch, Kassel 2012, S. 102–108.

Heinz-Mohr, Gerd: Lexikon der Symbole. Bilder und Zeichen der christlichen Kunst, Neuausgabe, München 1998 (Diederichs gelbe Reihe Christentum 150).

Helm, Karl: Die Oberrheinische Chronik, in: Aufsätze zur Sprach- und Literaturgeschichte. Wilhelm Braune zum 20. Februar 1920 dargebracht von Freunden und Schülern, Dortmund 1920, S. 237–254.

Herkommer, Hubert: Art. ‚*Das Buch der Könige alter ê und niuwer ê*', in: ²VL 1 (1978), Sp. 1089–1092.

Herkommer, Hubert: Art. ‚*Sächsische Weltchronik*', in: ²VL 8 (1992), Sp. 473–500.

Herkommer, Hubert: Überlieferungsgeschichte der Sächsischen Weltchronik. Ein Beitrag zur deutschen Geschichtsschreibung des Mittelalters, München 1972 (MTU 38).

Herweg, Mathias: Wege zur Verbindlichkeit. Studien zum deutschen Roman um 1300, Wiesbaden 2010.

Herweg, Mathias: Zwischen Handlungspragmatik, Gegenwartserfahrung und literarischer Tradition. Bilder der ‚nahen Heidenwelt' im späten deutschen Versroman, in: Boll, Katharina/Wenig, Katrin (Hrsg.): *kunst* und *saelde*. Festschrift für Trude Ehlert, Würzburg 2011, S. 87–113.

Hinrichsen, Hans-Joachim: ‚Musteraufführungen' oder: Die Antinomien kritischer Traditionsstiftung. Hans von Bülows Münchner Wagner-Premieren, in: Bolz, Sebastian/Schick, Hartmut (Hrsg.): Richard Wagner in München. Bericht über das interdisziplinäre Symposium zum 200. Geburtstag des Komponisten München, 26.–27. April 2013, München 2015, S. 245–258.

Hoffmann, Ulrich: Arbeit an der Literatur. Zur Mythizität der Artusromane Hartmanns von Aue, Berlin 2012 (Literatur – Theorie – Geschichte 2).

Hoffmann, Werner: Die spätmittelalterliche Bearbeitung des Nibelungenliedes in Lienhart Scheubels Heldenbuch. In: GRM N.F. 29 (1979), S. 129–145.

Huber, Christoph: Der *Apfel der Discordia*. Funktion und Dinglichkeit in der Mythographie und im *Trojanerkrieg* Konrads von Würzburg, in: Mühlherr, Anna u. a. (Hrsg.): Dingkulturen. Objekte in Literatur, Kunst und Gesellschaft der Vormoderne, Berlin/Boston 2016, S. 110–126.

Hübner, Gert: Lobblumen. Studien zur Genese und Funktion der ‚Geblümten Rede', Tübingen/Basel 2000 (Bibliotheca Germanica 41).

Huschenbett, Dietrich: Art. ‚Albrecht von Scharfenberg', in: ²VL 1 (1978), Sp. 200–206 (= 1978a).

Huschenbett, Dietrich: Art. ‚Albrecht, Dichter des *Jüngeren Titurel*', in: ²VL 1 (1978), Sp. 158–173 (= 1978b).

Huschenbett, Dietrich: Art. ‚Priesterkönig Johannes (*Presbyterbrief*)', in: ²VL 7 (1989), Sp. 828–842.

Huschenbett, Dietrich: Bibliographie zum *Jüngeren Titurel*, in: Wolfram-Studien 8 (1984), S. 169–176 (= 1984a).

Huschenbett, Dietrich: Der *Jüngere Titurel* als literaturgeschichtliches Problem, in: Wolfram-Studien 8 (1984), S. 153–168 (= 1984b).
Huschenbett, Dietrich: Pelaie und Lohrangrin. Braten bei Walther, Wolfram und Albrecht, in: Klein, Dorothea u. a. (Hrsg.): Vom Mittelalter zur Neuzeit. Festschrift für Horst Brunner, Wiesbaden 2000, S. 305–331.
Husmann, Heinrich: Aufbau und Entstehung des Cgm 4997 (Kolmarer Liederhandschrift). In: DVjs 34 (1960), S. 189–243.
Jackson, William Henry: *Lorengel* and the *Spruch von den Tafelrundern*. In: ders./Ranawake, Silvia (Hrsg.): The Arthur of the Germans. The Arthurian legend in medieval German and Dutch literature, Cardiff 2000, S. 181–183.
Jamme, Christoph: „Gott an hat ein Gewand". Grenzen und Perspektiven philosophischer Mythos-Theorien der Gegenwart, Frankfurt a. M. ²1999.
Jauß, Hans Robert: Allegorese, Remythisierung und neuer Mythos. Bemerkungen zur christlichen Gefangenschaft der Mythologie im Mittelalter, in: Furhmann, Manfred (Hrsg.): Terror und Spiel. Probleme der Mythenrezeption, München ²1990, S. 187–209.
Johanek, Peter: Art. ‚*Schwabenspiegel*', in: ²VL 8 (1992), Sp. 896–907.
Jolles, André: Einfache Formen. Legende, Sage, Mythe, Rätsel, Spruch, Kasus, Memorabile, Märchen, Witz, Tübingen ⁸2006 (Konzepte der Sprach- und Literaturwissenschaft 15).
Junk, Victor: Die Epigonen des höfischen Epos, Leipzig 1906, Neudruck Berlin und Leipzig 1922.
Katalog der deutschsprachigen illustrierten Handschriften des Mittelalters, begonnen von Hella Frühmorgen-Voss, fortgeführt von Norbert H. Ott zusammen mit Ulrike Bodemann und Gisela Fischer-Heetfeld, Bd. 2, Lfg. 5, München 1996.
Katalog der deutschsprachigen illustrierten Handschriften des Mittelalters, begonnen von Hella Frühmorgen-Voss und Norbert H. Ott, hrsg. von Ulrike Bodemann u. a., Bd. 6, Lfg. 5, München 2015.
Keller, Johannes/Kragl, Florian (Hrsg.): Mythos – Sage – Erzählung. Gedenkschrift für Alfred Ebenbauer, Göttingen 2009.
Kellner, Beate/Strohschneider, Peter: Die Geltung des Sanges. Überlegungen zum ‚Wartburgkrieg' C, in: Heinzle, Joachim (Hrsg.): Neue Wege der Mittelalter-Philologie. Landshuter Kolloquium 1996, Berlin 1998, S. 143–167.
Kellner, Beate/Strohschneider, Peter: Poetik des Krieges. Eine Skizze zum *Wartburgkrieg*-Komplex, in: Braun, Manuel u. a. (Hrsg.): Das fremde Schöne. Dimensionen des Ästhetischen in der Literatur des Mittelalters, Berlin/New York 2007 (Trends in Medieval Philology 12), S. 335–356.
Kellner, Beate/Strohschneider, Peter: Wartburgkriege. Eine Projektbeschreibung, in: Schubert, Martin J. (Hrsg.): Deutsche Texte des Mittelalters zwischen Handschriftennähe und Rekonstruktion, Tübingen 2005, S. 173–202.
Kellner, Beate: Melusinengeschichten im Mittelalter. Formen und Möglichkeiten ihrer diskursiven Vernetzung, in: Peters, Ursula (Hrsg.): Text und Kultur. Mittelalterliche Literatur 1150–1450, Stuttgart/Weimar 2001, S. 268–295.
Kellner, Beate: Rätsel und Geheimnis im *Wartburgkrieg*. Epistemologische und ästhetische Dimensionen des ‚Rätselwettstreits', in: Eming, Jutta/Wels, Volkhard (Hrsg.): Darstellung und Geheimnis in Mittelalter und Früher Neuzeit, Wiesbaden 2021 (Episteme in Bewegung 21), S. 141–164.
Kellner, Beate: Schwanenkinder – Schwanritter – Lohengrin. Wege mythischer Erzählungen, in: Friedrich, Udo/Quast, Bruno (Hrsg.): Präsenz des Mythos, Berlin/New York 2004, S. 131–154 (= 2004a).
Kellner, Beate: Ursprung und Kontinuität. Studien zum genealogischen Wissen im Mittelalter, München 2004 (= 2004b).

Kerdelhué, Alain: *brevitas* et *prolixitas* dans la *Sächsische Weltchronik* et *Lohengrin*, in: Buschinger, Danielle (Hrsg.): Chroniques nationales et chroniques universelles. Actes du Colloque d'Amiens, 16–17 janvier 1988, Göppingen 1990, S. 97–110.

Kerdelhué, Alain: *Lohengrin* et la *Sächsische Weltchronik*, in: Buschinger, Danielle (Hrsg.): Histoire et littérature au moyen age. Actes du colloque du Centre d'Etudes Médiévales de l'Université de Picardie (Amiens 20–24 mars 1985), Göppingen 1991, S. 195–203.

Kerdelhué, Alain: Lohengrin. Analyse interne et étude critique des sources du poème moyen-haut-allemand de la fin du 13ème siècle, Göppingen 1986.

Kern, Manfred: Agamemnon weint oder arthurische Metamorphose und trojanische Destruktion im ‚Göttweiger Trojanerkrieg', Erlangen 1995 (Erlanger Studien 104).

Kern, Manfred: Mythomorphose. Ästhetische und theoretische Aspekte der literarischen Arbeit am Mythos, in: Coelsch-Foisner, Sabine/Schwarzbauer, Michaela (Hrsg.): Metamorphosen. Akten der Tagung der Interdisziplinären Forschungsgruppe Metamorphosen an der Universität Salzburg in Kooperation mit der Universität Mozarteum und der Internationalen Gesellschaft für Polyästhetische Erziehung (Zell an der Pram 2003), Heidelberg 2005, S. 55–71.

Kiening, Christian: Arbeit am Absolutismus des Mythos. Mittelalterliche Supplemente zur biblischen Heilsgeschichte, in: Friedrich, Udo/Quast, Bruno (Hrsg.): Präsenz des Mythos. Konfigurationen einer Denkform in Mittelalter und Früher Neuzeit, Berlin/New York 2004, S. 35–57.

Kiening, Christian: Art. ‚Albrecht von Scharfenberg', in: Killy Literaturlexikon. Autoren und Werke des deutschsprachigen Kulturraumes, 2., vollständig überarbeitete Auflage, hrsg. von Wilhelm Kühlmann u. a., Bd. 1, Berlin/New York 2008, Sp. 83–84.

Kienzle, Ulrike: ... daß wissend würde die Welt! Religion und Philosophie in Richard Wagners Musikdramen, Würzburg 2005 (Wagner in der Diskussion 1).

Killer, Ulrike: Untersuchungen zu Ulrich Füetrers ‚Buch der Abenteuer', Würzburg 1971.

Kinderman, William: Lohengrin. Romantische Oper in drei Akten, WWV 75, in: Lütteken, Laurenz (Hrsg.): Wagner Handbuch, Kassel 2012, S. 322–331.

Klein, Dorothea/Haustein, Jens/Brunner, Horst (Hrsg.): Sangspruch / Spruchsang. Ein Handbuch, Berlin/Boston 2019.

Klibansky, Erich: Gerichtsszene und Prozeßform in erzählenden deutschen Dichtungen des 12. bis 14. Jahrhunderts, Berlin 1925.

Knapp, Fritz Peter: A Preliminary Typology of Medieval Epic Cycles, in: Besamusca, Bart u. a. (Hrsg.): Cyclification. The Development of Narrative Cycles in the Chansons de Geste and the Arthurian Romances, Amsterdam u. a. 1994, S. 99–101.

Knapp, Fritz Peter: Die große Schlacht zwischen Orient und Okzident in der abendländischen Epik. Ein antikes Thema in mittelalterlichem Gewand, in: GRM N.F. 24 (1974), S. 129–152.

Knapp, Fritz Peter: Verborgene Märchen des Hochmittelalters, in: PBB 134 (2012), S. 73–88.

Köbele, Susanne: Die Illusion der ›einfachen Form‹. Über das ästhetische und religiöse Risiko der Legende, in: PBB 134 (2012), S. 365–404.

Kokott, Hartmut: Konrad von Würzburg. Ein Autor zwischen Auftrag und Autonomie, Stuttgart 1989.

Kolb, Herbert: Die Schwanrittersage als Ursprungsmythos mittelalterlicher Fürstengeschlechter, in: Nyberg, Tore u. a. (Hrsg.): History and Heroic Tale, Odense 1985, S. 23–50.

Kolb, Herbert: Lohengrin und die römischen Apostel, in: Archiv für das Studium der neueren Sprachen und Literaturen 223 (1986), S. 104–113.

Kolb, Herbert: Munsalvaesche. Studien zum Kyotproblem, München 1963.

Kornrumpf, Gisela: Art. ‚Kolmarer Liederhandschrift', in: Killy Literaturlexikon. Autoren und Werke des deutschsprachigen Kulturraumes, 2., vollständig überarbeitete Auflage, hrsg. von Wilhelm Kühlmann u. a., Bd. 6, Berlin/New York 2009, Sp. 608–610.

Kornrumpf, Gisela: Art. ‚Lienhart Scheubels Heldenbuch', in: Killy Literaturlexikon. Autoren und Werke des deutschsprachigen Kulturraumes, 2., vollständig überarbeitete Auflage, hrsg. von Wilhelm Kühlmann u. a., Bd. 10, Berlin/New York 2011, Sp. 321–322.

Kornrumpf, Gisela: Die Kolmarer Liederhandschrift. Bemerkungen zu Plan, Provenienz und Funktion, in: dies.: Vom Codex Manesse zur Kolmarer Liederhandschrift. Aspekte der Überlieferung, Formtraditionen, Texte, Bd. 1: Untersuchungen. Tübingen 2008, S. 257–274.

Kragl, Florian/Schneider, Christian: Einleitung. In: dies. (Hrsg.): Erzähllogiken in der Literatur des Mittelalters und der Frühen Neuzeit, Heidelberg 2013 (Studien zur historischen Poetik 13), S. 1–25.

Kragl, Florian: Gottfrieds Ironie. Sieben Kapitel über figurenpsychologischen Realismus im *Tristan*, mit einem Nachspruch zum *Rosenkavalier*, Berlin 2019.

Krogmann, Willy: Art ‚Lohengrin'. Mit Anhang ‚Lorengel', in: Die deutsche Literatur des Mittelalters. Verfasserlexikon. Begründet von Wolfgang Stammler, unter Mitarbeit zahlreicher Fachgenossen hrsg. von Karl Langosch, Bd. III: Laber – Rynstetten, Berlin 1943, Sp. 55–79.

Krogmann, Willy: Die Schwanrittersage, in: Archiv für das Studium der neueren Sprachen 171 (1937), S. 1–16.

Kropik, Cordula: Gemachte Welten. Form und Sinn im höfischen Roman, Tübingen 2018 (Bibliotheca Germanica 65).

Krüger, August Georg: Die Quellen der Schwanritterdichtungen, Gifhorn 1936.

Kuhn, Hugo: Versuch über das 15. Jahrhundert in der deutschen Literatur, in: Wachinger, Burghart (Hrsg.): Entwürfe zu einer Literatursystematik des Spätmittelalters, Tübingen 1980, S. 77–101.

Kunze, Stefan: Lohengrin – Die Allegorie des Künstlers, in: Programmhefte der Bayreuther Festspiele 1971, S. 13, 64–73.

Lachmann, Karl: Rezension zu *Der Krieg auf Wartburg* nach den Geschichten und Gedichten des Mittelalters, hrsg. von August Zeune, in: ders.: Kleinere Schriften, hrsg. von Karl Müllenhoff, Bd. 1, Berlin 1876, S. 140–156.

Lähnemann, Henrike: Haken schlagende Reden. Der Beginn des neunten Buches des *Parzival*, in: Miedema, Nine/Hundsnurscher, Franz (Hrsg.): Formen und Funktionen von Redeszenen in der mittelhochdeutschen Großepik, Tübingen 2007, S. 261–280.

Lampp, Friedrich: Die Schwanrittersage in der Literatur, Ratibor 1914.

Langenscheidt Taschenwörterbuch Altgriechisch. Teil I: Altgriechisch – Deutsch, Hrsg. von der Langenscheidt-Redaktion, begründet von Prof. Dr. Hermann Menge, bearbeitet von Karl-Heinz Schäfer und Prof. Dr. Bernhard Zimmermann, Berlin/München 1993.

Lecouteux, Claude: Das Motiv der gestörten Mahrtenehe als Widerspiegelung der menschlichen Psyche, in: Janning, Jürgen (Hrsg.): Vom Menschenbild im Märchen, Kassel 1980, S. 59–71.

Lecouteux, Claude: La structure des légendes mélusiniennes, in: Annales ESC 33 (1978), S. 294–306 (= 1978a).

Lecouteux, Claude: Mélusine et le chevalier au cygne, préface de Jacques Le Goff, Paris 1997.

Lecouteux, Claude: Zur Entstehung der Melusinensage, in: ZfdPh 98 (1979), S. 73–84.

Lecouteux, Claude: Zur Entstehung der Schwanrittersage, in: ZfdA 107 (1978), S. 18–33 (= 1978b).

Lembke, Astrid: Dämonische Allianzen. Jüdische Mahrtenehenerzählungen der europäischen Vormoderne, Tübingen 2013 (Bibliotheca Germanica 60).

Lembke, Astrid: Inschriftlichkeit. Materialität, Präsenz und Poetik des Geschriebenen im höfischen Roman, Berlin 2020 (Deutsche Literatur. Studien und Quellen 37).

Lévi-Strauss, Claude: Die Struktur der Mythen, in: ders.: Strukturale Anthropologie I, Frankfurt a. M. ^{2}1976, S. 226–254.

Lévi-Strauss, Claude: Mythologica, 4 Bde., übersetzt von Eva Moldenhauer, Frankfurt a. M. 1971–73 (Original: Mythologiques, 1964–71).

Lévi-Strauss, Claude: Von Chrétien de Troyes zu Richard Wagner, in: ders.: Der Blick aus der Ferne. Aus dem Französischen von Hans-Horst Henschen und Joseph Vogl. Mit einem Bildteil von Anita Albus, Frankfurt a. M. 2008, S. 326–345.

Lexer, Matthias: Mittelhochdeutsches Handwörterbuch. Nachdruck der Ausgabe Leipzig 1872–1878 mit einer Einleitung von Kurt Gärtner, Stuttgart 1992.

Lieb, Ludger: Spuren materialer Textkulturen. Neun Thesen zur höfischen Textualität im Spiegel textimmanenter Inschriften, in: Kellner, Beate u. a. (Hrsg.): Höfische Textualität. Festschrift für Peter Strohschneider, Heidelberg 2015, S. 1–20.

Lienert, Elisabeth: Widerspruch als Erzählprinzip in der Vormoderne? Eine Projektskizze, in: PBB 139 (2017), H. 1, S. 69–90.

Linseis, Verena: Gotteskrieger und Gottesgeheimnisse. Legendarisches im ,Lohengrin', in: Dietl, Cora u. a. (Hrsg.): Gattungsinterferenzen. Der Artusroman im Dialog, Berlin/Boston 2016 (Schriften der Internationalen Artusgesellschaft 11), S. 117–153.

Lorenz, Andrea: Der *Jüngere Titurel* als Wolfram-Fortsetzung. Eine Reise zum Mittelpunkt des Werks, Bern 2002 (Deutsche Literatur von den Anfängen bis 1700 36).

Lotman, Juri M.: Die Struktur literarischer Texte, München ²1981.

Lugowski, Clemens: Die Form der Individualität im Roman. Studien zur inneren Struktur der frühen deutschen Prosaerzählung, Berlin 1932.

Martínez, Matías: Art. ,Motivierung', in: Fricke, Harald u. a. (Hrsg.): Reallexikon der deutschen Literaturwissenschaft. 3 Bde, Bd. 2, Berlin/New York 2007, S. 643–646.

Masse, Marie-Sophie: L'heritage de Wolfram dans la *Wartburgkrieg*, in: Buschinger, Danielle/Spiewok, Wolfgang (Hrsg.): *Perceval – Parzival*. Hier et aujourd'hui et autres essais sur la littérature allemande du Moyen Age et de la Renaissance. Pour fêter les 95 ans de Jean Fourquet, Greifswald 1994, S. 157–169.

Matthews, Alastair: The ends of polemic and the beginning of ,Lohengrin', in: Suerbaum, Almut u. a. (Hrsg.): Polemic. Language as violence in medieval and early modern discourse, London/New York 2015, S. 43–64 (= 2015a).

Matthews, Alastair: The Medieval German *Lohengrin*. Narrative Poetics in the Story of the Swan Knight, Rochester/New York 2016 (Studies in German Literature, Linguistics, and Culture).

Matthews, Alastair: Wolfram als Chronist? ,Chronikstil' und Sprecher in den Schlussstrophen des ,Lohengrin', in: Andersen, Elizabeth (Hrsg.): Literarischer Stil. Mittelalterliche Dichtung zwischen Konvention und Innovation, XXII. Anglo-German Colloquium Düsseldorf, Berlin 2015, S. 339–352 (= 2015b).

Menhardt, Hermann: Verzeichnis der altdeutschen literarischen Handschriften der österreichischen Nationalbibliothek. Bd. 3, Berlin 1961 (Deutsche Akademie der Wissenschaften zu Berlin – Veröffentlichungen des Instituts für deutsche Sprache und Literatur 13).

Mertens, Volker: ,L'éloge princier' (Fürstenlob) du ,Tournoi des poètes à la Wartburg' (Wartburgkrieg). Une représentation scénique de fête en l'honneur de Henri de Meißen, in: Buschinger, Danielle/Crépin, André (Hrsg.): Musique, littérature et société au moyen âge. Actes du colloque 24–29 mars 1980, Paris 1980, S. 305–321.

Mertens, Volker: ,Durch Gottes Sieg ...'. Gottesurteile im *Lohengrin* und anderswo, in: wagnerspectrum 10 (2014), H. 1, S. 61–80.

Mertens, Volker: ,Wesenlose Phantasterei'? Die mittelalterlichen Quellen von Wagners *Parsifal*, in: wagnerspectrum 12 (2016), H. 1, S. 13–41.

Mertens, Volker: Das *Fürstenlob* des *Wartburgkriegs*. Heinrich III. von Meißen und die ,gemischte Medialität', in: Erfen, Irene (Hrsg.): „... der Welt noch den Tannhäuser schuldig." Richard Wagner: Tannhäuser und der Sängerkrieg auf Wartburg, Regensburg 1999 (Wartburg-Jahrbuch, Sonderband 1997), S. 15–31.

Mertens, Volker: Der deutsche Artusroman, Stuttgart 1998.

Mertens, Volker: Der Gral. Mythos und Literatur, Stuttgart 2007.

Mertens, Volker: Melusinen. Undinen. Variationen des Mythos vom 12. bis zum 20. Jahrhundert, in: Janota, Johannes (Hrsg.): Festschrift Walter Haug und Burghart Wachinger, Bd. I, Halle/Tübingen 1992, S. 201–231.

Mertens, Volker: Richard Wagner und das Mittelalter, in: Müller, Ulrich/Wapnewski, Peter (Hrsg.): Richard-Wagner-Handbuch, Stuttgart 1986, S. 19–59.

Mertens, Volker: Verborgene Traditionen in Wagners *Tristan*. Vortrag Hamburg 2016, Typoskript (auf der Basis der Diskussion überarbeitete Fassung 2019).

Mertens, Volker: Zu Text und Melodie der Titurel-Strophe: *Iamer ist mir entsprungen*, in: Wolfram-Studien 1 (1970), S. 219–239.

Meyer, Matthias: Intertextuality in the Later Thirteenth Century. Wigamur, Gauriel, Lohengrin and the Fragments of Arthurian Romance, in: Jackson, William Henry/Ranawake, Silvia (Hrsg.): The Arthur of the Germans. The Arthurian legend in medieval German and Dutch literature, Cardiff 2000, S. 103–106.

Motte, Diether de la: Harmonielehre, Kassel [17]2014.

Müller, Jan-Dirk: Der Prosaroman – eine Verfallsgeschichte? Zu Clemens Lugowskis Analyse des ‚Formalen Mythos' (mit einem Vorspruch), in: Haug, Walter (Hrsg.): Mittelalter und frühe Neuzeit. Übergänge und Neuansätze, Tübingen 1999, S. 143–163.

Müller, Jan-Dirk: Funktionswandel ritterlicher Epik am Ausgang des Mittelalters, in: Kaiser, Gert (Hrsg.): Gesellschaftliche Sinnangebote mittelalterlicher Literatur. Mediävistisches Symposion an der Universität Düsseldorf, München 1980, S. 11–75.

Müller, Jan-Dirk: Höfische Kompromisse. Acht Kapitel zur höfischen Epik, Tübingen 2007.

Müller, Jan-Dirk: Rationalisierung und Mythisierung in Erzähltexten der Frühen Neuzeit, in: Wolfram-Studien 20 (2008), S. 435–456.

Müller, Jan-Dirk: *schîn* und Verwandtes. Zum Problem der ‚Ästhetisierung' in Konrads von Würzburg *Trojanerkrieg* (Mit einem Nachwort zu Terminologie-Problemen der Mediävistik), in: Dicke, Gerd u. a. (Hrsg.): Im Wortfeld des Textes. Worthistorische Beiträge zu den Bezeichnungen von Rede und Schrift im Mittelalter, Berlin/New York 2006, S. 287–307.

Müller, Wilhelm: Die Sage vom Schwanritter, in: Germania 1 (1856), S. 418–440.

Myers, Geoffrey M.: The Manuscripts of the Cycle, in: The Old French Crusade Cycle. Vol. I: La Naissance du Chevalier au Cygne, Elioxe & Beatrix, *Elioxe* ed. by Emanuel J. Mickel Jr., *Beatrix* ed. by Jan A. Nelson, Tuscaloosa 1977, S. xiii–lxv.

Nellmann, Eberhard: Wolframs Erzähltechnik. Untersuchungen zur Funktion des Erzählers, Wiesbaden 1973.

Neukirchen, Thomas: Art. ‚Albrecht', in: Kühlmann, Wilhelm (Hrsg.): Killy Literaturlexikon. Autoren und Werke des deutschsprachigen Kulturraumes, 2., vollständig überarbeitete Auflage, hrsg. von Wilhelm Kühlmann u. a., Bd. 1, Berlin/New York 2008, S. 75–78.

Neukirchen, Thomas: Bibliographie zum *Jüngeren Titurel* 1984–2002, in: Wolfram-Studien 18 (2004), S. 405–424.

Neukirchen, Thomas: Die ganze *aventiure* und ihre *lere*. Der *Jüngere Titurel* Albrechts als Kritik und Vervollkommnung des *Parzival* Wolframs von Eschenbach, Heidelberg 2006.

Nottarp, Hermann: Gottesurteilstudien, München 1956 (Bamberger Abhandlungen und Forschungen 2).

Nyholm, Kurt: Albrechts von Scharfenberg ‚Merlin', Åbo 1967 (Acta Academiae Aboensis, Ser. A. Humaniora 33,2).

Nyholm, Kurt: Art. ‚Fuetrer, Ulrich', in: [2]VL 2 (1980), Sp. 999–1007.

Nyholm, Kurt: Einleitung, in: ders. (Hrsg.): Die Gralepen in Ulrich Füetrers Bearbeitung. Buch der Abenteuer, nach der Münchner Handschrift Cgm 1 unter Heranziehung der Wiener Handschriften Cod. vindob. 2888 und 3037 und der Münchner Handschrift Cgm 247, Berlin 1964, S. VII–CXIV (= 1964b).

Nyholm, Kurt: Pragmatische Isotypien im *Jüngeren Titurel*. Überlegung zur Autor-Hörer/Leser-Situation, in: Wolfram-Studien 8 (1984), S. 120–137.
Pahlen, Kurt: Lohengrin. Textbuch, Einführung und Kommentar, Mainz 2010.
Panzer, Friedrich: Lohengrinstudien, Halle 1894.
Paul, Hermann: Mittelhochdeutsche Grammatik. Berlin ^{25}2007.
Petzet, Erich: Über das Heidelberger Bruchstück des *Jüngeren Titurel*, in: Sitzungsberichte der philosophisch-philologischen und der historischen Klasse der Königlichen Bayerischen Akademie der Wissenschaften zu München (1904), S. 287–320.
Petzsch, Christoph: Die Kolmarer Liederhandschrift. Entstehung und Geschichte, München 1978.
Pfefferkorn, Meike: Zur Semantik von ‚rike' in der Sächsischen Weltchronik. Reden über Herrschaft in der frühen deutschen Chronistik – Transformationen eines politischen Schlüsselwortes, Frankfurt a. M. 2014 (Beihefte zur Mediaevistik 19).
Philipowski, Katharina: Die Grenze zwischen *histoire* und *discours* und ihre narrative Überschreitung. Zur Personifikation des Erzählens in späthöfischer Epik, in: Knefelkamp, Ulrich/Bosselmann-Cyran, Kristian (Hrsg.): Grenze und Grenzüberschreitung im Mittelalter. 11. Symposium des Mediävistenverbandes vom 14. bis 17. März 2005 in Frankfurt an der Oder, Berlin 2007, S. 270–284.
Plotke, Seraina: Die Stimme des Erzählens. Mittelalterliche Buchkultur und moderne Narratologie, Göttingen 2017.
Poser, Thomas: Raum in Bewegung. Mythische Logik und räumliche Ordnung im ‚Erec' und im ‚Lanzelet'. Tübingen 2018 (Bibliotheca Germanica 70).
Przybilski, Martin: Giburgs Bitten. Politik und Verwandtschaft, in: ZfdA 133 (2004), H. 1, S. 49–60.
Ragotzky, Hedda: Studien zur Wolfram-Rezeption. Die Entstehung und Verwandlung der Wolfram-Rolle in der deutschen Literatur des 13. Jahrhunderts, München 1971.
Rank, Otto: Die Lohengrinsage. Ein Beitrag zu ihrer Motivgestaltung und Deutung, Leipzig/Wien 1911 (Studien zur angewandten Seelenkunde 13).
Raumann, Rachel: ‚Dich im Unendlichen zu finden, mußt unterscheiden, dann verbinden'. Retextualisierung im II. Teil von Ulrich Fuetrers ‚Buch der Abenteuer', in: Burrichter, Brigitte u. a. (Hrsg.): Aktuelle Tendenzen der Artusforschung, Berlin 2013, S. 55–69.
Reinhardt, Udo: Mythen – Sagen – Märchen. Eine Einführung mit exemplarischen Motivreihen, Freiburg i. Br. u. a. 2012 (Rombach Wissenschaften: Reihe Paradeigmata 17).
Repertorium der Sangsprüche und Meisterlieder des 12. bis 18. Jahrhunderts, hrsg. von Horst Brunner und Burghart Wachinger, Tübingen 1986–2007.
Rischer, Christelrose: Literarische Rezeption und kulturelles Selbstverständnis in der deutschen Literatur der ‚Ritterrenaissance' des 15. Jahrhunderts. Untersuchungen zu Ulrich Füetrers ‚Buch der Abenteuer' und dem ‚Ehrenbrief' des Jakob Püterich von Reichertshausen, Stuttgart u. a. 1973 (Studien zur Poetik und Geschichte der Literatur 29).
Ritscher, Alfred: Das Recht und die Politik Rudolfs von Habsburg im Spiegel des ‚Schwanritters' Konrads von Würzburg, in: Jahrbuch der Oswald von Wolkenstein-Gesellschaft 5 (1988/89), S. 239–250.
Röhrich, Lutz: Erzählungen des späten Mittelalters und ihr Weiterleben in Literatur und Volksdichtung bis zur Gegenwart. Bd. 1, Bern/München 1962.
Röhrich, Lutz: Mahrtenehe: Die gestörte M[arthenehe], in: Ranke, Kurt u. a. (Hrsg.): Enzyklopädie des Märchens. Handwörterbuch zur historischen und vergleichenden Erzählforschung, Bd. 9, Berlin/New York 1999, Sp. 44–53.
Röhrich, Lutz: Nachwort, in: Deutsche Sagen. Zwei Bände in einem Band, hrsg. von den Brüdern Grimm, Darmstadt 1977, S. 633–649.
Röll, Walter: Studien zu Text und Überlieferung des sog. *Jüngeren Titurel*, Heidelberg 1964.
Rosenfeld, Hellmut: Der Münchner Maler und Dichter Ulrich Fuetrer (1430–1496) in seiner Zeit und sein Name (eigentlich ‚Furtter'), in: Oberbayerisches Archiv 90 (1968), S. 128–140.

Ruf, Theodor: Die Grafen von Rieneck. Genealogie und Territorienbildung, Bd. II: Herkunftstheorien und Systematik der Territorienbildung, Würzburg 1984.

Ruh, Kurt: Höfische Epik des deutschen Mittelalters. Zweiter Teil: ‚Reinhart Fuchs', ‚Lanzelet', Wolfram von Eschenbach, Gottfried von Straßburg, Berlin 1980.

Runow, Holger: Sangspruchdichtung als Gattung (statt einer Einleitung), in: Klein, Dorothea u. a. (Hrsg.): Sangspruch / Spruchsang. Ein Handbuch, Berlin/Boston 2019, S. 1–19.

Salvini-Plawen, Luitfried von: Zur Historizität des „Schwanritters", in: Archiv für Kulturgeschichte 72 (1990), S. 297–322.

Sassenhausen, Ruth: Tendenzen frühromantischer Fragmentauffassung im Mittelalter? Versuch zur Loherangringeschichte im *Parzival* Wolframs von Eschenbach, in: Zeitschrift für Germanistik N.F. 15 (2005), H. 3, S. 571–586.

Schadewaldt, Wolfgang: Richard Wagner und die Griechen, in: Wagner, Wieland (Hrsg.): Richard Wagner und das neue Bayreuth, München 1962, S. 149–174.

Schanze, Frieder: Meisterliche Liedkunst zwischen Heinrich von Mügeln und Hans Sachs. Bd. 1: Untersuchungen. München 1983 (MTU 82), Bd. 2: Verzeichnisse. München 1984 (MTU 83).

Schick, Hartmut: Zwischen Skandal und Triumph. Richard Wagners Wirken in München, in: Bolz, Sebastian/Schick, Hartmut (Hrsg.): Richard Wagner in München. Bericht über das interdiziplinäre Symposium zum 200. Geburtstag des Komponisten München, 26.–27. April 2013, München 2015, S. 11–36.

Schirok, Bernd: *Ich louc durch ableitens list*. Zu Trevrizents Widerruf und den neutralen Engeln, in: ZfdPh 106 (1987), S. 46–72.

Schmid, Elisabeth: Familiengeschichten und Heilsmythologie. Die Verwandtschaftsstrukturen in den französischen und deutschen Gralromanen des 12. und 13. Jahrhunderts, Tübingen 1986 (Beihefte zur Zeitschrift für romanische Philologie 211).

Schmid, Florian: Genealogien zwischen Historie und Fiktion. Poetische Werke als wissensvermittelnde Quellen in der Bayerischen Chronik Ulrich Füetrers, in: Bartl, Andrea/Famula, Marta (Hrsg.): Vom Eigenwert der Literatur. Reflexionen zu Funktion und Relevanz literarischer Texte, Würzburg 2017, S. 167–194.

Schmid, Manfred Hermann: Metamorphose der Themen. Beobachtungen an den Skizzen zum *Lohengrin*-Vorspiel, in: Die Musikforschung 41 (1988), 105–126.

Schmitz, Michaela: Der Schluss des ‚Parzival' Wolframs von Eschenbach. Kommentar zum 16. Buch, Berlin 2012.

Schneider, Karin: Die deutschen Handschriften der Bayerischen Staatsbibliothek München. Die mittelalterlichen Handschriften aus dem Cgm 4001–5247, neu beschrieben von Karin Schneider, Wiesbaden 1996 (Catalogus codicum manu scriptorum Bibliothecae Monacensis V,7).

Schneider, Karin: Paläographie und Handschriftenkunde für Germanisten. Eine Einführung, Berlin/Boston ³2014.

Schneider, Martin: Wissende des Unbewussten. Romantische Anthropologie und Ästhetik im Werk Richard Wagners, Berlin 2013 (Studien zur deutschen Literatur 199).

Schnell, Rüdiger: Dichtung und Rechtsgeschichte. Der Zweikampf als Gottesurteil in der mittelalterlichen Literatur, in: Mitteilungen der Technischen Universität Carolo-Wilhelmina zu Braunschweig 18/2 (1983), S. 53–62.

Schnell, Rüdiger: Literarische Beziehungen zwischen Hartmanns ‚Erec' und Wolframs ‚Parzival', in: PBB 95 (1973), S. 301–332.

Schnütgen, Wiltrud: Literatur am klevischen Hof vom hohen Mittelalter bis zur frühen Neuzeit, Kleve 1990.

Schotte, Manuela: Christen, Heiden und der Gral. Die Heidendarstellung als Instrument der Rezeptionslenkung in den mittelhochdeutschen Gralromanen des 13. Jahrhunderts, Frankfurt a. M./New York 2009 (Germanistische Arbeiten zu Sprache und Kulturgeschichte 49).

Schröder, Richard: Beiträge zur Kunde des deutschen Rechts aus deutschen Dichtern, in: ZfdA 13 (1867), S. 139–175.

Schröder, Werner: Der Schluss des *Jüngeren Titurel*, in: Wolfram von Eschenbach. Spuren, Werke, Wirkungen, Kleinere Schriften 1956–1987, Bd. 2: Wirkungen im 13. und 14. Jahrhundert, Stuttgart/Leipzig 1989, S. 501–532.

Schröder, Werner: Die sogenannten Hinweis-Strophen nebst ‚Kunst'-Strophen und Aventiure-Gespräch in der Überlieferung des *Jüngeren Titurel*, Stuttgart 1993 (Abhandlungen der Geistes- und Sozialwissenschaftlichen Klasse/Akademie der Wissenschaften und der Literatur Mainz 1993,12).

Schu, Cornelia: Vom erzählten Abenteuer zum Abenteuer des Erzählens. Überlegungen zur Romanhaftigkeit von Wolframs *Parzival*, Frankfurt a. M./New York 2002 (Kultur, Wissenschaft, Literatur 2).

Schülein, Frieder: Zur Theorie und Praxis des Blümens. Untersuchungen zur Sprachästhetik in der deutschen Literatur des 13.–15. Jahrhunderts, Bern 1976.

Schulz, Armin: Poetik des Hybriden. Schema, Variation und intertextuelle Kombinatorik in der Minne- und Aventiureepik: ‚Willehalm von Orlens', ‚Partonopier und Meliur', ‚Wilhelm von Österreich', ‚Die schöne Magelone', Berlin 2000.

Schulz, Armin: Schwieriges Erkennen. Personenidentifizierung in der mittelhochdeutschen Epik, Tübingen 2008 (MTU 135).

Schulz, Armin: Spaltungsphantasmen. Erzählen von der ‚gestörten Mahrtenehe', in: Wolfram-Studien 18 (2004), S. 233–262.

Schumacher, Frauke: Die erzählte Welt als Spiegel. Reflexionen des analytischen Erzählens im ‚Parzival' Wolframs von Eschenbach, Bremen 2014.

Schwarzbach-Dobson, Michael: Exemplarisches Erzählen im Kontext. Mittelalterliche Fabeln, Gleichnisse und historische Exempel in narrativer Argumentation, Berlin/Boston 2018 (Literatur – Theorie – Geschichte 13).

Schwertl, Gerhard: Art. ‚Albrecht IV. der Weise', in: Lexikon des Mittelalters. Bd. 1: Aachen bis Bettelordenskirchen, München 2002, Sp. 315–316.

Sieburg, Heinz: Die Offenbarung des Geheimen? Mittelalterliche Gottesurteile als Erkenntnisquelle und ihr Niederschlag in der mittelhochdeutschen Literatur, in: Conermann, Stephan u. a. (Hrsg.): Geheimnis und Verborgenes im Mittelalter. Funktion, Wirkung und Spannungsfelder von okkultem Wissen, verborgenen Räumen und magischen Gegenständen, Berlin/Boston 2021, S. 27–43.

Siegele, Ulrich: Das Drama der Themen am Beispiel des *Lohengrin*, in: Dahlhaus, Carl (Hrsg.): Richard Wagner. Werk und Wirkung, Regensburg 1971, S. 41–51.

Spicker, Johannes: Genealogische Zuschreibung, niederrheinische Lokalisierung und erzählerische Strategie: Konrads von Würzburg ‚Schwanritter', in: Heimböckel, Dieter (Hrsg.): Sprache und Literatur am Niederrhein, Bottrop 1998, S. 55–82.

Spiewok, Wolfgang: Loherangrin – ein nicht geschriebenes Epos Wolframs von Eschenbach, in: Buschinger, Danielle/Spiewok, Wolfgang (Hrsg.): *Perceval – Parzival*. Hier et aujourd'hui et autres essais sur la littérature allemande du Moyen Age et de la Renaissance. Pour fêter les 95 ans de Jean Fourquet, Greifswald 1994, S. 271–292.

Spiller, Reinhold: Studien über Albrecht von Scharfenberg und Ulrich Füetrer, Leipzig 1883 (erschien auch in ZfdA 27 (1883), S. 158–179 und S. 262–294).

Sprandel, Rolf u. a.: Art. ‚Spiele', in: Lexikon des Mittelalters. Bd. 7: Planudes bis Stadt (Rus'), München 2002, Sp. 2105–2111.

Sprenger, Robert: Zu Konrads ‚Schwanritter', in: Germania 21 (1876), S. 419–420.

Stein, Alexandra: ‚wort unde werc'. Studien zum narrativen Diskurs im ‚Parzival' Wolframs von Eschenbach, Frankfurt a. M./New York 1993 (Mikrokosmos 31).

Steinmeyer, Elias: *Lorengel*, in: ZfdA 15 (1872), S. 181–244.

Stock, Markus: Kombinationssinn. Narrative Strukturexperimente im *Straßburger Alexander*, im *Herzog Ernst B* und im *König Rother*, Tübingen 2002 (MTU 123).

Stollberg, Arne: Schreiten – Schwimmen – Schweben. Der Brautzug aus Wagners *Lohengrin* im Spiegel ‚gestischer' Musikauffassung von Nietzsche bis Plessner, in: Eggers, Katrin/Müller-Lindenberg, Ruth (Hrsg.): Richard Wagner. Musikalische Gestik – gestische Musik, Würzburg 2017, S. 117–132.

Strohschneider, Peter: Der Abt, die Schrift und die Welt. Buchwissen, Erfahrungswissen und Erzählstrukturen in der Brandan-Legende, in: Scientia Poetica 1 (1997), S. 1–34 (= 1997a).

Strohschneider, Peter: Dialogischer Agon, in: Hempfer, Klaus W./Traninger, Anita (Hrsg.): Der Dialog im Diskursfeld seiner Zeit. Von der Antike bis zur Aufklärung, Stuttgart 2010, S. 95–117.

Strohschneider, Peter: Ritterromantische Versepik im ausgehenden Mittelalter. Studien zu einer funktionsgeschichtlichen Textinterpretation der ‚Mörin' Hermanns von Sachsenheim sowie zu Ulrich Fuetrers ‚Persibein' und Maximilians I. ‚Teuerdank', Frankfurt a. M. 1986 (Mikrokosmos 14).

Strohschneider, Peter: Ur-Sprünge. Körper, Gewalt und Schrift im ‚Schwanritter' Konrads von Würzburg, in: Wenzel, Horst (Hrsg.): Gespräche – Boten – Briefe. Körpergedächtnis und Schriftgedächtnis im Mittelalter, Berlin 1997, S. 127–153 (= 1997b).

Stutz, Elfriede: Wolframs Titurel-Strophe – Vers 1, in: Gärtner, Kurt/Heinzle, Joachim (Hrsg.): Studien zu Wolfram. Festschrift für Werner Schröder zum 75. Geburtstag, Tübingen 1989, S. 455–483.

Thomas, Heinz: Brabant-Hennegau und Thüringen. Zur Entschlüsselung und zur Datierung des *Lohengrin*, in: PBB 108 (1986), S. 40–64.

Thomas, Heinz: Der *Lohengrin*. Eine politische Dichtung der Zeit Ludwigs des Bayern, in: Rheinische Vierteljahrsblätter 37 (1973), S. 152–190.

Thomas, Heinz: Ettal, Neuhausen und anderes. Neues zum *Lohengrin*, in: Lindemann, Dorothee u. a. (Hrsg.): *Bickelwort und wildiu mære*. Festschrift Eberhard Nellmann zum 65. Geburtstag, Göppingen 1995, S. 340–353 (= 1995a).

Thomas, Heinz: Maximilian als Schwanritter. Zur Deutung und zur Datierung des *Lorengel*, in: ZfdA 116 (1987), S. 303–316.

Thomas, Heinz: Paläographische Tücken. Zur Datierung des *Lohengrin*, in: ZfdPh 114 (1995), H. 1, S. 110–116 (= 1995b).

Thomas, Heinz: Weitere Überlegungen zur Datierung des *Lohengrin*, in: Rheinische Vierteljahrsblätter 42 (1978), S. 455–467.

Tomasek, Tomas: Das deutsche Rätsel im Mittelalter, Tübingen 1994 (Hermaea N.F. 69).

Traunwieser, Johann: Die mittelhochdeutsche Dichtung Lohengrin. „Eine Mosaik aus Wolfram Eschenbach", Wien/Leipzig 1888.

Ukena-Best, Elke: Erzähltexte des deutschen Mittelalters in Richard Wagners *Lohengrin*, in: wagnerspectrum 10 (2014), H. 1, S. 15–37.

Unger, Regina: Wolfram-Rezeption und Utopie. Studien zum spätmittelalterlichen bayerischen Lohengrin-Epos, Göppingen 1990 (GAG 544).

Velte, Laura/Lieb, Ludger: Reale und fiktive Inschriften. Eine Einleitung zum Verhältnis von Literatur und Epigraphik, in: dies. (Hrsg.): Literatur und Epigraphik. Phänomene der Inschriftlichkeit in Mittelalter und Früher Neuzeit, Berlin 2022 (Philologische Studien und Quellen 285), S. 9–23.

Vogel, Juliane: Der Streit der Königinnen. Zur Nationalisierung ‚einer großen Szene', in: 800 Jahre Nibelungenlied. Rückblick – Einblick – Ausblick. 6. Pöchlarner Heldenliedgespräch, Wien 2001, S. 179–196.

Volfing, Annette: *Leien mund nie baz gesprach*. Wolfram als stilistisches Vorbild im *Jüngeren Titurel*, im *Lohengrin* und im *Göttweiger Trojanerkrieg*? In: Andersen, Elizabeth (Hrsg.): Literarischer Stil. Mittelalterliche Dichtung zwischen Konvention und Innovation. XXII. Anglo-German Colloquium Düsseldorf, Berlin u. a. 2015, S. 323–338.

Volfing, Annette: *Welt ir nu hœren fürbaz?* On the Function of the Loherangrin-episode in Wolfram von Eschenbach's ‚Parzival' (V. 824,1–826,30), in: PBB 126 (2004), S. 65–84.
Voorwinden, Norbert: Art. ‚Sage', in: Fricke, Harald u. a. (Hrsg.): Reallexikon der deutschen Literaturwissenschaft, 3 Bde., Bd. 3, Berlin/New York 2007, Sp. 347–350.
Voß, Rudolf: Werkkontinuum und Diskontinuität des Einzelwerks. Zum Ensemble von Ulrich Füetrers *Buch der Abenteuer*, in: Besamusca, Bart u. a. (Hrsg.): Cyclification. The Development of Narrative Cycles in the Chansons de Geste and the Arthurian Romances, Amsterdam u. a. 1994, S. 221–227.
Wachinger, Burghart: Art. ‚Der *Wartburgkrieg*', in: ²VL 10 (1999), Sp. 740–766.
Wachinger, Burghart: Art. ‚Kolmarer Liederhandschrift', in: ²VL 5 (1985), Sp. 27–39.
Wachinger, Burghart: Sängerkrieg. Untersuchungen zur Spruchdichtung des 13. Jahrhunderts, München 1973.
Wachinger, Burghart: Überlegungen zu einer Neuausgabe des *Wartburgkriegs*. Mit Editionsproben zum *Rätselstreit*, in: PBB 133 (2011), S. 57–99.
Wagner, Bettina: Die *Epistola presbiteri Johannis* lateinisch und deutsch. Überlieferung, Textgeschichte, Rezeption und Übertragungen im Mittelalter, mit bisher unedierten Texten, Tübingen 2000 (MTU 115).
Wald, Melanie/Fuhrmann, Wolfgang: Ahnung und Erinnerung. Die Dramaturgie der Leitmotive bei Richard Wagner, Kassel 2013.
Wand, Christine: Wolfram von Eschenbach und Hartmann von Aue. Literarische Reaktionen auf Hartmann im *Parzival*, Herne 1989.
Wapnewski, Peter: Die Oper Richard Wagners als Dichtung, in: Müller, Ulrich/Wapnewski, Peter (Hrsg.): Richard-Wagner-Handbuch, Stuttgart 1986, S. 223–352.
Warning, Rainer: Erzählen im Paradigma. Kontingenzbewältigung und Kontingenzexposition, in: Romanistisches Jahrbuch 52 (2001), H. 1, S. 176–209.
Warning, Rainer: Imitatio und Intertextualität. Zur Geschichte lyrischer Dekonstruktion der Amortheologie: Dante, Petrarca, Baudelaire, in: Oelmüller, Willi (Hrsg.): Ästhetischer Schein, München u. a. 1982, S. 168–207.
Wawer, Anne: Tabuisierte Liebe. Mythische Erzählschemata in Konrads von Würzburg *Partonopier und Meliur* und im *Friedrich von Schwaben*, Köln 2000.
Weber, Max: Gesammelte Aufsätze zur Wissenschaftslehre, Tübingen ⁴1973.
Wechssler, Eduard: Zur beantwortung der frage nach den quellen von Wolframs Parzival, in: Bohnenberger, K. u. a. (Hrsg.): Philologische studien. Festgabe für Eduard Sievers, Halle a. S. 1896, S. 237–251.
Weidenkopf, Stefan: Poesie und Recht. Über die Einheit des Diskurses von Konrads von Würzburg ‚Schwanritter', in: Cormeau, Christoph (Hrsg.): Deutsche Literatur im Mittelalter. Kontakte und Perspektiven, Festschrift für Hugo Kuhn, Stuttgart 1979, S. 296–337.
Weimann, Birgitt: Die mittelalterlichen Handschriften der Gruppe Manuscripta Germanica, Frankfurt a. M. 1980 (Kataloge der Stadt- und Universitätsbibliothek Frankfurt a. M. 5,4).
Welker, Lorenz: Art. ‚Kolmarer Liederhandschrift', in: Finscher, Ludwig (Hrsg.): Die Musik in Geschichte und Gegenwart. Allgemeine Enzyklopädie der Musik, begründet von Friedrich Blume, 2., neubearb. Ausgabe, Sachteil Bd. 5, Kassel 1996, Sp. 450–455.
Wenzel, Horst: Alls in ain summ zu pringen. Füetrers ‚Bayerische Chronik' und sein ‚Buch der Abenteuer' am Hof Albrechts IV, in: Wapnewski, Peter (Hrsg.): Mittelalter-Rezeption. Ein Symposium, Stuttgart 1986, S. 10–31.
Wenzel, Horst: Die Datierung des *Lohengrin*. Beiträge zu einer Forschungskontroverse, in: Rheinische Vierteljahrsblätter 41 (1977), S. 138–159.
Westernhagen, Curt von: Richard Wagners Dresdener Bibliothek 1842 bis 1849. Neue Dokumente seines Schaffens, Wiesbaden 1966.

Westphal-Wihl, Sarah: *Minne unde reht tuon.* Konfliktlösung am Königshof in Konrads ‚Schwanritter' und Hartmanns ‚Iwein', in: Eming, Jutta/Jarzebowski, Claudia (Hrsg.): Blutige Worte. Internationales und interdisziplinäres Kolloquium zum Verhältnis von Sprache und Gewalt in Mittelalter und Früher Neuzeit, Göttingen 2008, S. 163–186.
Wolf, Herbert: Zum Wartburgkrieg. Überlieferungsverhältnisse, Inhalts- und Gestaltungswandel der Dichtersage, in: Beumann, Helmut (Hrsg.): Festschrift für Walter Schlesinger. Bd. 1, Köln/Wien 1973, S. 513–530.
Wolf, Jürgen: Die sächsische Weltchronik im Spiegel ihrer Handschriften. Überlieferung, Textentwicklung, Rezeption, München 1997 (Münstersche Mittelalter-Schriften 75).
Wolf, Norbert Richard: Die Gestalt Klingsors in der deutschen Literatur des Mittelalters, in: Südostdeutsche Semesterblätter 19 (1967), S. 1–19.
Wolf, Werner: Wer war der Dichter des *Jüngeren Titurel?* In: ZfdA 84 (1952/53), H. 4, S. 309–346.
Wolf, Werner: Zu den Hinweisstrophen auf Wolframfragment in der kleinen Heidelberger Handschrift des *Jüngeren Titurel*, in: ZfdA 82 (1948/50), S. 256–264.
Wolfzettel, Friedrich/Dietl, Cora/Däumer, Matthias (Hrsg.): Artusroman und Mythos, Berlin/Boston 2011 (Schriften der Internationalen Artusgesellschaft 8).
Wyss, Ulrich: Den *Jüngeren Titurel* lesen, in: Peschel, Dietmar (Hrsg.): Germanistik in Erlangen. 100 Jahre nach der Gründung des Deutschen Seminars, Erlangen 1983, S. 95–113.
Wyss, Ulrich: Parzivals Sohn. Zur strukturalen Lektüre des Lohengrin-Mythos, in: Wolfram-Studien 5 (1979), S. 96–115.
Yu, Meihui: *daz si niht wizzen umb des leben / der in ze vater ist gegeben.* Transzendenter Ursprung und dynastische Genealogie im ›Schwanritter‹, in: Kössinger, Norbert/Lembke, Astrid (Hrsg.): Konrad von Würzburg als Erzähler, Oldenburg 2021 (BmE Themenheft 10), S. 163–188 (online). https://ojs.uni-oldenburg.de/ojs/index.php/bme/article/view/155/161
Yu, Meihui: Kundry, Blumenmädchen, Klingsors Zaubergarten. Das Arabische im *Parsifal*, in: wagnerspectrum 13 (2017), H. 1, S. 83–105.
Yu, Meihui: Rezension zu Alastair Matthews: The Medieval German *Lohengrin.* Narrative Poetics in the Story of the Swan Knight, Rochester/New York 2016, in: Archiv für das Studium der neueren Sprachen und Literaturen 256 (2019), H. 2, S. 453–456.
Yu, Meihui: Schwanenrittergesang. Zu Richard Wagners musikalisch-dramatischer Adaption des mittelalterlichen Lohengrin-Mythos, in: wagnerspectrum 18 (2022), H. 2, S. 219–246.
Yu, Meihui/Kellner, Beate: Konrad von Würzburg, *Der Schwanritter*, in: Stock, Markus (Hrsg.): Konrad von Würzburg. Ein Handbuch, Berlin [erscheint 2023].
Zeldenrust, Lydia: The Mélusine Romance in Medieval Europe. Translation, Circulation, and Material Contexts, Cambrige 2020.
Ziegeler, Hans-Joachim: *fraw Fortun, fraw Wer, fraw Awentewr* und *fraw Mynne.* Darstellung und Interpretation von Konflikten und ihren Ursachen in Ulrich Fuetrers *Lannzilet*-Versionen, in: Gärtner, Kurt u. a. (Hrsg.): Spannungen und Konflikte menschlichen Zusammenlebens in der deutschen Literatur des Mittelalters, Tübingen 1996, S. 323–339.
Zimmermann, Julia: Hässlichkeit als Konstitutionsbedingung des Fremden und Heidnischen? Zur Figur der Cundrîe in Wolframs von Eschenbach *Parzival* und in Albrechts *Jüngerem Titurel*, in: Mitteilungen des Deutschen Germanistenverbandes 54 (2007), H. 2, S. 202–222.
Zimmermann, Julia: Im Zwielicht von Fiktion und Wirklichkeit. Zur Rezeption des Presbyterbriefs in Albrechts *Jüngerem Titurel*, in: Keller, Johannes/Kragl, Florian (Hrsg.): Mythos – Sage – Erzählung. Gedenkschrift für Alfred Ebenbauer, Göttingen 2009, S. 547–566.
Zitzmann, Rudolf: Die Melodien der Kolmarer Liederhandschrift in ihrer Bedeutung für die Musik- und Stilgeschichte der Gotik, Würzburg 1944 (Literarhistorisch-musikwissenschaftliche Abhandlungen IX).

Abkürzungsverzeichnis

Quellen

BdA	*Buch der Abenteuer*
GSD	Richard Wagner, Gesammelte Schriften und Dichtungen, Leipzig 1871–1883.
JT	*Jüngerer Titurel*
L	Richard Wagner, *Lohengrin*
Loh	*Lohengrin*
Lor	*Lorengel*
NL	*Das Nibelungenlied*
Pz	*Parzival*
SSD	Richard Wagner, Sämtliche Schriften und Dichtungen. Volksausgabe, Leipzig o. J. [1912–1914].
SW	*Sächsische Weltchronik*
Wg	*Wigalois*
Wh	*Willehalm*

Forschung

BmE	Beiträge zur mediävistischen Erzählforschung
DTM	Deutsche Texte des Mittelalters
DVjs	Deutsche Vierteljahrsschrift für Literaturwissenschaft und Geistesgeschichte
GAG	Göppinger Arbeiten zur Germanistik
GRM	Germanisch-Romanische Monatsschrift
MGH	Monumenta Germaniae Historica
Mikrokosmos	Mikrokosmos: Beiträge zur Literaturwissenschaft und Bedeutungsforschung
MTU	Münchener Texte und Untersuchungen zur deutschen Literatur des Mittelalters
PBB	Beiträge zur Geschichte der deutschen Sprache und Literatur
RSM	Repertorium der Sangsprüche und Meisterlieder des 12. bis 18. Jahrhunderts
RUB	Reclams Universal-Bibliothek
VL	Die deutsche Literatur des Mittelalters. Verfasserlexikon
ZfdA	Zeitschrift für deutsches Altertum und deutsche Literatur
ZfdPh	Zeitschrift für deutsche Philologie

Personen- und Werkregister

Albrecht, Autor des *Jüngeren Titurel* 3, 19f., 85–113, 127, 141f., 144, 169, 215, 222, 232, 251, 284, 352f., 356, 369, 373, 393, 397f.
– *Jüngerer Titurel* 4, 6, 14, 18, 51, 114–116, 118f., 150, 157, 167, 173, 211, 213, 221–233, 235f., 242–244, 253, 260, 271, 273, 316, 359, 391–394, 396f., weitere Stellen siehe Albrecht, Autor des *Jüngeren Titurel*
– *Verfasserfragment* 86–88
Albrecht IV. der Weise 210f., 213–215, 219f., 234, 243, 249–251, 256
Albrecht von Scharfenberg 85, 210, 215
– *Merlin/Mörlin* 63, 210f., 215, 233
– *Seifrid de Ardemont* 63, 254
Antelan 206

Blumenberg, Hans 9, 12, 17, 31, 69, 257, 352

Cassirer, Ernst 9, 14f., 30, 72, 113, 257, 264, 326, 363, 371f., 394, 396
Chrétien de Troyes   siehe *Perceval*
– *Perceval / Le Conte du Graal* 30, 35, 43f., 47, 49, 51–54
Cycle de la Croisade 22–31
Cycle des Lorrains 52

Das Nibelungenlied 207, 230f., 271, 273, 277–279
Die sieben weisen Meister 26f.
Diu Crône 215, 222, 226
Dvořák, Antonín 266
– *Rusalka* 266

Franck, Hermann 266f., 285, 290, 294f.
Friedrich von Schwaben 115, 330
Füetrer/Fuetrer, Ulrich 20, 117, 331, 351f., weitere Stellen siehe *Buch der Abenteuer*
– *Bayerische Chronik* 211, 213f., 216, 219, 234f., 255
– *Buch der Abenteuer* 4, 7f., 18f., 45, 51, 85f., 91, 136, 210–256, 263, 284, 334, 342–344, 346–349, 353f., 356, 359, 367, 369, 373, 387–389, 392f., 395–398

Gaufredus von Auxerre 8, 65, 332, 360
– *Super Apocalypsim*   siehe Gaufredus von Auxerre
Genast, Eduard 261
Gerbert de Montreuil 30, 53f., 360
– *La Continuation de Perceval*   siehe Gerbert de Montreuil
Gervinus, Georg Gottfried 318
Gesta Francorum 174, 178
Gottfried von Straßburg 215
– *Tristan* 88, 90, 170, 268
Göttweiger Trojanerkrieg 88
Gozzi, Carlo 267
– *Il corvo* 267
– *La donna serpente* 267
Grimm, Jacob 8, 259f., 281, 286, 310f.
– *Deutsche Mythologie* 310f.
– *Deutsche Rechtsalterthümer* 260
Grimm, Wilhelm 8, 259f., 281, 286
– *Deutsche Sagen* 8, 259f., 273, 281

Händel, Georg Friedrich 22, 266, 276
– *Alcina* 276
– *The Story of Semele* 266
Hennen van Merchtenen 16
– *Cornicke van Brabant* 16
Herbert de Paris 26, 28, 398
– *Li Romans de Dolopathos*   siehe Herbert de Paris
Hoffmann, Ernst Theodor Amadeus 266
– *Undine* 266

Jenaer Liederhandschrift 185
Johannes de Alta Silva 26
– *Dolopathos sive De rege et septem sapientibus* 23, 26–30, 62, 265, 361–366, 398

Kaiserchronik 148
Kleist, Heinrich von 266, 292
– *Amphitryon* 266, 292
Kolmarer Liederhandschrift 122, 134, 184f.
Konrad von Würzburg 2–5, 19f., 56–84, 107, 116f., 145, 170, 175, 183, 215, 253, 259f., 263, 270f., 273, 281f., 287, 293, 316, 334, 337–343, 345f., 351f., 359f., 364f., 367–370, 373–379, 385, 388f., 391, 393f., 396–399

– *Das Turnier von Nantes* 56, 58
– *Der Schwanritter* siehe Konrad von Würzburg
– *Engelhard* 56, 58
– *Partonopier und Meliur* 330, 399
– *Trojanerkrieg* 170 f., 215

La Chanson d'Antioche 22, 71
La Chanson de Jérusalem 22, 71
La Fin d'Elias 22, 25, 30, 68, 260, 271, 281
Lai de Tydorel 1, 332
La Naissance du Chevalier au Cygne 22, 25, 29 f., 54, 62, 68, 80, 84, 259, 271, 281, 339, 361–367, 393, 396,
Le Chevalier de Cygne 1–3, 22, 24–26, 29 f., 36, 43, 54, 60–62, 68, 75, 80 f., 116, 259, 263, 287, 330, 333, 342, 359, 361 f., 364–367, 373, 375 f., 391, 396
Les Chétifs 22, 71
Les Enfances Godefroi 22, 24
Lévi-Strauss, Claude 8, 12 f., 43, 331, 333
Lienhart Scheubels Heldenbuch / Wiener Piaristenhandschrift 184, 193, 206
Liszt, Franz 261
Lohengrin, der bairische 3, 6, 18–20, 51, 55, 62, 84, 88, 90, 114–187, 191 f., 196, 207, 215 f., 221 f., 226 f., 232, 235–241, 252 f., 258–260, 262 f., 269–271, 273 f., 286 f., 310, 315, 317, 331, 334, 341, 343–348, 351 f., 354, 359, 367–372, 380–384, 386 f., 389, 391–398
– *Ur-Lohengrin* 116, 122, 184–187
Lorengel 3, 7, 16, 19 f., 55, 62, 116, 122, 127, 172 f., 184–209, 252, 263, 354–356, 368 f., 373, 384–387, 389, 392, 396 f.
Lortzing, Albert 266
– *Undine* 266
Lucas, Christian Theodor Ludwig 258 f., 315–317
– *Ueber den Krieg von Wartburg* siehe Lucas, Christian Theodor Ludwig
Lugowski, Clemens 11, 15 f., 52, 351, 394 f.

Mann, Heinrich 399
– *Der Untertan* 399
Mann, Thomas 399
– *Der kleine Herr Friedemann* 399
Maria von Burgund 205
Marie de France 254, 266
– *Lanval* 254, 266, 330

Maximilian I. von Habsburg 205
Melusinenroman 8, 65 f., 266, 330, 342, 360
Mozart, Wolfang Amadeus 276
– *Idomeneo* 276

Nietzsche, Friedrich 257

Oswalds von Wolkenstein 115
Otto von Freising 47 f.
– *Chronica sive Historia de duabus Civitatibus* 47 f.

Priester Johan / Jôhan / Johannes 36, 47–49, 90, 95, 108–111, 369, 393
– *Epistola presbiteri Johannis / Presbyterbrief* 109 f.
Prosa-Lancelot 215
Puschman, Adam 172, 185
– *Singebuch* 172, 185
Püterich, Jakob 216

Regensburger Schottenlegende 174, 178
Reinbot von Durne 174, 178
– *Georg* 174, 178
Robert de Boron 111, 233
– *Estoire dou Graal* 233

Sachsenspiegel 74, 374
Sächsische Weltchronik 6, 118, 145, 147 f., 150 f., 155, 162, 164, 170, 173, 176 f.
Sceaf-Sage 1, 291
Schiller, Friedrich 266, 277
– *Maria Stuart* 277
– *Semele* 266
Schlegel, Friedrich 356
– *Lucinde* 356
Schwabenspiegel 147
– *Prosakaiserchronik* 147 f., 162 f., 170
Sciarrino, Salvatore 399
– *Lohengrin* 399
Sindbad-Buch 27
Suchenwirt, Peter 115

Uhlig, Theodor 303 f.
Ulrich von Türheim 90, 114
– *Rennewart* 90, 114
Ursula-Legende 193 f., 198, 207

Virginal 206 f.

Wagner, Albert 273, 290
Wagner, Cosima 260 f., 269
Wagner, Richard 3 f., 7, 13, 17 – 20, 66, 257 – 326, 351, 356, 368, 389, 391 f., 396, 399
– *Der fliegende Holländer* 257, 266, 268, 298, 315
– *Der Ring des Nibelungen* 277, 283, 324
– *Die Feen* 267 f.
– *Die Meistersinger von Nürnberg* 317 f.
– *Die Sarazenin* 315
– *Die Wibelungen. Weltgeschichte aus der Sage* 277
– *Eine Mitteilung an meine Freunde* 257 f., 266, 268, 286, 288, 290 – 293, 297 f., 315, 318 f.
– *Lohengrin* siehe Wagner, Richard
– *Mein Leben* 258 f., 290
– *Oper und Drama* 257
– *Parsifal* 269, 291, 295 – 297, 315, 317, 320 – 325
– *Rienzi* 315
– *Tannhäuser und der Sängerkrieg auf Wartburg* 257, 259, 261, 266, 269, 294, 315 – 319, 325
– *Tristan und Isolde* 268, 278, 314
– *Wartburgkrieg* 114 – 117, 119 – 138, 143, 165, 170 – 172, 184 – 187, 238, 258 f., 269, 315 – 318, 392
– *Fürstenlob* 122, 130, 171, 258, 316 f.
– *Rätselspiel* 6, 114 f., 117, 119 – 138, 165, 171 f., 175, 178, 186, 237, 258 f., 269, 316 f., 343, 347

Weber, Carl Maria von 268, 276, 298
– *Euryanthe* 276
Wirnt von Grafenberg 88, 120, 125, 143
– *Wigalois* 120, 143
Wolfdietrich 206
Wolf, Johann Wilhelm 259
– *Niederländische Sagen* 259 f.
Wolfram von Eschenbach 2 f., 5, 12, 19 f., 30, 35 – 55, 60, 85 – 88, 92 f., 95, 98, 100 – 102, 104, 106 f., 109, 111, 114 f., 117, 119 – 145, 150, 160, 171 f., 175, 183, 185, 191, 224 – 226, 228, 232 f., 237, 244, 246, 251, 258, 269, 273, 284, 291 – 294, 296, 315 – 318, 331, 334 – 337, 342 – 344, 346, 351 f., 367, 369, 373, 391, 393 f., 396 f.
– *Parzival* 2 f., 5, 18, 35 – 55, 85, 87, 90, 92 f., 102, 104, 108, 114 – 116, 119, 123, 125 f., 131 – 133, 136, 141, 144, 164 – 167, 170, 186, 215, 224 – 226, 228, 238, 243 f., 259 f., 271, 273, 284, 287, 293, 315 – 317, 331, 335 – 337, 339, 341, 343 f., 359, 369, 392 – 394
– *Titurel* 18, 85, 87, 108, 145, 169 f.
– *Willehalm* 88, 92, 100, 108, 115, 123 – 125, 143, 146, 150, 157, 160, 162, 170, 172 – 174, 183, 216
– ‚Wolfram-Maske', Wolfram-Pseudonym 85, 88, 91 – 93, 119
– Wolfram-Rolle 7, 119, 123, 125 f., 136, 139 – 141, 143, 162 – 164, 167, 179, 343 f.

www.ingramcontent.com/pod-product-compliance
Lightning Source LLC
Chambersburg PA
CBHW080405230426
43662CB00016B/2327